北村喜宣［著］

空き家問題解決を進める政策法務

実務課題を乗り越えるための法的論点とこれから

第一法規

はしがき

2014年11月に公布された「空家等対策の推進に関する特別措置法」（以下、本書において「空家法」という。）が2015年５月に施行されてから、早いもので７年が経過した。施行後しばらくの間、同法にもとづいて実施される特定空家等の除却代執行は、その物珍しさとインパクトの大きさもあって、テレビや新聞などで大きく取り上げられていた。ところが、現在でも実施はされているものの、そうした報道に接する機会はめっきり少なくなった。そうしたなかで、2022年８月に公表された施行状況調査によれば、2022年３月31日現在、140件の緩和代執行と342件の略式代執行が実施されているのである（⇨p.73）この国の行政法執行過程においてきわめて例外的とされる代執行の実施は、少なくとも空家法の世界においては、「当たり前」となっている。

どうやら空家法は、「使える法律」のようである。しかし、法的課題がないわけではない。同法の実施を義務づけられている1,741の市区町村（以下、本書において「市町村」という。）がこの法律を使おうとすればするほど、立法者が予期していなかった論点が発見・確認されている。市町村は、独自の法解釈によりこれに対応し、あるいは、法律実施条例や独立条例を制定して自ら法的権限を創出している。

空家法の実施過程においては、自治体政策法務が積極的に実践されているといってよい。その取組みは、行政法学に対しても、本格的に検討すべき論点を多く提起している。

筆者は、2010年頃から、不適正管理家屋が引き起こす問題への法的対応に関心を寄せてきた。実際、空き家条例や空家法の条文、および、その実施状況を凝視していると、実に多様な法的問題点に気づかされる。本書は、そのいくつかについて検討した論文を収録するとともに、空家法の逐条解説をするものである。収録論文の引用文献は、できるかぎり最新化した。実態調査を踏まえた論文については、基本的に、調査時の情報となっている。

同じような企画趣旨のもとに『空き家問題解決のための政策法務：法施行後の現状と対策』を出版したのは、2018年であった。本書では、その後の研究を踏まえて、考え方を修正した部分もある。収録しようとした論文相互間において整合性に欠ける記述になっていたものもあり、編集にあたって、再度検討して調整をした。その意味では、本書は、筆者自身の現段階での空家法および空き家条例の解釈および理解を示したものである。

空家法のもとでの空き家行政に関する「気づき」の多くは、同法の実施に四苦八苦する自治体行政をお手伝いするなかで得た。その際に議論の相手をしていただいている職員の皆さまには、この場をお借りして感謝を申し上げたい。とりわけ、2015年11月以来のお付き合いである世田谷区空家等対策審査会は、筆者にとっての重要な「空家法研究のホームグラウンド」である。

わずか16か条しかない空家法についてこれほどの研究の展開がされるとは、同法制定時には思いもよらなかった。まったく、「たかが空き家、されど空き家」である。今後も、学問的関心を持って伴走していきたい。

第一法規株式会社編集第二部の小野寺佳奈子さんには、前著同様、校正および編集の労をとっていただいた。既出論文の本書への収録にあたっては、関係各位のご高配を賜った。あわせて深謝する次第である。

2022年　尋常ならざる暑さのなかで

北　村　喜　宣

目　　次

第2部 空家法制定後の市町村空き家行政 —空家法の実施と条例動向—

第3部　代執行等の実務的課題と論点

資　料

◆本書は、JSPS科研費（課題番号19H01438、22H00783、22K18517）による研究成果である。
◆本書で参照したウェブサイトの最終閲覧は、2022年８月２日である。

第1部

空家法の逐条解説

―法施行後７年の運用を通してみえてきた論点を踏まえて―

第1章　空家法の逐条解説

空家法については、多くの解説書が出版されている（⇨p.462）。さらに、総務省および国土交通省が2015年５月に定めた基本指針およびガイドライン、これらの作成にあたって実施されたパブリックコメントにおける回答（⇨p.411）のなかでは、必要な範囲で両省の解釈が示されている。基本指針は2021年６月に改正（⇨p.364）、ガイドラインは2020年12月および2021年６月に改正（⇨p.380）された。この改正に際しても、パブリックコメントがなされて回答が示された（⇨p.377、453、455）。空家法の実施にあたる市町村は、こうした資料を参考にしつつ、自治的法解釈を踏まえてそれぞれの空き家対策を推進する責務を有している。

制定時においては必ずしも明確ではなかった論点が、施行後の実施を通じて明らかになってきている。本章では、中央政府の解釈および空家法の解説書のほか、筆者自身による施行実態の調査および実務家との意見交換などを踏まえ、筆者なりの空家法の理解を、現時点での逐条解説として提示する。章末には、最新の施行状況調査結果を添付した（⇨p.72）。

■ 目　的（1条）

第１条　この法律は、適切な管理が行われていない空家等が防災、衛生、景観等の地域住民の生活環境に深刻な影響を及ぼしていることに鑑み、地域住民の生命、身体又は財産を保護するとともに、その生活環境の保全を図り、あわせて空家等の活用を促進するため、空家等に関する施策に関し、国による基本指針の策定、市町村（特別区を含む。第10条第２項を除き、以下同じ。）による空家等対策計画の作成その他の空家等に関する施策を推進するために必要な事項を定めることにより、空家等に関する施策を総合的かつ計画的に推進し、もって公共の福祉の増進と地域の振興に寄与することを目的とする。

⑴ 「適切な管理が行われていない空家等」

「空家等」とは何か　空家法は、適切な管理が行われていない建築物またはこれに附属する工作物およびその敷地のうち、２条１項にいう「空家等」に該当するものを対象とする。同条同項がいうように、空家等とは、常時非使用状態にあるものである。適切な管理が行われていない状態にあっても、たとえば、居住者がいる「ごみ屋敷」のように自らの生活起因の物品や敷地外から収集した物品を家屋の内外に大量に堆積させている（使用実態がある）事案は、空家法の対象外である。また、たんに老朽危険状態にある家屋でも、居住がされているかぎり、空家法の対象にはならない。

そうした家屋は、建築基準法の対象となる建築物でもある。実務的には、空家法が優先的に適用されるけれども、建築基準法が適用除外されるわけではない。その不適正な維持管理によって著しい保安上の危険等が発生していたり、そうしたおそれがあったりする場合には、必要な範囲で同法が適用される（10条）。空家法には、建築基準法との関係での特別措置対応を法定する部分がある。

「適切な管理」とは何か　何が「適切な管理」かについて、空家法は規定を設けていない。同法制定以前の空き家条例のなかには、「所沢市空き家等の適正管理に関する条例」（2010年制定の旧条例）のように、「管理不全な状態」について、「建物その他の工作物が、老朽化若しくは台風等の自然災害により倒壊するおそれがある状態若しくは建築材等の飛散による危険な状態又は不特定者の侵入による火災若しくは犯罪が誘発されるおそれのある状態をいう。」（旧２条２号）と定義するものがあった。空家法は、２条２項の「特定空家等」を定義するなかで、適切な管理が行われていない状態の内容を説明している。

⑵ 「防災、衛生、景観等の地域住民の生活環境」

「防犯」の扱い　空家法以前に制定されていた空き家条例においては、①防災、②防犯、③生活環境保全のうちいくつか（あるいはすべて）が目的規定にあげられていた。これに対して、空家法は、②を含まない。初期段階の法案には、「防犯」という文言が目的に含まれていたが、その後の調整のなかで、それは警察活動等の治安（犯罪）対策そのものであり、その観点から独立して実施するのが適切という判断から除外された経緯がある。

目的に含まれる　それでは、空家法の実施にあたって、市町村行政が警察に対して協力を一切求めることができないのだろうか。１条には明記されていないけれども、空家法が防犯を通じた地域安全という法益を積極的に排除しているとは思われない。特定空家等に起因する周辺住民の不安感への対処という地域の事務を実施するために、市町村が警察や消防に協力を求めるのは可能であり、それも同法の目的の射程に含まれていると解される。「防災、衛生、景観等」の「等」に含めて整理すればよい。

空家法成立後に法律実施条例（その規定内容が空家法の一部分として作用する条例）として制定された空き家条例のなかには、「防犯」を第１条の目的規定に含むものもある（⇨第２章）。そこでは、本則中に「関係機関との連携」という１か条を起こして、警察や消防への協力要請や措置要請が規定されている。これは、目的の追加ではなく、確認的顕在化である。

⑶　「地域住民の生命、身体又は財産を保護するとともに、その生活環境の保全を図り」

「地域住民」の意味　国会の制定にかかる法律においては、その対象は「国民」とされるのが通例である。この点、空家法は、「地域住民」としている点で特徴的である。これは、空家法制定時に約400もの空き家条例が先行していた事情に配慮したものであろう。空家法の実施は市町村の法定自治事務であるが、それにあたっては、全国画一的対応ではなく、それぞれの市町村の地域特性に応じた対応が推奨される趣旨が、「地域住民」という文言に込められている。本法以外に、１条の目的規定に「地域住民」という文言を含む法律は多くない（例：地域保健法、半島振興法）。

「生活環境の保全」の内実　「生活環境の保全」は、多くの事象を含みうる概念である。実定法において、これを正面から定義するものはない。空家法１条にいう「生活環境」は、施策の方向性はやや異なるものの、景観法１条にある「潤いのある豊かな生活環境」にほぼ重なる。生命・健康といった人格権のコアの側面ではなく、日常生活における快適さの側面を重視した身近な生活環境である。

総合性を実現した議員立法　建築物・工作物に起因する保安上の危険と敷地の樹木・雑草の繁茂に起因する生活環境の支障は、中央省庁でいえば、前者が国土交通省、後者が環境省の所管である。これらを同居させる法律は、内閣提出法案としては、実現が困難であったかもしれない。この点で、制定が進められていた空き家条例は、地方自治法１条の２第１項に規定されるように、総合的行政主体としての自治体の面目躍如である。空家法は、これに学んだ議員立法ならではの作品と評せよう。

⑷　「空家等の活用を促進する」

明記された「活用」　１条は、「空家等の活用の促進」を目的に含めている。空家法以前の空き家条例においては、これを目的に含むものは少なかった（例外：「京都市空き家の活用、適正管理等に関する条例」（2013年制定の旧条例））。もっとも、条例に規定はなくても、空き家バンク等の事業を立ち上げて、利活用の促進に取り組むところはあった。空家法は、そうした動きを踏まえて、空家等の活用を正面から目的に加えている。

⑸　「公共の福祉の増進と地域の振興に寄与」

空家等対策と地域振興　空家等に関する施策の推進という中目的が大目的のひとつである地域振興に寄与するというロジックは、少々分かりにくい。空家法制定前の空き家条例の目的規定には、「安心・安全なまちづくり」といった文言はみられたが、空き家施策を地域振興につなげるという発想はなかった。

「地域の振興」を第１条の目的に規定する法律は、空家法を含め、半島振興法、棚田地域振興法、集落地域整備法、総合保養地域整備法、市民農園整備促進法など合計13ある。これらの法律と比較すると、空家法のもとでの施策は、「規模感」が小さいように感じられる。この点に関しては、個別事案への対症療法ばかりに目を向けるのではなく、施策の総合的・計画的推進を通じて、まちの魅力や活力を高めることを究極目標とすべきという立法者の想いが込められていると受けとめるべきであろう。

■ 定　義（2条）

第2条　この法律において「空家等」とは、建築物又はこれに附属する工作物であって居住その他の使用がなされていないことが常態であるもの及びその敷地（立木その他の土地に定着する物を含む。）をいう。ただし、国又は地方公共団体が所有し、又は管理するものを除く。

2　この法律において「特定空家等」とは、そのまま放置すれば倒壊等著しく保安上危険となるおそれのある状態又は著しく衛生上有害となるおそれのある状態、適切な管理が行われていないことにより著しく景観を損なっている状態その他周辺の生活環境の保全を図るために放置することが不適切である状態にあると認められる空家等をいう。

(1)「空家等」（1項）

「き」のあるなし　空家法以前の空き家条例においては、「空き家」という語が用いられていた。一般的な用語法としてもそうである。たとえば、新村出（編）『広辞苑〔第７版〕』（岩波書店、2018年）は、「空き家・明き家」として、「人の住んでいない家。居住者のない貸家。」（31頁）と説明する。

空家法が「き」を入れなかったのは、豪雪地帯対策特別措置法13条の４に、「空家」と表記した前例があったからである（2012年改正による）。それ以前にも、政省令レベルでは、都市再開発法施行令30条１項、「マンションの建替えの円滑化等に関する法律施行規則」36条１項などに例がある。なお、最初の使用例において、なぜ「空家」という用語法が選択されたのかは不明である。

(2)「建築物又はこれに附属する工作物」（1項）

建築物と工作物　空家法は、「建築物」の定義を置いていない。同法が建築基準法の特別措置法でもある点に鑑みれば、建築基準法２条１号にいう「建築物」と同義と考えられる。

その中心となるのは、「土地に定着する工作物のうち、屋根及び柱若しくは壁を有するもの……、これに附属する門若しくは塀、観覧のための工作物又は地下若しくは高架の工作物内に設ける事務所、店舗、興行場、倉庫その他これに類する施設……をいい、建築設備を含む」である。同条3号によれば、「建築設備」とは、「建築物に設ける電気、ガス、給水、排水、換気、暖房、冷房、消火、排煙若しくは汚物処理の設備又は煙突、昇降機若しくは避雷針」である。

純粋な工作物とは　この定義には、工作物であっても建築物の概念に含まれるものが多く列挙されている。したがって、建築基準法上、建築物ではない工作物とは、これら以外のものである。具体例としては、建物の屋上広告塔、袖看板、物干し台、土地に定着している広告塔がある。このうち、土地の定着物は、後述のように、「敷地」に含まれる。

(3) 「居住その他の使用がなされていないことが常態であるもの」（1項）

非使用性の判断基準　「その他使用」ではなく「その他の使用」という文言であるから、居住は例示である。使途は居住に限定されない。そのほかの例としては、倉庫、物置、店舗、駐車場としての使用がある。

「使用がされていないことが常態」というのは、客観的にそう認識できるという意味である。その判断は、①人の出入り実績（使用について正当な権原を有する者であるかどうかは問わない）、②電気・水道・ガスなどの使用実績、③外観、④登記簿・住民票の記載内容などを総合的に勘案して客観的に判断する。所有者等が「使用している」と主張していてもその様子が確認できないような場合には、「空家等」と認定される。客観主義的総合判断説である。なお、不使用が常態とみて空家等として調査をした結果、使用の実績が確認できれば、空家等ではなくなる。

常態性の判断基準　「常態」といえるための期間は、一義的には決まらない。硬直的に対応するのは適切ではないが、おおよそ1年を目途としてよい。基本指針は、ひとつの基準として、「概ね年間を通して建築物等の使用実績がないこと」をあげる（⇨p.368）。「常時無人の状態にある」と規定していた前出の所沢市旧条例2条1号のもとでは、そのような運用がされていた。

現に年数回の使用があれば、不使用が常態とはいえない。所有者等が道路から外観を確認する程度であるならば使用はされていないため、「空家等」と判断される。建築物内に残置動産がある場合、それが「倉庫としての使用」かどうかが問題になる。なし崩し的に倉庫化したというように、建物の状態が相当に劣化しており屋内の動産の管理にも影響を及ぼしているようであれば、不使用と判断してよいだろう。所有者等が死亡し唯一の相続人と連絡がとれないような場合は、行政が確認できる不使用期間が１年に満たなくても、それ以前に使用がされていたとは合理的に判断できないため、空家法の制度趣旨に照らせば、空家等と解しうる。火災により屋根・柱・梁の大半が消失している状態のものは、居住が不可能であり、もはや廃棄物として扱う方が適切である（滅失登記は、別に問題となる）。

空家等の判断には、それほど慎重になる必要はない。さらなる調査によって使用の実績が判明すれば、非該当とすればよいだけである。空家法９条にもとづく調査が必要と判断されるようであれば、とりあえず空家等（暫定的空家等）と把握しておけばよい。

長屋における住戸部分の使用　「空家等」として想定されるのは、独立した戸建て住宅の場合が多いだろう。それでは、棟続きの長屋はどうだろうか。

国土交通省・総務省は、長屋については、すべての住戸部分について不使用が常態でなければ「空家等」とはいえないと解している（⇨p.413）。そこで、この解釈を前提にしつつもこうした長屋に対応する必要性を感じる自治体のなかには、独自の定義を施したうえで、部分居住長屋についても条例による対応の対象とするものがある（⇨第５章）。共同住宅についても、同様の対応がある。

(4)　「及びその敷地（立木その他の土地に定着する物を含む。）」（１項）

「等」としての敷地　「空家等＝空家＋等」である。「等」が問題になるが、１項の定義からは、「どこまでが空家でどこからが等なのか」が判然としない。

空家法は、「空家」を独立した概念として明確に規定していない。このため、①「建築物又はこれに附属する工作物であって居住その他の使用がなされていないことが常態であるもの」の敷地、②「建築物又はこれに附属する工作物であって居住その他の使用がなされていないことが常態であるもの」以外の空家およびその敷地という解釈もありうるが、実務的にきわめて煩雑かつ複雑な整理となる。そこで、本書では、「建築物又はこれに附属する工作物であって居住その他の使用がなされていないことが常態であるもの」＝「空家」、「その敷地」

＝「等」と考えたい。

建築基準法は、建築物と敷地を別に観念している。同法は、敷地の状態には無関心であるが、老朽不適正管理家屋に関する苦情の多くは敷地の不適正管理に起因するため、空家法では、これを規制対象に含める必要がある。敷地に含められる土地の定着物の例としては、樹木や雑草のほか、建物と独立して設置されている広告塔がある。こうした形態の広告塔は、空家法のもとでの工作物である。同法は、ひとつの敷地にある建築物、工作物、樹木などを一体として捉えている。

(5)「ただし、国又は地方公共団体が所有し、又は管理するものを除く。」（１項）

性善説　国または地方公共団体の所有・管理にかかる空家等については、そもそも適正に管理されている、あるいは、そうでなくても市町村から指摘を受ければ適切な対応が期待できるという理由で、全面的に適用除外となっている。性善説を前提とする。したがって、建築物や工作物の所有者等が国やほかの地方公共団体であるというだけで、市町村の対応要請が一切禁止される趣旨でないのは当然である。治外法権と誤解してはならない。

土地所有者としては除外なし　なお、注意が必要なのは、国有地・公有地を借地してそこに私人が建てた家屋に関して、土地所有者である国や地方公共団体は、この規定の射程外となっている点である。適用除外されるのは、その所有・管理にかかる建築物と附属工作物に限定され、敷地は含まれない。したがって、市町村は、土地の所有者等である国やほかの地方公共団体に対して、賃借人に対して適切な対応をするよう求める措置を14条１～２項にもとづいて講じうる。

(6)「特定空家等」（２項）

条例とは異なる規定ぶり　空家法は、所有者等に対して、状態是正のための具体的措置をする対象を「特定空家等」として、２条２項でこれを定義する。この点は、それまでの空き家条例とは大きく異なっている。

空家法以前に制定された多くの空き家条例は、定義規定において「空き家等」を定義したうえで、具体的措置の発動要件の次元で、たとえば、「空き家等が管理不全な状態になるおそれがあると認めるとき」（所沢市旧条例６条）としていた。個別案件ごとに具体的に検討するというように、行政運用の流れに即した規定ぶりとなっていた。

個別認定は不可避　これに対して、空家法の規定ぶりからは、市町村内に存在する特定空家等が、あたかも客観的にすべて把握できているような印象を受ける。しかし、それはありえないため、後述のように、現実には、個別事案ごとに該当性を「認定」する手続が講じられている。法律実施条例として、そうした手続が規定されるのが通例である（⇨第２章）。もっとも、「空き家等」についてだけ条例で定義した場合でも、当該定義への該当性判断は個別にするのであるから、結局は整理の違いになる。

(7)「著しく保安上危険となるおそれのある状態」「著しく衛生上有害となるおそれのある状態」「適切な管理が行われていないことにより著しく景観を損なっている状態」「その他周辺の生活環境の保全を図るために放置することが不適切である状態」（２項）

空家等×４基準＝特定空家等　特定空家等は、空家等にさらに絞りをかけた概念である。４つの基準（正確には、具体的３基準とその他１基準）のいずれかに該当すればよい。なお、これらは、周辺の生活環境との関係で把握されるものである。

第１は、「著しく保安上危険となるおそれのある状態」（保安状態）である。保安上危険とは、たとえば、建築物・工作物の倒壊、建材の脱落・飛散のような状態である。第２は、「著しく衛生上有害となるおそれのある状態」（衛生状態）である。衛生上有害とは、たとえば、アスベストの飛散・曝露がある、悪臭がひどい、多量のネズミ・ハエ・蚊が発生しているといった状態である。第３は、「適切な管理が行われていないことにより著しく景観を損なっている状態」（景観状態）である。景観毀損とは、たとえば、樹木の異常な繁茂、敷地内のごみ堆積、多数の窓ガラス破損状態での放置などである。第４は、「その他周辺の生活環境の保全を図るために放置することが不適切である状態」（その他生活環境状態）である。生活環境保全上放置が不適切とは、たとえば、樹木の敷地外への越境、空家等に棲息する動物の鳴声や臭気、シロアリの大量発生といった状態である。これらの４つの状態のいずれかがあれば、周辺の生活環境が影響を受けるという整理である。

「おそれ」段階で認定　保安状態および衛生状態については、そのようになる「おそれ」段階で特定空家等となるとされる。一方、景観状態およびその他生活環境状態については、そうはなっていない。これは、保護法益としての「重さ」の違いに配慮したものである。

なお、５条にもとづく基本指針の2021年改正は、この「おそれ」に関して、「将来……予見されるものも含むものであり、広範な空家等について特定空家等として法に基づく措置を行うことが可能」としている（⇨p.371）。より前倒しの認定ができるとしたものであるが、認定方針については、それぞれの市町村が、６条の空家等対策計画などにもとづき、独自の方針を踏まえて決定できるのはいうまでもない。積極的に特定空家等に認定して前倒し的に対策を講じてもよいが、そうでなければならないというわけではない。市町村の実施裁量に委ねられる。

独自の判断基準を　これら諸状態をどのような基準で判断するのかが、実務上重要である。判断基準の一例として、14条14項にもとづくガイドラインの〔別紙１〕～〔別紙４〕は、それぞれについて「参考となる基準」を示している（⇨p.395～400）。これはあくまで、参考例である。空家法の実施においては、地域特性に応じた対応が重視されているため、市町村は、これを参考にしつつ、カスタマイズした基準を策定・運用する必要がある。

実際、判断基準の定め方は、市町村によって多様である。代表的な運用は、次のようなものである。①客観的に評価しやすい保安状態の問題点については、基礎、柱・外壁、梁、筋交いなどの状況を数値化し、その合算が100点を超えるものを候補とする。②その候補について、衛生基準・景観基準・生活環境基準を「Ａ・Ｂ・Ｃ」で評価する。③以上を総合判断して判定する。まずは、保安上の危険性や被害発生の蓋然性が重視されるべきである。

一方、数値化は硬直性を招くと懸念する市町村のなかには、こうしたモノサシを用いずに、ひとつひとつについて総合判断するところもある。あるいは、それぞれの状態をもっと単純に「有・無」で評価して最終判断するところもある。特定空家等の認定基準は70点としたうえで、14条３項にもとづく命令の判断をする際に、100点を超えているかを改めて評価するという方法もある。

実施体制や地域の実情を踏まえて市町村が自分にあった方法を採用すればよいのであり、どの方法が優れているかという問題ではない。要は、特定空家等の判断が個別案件において的確にされ、究極的には、それを裁判所に対して説得力を持って説明できればよいのである。なお、判断基準は、その機能からすれば、空家法14条３項にもとづく措置命令の発出にあたっての処分基準（行政手続法２条８号ハ）のひとつとなっている。したがって、作成しても、公にする義務はない（同法12条１項）。

観念の通知としての認定の通知　空家法は、特定空家等の該当性を個別に判断するという仕組みになっていない。しかし、実務においては、それは不可避である。そこで、前述のように、多くの空き家条例においては、「認定」という手続が規定されている。認定は市町村の一方的な確認であり、行政法学の伝統的な整理によれば、その通知は「観念の通知」といえる。行政処分ではない。

空家等と特定空家等との関係を整理すると、**［図表1.1］**のようになる。

［図表1.1］空家等と特定空家等の関係

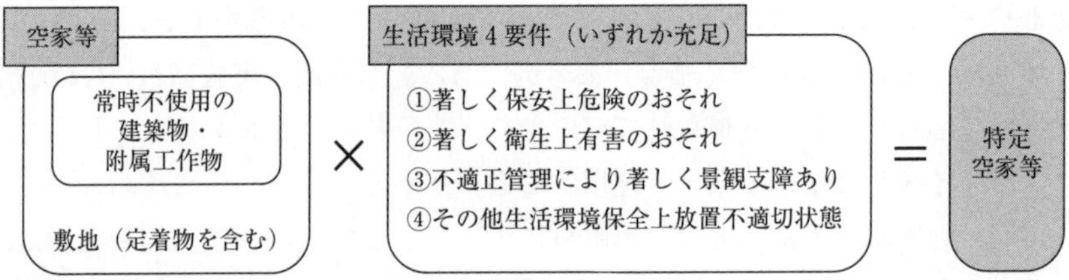

（出典）筆者作成。

特定空家等の情報の扱い　特定空家等がどこに所在するかの情報は、行政が保有している。この情報を積極的に開示する運用は、考えられていないようである。情報公開条例にもとづき開示請求がされればどう対応するかと調査したところ、非開示にすると回答した市町村が大半であった。

たしかに、個人情報であり、原則的には非開示である。しかし、著しい保安上の危険性があるからこそ特定空家等と認定したのであるから、「ただし，人の生命，身体，健康，生活又は財産を保護するため，公にすることが必要であると認められる情報を除く。」という情報公開条例の例外条項に該当するのではないだろうか。特定空家等の所有者等が特定される氏名や住所などは非開示にするとしても、その所在地までを非開示とする必要はない。

もっとも、情報公開条例のもとでの扱いはそうであるとしても、空家法の実施のなかでは、一覧表にまとめてウェブサイトにアップするほどの対応は不要だろう。個別の特定空家等の状況に応じ、道路上にカラーコーンを設置するなどの措置を講じて通行人等に情報提供・注意喚起をすれば十分である。

■ 空家等の所有者等の責務（３条）

第３条　空家等の所有者又は管理者（以下「所有者等」という。）は、周辺の生活環境に悪影響を及ぼさないよう、空家等の適切な管理に努めるものとする。

⑴ 「所有者又は管理者（以下「所有者等」という。）」

所有の２形態　民法206条が規定するように、所有者は、その所有にかかる物を自由に使用・収益・処分する権利を有している。この権利が所有権である。

所有形態には、①１人の者だけが目的物の所有権を持つ単独所有、②目的物の所有権を複数者が量的に分有する共有がある（民法250条）。共有の場合には、共有者全員が３条の責務の対象となる。その範囲が当該市町村の住民に限定されないのはいうまでもない。生存している必要があるのはもちろんである。国外に居住している場合もあれば、外国籍者の場合もある。所有者等には、会社などの法人も含まれる。

あてにならない登記簿情報　動産とは異なり、不動産である土地や建物の場合には、民法177条および不動産登記法のもとで、登記簿において、不動産に関する権利関係を確認する制度になっている。登記は、第三者に対する対抗要件である。

ところが、個人の場合、所有者の死亡により相続が発生して権利が移転しても登記が変更されていなければ現実の所有者と登記簿上の所有者が異なる現象が発生する。空家法の措置は、あくまで現実の所有者に対してなされるものであるため、市町村長は、登記簿にある記載をもとにしつつ、関係者の住民票や戸籍謄本を公用請求して取得し（住民基本台帳法12条の２第１項、戸籍法10条の２第２項）、措置の対象となる所有者を確定しなければならない。なお、後にみるように（⇨p.37）、2022年８月からは、住民基本台帳ネットワークシステムの利用が可能になっている。

餅は餅屋に　収集した戸籍情報等を読み解いて家系図・親族関係図を作成するにあたっては、戸籍や住民票の事務を取り扱っている担当課あるいは固定資産税担当課の職員の助力を得るのが効率的である。６条にもとづく空家等対策計画の記載事項のひとつに「空家等に関する対策の実施体制に関する事項」があるが、そのなかで庁内関係部署の協力について定めておけばよい。

底地所有者の位置づけ　借地に建つ非居住家屋の場合の底地所有者は、「空家等」の「等」の所有者であるため、「空家等」の所有者となる。この点は、５条にもとづく基本指針の2021年改正において明確にされた（⇨p.368）。

管理者とは　管理者とは、建物の所有者から、契約など一定の法律行為にもとづいて、当該建物の保存・利用・改良などの行為の権原を委任された者である。建物の存在を前提にするため、除却等の変更行為の権原はないのが通例である。賃貸借用建物について所有者から管理の委任を受けている不動産業者が、管理者の典型例である。所定の手続を経て選任された不在者財産管理人、相続財産清算人（2021年の民法改正のもとでの名称）、成年後見人は、管理者に該当する。管理者は、当該特定空家等の鍵を保有している場合が多いだろう。

全員相続放棄事案　被相続人が死亡して相続が発生したけれども、相続の事実を知った相続人全員が相続放棄の申述をして家庭裁判所がこれを受理した場合、最後に相続放棄をした者（最終相続放棄者）が管理者に該当するかが問題になる。2021年改正前の民法940条１項は、「相続の放棄をした者は、その放棄によって相続人となった者が相続財産の管理を始めることができるまで、自己の財産におけるのと同一の注意をもって、その財産の管理を継続しなければならない。」と規定していたため、同人が空家法にいう管理者に該当すると解する説もあった。しかし、最終相続放棄者の管理義務は、あくまで新たに相続人となる者との間のもの（内向きの義務）である。空家法３条の責務は、そのかぎりにおいて負うにすぎず、第三者との関係におけるもの（外向きの義務）ではない。

なお、2021年改正によって、民法940条１項には、「相続の放棄をした者は、その放棄の時に相続財産に属する財産を現に占有しているときは」（傍点筆者）という限定が明記された。傍点部にあるように、居住がされていない状態にある空家等は、この要件を充たさない。最終相続放棄者の管理者性については明確でない面があったが、この改正によって、管理者に含まれないことが明らかになった。

⑵ 「周辺の生活環境に悪影響を及ぼさないよう」

「悪影響」の内容　所有者等が適切な管理に努めるのは、周辺の生活環境への悪影響の防止のためである。周辺の生活環境に影響を与える項目として、特定空家等の定義のなかで、保安状態・衛生状態・景観状態が例示されている（２条２項）。前述のように、空家法における所有者等の管理責任のあり方は、常に周辺の生活環境との関係で把握されるのであり、それへの悪影響の防止のために、積極的な関与が求められている。

「悪影響」（11条にも規定される。）の具体的内容としては、２条２項が定義する特定空家等の要件が、これに相当する（⇨p.９）。

⑶ 「適切な管理に努めるものとする」

訓示規定　空家法以前の空き家条例では、所有者等の責務に関して、「適切に管理しなければならない。」というように、抽象的ながらも法的義務とする例が大半であった。それを踏まえて、具体的な義務が命令で確定するようになっていた。空家法以降の空き家条例にも、そのように責務を規定するものが少なからずある（⇨第２章）。

この点、空家法３条は、建築基準法８条１項と横並びの規定ぶりである。弱めの手続的な抽象的法的義務であり（⇨p.17）、具体的な実体的法的義務は、空家法14条３項にもとづく措置命令によってはじめて具体的に課されるという整理である。いずれにしても、「たんなる法的義務づけ」をするにすぎない訓示規定である。命令で義務が具体的に確定する（強制力を伴う法的義務となる）点は、空き家条例と空家法とで変わりはない。

土地基本法改正の影響　2020年３月に、土地基本法が一部改正された。同法全体を通じて、土地が「適正に利用される」というフレーズが「適正に利用し、又は管理される」と修正され、基本理念のひとつとして、「土地は、その周辺地域の良好な環境の形成を図るとともに当該周辺地域への悪影響を防止する観点から、適正に利用し、又は管理されるものとする。」（３条２項）が新設された。

この部分は、空家法が対峙する課題をも直接念頭に置いたものである。土地所有者等（土地基本法では、「土地の所有者又は土地を使用収益する権原を有する者」（４条１項））が名宛人になっているわけではないが、土地の適正管理という法政策が基本法レベルで明記された意味は大きい。自分の土地であるからといって、同地に存在する建築物を自由に放置することはできないのである。

この点は、空家法の実施にあたっても留意されるべきものである。具体的には、14条にもとづく諸権限の行使にあたって、所有者等に対して、より強い管理責任を求めることができるようになったといえる。所有者等の側からみれば、空家等の財産権の内在的制約の範囲と程度が強まった。空家等の所有者に注意喚起をするノウハウについては、国土交通省「空き家対策における事例集」（令和３年３月）が、27事例を紹介している。

民事法責任との関係　なお、たんに努力を求める本条の規定は、あくまで空家法のもとでのものである。管理不全状態にある建築物または工作物の倒壊により被害が発生した場合には、居住の有無にかかわらず、民法709条にもとづく不法行為責任（過失責任）や同法717条にもとづく工作物責任（無過失責任）が問われるのはいうまでもない。

■　市町村の責務（４条）

> **第４条**　市町村は、第６条第１項に規定する空家等対策計画の作成及びこれに基づく空家等に関する対策の実施その他の空家等に関する必要な措置を適切に講ずるよう努めるものとする。

⑴　「市町村」

行政主体の数　空家法１条は、「市町村（特別区を含む。第10条第２項を除き、以下に同じ。）」と規定する。同法で用いられる「市町村」は、原則として、特別区を含む概念である。2022年4月1日現在、792市、743町、183村、23特別区の1,741団体がある。

国土交通省の調査によれば、2014年に空家法が制定される前の条例数は401であった。「和歌山県建築物等の外観の維持保全及び景観支障状態の制限に関する条例」（2011年）を唯一の例外として、残りは市町村条例であった。空き家対策は、きわめて地元密着型の事務であり、空家法が実施の基本的役割を都道府県ではなく市町村に負わせたのは自然である。もっとも、すべての市町村に事務の義務づけをする必要があったかは疑問である。

(2) 「その他の空家等に関する必要な措置」

地域特性に応じた措置の展開　「その他」ではなく「その他の」とされているから、空家等対策計画と空家等に関する対策の実施は例示である。空家法のもとでの事務には任意的事務（6条、7条、11〜13条）と義務的事務（9〜10条、14条）があるが、いずれも市町村の事務であり、地域特性に応じた積極的な展開を期待した規定である。

体制整備のあり方　市町村のなかには、空家法実施のための体制が用意できないところもあるだろう。協議と合意が必要であるが、地方自治法252条の14第1項にもとづく事務の委託、同法252条の16の2第1項にもとづく事務の代替執行といった制度を通じて、都道府県に担当してもらうこともできる。そのようになれば、それは、「その規模又は性質において一般の市町村が処理することが適当でないと認められるもの」として同法2条5項に規定される補完事務である。この点は、次条が規定する基本指針の2021年改正において明確にされた。

(3) 「適切に講ずるよう努めるものとする」

訓示規定　本条は、市町村の責務を訓示規定の形で規定している。訓示規定に関しては、「努めるものとする」「努めなければならない」「責務を有する」「ものとする」「ねばならない」といった「求め方」に関する規定ぶりがあるが、このうちでもっとも弱めの表現が選択されている。この点は、「努めなければならない」という表現で都道府県の責務をやや強めに規定する8条と対照的である。

微妙な違いの意味　空家法は、事務の中心的実施主体を市町村としている。そうしつつも、都道府県のサポートは不可欠と認識している。都道府県の努力の程度を、市町村のそれとの関係でやや強く表現したのは、後述のように、補完事務をする役割を強調する意図があったのだろう。

市町村に実施が求められる空家法のフローは、[図表 1.2] の通りである。

[図表 1.2] 空家法のフロー

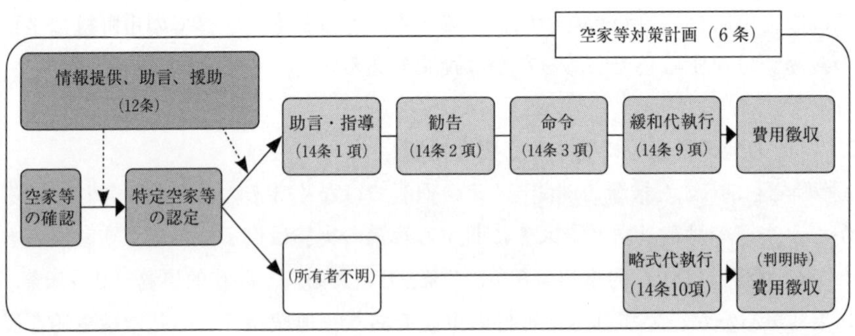

（出典）筆者作成。

国の関与　空家法にもとづく市町村の事務は、そのすべてが自治事務である（地方自治法 2 条 8 項）。大臣は、その事務処理が同法の規定に違反していると認めるとき、または、著しく適正を欠き、かつ、明らかに公益を害していると認めるときは、当該市町村を包括する都道府県の長（知事）に対して、是正・改善のための措置を講ずべきことを当該市町村に要求するよう指示できる（同法245条の 5 第 2 項）。もっとも、空家法の実施においては、想定しにくい。

■ 基本指針（5 条）

第 5 条　国土交通大臣及び総務大臣は、空家等に関する施策を総合的かつ計画的に実施するための基本的な指針（以下「基本指針」という。）を定めるものとする。

2　基本指針においては、次に掲げる事項を定めるものとする。

一　空家等に関する施策の実施に関する基本的な事項

二　次条第 1 項に規定する空家等対策計画に関する事項

三　その他空家等に関する施策を総合的かつ計画的に実施するために必要な事項
3　国土交通大臣及び総務大臣は、基本指針を定め、又はこれを変更しようとするときは、あらかじめ、関係行政機関の長に協議するものとする。
4　国土交通大臣及び総務大臣は、基本指針を定め、又はこれを変更したときは、遅滞なく、これを公表しなければならない。

⑴　「国土交通大臣及び総務大臣」（１項）

所管官庁　空家法は、国土交通省および総務省の共管法である。国土交通省が空家法を所管するのは、国土交通省設置法４条66号が同省の所掌事務のひとつとして、「住宅（その附帯施設を含む。）の供給、建設、改良及び管理並びにその居住環境の整備に関すること。」を規定するからである。総務省については、総務省設置法４条19号「地方自治に係る政策で地域の振興に関するものの企画及び立案並びに推進に関すること。」がその根拠である。また、空家法は、地方税法の特別措置を部分的に規定するため、53号「地方税及び特別法人事業税に関する制度の企画及び立案に関すること。」という点でも、同省の所掌事務に関係している。

⑵　「基本指針」（１項）

基本的事項を明記　国土交通省および総務省は、2015年１月30日付けで、都道府県・市町村に対して、「「空家等に関する施策を総合的かつ計画的に実施するための基本的な指針（案）」に関する意見照会」を実施した。その結果を踏まえて、基本指針（平成27年２月26日付け総務省・国土交通省告示第１号）が定められた（⇨p.364）。

基本指針は、「空家等に関する施策の実施に関する基本的な事項」（以下「基本的事項」という。）、「空家等対策計画に関する事項」、「その他空家等に関する施策を総合的かつ計画的に実施するために必要な事項」の３部から構成される。このうち、基本的事項が、全体の大半を占めている。内容としては、空家法の第１次施行部分（2015年２月26日施行）に対応するものである。

基本指針は、2021年に改正された（令和３年６月30日付け総務省・国土交通省告示第１号）。そこでは、空家法施行後５年間の運用状況を踏まえ、「将来の外部不経済が予見される空家等への対応について」、「市町村による財産管理制度の活用について」、「地域の空家等対策を支援する民間主体の活用について」、「借地の土地所有者への措置及び所有者多数の場合の対応について」の記述が追加されている。

技術的助言ゆえの非拘束性　基本指針および14条14項にもとづくガイドラインは、市町村との関係においては、技術的助言（地方自治法245条の 4 ）である。したがって、あくまで事実上の効力しかなく、市町村が独自の解釈を踏まえてこれとは異なる対応をしたとしても、従っていないという理由だけで違法となるわけではない。

(3)「関係行政機関の長」（ 3 項）

関係する範囲で　「関係行政機関の長」とは、国土交通大臣および総務大臣以外の中央府省の大臣を意味する。たとえば、空家等の利活用を通じた農山漁村地域の振興の観点からは農林水産大臣が、廃棄物不法投棄や動物棲息に起因する生活環境悪化対策の観点からは環境大臣が、それぞれ関係行政機関の長に該当する。所有者等のなかに、福祉的・医療的サポートを要する人が多いということになれば、厚生労働大臣がこれに該当しよう。

■ 空家等対策計画（ 6 条）

第 6 条　市町村は、その区域内で空家等に関する対策を総合的かつ計画的に実施するため、基本指針に即して、空家等に関する対策についての計画（以下「空家等対策計画」という。）を定めることができる。

2　空家等対策計画においては、次に掲げる事項を定めるものとする。

一　空家等に関する対策の対象とする地区及び対象とする空家等の種類その他の空家等に関する対策に関する基本的な方針

二　計画期間

三　空家等の調査に関する事項

四　所有者等による空家等の適切な管理の促進に関する事項

五　空家等及び除却した空家等に係る跡地（以下「空家等の跡地」という。）の

活用の促進に関する事項
六　特定空家等に対する措置（第14条第１項の規定による助言若しくは指導、同条第２項の規定による勧告、同条第３項の規定による命令又は同条第９項若しくは第10項の規定による代執行をいう。以下同じ。）その他の特定空家等への対処に関する事項
七　住民等からの空家等に関する相談への対応に関する事項
八　空家等に関する対策の実施体制に関する事項
九　その他空家等に関する対策の実施に関し必要な事項
3　市町村は、空家等対策計画を定め、又はこれを変更したときは、遅滞なく、これを公表しなければならない。
4　市町村は、都道府県知事に対し、空家等対策計画の作成及び変更並びに実施に関し、情報の提供、技術的な助言その他必要な援助を求めることができる。

⑴ 「総合的かつ計画的」（１項）

空家法における意味　「総合的かつ計画的」とは、法律において国の施策の実施のあり方を示す際に用いられる一般的なフレーズであり、空家法に特有のものではない。空家等対策計画は、同法のもとでの対応の総合性と計画性を担保するものとして位置づけられている。なお、「基本指針＋(任意) 計画」という組み合わせは、近時の法律のデフォルトともいえる構造である。

空家等対策に関するかぎりは、この規定ぶりの意味は大きい。本条の規定のみからは必ずしも明らかではないが、基本指針は、「空家等のそもそもの発生又は増加を抑制」することが本条２項９号の「その他空家等に関する対策の実施に関し必要な事項」に含まれるとしている。これは、現在は居住されているけれども将来空家等になる可能性が高い家屋についても、未然防止の観点から、施策の対象にできるという趣旨である。

要因発生プロセスへの対応　独居老人が施設に入所したり死亡したりした場合、当該家屋は空家等になる可能性がある。そうした事態は避けられないにしても、それが特定空家等になるのを未然に防止するため、市町村行政が家族等と連携をとって適切な方策を講ずる必要がある。その所管は、建築や住宅を扱う部署でなく福祉部署であろう。そのほか、防災、防犯、交通安全、債権回収、

環境、道路、河川、公有地管理など、関係部署は多岐にわたる。空家等対策計画の作成および実施には、個々の家屋の状況の時間的推移に対応して、機動的な関係部署の横断的関与が求められる。空家法が福祉的観点からの関与の必要性を認めている点については、７条にもとづく協議会の構成員の属性のひとつとして、「福祉に関する学識経験者」が規定されていることからも推察される。基本指針は、「市町村内の関係部局による連携体制」という節をわざわざ設け、行政分野を横断する全庁体制による取組みを期待している。

特定空家等に相当する物件に対して対症療法的に対応するだけでなく、それ以前の段階にある空家等に相当する物件を対象に発生抑制や利活用を検討する市町村の数は増加している。本条には、そうした先駆的自治体施策を一般化する意義がある。

対象区域の考え方　本条は、計画の対象区域について触れていない。市町村全域とするか部分的とするか、全域としつつも重点対策区域を設けるかについては、市町村の裁量がある。重点対策区域の設定は、住民に対して、不公平のない納得のいく実施を説明するための工夫である。メリハリをつけた法律実施のためには、既存の景観関係・まちづくり関係の計画を踏まえた実施方針を計画に書き込むこともできよう。空家法の実施においては、どうしても「モグラたたき」のような実務になりがちであるが、市町村の政策全体の観点から空家法の実施をとらえるようにするのが望ましい。

⑵　「基本指針に即して」（１項）

「即して」の意味　空家等対策計画の中心は、２項が列挙する諸事項である。決定にあたって、基本指針に即することが求められている。

もっとも、次にみるように、計画作成は任意的自治事務である。「即して」とは、基本指針に追随するという意味ではない。２項各号の事項を記載する必要はあるが、基本指針を十分に踏まえつつ、各事項の中身としてどのような内容を盛り込むかについては、市町村の裁量がある。

⑶　「計画……を定めることができる」（１項）

作成の任意性　計画の作成は、市町村の義務ではなく任意である。この点、国土交通省は作成を推奨している。**[図表 1. 3]** として示した空き家対策総合支援事業（事業期間平成28年度～令和７年度）においては、２項が定める各項目の記載のある空家等対策計画の作成が補助金交付の条件となっている。

[図表 1. 3] 空き家対策総合支援事業

空き家対策基本事業	空き家の除却（補助率：２/５）	特定空家等の除却（行政代執行・略式代執行に係る除却費用のうち回収不能なものを含む）、不良住宅の除却、上記以外の空き家・空き建築物の除却であって、除却後の跡地が地域活性化のための計画的利用に供される場合
	空き家の活用（補助率：直接１/２、間接１/３（かつ市町村の１/２））	
	空家等対策計画の作成等に必要な空き家の実態把握（補助率１/２）	
	空き家の所有者の特定（補助率：１/２）	
空き家対策附帯事業	空家法に基づく行政代執行等の措置の円滑化のための法務的手続等を行う事業等（補助率：１/２）	行政代執行・略式代執行に係る弁護士相談等の必要な司法的手続等の費用、代執行後の債権回収機関への委託費用、財産管理制度の活用に伴い発生する予納金で回収不能なもの
空き家対策関連事業	基本事業とあわせて実施する事業（補助率：各事業による）	住宅・建築物耐震改修事業、住宅市街地総合整備事業、街なみ環境整備事業、狭あい道路整備等促進事業、小規模住宅地区改良事業、地域優良賃貸住宅整備事業

（出典）国土交通省資料をもとに筆者作成。

増加する作成　市町村における作成は増加している。国土交通省と総務省の調査によれば、2022年３月31日時点では、全1,741市町村のうち、「策定済み」が1,397団体（80.2%）、「策定予定あり」が218団体（12.5%）、「策定予定なし」が126団体（7.2%）となっている。なお、空き家の実態把握のための調整は別にして、計画作成作業それ自体は、補助対象とはなっていない。

自治体事務を規定する近時の法律の特徴として、計画の実質的義務づけが指摘される。作成は任意として国の直接の財政負担義務を回避しつつ、作成する場合の規定事項を詳細に枠付け、補助金制度などと関連させて実質的に作成に追い込むという特徴的な仕組みである。空家法でも繰り返された。

計画期間　本条2項2号は、計画の記載内容のひとつとして、計画期間をあげている。計画期間を何年とするのかは、市町村の任意である。空き家をめぐる状況の変化の速度や行政対応の現実性に鑑みれば、1期5年とするのが適切であろう。計画最終年度には、それまでの実施実績や状況の変化を踏まえての改訂作業がされるだろう。

作成手続のあり方　作成手続は、市町村の裁量に委ねられる。地域住民の生活に大きな影響を与えるものであるから、拙速な作成は避けたい。住民参画を踏まえた原案づくりとパブリックコメントは必須であろう。第1段階として計画作成方針をつくり、第2段階として計画をつくるという方法もある。最初の作成において十分な住民参画をしていない市町村においては、空家法実施実績を踏まえた改訂の際には、広く情報を提供したうえで、パブリックコメントを含めた住民参画措置を講ずるべきである。

(4) 「次に掲げる事項を定めるものとする」（2項柱書）

記載事項の枠付け　空家等対策計画において定められるべき事項が、9項目にわたって列挙されている。内容を法律が決定しているという意味で、一種の枠付けである。各項目の具体的内容は、基本指針のなかで解説されている（「二　空家等対策計画に関する事項」、「三　その他空家等に関する施策を総合的かつ計画的に実施するために必要な事項」）（⇨p.373〜376）。1〜8号は、いわば空のカートリッジである。そこにどのような内容を充填するかは市町村の自治の問題であり、大きな裁量がある。

前記の通り、この計画の策定にあたっての実態把握は、空き家対策総合支援事業のもとでの補助金交付の条件となっている。このため、少なくとも形式的には、基本指針に即した内容とする必要がある。なお、この計画の作成が任意的自治事務となっている点に鑑みれば、国においては、市町村の決定を尊重する取扱いが求められる。

総合的空き家対策計画の可能性　市町村の空き家対策は、空家法だけによって実施されるわけではない。地域の生活環境の保全の観点からは、同法の対象外とされる使用状態の建築物を対象にした独立条例を制定する自治体もある。空家等や特定空家等でないかぎり、これらへの対応は、空家等対策計画の射程には含まれない。

そこで、市町村においては、法定計画である空家等対策計画をその傘下に位置づけるような独自の「総合的空き家対策計画」を作成し、それにもとづいて、空家法および空き家条例による空き家対策行政を推進するという整理も可能である。**［図表 1. 4］**のようなイメージである。

［図表 1. 4］総合的空家対策計画のイメージ

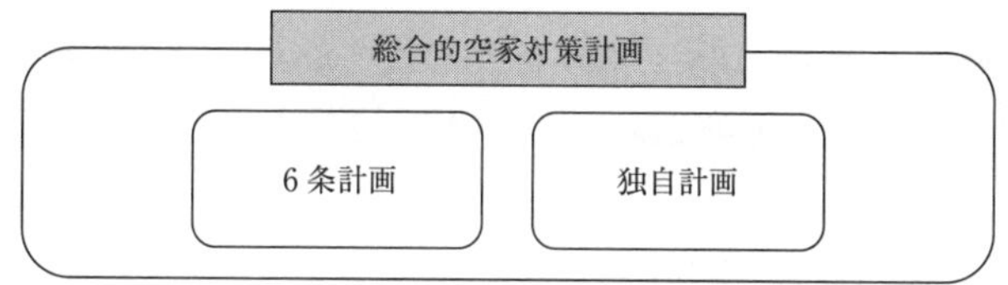

（出典）筆者作成。

(5)「遅滞なく、これを公表しなければならない」（３項）

チグハグな義務づけ　市町村は、計画を作成・変更したときには、遅滞なく公表する義務が課されている。作成を任意としておきながら公表を義務づけるというのは、少々奇異である。

地方分権改革のなかで、自治体に対する法律による義務づけを緩和する立法運用がされている。たとえば、「廃棄物の処理及び清掃に関する法律」（以下「廃棄物処理法」という。）にもとづき作成が義務づけられる市町村の一般廃棄物処理計画の公表については、かつては空家法６条３項のようになっていたが、2015年改正において、「公表するよう努めなければならない。」（廃棄物処理法６条４項）とされた。

確認規定としての意味　もっとも、空家等対策計画に書き込まれる事項は、住民の生活とも大きく関係しているし、その所有にかかる家屋の適正管理に対する責務を定着させる必要性がある。そこで市町村においては、これを公表して広く周知するべきである。住民参画手続を踏まえて作成されている点に鑑みても、公表が求められる。その意味で本項は、確認的意味を持つといえる。

⑹「都道府県に対し……必要な援助を求めることができる」（４項）

都道府県の役割　計画作成などにあたって、市町村は、都道府県の援助を求めることができる。その旨を確認的に規定する条例もある（例：「豊頃町空家等対策の推進に関する条例」７条）。要請を受けた都道府県の対応については、本条は具体的に規定しないが、後述の８条を踏まえた対応が求められる。

■　協議会（７条）

第７条　市町村は、空家等対策計画の作成及び変更並びに実施に関する協議を行うための協議会（以下この条において「協議会」という。）を組織することができる。

２　協議会は、市町村長（特別区の区長を含む。以下同じ。）のほか、地域住民、市町村の議会の議員、法務、不動産、建築、福祉、文化等に関する学識経験者その他の市町村長が必要と認める者をもって構成する。

３　前２項に定めるもののほか、協議会の運営に関し必要な事項は、協議会が定める。

⑴「協議会」（１項）

設置の任意性　空家等対策計画の作成および実施にあたっては、専門的知識を有する者の協力が必要な場合がある。そこで、７条は、市町村が協議会を設置できる旨を規定する。設置は任意である。協議会の設置主体は、それぞれの市町村である。地方自治法252条の７にもとづいてこれを共同設置するという提案もあるがあまりに大掛かりであり、また、空き家をめぐる事情は市町村によって異なることから、現実性は薄いだろう。

附属機関としての法的性質　この協議会は、地方自治法252条の２の２に規定される協議会（地方公共団体の事務の一部を共同で管理・執行する等のために設置される）とは異なり、その法的性質は、同法138条の4第3項に規定される附属機関である。行政実例には、執行機関の附属機関を代表する職（会長や委員長等）を当該執行機関である長が兼ねることは差し支えないとするものがある（昭和33年3月12日自丁行発第43号福井県総務部長宛行政課長回答）。しかし、長をもって附属機関というのは奇異である。当該協議会の長以外の構成員集団が附属機関であると整理すべきであろう。

機動的対応のための工夫　空家等対策計画を作成した後の実施は、専門的判断を要する事務的色彩が強い作業となる。そこで、協議会のなかに部会を設け、たとえば、特定空家等の認定や空家法14条の諸措置の内容の決定を審議させるという運用もありうる。

(2)「市町村長（特別区の区長を含む。以下同じ。）のほか」（2項）

必要的構成員としての長　協議会の構成員として、市区町村の長の参加が必須とされている。空き家対策には全庁的対応が求められるために、長の積極的関与が必要という立法者意思であろう。

構成員の属性　地域住民および市町村議会議員のほかは、属性で表示されている。基本指針は、それぞれについて、具体的に、法務（＝弁護士、司法書士、行政書士、法務局職員）、不動産（＝宅地建物取引士、不動産鑑定士、土地家屋調査士）、建築（＝建築士）、福祉（＝社会福祉士等有資格者、民生委員）、文化（＝郷土史研究家、大学教授・教員等）をあげている。また、「その他」の例としては、自治会役員、警察職員、消防職員、道路管理者等公物管理者、まちづくりや地域おこし、地域の空家等対策に取り組むNPO等の団体をあげている（⇨p.361）。前述のように警察職員が含まれているのは、住民の不安感への対応という「広義の防犯」に関して空家法が無関心ではないという趣旨であろう。そのほか、「都道府県や他市町村の建築部局に対して協力を依頼することも考えられる」とされている（⇨p.367）。

独自の附属機関の設置　なお、部会を設置して機動的な対応をする工夫をなしうるにしても、協議会に長の出席を常に求めるのは、現実的ではない。また、例示されている属性に関する拘束を嫌う市町村もある。実際、設置を予定しない市町村は多い。国土交通省と総務省の調査に対して、543市町村（31.2%）が「設置予定なし」と回答している（2022年３月31日現在）。

そこで、本条にもとづくのではなく、地方自治法138条の４第３項にもとづき、独自の第三者的組織を条例設置する市町村が多くある。空き家条例のなかで規定される場合もあれば、それのみを規定する組織条例が制定される場合もある。当該組織の外部委員には報償費が支払われることもあるから、地方自治法203条の２が規定する給与条例主義に照らせば、一般的には非常勤職員となる外部有識者の条例上の位置づけを明確にする必要がある。

７条の協議会または独自の附属機関のいずれにしても、その所掌事務の中心は空家法にもとづく市町村長の権限行使にあたっての諮問対応などである。どちらの方式をとったとしても、空家法にもとづく市町村長の権限行使の効果に変わりはない。空家法の実施を市町村で行うにあたってどのような組織が望ましいかは、地域特性を踏まえた自治的判断によるものである。義務的ではないにしても、本項は、過度の枠付けである。

所掌事務と手続　協議会やそれ以外の附属機関にどのような審議権限を与えるかは、市町村長の裁量である。これらを設置せずに14条３項にもとづく命令や同条９項にもとづく緩和代執行をしても、手続違反となるわけではない。しかし、それらの権限行使にあたって附属機関に諮問する旨が空き家条例に規定されている場合において正当な理由なくそれを省略して実施すれば、当該処分は手続的に違法となる。

運用緩和の許容性　本条にもとづく協議会を設置する市町村にあっても、長の参加を義務的とする運営の硬直性は懸念されていた。2015年に作成されたガイドラインに関するパブコメ回答では、「協議会の運営要領等において、代理人として他の者を任命することは可能」となっていたところ（⇨p.449）、2021年６月に改正された基本指針は、「市町村長を構成員としつつも、協議の内容に応じて、本人ではなく、市町村長より委任された者が参画するなど、必要に応じて柔軟な運営方法とすることも可能」として、この点を確認した（⇨p.367）。法改正ではなく解釈で可能な対応なのか、疑問なしとしない。

■ 都道府県による援助（8条）

> **第8条**　都道府県知事は、空家等対策計画の作成及び変更並びに実施その他空家等に関しこの法律に基づき市町村が講ずる措置について、当該市町村に対する情報の提供及び技術的な助言、市町村相互間の連絡調整その他必要な援助を行うよう努めなければならない。

(1)「情報の提供及び技術的な助言、市町村相互間の連絡調整その他必要な援助」

都道府県の役割　本条は、空家等対策計画の作成・変更・実施をはじめとして、空家法にもとづき市町村が措置を講ずる場合に、情報提供、技術的助言、市町村相互間の連絡調整などの必要な援助を都道府県が講ずるよう求めている。市町村の要請を受けて受動的に対応する場合と、それにかかわらず能動的に対応する場合がある。

地方自治法２条５項は、都道府県の役割として、「広域にわたるもの」（広域事務）のほか、「市町村の連絡調整に関するもの」（連絡調整事務）および「その規模又は性質において一般の市町村が処理することが適当でないと認められるもの」（補完事務）を規定する。本条は、それらを空家法に引き付けて整理したものである。

具体的な対応　空家法の施行前後においては、たとえば、域内市町村の連絡調整組織をつくって情報交換を促進したり、空家法14条14項にもとづく国のガイドライン（⇨p.65）を詳細化したガイドラインを作成して市町村独自の措置基準づくりをサポートしたりする都道府県もあった。現在においては、定期的なセミナーの開催や国からの情報提供をする例が多い。除却に関する独自の補助金制度を持つ県もある。

(2)「努めなければならない」

やや強めの訓示規定　市町村の責務を規定する４条は、「市町村は……努めるものとする。」と規定している。これに対して、本条は、都道府県に関して、

「……努めなければならない。」と規定する。いずれも手続的訓示規定であるが、都道府県が市町村をサポートする役割を持っている点を強調するために、やや強めの表現となっている（⇨p.17）。

■ 立入調査等（9条）

第9条　市町村長は、当該市町村の区域内にある空家等の所在及び当該空家等の所有者等を把握するための調査その他空家等に関しこの法律の施行のために必要な調査を行うことができる。

2　市町村長は、第14条第１項から第３項までの規定の施行に必要な限度において、当該職員又はその委任した者に、空家等と認められる場所に立ち入って調査をさせることができる。

3　市町村長は、前項の規定により当該職員又はその委任した者を空家等と認められる場所に立ち入らせようとするときは、その５日前までに、当該空家等の所有者等にその旨を通知しなければならない。ただし、当該所有者等に対し通知することが困難であるときは、この限りでない。

4　第２項の規定により空家等と認められる場所に立ち入ろうとする者は、その身分を示す証明書を携帯し、関係者の請求があったときは、これを提示しなければならない。

5　第２項の規定による立入調査の権限は、犯罪捜査のために認められたものと解釈してはならない。

⑴「この法律の施行のために必要な調査」（１項）

敷地内調査以外　１項が規定する調査は、２項が規定する敷地内への立入調査以外のものである（もっとも、敷地内に立ち入って玄関の呼び鈴を押すような行為は認められる）。その目的は、区域内の空家等の所在・状態および当該空家等の所有者等の把握である。空家等の所有者等が把握できた場合に、利活用の意向を聴取するための調査も可能である。

具体的内容　何をもって「必要な調査」とみるかは、事案により異なる。標準的には、敷地外からの外観目視、親族・周辺住民・地元自治会幹部への聞込み、不動産登記簿情報、戸籍情報（戸籍謄本、戸籍附票）、住民票情報（住民票、住民票除票）の取寄せ（いわゆる公用請求）（⇨p.382）、（空家等の所有者等が判明した場合の）当該所有者等に対する事情聴取等による調査が想定されている。的確な調査は、すべての対応の基本である。外観調査であれば、行政自らするほかに、自治会の協力を求めたり電気・ガス・水道の検針の際に状況に関する情報提供の協力を求めたりするアウトソーシングも考えられる。国立国会図書館に所蔵されている過去の電話帳の情報も、手がかりとなりうる。

対応の最初の段階で所有者等の調査を正確にしておくことは、空家法の実施過程における対応の手戻りを回避するために、きわめて重要である。登記簿上の所有者が死亡したままに相続発生による権利移転が登記簿に反映されていないケースは多くある。上述の情報収集手法に加え、登記簿上の所有者の最後の住所地を管轄する家庭裁判所に「相続放棄の申述書」の提出があるかも確認しておきたい。

質問権限はない　空家等が特定空家等に認定された場合、特定空家等の所有者は空家等の所有者でもある。そこで、特定空家等の所有者等に対し、当該特定空家等に関して質問をするのは可能である。しかし、その拒否や忌避は、罰則の対象になっていない。たとえば、建築基準法は、建築物の所有者に対して、罰則の担保のもとに、報告を求める権限を規定する（12条5項、99条1項5号）。これに対して、空家法は、その必要性がないと立法者が判断したからなのか、市町村長の報告徴収権を規定していない。空家等（または特定空家等）の所有者等への事情聴取は、あくまで任意にとどまる。

(2)「当該職員又はその委任した者」（2項）

委任による調査　9条にもとづく調査は、市町村職員のほか、委任をした者も行うことができる。書面による委任をする必要がある。委任対象者は、調査内容に応じて多様である。一見明白に特定空家等であり除去相当とみなせるような場合でないかぎり、建物の構造の調査であれば、それなりの調査技術を必要とするため、建築士有資格者でなければならないだろう。そのほか、調査内容によって、土地家屋調査士や不動産鑑定士などが対象になる。敷地に入っての状況調査程度であれば、そこまでの専門性は要求されない。委任を受けた者の調査にあたっては、市町村職員の立会いは不要である。

委任を受けた者は、空家法のもとでの立入調査を本来業務としていない。そのため、委任にあたっては、業務の期間や場所を明確に特定するのが望ましい。委任契約においては、守秘義務も規定しておく必要がある。委任のかぎりで非常勤の地方公務員となるため、その業務執行に対する妨害行為は、公務執行妨害罪（刑法95条１項）を構成する。一方、業務執行に起因して損害が発生すれば、国家賠償責任（国家賠償法１条）が問われうる。

(3)「空家等と認められる場所に立ち入って調査をさせることができる」（２項）

立入りができる場合　「空家等かどうかの判断は外側から、空家等と認定すれば立入りも可能」、これが空家法の整理である。14条１～３項の規定の施行に必要な限度とされているが、そこで規定される措置は、特定空家等に対するものである。このため、空家等と認められる場所とは、実際には、特定空家等の疑いがある空家等を意味する。

「空家等と認められる場所」は、確実に「空家等」である必要はない。したがって、利用がないのが常態のようであると判断して立ち入って調査をしたところ、人の居住などの使用実績が判明したとしても、当該調査が違法になるわけではない。その場合には、「空家等」ではないと確認されたのであるから、空家法の対象物ではなくなる。当該建築物が著しく保安上危険であれば、建築基準法10条３項にもとづく対応がされる。正当な居住権原を持たないホームレスが棲みついていた場合（軽犯罪法１条１号に違反するが）でも同様である。

間接強制　２項にもとづく立入調査を拒否・妨害・忌避した者は、20万円以下の過料に処される（16条２項）。明記はされていないが、正当理由がある場合はこのかぎりではない。いわゆる間接強制調査であり、抵抗を排して実施できるものではない。立入調査は空家法が規定する正当行為であるから、住居侵入罪（刑法130条）が成立しないのはいうまでもない。門扉を破壊しての敷地内立入りはできないが、塀にはしごをかけて敷地内に入るのは許される。

立入調査の内容　「立ち入って調査」には、敷地内に加え、必要があるかぎりにおいて、建築物や工作物の内部に入って構造や朽廃の程度を確認する調査も含まれる。直接目視が困難な場合、長いポールの先につけたカメラからの撮影や所定の許可を受けてのドローン利用による撮影も考えられる。屋内への立入りについては、たとえば、壁に大きく空いた穴から内部に入るのは可能であるが、所有者等の同意がないかぎり、施錠を破壊したり新たに壁を破壊したりしての立入りまではできない。所有者等が不明であれば、その手がかりを得るための調査も可能である。家屋内への立入りができた場合には、必要な範囲で手紙や書類などを調べるのも可能である。

本調査によって、空家等の所有者等のプライバシー侵害は発生する。たしかに、その所有にかかる家屋を空き家状態にする自由はある。しかし、空家法のもとでの立入調査の対象になるのは、管理状態が劣悪であり地域社会に外部性をもたらしているものである。土地基本法が規定する土地の適正管理義務に反した状態になっているのであるから、空家法の目的の実現のためになされる立入調査による侵害の程度は相対的に軽微であって、受忍すべき範囲内といえる。

立入調査前置主義ではない　９条２項の立入調査は、14条１～３項の措置にとっての必須の手続ではない。９条１項の調査によって特定空家等と認定できれば、立入調査をせずとも諸措置を講ずることに問題はない。

(4) 「その５日前までに、当該空家等の所有者等にその旨を通知」（３項）

事前通知　空家等と認められる場所への立入りには、その所有者等に対して５日前までに通知しなければならない。「５日前通知ルール」は、港湾法55条の２の２第２項に前例がある。実施日の前日から５日を数える。たとえば、５月12日に立入調査をする場合は、５月６日中に通知が到達していなければならない。

事前通知をする趣旨は、適正手続の保障およびプライバシーへの配慮のためである。通知をすれば足りるのであり、所有者等の承諾は不要である。この点で、居住者の有無を問わない前提である建築基準法12条７項の立入検査とは異なる。通知方法としては、所有者等の支配下に配達されたという証明ができる特定記録郵便によるのが適切である。「ここに住んでいるようだ」という情報をもとに職員が当該住居のポストに投函する場面を写真撮影するような方法は、通知の確実性を欠くため、不適切である。

所有者等の立合い　空家法の運用においては、とりわけ管理の悪い空家等の状態を所有者等が自主的に改善、あるいは、自主的に除却するのが望ましい。このため、所有者等に繰り返しアプローチをする必要性は高い。適正手続の保障以外に、事前通知には、そうした方向へと所有者等を誘導する機能がある。通知を受けた所有者等が立会いを求めてきた場合には、応じればよい。なお、空家法は、所有者等に立会権を認めていない。所有者等が立会いを求めたが日程の調整ができなかった結果、それなしで立入調査をしても、違法にはならない。

(5)「通知することが困難であるとき」（３項但書）

通知困難　通知が困難であるときとは、９条１項にもとづく調査をしてもなお所有者等を把握できない場合をいう。氏名は判明していても所在が不明であるため連絡ができない場合も含まれる。

調査の範囲　所有者等の情報を得るために、家屋内部の残置動産を調査する必要がある場合もある。たとえば、机やタンスの引き出しを開けて、所有者等につながる情報を探すという調査である。たしかに、プライバシーの侵害にはなるが、所有者等の手がかりがまったくつかめない場合には、比例原則に反しない範囲でこうした調査も適法になしうる。一方、所有者等が判明していれば、そうした調査はなしえない。

全員判明は不要　共有にかかる空家等に関して共有者全員の把握ができない場合には、判明している共有者たる所有者等のみに対して通知をすれば足りる。「共有者全員に通知しないかぎり立入りを拒否する」という主張は、正当理由とはみなされない。

■　空家等の所有者等に関する情報の利用等（10条）

第10条　市町村長は、固定資産税の課税その他の事務のために利用する目的で保有する情報であって氏名その他の空家等の所有者等に関するものについては、この法律の施行のために必要な限度において、その保有に当たって特定された利用の目的以外の目的のために内部で利用することができる。

2　都知事は、固定資産税の課税その他の事務で市町村が処理するものとされているもののうち特別区の存する区域においては都が処理するものとされているもののために利用する目的で都が保有する情報であって、特別区の区域内にある空家等の所有者等に関するものについて、当該特別区の区長から提供を求められたときは、この法律の施行のために必要な限度において、速やかに当該情報の提供を行うものとする。
3　前項に定めるもののほか、市町村長は、この法律の施行のために必要があるときは、関係する地方公共団体の長その他の者に対して、空家等の所有者等の把握に関し必要な情報の提供を求めることができる。

(1)「固定資産税の課税その他の事務のために利用する目的で保有する情報であって氏名その他の空家等の所有者等に関するもの」（１項）

利用可能情報の範囲　「その他の」とあるように、固定資産税の課税情報は例示であるが（「その他の」例：建築基準法のもとでの建築計画概要書、建築確認申請書、介護保険法や健康保険法のもとでの報酬請求・保険料納付関係書類）、これが明記される意味は大きい。空家法制定以前の空き家条例の実施過程においては、対象となる空き家の所有者等に結び付く情報（例：納税者情報、納税管理者情報）が固定資産税台帳に記載されていることはわかっていた。

税務関係情報の特殊性　空家等の所有者等を探知しようとして不動産登記簿を閲覧しても、相続等による権利移転後の状況が権利登記に反映されていないために、現在の所有者等が把握できない場合がある。また、そもそも建物の登記がされていない場合もある。そこで、固定資産税台帳の情報が必要とされた。

ところが、地方税法22条は、「地方税に関する調査……に関する事務又は地方税の徴収に関する事務に従事している者又は従事していた者は、これらの事務に関して知り得た秘密を漏らし、又は窃用した場合においては、２年以下の懲役又は100万円以下の罰金に処する。」と規定している。この「秘密」の範囲について、税務担当部署はきわめて厳格に解するのが一般的であった。空家法制定前の空き家条例のなかには、京都市条例のように、氏名や住所といった限定的な内容は秘密に該当しないという解釈にもとづいて、そのかぎりで利用可能という旨を規定する例もあったが、少数であった。全体としてみれば、空き家対策には一切利用できなかったのである。

利用可能な税務情報の範囲　利用が可能な情報には限界がある。例示されている氏名のほか、「固定資産税の課税のために利用する目的で保有する空家等の所有者に関する情報の内部利用等について」（平成27年２月26日国住備第943号・総行地第25号）と題する国土交通省と総務省の共同通知が、住所や連絡先電話番号を限定列挙する。空家法担当としては、代執行による除却を考えた場合、費用回収ができる十分な資産を所有者等が保有しているかに関心があるが、納税額など「数字」の利用はできない。特定空家等の所有者等に十分な資産があることは、代執行の要件にはなっていないからである。

固定資産税情報を利用して所有者等の判明に至ったケースはきわめて多い。総務省行政評価局『空き家対策に関する実態調査結果報告書』（2019年１月）によれば、90％以上の事例において、同情報ないしそれをもとした調査により所有者等の特定がされている。

⑵「保有に当たって特定された利用の目的以外の目的のために内部で利用」（１項）

守秘義務の限定的解除　本条１項は、そこに記載される者の同意なしに、固定資産税の課税情報等を市町村の空家法実施に必要な限度で利用できると明記した。なお、取得した情報については、地方公務員法34条および60条２号により、職員には守秘義務が課されている点に注意が必要である（１年以下の懲役または50万円以下の罰金）。情報の取扱いについては、前記国土交通省・総務省共同通知に詳細な記述がある。

創設規定か確認規定か　この規定の法的性格について、2015年ガイドライン作成にあたってのパブコメ回答のなかで、国土交通省・総務省は、「固定資産税情報は、地方税法第22条により目的外利用が禁止されており、今回の法施行により空家等対策に利用することが可能となりました。」として、創設規定であると解していた（⇨p.418）。空家法が地方税法の特別措置法とされる理由は、ひとつには、この措置ゆえであった。

ところが、その後、独立条例としての空き家条例の施行に必要な限度でも内部利用は可能という国会答弁がされている（第198回国会衆議院総務委員会議録７号（2019年３月７日）18頁［総務省自治税務局長・内藤尚志］）。これによれば、10条１項は確認規定となる。

照会・回答にあたっては、空家法担当部署と税務担当部署のそれぞれにおいて、定型的な様式を用意して、これを利用するのが便宜である。

⑶　「都知事は」（２項）

東京都の特殊性　本条２項は、地方税法734条１項にもとづき特別区内の不動産に関して固定資産税を課す権限を持つ東京都と空家法の実施権限を持つ特別区との関係において、固定資産税情報の扱いについて同様の対応をなしうる旨を規定したものである。両者はそれぞれ独立した行政主体であるから、本条１項の「内部で利用」が観念できない。

⑷　「関係する地方公共団体の長その他の者」（３項）

行政の場合　本条３項は、所有者等把握のための情報源として、庁外の対象を規定する。他自治体が例示されている。具体的には、戸籍謄本・附票や住民票・除票の写し等の公用請求があろう（⇨p.382）。同項では、警察や消防も対象となる。

住基ネットの利用　公用請求については、所有者等の現住所特定に時間を要するほか、対応する市町村の事務負担の大きさが指摘されていた。この点に関して、2022年５月に制定された「地域の自立性を高めるための改革の推進を図るための関係法律の整備に関する法律」（第12次地方分権一括法）による住民基本台帳法の改正によって別表第二に「九の二」が追加され、空き家の所有者等特定のために住民基本台帳ネットワークシステムの利用が可能となった（2022年８月20日施行）。公用請求の減少による調査事務の効率化や他市町村に居住する空家等の所有者等の現住所特定作業時間の短縮が見込まれる。所有者等が不明であることも、迅速に判明する。これは、建築物についての措置であるが、土地に関しても、同様の対応を可能にする住民基本台帳法改正が、2023年度に予定されている。

民間事業者の場合　そのほか、電気・ガス・水道等の供給事業者を想定して、これらに対して、空家等に関する使用状況や関係設備が使用可能状態にあるかなどの情報提供を求めることができる旨を規定した。水道事業者を通じて携帯電話番号情報を確認して、携帯電話会社に照会した結果、所有者関係情報が入手できた例もある。

日本郵便に対して、郵便物の転送先情報の提供も求めうる。調査の結果、所有者等の死亡が判明した場合に、法定相続人が相続放棄をしているかどうかを確認するために、被相続人の最後の住所地を管轄する家庭裁判所に対して、「相続放棄・限定承認の申述の有無についての照会」も可能である。

国外居住者・外国籍者の場合　所有者等が国外に居住すると判明した場合の対応については、ガイドラインの一部改正（令和３年６月30日）により、外務省の調査を利用できると明記された。外務省領事局政策課在留届照会担当が窓口になる。

また、所有者等が外国籍者の場合には、住居地市町村への外国人住民登録の照会、東京出入国在留管理局への出入国記録や外国人登録原票の照会という方法が明記された（⇨p.383）。外国人住民登録制度開始（2012年７月９日）以前の情報については、同庁出入国管理情報官出入国管理情報開示係が窓口になる。登記簿に記載されている外国籍者がすでに死亡しているような場合、東京出入国在留管理局から取得する外国人登録原票には当該個人の情報しか記載されておらず、相続関係がわからないため、それ以上に進めない問題がある。

⑸　「求めることができる」（３項）

自治体同士の場合　ほかの自治体に対して照会は可能であるが、相手方には応答義務は課されていない。もっとも、公用請求の場合、個人情報保護条例との関係では、「法令に定めがあるとき。」という提供可能事由に該当するため、回答はされるのが通例である。しかし、本条３項以外の場合には、現状では、自治体同士であっても提供は難しいだろう。

対民間企業の場合　一方、民間企業の場合は、顧客情報となるため、どの程度の協力が得られるかは不確実である。たとえば、日本郵便の場合は、郵便事業従事者の守秘義務を規定する郵便法８条２項との関係が問題になる（違反に対する罰則はない）。国土交通省住宅局住宅総合整備課「空き家等対策における「郵便転送情報の取扱い」について情報提供」（事務連絡・令和２年３月３日）は、特定空家等の保安上の危険から近隣住民等の生命・身体を保護する必要性があり同様情報を入手する代替手段がない場合には、市町村への情報提供が可能であるとしているが、日本郵便に対して協力義務を定める法規範はない。

■ 空家等に関するデータベースの整備等（11条）

> **第11条**　市町村は、空家等（建築物を販売し、又は賃貸する事業を行う者が販売し、又は賃貸するために所有し、又は管理するもの（周辺の生活環境に悪影響を及ぼさないよう適切に管理されているものに限る。）を除く。以下第13条までにおいて同じ。）に関するデータベースの整備その他空家等に関する正確な情報を把握するために必要な措置を講ずるよう努めるものとする。

(1)「空家等（建築物を販売し、又は賃貸する事業を行う者が販売し、又は賃貸するために所有し、又は管理するもの（周辺の生活環境に悪影響を及ぼさないよう適切に管理されているものに限る。）を除く。……）」

「空き家」のいろいろ　正確な情報の把握が必要な空家等とは、市町村が空家法を実施するにあたって対象となるものである。総務省が５年ごとに取りまとめている『住宅・土地統計調査』（最新は、平成30年版）は、「居住世帯のない住宅」と定義される「空き家」を、①二次的住宅・別荘、②賃貸用、③売却用、④その他の４つに分類している。①～③は、それぞれの目的のために管理がされているのが通例である。本条がカッコ書きで除外しているのは、そのうち販売業・賃貸業の対象となっているものである。そうであるかぎりにおいて、行政が介入する必要性は乏しい。

もっとも、そうであっても、管理不全状態にあれば対象になるというのは、もうひとつのカッコ書きが示すとおりである。結局、本条が市町村に対して正確な情報の把握を求めるのは、〔１〕①～③で販売業・賃貸業の対象となっているが管理不全な状態にあるもの、〔２〕①～③で所有者等の管理下にあるもの、〔３〕④に対応する空家等となる。

２条２項の定義から明らかなように、特定空家等は空家等の部分集合である。したがって、本条にもとづく措置は、特定空家等に関するものでもある。

(2)「データベース」

データベースの内容　データベースとして、特定の内容や方法が指定されているわけではない。紙媒体か電子媒体かは問われないが、管理や利活用の便宜を考えると、後者にするのが望ましい。一例として、９条や10条をはじめとする各種調査を通じて入手した情報や既存資料に記載されている情報を具体的な空家等に関して整理したもの、近隣住民からの通報を記録したもの、所有者等や近隣住民などとの行政のやり取りを記録したものを、個別の空家等ごとに集積した電子媒体の「空家等カルテ」や「特定空家等カルテ」を整備し、それを地図上で表示する方法がある。

個人情報　これらの行政情報は、個人情報保護法制のもとでの「個人情報」に該当するため、その取扱いには注意を要する。行政職員は、物件を流通させたいという思いから、あるいは、地域住民とのコミュニケーションをよくしようという思いから、空家等の所有者等の同意なく情報を外部に提供することのないようにしなければならない。地方公務員法34条が規定する前述の守秘義務に留意しておきたい（⇨p.36）。

委託の場合の注意点　６条にもとづく空家等対策計画の作成および本条にもとづくデータベースの整備の作業にあたっては、民間コンサルタントを活用するケースもあるだろう。そうした場合であっても、あくまで市町村が主体となって内容を決定するようにすべきである。なお、民間コンサルタントに委託する際には、契約のなかで、10条１項の措置を通じて入手した情報に関して守秘義務を課したり再委託を禁止したりする規定を設けるのが適切である。

⑶「その他空家等に関する正確な情報を把握するために必要な措置」

多様な情報入手ルート　データベース整備以外の措置は、市町村によって多様である。空き家条例のなかには、空家等に関する情報の行政への提供を住民の努力義務として規定するものがある。自治会に対して、空家等に関する情報提供を依頼する実務もある。「正確な」という形容詞には、確認的意味しかない。

■ 所有者等による空家等の適切な管理の促進（12条）

> **第12条**　市町村は、所有者等による空家等の適切な管理を促進するため、これらの者に対し、情報の提供、助言その他必要な援助を行うよう努めるものとする。

⑴ 「情報の提供、助言その他必要な援助」

空家等の段階での対応　本条は、主として特定空家等とまでは認定されていない空家等を対象にして、１条の目的に規定される利活用がされるように、所有者等に対して適正な管理を促すべくサポートをすることを規定したものである。適正な管理がされずに空家等が放置されると、２条２項に規定される要件に近づき、特定空家等になってしまう。それを予防する必要がある。

14条1項の助言との違い　「助言」という文言に関しては、特定空家等に対する措置として、14条１項に「助言又は指導」と規定されている。いずれも、市町村の行政手続条例の規律を受ける「行政指導」である。これは、著しく保安上危険となるおそれを是正する内容を持つが、12条にもとづく助言は援助的内容であるために、それとは異なる内容となる。

特定空家等も対象に　空家等には、特定空家等も含まれる。したがって、本条にもとづく情報提供などの援助は、特定空家等に対してもなしうる。

市町村による制度づくり　多くの市町村で導入されている利活用促進のための空き家バンクやマッチング制度は、本条にもとづく施策と位置づけられる。適正管理や売却など、空家等の所有者等は、それぞれの当該空家等との関係で、それぞれの事情のもとで、様々かつ複雑な想いを持っている。そうした所有者等に寄り添いつつ、空家法の実施という枠組みのなかで、納得できる決定に向けて伴走する制度づくりが求められている。

⑵ 「努めるものとする」

弱めの訓示規定　本条では、「……行うことができる。」ではなく、「……行うよう努めるものとする。」とされている。空家等の適正管理が推進されるようなサポートを推奨するという趣旨である。「努めなければならない。」と８条が規定する都道府県に関する規定ぶりよりは弱くなっている点が興味深い。

■ 空家等及び空家等の跡地の活用等（13条）

第13条　市町村は、空家等及び空家等の跡地（土地を販売し、又は賃貸する事業を行う者が販売し、又は賃貸するために所有し、又は管理するものを除く。）に関する情報の提供その他これらの活用のために必要な対策を講ずるよう努めるものとする。

⑴　「空家等及び空家等の跡地（土地を販売し、又は賃貸する事業を行う者が販売し、又は賃貸するために所有し、又は管理するものを除く。）」

重要な利活用　本条は、市町村が活用促進措置を講ずる対象を明記する。空家法がとくに問題視するのは、空家等のうち所有者等による自ら利用、販売・賃貸目的保有等がされずに管理が放棄されているものである。販売・賃貸のために管理されているものに対する措置は不要であるため、カッコ書きで対象外とされている（空家等に関しては、11条カッコ書き参照）。

なお、正確な情報把握に関して規定する11条とは異なり、跡地に関するカッコ書きには、「周辺の生活環境に悪影響を及ぼさないよう適切に管理されているものに限る。」という限定がされていない。これは、本条が利活用のための対策を広く規定するためである。

空家等対策の延長線上に　空家等に加えて空家等の跡地も対象となっている。除却されて保安上の危険等は除去されたけれども、不適正な管理のままに放置されると「空き地問題」が発生しかねない。それを未然防止するための措置である。本法は、基本的に「現存する空家等」を前提にしているが、除却された空家等の跡地はその延長線上にあるとして、なお１条に規定される目的の範囲内に含まれるという整理である。

空家等の適切管理方策　適切管理促進のための措置としては、建築物の通風・換気、通水、清掃、敷地の雑草や立竹木の剪定などを定期的に実施することがある。こうした行為は所有者等の費用で実施されるべきものであるが、これらを有料で実施する専門業者やサービスをコーディネイトするNPOに関する情報の提供などが想定されている。担当課に「空き家相談窓口」を開設して、ワンストップの対応を可能にし、状況により関係部署のサポートが得られるようにする方法もある。より実践的には、行政が民間事業者と契約し、当該業者が空家等の所有者等の利用意向・処分意向を聴取し、それを可能にする「パッケージ」（関係専門家・業者の組み合わせ）を複数提案できるような取組みも考えられる。いわゆる「ふるさと納税」を受けた場合の「返礼品」として、寄附者が所有する空家等の管理を地元業者に委託するという対応もありえよう。

⑵ 「情報の提供その他これらの活用のために必要な対策」

活用促進措置について規定する本条は、管理促進措置を規定する12条と並列的な位置づけにある。

⑶ 「努めるものとする」

12条と同様の趣旨である（⇨p.41）。

■ 特定空家等に対する措置（14条）

第14条　市町村長は、特定空家等の所有者等に対し、当該特定空家等に関し、除却、修繕、立木竹の伐採その他周辺の生活環境の保全を図るために必要な措置（そのまま放置すれば倒壊等著しく保安上危険となるおそれのある状態又は著しく衛生上有害となるおそれのある状態にない特定空家等については、建築物の除却を除く。次項において同じ。）をとるよう助言又は指導をすることができる。

2　市町村長は、前項の規定による助言又は指導をした場合において、なお当該特定空家等の状態が改善されないと認めるときは、当該助言又は指導を受けた者に対し、相当の猶予期限を付けて、除却、修繕、立木竹の伐採その他周辺の生活環境の保全を図るために必要な措置をとることを勧告することができる。

3　市町村長は、前項の規定による勧告を受けた者が正当な理由がなくてその勧告に係る措置をとらなかった場合において、特に必要があると認めるときは、その者に対し、相当の猶予期限を付けて、その勧告に係る措置をとることを命ずることができる。

4　市町村長は、前項の措置を命じようとする場合においては、あらかじめ、その措置を命じようとする者に対し、その命じようとする措置及びその事由並びに意見書の提出先及び提出期限を記載した通知書を交付して、その措置を命じようとする者又はその代理人に意見書及び自己に有利な証拠を提出する機会を与えなければならない。

5　前項の通知書の交付を受けた者は、その交付を受けた日から５日以内に、市町村長に対し、意見書の提出に代えて公開による意見の聴取を行うことを請求することができる。

6　市町村長は、前項の規定による意見の聴取の請求があった場合においては、第３項の措置を命じようとする者又はその代理人の出頭を求めて、公開による意見の聴取を行わなければならない。

7　市町村長は、前項の規定による意見の聴取を行う場合においては、第３項の規定によって命じようとする措置並びに意見の聴取の期日及び場所を、期日の３日前までに、前項に規定する者に通知するとともに、これを公告しなければならない。

8　第６項に規定する者は、意見の聴取に際して、証人を出席させ、かつ、自己に有利な証拠を提出することができる。

9　市町村長は、第３項の規定により必要な措置を命じた場合において、その措置を命ぜられた者がその措置を履行しないとき、履行しても十分でないとき又は履行しても同項の期限までに完了する見込みがないときは、行政代執行法（昭和23年法律第43号）の定めるところに従い、自ら義務者のなすべき行為をし、又は第三者をしてこれをさせることができる。

10　第３項の規定により必要な措置を命じようとする場合において、過失がなくてその措置を命ぜられるべき者を確知することができないとき（過失がなくて第１項の助言若しくは指導又は第２項の勧告が行われるべき者を確知することができないため第三項に定める手続により命令を行うことができないときを含む。）は、市町村長は、その者の負担において、その措置を自ら行い、又はその命じた者若しくは委任した者に行わせることができる。この場合においては、相当の期限を定めて、その措置を行うべき旨及びその期限までにその措置を行わないときは、市町村長又はその命じた者若しくは委任した者がその措置を行うべき旨をあらかじめ公告しなければならない。

11　市町村長は、第３項の規定による命令をした場合においては、標識の設置その他国土交通省令･総務省令で定める方法により、その旨を公示しなければならない。

12　前項の標識は、第３項の規定による命令に係る特定空家等に設置することができる。この場合においては、当該特定空家等の所有者等は、当該標識の設置を拒み、又は妨げてはならない。

13　第３項の規定による命令については、行政手続法（平成５年法律第88号）第３

章（第12条及び第14条を除く。）の規定は、適用しない。
14　国土交通大臣及び総務大臣は、特定空家等に対する措置に関し、その適切な実施を図るために必要な指針を定めることができる。
15　前各項に定めるもののほか、特定空家等に対する措置に関し必要な事項は、国土交通省令・総務省令で定める。

(1)「特定空家等の所有者等に対し」（１項）

共有者の情報　本条１～３項にもとづく措置は、いずれも当該特定空家等の所有者等（⇨p.13）に対して行われる。当該特定空家等が共有であると確認している事例において、各共有者への助言・指導にあたり、他の共有者の情報を伝えることができるだろうか。

共有者については、近しい親族のようにその対象が明確である場合ばかりではない。むしろ、そうでない場合も多いだろう。助言・指導書を受け取った共有者は、「他の共有者と協議したいので名前と連絡先を教えてほしい」と依頼するかもしれない。自主的対応の観点からは望ましい姿勢であるが、９条１項の調査を踏まえて作成されている所有者等の家系図・相続関係図は、個人情報保護法制のもとでの個人情報であり、例外的扱いを定める規定が空家法にない以上、本人の文書による同意がないかぎり、基本的に提供ができない。共有者から委任を受けた弁護士が請求してきても同様である。守秘義務違反の責任を問われかねない点に注意が必要である（⇨p.36）。

所有者等不在事案　対応しようとしたときに、「特定空家等に所有者等がいない場合」がある。大別すると、①所有者等が死亡したが相続人がいない、②所有者等が死亡したが相続人全員が相続放棄をした、③所有者等が行方不明になっているといった場合である。

清算人と管理人　こうした場合には、民法において、利害関係人の請求により、①～②については相続財産清算人（2021年に改正（施行は2023年４月）された民法のもとでの名称）を家庭裁判所が選任する（951～959条）、③については不在者財産管理人を家庭裁判所が選任する（25～29条）という制度がある。典型的には、債権回収をしようとしても相手方が「不存在」ないし「不在」であれば請求ができない。そこで、こうした場合であっても、家庭裁判所に清算人や管理人を選任してもらい、同人に対して請求等を可能にするのである。一般的には、当該家庭裁判所の位置する地域の弁護士が任命される。空家法の実施をする市町村長にとっても、相手方がいることは重要である。なお、特定空家等について利用可能性は低いだろうが、軽微な対応（保存行為）をしてもらうために（新）相続財産管理人（2021年に改正（施行は2023年 4 月）された民法のもとでの名称）の選任を市町村長が利害関係者として求めることもできる（897条の 2）。

基本的に民法は、申立権を「利害関係人又は検察官」に与えている。管理人制度は一般法であるが、滞納租税の債権者というような立場ではなく、空家法という行政法の実施責任者である市町村長がその資格において利害関係人となれるかが問題になる（市町村がすべての書類・資料を用意したうえでの検察官申立事例も稀にある）。現行空家法は、「所有者不明土地の利用の円滑化等に関する特別措置法」（以下「所有者不明土地法」という。）42条のような民法の特例規定を設けていないため、家庭裁判所の個別判断となる。2021年 6 月に改正されたガイドラインは、これまでの実績を踏まえて、「法に基づく措置の主体である市町村における申立てが認められる場合がある」とする（⇨p.383）。長が申立人になりうることについては、最高裁判所との調整がされているようである。国土交通省は、19事例を収録した「空き家対策における財産管理制度活用の事例集」（令和 2 年12月）を公表している。

なお、特定空家等の敷地と家屋が別の所有者等となっており、家屋の所有者等だけが不明ないし不存在の場合、土地所有者等はまさに利害関係者である。市町村長の判断とは別の次元の問題であるが、民法の制度趣旨に鑑みれば、別の形で土地を利活用したいと考える土地所有者等がこの制度を利用するのが本来であろう。

家庭裁判所への申立て　行政の負担は、それほど大きくはない。さいたま家庭裁判所の例であるが、相続財産清算人の場合は、申立書のほか、添付資料として、被相続人の住民票除票または戸籍附票、関係者の戸籍謄本、相続放棄関係資料、財産資料、利害関係資料、上申書等を用意する。不在者財産管理人の場合は、不在者の戸籍謄本、不在者の戸籍附票、財産管理人候補者の住民票または戸籍附票、不在事実を証する資料、財産資料、利害関係資料、上申書等となる。あとは、手続費用（収入印紙800円、予納郵券2,070円、官報公告費用4,230円（不在者財産管理人では不要))、さらに、清算人・管理人の報酬予定分として、事務運用上、納付が求められる予納金である。家庭裁判所によって異なるようであるが、清算人については100万円程度、管理人については50万円程度とされる。予納金は、報酬額以上で土地が売却でき、管理実費をさしひいてもなお余りがあれば、その分は還付される。

法人の場合　所有者等が法人となっていて、かつ、それが解散している場合もある。上記ガイドラインは、会社法等にもとづき清算人を利用して、解散後に存続する財産について清算を進めるとするのが原則とする（⇨p.384）。

⑵　「除却、修繕、立木竹の伐採その他周辺の生活環境の保全を図るために必要な措置（そのまま放置すれば倒壊等著しく保安上危険となるおそれのある状態又は著しく衛生上有害となるおそれのある状態にない特定空家等については、建築物の除却を除く。次項において同じ。）」（１項）

措置の内容　本条１項にもとづく「必要な措置」は、特定空家等ごとに決定される。ただし、その内容のうち、建築物の除却が除外される場合がある。それがカッコ書きに記されている。

特定空家等となる要件は、①そのまま放置すれば倒壊等著しく保安上危険となるおそれのある状態、②そのまま放置すれば著しく衛生上有害となるおそれのある状態、③適切な管理が行われていないことにより著しく景観を損なっている状態、④その他周辺の生活環境の保全を図るために放置することが不適切である状態のいずれかにあると認められる空家等である（⇨p.10）。カッコ書きは、①または②の状態にない特定空家等、すなわち、③または④の状態にあるという理由で認定されている特定空家等に対しては、建築物の除却という措置は求められないことを意味する。なお、工作物（⇨p.8）は除外されていないので、景観支障除去目的での除却措置は可能である。

保護法益としての景観の弱さ　地域住民の生命、身体、財産への危険性がそれほどではない特定空家等の建築物に関しては、憲法29条の財産権保障との衡量から、侵害の程度が最大となる除却という措置を講ずるのは合理性を欠くと考えられた。比例原則の確認規定といえよう。景観保全のみが保護法益となっている法律または条例であれば建築物の除却もありえるが、保安上の危険性や衛生上の有害性と併記されている景観保全は、保護法益の「重み」において劣後するのである。

なお、このカッコ書きは、著しい景観支障の発生のみの場合を前提としている。火災で相当部分が焼失して著しい景観支障を発生させている家屋のように、それ以外にも被災残存建材の飛散など著しい保安上の危険があれば、除却を求めることは可能である。

全部除却か部分除却か　除却には、全部除却と部分除却がある。家屋の保安上の危険性は道路に面している部分で著しいが、後ろ半分はそれほどの危険性はない場合、比例原則に照らして前面部分のみの部分除却とすべきようにもみえる。しかし、そのようにすれば、建物構造上、強度が著しく低下するし、残置部分だけでは建築物としての用途を充たさないから、基本的には、全部除却が適切である。そうした事情になければ、部分除却という選択もありうる。

その他の措置　その他の措置としては、特定家屋内に棲みついた動物の駆除、敷地内に投棄された廃棄物の処理、建築物の全面を覆うまでに繁茂した雑草の伐採などがありうる。

(3)　「助言又は指導をすることができる。」（１項）

行政指導としての助言・指導　助言については、12条においても規定されていた。これは、空家等の状態の場合である。本条１項は、特定空家等に認定された場合の措置である。措置状況については、**[図表 1.6]**（⇨p.72）を参照されたい。

本項にもとづく助言および指導は、いずれも市町村の行政手続条例の規律を受ける「行政指導」である。たとえば、京都市条例２条６号は、「本市の機関（議会を除く。以下同じ。）がその任務又は所掌事務の範囲内において一定の行政目的を実現するため特定の者に一定の作為又は不作為を求める指導，勧告，助言その他の行為（処分（法令に基づくものを含む。）に該当するものを除く。）で，本市の事務として行うものをいう。」と定義する。助言と指導の区別は、明確ではない。情報提供を主とするものが助言、具体的対応を求めるのが指導というほどの区別であろう。指導の場合、２項の勧告、３項の命令とは異なり、履行の期限に関する規定はない。これは、期限を付しえないという趣旨ではない。

助言・指導の対象者　助言・指導は、それが必要と行政が判断する時点において把握できている所有者等の全員に対してなされる。探索中の共有者が存在するとしても、全員を把握して初めて全員に可能になるのではない。共有者全員に当事者意識を持ってもらうために（一部の共有者への過重負担を回避するために）、全員判明してから対応するのが望ましいという運用もあるだろう。事案によるというほかないが、空家法の実施においては、基本的には、「ヒトではなくモノの状態」を重視すべきである。

助言・指導の内容は、当該特定空家等に関して、それと認定した事由の改善・除去である。総合的に判断して全部除却が適切であれば、それを求める。その際には、特定空家内にある動産の撤去も求める。

重ね打ち　助言・指導は、一度しかできないというわけではない。状況をみながら、これを繰り返す「重ね打ち」も可能である。しかし、①～④のいずれかの要件を充たすがゆえに特定空家等に認定したのであるから、助言・指導を漫然と繰り返すのは適切ではない。そうした対応をしていて倒壊により損害が発生した場合には、国家賠償法１条１項にもとづき、勧告の不作為なり命令の不作為なりの国家賠償責任が問われうる。特定空家等のリスク管理が必要となる。

口頭か文書か　助言・指導の方法は指定されていない。口頭でも文書でもよい。ただ、特定空家等の所有者等に自主的対応をしてもらうのが重要であるから、いきなり文書を送付すればその態度が硬化する可能性もある。また、文書となれば、そのなかに記載する情報は限定される。本条１項にもとづくものとして位置づけるかどうかは別にして、遠方居住で訪問できないような場合でなければ、実務においては、まずは空家法の説明を兼ねて、口頭での助言・指導をするのが通例であろう。その際には、当該特定空家等の現状を、写真や動画、周辺住民からの苦情などを通して伝えられるようにしておきたい。口頭で行う際には、助言・指導内容、相手方の対応などを記録しておくべきである。なお、前述のように、共有者となっている特定空家等に関して口頭で助言・指導を行う際には、本人による文書同意がないかぎり、他の共有者の個人情報を伝えてはならない。

ガイドラインが助言・指導に関して参考様式を添付していないのは、口頭指導を排除しないためとされる（⇨p.387）。もっとも、文書による場合もあるから、市町村は、空家法施行規則ないし空き家条例施行規則のなかで、ガイドラインを参考にしつつ、助言・指導、勧告、命令の様式を規定しておくべきである。12条にもとづく助言の様式も、規定しておけばよいだろう。なるべく早期の自主的対応を促すためにも、助言・指導に従わなければ勧告になり住宅用地特例が適用されなくなる（⇨p.52）という情報を付記するのが適切である。最終的には代執行・強制徴収・過料に至るというロードマップをビジュアルに示して、そのなかでの現在の位置を認識させる方法も効果的である。

「行政指導の求め」の可能性　本条１項は、行政指導を法定する。その不行使に対して、市町村の行政手続条例に規定される「行政指導の求め」をなしうるだろうか。たとえば、京都市条例39条２項は、「何人も，法令又は条例等に違反する事実がある場合において，その是正のためにされるべき行政指導（その根拠となる規定が法律又は条例に置かれているものに限る。）がされていないと思料するときは，当該行政指導をする権限を有する本市の機関に対し，その旨を申し出て，当該行政指導をすることを求めることができる。」と規定する。

ここでは、「条例等に違反する事実」が問題となる。空家法３条は、「……空家等の適切な管理に努めるものとする。」という訓示規定である。特定空家等に認定されたことが、空家法のこの弱い手続義務規定に違反した結果と整理するのは難しい。これに対して、空き家条例のなかには、「……空家等の適切な管理をしなければならない。」と規定するものがある。空家法との関係では、上書きである。この場合、特定空家等に認定されたのはこの強い実体義務違反の結果と整理すれば、行政手続条例にもとづく「行政指導の求め」は可能であろう。求めを受けた行政は、何らかの応答をすることが事実上必要となる。義務履行確保措置があるために、上記条例規定は訓示規定ではなくなる。

⑷　「相当の猶予期限を付けて、除却、修繕、立木竹の伐採その他周辺の生活環境の保全を図るために必要な措置をとることを勧告することができる。」（２項）

助言・指導不遵守時の勧告　勧告の要件は、本条１項にもとづく助言・指導によっても当該特定空家等の状態が改善されないことである。上述の通り、助言・指導を一度した場合において対応がされなければ勧告に移行しなければならないのではなく、助言・指導を繰り返して様子をみる運用も可能である。ただし、前述のように、特定空家等の状態が悪化しているにもかかわらず、漫然と助言・指導を繰り返すのみで勧告に移行しない場合において、特定空家等の倒壊により被害が発生すれば、国家賠償法との関係で、裁量権の濫用であり違法と評価されうる。措置状況については、**[図表 1.6]**（⇨p.72）を参照されたい。

勧告の対象者　勧告の相手方は、助言・指導をした所有者等の全員である。助言・指導の内容と勧告の内容は、同一である必要はない。

一方、本条３項の命令の内容に関しては、勧告の内容との同一性が求められている。修繕を勧告した場合にそれが従われなければ修繕の命令になり、それが従われなければ修繕の代執行になるのだろうか。費用を強制徴収できるとはいえ、資産価値を高めるような措置を一時的にあっても公費で実施する合理性はない。状況次第であるが、その場合には、当該勧告を撤回して、部分除却の勧告を改めて発すればよいだろう。

勧告の内容　勧告の内容は、特定空家等の状況により一義的には定まらない。前述のように、「全部除却」を例にすれば、①建築物・工作物の全部除却および除却により発生したものの関係法令に従った適正な処理、②残置動産の撤去および関係法令に従った適正な処理である。動産の扱いについてはガイドラインの2020年改正によって明確にされた（⇨p.391）。空家法の制度趣旨や比例原則に鑑みれば、原則として、基礎までを除去する必要性はない。

建物・敷地で所有者等が異なる場合　特定空家等とされる家屋の所有者等とその敷地の所有者が異なる場合において家屋への対応が必要とされるとき、パブコメ回答によれば、両者を区別せずに助言・指導、勧告をすべきと考えられている（⇨p.434）。もっとも、土地所有者には家屋を除却する権原がないため、勧告まではできるとしても、本条３項の命令はできない。

民事法上の処理としては、土地所有者は、借主を被告として賃貸借契約解除・建物収去・土地明渡しを求める民事訴訟を提起するほかない。居所不明であれば、裁判所との調整をして、公示送達などの手続をとりつつ、訴訟や強制執行を進める。しかし、提訴となると費用もかかるし、請求が認容されるかは不透明である。また、建物の登記がされていないというように、そもそも手がかりすらなく相手方不明の場合には、訴訟の提起はできず、手の施しようがない。

問題視されるのが立木であれば、それは土地の定着物である。土地所有者に対して、剪定を求めることは可能である。

猶予期限の長さ　猶予期限の長さは、求める内容に応じて変わってくる。全部除却の場合、関係者による検討、除却業者の選定、除却工事の実施などを踏まえると、２カ月程度が妥当であろう。特定空家等の状況次第で、短くする場合も出てこよう。勧告がされたままに１月１日を迎えると、次にみるような税法上の不利益が発生する。このため、確実に送付する必要性は高い。配達証明付き内容証明郵便を利用すべきである。受領拒否が予想される場合には、特定記録郵便を用いる。

住宅用地特例適用除外とのリンケージ　本条３項の命令は行政手続法２条４号にいう「不利益処分」であるが、勧告は同条６号にいう「行政指導」と考えられているようである。ところが、空家法成立後の2015年３月に、地方税法が改正された。この改正により、空家法14条２項にもとづく勧告を受けた特定空家等に関しては、それがされたままに１月１日を迎えると、固定資産税の住宅用地特例（200㎡以下の敷地の場合、税額は６分の１）の適用が除外されることになった。したがって、勧告に関しては、将来における固定資産税額増加という不利益措置が相当の確実性を伴って実施される。勧告を受けた特定空家等の敷地の用に供されている土地は、地方税法349条の３の２第１項にいう「住宅用地」（具体的には、同法施行令52条の11第２項１号にいう「専ら人の居住の用に供する家屋又はその一部を人の居住の用に供する家屋で政令で定めるものの敷地の用に供されている土地で政令で定めるもの」）ではなくなり、同法附則17条４号にいう「商業地等」となる。このため、同法附則18条５項にもとづき、「課税標準となるべき価格に10分の７を乗じて得た額」とされる。200㎡以下の敷地の場合、６分の１（＝0.167）が10分の７（＝0.7）というように、約4.12倍になる。都市計画税については、３分の１（＝0.3）が10分の７（=0.7）となるため、約2.12倍となる。

法的リスク回避のために　こうした法的不利益に連動する勧告について、国土交通省および総務省は、なお処分性はないと考えているようであるが（⇨p.416）、裁判所によって不利益処分と判断される可能性がないではない（最二小判平成24年２月３日民集66巻２号148頁参照）。この法的リスクに鑑みれば、勧告をする際には、これを不利益処分と解したうえで、行政手続法13条１項２号にもとづく弁明機会の付与を実施するとともに、勧告書に教示文を付す（行政不服審査法82条、行政事件訴訟法46条）のが安全である。その際には、行政手続法14条にもとづく理由の提示も必要である。市町村の自律的な法解釈が求められる。

勧告にかかる措置が履行されて建築物が解体されれば、「居住の用に供する家屋」が存在しなくなる。このため、住宅用地特例適用の前提を欠く。１月１日を迎えれば、この特例がない課税処分がされる。一方、解体されずに家屋が存続したまま１月１日を迎えれば、この特例が適用除外されるために、同様の課税処分がされる。勧告の履行を促進する要因として、住宅用地特例の適用除外が指摘されるが、この措置を効果あるものにするためには、除却すればいきなり商業地等とみて課税するのではなく、地方税条例などにおいて、激変緩和措置として数年の猶予制度を設けるなどの工夫をする必要があろう。豊前市は「老朽危険家屋等除却後の土地に対する固定資産税の減免に関する条例」にもとづき10年間、見附市は「特定空家等の所在地に係る固定資産税等の減免に関する要綱」にもとづき２年間の猶予を設けている。

再勧告　勧告は一度しかできないわけではない。特定空家等の状況によって、内容を変更した方が適切と考えられる場合には、先の勧告を撤回して、改めて助言・指導を経て、新たに勧告をすれば足りる。その旨は、税務担当に通知する必要がある。

(5)「正当な理由がなくてその勧告に係る措置をとらなかった場合」（３項）

正当理由の内実　本条３項は、勧告にかかる措置が講じられなかった場合でも、正当の理由があれば命令要件を充たさないとする。典型的には、前述のように、特定空家等が存在する敷地の土地所有者が特定空家等の所有者と異なる場合である。当該土地所有者には、命令を実現する権原がないため、過料の担保よる命令の履行義務づけは、当該土地所有者に対して、不可能を強いる結果になるからである。

一方、特定空家等の所有者等に十分な資力がないため、命令の履行を期待できないことが明白という事情は、正当な理由とはならない。共有者間で除却についての全員同意が調達できないために変更行為ある除却を求める勧告が履行できない（民法251条）という事情や、当該特定空家等に抵当権が設定されていたり現状変更禁止を命ずる仮処分がされていたりという民事的法関係は、それぞれの関係当事者同士に適用される民事法の問題であり（水平的関係）、行政法である空家法（垂直的関係）のもとでの正当な理由とはならない。

除却と変更・管理・保存の関係　変更、管理、保存の各行為は、改変の程度の大中小で分けられている。そこには、対象物にそれなりの価値があるという前提がある。特定空家等に認定された対象物について、この区別をそのまま適用するのは合理的だろうか。

共有者間の問題であり行政が立ち入る話ではないが、保安上の危険性が極めて高い場合の特定空家等である家屋の除却は、少なくとも全員同意を要する変更行為とまでは観念できないように思われる。

⑹「特に必要があると認めるときは、その者に対し、相当の猶予期限を付けて、その勧告に係る措置をとることを命ずることができる。」（３項）

「特に必要があると認めるとき」　命令要件は、勧告にかかる措置を講じなかったことである。それに加えて、特別の必要性が要件とされている。もっとも、いささか不用意に用いられたこの要件は、権限行使を抑制的にする趣旨で設けられたものではない。パブコメ回答において説明されているように（⇨p.441）、比例原則を確認したものと受け止めるべきである。

判断基準　保安上の危険に関していえば、勧告が履行されない場合において、①建材の崩落や建物の倒壊等の蓋然性、②時間的切迫性、③それによる被害の内容・程度の３要件を基準にして、①×②×③が相当程度になっていれば（＝保安上の危険がきわめて著しい状態にあり、崩落・倒壊等の蓋然性が高く、その場合には深刻な被害が想定される）、効果裁量はなくなり、命令は義務的となる。

「命ずることができる。」というのは、命令権限が与えられているという意味である。それを的確に行使する（＝場合によっては、行使しない）判断をするのは、市町村長の法的義務である。措置状況については、**［図表 1.6］**（⇨p.72）を参照されたい。

猶予期限の長さ　命令にあたっても、勧告と同様に、相当の猶予期限を付する必要がある。２ヶ月程度であろうか。対象となる特定空家等の状況にもよるが、勧告よりも長期にする必要はない。特定空家等の状況次第で、短くする場合も出てこよう。命令の送付についても、勧告と同様、配達証明付き内容証明郵便や特定記録郵便を利用すべきである。

厳守すべき順序　助言・指導が従われなければ勧告になり、勧告が従われなければ命令となる。すなわち、勧告は助言・指導前置、命令は勧告前置となっている。特定空家等の状況がいかに急変しようとも、この順序は厳守せよというのが国土交通省・総務省の立場である。不合理なまでに硬直的であるが、条文解釈としては、たしかにこのようにいうほかない。

共有者の1人が死亡した場合　命令がされたあとで名宛人となっている特定空家等の共有者の１人が死亡して相続が発生し、相続放棄がされずに新たな所有者等が現れる事態も考えられる。空家法は、それぞれの措置に関して、新たな所有者等への承継効を規定していない。たしかに対物性の強い措置であるが、だからといって当然に承継するものでもない。

助言・指導および勧告を経て命令に至るまでに、数カ月は経過している。特定空家等の状況は悪化しているにもかかわらず、新たな所有者等に対しては、それなりの猶予期限を付した助言・指導、勧告を改めてしなければならないのだろうか。そうしている間に、別の共有者が死亡して新たな所有者等が発生する可能性もある。対応が止まってしまうとすれば、法目的に照らして著しく不合理であり、そうした状況を空家法の立法者が容認しているとは解し難い。

改めて命令を　こうした場合には、被相続人たる元共有者に対してなされた命令に関して、新たな共有者を対象にして命令をすべく、本条４～８項の手続を講ずれば足りる。それが勧告であれば、勧告の手続から始めればよく、最初の措置である助言・指導に戻る必要はない。「助言・指導⇒勧告⇒命令」という順序は、**特定空家等に関して**保障されるべき順序であり、個々の所有者等についてではないと考えたい。新たになされる命令の期限については、一定程度の短縮は許されよう。他の共有者に出された命令の期限を修正する必要はない。そのうえで、新たな命令の履行期限の徒過をもって緩和代執行手続に移行すればよい。その他の命令は履行期限を徒過しているが、代執行の判断はすべての命令について同時にせざるをえない。この点に関しては、代執行の効果裁量のうちの「時の裁量」のなかに吸収して対応すればよい。単独相続の場合も、同様に考えることができる。

命令の承継　以上は、いわば受動的に所有者等になる場合である。一方、共有者の持分権を購入するというように、積極的に所有者等になることも考えられる。この場合には、命令の事実は、現地で公示されている。そうした事情を十分に認識すると期待できる新たな所有者等に、改めて命令手続をする合理性はない。したがって、条理上、旧所有者等に対する命令の効力は承継されると解しうるのではなかろうか。

⑺「その命じようとする措置及びその事由並びに意見書の提出先及び提出期限を記載した通知書を交付して、その措置を命じようとする者又はその代理人に意見書及び自己に有利な証拠を提出する機会を与えなければならない。」（４項）［６～８項］

命令手続　本条４～８項は、命令にあたっての手続を規定する。13項にあるように、行政手続法３章（12条および14条を除く。）の適用を除外し、独自の手続が定められている。本項は、同法15条または29条～31条に相当する部分である。

代理人　代理人の選任手続について、本条４項は何の規定もしていない。空家法が参照したとみられる建築基準法９条４項も同様である。この点に関しては、行政手続法16条が参考になる。すなわち、本人が書面によって選任する必要がある。本人に意思能力があることが前提とされており、それがない場合には、本条４項の代理人は選任しえない。

一般に、本人に事理弁識能力がないと思料される場合、民法７条にもとづき、配偶者や４親等以内の親族からの後見開始審判の請求があれば、家庭裁判所により成年後見人が選任される。一定の場合には、市町村長の申立てによる選任も可能である（老人福祉法32条、知的障害者福祉法28条、精神保健及び精神障害者福祉に関する法律51条の11の２）。14条３項の命令をする際に、すでに成年後見人が選任されていれば、同人を「代理人」とみなして手続を進めればよい。

新たに成年後年人の選任ができるか　一方、特定空家等の除却をするだけのために利害関係者に請求を依頼したり市町村長請求をしたりできるかは難しい。また、本人が家庭裁判所に提出する診断書作成のための診療に応じない場合には、そもそも申立てが事実上できない。その結果、意思能力が疑われる所有者等に対しては、命令はできなくなる。空き家条例に緊急安全措置という即時執行が規定されていれば、その権限を行使して、除却まではできないにせよ必要な範囲で著しい保安上の危険を除去していくことになろう。手詰まりの状態である。

必要な立法対応　特定空家等の状態が同様であっても、所有者等の意思能力が疑われる場合には、９項の緩和代執行はできないし、本人は判明しているため、10項の略式代執行もできないという不合理が生ずる。立法対応が求められる（⇨第11章）。

⑻　「意見書の提出に代えて公開による意見の聴取を行うことを請求することができる。」（５項）［６～８項］

手続選択の余地　意見書の提出は、行政手続法29条にいう弁明書の提出に相当するものである。行政手続法においては、聴聞と弁明の機会の付与のどちらの手続を適用するかは、13条１項に規定されているが、空家法においては、意見書提出か公開意見聴取を命令の名宛人が選択できるとしている。意見書提出か公開意見聴取か、実際の運用は別にして、公開意見聴取においては、当事者が一方的に意見を述べるだけの場が予定されている。

公開意見聴取の運用の実際　行政手続法にもとづく聴聞は非公開が原則であるが（20条６項)、空家法の意見聴取は、公開となっている点が特徴的である。建築基準法９条３項にならったものである。建築基準法は、日本が連合国の占領統治下にあった1950年に制定された。アメリカ法の影響を受けて、民主的手続の観点から、重要な行政処分には公開の意見聴取を設けることが連合国軍総司令部（GHQ）から指示されたのである。

なお、筆者の調査のかぎりでは、６項にもとづき公開による意見聴取が請求された実例は確認できていない。管理不全なままに老朽化させ放置したために特定空家等に認定され、それに対して助言・指導、勧告をされても従わなかったがゆえに命令に至っているのには、複雑な家庭内ないし親族内の事情や経済的事情があるはずである。そうした「負い目」を持つ者が、公開の場での意見聴取を求めるとは、通常、想定できない。行政に伝えたい事情があれば「こっそり」伝えるはずであり、手厚い手続的保護が逆機能を発生させている。建築基準法では必要であるとしても、空家法では不要な手続である。

(9)「その措置を命ぜられた者がその措置を履行しないとき、履行しても十分でないとき又は履行しても同項の期限までに完了する見込みがないとき」（9項）

緩和代執行　命令が履行されなければ、行政代執行法にもとづく代執行が検討される。命令に付された期限の徒過、不十分履行、期限までに実施の見込みがないことのみが要件となっている。命令が完全履行されず部分履行でとまっている状態でも完全履行をすべく代執行が可能である点には、注目しておきたい。

同法２条は、「〔命令〕の不履行を放置することが著しく公益に反すると認められるとき」という要件を規定する。一方、本条９項は、この公益要件を不要としている。要件を緩和した緩和代執行である。空家法は、行政代執行法の特別措置法でもある。

実際上の意味　もっとも、要件を充たした特定空家等を前提とし、指導、勧告、命令への対応がされていないという事実それ自体が著しく公益に反する状態なのであるから、要件緩和の実務上の意味は乏しい。なお、代執行の実施実務に関しては、北村喜宣＋須藤陽子＋中原茂樹＋宇那木正寛『行政代執行の理論と実践』（ぎょうせい、2015年）が有用である。

(10)「行政代執行法（昭和二十三年法律第四十三号）の定めるところに従い、自ら義務者のなすべき行為をし、又は第三者をしてこれをさせることができる。」（9項）

代執行は原則義務的　緩和代執行を規定したのは、特定空家等に対して除却等による対応を迅速に行う必要性が重視されたからである。「……できる。」というように、効果裁量はあるが、その制度趣旨に照らせば、期限徒過があり、なお対応がされそうにない場合には、代執行の実施は、原則として義務的と解される。

命令履行期限を徒過しているものの何らかの対応はされているケースにおいては、命令内容の完全実現が早急に期待できるかどうかの見極めが必要である。抵当権など第三者の権利が設定されている建築物であっても、代執行に際してその同意を得る必要はない。資力が十分になく代執行費用の回収が困難と見込まれるという事情を考慮する余地はない。本条１～３項にもとづく措置の場合と同様である（⇨p.54）。措置状況については、**［図表1.6］**（⇨p.72）を参照されたい。

行政代執行法にもとづく手続　緩和代執行の手続は、行政代執行法3～6条に従ってなされる。相当の猶予期限を付した戒告を経たうえで作業に着手する。戒告も代執行令書通知の送達も、命令の名宛人となった者のすべてに対して、配達証明付き内容証明郵便で行う。手続は、ガイドラインに詳述されている（⇨p.388）。非常の場合または危険切迫の場合において代執行の急速な実施につき緊急の必要性があり、同法3条1～2項の戒告・通知手続をとる余裕がないときは、同条3項にもとづき、それを経ずに代執行が可能である（緊急代執行）。

「第三者」　「第三者」とは、建築基準法9条11項にいう「その命じた者若しくは委任した者」と同義である。通常この方法が用いられる。その場合、市町村は、除去工事の発注者となる。廃棄物処理法の義務は直接的には負わないが（21条の3）、アスベストに関する特定工事発注者としての大気汚染防止法にもとづく配慮義務や特定粉じん排出等作業の届出義務（18条の16～18条の17）、対象建設工事発注者としての「建設工事に係る資材の再資源化等に関する法律」にもとづく通知義務（11条）が課される場合がある。

費用の負担と徴収　緩和代執行に要する費用は、とりあえずは市町村において負担しなければならない。実施後に行政代執行法5条にもとづき納付命令を発し、督促しても納付がない場合には、同法6条にもとづき、国税滞納処分の例により強制徴収をする（国税通則法40条、国税徴収法47条以下）。納付命令については、「……納付を命じなければならない。」というように義務的となっている点に注意が必要である。

　納付命令の対象になるのは、「代執行に要した費用」である。代執行とは、その前提となる代替的作為義務を命ずる命令の行政による強制実施であるから、命令の内容が重要になる。空家法との関係でいえば、本条3項の命令において求めうる事項である。それは、本条2項にもとづく勧告の内容でもある。

発生物の扱い　代執行作業において不要物が大量に発生する。それは、廃棄物処理法のもとでの産業廃棄物（2条4項）ないし（事業系）一般廃棄物（2条2項）となる。処理は業者に委託するのが通例であろう。排出事業者や処理業者は、委託基準・保管基準・処理基準の遵守や、産業廃棄物の場合には管理票（マニフェスト）の交付など、同法の関係規定に従って処理する必要がある。家屋解体のような建設工事においては、排出事業者となるのは、発注者ではなく受注者である元請業者である（廃棄物処理法21条の３）。

残置動産の取扱い　作業の過程で、社会通念上、不要物とはみなせない動産（例：現金、金券、宝石（らしきもの）、骨壺、位牌）が発見される場合もある。こうした残置動産については、行政において一時保管し、一定期間内に所有者等に対して引取りを求めるほかない。後日のトラブルを回避するためにも、発見時や搬出時の状況は、写真や動画などの映像に残しておくようにするとよい。

その手続を、空家法やガイドラインは規定していない。基本的な考え方としては、指導、勧告、命令を通じて再三の適正管理ないし除却・撤去が求められているにもかかわらずこれに応じずに代執行に至っているのであるから、当該財産権の保障の程度はきわめて低くなっていると評価できる。期限が到来すれば、骨壺や位牌については、しかるべき手続を経て廃棄処分すればよい。地域のしかるべき宗教法人とあらかじめ協定を締結しておくとよいだろう。引取りの申出がない金員や貴金属類は、準遺失物（他人の置き去った物）と解して、遺失物法４条にもとづき警察署長に提出する（もっとも、警察の解釈は別かもしれない）（⇨第６章）。共有の特定空家等の場合において、共有者の１人だけが金員全部の引取りに現れた場合、所有者等であると確認できれば、同人に全部引き渡すことに問題はない。ガイドライン2020年改正は、現金や有価証券については、供託所に供託するとする（民法494条、497条、供託法１条）（⇨p.393）。

債権回収部署との連携　市町村において、強制執行実務の経験を豊富に有するのは、債権回収部署である。空家等対策計画には、「空家等に関する対策の実施体制に関する事項」が記載項目となっている。そこにサポートについての記載をして、連携体制を構築しておく必要がある。

共有物件における処理　特定空家等が共有になっている場合、代執行費用をどのように請求するかが問題となる。行政としては、現に多くの資産を保有する共有者からより多くの費用回収をして公費の支出を最小限にしたいところである。この点に関しては、諸説があるが、連帯債務ではない以上、また、特別法的規定がない以上、平等原則に照らせば、持分以上の負担をする理由はない。持分割合に従った額を内容とする納付命令を出すし、その送達をもって債権として確定させ、債権管理台帳に登載する（⇨第８章）。

⑾ 「過失がなくてその措置を命ぜられるべき者を確知することができないとき（過失がなくて第１項の助言若しくは指導又は第２項の勧告が行われるべき者を確知することができないため第３項に定める手続により命令を行うことができないときを含む。）」（10項）

略式代執行　本条10項は、命令の対象者を確知できない場合に、市町村長が代執行を実施できる旨を規定する。略式代執行である。命令には、助言・指導および勧告がそれぞれ前置されるが、それらの措置についても相手方が確知できない状況にあるのが通例である。カッコ書きはその旨を確認的に規定している。空家法が参照した建築基準法10条３項（同４項が準用する９条11項）においては、そうした場合であっても、「その違反を放置することが著しく公益に反する」という要件が設けられているが、空家法にはそれはない。居住者の生活や財産権への配慮の必要性が低いためである。

空家法以前の空き家条例においては、略式代執行の必要性は認識されていたものの、法律の根拠なく規定できないという解釈が一般的であった。本条10項は、市町村に対して、大きな武器を与えた。措置状況については、**[図表 1. 6]**（⇨p.72）を参照されたい。

「確知することができない」　「確知することができない」とは、①名宛人となる者の氏名および所在が不明、②氏名は判明しているがその所在が不明、③所有者等の相続人全員が相続放棄、④そもそも所有者が存在しない、⑤所有者等であった法人の清算が終了していて対象者が不存在、などの場合である。指導時には判明していたが、その後失踪した場合は、②に含めうる。氏名判明・所在不明の②の場合までを「確知することができないとき」に広く含めるのは、特定空家等に認定されるような状況に管理放棄した所有者等の財産権をそれほど配慮する必要はないという認識を踏まえている。本条13項が、行政手続法を部分的に適用除外しているのは、そうした趣旨である（⇨p.64）。

③においては、関係者として生存はしていて所在は把握できているとしても、所有者等ではなくなっている。このため、空家法にもとづかない行政指導は可能であるが、空家法にもとづく行政措置の対象者にはならない。

合わせ技代執行　共有者のうち把握できている者と②の状態にある者が混在しているような特定空家等の場合、把握できている者に対する命令の履行期限が徒過すれば、当該特定空家等の除却等については、命令をした相手方に関しては９項の緩和代執行、所在不明者に関しては10項の略式代執行を、「合わせ技」として一緒に実施する運用になる。

探索の程度　どの程度の探索をすれば「過失がなくて」といえるのかについては、ガイドラインが一応の基準を記述している（⇨p.394）。住民票情報、戸籍謄本情報、不動産登記簿情報、固定資産税等課税情報、周辺住民への聞込みなどの方法が基本となる。市町村は、ガイドラインを参考にしつつマニュアルを作成する必要がある。2018年に制定された所有者不明土地法２条１項は、「所有者不明土地」の「不明」について、「相当な努力が払われたと認められるものとして政令で定める方法により探索を行ってもなおその所有者の全部又は一部を確知することができない」という条件を付している。同法施行令１条が具体的内容を規定しているので、参考にできる。当該特定空家等の状態との関係で、いつまでも時間をかけて調査をしていてよいものではないから、それらのルートについて、どこまで踏み込むのかの見極めが重要になる。

なお、略式代執行後であっても、「その者」が判明すれば費用負担をさせなければならないため、調査がまったく不要となるわけではないが、代執行前ほどのものは求められない。実質的には、略式代執行をした旨をウェブサイトで広報し、関係者からの情報提供を待つ程度で十分である。法律実施条例のなかで、終了後一定期間、現場で標識の設置をする旨を規定するとよい。

略式代執行終了後探索の程度　本条９項の命令が出された共有者の１人が履行期限直前に死亡したケースは先にみた（⇨p.55）。その場合において、相続者が容易に判明しないために略式代執行となったときには、終了後、通常時と同じ項目に関する調査は必要になる。ただし、それほど深く調査する必要はない。調査対象は同じであるとしても、調査範囲は狭くてよいと考えるのが合理的である。

不在者財産管理人・相続財産清算人の利用　相手方不明事案において、市町村長が前述の不在者財産管理人制度を利用する例がある。本条１～３項の対象とするために請求する場合もあるし、略式代執行後に代執行費用の回収を行うために請求する場合もある。当該特定空家等の敷地の売却可能性等、多くの要因を総合判断した選択であろう。

相続放棄事案のように、所有者不存在事案がある。こうした場合には、相続財産清算人の利用も考えられる。

⑿「その者の負担において」（10項）

略式代執行の費用徴収　「その者」が後日判明した場合の略式代執行費用の徴収について、ガイドラインは、「本項の代執行は行政代執行法の規定によらないものであることから、代執行に要した費用を強制徴収することはできない。すなわち、義務者が後で判明したときは、その時点で、その者から代執行に要した費用を徴収することができるが、義務者が任意に費用支払をしない場合、市町村は民事訴訟を提起し、裁判所による給付判決を債務名義として民事執行法……に基づく強制執行に訴えることとなる（地方自治法施行令……171条の２第３号）。」と記述する（⇨p.395）。しかし、この解釈には疑義がある。

不明確な債権債務関係　民事訴訟提起の前提には、市町村と「その者」との間に債権債務関係が成立している必要がある。この点、市町村は代執行作業をした業者に代金を債務の弁済として支払うが、それが直ちに「その者」との関係で当然に債権に転化するわけではない。「その者の負担において」という文言だけで債権が発生すると解するのは無理である（⇨第７章）。確定させるための手続が必要であるが、空家法にはそれが規定されていない。

納付命令が必要　解釈上、行政代執行法５条を準用して納付命令を発し、その到達をもって債権が発生すると整理するのが適切である。督促をしても支払いがされなければ、行政事件訴訟法４条にもとづき、公法上の当事者訴訟を提起する。そうした準用を明記する条例もある（「南さつま市空家等対策の推進に関する条例」10条３項）。本来は、森林経営管理法43条や廃棄物処理法19条の７のように、空家法に明記するべきものである。

補助事業としての略式代執行の場合　国土交通省の補助事業として略式代執行を実施した場合（⇨p.23）、「その者」が判明して部分的なりとも費用の徴収がなされれば、面倒な補助金返還作業が必要となるため、調査には及び腰なのが実情であろう。「頼むから出てくるな」という気持ちかもしれない。

⒀　「標識の設置その他国土交通省令・総務省令で定める方法により、その旨を公示しなければならない。」（11項）

公示の義務づけ　本項は、本条 3 項にもとづく命令を発出した後の手続を規定する。空家法施行規則は、標識設置以外の公示方法について、「市町村（特別区を含む。）の公報への掲載、インターネットの利用その他の適切な方法とする。」と規定している。

特定空家等の現場で標識設置をする場合には、通行人からよくみえる場所に立てておく必要がある。事後のトラブルに備えて、設置作業の前後の写真撮影をするなどして、確実にされた事実を立証できるようにしておきたい。公示物の毀損に対する罰則は規定されていないが、インターネット利用など方法が多様であるためであろう。

公示の内容　特定空家等に対して行政の措置がされた事実は、この公示によってはじめて社会に知らされる。「その旨」として何を含めるかは、明確にされていない。当該建築物・工作物とその敷地の所在地およびそれが 2 条 2 項にいう特定空家等であることが、その内容となろう。所有者等の氏名などの個人情報については、この規定をもとにしては表示できない。

公示では、社会に対する情報提供の意味で、どのような理由で特定空家等となっているのかを明記するのが適切である。ただ、標識設置、公報掲載、インターネット公表といった方法では、通行人や通行車両に対する周知効果は十分ではないから、リスク回避行動を期待できない。道路管理者の協力を求めて、前面道路にカラーコーンを設置するなどの対策も検討されてよい（⇨p.13）。

⒁　「行政手続法（平成 5 年法律第88号）第 3 章（第12条及び第14条を除く。）の規定は、適用しない。」（13項）

適用除外とその意味　本条 3 項にもとづく命令は、行政手続法 2 条 4 項にいう不利益処分である。したがって、それをするにあたっては、同法 3 章（12～18条）が適用されるのが原則である。

通常であれば、同法13条 1 項 2 号にもとづき、弁明機会の付与の手続が講じられる。ところが、空家法14条 4 ～ 8 項は、建築基準法 9 条 2 ～ 6 項にならって、それよりも手厚い手続を規定している。このため、行政手続法12条が規定する処分基準、14条が規定する理由提示を除いて、３章が適用除外とされている。

名あて人不明事案　命令の名あて人となるべき者が判明しない場合、および、所在のみ不明の場合において、行政手続法31条（により準用される15条３項の弁明機会付与通知書現場掲示義務）が適用除外された。早期対応の必要性に鑑みた規制緩和措置であり、空家法が行政手続法との関係で特別措置法となっている部分である。

空家法14条２項の勧告は同条１項の助言・指導の不服従を前提とし、同条３項の命令は同条２項の勧告の不服従を前提としている。このため、それぞれの措置にあたり、前提となる措置が、相手方に対して確実に送達されている必要がある。ところが、これらは行政指導であるため（２項勧告についてもそのように整理すれば）、それが困難な場合について、行政手続法制上は特段の措置が講じられてない（なお、行政指導の規律は、各市町村の行政手続条例による（行政手続法３条３項、46条））。同条10項のカッコ書きにおける同条１項および２項に関する記述には、特段の手続を不要とすることを明確にした意義がある（⇨p.59）。

⒂「特定空家等に対する措置に関し、その適切な実施を図るために必要な指針を定めることができる。」（14項）

ガイドラインの根拠規定　本項を受けて、パブリックコメントを経たうえで、「「特定空家等に対する措置」に関する適切な実施を図るために必要な指針（ガイドライン）」が作成されている（⇨p.380）。2015年５月26日の空家法施行日に公表されたものが、市町村における実施の実情を踏まえて、2020年12月25日および2021年６月30日に改正されている。

ガイドラインの法的性質　このガイドラインの法的性質は、基本指針と同じく行政規則であり、法的拘束力は有しない。地方自治法245条の４にいう「技術的な助言」である。市町村は、これを参考にしつつ、独自の内容を決定できる。本条３項の命令の基準として機能する部分は、行政手続法12条にいう処分基準として位置づけられる。なお、空家法にもとづく市町村の事務が自治事務（地方自治法２条８項）である点に鑑みれば、その内容が詳細にすぎるという面がないではない。一方、求めてもいない事務を押しつけられた感がある市町村にとっては、これぐらいの内容であって当然なのかもしれない。

⒃「特定空家等に対する措置に関し必要な事項は、国土交通省令・総務省令で定める。」（15項）

本項にもとづく施行規則としては、手続を定めるものが想定されるが、現在のところ、制定されていない。現行の施行規則は、本条11項に関する内容のみを規定する。

■ 財政上の措置及び税制上の措置（15条）

第15条　国及び都道府県は、市町村が行う空家等対策計画に基づく空家等に関する対策の適切かつ円滑な実施に資するため、空家等に関する対策の実施に要する費用に対する補助、地方交付税制度の拡充その他の必要な財政上の措置を講ずるものとする。

2　国及び地方公共団体は、前項に定めるもののほか、市町村が行う空家等対策計画に基づく空家等に関する対策の適切かつ円滑な実施に資するため、必要な税制上の措置その他の措置を講ずるものとする。

⑴「空家等に関する対策の実施に要する費用に対する補助、地方交付税制度の拡充その他の必要な財政上の措置」（１項）

財政措置の対象　財政上の措置の対象に関して、基本指針は、「市町村が空家等対策計画の作成のため空家等の実態調査を行う場合や、空家等の所有者等に対してその除却や活用に要する費用を補助する場合、当該市町村を交付金制度により支援するか、市町村が取り組む空家等のデータベースの整備、空家等相談窓口の設置、空家等対策計画に基づく空家等の活用・除却等に要する経費について特別交付税措置を講ずる」（⇨p.366）とする。空家等対策計画に関しては、作成それ自体に対する財政上の措置ではなく、そのなかでの具体的作業が対象となっている点に注意が必要である。

なお、交付税となれば、空家法実施のための予算の確保にあたっては、他の行政分野との競争になるため、庁内における争奪戦に勝利しなければならない。施策実施のために必要な額になるかは不確実である。

都道府県の実績　本条１項の規定にもかかわらず、都道府県が市町村に対して財政上の措置を講じている例は、それほど多くない。都道府県に対する国の措置が実際にされているとすれば、何らの対応もしないのは、本項に照らして適切ではない。

国の実績　国が提供する財政上の措置については、国土交通省のウェブサイトに、「空家等対策の推進に関する特別措置法関連情報」のひとつとして紹介されている。空き家再生等推進事業（社会資本整備総合交付金等の基幹事業）、空き家対策総合支援事業（⇨p.23）などがある。

異例の規定ぶり　財政上の措置の内容として、「補助、地方交付税制度の拡充」と具体的に書き込む立法例はめずらしい。空家法15条１項のほかには、「鳥獣による農林水産業等に係る被害の防止のための特別措置に関する法律」８条があるのみである。いずれも同一の国会議員が中心となった議員提案立法である。

⑵ 「講ずるものとする」（１項）

措置の義務づけ　国および都道府県に関する上記の措置については、義務的とされている。次項においても同様である。都道府県に対して義務的事務とした以上、国は都道府県に対して必要な財政措置を講ずる法的義務がある。１項の規定ぶりからは、国のほか都道府県も地方交付税制度の拡充をすべきと読めるが、それはありえない。適切な規定ぶりとはいいがたい。

⑶ 「必要な税制上の措置」（２項）

住宅用地特例への対応　税制上の措置としては、住宅用地特例制度への対応がある。前述のように、現に住居用として使用されている家屋の敷地に関しては、地方税法上、その固定資産税の課税標準額を６分の１（敷地面積200㎡以下の場合）あるいは３分の１（同200㎡超の場合）とする特例措置が講じられている（⇨p.52）。同趣旨の措置は、都市計画税が適用される家屋についても講じられている。

不適切な運用実態　これらの措置は、居住可能な家屋に対して適用されるべきである。ところが、空家等に関しては、居住の有無の判断が難しいために適用が継続されたり、明らかに居住の用に供されていない場合でも漫然と適用が継続されたりするという不適切な例が少なからずあった。

空家等を除却して更地にすれば、この特例措置が適用されなくなる。そこで、所有者の側には、相当に劣悪な状態になっていたとしても、これを存置するインセンティブが発生すると指摘されていた。

悪循環の遮断　そこで、2017年 1 月14日に閣議決定された「平成27年度税制改正の大綱」では、空家法14条 2 項にもとづく勧告の対象となった特定空家等にかかる土地について、「住宅用地に係る固定資産税及び都市計画税の課税標準の特例措置の対象から除外する措置を講ずる」旨が決定された。その内容は、同年 3 月に成立した「地方税法等の一部を改正する法律」に反映されている。上述の通りである。この措置は、2016年度以降の年度分から適用されている。

■　過　料（16条）

第16条　第14条第 3 項の規定による市町村長の命令に違反した者は、50万円以下の過料に処する。

2　第 9 条第 2 項の規定による立入調査を拒み、妨げ、又は忌避した者は、20万円以下の過料に処する。

⑴　「過料」

秩序罰としての行政罰　空家法のもとでの義務履行確保措置としては、制裁機能を有する秩序罰である過料が規定されている。行政罰のうち、罰金のような行政刑罰ではなく秩序罰とされたのは、違反行為の反社会性の程度がそれほど重大ではないと判断されたからである。もっとも、過料の上限額は、決して低くはない。なお、過料に処されても、「前科」がつくわけではない。

追加的サンクション措置　空家法が規定する制裁は過料だけであるが、法律実施条例としての空き家条例のなかには、事前手続を経たうえで、勧告不服後事実ないし命令違反事実を公表できる旨を規定するものがある（⇨第 2 章）。このような条例対応を、空家法は否定していない。

⑵　「処する」

裁判所への通知　地方自治法231条の 3 にもとづいて行政処分により科しうる過料とは異なり、法律に規定される過料については、非訟事件手続法119条以下の手続になる。普通裁判権の所在地を管轄する地方裁判所の裁判官の職権により科されるのがタテマエであるが、現実には、裁判所に調査は期待できない。そこで、市町村は、過料を科す必要があると思料する場合には、裁判所の職権発動を促すべく、「過料事件通知書」に違反事実を称する資料を添付して、裁判所に対して過料事件を通知することになる。なお、「処する」とあるが、市町村による通知は任意である。告発に関して刑事訴訟法239条２項が規定するような義務が公務員にあるわけではない。

この通知書については、ガイドラインにも様式例はない。一例は、**[図表 1. 5]** の通りである。

[図表 1. 5] 過料事件通知書の様式例

（文書番号）
令和○年○月○日

○○地方裁判所御中　　　　××市長　甲野太郎

過料事件通知書

下記の者は、空家等対策の推進に関する特別措置法（平成26年法律第127号。以下「法」という。）第14条第３項に基づく××市長の命令を受けたところ、これに違反しており、同法第16条第１項にもとづき過料に処すべきものと思料されますので、通知します。

記

1．特定空家等の所在地
2．違反者の氏名・住所
3．根拠法令
　空家等対策の推進に関する特別措置法第14条第３項、第16条第１項
4．添付書類
　（1）勧告書、命令書の写し
　（2）住民票の写し
　（3）登記事項証明書（建物）
　（4）写真
5．問い合わせ先

（出典）葛飾区資料をもとに筆者作成。

市町村は「部外者」　過料事件においては、市町村は当事者ではない。このため、情報提供をした場合において、結果がどうなったのかは、裁判所のほかは、

事件処理にあたって意見聴取が義務づけられる検察官、そして、違反者本人しか知りえない。実際、14条３項の命令に違反した者に過料を科すべく裁判所に通知をした自治体がその後において裁判所に対して結果照会をしたところ、「関係者ではない」という理由で回答を拒否されている。

■ 附　則

（施行期日）

1　この法律は、公布の日から起算して３月を超えない範囲内において政令で定める日から施行する。ただし、第９条第２項から第５項まで、第14条及び第16条の規定は、公布の日から起算して６月を超えない範囲内において政令で定める日から施行する。

（検討）

2　政府は、この法律の施行後５年を経過した場合において、この法律の施行の状況を勘案し、必要があると認めるときは、この法律の規定について検討を加え、その結果に基づいて所要の措置を講ずるものとする。

⑴　「施行期日」（１項）

２段階施行　2014年11月19日に可決成立した空家法は、公布日（2014年11月27日）から起算して３か月を超えない範囲で政令で定める日から施行される。その日は、平成27年政令第50号により、「平成27年２月26日」とされた。ただし、特定空家等に関する立入調査（９条２～５項）、行政措置（14条）、罰則（16条）の規定については、公布の日から起算して６か月を超えない範囲で政令で定める日から施行される。その日は、前記政令により、「平成27年５月26日」とされた。

⑵　「施行後５年を経過した場合において、この法律の施行の状況を勘案し、必要があると認めるときは、この法律の規定について検討を加え、その結果に基づいて所要の措置を講ずるものとする」（２項）

施行５年後見直し　空家法の全面施行は2015年５月26日であったから、５年の経過日は、2020年５月25日となる。同法において「政府」とは、実際には、同法を所管する総務省および国土交通省である。

空家法施行後から、主として国土交通省には、同法の運用をめぐって多くの照会や要望が市町村から寄せられていた。また、両省は、市町村に対して、種々の調査を実施していた。それらを踏まえた検討作業は、主として国土交通省によって進められた。

基本指針とガイドラインの改正による対応　その結果、パブリックコメント（⇨p.377）を経たうえで、５条にもとづく「空家等に関する施策を総合的かつ計画的に実施するための基本的な指針」が、2021年６月に改正された（令和３年６月30日付け総務省・国土交通省告示第１号）。14条14項にもとづく「「特定空家等に対する措置」に関する適切な実施を図るために必要な指針（ガイドライン）」が、同じくパブリックコメント（⇨p.453、455）を経たうえで、2021年12月と2022年６月の２回に分けて改正された（⇨第10章）。

第１回目は、「「特定空家等に対する措置」に関する適切な実施を図るために必要な指針（ガイドライン）の一部改正について（令和元年地方分権改革提案事項）」（令和２年12月25日付け国住備第107号、総行地第1090号）である。第２回目は、「「特定空家等に対する措置」に関する適切な実施を図るために必要な指針（ガイドライン）の一部改正について」（令和３年６月30日付け国住備第62号、総行地第98号）である。結局、附則２項が命じた「所要の措置」としては、基本指針およびガイドラインの改正により対応された。

なお必要な法改正　もっとも、空家法の改正は必要なかったとまではいえない。基本指針およびガイドラインの改正内容には、７条の協議会への市町村長参画の取扱い（⇨p.367）や財産管理人制度利用の際の市町村長申立て（⇨p.383～384）など、本来は法改正により対応すべきと考えられる法律事項がある。また、空家法の改正検討項目として指摘されているものもある（⇨第11章）。

空家法提案者は、必要があると認めるときは、本法の規定の見直しを行うのが適当としていた。国会の期待は明白であり、基本指針およびガイドラインの改正による上記措置だけでは、その命令に十分に応えていないと評価すべきであろう。市町村の意見を十分に踏まえたうえで、政府には、可及的速やかな対応が求められる。

国土交通省の方針　第10回所有者不明土地等対策の推進のための関係閣僚会

議（2022年 5 月27日）に対して国土交通大臣が提出した資料には、「空家法の見直しに向けた検討」という項目がある。そこでは、「空家法の対象の拡大（マンション等の空き住戸）や、空き家の利活用の推進に対応するため、空家法の見直しも検討」と記されている。内閣提出法案か議員提案かは不明であるが、空家法改正に向けた検討が進んでいることをうかがわせる。

■ 空家法の施行状況

国土交通省と総務省は、空家法の施行状況を、これまで11回にわたって定期的に調査し、その結果を公表している。従来、年 2 回の調査（ 3 月31日時点、10月 1 日時点）であったところ、2021年度は、 3 月31日現在のみになっている（2021年10月 1 日現在のものがない）。最新の調査結果は、**[図表 1. 6]** にあるそれである（ 8 月10日公表：https://www.mlit.go.jp/jutakukentiku/house/content/001495582.pdf；https://www.mlit.go.jp/jutakukentiku/house/content/001495764.pdf）。最後の質問項目は自由記述であるが、「多忙ゆえ年に 2 回の調査には対応できない」という声が多く寄せられたのかもしれない。以下の図表は、2022年 3 月31日現在の調査結果を踏まえて筆者が作成した。そのほか、空家等対策計画の策定状況や法定協議会の設置状況についても、集計がされている。

過去の調査結果は、国土交通省ウェブサイトで公表されている。いくつかを比較すると、過年度分の数字が微妙に修正されていることがわかる。公表後に、市町村からの修正申出に対応したためである。その後も、数字は二転三転する。アンケート調査票の質問文が曖昧だからだろうか。原因は不明である。異なった数字が書き込まれている一例として、**[図表 1. 6]** と **[図表 4. 1]**（⇨p.170）を比較されたい。**[図表 1. 6]** の数値は、今後、修正を受ける可能性が大いにある。

[図表 1. 6] 特定空家等に対する措置状況（カッコ内は市町村数）[2022年3月31日現在]

	2015年度	2016年度	2017年度	2018年度	2019年度	2020年度	2021年度	合計
助言・指導（14条 1 項）	2,078 （119）	3,077 （204）	3,852 （269）	4,584 （321）	5,349 （398）	5,762 （396）	6,083 （442）	30,785 （773）
勧告（14条 2 項）	59 （23）	206 （74）	298 （91）	379 （104）	442 （135）	473 （149）	525 （156）	2,382 （376）

命令 （14条３項）	5 （４）	19 (16)	40 (28)	39 (20)	42 (33)	65 (46)	84 (61)	294 (153)
緩和代執行 （14条９項）	2 （２）	10 (10)	12 (12)	18 (14)	28 (25)	23 (21)	47 (43)	140 (103)
略式代執行 （14条10項）	8 （８）	27 (23)	40 (33)	50 (45)	69 (56)	66 (54)	82 (72)	342 (206)
合計	2,152 (123)	3,339 (218)	4,242 (296)	5,070 (353)	5,930 (440)	6,389 (443)	6,821 (511)	33,943 (812)

（出典）国土交通省・総務省資料を踏まえて筆者作成。

空家法14条９項にもとづく緩和代執行は140件・103市町村で、同条10項にもとづく略式代執行は342件・206自治体で実施されている。件数ごとに自治体名をあげると、**[図表 1. 7]** のようになる。

[図表 1. 7] 緩和代執行および略式代執行の実施件数と実施市町村［2022年3月31日現在］

○緩和代執行（14条９項）［実施自治体数103］

件数	自治体名
8	〔千葉県〕香取市
5	〔石川県〕加賀市
4	〔秋田県〕上小阿仁村
3	〔埼玉県〕熊谷市、〔新潟県〕十日町市、〔富山県〕射水市、〔福岡県〕福岡市、〔大分県〕中津市
2	〔北海道〕旭川市、〔秋田県〕能代市、〔山形県〕村山市、川西町、〔千葉県〕木更津市、〔新潟県〕胎内市、〔富山県〕立山町、〔石川県〕輪島市、〔愛知県〕安城市、〔三重県〕名張市、〔兵庫県〕姫路市、丹波篠山市、〔山口県〕宇部市
1	〔北海道〕室蘭市、芦別市、福島町、沼田町、湧別町、大空町、豊浦町、〔青森県〕五所川原市、〔岩手県〕盛岡市、北上市、遠野市、一関市、八幡平市、西和賀町、〔宮城県〕仙台市、〔秋田県〕湯沢市、〔山形県〕金山町、〔茨城県〕常総市、笠間市、筑西市、〔栃木県〕宇都宮市、足利市、那須塩原市、〔群馬県〕大泉町、〔埼玉県〕坂戸市、〔千葉県〕市川市、柏市、市原市、袖ケ浦市、〔東京都〕品川区、杉並区、板橋区、葛飾区、〔新潟県〕柏崎市、糸魚川市、佐渡市、〔富山県〕滑川市、黒部市、朝日町、〔石川県〕七尾市、小松市、〔福井県〕敦賀市、あわら市、坂井市、〔長野県〕駒ケ根市、天龍村、〔岐阜県〕多治見市、各務原市、〔静岡県〕伊豆の国市、〔三重県〕津市、桑名市、菰野町、紀北町、〔大阪府〕大阪市、泉佐野市、〔兵庫県〕明石市、〔奈良県〕桜井市、〔和歌山県〕田辺市、〔鳥取県〕鳥取市、〔島根県〕松江市、〔岡山県〕美作市、吉備中央町、〔広島県〕広島市、〔山口県〕柳井市、周南市、〔愛媛県〕松山市、四国中央市、〔福岡県〕北九州市、久留米市、飯塚市、東峰村、香春町、糸田町、福智町、〔佐賀県〕嬉野市、白石町、〔長崎県〕長崎市、大村市、松浦市、〔熊本県〕合志市、〔鹿児島県〕鹿屋市、〔沖縄県〕那覇市

○略式代執行（14条10項）［実施自治体数206］

件数	自治体名
9	〔千葉県〕香取市
6	〔熊本県〕熊本市
5	〔新潟県〕佐渡市、〔富山県〕上市町、〔静岡県〕浜松市、〔山口県〕宇部市
4	〔北海道〕三笠市、〔富山県〕富山市、〔兵庫県〕神戸市、丹波市、〔岡山県〕岡山市、〔福岡県〕福岡市
3	〔北海道〕鷹栖町、〔茨城県〕牛久市、神栖市、〔新潟県〕柏崎市、〔三重県〕伊賀町、南伊勢町、〔滋賀県〕高島市、〔京都府〕福知山市、〔大阪府〕岬町、〔兵庫県〕姫路市、朝来市、神河町、〔鳥取県〕米子市、〔島根県〕西ノ島町、〔広島県〕府中市、〔山口県〕長門市、〔愛媛県〕八幡浜市、〔福岡県〕飯塚市、〔長崎県〕西海市
2	〔北海道〕滝上町、浜中町、〔青森県〕五所川原市、〔秋田県〕にかほ市、〔茨城県〕ひたちなか市、〔群馬県〕前橋市、〔埼玉県〕川口市、〔千葉県〕館山市、木更津市、〔神奈川県〕厚木市、〔新潟県〕糸魚川市、胎内市、〔富山県〕立山町、〔石川県〕白山市、〔福井県〕あわら市、〔山梨県〕北杜市、山中湖村、〔長野県〕長野市、須坂市、〔岐阜県〕羽島市、恵那市、〔愛知県〕瀬戸市、〔三重県〕紀北町、〔滋賀県〕東近江市、米原市、〔京都府〕京都市、京丹後市、〔大阪府〕池田市、松原市、和泉市、〔兵庫県〕明石市、豊岡市、丹波篠山市、市川町、〔和歌山県〕海南市、かつらぎ町、那智勝浦町、〔鳥取県〕日南町、〔島根県〕浜田市、隠岐の島町、〔香川県〕丸亀市、東かがわ市、〔愛媛県〕四国中央市、〔福岡県〕宗像市、苅田町、〔長崎県〕大村市、〔大分県〕別府市
1	〔北海道〕室蘭市、紋別市、滝川市、歌志内市、福島町、共和町、秩父別町、比布町、礼文町、湧別町、〔青森県〕大鰐町、六戸町、〔岩手県〕宮古市、北上市、〔宮城県〕仙台市、七ケ宿町、〔秋田県〕湯沢市、〔山形県〕米沢市、鶴岡市、村山市、朝日町、川西町、〔茨城県〕土浦市、石岡市、つくば市、筑西市、〔栃木県〕佐野市、小山市、那須塩原市、〔群馬県〕下仁田町、〔埼玉県〕熊谷市、本庄市、深谷市、〔千葉県〕千葉市、君津市、南房総市、いすみ市、一宮町、〔東京都〕台東区、北区、練馬区、町田市、〔神奈川県〕横須賀市、〔新潟県〕三条市、新発田市、小千谷市、十日町市、妙高市、上越市、魚沼市、〔富山県〕魚津市、滑川市、黒部市、南砺市、射水市、〔石川県〕七尾市、加賀市、能登町、〔福井県〕敦賀市、小浜市、越前町、〔山梨県〕甲府市、〔長野県〕松本市、東御市、高森町、阿智村、筑北村、〔岐阜県〕大垣市、中津川市、瑞浪市、美濃加茂市、飛騨市、御嵩町、〔静岡県〕静岡市、〔愛知県〕名古屋市、〔三重県〕志摩市、〔滋賀県〕彦根市、野洲市、〔京都府〕綾部市、宇治市、与謝野町、〔大阪府〕高槻市、枚方市、富田林市、寝屋川市、箕面市、田尻町、〔兵庫県〕洲本市、宍粟市、太子町、新温泉町、川西町、〔奈良県〕川西町、田原本町、王寺町、〔和歌山県〕橋本市、太地町、〔鳥取県〕鳥取市、倉吉市、琴浦町、北栄町、〔島根県〕安来市、〔岡山県〕矢掛町、〔広島県〕尾道市、福山市、廿日市市、〔山口県〕下関市、萩市、岩国市、〔徳島県〕徳島市、鳴門市、〔愛媛県〕今治市、新居浜市、西予市、砥部町、〔高知県〕高知市、〔福岡県〕北九州市、久留米市、宮若市、芦屋町、岡垣町、〔佐賀県〕多久市、〔長崎県〕長崎市、平戸市、新上五島町、〔熊本県〕上天草市、〔大分県〕大分市、〔宮崎県〕宮崎市

（出典）国土交通省・総務省資料を踏まえて筆者作成。

第2部

空家法制定後の市町村空き家行政

―空家法の実施と条例動向―

第2章　空家法制定後の空き家条例の動向

2020年夏時点で参照しえた空き家条例を分析する。ひとつの空き家条例のなかには、法律実施条例と独立条例の２つの性質を持つ条例が併存している。前者は空家法の規定を自治体に適合的に実施するためのものであり、同法と融合的に適用される。内容としては、空家法の規定の確認、確定、詳細化、修正がある。また、同法の対象に関して手続や措置を追加するものもある。後者は空家法の対象外に関して、独自の規制をする。若干の使用実績があるために空家等とはならない家屋の所有者に行政指導をする規定を持つもの、部分的に居住がされているために空家等とならない長屋や共同住宅を対象にするものなどがある。

1　多様性ある内容

法律は条例に影響を受け、そして、条例に影響を与える。多くの空き家条例の制定を踏まえて空家法が2014年11月19日に可決成立した後に、それまでに制定していた（空き家対策に特化した）空き家条例を全部・一部改正したり、新たに空き家条例を制定したりする市町村が増加した。それらは、当然に、空家法の存在を前提にしたものである。

空家法を制定した立法者が、同法にもとづく空き家対策を市町村が推進するにあたって、同法以外に条例が必要と考えていたかは不明である。ただ、法制定後もなお条例制定が継続しているという事実は、実施にあたる市町村自身が、空家法だけでは不十分と考えている証左にほかならない＊1。市町村の空き家施

＊1　一方、それまで制定していた条例を廃止する自治体もあった。筆者が知りえたのは、砂川市、室蘭市、つがる市、湯沢市、朝日町、川口市、鴻巣市、船橋市、大田区、糸魚川市、多治見市、瑞浪市、笠松町、御嵩町、和泉市、宗像市、飯塚市、豊後高田市である（廃止はしたが、新規の空き家条例を制定した市町村を除く）。空家法が必要かつ十分な内容を規定したがゆえに条例を存続させる意味が失われたという判断なのだろう。たとえば、2013年４月１日に施行された「糸魚川市空き家等の適正管理に関する条例」の廃止理由は、「空き家等対策の推進に関する特別措置法の施行に

策の観点からは同法の対象が狭すぎるという場合もあろうし、同法の対象についての規定内容に足りないところがあるという場合もあろう。いずれにせよ、空家法は、自治体空き家施策にとっての万能薬ではなかったのである。

空家法以前の条例の構成や内容は、2010年７月に制定された「所沢市空き家等の適正管理に関する条例」など初期の条例のいくつかを参考にしたものが多かった＊2。これに対して、同法後に改正・制定される条例の構成・内容・規定ぶりは、全体としてみれば、バラエティに富んでいる。一方、従来の条例を改正せずにあえて存置して、空家法ではなく従前の条例にもとづく空き家対策を継続する方針を持つ市町村もある。また、従前の条例と空家法の形式的重複部分については同法を優先適用することで調整をしている市町村もある。空家法制定後であるにもかかわらず、形式的にみるかぎりは、それまで多く制定されていた空き家条例のタイプのものをあえて制定している市町村もある。これらは、いずれも、空家法に関する政策法務対応である。特段の対応がないそのほかの市町村においても、今後の展開が注目されるところである。

本章では、おおむね2020年７月までに筆者が入手した条例＊3の整理・分析を

伴い、今後は法に基づき空き家対策を行うこととなるため条例を廃止いたしたい」というものである。平成28年第１回糸魚川市議会定例会会議録１号（2016年２月22日）［米田徹・糸魚川市長］参照。しかし、これは空家法に対する過大評価であって、筆者には、賢明な選択であったとは思えない。もちろん、廃止しても、永久に条例を制定しないというわけではない。空家法（および独自に制定した同法施行細則や要綱）のみによる実施で不都合が感じられれば、新たに条例を制定する場合もあるだろう。実際、朝日町は2016年に「朝日町空家等の適正管理に関する条例」を、川口市は2018年に「川口市空家等対策に関する条例」、飯塚市は2018年に「飯塚市空家等の適正な管理に関する条例」を制定している。なお、笠松町、御嵩町、豊後高田市の場合、旧条例の全部改正ないし旧条例の廃止をして「附属機関の設置条例」を制定しているが、実質的には、独自の空き家条例の廃止とみてよい。森幸二「空家等対策特別措置法をどう執行すべきか：法施行後の空家条例の取扱いほか」自治実務セミナー2015年２月号51頁以下・53頁は、原則廃止すべきとするが、実務的には、そのようには展開しなかった。

＊2　制定当時の所沢市条例については、前田正子「埼玉・所沢市「空き家等の適正管理に関する条例」：その制定プロセス、運用と効果」北村喜宣（監修）『空き家等の適正管理条例』（地域科学研究会、2012年）39頁以下参照。初期の空き家条例の分析として、北村喜宣「空き家対策の自治体政策法務」同『空き家問題解決のための政策法務：法施行後の現状と対策』（第一法規、2018年）２頁以下参照。

＊3　市町村において、実際にどれくらい新規制定・全部改正・一部改正の条例があるのかは、不明である。国土交通省・総務省は、2017年10月１日現在での空家法の施行状況調査を公表した（http://www.mlit.go.jp/common/001222398.pdf）。そこでは、2017年３月31日現在の「「空き家適正管理条例」又はそれに類する条例の施行中市区町村数」が示されているが、それは、525となっている。そのなかには、空家法制定前からある条例でその後も改正されていないものが含まれていると推測

するとともに、市町村空き家施策を推進するための条例について総合的に検討する＊4。前提とする条例は、本章末の［図表2.5］（⇨p.122）の通りである。その後の改正により、変更が生じている可能性がある点はご了解いただきたい。以下においては、原則として、「市町村名＋条例」とのみ略記する＊5。制定されている空き家条例のなかには、当該市町村にとどまらない空き家行政全体に対する課題を提起しているものもある。なお、本章で「条例」という場合、条例全体を指すこともあれば、そのなかの個別の仕組みを指すこともある。

2　条例の整理の視点

⑴　個別条文に着目した整理の必要性

筆者は、かつて、空家法制定後に一部改正されたり新規制定されたりした条例について検討したことがある＊6。そこでは、条例を、大きく「条例補完型」と「総合条例型」に分けていた。そして、条例補完型は法律に定めのない事項のみを規定するもの、総合条例型は法律規定の再掲・確定、詳細化、独自対応をするものと整理していた。しかし、現在では、この整理は「法律との関係」「条例の構成」という異なった基準により分類をしたものであり、理論的には適切ではなかったと考えている＊7。条例全体をとらえて分類するのではなく、個々の規定についてその機能や性質を検討すべきなのである。

される。現在では、おそらく700を超えているだろう。情報を把握しているはずの国土交通省には、適切なデータ整備と情報提供をお願いしたい。

＊4　空家法制定後の空き家条例について検討する論攷として、森・前註（１）論文、岩﨑忠「空家特別措置法施行後の自治体の空き家対策：公共政策からのアプローチ」地域政策研究〔高崎経済大学〕19巻２号（2016年）11頁以下、北村喜宣「空家法の実施と条例対応」地方議会人11月号（2016年）８頁以下も参照。空家法施行後の空き家条例については、北村喜宣＋米山秀隆＋岡田博史（編）『空き家対策の実務』（有斐閣、2016年）50～68頁「空家法に先行して条例を制定していた自治体の対応」［岡田博史］参照。この部分は、現在における「空き家条例総論」ともいうべき内容となっている。

＊5　検討に際しては、［別表］に掲げた条例を適宜引用するが、紙幅の関係で、該当箇所に関係するすべての条例をあげることはできない。それぞれの箇所では、多くとも３つの条例を例示するにとどめる。

＊6　北村喜宣「空家対策特措法の成立を受けた自治体対応」自治実務セミナー2015年７月号２頁以下参照。

＊7　北村・前註（６）論文では、「既存条例の廃止」という選択肢も示していた。条例補完型、総合条例型も含め、これらのモデルは、空家法制定後の条例の制度設計にあたって、一定程度は参照されたようである。

そうした観点から、改めて整理をする。空き家条例を構成する部分には、①独立条例、②法律実施条例という２つの性質を持つものがある。さらに、その規定事項は、それぞれのタイプの条例のもとで、①（ア）時間的前置、①（イ）追加（対象）、②（ウ）確認、確定、詳細化、修正、②（エ）追加（手続、措置））の４つに分けることができる。このすべては、観点は異なるけれども、法律の補完である。これらのすべての内容をもつ１本の条例も考えられる。筆者が構想する「総合的空き家対策条例」は、そうしたものである。**[図表 2. 1]** を参照されたい。一方、本章の検討対象外であるが、空家法実施のための附属機関設置のみを規定する条例もある。そのかぎりで、②の性質を持つ。

[図表 2. 1] 総合的空き家対策条例

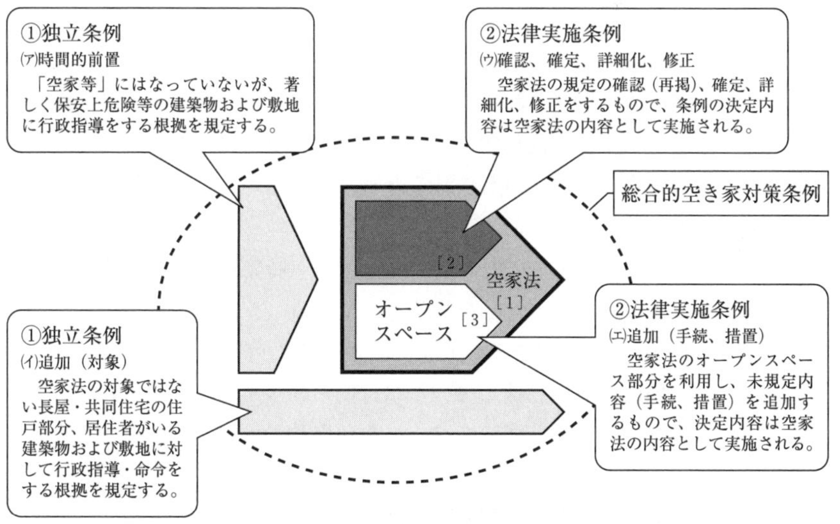

（出典）筆者作成。

(2)　独立条例と法律実施条例

まず、条例の性質としての独立条例と法律実施条例を説明しておこう。法律との作用の仕方の違いによる分類である。この点を明確にしなければ、議論が混乱してしまう。なお、空家法には、条例の根拠を提供する規定はない。いずれも、自治体に条例制定権を保障する憲法94条を根拠とするものである。

独立条例とは、空家法の対象とならないものに関して独自の規制をする条例である。これには、２つのタイプがある。空家法２条１項は、空家等を「建築物又はこれに附属する工作物であって居住その他の使用がなされていないことが常態であるもの及びその敷地（立木その他の土地に定着する物を含む。）をいう。ただし、国又は地方公共団体が所有し、又は管理するものを除く。」と定義する。空家法５条にもとづき策定された「空家等に関する施策を総合的かつ計画的に実施するための基本的な指針」（最終改正令和３年６月30日、総務省・国土交通省告示第１号）（以下「基本指針」として引用。）は、常態性に関して、「例えば概ね年間を通して建築物等の使用実績がないことは１つの基準となる」という解釈を示す（⇨p.368）。これを踏まえると、非居住でありながら、雑草除去など年に数回の使用がされている状況のものは、空家等には該当しない。そこで、こうした「時間的に空家等の前の状態にあるもの」には、実施のための仕組みがそのなかに完結的に規定されるフル装備型の独立条例で対応する必要がある（①（ア））。また、長屋や共同住宅のような一棟の建築物のうち、一部に居住がされていれば空家等とならないとされるため、そうしたものへの対応も、独立条例による必要がある（①（イ））。

法律実施条例とは、空家法の対象となる空家等・特定空家等に関する同法の規定に対して、市町村独自の対応をするものである。空家法に融合して作用する。これにも２つのタイプがある。まず、確認、確定、詳細化、修正である（②（ウ））。さらに、同法の対象に関して同法には明示的規定がない事項について、同法について観念できるオープンスペースを利用して追加的対応をするものもある（②（エ））

⑶　独立条例および法律実施条例の適法性

独立条例は、法律と融合しないゆえに、積極的牴触性が問題になることは少ない。空家法14条14項にもとづいて、国土交通省および総務省は、2015年５月26日に、「『特定空家等』に関する適切な実施を図るために必要な指針（ガイドライン）」（以下「ガイドライン」という。）を公表した（⇨p.380）。このガイドラインは、「参考となる一般的な考え方を示すもの」であるが、条例に関して、「各市町村において地域の実情を反映しつつ、適宜固有の判断基準を定めること等により特定空家等に対応することが適当である。また、措置に関する手続については、必要に応じて、手続を付加することや法令等に牴触しない範囲で手続を省略することを妨げるものではない。」（⇨p.380）としている。ここで前提とされているのは、独立条例である。空き家対策においては条例が先行したという事情もあるが、分権時代にあっては、当然の認識である。空家法の対象にならないものについて、同法が一切の規制を否定する趣旨とは解されない。なお、独立条例であっても、比例原則や平等原則などの法の一般原則への適合が求められるのはいうまでもない。

これに対して、法律実施条例は、全国的に適用される法律の内容について、ある自治体が、これを部分的に異なる対応をして法律と融合的に運用しようとするため、自治体の条例制定権能を規定する憲法94条の「法律の範囲内」という文言に牴触するのではないかという疑義が呈せられる。この点については、以下のように整理できる＊８。

自治体行政実務をした経験がない者が立案する法律は、自治体現場での使い勝手のよさに十分に配慮して制定されるわけではない。したがって、法定自治体事務の実施にあたっての手続や組織に関して法律を地域特性適合的に修正する法律実施条例は、法律が自治体の事務としている以上、憲法94条にもとづき、当然に認められていると解される。

また、法律に加えて、規制対象者の権利を制約し義務を課す措置については、自治体においてそれをしないと法律目的が実現できないような立法事実がある場合には、比例原則などに反しないかぎり、条例でこれをなしうると解される。規制内容の修正は、国がその役割にもとづき全国一律的適用をすべき考えて規定した部分を除き、法律目的を実現するために、合理性がある範囲で認められる。その程度は、法律に規定される事務の性質が「住民に身近な行政」（地方自治法１条の２第２項）であればあるほど広く深くなる。これらは、法律が、国の直営的実施ではなく、自治体による法律実施を選択したことに随伴する結果であり、条例の制定には、個別法の明文規定を要しない。根拠は憲法94条で十分

＊８　法律実施条例に関する筆者の見解については、北村喜宣「北村条例論の来し方・行く末」北村喜宣先生還暦記念論文集『自治立法権の再発見』（第一法規、2020年）243頁以下参照。

である＊9。法律によって国会が国民に関して抽象的に決定した内容が、自治体によって、当該地域の住民との関係で具体化する。それが権利義務に関係する場合には、条例の根拠が必要となる。条例対応を否定する法政策的理由が存在する場合もあろうが、そのときは、法律本文中で明示的に規定する必要がある（例：大規模小売店舗立地法13条）。しかし、空家法には、そうした規定はない。

⑷　４つの条例の内容

⒜　独立条例としての「時間的前置」条例

時間的前置条例は、年に数回程度の利用はされている（それゆえに空家法の対象となる「空家等」には該当しない）＊10けれどもそのまま放置すればいずれは空家法の規制対象となるような家屋に関して、一定の措置を講ずることにより、それを未然に回避する方策を規定するものである。空家法との関係では、時間的前倒し（時間の「前出し」）である。家屋の状態は、それほどには劣悪ではないため、目的としては、利活用が追加されるだろう。前置部分に関する対応の実施については、措置の履行確保を自己完結的になしうる仕組みを条例のなかで用意しなければならない＊11。条例には、命令規定や罰則規定などのフル装備が要求される。

⒝　独立条例としての「追加（対象）」条例

対象追加条例は、地域住民の生命・身体・財産の保護および生活環境の保全という目的を空家法と共有しつつ、同法が対象としない家屋を規制対象とする（対象の「横出し」）。世間的には「空き家」と認識されてはいるが空家法の対象外とされているものである。いずれも、建築物や敷地の管理状態は劣悪である

＊9　空家法のもとでの条例対応に関する裁判例はまだない。実施条例に関しては、徳島市公安条例事件大法廷判決（最大判昭和50年９月10日刑集29巻８号489頁）の判例法理によりつつ、砂利採取法の実施条例である「北海道砂利採取計画の認可に関する条例」を適法とした公害等調整委員会の裁定（平成25年３月11日判時2182号34頁）が参考になる。判決の評釈として、北村喜宣・新・判例解説Watch13号（2013年）275頁以下、人見剛・法学セミナー706号（2013年）109頁、岩﨑忠・自治総研422号（2015年）73頁以下、三好規正・自治研究91巻９号（2015年）139頁以下参照。

＊10　空家法２条１項は、空家等について、不使用が常態であることと規定するが、これは、おおむね１年以上その状態にあると解されている。北村喜宣「空家法の逐条解説」本書第１章７頁参照。

＊11　条例の分類論については、北村喜宣『自治体環境行政法〔第９版〕』（第一法規、2021年）34～36頁参照。なお、分類論については、確立したものはない。別の角度からの最近の作業として、出石稔「近年の政策条例に関する一考察：地域の政策実現の手段として」自治実務セミナー2018年３月号２頁以下参照。

が、空家法は適用されない。こちらの条例にも、規制内容の実現のためのフル装備が要求される。

(c)　法律実施条例としての「確認、確定、詳細化、修正」条例

法律実施条例は、空家法の規定を、市町村の地域特性に応じた対応ができるようにするためのものである。前述のように、対応の内容は、「法律規定の確認、確定、詳細化、修正」、そして、「追加（手続、措置）」と多様である。空家法にリンクして同法と融合的に作用する。対象となるのは、空家法の対象となる空家等である。前者は空家法に規定される事項に関するもの、後者はそうではない事項に関するものである。

確認とは、空家法の規定内容を、市町村に即して再掲するものである。確定とは、空家法が市町村の任意としている事項について、その実施を条例によって決定するものである。詳細化とは、空家法の規定ぶりが明確さを欠く場合に、市町村がその解釈を条例によって明確にするものである。修正とは、空家法の規定内容を、市町村の実情に合わせて変更するものである。修正とは、「上書き」と称されている対応に相当する。

(d)　法律実施条例としての「追加（手続、措置）」条例

空家法１条の目的を実現するための手段を空家法は完結的に規定していないために、事務を実施する市町村は、その地域特性にあわせて、同法を補完する内容を条例により決定できる。これが法律実施条例としての「追加（手続、措置）」条例である。

追加は、法律の対象となる空家等および特定空家等に関するものであり、空家法が規定していない措置を「横出し」的に追加する。筆者の用語法でいえば、「法令のオープンスペース」部分を利用しての条例制定である＊12。

3　総則部分

(1)　条例名称

空家法制定前の条例は、一般に、「空き家」という表記をしていた＊13。同法制

＊12　法律実施条例に関する筆者の考え方については、北村喜宣「法律改革と自治体」同『分権政策法務の実践』（有斐閣、2018年）２頁以下参照。

＊13　2013年３月制定の「和歌山市空家等の適正管理に関する条例」は例外である。居住者の有無を問

定後は、これを「空家等」とするものと、空家法の対象以外の老朽不適正管理建物にも対応するために、「空き家等」という表記を維持するものに大別される。概念相互の関係は、[図表 2. 2] のようなイメージである。

[図表 2. 2]「空き家等」と「空家等」の関係

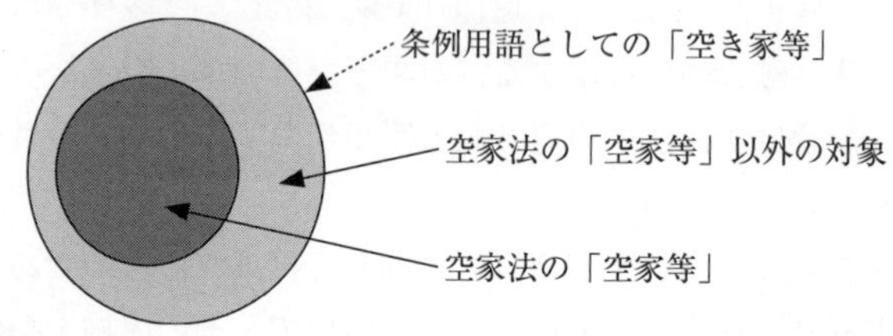

（出典）筆者作成。

従来から条例を制定していた市町村としては、空家法の対象だけに限られるとすると、その空き家施策の対象が狭くなる結果になる場合があり、後退になる。そこで、施策水準を維持するためには、広義にとらえる必要がある（例：鹿児島市条例 2 条、所沢市条例 2 条*14、流山市条例 2 条）。新規条例であっても、より広い対象に対応する必要があれば、同様の把握をすることになる。

もっとも、これは、用語だけの問題であり、条例で「空家等」という表現を用いつつ、そこに、空家法にいう「空家等」および条例のみの対象となる「空き家等」を含めるという整理もある。「空家等」について、広狭の定義を与える（あるいは、そのように読ませる）のである。その場合には、[図表 2. 3] のようになる（例：亀山市条例 2 条、北上市条例 2 条、多久市条例 2 条 1 号）。

わない場合には、「空き家」よりも広い射程を持つ表現となっていた。「墨田区老朽建物等の適正管理に関する条例」「足立区老朽家屋等の適正管理に関する条例」も参照。

*14　所沢市条例は、空家法との調整規定を置いている点で例外的である。「空き家等」と一般的に定義しておいて（2 条 1 号）、そのうち空家法にいう特定空家等に関しては、「〔条例〕第 5 条から第 7 条までの規定は……適用しない。」（1 項）とする。

[図表 2. 3] 広狭 2 つの「空家等」の関係

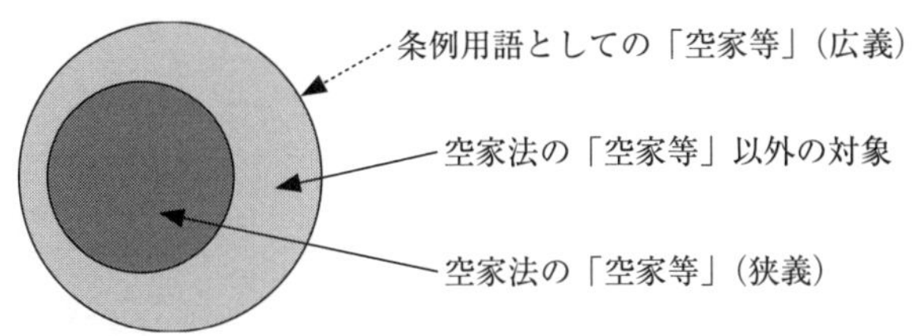

（出典）筆者作成。

慣れ親しんだ表記法ということであろうが、「空き家等」について「法第２条第１項に規定する空家等をいう。」という趣旨の規定をするものもある（例：国分寺市条例２条１号、小平市条例２条１号、那須塩原市条例２条１号）。

そのほか、「老朽建築物等」「老朽空家等」として、居住の有無を問わず不適正管理家屋を対象にする条例もある（例：板橋区条例、墨田区条例、高岡市条例）。たとえば、板橋区条例２条５号は、老朽建築物等を「空家等、特定空家等、老朽建築物、特定老朽建築物」と定義する。

(2) 目的規定

(a) 空家法の目的の構造

どのような条例であろうと、第１条の目的規定においては、当該条例の意義が述べられる。空家法の目的と比較しつつ、いくつかの傾向を確認しよう。

空家法１条は、「この法律は、適切な管理が行われていない空家等が防災、衛生、景観等の地域住民の生活環境に深刻な影響を及ぼしていることに鑑み、地域住民の生命、身体又は財産を保護するとともに、その生活環境の保全を図り、あわせて空家等の活用を促進するため、空家等に関する施策に関し、国による基本指針の策定、市町村（特別区を含む。……）による空家等対策計画の作成その他の空家等に関する施策を推進するために必要な事項を定めることにより、空家等に関する施策を総合的かつ計画的に推進し、もって公共の福祉の増進と地域の振興に寄与することを目的とする。」と規定する。その構造を図示すると、[図表 2. 4] のようになる。

［図表2.4］空家法の目的規定の構造

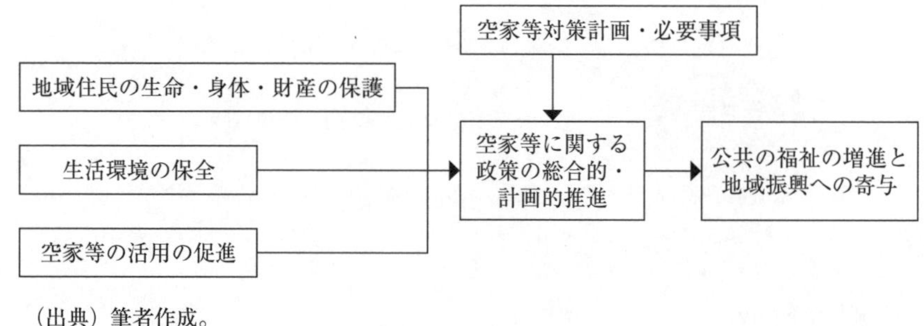

（出典）筆者作成。

(b)　自治体空き家施策のなかでの空家法の位置づけ

条例の内容が、法律の施行に必要な事項のみを規定するのであれば、目的規定でその旨が明記される。たとえば、食品衛生法の実施にあたって、千葉県は、食品衛生法施行条例を制定しているが、１条目的は、「この条例は、食品衛生法……第50条第２項及び第51条並びに食品衛生法施行令……第８条第１項の規定により、公衆衛生上講ずべき措置の基準、公衆衛生上必要な営業施設の基準並びに食品衛生検査施設の設備及び職員の配置の基準を定めるものとする。」である。法律実施条例という役割を鮮明にしている。

そのような規定ぶりをする条例はある。たとえば、粟島浦村条例は、「空家等対策の推進に関する特別措置法……に基づき、粟島浦村における空家等に関する施策について必要な事項を定めることにより、村民の生活環境保全と公共の福祉の増進並びに地域の振興に寄与することを目的とする。」と規定する。もっとも、同条例は、独自の助成（６条）に加えて、法14条１～３項措置に従わない者に対するサンクションとしての公表を規定しており（７条）、規定ぶり以上の内容を含んでいる。

多くの条例は、たとえば、「空家等対策の推進に関する特別措置法……に定めるもののほか、空家等の適切な管理に関し必要な事項を定めることにより」（我孫子市条例１条）、「空家等対策の推進に関する特別措置法……の施行に関し必要な事項を定めるとともに」（大崎市条例１条）と規定している。市町村の空き家施策の推進にあたって、空家法も利用するが、条例にもとづく独自の対応も実施するという趣旨を明らかにしたものである。さらに、尼崎市条例１条のように、「……空家等及び法定外空家等に関する対策について必要な事項を定めるところにより……」として、空家法の対象以外の家屋への対応も市の空き家施策の射程に含め、その実施のために条例を制定するという姿勢を明確にするものもある。「空家法に定めるもののほか」という規定ぶりの条例は、多く制定されている*15。保護法益に関しては、空家法と同じ内容を規定する条例も多い。

自治体施策の実施にあたり、法律に規定される自治体事務に関して、条例を制定してこれと一体的・融合的に運用するほか、法律対象以外のものも含めた総合的対応は、分権時代の自治体政策法務のあり方として大いに期待されている。たんなる「法律施行条例」を超えて、自治体ならではの施策が条例という法形式を利用して展開されているのは、きわめて注目すべき現象である。

(c)　防犯という保護法益

空家法案の取りまとめ過程で論点のひとつとなったのは、同法以前の条例の目的規定に規定される例が多かった「防犯」の扱いである。空家法１条の目的規定には、防犯は明記されていない。しかし、同法がこの保護法益を積極的に否定していると解することはできない（⇨p.3）。本格的な防犯ではなく、いわば「軽い防犯」は空家法の目的の範囲内であり、それは「防災、衛生、景観等」の「等」のなかに含めて整理すればよい*16。

空家法７条協議会の構成員に関して、空家法５条にもとづき作成された基本指針は、構成員として、「警察職員」をあげている。特定空家等の発生に起因する住民の不安への対応は、生活環境の保全や公共の安全の一部を構成していると整理できるため、参加が適切とされているのである。したがって、条例１条の目的に防犯や安全・安心確保が規定されていたとしても（例：会津坂下町条例、あさぎり町条例、旭川市条例）、それは、空家法の横出しではなく確認ないし

＊15　有田市条例１条は、空家法に触れない。しかし、「空家等」「特定空家等」として、同法の概念を引用しているが、規定内容は同法以前の条例のようである。一方、いきなり「法第６条に定める空家等対策計画」という表現もある。「空家」「空き家」が意味なく混在記載されるなど、条例内容の妥当性に疑問を抱かせる。宇都宮市条例１条も空家法に触れないが、本則において同法に触れ（９～12条、15条）、市長は同法の関係規定にもとづき権限を行使するというように法律再掲型としている。

＊16　北村ほか・前註（４）書58頁［岡田博史］も参照。

は詳細化と解しうる＊17。

飯田市条例１条は、「空家等対策の推進に関する特別措置法……第１条に定める目的のほか」として、地域防犯を条例目的として規定している。空家法の実施にあたっては地域防犯という目的を考慮できないが、同法の対象に関していえば、即時執行など独自の対策を講ずるかぎりにおいてそれは考慮可能ということだろうか。整理が複雑である。

１条の目的規定にではなく、「管理不全な状態」の定義のなかで、防犯の趣旨を規定するものもある（例：鹿児島市条例２条４号イ、鹿屋市条例２条２号）。

(3)　条例対象に関する定義における問題点

(a)　文言の不正確さ

空家法の対象は「空家等」である。同法２条１項は、これを、「建築物又はこれに附属する工作物であって居住その他の使用がなされていないことが常態であるもの及びその敷地（立木その他の土地に定着する物を含む。）をいう。ただし、国又は地方公共団体が所有し、又は管理するものを除く。」と規定する。

多くの条例は、空家法の対象について必要な追加的措置を規定する。そのためには、空家法の対象が条例の対象であることを確認しなければならない。これには、大きく分けて、２つの方法がある。第１は、「この条例において使用する用語の定義は、法において使用する用語の例による。」というような条文を定義規定に設けるものである（例：明石市条例２条１項、我孫子市条例２条、荒川区条例２条２項）。第２は、空家等や特定空家等に関する定義を設け、空家法２条１項や２項に規定するそれを意味するという趣旨の規定を置くものである（例：旭川市条例２条１号・３号、飯田市条例２条１号・２号、伊佐市条例２条３号）。前述のように、「空き家等」「管理不全空き家等」として、空家法２条１項にいう空家等、同条２項にいう特定空家等のほか、条例で独自に対象とするものを含む概念を設けるものもある（例：桐生市条例２条１号・４号）。

これに対して、おそらくは空家法にいう「空家等」「特定空家等」を意味するのであろうが、その旨が適切に規定されていない条例は、意外なほど多い。上述のような規定ぶりにすることなく、条例において空家法と同一あるいは類似

＊17　北村喜宣「空家法の実施における法的論点」・前註（２）書206頁以下・208頁参照。

の定義規定を用いることで空家法のもとでの「空家等」「特定空家等」であることを表現しようとするものもある。条例中の文言は、「空家等」「特定空家等」であったり「空き家等」「特定空き家等」であったりする（例：宇和島市条例２条１号・２号・３号、大崎市条例２条１項・２項、太田市条例２条１項・２項）。市民に対するわかりやすさからは、こうした対応も理解できるし、また、空家法の空家等・特定空家等のことであると善解できないではない。実際、いくつかの自治体に対するヒアリングでは、「その趣旨で規定している」と回答したところばかりであった。しかし、法制執務としては適切さを欠き、「似て非なるもの」になっている。明確に定義をしなければならない*18。

(b)　**予期せぬ法的効果**

一方、「空き家等」「特定空き家等」に対して、同法の規定を適用するとするものもある（例：宇都宮市条例、金沢市条例、日南市条例）。空家法２条１項・２項の定義と同じ（ないし似たような）定義を与えるものもある（例：津奈木町条例２条１号・２号、北杜市条例２条１号・２号、北竜町条例２条１号・２号）。形式的にみるかぎり、こうした規定ぶりでは、対象は条例独自のものを意味してしまい、それに対して空家法を準用するという趣旨になる。しかし、それでは、二重規制となってしまう*19。条例のなかで空家法には触れるものの、権限行使に関する関係条文において「法第○条の規定により」と規定しないために、結果的に、二重規制をする独立条例のようになってしまっているものもある（例：

*18　広尾町条例は、空家法の施行に必要な事項を定めると１条で規定し、同法について「……以下「法」という。」をするが、その「法」は、２条以下では使われていない。上郡町条例は、「この条例において使用する用語は、法において使用する用語の例によるほか、次の各号に定めるところによる。」とするが、２条１号「空き家等」、２号「特定空き家等」の定義は、ほぼ空家法２条１項・２項と同じであり、何を違えたいのか、趣旨が不明である。いくつかの先行条例を収集し、「これだ」と思ったものに地域事情を踏まえた微修正を施したのではないかと推測されるが、参考にした条例を「完璧」と信じていたのかもしれない。不良品の拡大再生産が発生しているようにみえる

*19　宇都宮市条例の深刻さは、対象である「空き家」に対して、直接に空家法14条１項助言・指導、２項勧告、３項命令、９条代執行ができると規定しているところにある（10～12条、15条）。空家法のこれら規定が適用できるのは、特定空家等に対してであり、たんなる空家等ではない。「空き家」が同法にいう空家等であると善解しても、維持管理状況が劣悪でなければ対応できるはずもない。なお、同条例２条６号は、「管理不全な状態」を詳細に規定する。そこで、措置対象を、たんなる空き家ではなく、同条例７条にあるように「管理不全な状態等にある空き家」と修正するのがさしあたりは適切だろう。

上越市条例、滝川市条例、盛岡市条例）＊20。「特定空き家等」は空家法２条２項の特定空家等の意味としつつ、それに対する措置を規定する条文において同法の関係規定に触れないために、あたかも法律対象に条例を適用するようになってしまっているものもある（例：妙高市条例）。確認の趣旨を表現したかったのだろうか。越前町条例は、空家法に触れずに「空き家等」「特定空き家等」を規定し、それに対する立入調査や命令の履行確保手段として、空家法16条１項・２項にもとづく過料を科すという恐るべき内容となってしまっている。独立条例として「空家等」「管理不全な空家等」と規定する会津坂下町条例も同様である。いずれも、条例の定義がフワフワと浮いている状態にある。空家法２条１項・２項を明記することで、それをピン止めできるのである。

明確さを欠く規定にしておくと、空家法のもとでの特定空家等が、同法14条１〜３項に規定される助言・指導、勧告、命令の対象にもなるし、前述のように、条例にもとづく同様の措置の対象にもなるという二重規制状態が発生してしまう。特段の調整規定がないために、また、空家法の関係規定の引用がないために、法的にはそのようになるとしか読めない条例もある（例：貝塚市条例、肝付町条例）＊21。空家法は使いにくいから、これを封印して条例のみにより対応しようという意図があるのだろうか。条例にもとづく勧告であれば、住宅用地特例の適用除外にはリンクしないから、それを回避したいのだろうか。二重規制状態の正当性をどのように評価しているのか、さらには、このような措置に何かの積極的理由があるのか、知りたいところである＊22。

空き家条例における施策対象の把握および表記方法には、相当の混乱があるようにみえる＊23。法律の制定にあわせて条例を制定・改正することに、市町村

＊20　上越市条例については、北村喜宣「挑戦か、暴走か？：上越市空き家適正管理活用促進条例」同『自治力の挑戦：閉塞状況を打破する立法技術とは』（公職研、2018年）115頁以下。滝川市条例は、略式代執行についてのみ「法第14条第10項の規定により」としている。

＊21　貝塚市担当者によれば、空家法の対象以外のものを条例で拾う「横出し」を意図したということであった。肝付町条例１条には、「〔空家法〕第４条の規定に基づく空き家等に関する対策の実施」というフレーズがある。空家法が「空き家等」ではなく「空家等」という文言を用いていることは当然認識しているだろうが、通常の表現方法の方が住民にわかりやすくなるというサービス精神からかもしれない。

＊22　二重規制状態を現出させている空き家条例に関しては、北村喜宣「「空家法」を含まない条例の「真意」」・前註（２）書294頁以下参照。

＊23　北村ほか・前註（４）書57頁［岡田博史］で懸念されていたことが現実化している。

の法制執務は慣れていないのだろうか。以下では、原則として、空家法にいう空家等および特定空家等と明確に規定している条例に関し、その内容を整理する。

⑷　基本理念

施策実施にあたっての基本的な方針を条例で規定する例は、多くなかった。この傾向は、空家法制定後の条例についても同様である。空家法６条にもとづく空家等対策計画を作成する際に、そのなかで記述すれば足りると考えられているのであろうか。

そうしたなかで、改正前からそうであった京都市条例は、その３条１～４号において、改正後も、①公共的価値の実現に大きな役割を担うことに鑑み建築物の利用・管理を図る、②空き家等を地域コミュニティの有用資源として活用を図る、③既存建築物の保全・活用・流通を促進する見地から空き家等の活用を図る、④空き家等の発生予防・活用・跡地利用は地域コミュニティの活性化を図る観点から推進する、ことを規定する。そのほかにも、比較的詳細な基本理念を定める条例は散見される（例：綾部市条例３条、近江八幡市条例３条、小値賀町条例３条）。

基本理念という名称ではないが、「原則」という見出しのもとに、対応方針を規定する条例もある。内容としては、空家等に関して生ずる問題は関係当事者間の解決によることを原則とするという趣旨のものが多い（例：伊勢崎市条例３条、宇部市条例３条、上郡町条例３条）。

4　独立条例としての「時間的前置」条例

⑴　常態性の緩和

空家法２条１項にいう「常態」に関して、同法５条１項にもとづいて作成された基本指針は、「建築物等が長期間にわたって使用されていない状態をいい、例えば概ね年間を通して建築物等の使用実績がないことは１つの基準となると考えられる。」（⇨p.368）と説明する。そこで、所有者が年に数回立ち入ってはいるけれどもそれは不要物の投棄のような内容である場合には空家等には該当しないため、同法にもとづく対応はできない。

しかし、当該家屋が空家法２条２項のような状態にあれば、同法と同じ目的の観点から何らかの対応をする必要があるため、条例にもとづいて、立入調査や行政指導など一定の対応ができるようにするものである。結局、条例の独自対象とする物件に関してどのような定義を置くかがポイントとなる。

⑵　具体例

京都市条例２条１号は、「空き家等」について、「本市の区域内に存する建築物（長屋及び共同住宅にあっては，これらの住戸）又はこれに付属する工作物で，現に人が居住せず，若しくは使用していない状態又はこれらに準じる状態にあるもの……及びその敷地（立木その他の土地に定着する物を含む。……）をいう。……」（下線筆者）と定義する。下線部が何を意味するかは、必ずしも明らかではないが、利用はされているがその頻度が極めて少ない状態を含むと解しうる。常態性を緩和することで、行政対応のタイミングを前倒しできるのである。「建築物又はこれに附属する工作物であって居住その他の使用がなされていないことが常態であるものに準じる状態であるものとして規則で定めるもの及びその敷地（立木その他の土地に定着する物を含む。）……」（下線筆者）と規定する神戸市条例２条２項の「類似空家等」も、下線部にあるように、京都市条例と同じ発想であろう。結城市条例２条４号は、「準空家等」というカテゴリーを規定する。

熊本市条例２条２号は、空家法２条１項の空家等以外の家屋を「空家外家屋」としている。そのなかには、上記状況にある家屋等も含まれる。高岡市条例２条２号は、「空き家等」を「市内に存する建築物その他の工作物であって、現に使用されていないもの又はこれに類する状態にあるもの及びその敷地をいう。」（下線筆者）と定義する。下線部は、おそらくは時間的にまだ空家法の対象とはなっていない建築物を意味するのであろう。同条例は、それに対して建築基準法を適用する建築基準法施行条例という法律実施条例の性質を持っている点で特徴的である＊24。

＊24　高岡市条例は、2012年６月に制定された「市川市空き家等の適正な管理に関する条例」を参考にしているように思われるが、市川市は、高岡市条例制定後の2015年９月に、全部改正をして、建築基準法施行条例の性質を一掃している。

5 独立条例としての「追加（対象）」条例

(1) 「横出し」の方向性

一方、空家法の空家等に該当しない家屋等に対して横出し的対応を規定する条例がある。空家法は、同法の対象以外の建築物等について、条例による対応を禁止しているわけではないので、こうした条例も、基本的に適法である＊25。

追加される空き家には、４つの内容がある。第１は、長屋・共同住宅の住戸部分である。ガイドライン策定に先立って実施されたパブリックコメントにおいて、国土交通省は、長屋・共同住宅については、それを構成するすべての住戸部分が常時不使用状態でないかぎりは同法２条１項のもとでの空家等とはいえないという解釈を示した（以下「パブコメ回答」という。）（⇨p.413）＊26。一方、空家法制定前の空き家条例においては、長屋や共同住宅の住戸部分を独立して「空き家」と把握して、措置の対象としていたものもあった。それへの対応をやめるとなると、市町村の空き家施策としては後退になる。そこで、国土交通省の解釈を前提としつつ、不適正管理状態にある住戸部分に対して一定の措置を講じうるようにするのである。

第２は、居住者のいる老朽危険家屋である。居住という使用がされているので空家等ではないが、それが著しい保安上の危険を生じさせているがゆえに、一定の措置を講じうるようにするのである。

上記２類型に関しては、「著しく保安上危険であり、又は著しく衛生上有害である」等の状態にあれば、建築基準法10条３項命令による対応が可能である。しかし、命令の発出は現実には困難と考えられているために、空き家条例（第２の場合には、老朽危険家屋条例）のなかでの対応が規定される＊27。

＊25　森・前註（１）論文55頁は、空家法の対象外となっている建築物の管理状態に関して、「法律が是としている」とするが、そのような判断までを空家法がしていると評価する根拠はないように思われる。

＊26　この解釈を不満とする市町村の声は根強い。いわゆる提案募集方式においても、国土交通省は、解釈を改めるように求められていた。この点に関して、『平成28年の地方からの提案等に関する対応方針』（2016年12月20日閣議決定）においては、「一部が空き室となっている長屋等への対応については、各地方公共団体の取組事例等の調査を行い、地方公共団体に平成29年中に情報提供を行う。」とされている。要するに、国が事例集を作成するという意味である。結果は、同省のウェブサイトで公表されている（http://www.mlit.go.jp/common/001218439.pdf）。

＊27　空家法制定以前の空き家条例についてもそうであったが、法律にもとづく権限行使がされないか

第３は、特定空家等の状態は脱した「元」特定空家等である。空家法のもとで特定空家等と認定された事案で、所有者等により状況を改善する対応がされ、特定空家等の認定基準を相当に下回った場合、そもそも同法の対象外と判断されるかもしれない。一方、「著しい」とはいえないにしてもなおそれなりの外部性を発生させているとすれば、これを行政の監視下において、改善対応を継続できるようにする必要がある。こうした状態にある「元特定空家等」も、横出し対応の対象になりうる＊28。

第４は、倒壊した建築物である。これが空家等に含まれるかどうかは、条文からは明らかではない。国土交通省および総務省は、肯定説である＊29。倶知安町条例２条１号は、「空家等」について、「町内に所在する建築基準法……第２条第１号に規定する建築物（既に倒壊したものを含む。）及び同法第88条第１項及び第２項に規定する工作物並びにその敷地（立木その他の土地に定着する物を含む。）で、現に人が利用していないものをいう。」と定義する。栗山町条例２条１項も、同旨の規定である建築物に関して国と同様の立場に立つならば、カッコ書きは確認規定である。異なる立場に立つならば、横出しの創設規定となる。

これに対して、倒壊した建築物は、たんに建築廃材の山にすぎないからこれを建築物と解するのは困難という立場からは、空家法の対象外と把握して対応することになる。「廃棄物の処理及び清掃に関する法律」（以下「廃棄物処理法」という。）のもとでの「木くず」である。所有者が処理するなら一般廃棄物となり、解体業者に処理を委託すれば、同業者が排出する産業廃棄物となる（廃棄物処理法２条２項・４項、同法施行令２条２号）。

なお、「横出し」とは、通常、法律が先行して、それではカバーできない部分

ら新たに権限を創設する条例が必要というのは、実に興味深い立法事実である。北村喜宣「老朽家屋等対策における都道府県と市町村の協働：特定行政庁に着目して」・前註（２）書77頁以下参照。なお、空家法施行後に、建築基準法10条３項にもとづいて老朽危険空き家を除却した事例も存在する。たとえば、神戸市は、2016年７月に、老朽化して危険な状態になっていた２棟の木造二階建て住宅を、行政代執行で除却した。

＊28　特定空家等と認定した基準を少し下回る程度であれば、なお特定空家等であるとして継続的対応は可能であろう。北村喜宣「もはや「モトカノ」？：状況改善された特定空家等」同・前註（20）85頁以下参照。改善作業のための立入等をもって「利用」と観念する（したがって、そもそも「空家等」ではなくなる）と考える必要はない。

＊29　パブコメ回答によれば、「建築物が、老朽化等により既に倒壊した状態のものや、火災等により残材等が残る状態にものも建築物に該当」とする（⇨p.412）。

について条例で補足・拡大的に対応する方策である。空家法との関係でこうした条例に特徴的なのは、先行する条例が広く対象を置いていたところ、同法がそれよりも狭く対象を限定したために、結果として「取り残される」部分が発生し、それに対応すべく条例内容を調整した点である。

⑵　具体例

⒜　長屋・共同住宅

第１と第２の対象についてみておこう。まず、長屋・共同住宅の住戸部分である。

長屋のみに対応するか、共同住宅も含むかは、市町村によって多様である。長屋のみを対象とする相生市条例は、長屋を「２戸以上の住戸で、共用部分が無く、界壁を介して住戸が連なる建築物をいう。」（２条３号）と定義し＊30、空家法のもとでの空家等、特定空家等と同様の状態になったものを、それぞれ「長屋空家等」「特定長屋空家等」（２条６～７号）と定義している。両者を含む趣旨と思われる規定例として、尼崎市条例の「法定外空家等」「危険空家等」（２条１項１～２号）、大津市条例の「法定外空家等」「特定法定外空家等」（２条１項１～２号）がある。

京都市条例は、「空き家等」の対象に、長屋・共同住宅の非居住不使用の住戸部分を含める（２条１号）。そして、空き家等が管理不全状態になったものを「特定空き家等」とする（２条２号）。京都市では、空き家に関する苦情の約30％が長屋についてのものであり、これに対して何の対応もしないという選択肢はない。空き家等のなかには、空家法が適用されるものもあればされないものもあるが、この段階では、とくに区別はされていない。それが管理不全状態にあると認められれば特定空き家等となる＊31。この時点で、法律適用対象特定空き家等と法律適用対象外特定空き家等に分けて、それぞれに関して、必要なかぎりにおいて、別の条文で対応を規定するのである（15～16条）。名張市条例２条１号は、「空家等」の定義において、「建築物（長屋及び共同住宅にあっては、これ

＊30　総務省統計局住宅土地統計調査の用語解説は、「長屋建」を、「二つ以上の住宅を一棟に建て連ねたもので，各住宅が壁を共通にし，それぞれ別々に外部への出入口をもっているもの。いわゆる「テラスハウス」と呼ばれる住宅もここに含まれる。」と定義する。

＊31　こうした整理については、北村ほか・前註（４）書72～73頁［今﨑匡裕］参照。

らの住戸)」と表現する。長屋や共同住宅という名称は条例本則には現れないが、神戸市条例2条の「類似空家等」に関して定める規則2条は、具体的に、長屋の住戸部分やそれ以外の建築物に関して住戸数・総面積の過半数以上が不使用常態または相当期間の不使用のものを定めている。

南越前町条例は、「空家等」を、「建築物（長屋及び共同住宅にあっては、これらの住戸）又はこれに附属する工作物であって居住その他の使用がされていないことが常態であるもの及びその敷地……」（2条1号）と定義する。国・自治体の所有・管理のものを適用除外していないことはさておき、建築物に長屋と共同住宅の住戸部分を明確に含めている。建築物という文言に長屋や共同住宅の住戸部分を含めるかどうかを空家法2条1項は明言していないため、解釈になる。前述のように、パブコメ回答は否定説である。この点、南越前町条例は肯定説に立つ。条例2条1号のカッコ書きは、確認規定と解するのだろう。それに対しても、空家法を適用するという前提で、再掲型の規定が展開される。

空家法対象のものについても規制をする多久市条例は、「空家等」について、「法第2条第1項に規定する空家等並びに一棟の建物を区分しそれぞれ独立した住戸としたもので、その一部住戸が居住その他の使用がなされていないことが常態であるもの及びその敷地をいう。」（2条1号）と定義する。しかし、同条例にいう特定空家等とは、空家法2条2項のそれであり、長屋の個別住戸部分は含まれていない。

なお、長屋や共同住宅であっても、すべての住戸部分が不使用常態であれば空家法のもとでも空家等となるのであるから、そうでない場合を対象とする趣旨を明確に規定する必要がある。そうでないと、二重規制状態が発生する。この点、京都市条例は、的確な条文処理をしている。

一方、栗東市条例2条1号は、「市内に所在する建築物（居住の用に供するもので長屋及び共同住宅を除く。……)」と規定する。長屋や共同住宅を明示的に除外する条文はめずらしい。適用対象を明確にする意味で、適切な規定ぶりである。

(b)　有居住者家屋

条例のなかには、居住の有無を問わず、建築物等の倒壊等による事故の未然防止を目的にするものがある。居住がされているかぎりにおいては、空家法の対象ではない。

門真市条例９条は、建築基準法10条３項命令に至る前に、行政指導ができる旨を規定する。命令要件は、対象建築物が「著しく保安上危険であり、又は著しく衛生上有害である」ときであるが、これを「危険な状態にあると認めるとき又はそのまま放置すれば危険な状態になるおそれがあると認めるとき」と緩和している。一方、空家法の対象については、同法の規定が適用される。

前述の熊本市条例２条２号にいう「空家外家屋」については、わずかなりとも利用がある家屋等や常時居住されている家屋等も含まれる。墨田区条例は、措置の対象を「老朽建物等」とし、「建物その他の工作物で、老朽化し、又は適正な管理が行われていないものをいう。」（２条１号）と定義する。空家法との調整規定はないが、担当課によれば、同法の対象となる空家等については同法を適用し、居住されている建物を含め同法の対象外の建物に対しては条例を適用する方針という。

八潮市条例２条５号は、「特定居住物件等」という概念を設け、これを、「管理不全であると認められる建築物等（空家等を除く。）をいう。」と定義する。そのうえで、空家法とほぼ同様の仕組みを、フル装備の独立条例のなかで規定している。なお、略式代執行および罰則は規定されていない＊32。

荒川区条例２条１項は、「使用建築物」という概念を設け、空家法２条１項が定める空家等以外の対象を広く捕捉する。ただし、その所有者等に関する訓示規定を設けるにとどめる。

米沢市条例８～９条は、「家屋等」が「危険な状態」になった場合に、助言・指導、勧告ができるとする。家屋等には、空家法にいう空家等も含まれると解されるが、同法が適用されるかぎりで条例は適用しないという運用なのだろう。

＊32　八潮市条例は、「空家等」「特定空家等」という文言を使用するが、それぞれ空家法２条１項・２項のそれであると確認する規定を欠いている。ただ、立入調査の規定において、「市長は、法第９条第１項の規定により、空家等の所在及び当該空家等の所有者を把握するための調査その他空家等に関し法及びこの条例の施行のために必要な調査を行うことができる。」と規定するため、何とか、空家法のそれを意味していると解することができる。特定空家等についても、同様である（10条）。条例２条の定義規定において、明確にしておけばよかった。

(c)　手続と措置

(ア)　「小なりイコール」

横出し対象については、空家法を当然に適用するわけにはいかない。基本的には、フル装備の独立条例が必要である。この点に関し、空家法と同様の措置を設ける場合には、横出し対象に関する独立条例の規定において、空家法の関係規定を準用するとするものがある（例：相生市条例12条、京都市条例16条)。興味深い立法方針である＊33。比例原則の観点から、特定空家等に対する措置以上の内容は規定できないであろうから、独立条例の内容は「小なりイコール（≦)」とする必要がある。

熊本市条例10条は、空家外家屋の所有者等に対する命令の不履行に対して氏名を含めた内容の公表措置を規定する。同条例は、空家法14条 3 項命令についてはこうした規定を設けておらず、バランスが気になる＊34。常陸太田市条例 8 条についても、同様の指摘ができる。

(イ)　「課税情報」の利用

空家法制定前の空き家条例の実施にあたり、地方税法22条との関係で、必要最小限の範囲で固定資産税等の課税情報を庁内利用できるかどうかは、ひとつの論点であった。市町村実務現場においては、肯定・否定の両説があった。空家法10条は、これを可能とする明文規定で応えた＊35。市町村の評価が高い点である＊36。

10条を特別措置的な創設規定と解すれば、同法の対象外の家屋・敷地に関する調査において、固定資産税情報を利用するのは違法となる。一方、これを確

＊33　京都市条例の対応に関しては、北村ほか・前註（4）書78頁［今﨑匡裕］参照。なお、準用する場合、行政手続法および行政手続条例の適用関係についての整理を本則中でするのが適切である。京都市条例16条はこれを規定するが、相生市条例にはみられない。

＊34　森・前註（1）論文53頁が問題視する公表措置は、こうしたものであろうか。

＊35　特定非営利活動法人公共政策研究所『2015北海道内市町村の「空き家対策」アンケート調査報告書』(2015年)（以下「北海道調査」として引用。）によれば、回答があった道内107市町村のうち、15団体が、空き家等の所有者等の把握方法として、固定資産税情報を利用しているとしている。空家法10条の施行は2015年 2 月26日であるが、同法以前にも、肯定説にもとづく運用は、全国的にもそれなりにあったことを推測させる。

＊36　北海道調査・前註（35）は、回答市町村の89団体（82%）が肯定的に評価したことを踏まえて、「最大の成果」と総括する。筆者の調査においても、同様の結果が把握された。北村喜宣「空家法制定と実施主体としての市町村行政の対応：132市町村アンケートからみえる現場風景」・前註（2）書257頁以下参照。

認規定と解すれば、対象外の家屋・敷地に関して課税情報を利用することは妨げられない＊37。条例で確認規定を設けることもありうる。尼崎市条例６条３項、大津市条例５条１項、栗山町条例10条は、確認規定説を前提にしているのであろう＊38。この論点に関しては、中央政府の見解にも変化があったようにみえる（⇨p.35）。

(ウ)　略式代執行

空家法14条10項は、いわゆる略式代執行を規定する。この措置に関しても、法律の根拠なく条例で独自に規定できるかどうかについて、肯定・否定の両方の解釈があった。2012年に制定された「山陽小野田市空き家等の適正管理に関する条例」９条２項は、「過失がなくて当該措置を命ずべき者を確知することができず、かつ、当該措置を放置することが著しく公益に反すると認めるときは、その者の負担において、当該措置の全部若しくは一部を自ら行い、又は第三者にこれを行わせることができる。」と規定していた＊39。

空家法後に新規制定された大津市条例10条８項は、空家法の対象外である特定法定外空家等に関して、略式代執行ができる旨を規定している。特定老朽建築物に関して、板橋区条例19条も、同様の規定をする。筆者は肯定説に立つが、行政法学説では、否定説が多い＊40。

空家法対象外の物件に対して基本的に空家法の関係規定を準用する京都市条例は、同法14条９～10項を準用対象から外している。これに対して、相生市条

＊37　京都市条例18条３項は、確認規定説を前提としているのであろう。北村ほか・前註（４）書63頁［岡田博史］、82～83頁［今﨑匡裕］参照。この立場にもとづいて、同市は、「京都市不良な生活環境を解消するための支援及び措置に関する条例」15条３項において、調査にあたって固定資産税情報を利用できると規定している。

＊38　滝川市条例７条４項、妙高市条例11条１項は、（空家法10条１項の再掲という趣旨かもしれないが、）形式的にみれば、独立条例のなかで固定資産税情報の利用を認める結果となっている。

＊39　これを適法とする理由であるが、筆者の照会に対して、山陽小野田市は、「単に命ずべき者が確知できないことを理由に危険な空家を漫然と放置することこそ、公益に反する行為であり、市民生活の安心安全の確保を最優先にすべきと考え、条例中に略式の代執行を定めました。」と回答した（2016年９月14日付書簡）。大津市は、公益保護の必要性と前例の存在（「大津市港湾の管理に関する条例」８条３項）を理由とするようである。必要性はその通りであるが、法的整理がされていないのが残念である。

＊40　その理由は、「いわゆる略式代執行については、行政代執行法の特例を定めるものであり、これを条例で定めることはできないと解されている。」ためである。北村ほか・前註（４）書79頁［今﨑匡裕］参照。京都市は、長屋に対する略式代執行を、建築基準法10条３～４項および９条11項にもとづいて実施する方針である。

例12条２項は、空家法14条を準用しているため、そこには、行政代執行も略式代執行も含まれる。どのような法解釈によってこれを適法としたのか、興味深い＊41。

(エ)　罰則

独立条例による義務づけ違反に対しては、地方自治法14条３項が規定する上限の範囲で、罰則を規定する条例がある。大津市条例16条は、立入調査拒否および命令違反に対して、５万円以下の過料に処すとする。福知山市条例は、空家法対象となる空家等・特定空家等に対する即時執行に際しての立入調査権を規定するが、その拒否や忌避に対して５万円以下の過料を規定する。京都市条例31条も同様であるが、現に著しい管理不全状態にある空家法の特定空家等に対して発出する条例17条命令の違反も対象にしている点が特徴的である。

6　法律実施条例としての「確認、確定、詳細化、修正」条例

(1)　法律のカスタマイズ

法律の実施の責任と権限を持つ自治体が、条例を通じて、地域特性に適合させるべく法律をカスタマイズする。分権時代の法律と条例の関係について、活用が推奨される方向性である＊42。

空家法において、国は種々の決定をしている。**[図表 2. 1]**（⇨p.79）の空家法の部分を再度確認しよう。同法については、［１］国の決定が市町村との関係で最終的になる部分（２番目に濃い部分)、［２］国は一応決定するがその内容を市町村の第２次決定に開放している部分（最も濃い部分)、［３］地域住民の生命・身体・財産保護、生活環境保全、活用促進という法目的のもとでの空家等対応に関して国が何の決定もせずに自治体の自主的決定に開放している部分（オープンスペースの部分)、がある。

＊41　角松生史「空き家問題」法学教室427号（2016年）14頁以下・17～18頁は、行政代執行法がおよそあらゆる行政上の義務履行確保を専占しているという整理にもとづき、独立条例の略式代執行規定を違法とする。おそらくは、標準的な行政法学説であろう。なお、この論点については、筆者は、自治体の行政代執行権限も含めて、行政代執行法が独占的に規律していると解する根拠はなく、憲法94条を踏まえて、自治体は、行政代執行法を準用することも可能であるし、略式代執行を規定することも可能であると解している。

＊42「カスタマイズ」という用語に関しては、千葉実「枠付けの緩和の向かうべき方向性：法令のカスタマイズおよびオペレートとその方策」自治総研419号（2013年）52頁以下参照。

(2)　確認の具体例

空家法では規定されない事項を条例で規定するだけでなく、「市町村長は」を「市長は」というように、空家法の関係規定を、市町村に即して読み替えるとともに必要な追加をする規定スタイルをとる再掲主義の条例がある（例：明石市条例、大桑村条例、国分寺市条例）。実質的に「二度書き」をしているのである。法制執務のお作法としては、あまり好まれないのではないかと思われるが、住民にとっては、条例をみるだけで空家法および条例にもとづく市町村の空き家施策がワンストップで理解できるというメリットがある＊43。

再掲については、「市長は、法第14条第1項から第3項までの規定により、特定空家等の所有者等に対し、必要な措置を助言し、指導し、若しくは勧告し、又は命じるものとする。」というように、空家法の条文をコンパクトに規定するものもある（甲州市条例8条1項）。「ものとする」が効果裁量を否定する趣旨だとすれば、後でみる修正といえる。多くは、「行うことができる。」としている（例：高山市条例9条、七尾市条例14条）。

空家法14条2項勧告がされた場合になされる住宅用地特例の適用除外に関する規定を再掲する条例がある（例：東根市条例17条）。住民に対して強調するためであろうか。なお、対象については空家法にいう空家等・特定空家等であるとしつつ、それに対する措置を規定するにあたって、同法の規定と同じ条文にしつつも、たとえば「法第14条第1項にもとづき」というように表記しないために、権限行使の根拠条文が条例であるかのようになっているものもある（例：伊佐市条例）。また、同じ条文文言にしないために、かえって要件を厳しくしているものもある（例:近江八幡市条例7条）。法制執務上のミスであろうか。

町長は北海道知事に援助を求めることができるというように、空家法8条が規定する市町村に対する都道府県の援助規定を確認する条例はユニークである（豊頃町条例7条）。空家法16条の過料規定を唐突に再掲するものがあるが（熊野市条例15条）、真意は不明である。

＊43　確認の場合、内容としては空家法においてすでに決定されているから、長提案の条例の審議においては、当該部分の条例案については、議会に修正権が実質的にはない結果になる。万が一、修正可決された内容が空家法に違反していれば、その部分は無効となる。

⑶　確定の具体例

空家法が任意としている事項について、それを採用するという決定を条例ですることが考えられる。対象となるのは、６条にもとづく空家等対策計画と７条にもとづく協議会である。いずれも、長の決定により採用するのは可能であるが、市町村の総意としての決定とするのである。計画作成や協議会実施においては、住民参画の必要性は高いため、このような決定形式にすることには意味がある＊44。

空家等対策計画を作成すると条例で決定する例は多い（例：岡山市条例６条、柏市条例８条、金沢市条例９条）。

７条協議会の設置決定についても、多くの例がある（例：甲府市条例７条、御所市条例６条、篠山市条例17条）＊45。協議会の運営必要事項については、７条３項が協議会に委任しているところ＊46、これを条例事項としている例も多い。

７条協議会に関しては、これを設置せずに、後述のように、独自の附属機関を規定する条例が多い。いずれにしても、附属機関であるため、地方自治法138条の４第３項本文の規定にもとづき、その旨を条例で定める必要がある＊47。７条協議会のほかに、小回りのきくワーキンググループ的なものとして、別に審議会を置く例もある（例：八潮市条例23条）。定め方としては、空き家条例の一部分を用いる方法が一般的であるが、それのみを規定する条例を制定する方法もある。なお、附属機関の構成員に関して、守秘義務を課している条例はほとんどない。たとえ課していても、罰則（過料）を規定する条例は皆無である。

⑷　詳細化の具体例

⒜　空家等・特定空家等の要件

空家法の規定を詳細化した内容を条例で規定する例がある。これは、自治体

＊44　北村ほか・前註（４）書60頁［岡田博史］も参照。要綱で規定する例もある（例：砂川市空き家等対策推進協議会設置要綱）。

＊45　単独の協議会設置条例は含めていない。計画策定を条例決定する嬉野市条例は、その一方で、協議会については、「置くことができる」（11条１項）とするにとどめる。五島市条例７条の規定ぶりは、空家法６条計画を作成するのか７条協議会を設置するのか不明確である。篠山市条例17条の規定ぶりも、６条計画に関して同様の指摘ができる。

＊46　地方自治法上、長の附属機関にすぎない協議会を法文中に掲げて、これに対して、運営に関する詳細事項の決定を命じるような規定ぶりは、きわめて異例であろう。

＊47　北村ほか・前註（４）書60頁［岡田博史］も参照。

による法解釈を明確にするものである。

空家等の定義にある「常態」について、前述の基本方針を踏まえ、「原則として概ね１年間にわたり」とするもの（江津市条例２条１項)、「概ね半年以上をいう。」とするもの（栗東市条例２条１号）も詳細化である。基本指針の「例えば概ね年間を通して」という記述は、ひとつの解釈を示したにすぎないため、次にみる修正ではない。

特定空家等の要件は、空家法２条２項に規定される。もっとも、それだけでは不十分であるため、実務的には、基準を作成する市町村は多い。条例において、比較的踏み込んだ規定をするものがある（例：伊勢崎市条例５条、北上市条例15条１項)。条例本則ではないが、基準の作成を長に命ずるものもある（例：岡山市条例10条、町田市条例12条２項)。

(b)　空家法９条の内容

空家法９条１項は、「……必要な調査を行うことができる。」と規定する。この点に関して、那覇市条例９条は、その内容として、「市長は、法第９条第１項の調査として、空家等の所有者等に対し、空家等の使用及び管理の状況について報告を求めることができる。」と規定する。こうした規定がなくても実施が可能な内容であるが、念のための確認的詳細化である。

(c)　空家法13条の内容

空家法13条は、市町村の努力義務として、空家等や空家等跡地に関する情報提供などの対策をすることを規定している。その内容に関して、より詳しく規定するものがある（例：鹿沼市条例９条)。

(d)　空家法14条３項命令の要件

空家法14条３項命令の要件は、同条２項勧告が従われなったことである。もっとも、「……命ずることができる。」と規定されているように、市町村長には効果裁量がある。この点について、明石市条例10条、福崎町条例10条は、「……次の各号に掲げる事由のいずれかがあると認める場合には、法第14条第３項の規定に基づく命令を行うものとする。」と規定する。行政手続法12条にもとづく処分基準を条例でそれなりに明確にしたという意味があるが、要件に該当すれば空家法では認められている効果裁量をなくす意思も明確にしたという意味もある。一方、川西町条例13条は、14条３項命令の基準として、「当該特定空家等を放置することが著しく公益に反すると認められる場合」を規定する。空家法との関係では、要件の加重となっている。効果裁量の行使にあたっての基準という趣旨であろうか。

空家法14条にもとづく諸措置に際してどのような事項を考慮するかは、要件・効果の判断にあたっての市町村長の裁量にゆだねれられる。この点、条例によって、「当該特定空家等が現にもたらしている、又はそのまま放置した場合に予見される周辺の建築物、通行人等に対する悪影響の有無、程度及び切迫性を勘案して総合的に判断する」というように、考慮事項を規定するものがある（例：浅口市条例８条１項、総社市条例14条１項、三豊市条例10条１項）。「周辺建築物や道路又は不特定の者に対して悪影響を及ぼすもの若しくは及ぼす恐れが高いものから優先して措置を行う」とするものもある（大刀洗町条例７条１項）。詳細化の例である。同条３項命令の基準を明記するものもある（江津市条例12条、熊取町条例10条）。行政手続法12条にもとづく処分基準として定めることで足りるが、透明性の観点から条例により規定した適切な対応である。

⑸　修正の具体例

⒜　訓示規定の法的義務化

空家法３条は、空家等の所有者等に関して、「適正な管理に努めるものとする。」とする。訓示規定であるが、条例においては、上乗せ的に、「適正な管理をしなければならない。」と修正的に規定するものが多い。空き家対策により切迫感を持つ現場の感度ゆえの対応であろう。地域特性を踏まえた対応であり、空家法とは矛盾牴触しない*48。なお、義務化することにより、行政手続条例のもとでの「処分等の求め」に道を開く結果になる点は、留意されてよい*49。

訓示規定ではなく強制的に実現すべき法的義務とするのであれば、適正管理義務の内容は、明確になっていなければならない。空家法２条２項が規定する特定空家等の要件は、一応の基準とはなるが、より明確にするために、「管理不全な状態」について、同条同項よりも踏み込んで、独立した定義を設ける条例もある（例：宇都宮市条例２条６項、鹿児島市条例２条４号、鹿屋市条例２条２号）。

市町村長に関しても、訓示規定の法的義務化の対応がある。空家法12条は、

---

*48　北村ほか・前註（４）書60頁［岡田博史］も参照。

*49　北村・前註（17）論文248～250頁参照。

空家等の所有者等に対する措置について、「必要な援助を行うよう努めるものとする。」と規定するが、これを義務とするものがある（例：大泉町条例９条１項)。

(b)　法律規定の適用除外

空家法14条によれば、特定空家等に対する３項命令に関して、１項助言・指導、２項勧告が必要的前置とされているように読める。この点、ガイドラインにおいては、「法と趣旨・目的が同様の……条例において、助言又は指導、勧告を前置せずに命令を行うことを規定している場合……法の趣旨に反することとなるため、当該条例の命令に関する規定は無効になる（⇨p.381）としている。ひとつの解釈である。

たしかに、空家法の立案にあたって参考にされたと思われる建築基準法10条１～２項の制度は、「著しく保安上危険となり、又は著しく衛生上有害となるおそれがあると認める場合」を前提にするものであり、そこでは勧告前置となっている。しかし、「おそれ」ではなくそのような状況にある場合に関する同法10条３項は、勧告前置としていない。

京都市条例17条は、上記の区別に意を払わず一律に行政指導前置をしないことを無効とするガイドラインの見解を適当ではないという解釈にもとづいて＊50、現に特定空き家等が著しい管理不全状態にある場合には、空家法の対象となる特定空家等に対して、条例にもとづく命令を発出しうるとする。限定的場合において、実質的には、法律を上書きしている。

(c)　効果裁量の否定

空家法14条１～３項は、それぞれの権限行使にあたって市町村長の効果裁量を認めている。この点に関して、「ものとする。」として、１項の助言・指導を義務的とする例（さくら市条例11条３項)、すべてについて義務的とする例（山梨市条例８条１項、栗東市条例22条）がある。実際、特定空家等と認定した以上、助言・指導をしない実務はないと思われる。形式的にみれば、長の裁量権を制約する修正（上書き）になっている。もっとも、ヒアリングによれば、義務的と考えられているのは指導についてであって、勧告や命令の場合には、そこまでは想定されていないようであった。

＊50　北村ほか・前註（４）書53～54頁［岡田博史]、80～81頁［今﨑匡裕］参照。

(d)　協議会の構成員の修正

空家法7条2項により協議会の必要的構成員とされている「市町村長」に代えて、「副町長のほか委員4名以内をもって組織」とする条例がある（浦幌町条例8条）。これも、修正（上書き）であろう。

(6)　追加（手続、措置）の具体例

(a)　手続

(ア)　調査の申出、情報の提供

特定空家等と評価されるほどの状態でなくても、利用されている形跡がない家屋については、周辺住民は不安に感じるものである。そうした感情に対応すべく、管理不全な状態にある空家等に関して、住民ないし自治会が行政に調査を請求する手続を規定する条例がある（例：小野市条例5条、鹿屋市条例4～5条、熊本市条例4～5条）。情報の提供という規定ぶりで、同様の内容を規定する条例もある（例：粟島浦村条例4条、伊賀市条例4条、市川市条例5条）。

(イ)　特定空家等の認定

措置の中心的対象となる特定空家等を、空家法2条2項は、「そのまま放置すれば倒壊等著しく保安上危険となるおそれのある状態又は著しく衛生上有害となるおそれのある状態、適切な管理が行われていないことにより著しく景観を損なっている状態その他周辺の生活環境の保全を図るために放置することが不適切である状態にあると認められる空家等」と定義する。この規定ぶりからは、客観的にそのようになっている空家等が特定空家等となるように読める。

そうなると、市町村内において、特定空家等がどれくらいあるのかは、あらかじめ決まっていることになる。しかし、そのような整理は、現場実務に照らすと、まったく現実的ではない。ひとつひとつ判断をするしかないのである。そこで、条例においては、「特定空家等の認定・判定」という手続を規定するものがある（例：荒川区条例7条、北上市条例15条、日野市条例12条）。特定空家等の定義として、「法第2条第2項に規定する特定空家等と市長が認めるものをいう。」と規定するものもある（ひたちなか市条例2条2号）。

附属機関に諮問してこれを行う旨を規定する例は多い（例：調布市条例9条2項、熱海市条例7条2項、能美市条例12条）。特定空家等の状態が改善された場合に認定を撤回する規定を置くものもある（釜石市条例6条3項、奥州市条例6条

４項、津別町条例６条３項）。対象案件の状態の確実な把握をするためにも適切な対応である。認定の際に、所有者等への連絡を規定するものもある（武蔵野市条例６条３項）。コミュニケーション機会を多く持つのも適切な対応である。

不適正管理状態が解消された場合に、「認定の取消し」を規定する条例もある（例：北上市条例15条３項、宮古市条例４条３項）。認定は処分ではない。判断の結果を所有者に伝えたとしても、それは「観念の通知」にすぎない。その「取消し」というのは、新たな「観念の通知」になる。認定された特定空家等に関して認定台帳の作成を命ずる例もある（例：柏崎市条例５条）＊51。生活環境への深刻な影響の発生という実害要件を加重する例もあるが（例：相生市条例７条）、不適切である。措置に際しての効果裁量のなかで評価すべき事情であろう。

㈦　法14条１～３項にもとづく措置にあたっての内部手続

空家法14条にもとづく諸措置を講ずる際に、附属機関への諮問を義務的とするものがある（例：西東京市条例13条３項・14条９項・15条３項、山梨市条例８条２項、熊取町条例８条）。慎重な判断のためには必要であろうし、とりわけ建築職が不在の市町村の場合には、判断の適切性・適法性を担保するためにも、外部の専門家の関与は不可欠であろう。

是正が確認された場合に勧告を撤回する規定を設ける例があるが、適切である（釜石市条例７条２項、西和賀町条例12条２項）。

㈾　法14条２項勧告にあたっての外部手続

空家法14条２項勧告を受けた特定空家等について、勧告が有効なままに１月１日を迎えると、その敷地に対して適用されている固定資産税等の住宅用地特例が羈束的に適用除外される運用となる。このため、その措置の前提となる勧告は、行政手続法上の不利益処分、さらに、行政事件訴訟法上の公権力の行使と解される可能性がある。そうでないという解釈も可能であるが＊52、司法判断がどうなるのかは不透明である。行政手続法との関係では、同法13条１項２号にもとづく弁明機会の付与を欠いた勧告をしたことが違法と判断されてしまっ

＊51　鳥取市条例７条は、市長に対して、調査を経た空家等に関する台帳の作成を命じている。筆者が2016年に鳥取市役所を訪問した際、約2,000件の「空き家カルテ」がとじこまれた分厚い６冊のファイルを確認した。今は、電子化されているのだろうか。

＊52　ガイドライン作成にあたってのパブリックコメントにおいて、国土交通省は、否定説の立場を明確にした（⇨p.416）。

ては、それを前提とする適用除外措置，そして、増額された課税処分の適法性にも大きな影響を及ぼす。

そこで、そのような法的リスクを回避すべく、勧告に際して、聴聞または弁明機会の付与といった行政手続を実施する旨を規定する条例がある（例：明石市条例８条、鳥取市条例９条、那須塩原市条例９条）＊53。もっとも、処分説をとる以上は、条例の明文規定の有無にかかわらず、行政手続法にもとづく手続を実施しなければならない。勧告書には、行政争訟に関する教示文も必要である。処分とは考えないが、念のために意見を聴くという整理であれば（例：神戸市、日野市）、このかぎりではない。いずれにせよ、これらの措置は、前述の「多様な働きかけ手段」「コミュニケーション手段」としても整理されるべきものである。

空家法が14条３項命令に関して規定する標識設置を、勧告についても規定するものがある（例：北九州市条例10条）。

⒝　措置

㋐　立入調査

空家法が規定しない即時執行のための調査および措置の実施をするためには、空家等ないし特定空家等に立ち入る必要がある。そこで、それに必要な立入調査を規定するものがある（例：荒川区条例９条、伊勢崎市条例６条）。適切な規定ぶりである。なお、法定外の対象に関する措置を講ずるにあたっての立入調査権限については、空家法を直接利用することはできないため、同法９条を準用するなり、別に条例規定を設けるなりする必要がある（例：大津市条例４条）。

㋑　「空家等以上、特定空家等未満」

利用状態のみを基準として評価される空家等とは異なり、特定空家等であるためは、空家法２条２項の要件を充足する必要がある。そこで、必然的に、空家等ではあるけれども特定空家等とまでは認定できない案件が発生する。行政はその存在を認識してはいるけれども、空家法には、こうした対象に対する措置が正面から規定されていない。かぎりなく特定空家等に近い空家等であれば、

＊53　「「新潟県柏崎市空家等の適正な管理に関する条例（改正案）」の説明」は、「税額が上昇する場合があることから、事前に所有者等に意見を述べる機会を与えるものです。」とする。処分説に立っているようである。

空家法14条１項にもとづく助言・指導の対象としてもよいくらいであるが、それはできない。そこで、特定空家等に近い状態の空家等をカテゴリーとして把握して、行政指導権限を追加的に創出する条例がある。

飯田市条例は、「準特定空家等」（２条３号）というカテゴリーを設けた。「保安上危険となるおそれのある状態」にあるなどの空家等である。空家法２条２項と比較すれば、「著しく」という要件がない。まさに準ずるものである。行政指導であれば、特段の法的根拠は要しないが、実務的には、権威を持たせるために、条例にもとづくものとする意味があるのだろう（そのほか、古平町条例２条３号、南あわじ市条例２条３号）。南木曽町条例２条３号もこの概念を用いて空家法の関係規定を準用するが、14条３項命令が含まれている点が気にかかる＊54。

そのほかの規定例としては、「特定空家等となるおそれのある空家等」（大泉町条例９条２項、下仁田町条例６条３項、前橋市条例11条３項）がある。より一般的に、空家等の所有者に対する行政指導を規定するものもある（小野市条例３条・６条２項、多摩市条例７条、常陸太田市条例６条１項＊55）。さらに、「当該空家等が管理不全状態になることを予防する必要があると認めるとき……は、……指導及び助言を行うものとする。」とするもの（甲賀市条例14条）、「当該空家等が特定空家等とならないように、当該所有者等に対し必要な措置をとるよう指導するものとする。」とするもの（日野市条例９条３項）、「空家等が特定空家等となるおそれがある場合においても、……助言又は指導を行うことができる。」とするものがある（伊佐市条例６条２項）。「適切な管理が行われていないと認められる空家等で特定空家等を除くもの」に行政指導ができるとするものもある（野田市条例２条２項、５条）。ひたちなか市条例２条３号は、「空家等（特定空家等に該当しないものに限る。）のうち適正な管理がされていない状態のものと市長

＊54　空家法14条３項命令にあたっては、同法４～８項が、行政手続法よりも手厚い手続を特別法的に規定している。ところが、準特定空家に対する命令は、あくまで条例にもとづくものであるため、南木曽町行政手続条例が適用される。しかし、その手続は、行政手続法のもとでの不利益処分手続と同じであるから、結果的に、手続的保障が薄くなってしまう。この点はどのように考慮されたのだろうか。この点に関しては、京都市条例17条が参考になる。

＊55　常陸太田市条例は、「特定空家等と認めるもの以外の空家等」に対して、勧告や命令も可能としている（６～７条）。本庄市条例は、「空き家等（特定空家等を除く。……）」と表記し、空家法にいう「空家等」を含む概念であるようにみえる「空き家等」が管理不全状態にある場合に、指導、勧告、命令ができるとする（７条、10条）。

が認めるもの」を「管理不全空家」と定義し、これに対して指導ができる旨を規定する（8条）。こうした規定は、一旦は特定空家等に認定されたがその後の対応によりそのレベルは脱した案件への継続的措置にあたって有用である。

㈸　サンクション手法としての公表

空家法が規定するサンクションは、14条3項命令違反に対する50万円以下の過料、9条2項立入調査拒否等に対する20万円以下の過料のみである。空家法のもとでの措置に対する履行確保を目的として多くの条例が規定するのが、公表である。命令不履行者に対する公表措置の規定例が多い（例：鹿児島市条例8条、さいたま市条例10条・13条2項、那宮古市条例6条）。過料以外のサンクション手法を規定できないという理由はない（両者の適用が二重処罰になるかという論点はある）。

そのほか、14条2項勧告の不服従者に対する公表措置を規定するものもある。明石市条例9条1項がそうであるが、同条例3条は、適正管理を義務としており、その義務違反に対する措置として公表を位置づけている（大津市条例3条・9条、神戸市条例3条1項・13条、別府市条例3条・13条も同様）*56。適正管理の義務づけがない場合には勧告は純然たる行政指導であるため、不利益取扱いとなる公表は規定できない。法治主義に反するからである。

公表にあたっての手続に関しては、聴聞なり弁明機会の付与を明記する条例が多い。公表は行政手続条例のもとでの不利益処分ではないが念のために手続を実施する趣旨と考えているのかどうかは、必ずしも明らかではない。そうであるとすれば、弁明機会の付与に関しては確認規定であり、聴聞に関しては上積み規定となる。また、その場合には、公表措置にあたって書面を交付する義務があり、そこには、行政争訟に関する教示文を付する必要がある。

㈹　即時執行

空家法以前の条例の多くに規定されていた即時執行措置を、同法は規定しな

---

*56　京都市条例15条は、空家法14条2項勧告が従われていないときに、標識の設置を規定する。同法14条11項が同条3項命令に関して規定しているものを、勧告にも適用するとしたのである。事前に意見陳述機会を保障しているのは、法的不利益性を認識しているからであろう。なお、同条例5条は、空き家等所有者等に対して、適正管理義務を課している。法律対象となる空き家等の所有者等に関しては、上乗せとなっている。公表に関しては、藤島光雄「政策手法としての公表制度」鈴木庸夫先生古稀記念『自治体政策法務の理論と課題別実践』（第一法規、2017年）323頁以下参照。

かった*57。両者を重ね合わせたときに、「はみ出る条例部分」が、この即時執行である。「応急措置」「緊急措置」「緊急安全措置」「緊急代行措置」「応急危険回避措置」「応急的危険回避措置」「即時の措置」など、名称は多様である。即時執行は、空家法制定後の空き家条例の「必須規定」といってよいほど多くにおいて規定されている。対象については、特定空家等に限定するものと空家等とするものがある*58。

即時執行費用の徴収に関しては、①所有者等に負担させるものとする、②負担させることができる、③行政が負担する、④特段の規定なし、という４つの対応がある。公債権になるのか、どのようにして徴収するのかは、行政法学的にも、興味深い論点である（⇨第８章）*59。

㈴　事務管理

嬉野市条例９条２項は、「市長は、緊急安全措置の実施により生じた諸費用を民法……第702条の規定に基づき、所有者に償還請求するものとする。」と規定する。事務管理という整理である。権限の根拠は、同条１項に規定される。これは、民法697条の確認規定という趣旨だろうか。豊島区条例11条にも同旨の規定がある。

ヒアリングをしていると、即時執行規定に関して、事務管理（民法697条）を確認的に規定したという説明を受けることがある。しかし、嬉野市条例のように規定していたとしても、事務管理の構成は無理であるから*60、納付命令手続

*57　この点に関して、『平成28年の地方からの提案等に関する対応方針』（2016年12月20日閣議決定）においては、「台風、大雨等の緊急時における空家等に対する応急措置については、緊急時の対応について条例に基づき対応している事例の調査を行い、地方公共団体に平成29年度中に情報提供を行う。」としている。結果は、国土交通省のウェブサイトで公表されている（http://www.mlit.go.jp/common/001218429.pdf）。空家法立案関係者のひとりである山下貴司衆議院議員の論文「議員立法のつくり方：改正ストーカー規制法と空家対策特別法などを題材に」臨床法務研究〔岡山大学法科大学院〕19号（2017年）51頁以下・60頁は、「すべての場合を規定しきれない場合、詰め切れない場合、全会一致で通すことは困難ですから、この点は控えました。」と説明する。理由は不明であるが、何らかの問題点が指摘されて合意が得られなかったということであろう。

*58　鹿児島市条例12条１項は、所有者が判明しない場合にのみ即時執行ができると規定する。森・前註（１）論文は、「空家条例で即時強制を規定することは不適当（できない）」とするが、理由は必ずしも判然としない。

*59　北村喜宣「「する」「できる」「しない」「沈黙」：即時執行の費用徴収」同・前註（20）書112頁以下参照。

*60　北村・前註（17）論文206頁以下・245〜247頁参照。

を規定したうえで非強制徴収公債権とし、現行法上は、当事者訴訟により徴収するのが適切である。

たしかに、行政実務においては、事務管理を活用しようとする傾向がある。しかし、事務管理を条例で規定するのは、相当に違和感がある整理である。緊急安全措置としてなされる行為は、民事的行為ではなく、権力的事実行為ではないのだろうか。一定の状況を想定し、その場合に事務管理をするという整理は、事務管理法理と整合しないと考える。事務管理は、あくまで費用調整法であって、権限根拠法にはなりえない＊61。

㈮　同意を踏まえた措置

即時執行は、対象となる特定空家等の所有者等の意向にかかわらず、法定要件を行政が認定して実施するものである＊62。それを規定せず、特定空家等に関して、原則として所有者等の同意を踏まえて措置を実施することを規定する条例がある。「応急措置」「緊急措置」「緊急安全措置」「安全代行措置」「緊急安全代行措置」など、名称は多様である（例：我孫子市条例４条、川南町条例９条、白老町条例５条）。

切迫した状況のもとでの安全確保を目的とする権限行使であるにもかかわらず、同意調達努力を求めるとなると、時機を逸するのではないかと懸念される＊63。おそらく、実務的には、以前から「マーク」している案件について、事前に同意を調達しておくのであろう。

㈯　軽微な措置

京都市条例20条は、（旧条例から引き継いで）「簡易な即時執行」という法的性質を持つ「軽微な措置」を規定する＊64。同条例19条は、特定空家等およびその要件を充足する法律対象外の建築物に関して緊急の必要性がある場合に即時執

＊61　森・前註（１）論文56頁、北村・前註（17）論文245～247頁、青山竜治「空家特措法制定後の空き家条例の整備：京都市条例を素材にして」自治実務セミナー2015年７月号15頁以下・18頁参照。より詳しくは、北村喜宣「行政による事務管理（一）～（三・完）」自治研究91巻３号33頁以下・同４号28頁以下・同５号51頁以下（2014年）参照。

＊62　森・前註（１）論文54頁も参照。

＊63　琴浦町条例４条１項は、「過失がなくて当該空家等の所有者等を確知できない場合は、所有者等の同意を得ずに緊急安全措置を講ずることができる。」と規定する。

＊64　北村ほか・前註（４）書67～68頁［岡田博史］、135～137頁［文山達昭］、青山・前註（61）論文19頁参照。

行を規定するが、それを、「市長が特定空き家等について，開放されている窓の閉鎖，草刈りその他の別に定める軽微な措置を採ることにより地域における防災上，防犯上又は生活環境若しくは景観の保全上の支障を除去し，又は軽減することができると認めるときについて準用する。」とする。緊急性要件は規定されていない。

京都市においては、19条よりも20条にもとづく即時執行が草刈りなどとして多用されており＊65、実務的には、「非常に使い勝手がいいということで評判のよい条項」となっている＊66。比例原則に配慮しつつ、法益侵害の程度が著しく小さいか皆無といえる点に着目した措置である＊67。京都市条例が創設したこの手段を参考した条例は多い（例：綾部市条例10条、名張市条例14条、南越前町条例14条）＊68。切迫した状態で実施するとしながら相手方の同意を必須とする制度になっているものもあるが、趣旨が判然としない（勝山市条例10条、長岡市条例８条、知立市条例10条）。

㈗　略式代執行の費用徴収

空家法14条10項にもとづく略式代執行の費用徴収に関して規定する条例がある。空家法は、「その者の負担において」と規定するだけであり、どのように徴収するのかは、明確ではない。この点に関して、ガイドラインは、民事徴収が可能とする（⇨p.395）。

しかし、略式代執行の実施だけで行政に債権が当然に発生するわけではない（⇨p.61）＊69。事務管理とみなせないのは、即時執行と同様である。命ずべき相手方代執行実施後に判明する例は少ないであろうが、判明時には確実に徴収で

＊65　京都市空き家等対策計画（2017年３年）によれば、2016年３月末時点実績で、即時執行である緊急安全措置は２件であるのに対して、軽微な措置は51件となっている。ヒアリングによれば、2018年１月末現在で、それぞれ９件と135件に増加している。

＊66　第二東京弁護士会弁護士業務センター『空き家対策への自治体の取組みはどうあるべきか：自治体独自の条例制定で解決しましょう』（2016年10月）〔非売品〕22頁（岡田博史・京都市行財政局総務部法制課長）参照。

＊67　対策実務・前註（４）書67～68頁［岡田博史］参照。

＊68　飯田市条例９条も「軽微な措置」という見出しである。しかし、これは簡易の即時執行ではなく、「軽微な措置の命令が履行されない場合になされる行政代執行」のことである。公益要件を含めない規定ぶりに関して、北村喜宣「行政代執行法２条の公益要件を考える：飯田市空家等適正管理条例９条を素材として」同・前註（20）書55頁以下参照。横須賀市条例８条の「軽微な措置」は、通常の即時執行を意味するようである。

＊69　北村喜宣「略式代執行の費用徴収」本書第７章参照。

きるようになっていなければならない。この点に関して、「行政代執行法第５条の規定を準用する。」とする例がある（南さつま市条例10条３項）。立法の不備を補うものであり、適切な条例対応である。

㈷　附属機関

空家法７条協議会を設置せず、それに代わって、独自の附属機関を規定する条例は多い。７条においては、長が義務的構成員となっているが、それが不適切と判断された結果のようにみえる。同条は、無用な枠付けをしたというほかない。

附属機関（７条協議会、あるいは、それ以外の審議会）に関する条文は、空き家条例の一部となっている場合がほとんどであるが、それを制定しない場合、あるいは、既存条例を廃止したり全部改正したりした場合において、新たに独立条例として制定されることもある（例：池田市条例、多治見市条例、豊後高田市条例）。

一方、空家法制定以前の条例を存置したまま、附属機関に関する条例を制定する市町村もある。たとえば、宇美町は、2006年９月に制定した「宇美町空き地等の環境保全に関する条例」を改正しないまま、2016年９月に、新たに「宇美町空家等対策協議会条例」を制定している。

附属機関に関しては、空家法14条１～３項にもとづく措置にあたって、その意見聴取を義務的ないし裁量的とする条例が多い。

㈸　助成

空家法は、特定空家等の所有者等に対する直接の財政的援助について規定していない。この点、同法以前の空き家条例のなかには、助成措置を規定するものが少なくなかった。

空家法制定後の条例のなかには、管理や利活用に関して、財政的援助措置を明確に規定するものがある（例：苫前町条例12条、長洲町条例７条、野田市条例７条）。要綱にもとづいても可能な措置ではあるが、条例にもとづく空き家施策の一環として位置づけるのは適切である。助成の内容は多様であろうが、補助金と明示するものもあれば（例：基山町条例７条、本庄市条例９条）、貸付に限定するものもある（例：鎌ヶ谷市条例５条）。建物と土地の所有者が異なる場合に、土地所有者に対して必要な経費の一部助成を規定するものもある（例：神戸市条例19条２項)。なお、除却補助は、空家法14条３項命令を受けた特定空家等に対しては認めるべきではない＊70。

一方、助成よりも広い含意を持つ「支援」「援助」という文言を用いる条例もある（例：柏市条例13条、仙台市条例８条、萩市条例10条)。津山市条例９条は、「空家等についての改修、除却その他必要な支援」と規定する。空家等とは空家法のそれを意味すると解されるが、助言・指導、勧告、命令の内容となっている改修や除却までを行政が支援するというのは、どういう意味だろうか。そのための費用を補助するという趣旨なら、規定の仕方が適切ではない。

㈹　財産管理人制度の利用

特定空家等の相続人不明事案や相続人不在事案において、それぞれ不在者財産管理人制度や相続財産管理人（清算人）制度の利用を明記する条例もある。民法25条ないし952条を市町村長との関係で確認したものともいえるが、あえてそのように規定するのは、利用可能な場面では、積極的な利用をする趣旨であろう（例：おおい町条例15条、十日町市条例９条、大桑村条例７条）＊71。

㈺　その他

一般的ではないが、いくつかの特徴的な規定を順不同でみておこう。措置の追加もあれば修正もある。

第１は、小野市条例が規定する、行政にとっての要件加重（特定空家等の所有者等との関係では「緩和」）である。同条例９条は、「市長は、……法第14条第３項の規定による命令を受けた者が、なお、当該命令に従わず、他の手段によってその履行を確保することが困難であり、かつ、その履行を放置することが著しく公益に反すると認められるときは、議会の議決を経て、行政代執行法……の定めるところにより、自らその義務者のなすべき行為をなし、又は第三者をしてこれをなさしめ、その費用を命令の対象者から徴収することができる。」（下線筆者）と規定する。空家法14条９項は、いわゆる公益要件を削除した緩和代執行を規定して、より迅速な権限行使を期待しているにもかかわらず、下線

＊70　森・前註（１）論文55頁も同旨。

＊71　2017年３月時点での状況を取りまとめた北海道調査・前註（35）によれば、複数の市町村から、財産管理制度の使い勝手を良くしてほしいという意見が、空家法を不十分と評価する理由として出されている。

部にみられるように、公益要件を復活するとともに、議会の議決も要するとしている。自治的決定ではあろうが、その合理性に疑問が持たれる規定である。同条例は、2016年に一部改正されているが、同様の規定ぶりの旧条例（2012年制定）13条を、十分な検討をすることなく再規定したのではなかろうか＊72。富良野市条例13条、南九州市条例９条にも、同様の規定ぶりが確認できる。

第２は、協定である。金沢市条例20条は、「空き家等活用協定」を規定する。町会などの地域団体が、所有者等を得た上で、市長との間に、空き家等およびその跡地の活用に関する協定を締結するのである。協定の実施にあたっては、市からの技術的・財政的援助がされる。

第３は、代行措置である。指導・勧告なり命令なりにもとづく作業は、当該特定空家等の所有者等が行うのが当然であるが、これを、同者の申出を踏まえて、行政が実施するのである。費用は、所有者等の負担となる。一種の準委任契約ないし請負契約である。空家法14条１項助言・指導、同条２項勧告に関してこれを規定するものとして市川市条例６条（安全代行措置）、函館市条例８条（措置の代行）、同法14条１項助言・指導に関してこれを規定するものとして世田谷区条例８条（安全代行措置）、同法14条３項命令についてこれを規定するものとして鎌ヶ谷市条例６条（命令代行措置）がある。命令の場合を対象とするのは適切ではないように思われるが、とにかく問題状況の迅速な改善が重視されているのだろう。

第４は、禁止行為である。鳥取市条例５条、苫前町条例５条は、空家等に侵入して破壊や廃棄物投棄をするなどの行為を禁止する。罰則のない訓示規定である。もっとも、こうした行為は、刑法130条・261条や廃棄物処理法25条１項14号（16条違反）により処罰される。「何人も、空家等が特定空家等……となることを促す行為をしてはならない。」という義務追加をする条例もある（朝倉市条例５条）。

第５は、寄附である。大桑村条例６条、武雄市条例７条、鳥取市条例11条は、規則で定める要件を充たす特定空家等に関する寄附を規定している。長洲町条

＊72　小野市条例９条２項は、空家法14条10項にもとづく略式代執行の際にも、議会の議決を要するとしている。10条の危険予防措置についても、受命者不明としつつ、「〔命令の〕履行を放置することが著しく公益に反する」と規定するなど、混乱があるように思われる。

例９条は、空家等に限定する。

第６は、空き家バンク制度の根拠規定である。野田市条例８条に例がある。

第７は、措置要求である。飛騨市条例５条は、「空家等に起因する悪影響を現に受けている周辺住民は、空家等が所在する行政区等の区長等とともに、市長に対し、その所有者等に適正な管理を行わせることを求める申立てをすることができる。」と規定する。同条例３条は、危険状態にある空家等の所有者等に対して適正措置を法的に義務づけているために「違反」が観念できることから、同市の行政手続条例34条の３が規定する「処分等の求め」を特別法的に設けたものといえる。

第８は、自治会の活用である。多可町条例９条は、条例目的実現のために自治会（地方自治法260条の２に規定する地縁団体その他これに類する団体）が町の施策に協力することを求め、13条は、活動に対する支援を規定する。ひたちなか市条例６条も同旨である。

第９は、他機関への協力要請である。睦沢町条例17条は、犯罪防止の必要がある場合には、警察署に対して、立入調査情報や指導・勧告・命令情報などを提供して協力を求めることができると規定する。武蔵野市条例５条２項は、より広く、「都道府県警察、消防機関、検察庁その他の行政機関に対して、この条例の施行のために必要な限度において当該情報〔筆者註：固定資産税の課税情報を含む〕を提供することができる。」と規定する。検察庁を含めているのは、財産管理人の選任申立てを促す趣旨だろうか。規定するにあたって調整はしたのだろうか。

第10は、議会との関係である。鶴ヶ島市条例15条は、空家等対策実施状況について、毎年度、議会への報告を義務づける。

第11は、罰則である。空家法の罰則は、16条が規定する過料のみである。神戸市条例22条１号は、同法14条11項にもとづいて設置された標識を毀損した者を５万円以下の過料に処するとする。法律では処罰対象となっていないものを条例で独立して処罰対象とするめずらしい例である。条例に規定される過料を科す手続は、地方自治法231条の３によるが、空家法の過料の場合は非訟事件手続法の適用があるところ、裁判所が介在しない純粋な行政手続でこれを科す結果になるため、バランスが気にかかる。

7　空家法施行細則

空家法を実施する自治体の法制執務として、地方自治法15条にもとづく規則という法形式で、同法の施行細則を制定する市町村が散見される点が注目される。内容としては、①ガイドラインをカスタマイズした基準を規定する、②法律実施手続の詳細を規定する、③空家法７条協議会に関する必要事項を規定する、④必要な様式を規定する、といったものがみられる。すべてを含む規則もありうるし、いくつかのみを規定する規則もありうる。

規則は、空き家条例を制定している市町村においてもそうでない市町村においても制定例がある。ただ、市町村の自己決定という観点からは、いきなり規則とするのではなく、いったんは条例として受け止めたうえで、その委任を受けての規則制定にする方が適切である。

8　既存条例の継続的適用と空家法

(1)　存置による二重規制状態の出現

空家法制定前に条例を制定していなかった市町村がその後も条例を制定していない場合、老朽不適正管理空き家に対する対応は、空家法のみによって行われる。一方、以前から条例を制定しているが、空家法の制定後も同法との調整をするための改正をせずに存置している市町村の場合には、同法と独立条例である空き家条例とが併存状態にある。

なお、空家法制定後に一部改正をしたにもかかわらず、対象に関する適用の調整規定を持たない条例もある。形式的にみれば、二重規制になる部分がある。

また、空家法が可決された2014年11月19日以降に制定された条例のなかには、同様の状況をあえて創出しているようにみえるものもある。たとえば、2014年11月21日に可決された「品川区空き家等の適正管理等に関する条例」、同年12月９日に可決された「古河市空家等の適切な管理に関する条例」、同月10日に可決された「東洋町老朽建物等の適正管理に関する条例」である。これらに関しては、新規制定であるにもかかわらず、対象となるものと「空家法」との関係が条文に規定されず、また、同法との調整規定もないために、既存条例と同じような適用状況になる＊73。2015年11月30日に可決された「東秩父村空き家等の適正管理に関する条例」は、「空家等対策の推進に関する特別措置法が平成27年２月26日に施行されました。本村におきましても、空き家に対する適正な管理を行いたいので、この条例を提案するものでございます。」という認識のもとに制定されている＊74。空家法施行後に改正された「豊島区建物等の適正な維持管理を推進する条例」にも、空家法を意識した規定はない。

そうした市町村は、対応すべき対象が同一であった場合に、どちらを根拠に空き家対策を進めているのだろうか。行政実務家からは、両者を使い分けるような「……曲芸を住民に披露することは実務上困難……」＊75と評されるが、それをやろうとしているようでもある。

⑵　４つのモデル

空家法前に空き家条例を制定していたが改正はしていない市町村の場合、現在における対応には、４つのモデルが考えられる。第１は、空家法のみを用いて条例は封印する運用である。第２は、条例のみを用いて空家法は封印する運用である。第３は、空家法の適用を優先してそのかぎりにおいて条例は適用しないとする運用である。第４は、両者の「いいとこどり」をする運用である。

空家法後に空き家条例を制定した市町村の場合は、第４の運用、および、第５として、空家法を封印して条例だけを適用する運用が考えられる。

⑶　その真意と運用の状況

こうした規定ぶりであると、住民には混乱が生じるように思われる。調査によれば、行政は、以下のような認識であった＊76。

＊73　品川区議会、古河市議会、東洋町議会が条例案を審議した定例会の会議録には、空家法制定に関する認識はうかがえなかった。空家法成立の事実を知らなかったわけではないだろうが、奇異な状況である。いくつかの市町村にヒアリングをしたが、以前から条例案を準備していたために制定してしまったと説明するところが多かった。条例を制定すると議会で答弁していた場合には、それをしないのは言行不一致と議会で批判されるために制定したという市町村もあった。「車は急に止まれない」というほどの切迫した状況ではないように思われるが。空き家条例の制定を目指して数年間議員の勉強会をしていてようやく条例案を作成したので、その「成果発表」として議員提案条例を制定したという自治体もあった。

＊74　東秩父村議会会議録平成27年12月定例会（第５回）（2015年11月30日）44頁［柴原正・東秩父村総務課長］。

＊75　森・前註（１）論文53頁。

＊76　具体的条例の検討として、北村・前註（22）論文参照。

佐賀市の運用方針は、大要次のとおりである。助言・指導、勧告、命令、行政代執行のように、空家法にも規定がある事項については、同法を適用する。条例にはあるが法律にはない事項（助成、寄附の申出など）については、条例を適用する。要は、両者を重ね合わせて、「はみ出た部分」について条例を適用する。第４のモデルである。もっとも、そうした方針を明記する調整規定はないために、住民には混乱が生じるだろう。

燕市条例については、燕市空家等対策計画が「真意を解説」している。それによれば、条例２条１号の「空き家」とは、「法第２条第１項で規定する「空家等」と同意」なのである。一方、条例２条４号の「特定空き家等」とは、「法第２条第２号・条例第２条第４号」という。「・」の意味が「イコール」か「又は」不明であるが、条例17条が行政代執行法による代執行を規定していることに鑑みれば、「又は」とみるしかない。しかし、計画に記されている対応フローチャートをみるかぎりでは、空家法の特定空家等と理解せざるをえない。相当に混乱がある＊77。

前述の規定例を参考に条例改正をして、適用関係を明確にすべきである。そのほかにも、二重規制となるのを回避するために、調整規定を設ける対応もありうる。たとえば、さいたま市条例は、「空き家等」という文言を用いて措置を規定しているが、「〔条例〕第６条から第９条までの規定は、……〔空家法〕第２条第２項の特定空家等については、適用しない。」（13条）と規定する。本庄市条例は、特定空家等に関して、空家法のそれを意味することを明示したうえで、「管理不全な状態であると認める特定空家等に対する指導、勧告及び命令については、法の定めるところによる。」（13条）と規定する。

9　空き家条例の今後

500近い条例を通読してみると、実に多様であり、空家法を前提としつつも地域の実情を踏まえた規定がさまざまに設けられていることがわかる。先行条例をベンチマークして条例案が作成されるという実務を考えれば、いくつかのモ

＊77　既存条例の改正の意義は、「特別措置法との用語及び定義の意義の統一」にあるというが（燕市議会平成27年９月定例会（第３回）会議録（2015年９月７日）［五十嵐一夫・燕市都市整備部長］）、その趣旨は、改正条例には、十分現れていない。

デル的な条例に収斂するようにも思われるのであるが、実際には、そのようにはなっていない。構成については、いくつかのパターンがみられるものの、全体としてみれば、規定内容や条文表現には、驚くほどのオリジナリティが確認できる。空き家対策というきわめて「住民に身近な行政」に対して、積極的な政策法務対応がされている。程度の差はあるが、地域的特性を把握し、条例という「法」を制定して空家法という「法」を運用しようとしているのである。脇の甘い規定ぶりや法制執務上の初歩的ミスも散見されるが、それは、必要に応じて修正すればよい。地域の良好な生活環境を保全・創造するために果敢に条例対応をしている点を評価したい。もっとも、それに気づかなければ永久にそのままということにもなりかねない点が懸念される。

空家法の施行が本格化するにつれ、同法の限界も多く認識されるであろう。それに反応して、これまでにはない新しい手法が創造されるように思われる。また、本章では分析対象とはしなかったが、利活用の促進に関する施策の充実により、不適正管理老朽家屋の発生が未然に防止されることが期待される。空き家施策の担当は、住宅系あるいは建築系の担当課の場合が多いようであるが、将来は、福祉系の担当課の協力が不可欠になってくるように思われる。

空き家問題の現状を創出した責任の相当の部分は、国の住宅政策や土地利用政策にある。その解決の責任を、市町村にだけに押しつけるのは、国と自治体の適切な役割分担の観点から適切ではない。現場に近い部分では、住民にもっとも身近な総合的行政主体である市町村行政の役割が大きいが、必要な法律改正や法律制定は、国の責任である。空家等との関係で、無主財産の国庫帰属、表題登記や権利登記、財産管理人・清算人、遺産分割・相続、共有関係の整理、区分所有関係の整理などに関する法制度をどのように考えるかという大きな課題もある。空き家問題の背景をなしている法律の改正・整備は、検討が急がれる省庁横断的課題となっている。

筆者の空き家条例研究は、テキストの分析にとどまっており、条例制定過程に踏み込んだ調査やケーススタディをしていない。どのような地域事情があり、どのような条例が参考にされ、どのような論点が検討され、最終的な条例に至ったのか。この点に関する実証研究がされれば、地域において効果的な老朽危険空き家対策に関する法政策の知見が、ますます豊かになるであろう。

［図表 2.5］ 空家法制定後の空き家条例

	条例名	改正・新規	公布日
北海道	稚内市空家等の適正管理に関する条例	新規	2014年12月11日
	滝川市空き家等の適正管理に関する条例	一部改正	2015年 3 月26日
	旭川市空家等及び空地の適切な管理に関する条例	一部改正	2015年12月15日
	函館市空家等の適切な管理に関する条例	一部改正	2015年12月10日
	増毛町空き家等の適正管理及び活用促進に関する条例	新規	2015年12月17日
	沼田町あき地及びあき家の管理に関する条例	全部改正	2016年 3 月17日
	北広島市空家等の適切な管理に関する条例	新規	2016年 3 月18日
	天塩町空き家等の適正管理に関する条例	新規	2016年 3 月18日
	広尾町空き家等の適正管理に関する条例	新規	2016年 3 月18日
	白老町空家等の適正管理に関する条例	一部改正	2016年 3 月28日
	北竜町空き家等の適正管理に関する条例	一部改正	2016年 4 月15日
	栗山町空家等対策の推進及び空家等の活用促進に関する条例	新規	2016年 6 月15日
	倶知安町空家等対策の推進に関する条例	旧条例廃止、新規	2015年 9 月17日
	苫前町空家等の適切な管理に関する条例	全部改正	2016年 9 月16日
	富良野市空家等の適切な管理に関する条例	新規	2016年 9 月16日
	知内町空家等の適切な管理に関する条例	新規	2017年12月18日
	木古内町空き家等の適正管理に関する条例	一部改正	2018年 3 月14日
	浜中町空家等の適正管理に関する条例	新規	2018年 6 月 8 日
	古平町空家等の適切な管理に関する条例	新規	2018年 6 月26日
	岩内町空き家等対策の推進に関する条例	新規	2018年 9 月13日
	共和町空家等対策の推進に関する条例	新規	2018年 9 月21日
	浦幌町空家等の適正管理に関する条例	一部改正	2018年12月 5 日
	浜頓別町空家等の適正管理に関する条例	新規	2018年12月12日
	稚内市空家等の適正管理に関する条例	一部改正	2018年12月13日
	芦別市空家等対策条例	全部改正	2019年 2 月 7 日
	豊頃町空家等対策の推進に関する条例	新規	2019年 3 月 5 日
	雨竜町空き家等の適正管理に関する条例	一部改正	2019年 3 月11日
	長沼町空家等対策の推進に関する条例	新規	2019年 6 月12日
	津別町空家等の適切な管理に関する条例	新規	2019年 9 月17日

	妹背牛町空き家等の適正管理に関する条例	一部改正	2019年10月１日
	恵庭市空家等の適正な管理に関する条例	新規	2019年12月16日
青森県	五戸町空き家等の適正管理に関する条例	新規	2015年３月16日
	深浦町空家等の適正管理及び活用促進に関する条例	旧条例廃止、新規	2015年12月８日
	六戸町空き家等の適正管理に関する条例	新規	2015年12月９日
	蓬田村空家等対策の推進に関する条例	新規	2016年３月15日
	風間浦村空き家等の適正管理に関する条例	新規	2016年３月17日
	平川市空家等及び空地の適切な管理に関する条例	全部改正	2016年９月16日
	野辺地町空家等対策の推進に関する条例	新規	2018年３月19日
	むつ市空家等の適正管理に関する条例	全部改正	2018年６月29日
	弘前市空き家等の活用、適正管理等に関する条例	一部改正	2018年９月28日
	外ヶ浜町空家等の適切な管理に関する条例	新規	2018年10月１日
	六ヶ所村空家等の適切な管理に関する条例	新規	2019年３月20日
岩手県	盛岡市空き家等の適正管理に関する条例	一部改正	2015年３月25日
	北上市空家等対策条例	新規	2016年３月17日
	宮古市空家等の適正管理に関する条例	新規	2017年３月29日
	八幡平市空家等対策条例	新規	2017年３月28日
	二戸市空き家等の適正管理及び活用促進に関する条例	新規	2017年12月18日
	（久慈市）空家等対策条例	新規	2017年12月22日
	雫石町空家等の適切な管理に関する条例	新規	2018年３月６日
	釜石市空家等の適正管理に関する条例	新規	2018年３月14日
	西和賀町空家等の適正管理に関する条例	全部改正	2018年６月14日
	奥州市空家等の適正管理に関する条例	新規	2018年９月28日
	矢巾町空家等の適切な管理等に関する条例	新規	2019年６月７日
	住田町空家等の適正管理に関する条例	新規	2019年12月13日
	宮古市空家等の適正管理に関する条例	一部改正	2019年12月27日
宮城県	仙台市空家等の適切な管理に関する条例	一部改正	2015年３月６日
	大崎市空家等の適切な管理及び有効活用の促進に関する条例	新規	2015年６月29日
	村田町空家等の適正管理に関する条例	新規	2018年３月22日
秋田県	由利本荘市空家等の適正管理に関する条例	新規	2015年６月24日

	大館市空家等対策の推進に関する条例	新規	2015年12月25日
	にかほ市空家等の適正管理に関する条例	新規	2016年 3 月18日
	横手市空家等の適切な管理に関する条例	全部改正	2016年 6 月29日
	北秋田市空家等の適切な管理に関する条例	全部改正	2018年 3 月 6 日
	八峰町空家等の適正管理に関する条例	一部改正	2019年 3 月 1 日
	羽後町空家等の適切な管理に関する条例	全部改正	2019年 3 月22日
	美郷町空き家等の適正管理に関する条例	一部改正	2020年 3 月 9 日
山形県	米沢市家屋等の安全管理に関する条例	一部改正	2015年12月21日
	東根市空家等の適正管理に関する条例	全部改正	2016年 3 月17日
	鶴岡市空家等の管理及び活用に関する条例	一部改正	2016年 3 月24日
	川西町空家等の適正管理に関する条例	一部改正	2016年 6 月17日
	長井市空家等の適正管理に関する条例	一部改正	2017年12月22日
	中山町空家等の応急措置に関する条例	新規	2019年 3 月 5 日
	三川町空き家等の適正管理に関する条例	一部改正	2019年 9 月11日
	飯豊町空き家等の適正管理に関する条例	一部改正	2020年 3 月10日
福島県	会津坂下町空家等の適正管理に関する条例	新規	2015年 9 月15日
	郡山市空家等対策審議会条例	新規	2016年 7 月 6 日
	三島町空家等の適正管理に関する条例	新規	2018年 3 月 6 日
	湯川村空家等の適正管理に関する条例	一部改正	2018年 3 月13日
	矢祭町空家等の適正管理及び活用促進に関する条例	新規	2018年12月13日
	新地町空家等の適正管理に関する条例	新規	2019年 3 月20日
	浅川町空き家等対策の推進に関する条例	新規	2019年 3 月25日
	只見町空家等の適正管理に関する条例	一部改正	2019年 9 月 6 日
茨城県	古河市空家等の適切な管理に関する条例	新規	2014年12月 9 日
	常陸太田市空家等の適正管理に関する条例	一部改正	2016年 3 月25日
	ひたちなか市空家等対策の推進に関する条例	新規	2016年 3 月25日
	笠間市空家等対策の推進及び空家等の利活用の促進に関する条例	全部改正	2017年 3 月16日
	桜川市空家等の適正管理に関する条例	新規	2018年 3 月20日
	美浦村空家等対策の推進に関する条例	一部改正	2018年 3 月23日
	朝来市空家等の適切な管理及び有効活用の促進に関する条例	一部改正	2018年 3 月27日

	常陸太田市空家等の適正管理に関する条例	新規	2018年６月18日
	高萩市空家等対策の推進に関する条例	新規	2018年７月４日
	坂東市空家等の適正管理に関する条例	新規	2018年９月25日
	龍ヶ崎市空家等の適正な管理に関する条例	新規	2018年12月21日
	常陸大宮市空家等対策の推進に関する条例	一部改正	2018年12月25日
	取手市空家等の適正管理に関する条例	全部改正	2019年３月20日
	阿見町空家等対策の推進に関する条例	新規	2019年３月22日
	水戸市空家等対策の推進に関する条例	全部改正	2019年３月26日
	結城市空家等対策推進条例	一部改正	2019年３月28日
	古河市空家等の適切な管理に関する条例	一部改正	2019年12月13日
栃木県	高根沢町空き家等の適正管理に関する条例	新規	2015年３月13日
	栃木市空き家等の適正管理及び有効活用に関する条例	新規	2015年３月19日
	那須塩原市空き家等対策の推進に関する条例	新規	2016年３月23日
	宇都宮市空き家等の適正管理及び有効活用に関する条例	一部改正	2015年９月30日
	鹿沼市空家等対策の推進に関する条例	全部改正	2016年９月27日
	大田原市空家等の適正管理に関する条例	一部改正	2016年12月28日
	上三川町空家等対策の推進に関する条例	新規	2017年６月16日
	真岡市空き家等の適正管理及び活用促進に関する条例	新規	2017年12月20日
	矢板市空家等の適正管理に関する条例	新規	2018年３月22日
	さくら市空家等対策の推進に関する条例	新規	2019年10月１日
群馬県	前橋市空家等対策の推進及び空家等の活用の促進に関する条例	全部改正	2015年６月26日
	渋川市空家等及び空地の適正管理に関する条例	全部改正	2015年９月11日
	太田市空家等対策の推進に関する条例	一部改正	2015年12月15日
	中之条町空家等の適正管理及び有効活用に関する条例	新規	2015年12月21日
	伊勢崎市空家等対策条例	新規	2016年３月24日
	下仁田町空家等対策の推進に関する条例	新規	2016年６月10日
	大泉町空家等対策の推進に関する条例	新規	2016年９月８日
	桐生市空家等の適正管理及び利活用の促進に関する条例	新規	2017年３月24日

	板倉町空家等対策の推進に関する条例	新規	2017年12月5日
	明和町空家等対策の推進に関する条例	新規	2017年12月7日
	長野原町空家等の適正管理及び有効活用に関する条例	新規	2018年3月6日
	沼田市空家等対策の推進に関する条例	新規	2018年3月27日
	藤岡市空家等の適正管理に関する条例	一部改正	2019年2月28日
	上野村空家等対策の推進に関する条例	新規	2019年3月8日
	玉村町空家等の適正管理及び活用の促進に関する条例	新規	2019年3月14日
	千代田町空家等対策の推進に関する条例	新規	2019年9月4日
	邑楽町空家等対策の推進に関する条例	新規	2019年12月23日
埼玉県	越谷市空き家等の適正管理に関する条例	新規	2014年12月22日
	新座市空家等の適切な管理に関する条例	一部改正	2015年9月30日
	毛呂山町空家等の適切な管理に関する条例	一部改正	2016年3月10日
	さいたま市空き家等の適正管理に関する条例	一部改正	2016年3月16日
	所沢市空き家等の適正管理に関する条例	一部改正	2016年3月30日
	八潮市まちの景観と空家等の対策の推進に関する条例	新規	2016年6月20日
	本庄市空き家等の適正管理に関する条例	一部改正	2016年6月28日
	鶴ヶ島市空家等の対策に関する条例	新規	2014年10月3日
	東秩父村空き家等の適正管理に関する条例	新規	2015年12月2日
	新座市空家等の適切な管理に関する条例	一部改正	2017年11月30日
	狭山市空家等の適正管理に関する条例	新規	2017年12月21日
	秩父市空き家等の適正管理及び有効活用に関する条例	一部改正	2018年3月19日
	川越市空家等の適切な管理に関する条例	全部改正	2018年3月20日
	川口市空家等対策に関する条例	新規	2018年3月29日
	熊谷市空家等の適切な管理に関する条例	新規	2018年9月27日
	深谷市空家等対策の推進に関する条例	新規	2018年12月14日
	白岡市空家等の適切な管理に関する条例	新規	2018年12月21日
	鶴ヶ島市空家等の対策に関する条例	一部改正	2019年3月25日
	三芳町空家等の適正管理に関する条例	新規	2019年3月27日
	日高市空家等対策の推進に関する条例	全部改正	2019年12月20日

千葉県	市川市空家等の適切な管理に関する条例	全部改正	2015年９月29日
	鎌ケ谷市空家等の適正管理に関する条例	一部改正	2015年12月17日
	睦沢町空家等の適正管理に関する条例	新規	2016年３月11日
	長生村空家等の適正管理に関する条例	新規	2016年３月14日
	我孫子市空家等の適切な管理に関する条例	全部改正	2016年３月22日
	松戸市空家等対策の推進に関する条例	全部改正	2016年３月23日
	流山市空き家等の適正管理に関する条例	一部改正	2016年３月28日
	野田市空家等の適切な管理に関する条例	一部改正	2016年３月31日
	香取市空家等の適正管理に関する条例	新規	2016年９月28日
	柏市空家等適正管理条例	一部改正	2020年10月１日
	匝瑳市空家等対策の推進に関する条例	新規	2017年12月22日
	一宮町空家等の適切な管理に関する条例	新規	2018年３月13日
	銚子市空家等の適切な管理に関する条例	新規	2018年３月23日
	袖ケ浦市空家等対策の推進に関する条例	全部改正	2018年９月28日
	君津市空家等の適切な管理に関する条例	新規	2018年12月25日
	茂原市空家等の適切な管理に関する条例	新規	2019年３月19日
	山武市空家等の適正管理に関する条例	新規	2019年６月25日
	大多喜町空家等対策の推進に関する条例	新規	2019年９月10日
	芝山町空家等対策の推進に関する条例	新規	2019年12月13日
	印西市空家等の適切な管理に関する条例	新規	2019年12月26日
東京都	墨田区老朽建物等の適正管理に関する条例	一部改正	2015年９月29日
	町田市空家等の発生の予防、適切な管理及び活用の促進に関する条例	新規	2015年12月28日
	世田谷区空家等の対策の推進に関する条例	新規	2016年３月８日
	多摩市特定空家等の適正管理に関する条例	新規	2016年３月31日
	日野市空き住宅等の適切な管理及び活用に関する条例	新規	2016年９月30日
	荒川区空家等対策の推進に関する条例	新規	2016年12月16日
	小平市空き家等の適正な管理に関する条例	一部改正	2016年12月21日
	板橋区老朽建築物等対策条例	新規	2016年12月22日
	国分寺市空き家等及び空き地の適正な管理に関する条例	全部改正	2016年12月28日
	武蔵野市空家等の適正管理に関する条例	新規	2017年３月22日

	新宿区空き家等の適正管理に関する条例	一部改正	2018年 3 月16日
	狛江市空家等の適切な管理及び利活用に関する条例	新規	2018年 3 月30日
	中野区空家等の適切な管理、利用及び活用の推進に関する条例	新規	2018年10月19日
	東京都北区空家等及び居住建築物等に係る緊急措置に関する条例	新規	2019年 3 月22日
	西東京市空き家等の対策の推進に関する条例	新規	2019年 3 月28日
	武蔵野市空家等の適正管理に関する条例	一部改正	2019年 7 月 1 日
	調布市空き家等の対策の推進に関する条例	新規	2020年 3 月24日
神奈川県	海老名市空き家及び空き地の適正管理に関する条例	新規	2015年 3 月31日
	横須賀市空き家等の適正管理に関する条例	一部改正	2016年 6 月29日
新潟県	関川村空き家等の適正管理に関する条例	新規	2014年12月17日
	上越市空き家等の適正管理及び活用促進に関する条例	新規	2015年 3 月27日
	胎内市空き地、空き家等の適正管理に関する条例	一部改正	2015年 6 月30日
	燕市空き家等の適正管理及びまちなか居住促進に関する条例	一部改正	2015年 9 月30日
	長岡市空家等の適切な管理に関する条例	一部改正	2017年12月27日
	妙高市空き家等の適正管理に関する条例	全部改正	2015年12月17日
	粟島浦村空家等の適正管理に関する条例	全部改正	2016年 1 月 1 日
	柏崎市空家等の適正な管理に関する条例	全部改正	2016年 2 月26日
	三条市空家等及び空地の適正管理に関する条例	一部改正	2016年 3 月23日
	新発田市空き家等の適正管理に関する条例	全部改正	2017年 6 月27日
	長岡市空家等の適切な管理に関する条例	全部改正	2017年12月27日
	出雲崎町空家等対策の推進に関する条例	新規	2019年 3 月18日
	十日町市空家等の適切な管理に関する条例	新規	2019年12月25日
富山県	高岡市空家等の適切な管理及び活用に関する条例	一部改正	2018年 6 月25日
	上市町空家等対策の推進に関する条例	新規	2015年 6 月16日
	滑川市空家等対策の推進に関する条例	新規	2015年12月22日
	富山市空家等の適切な管理及び活用に関する条例	新規	2017年 3 月24日
	魚津市空家等対策の推進に関する条例	一部改正	2018年 6 月22日
	高岡市空家等の適切な管理及び活用に関する条例	全部改正	2018年 6 月25日

石川県	輪島市空家等の適切な管理に関する条例	一部改正	2015年９月28日
	金沢市空き家等の適切な管理及び活用の推進に関する条例	新規	2015年12月21日
	小松市空き家等の適正管理に関する条例	一部改正	2015年12月24日
	かほく市空家等の適正管理に関する条例	新規	2016年３月10日
	中能登町空き家等の適正管理及び活用促進に関する条例	新規	2016年３月18日
	加賀市空家等の適切な管理に関する条例	新規	2016年３月22日
	羽咋市空家等の適正管理に関する条例	新規	2016年３月22日
	志賀町空き家等の適正な管理に関する条例	新規	2017年10月16日
	津幡町空家等の適正管理に関する条例	新規	2018年３月14日
	能美市空家等の適正な管理及び活用の促進に関する条例	新規	2018年３月23日
	七尾市空き家等の適切な管理及び活用の促進に関する条例	新規	2018年12月19日
	小松市空き家等の適正管理に関する条例	一部改正	2018年12月21日
	宝達志水町空家等の適正管理に関する条例	新規	2019年３月22日
福井県	越前町地域ぐるみによる空き家等対策の推進に関する条例	新規	2015年12月21日
	越前市空家等の適切な管理に関する条例	全部改正	2016月３月18日
	南越前町空家等対策の推進に関する条例	旧条例廃止、新規	2016年９月23日
	美浜町空家等の適正な管理に関する条例	新規	2017年２月７日
	福井市空き家等の適正管理に関する条例	一部改正	2018年３月22日
	高浜町空き家等対策の推進に関する条例	新規	2018年３月26日
	若狭町空家等対策の推進に関する条例	新規	2018年３月26日
	敦賀市空き家等の適切な管理に関する条例	新規	2018年６月27日
	勝山市空家等の適切な管理に関する条例	全部改正	2018年９月20日
	鯖江市空家等の適正管理に関する条例	一部改正	2018年12月28日
	おおい町空家等対策の推進に関する条例	新規	2019年12月19日
山梨県	西桂町空き家等の適正管理に関する条例	新規	2015年６月24日
	南アルプス市空家等対策の推進に関する条例	新規	2015年10月２日
	都留市空家等対策の推進に関する条例	新規	2016年３月17日
	中央市空家等対策の推進に関する条例	新規	2016年９月21日
	韮崎市空家等対策の推進に関する条例	新規	2015年９月25日

	北杜市空き家等対策の推進に関する条例	新規	2016年９月26日
	甲府市空家等の適切な管理及び活用の促進に関する条例	新規	2016年９月23日
	甲斐市空家等対策の推進に関する条例	新規	2017年３月15日
	福井市空き家等の適正管理に関する条例	一部改正	2018年３月22日
	高浜町空き家等対策の推進に関する条例	新規	2018年３月26日
	若狭町空家等対策の推進に関する条例	新規	2018年３月26日
	敦賀市空き家等の適切な管理に関する条例	新規	2018年６月27日
	勝山市空家等の適切な管理に関する条例	全部改正	2018年９月20日
	鯖江市空家等の適正管理に関する条例	一部改正	2018年12月28日
	おおい町空家等対策の推進に関する条例	新規	2019年12月19日
長野県	飯田市空家等の適正な管理及び活用に関する条例	新規	2015年３月26日
	大桑村空家等の適正な管理に関する条例	新規	2015年６月17日
	南木曽町空家の適正管理に関する条例	全部改正	2015年12月17日
	箕輪町空き家等の適正管理及び活用促進に関する条例	新規	2015年12月21日
	飯山市空家等対策の推進に関する条例	一部改正	2016年３月29日
	松川町空家等対策の推進に関する条例	新規	2018年３月２日
	南木曽町空家の適正管理に関する条例	一部改正	2018年６月13日
	上松町空家等の適正管理に関する条例	新規	2018年12月21日
	飯山市空家等対策の推進に関する条例	一部改正	2018年12月28日
	泰阜村空家等の適正な管理及び活用に関する条例	新規	2019年３月19日
	大桑村空家等の適正な管理に関する条例	新規	2019年９月17日
静岡県	沼津市空き家等の適正管理及び有効活用に関する条例	新規	2014年12月24日
	焼津市空家等の適正管理に関する条例	一部改正	2017年３月24日
	熱海市空家等対策の推進に関する条例	新規	2018年３月16日
	島田市空家等の適切な管理に関する条例	新規	2019年３月28日
岐阜県	東白川村空家等の適正管理に関する条例	新規	2015年３月９日
	飛騨市特定空家等対策条例	一部改正	2015年７月２日
	海津市空き家等の適正管理に関する条例	新規	2017年12月20日
	美濃市空家等の適正な管理及び利活用の促進に関する条例	新規	2018年３月22日

	富加町空家等の適正管理に関する条例	新規	2018年６月19日
	神戸町空家等対策の推進に関する条例	新規	2018年６月28日
	坂祝町空き家等の適正管理に関する条例	新規	2018年９月21日
	大野町空家等対策条例	新規	2018年９月25日
	高山市空家等の適切な管理及び活用の推進に関する条例	新規	2018年10月１日
	大垣市空家等の適切な管理及び活用の促進に関する条例	新規	2018年12月21日
愛知県	名古屋市空家等対策の推進に関する条例	一部改正	2015年10月19日
	稲沢市空家等の適切な管理に関する条例	新規	2017年３月31日
	南知多町空家等の適正な管理に関する条例	一部改正	2018年３月19日
	蒲郡市空家等適正管理条例	一部改正	2018年３月22日
	美浜町空家等適正管理条例	新規	2018年３月27日
	豊橋市空家等の適切な管理及び活用に関する条例	新規	2018年３月28日
	田原市空家等の適正管理に関する条例	新規	2018年12月20日
	知立市空家等の適切な管理に関する条例	新規	2019年３月20日
	犬山市空家等の適正な管理に関する条例	新規	2019年３月22日
	あま市空家等の適切な管理に関する条例	新規	2019年９月27日
	瀬戸市空家等の適正管理に関する条例	新規	2019年９月30日
	大府市空家等対策の推進に関する条例	新規	2019年12月26日
三重県	名張市空家等対策の推進に関する条例	旧条例廃止、新規	2015年９月30日
	伊賀市空家等の適正管理に関する条例	全部改正	2016年６月30日
	亀山市空家等対策の推進に関する条例	新規	2016年９月30日
	川越町空家等の適正管理及び有効活用に関する条例	新規	2018年３月16日
	明和町空家等の適正管理に関する条例	新規	2018年３月23日
	南伊勢町空家等の適正管理に関する条例	新規	2019年７月３日
	尾鷲市空家等及び空地の適正管理に関する条例	新規	2019年９月30日
	熊野市空家等及び空地への対策の推進に関する条例	全部改正	2019年12月23日
滋賀県	米原市空家等の発生予防、管理および活用の推進に関する条例	新規	2015年３月24日
	高島市空家等対策の推進に関する条例	新規	2016年３月29日
	大津市空家等の適正管理に関する条例	新規	2016年３月29日

	長浜市空家等に関する条例	新規	2016年 6 月25日
	近江八幡市空家等対策の推進に関する条例	新規	2016年 7 月 1 日
	甲賀市空家等の活用、適正管理等に関する条例	新規	2016年12月26日
	栗東市空家等対策条例	新規	2018年10月 2 日
京都府	京都市空き家の活用、適正管理等に関する条例	一部改正	2015年12月22日
	綾部市空家等対策の推進に関する条例	新規	2016年 3 月28日
	福知山市空家等の適正管理に関する条例	新規	2016年 7 月25日
	亀岡市空家等対策の推進に関する条例	新規	2018年 3 月27日
	京都市空き家等の活用、適正管理等に関する条例	一部改正	2018年 6 月11日
	長岡京市空き家等対策の推進に関する条例	新規	2018年 9 月29日
大阪府	貝塚市の環境整備と活性化をめざし住みよいまちを作るための条例	一部改正	2015年 9 月25日 2016年 3 月28日
	門真市建築物等の適正管理に関する条例	新規	2016年 3 月24日
	河内長野市空家等の適正な管理に関する条例	新規	2016年12月20日
	茨木市空家等の適切な管理に関する条例	新規	2018年 3 月27日
	八尾市空家等の適正管理に関する条例	一部改正	2018年 3 月27日
	富田林市空家等の適正管理に関する条例	新規	2019年 3 月19日
	（熊取町）空家等の適正な管理に関する条例	新規	2019年 9 月30日
兵庫県	尼崎市危険空家等対策に関する条例	新規	2015年 3 月 6 日
	明石市空家等の適正な管理に関する条例	新規	2015年 3 月31日
	多可町空家等対策の推進に関する条例	新規	2015年12月25日
	上郡町空き家等の適正管理及び活用促進に関する条例	新規	2016年 3 月11日
	丹波篠山市空き家等の適正管理及び有効活用に関する条例	全部改正	2016年 3 月23日
	洲本市空家等の適正管理に関する条例	一部改正	2016年 3 月24日
	相生市空家等対策の推進に関する条例	新規	2016年 3 月25日
	新温泉町空家等対策の推進に関する条例	新規	2016年 3 月25日
	小野市空家等の適正管理に関する条例	全部改正	2016年 3 月28日
	高砂市空家等の適正な管理に関する条例	新規	2016年 3 月28日
	福崎町空家等の適正な管理に関する条例	新規	2016年 3 月28日
	神戸市空家空地対策の推進に関する条例	新規	2016年 6 月28日
	養父市空家等の適正な管理に関する条例	新規	2017年12月27日

	香美町空家等の適正な管理に関する条例	新規	2018年３月２日
	赤穂市空家等の適正管理に関する条例	全部改正	2018年３月26日
	市川町空き家等の適正な管理に関する条例	新規	2018年３月27日
	加東市空家等の適切な管理に関する条例	新規	2018年３月27日
	南あわじ市空家等の適正管理及び有効活用に関する条例	新規	2018年３月30日
	丹波篠山市空き家等の適正管理及び有効活用に関する条例	一部改正	2019年２月27日
	播磨町空家等の適正管理に関する条例	新規	2019年３月８日
	宍粟市空き家等の対策に関する条例	一部改正	2019年３月11日
	淡路市空家等の適切な管理に関する条例	新規	2019年６月19日
	洲本市空家等の適正管理に関する条例	一部改正	2019年７月１日
奈良県	宇陀市空家等の適切な管理に関する条例	新規	2015年９月29日
	平群町空き家等の適正管理に関する条例	新規	2015年９月30日
	御所市空家等の適正管理に関する条例	新規	2016年３月14日
	黒滝村空き家等の適正管理に関する条例	新規	2016年６月13日
	山添村空家等対策の推進に関する条例	新規	2018年３月19日
	上牧町空き家等及び空き地の適切な管理に関する条例	新規	2018年12月20日
	宇陀市空家等の適切な管理に関する条例	一部改正	2019年３月25日
	橿原市空家等対策の推進に関する条例	新規	2019年３月29日
和歌山県	かつらぎ町空家等の適正管理に関する条例	一部改正	2018年12月26日
	湯浅町空家等の適正管理に関する条例	新規	2019年12月20日
鳥取県	日南町空き家等の適正管理に関する条例	一部改正	2015年９月14日
	鳥取市空家等の適切な管理に関する条例	一部改正	2015年12月22日
	琴浦町空家等の適切な管理に関する条例	一部改正	2016年３月22日
	南部町空き家等の適正管理に関する条例	一部改正	2017年12月20日
	倉吉市空家等の適正管理に関する条例	一部改正	2018年３月15日
	八頭町空き家等の適正管理に関する条例	一部改正	2018年３月23日
	北栄町空家等の適正管理及び有効活用に関する条例	一部改正	2018年７月２日
	日野町空き家等の適正管理に関する条例	新規	2019年３月19日
	智頭町空家等の適切な管理に関する条例	新規	2019年３月22日

	米子市空家等及び空住戸等の適切な管理に関する条例	全部改正	2019年 3 月28日
島根県	隠岐の島町空き家等の適正管理に関する条例	新規	2014年12月19日
	飯南町空家等の適正管理に関する条例	新規	2018年 3 月20日
	江津市空家等の適正管理に関する条例	新規	2018年 3 月20日
岡山県	笠岡市空き家等の適正管理に関する条例	新規	2014年12月24日
	美作市空家等の適正管理に関する条例	新規	2015年10月 5 日
	岡山市空家等の適正な管理の促進に関する条例	新規	2015年12月21日
	津山市空家等の適切な管理及び活用の促進に関する条例	新規	2015年12月22日
	奈義町空家の適正管理に関する条例	新規	2016年 3 月10日
	久米南町空家等の適切な管理及び活用促進に関する条例	新規	2016年 9 月23日
	総社市空家等の対策の推進に関する条例	全部改正	2018年 3 月22日
	浅口市空家等の適正管理に関する条例	新規	2018年 6 月28日
	赤磐市空家等の適切な管理の促進に関する条例	新規	2018年 7 月 2 日
	津山市空家等の適切な管理及び活用の促進に関する条例	一部改正	2018年 9 月19日
	美咲町空家等の適正管理に関する条例	一部改正	2019年 3 月22日
	吉備中央町空家等の適正管理に関する条例	新規	2019年 3 月27日
広島県	三次市空家等対策の推進に関する条例	旧条例廃止、新規	2015年 7 月 3 日
	呉市空家等の適切な管理に関する条例	一部改正	2015年 7 月27日
	東広島市空家等の適切な管理に関する条例	新規	2016年 2 月29日
	世羅町空家等対策条例	新規	2016年 3 月 7 日
	神石高原町空家等の適正管理に関する条例	新規	2016年 9 月20日
	府中市空家等対策の推進に関する条例	一部改正	2019年 3 月19日
山口県	下関市空家等対策の推進に関する条例	全部改正	2015年 6 月25日
	防府市空家等の適正管理に関する条例	一部改正	2017年 3 月31日
	萩市空家等対策の推進に関する条例	全部改正	2015年 9 月29日
	田布施町空家等対策の推進に関する条例	新規	2015年 9 月30日
	岩国市空家等の適切な管理に関する条例	全部改正	2015年12月22日
	宇部市空家等対策の推進に関する条例	全部改正	2015年12月28日
	周南市空家等の適切な管理に関する条例	一部改正	2016年 3 月17日

	山口市空家等対策の推進に関する条例	全部改正	2016年３月17日
	光市空家等の適切な管理に関する条例	全部改正	2016年３月28日
	長門市空家等対策の推進に関する条例	全部改正	2017年12月25日
	田布施町空家等対策の推進に関する条例	一部改正	2018年９月28日
	山陽小野田市空家等対策の推進に関する条例	一部改正	2018年12月25日
	平生町空家等対策の推進に関する条例	新規	2019年３月20日
	萩市空家等対策の推進に関する条例	一部改正	2019年７月10日
徳島県	東みよし町空き家等の適正管理に関する条例	新規	2015年12月18日
	吉野川市空家等対策の推進に関する条例	新規	2015年12月21日
	那賀町危険空き家等建築物の取り壊しに関する条例	一部改正	2018年１月19日
	阿波市空家等対策の適正管理に関する条例	新規	2018年２月27日
	三好市空家等対策の推進に関する条例	新規	2019年３月19日
	上板町空き家等の適正管理に関する条例	一部改正	2019年３月20日
香川県	丸亀市空家等対策の推進に関する条例	新規	2015年３月27日
	高松市空家等の適切な管理及び活用の促進に関する条例	新規	2015年10月１日
	観音寺市空家等対策の推進に関する条例	新規	2016年３月30日
	土庄町空家等対策の推進に関する条例	一部改正	2018年３月15日
	丸亀市空家等対策の推進に関する条例	一部改正	2018年12月27日
	三豊市空家等の適正な管理に関する条例	一部改正	2019年３月29日
愛媛県	宇和島市空家等の適正管理に関する条例	新規	2015年３月４日
	伊予市老朽建物等の適正管理に関する条例	新規	2015年３月20日
	鬼北町空家等の適正管理に関する条例	新規	2016年９月15日
	八幡浜市空家等対策の推進に関する条例	新規	2017年６月23日
高知県	（確認できず）		
福岡県	北九州市空家等の適切な管理等に関する条例	新規	2016年６月22日
	大牟田市空き地及び空家等の適正管理に関する条例	新規	2016年12月28日
	行橋市空き家等の適正管理に関する条例	新規	2016年12月22日
	田川市空家等の適正管理に関する条例	全部改正	2017年12月20日
	朝倉市空家等の適切な管理に関する条例	新規	2018年３月20日
	嘉麻市空家等の適正管理に関する条例	一部改正	2018年６月26日

	飯塚市空家等の適切な管理に関する条例	新規	2018年10月 9 日
	大刀洗町空家等の適切な管理に関する条例	一部改正	2020年 3 月30日
佐賀県	武雄市空家等の適切な管理に関する条例	一部改正	2015年 9 月30日
	有田町空家等の適切な管理に関する条例	一部改正	2015年12月18日
	白石町空家等の適正管理に関する条例	一部改正	2016年 3 月18日
	嬉野市空家等の適切な管理に関する条例	一部改正	2016年 3 月23日
	佐賀市空家空地等の適正管理に関する条例	一部改正	2016年 3 月23日
	多久市空家等の適切な管理に関する条例	一部改正	2016年 3 月31日
	基山町空家等の適切な管理及び活用促進に関する条例	旧条例廃止、新規	2016年 9 月13日
	吉野ヶ里町空家等の適切な管理に関する条例	全部改正	2017年12月11日
	伊万里市空家等の適正管理に関する条例	一部改正	2018年 3 月23日
	鳥栖市空家等の適正管理に関する条例	一部改正	2018年 3 月30日
	佐賀市空家空地等の適正管理に関する条例	題名改称・一部改正	2018年10月 5 日
	玄海町空家等の適正な管理及び活用の促進に関する条例	新規	2019年 9 月20日
長崎県	平戸市空家等対策の推進に関する条例	新規	2018年 3 月30日
	長崎市空家等対策の推進に関する条例	一部改正	2015年 9 月30日
	五島市空家等対策の推進に関する条例	旧条例廃止、新規	2015年10月 1 日
	小値賀町空家等対策の推進に関する条例	旧条例廃止、新規	2016年 3 月22日
	佐世保市空家等対策の推進に関する条例	全部改正	2017年 7 月 6 日
	平戸市空家等対策の推進に関する条例	全部改正	2018年 3 月30日
	諫早市空家等対策の推進に関する条例	新規	2018年 7 月 5 日
	五島市空家等対策の推進に関する条例	一部改正	2018年12月21日
	雲仙市空家等対策の推進に関する条例	新規	2019年10月 7 日
熊本県	長洲町空家等の適正管理及び有効活用に関する条例	新規	2015年 3 月24日
	あさぎり町空家等の適正管理に関する条例	新規	2015年 9 月14日
	熊本市老朽家屋等の適正管理に関する条例	一部改正	2015年10月 5 日
	玉名市空家等対策の推進に関する条例	新規	2015年12月28日
	甲佐町空家等対策の推進に関する条例	新規	2016年 3 月18日
	津奈木町空き家等の適正管理に関する条例	新規	2016年 3 月18日

	菊池市空家等の適切な管理に関する条例	新規	2016年３月24日
	水俣市空家等の適切な管理に関する条例	全部改正	2016年３月24日
	山鹿市空家等の適切な管理に関する条例	一部改正	2016年３月24日
	山江村空き家等の適正管理に関する条例	新規	2018年３月16日
	人吉市空き家等対策の推進に関する条例	新規	2018年６月27日
	和水町空家等の適正管理に関する条例	新規	2018年12月17日
	芦北町空家等対策に関する条例	新規	2019年３月27日
大分県	別府市空家等対策条例	新規	2015年９月30日
	中津市空家等対策条例	全部改正	2017年12月15日
	宇佐市空家等対策条例	新規	2017年12月22日
	佐伯市空家等の適切な管理及び活用促進に関する条例	全部改正	2018年３月26日
	臼杵市空家等の適正管理に関する条例	一部改正	2018年６月29日
宮崎県	宮崎市空家等対策の推進に関する条例	新規	2015年３月20日
	日南市空き家等対策の推進に関する条例	新規	2015年７月７日
	三股町空家等の適正管理及び有効活用に関する条例	新規	2015年10月１日
	川南町空家等対策の推進に関する条例	一部改正	2016年６月14日
	新富町空家等対策の推進に関する条例	新規	2016年９月16日
	延岡市空家等の適切な管理、活用等に関する条例	新規	2017年３月28日
	高千穂町空家等対策の推進に関する条例	新規	2018年３月20日
	宮崎市空家等対策の推進に関する条例	一部改正	2018年６月26日
	綾町空家等対策の推進に関する条例	新規	2018年10月４日
	西都市空家等対策の推進に関する条例	新規	2019年３月19日
	椎葉村空き家等の適正管理に関する条例	一部改正	2020年３月９日
鹿児島県	鹿児島市空き家等の適正管理に関する条例	一部改正	2015年７月１日
	肝付町空家等の適正管理に関する条例	全部改正	2022年３月４日
	枕崎市空家等の適切な管理に関する条例	一部改正	2015年９月25日
	薩摩川内市空家等対策の推進に関する条例	新規	2015年９月30日
	南九州市空家等の適正管理に関する条例	新規	2015年11月27日
	鹿屋市空家等の適正管理に関する条例	一部改正	2015年12月17日
	伊佐市空家等の適正管理に関する条例	新規	2015年12月18日
	さつま町空家等の適正管理に関する条例	新規	2016年３月25日

	南九州市空家等の適正管理に関する条例	一部改正	2018年 2 月20日
	枕崎市空家等の適切な管理に関する条例	一部改正	2018年 3 月20日
	出水市空家等対策の推進に関する条例	一部改正	2018年 3 月23日
	喜界町空き家等対策の推進に関する条例	新規	2019年 3 月15日
	曽於市空家等の適切な管理等に関する条例	新規	2019年 3 月25日
	奄美市空き家等対策の推進に関する条例	新規	2019年 3 月29日
	南さつま市空家等対策の推進に関する条例	新規	2020年 3 月18日
沖縄県	宮古島市空家等の適切な管理に関する条例	新規	2019年 3 月29日
	沖縄市空家等の対策の推進及び適正な管理に関する条例	新規	2020年 3 月27日

（出典）筆者作成。

２年を経過した空家法実施の定点観測
―『空き家対策に関する実態調査結果報告書』を読む―

総務省行政評価局は、空家法施行後２年半を経過した時点で、93市町村を対象に空家法実施実態についての面接調査をし、多くの知見を提供した。総務省調査によれば、所有者探索に際して空家法が明記した固定資産税情報の利用により所有者等確定に至った割合は、約95％となっている。特定空家等となる以前の状態のもとでも、空き家条例などにより所有者等に働きかけ、約37％において管理不全状態の改善が確認された。跡地売却の可能性がある場合には、財産管理人制度の利用をする自治体も多い。緩和代執行の費用については、部分的なりとも回収の例はある。略式代執行についても、財産管理人制度を利用しての全額回収の事例がある。

1　総務省行政評価局調査

2014年11月27日に公布された空家法は、翌年５月26日に全面施行された。そこに規定される事務の大半は、市町村が担当している。市町村による空家法の全国的実施状況は、国土交通省のウェブサイトにおいて公表されている＊1。調査票回収率は100％であり、集計に少々手間取ってはいるものの、まさに全体の状況が把握できる。また、同省は、個別の調査も実施しており、その結果もあわせて参照できる。

それとは別に、総務省行政評価局の手により、空家法実施に関する広範かつ詳細な調査結果が取りまとめられた。総務省行政評価局『空き家対策に関する実態調査結果報告書』（2019年１月）（以下「総務省調査」として引用。）がそれである＊2。本調査は、「空き家対策について、市町村……の自主的な取組を後押し

＊1　最新のものは、国土交通省・総務省調査「空家等対策の推進に関する特別措置法の施行状況等について」（2022年３月31日時点）（https://www.mlit.go.jp/jutakukentiku/house/content/001495582.pdf）参照。

＊2　総務省調査は、同省ウェブサイトで公開されている（http://www.soumu.go.jp/menu_news/s-news/hyouka_190122.html#kekkahoukoku）。

する観点から、自治体の様々な特性や街づくりの方針等に応じた取組事例や課題等を明らかにし、関係行政の改善に資するとともに、……空家法……が施行されて５年後に予定される空家法見直しの検討等に資する情報を提供するために実施したもの」である。調査期間は、2017年10月～2019年１月に及び、総務本省のほか管区行政評価局などに所属する職員50名以上が投入された。調査員が、空家法施行後間もない時期に代執行を実施した実績のある37市町村を中心に、全国合計93市町村を訪問して聞き取り調査をしている。空家法の実施権限は、1,741市町村に与えられている。93というのは、その5.34％にすぎないが、相当に深堀りした調査がされている＊3。対象は、「積極的対応」をしている自治体ばかりではなかった。そうしたところまでをも含めた調査は、まさに「中央省庁の力技」により初めて可能になったといえよう＊4。

総務省調査は、空家法実施にあたっての市町村職員の「悩み」なども収録し、たいへん興味深い内容になっている。とりわけ、代執行の実施状況に関する48自治体の個票は、行政執行過程研究にとっても貴重である。本章では、筆者の問題関心にもとづき総務省調査の内容を紹介するとともに、そこで示された空家法の改正課題のいくつかについて、調査対象市町村へのヒアリングなども踏まえて、若干のコメントをする。なお、（○頁）と表記しているのは、報告書の頁数である。

＊3　全国紙ではそうでもなかったが（「所有者の特定 税情報が有効 空き家対策で総務省」日本経済新聞2019年１月22日夕刊・共同通信配信）、地方紙では大きく報道された（例：「空き家撤去費回収難し 総務省調査 全額は１割のみ」北海道新聞2019年１月22日夕刊）。そのほか、アンケート調査を踏まえた分析として、伊藤義文「自治体は空き家問題をどうとらえているか：「空家法」施行１年後の全国実態調査からみえるもの」日本弁護士連合会法律サービス展開本部自治体等連携センター＋日本弁護士連合会公害対策・環境保全委員会（編）『深刻化する「空き家」問題：全国実態調査からみた現状と課題』（明石書店、2018年）（以下「日弁連調査」として引用。）49頁以下も、空家法実施の実情を伝える貴重なデータを提供する。

＊4　調査実施の根拠は、総務省設置法４条１項12号である。同号にいう「各行政機関」とは、本調査に関しては、総務省および国土交通省である。市町村は、同法６条５項の「総務大臣は、評価又は監視の実施上の必要により、公私の団体その他の関係者に対し、必要な資料の提出に関し、協力を求めることができる。」という規定にもとづき対応した。結果的に、多くの協力が得られたのは、ご同慶の至りである。

2 実態調査および空家等、特定空家等の認定

⑴ 空家法の関係規定

空家法は、一定の要件のもとに「空家等」を定義し（２条１項）、さらに要件を追加して「特定空家等」を定義する（２条２項）。規定は、以下の通りである。

> **第２条**　この法律において「空家等」とは、建築物又はこれに附属する工作物であって居住その他の使用がなされていないことが常態であるもの及びその敷地（立木その他の土地に定着する物を含む。）をいう。ただし、国又は地方公共団体が所有し、又は管理するものを除く。
>
> **2**　この法律において「特定空家等」とは、そのまま放置すれば倒壊等著しく保安上危険となるおそれのある状態又は著しく衛生上有害となるおそれのある状態、適切な管理が行われていないことにより著しく景観を損なっている状態その他周辺の生活環境の保全を図るために放置することが不適切である状態にあると認められる空家等をいう

この規定ぶりによれば、空家等および特定空家等が市町村内にそれぞれ何件存在するかは、客観的に確定されるようにみえる。しかし、実際には、そうはいかない。空家法を実施する行政としては、情報収集を通じて空家等の存在を把握し、その状況を評価することにより、特定空家等をひとつひとつ認定するほかない。

⑵ 総務省調査の知見

⒜ 実態調査

何となく「空き家」にみえたとしても、空家法の対象であるためには、それが同法２条１項にいう「空家等」でなければならない。同法は、その確定のための調査を、どのように位置づけているのだろうか。

空家等の調査は、空家法６条にもとづく任意計画である空家等対策計画に規定される項目のひとつとなっている（同条２項３号）。同法は、計画を作成してから調査を実施するという順序を想定しているようにもみえるが、同法９条が

規定する立入調査等は、計画が作成されていることを前提にしているわけではない。総務省調査の対象となった市町村における空家等の調査が、計画作成後のものかそれを作成する準備としてされているものかは、明らかではない。

総務省調査は、実際に実施されている実態調査の実情について、①調査事項、②調査対象地区、③調査の担い手、④調査対象とする住宅の 4 つの項目に分けて整理している。**[図表 3. 1]** の通りである。

[図表 3. 1] 実態調査の実情

①調査事項	・空き家の状況等の確認は行わず、所在のみを確認 ・実態調査時に空き家の所在と合わせ危険度も判定 ・現地調査時に周辺住民から情報収集 ・実態調査と合わせ所有者の意向確認
②調査対象地区	・管内全域を対象 ・中心市街地など、一部の地域を対象 ・調査の試行や、中心市街地、市街化調整区域、中山間地域などそれぞれの地域の状況把握のため、一部地域や家屋を抽出してサンプル調査
③調査の担い手	・空き家対策担当職員のみで実施 ・庁内の関係部局、その他部局職員の協力を得て実施 ・外部委託により民間事業者を活用 ・自治会等や地元大学の協力を得て実施
④調査対象とする住宅	・居住実態にかかわらず全戸を対象 ・水道閉栓情報等によるスクリーニングを実施し、一部住宅のみを対象 ・周辺住宅からの苦情・相談があった空き家のみを調査対象として限定

（出典）総務省調査32頁「図表Ⅱ-1-①実態調査の 4 つの観点と手法」より筆者作成。

これらは、実態調査を実施した市町村についてのものである。調査対象となった市町村のなかには、空家法後施行約 2 年半を経過した時点であっても、実態調査が未実施のところもそれなりの数あるようである。その理由について、総務省調査報告書は、「時間・人員の不足」、「費用負担が困難」（32頁）などの意見を紹介する。

(b)　特定空家等の判定

空家法に関しては、同法14条14項を受けて、『「特定空家等に対する措置」に関する適切な実施を図るために必要な指針（ガイドライン）』（平成27年５月26日国土交通省・総務省）（以下「ガイドライン」という。）が公表されている。法的拘束力はないが、市町村の同法運用において参考になる資料である。項目によって濃淡はあるけれども、特定空家等の判定方法をはじめ、それなりに詳細な記述がされており、市町村にとって有用であるのは間違いない。

総務省調査は、興味深い指摘をする。「自治体は、空家法第14条に基づく措置の実施に先立ち、事実上、当該空き家を空家法にいう特定空家等を判定する行為……を行っている。」（46頁）というのである。判定のタイミングおよび手続については、**［図表３.２］**にある４つの方式に整理できるという（46頁）。これらは、相互排他的なものではないだろう。判定基準については、ガイドラインに準拠し点数化するところ、ガイドラインで示される項目のいくつかを抽出し１つでも該当すれば特定空家等と判定するところ、ガイドラインの項目を詳細化した独自の基準を設定しているところ、被災家屋に関する応急危険度判定調査表を利用しているところなどが紹介される（47～50頁）。

［図表３.２］特定空家等判定のタイミングおよび手続

①	空き家の実態調査時に、損壊状況等の基準を越えているものは全て特定空家等と判定している例
②	周辺住民からの苦情等により把握した空き家について、空家法14条にもとづく措置を行おうとする際に、損壊状況等を調査のうえ、個々に判定している例
③	倒壊が見込まれるなど危険性がひっ迫しているような場合に、所有者等に空家法にもとづくその後の措置（勧告等）を意識させ、より早期の自主的な改善を促すため、早期の事務手続により判定している例
④	判定の信頼性・妥当性の確保を図るため、審議会や有識者等も交えた慎重な検討・事務手続を経た後に判定している例

（出典）総務省調査46頁より筆者作成。

判定にあたっての職員のコメントとして、「危険性を判断できる専門知識を持っている職員がいない」、「統一的・客観的な判断の下に判定できているか不安」、「周辺への影響度（特に害虫被害や敷地境界が判然としない場合）の確認が難しい」、「衛生面や景観面など定量的に判断ができないものについては判定が困難」（46頁）といったものが紹介されている。

(3) いくつかのコメント

(a) 温度差

空家法は、すべての市町村に事務を義務づけるが、どのように進めるかについては、詳細な規定を設けていない。市町村には、積極的に対応する自由もそのようにしない自由もある。空家法の事務の実施の第一歩は、空家等および特定空家等の情報収集とそれにもとづく個別評価であるところ、行政リソースの制約を理由として、「何もしていない」市町村がそれなりに存在することが明らかになった。後にみるように、規模を問わずに積極的な実施をする市町村はある。空家法の受け止め方については、市町村に相当の温度差がある。

対応をしていない市町村は、空家法をどのように受けとめているのだろうか。現実には、事務の放棄・返上はできないけれども、たとえば、景観法のように、都道府県知事との協議をして権限を取得するような仕組みが空家法にもあったとしたら、はたして協議をしているだろうか＊5。おそらくは、していないだろう。もちろん、自治体において、老朽危険空き家に起因する問題がないわけではない。しかし、かりにあったとしても、空家法以前がそうであったように、独立条例としての空き家条例を制定して、マイペースでの対応をすればよいだけである。筆者は、空家法成立後にそうした対応をした市町村を確認している＊6。

(b) 調査内容・方法の多様性

空家法６条が規定する空家等対策計画を作成済ないし予定する市町村は多い。2020年３月31日現在の調査で、「策定予定なし」は、1,741自治体のうち、136（7.8%）にすぎない＊7。（実際に利用するかは別にして）空き家再生等推進事業のもとでの除却費用助成の前提として、同計画の作成が求められていることが、

＊5　景観法の場合、都道府県のほか政令指定都市および中核市については、法律が直接に事務の実施を義務づけている（７条１項）。都道府県知事との協議を経たうえで景観計画制度の実施権限を持つ景観行政団体の数は、国土交通省調査によれば、2021年３月31日現在、787であるが、一般の市町村は667となっている。政令市と中核市を除いた市町村の数は1,636であるから、40.8%である。国土交通省ウェブサイト「景観法の施行状況（令和４年３月31日時点）」（https://www.mlit.go.jp/common/001489144.pdf）。

＊6　北村喜宣「「空家法」を含まない条例の「真意」」同『空き家問題解決のための政策法務：法施行後の現状と対策』（第一法規、2018年）294頁以下・301～302頁参照。

＊7　前註（1）参照。

作成に前向きな理由のひとつと思われる。

計画策定にあたっての調査対象を行政区域全域とする市町村とその一部とする市町村がある。一部としたのは、調査費用の制約かもしれないし、必要性の違いからかもしれない。空家法の実施において、市町村には相当の裁量がある。身の丈に合った実施とする決定には合理性がある。対症療法的な調査となっている市町村もあるが、とりあえずはそれで十分と考えられているのだろう。

周辺の生活環境に影響を与える空き家問題は、地域コミュニティの問題でもある。プライバシーへの配慮をしつつも、自治会等の協力を得た調査は、所有者等の情報収集の点からも重要であろう。地元大学の住居学なり都市計画学の研究室と連携した調査ができる状況にあれば、これを活用するのが適切である。現状は点的な対応がほとんどであるが、都市計画やまちづくりという広い視点からの対応や利活用の提案もありうるため＊8、行政としても学ぶものが多くあるだろう。コンサルタントへの外部委託と比較すれば、費用を抑えることもできる。

(c)　特定空家等認定にあたっての専門性

空家法２条２項が規定する特定空家等の要件のうち、とくに専門的判断を要するのは、「そのまま放置すれば倒壊等著しく保安上危険となるおそれのある状態」であろう。ガイドラインは、いくつかの定性的指針を記述するが、構造をはじめとする建築関係法令の知識が求められる。このため、建築職を擁しない市町村の場合、自信を持った判定をするのは難しいという実情は理解できる。

もっとも、建築職がいない市町村では特定空家等の適法な認定ができないというわけではない。法規命令としての判断基準が法定されているのではないから、空家法２条２項の文言をどのように解釈するかは、市町村の裁量である。どうみても特定空家等と判断できる事案についてはそれほどの専門性は不要であるし、微妙な事案については、都道府県の建築部署や地元建築士会などの協力を得ればよい。

＊8　野澤千絵「都市のスポンジ化を防ぐ自治体の都市政策」月刊ガバナンス196号（2017年）20頁以下参照。

3　所有者等の調査

⑴　空家法の関係規定

市町村が空き家行政を空家法にもとづいて進めようとするのであれば、所有者等の特定は、その後の対応に不可欠な作業となる。そのためには、調査が必要である。これは、実態調査と文書調査に分けられる。

実態調査については、前述の立入調査等（９条）が規定される。敷地内にとどまらず家屋内部にも立ち入れると明記されたのは、正確な情報を入手したい行政にとっては安心要因である。文書調査として有用と認識されていたのは、固定資産税等の情報の入手である。この点に関しては、地方税法22条が規定する税務吏員に関する守秘義務がネックとなっていた。

空家法は、次のように、その利用が可能なことを明文で規定した（10条１項）。

> **第10条**　市町村長は、固定資産税の課税その他の事務のために利用する目的で保有する情報であって氏名その他の空家等の所有者等に関するものについては、この法律の施行のために必要な限度において、その保有に当たって特定された利用の目的以外の目的のために内部で利用することができる。
> **２・３**（略）

登記簿等には、現在の所有者関係が正確に反映されていない場合が少なからずある。このため、税務情報の利用が適法にできると明記された意味は大きいと期待された。

⑵　総務省調査の知見

固定資産税情報の利用が一般的に可能になった措置は、調査自治体の多くにおいて評価され、現実にも利用されている。所有者等の特定にあたって、固定資産税情報を最初に利用した自治体が34あり、それによる所有者等の特定率は81.5％となっている。登記簿情報とした11自治体、51.9％と比べると、有意に高いといえる。両者併用の13自治体では、67.8％であったことからみても、固定資産税情報の「威力」は、相当なものである。これら情報を利用して所有者等確定に至った割合は、約95％となっている（38〜39頁）。

なお、固定資産税情報は、本来、不動産の所有関係を公証する機能を有するものではない。この結果は、そうであるべき登記簿に記載されている行政情報が劣化している事実、ひいては、不動産登記法にもとづく実務の問題を示すものであり、その意味するところは相当に深刻である。

紹介されている事例のいくつかをあげると、「相続順位の高い者から順に連絡を取っては対応拒否等され、次の法定相続人を探すということを繰り返し、平成27年から半年間で延べ43人の相続人に連絡した。」、「相続が既に数代にわたっていたため、戸籍の申請を200件以上行い、約５か月間かけて52名を特定し〔た〕」、「建物登記上、所有者が５人の区分所有となっており、所有者（死亡）及び相続人（30人）の特定に約半年を要した。」（110頁）という状況である。

⑶　いくつかのコメント

⒜　固定資産税情報の威力

空家法５条にもとづき作成された基本指針は、同法10条の趣旨を詳説する（⇨p.368）。さらに、国土交通省住宅局住宅総合整備課長及び総務省自治行政局地域振興室長通知「固定資産税の課税のために利用する目的で保有する空家等の所有者に関する情報の内部利用等について」（平成27年２月26日、国住備第943号・総行地第25号）（以下「連名通知」という。）が発出されている。そこでは、具体的に、所有者や納税管理人に関する氏名、住所、電話番号は、空家法施行のために内部利用が可能と明記された。自治体職員には、地方公務員法34条の一般的な守秘義務が罰則の担保により課されていることに鑑みれば、この程度の内容は、そもそも地方税法22条が規定する「秘密」には該当しないと思われる。しかし、安全策をとる税務部署のなかには、現実には、一切の情報提供に応じないところもあった。確認的と解するか創設的と解するかは別にして、空家法10条１項および連名通知のご利益は大きいといわなければならない。筆者は、空家法施行１年の時点でアンケート調査を実施し、132市町村から回答を得た＊9。そこにおいても、すべての市町村が、固定資産税情報等が利用できるようになったのは実務上大きな意味があると回答していた。

＊9　北村喜宣「空家法制定と実施主体としての市町村行政の対応：132市町村アンケートからみえる現場風景」・前註（６）書257頁以下参照。

現在は固定資産税を課されていないが過去には課されており、その記録が税務担当部署に残っている場合がある。総務省調査によれば、内部利用が可能なのは、現在の課税関係情報に限定されると考えて、過去の固定資産税情報の利用はできないと解する自治体があるという。たしかに、連名通知には、「固定資産税の課税のために利用する目的で保有する情報」とあり、「利用した情報」とは記されていない。しかし、そのように限定的に解するのは、空家法の制度趣旨に鑑みれば、理由がないといわざるをえない。過去の固定資産税情報であっても、税務部署に保有されているかぎり、これを利用することに支障はない。

⒝　所有者調査の実情

空家法の実施の相手方となる所有者等を特定するため、行政リソースに制約があるなかで、気が遠くなるような作業が強いられている。それが財産的価値のきわめて乏しい特定空家等に関するものであるだけに、作業にあたる職員には、相当の割り切れなさが鬱積しているだろう。

所有者等情報の把握に関して、前出の基本指針は、「地域の近隣住民等への聞き取り調査に加え、法務局が保有する当該空家等の不動産登記簿情報及び市町村が保有する空家等の所有者等の住民票情報や戸籍謄本等を利用することが考えられる。」(⇨p.369) とする。たしかに、原則としてはそうであろう。しかし、立法者は、総務省調査で明らかになったような事例までを想定していたのだろうか。もっとも、何人になるかは調査してみないと判明しない事柄であるから、芋づる式になるのは調査の宿命だろうか。特定空家等であることを前提に、「法定手続による調査を一定期間実施して判明した範囲の者をもって所有者等と暫定的に確定し、あとは公告して一定期間に積極的な立証を伴う申し出がなければそれをもって最終的に確定する」というような制度的割切りができればよい。最近、制定されている所有者不明土地関係法では、判明共有者が賛成している場合において、一定手続を経たうえで、不明共有者に関する「みなし同意」が制度化されている＊10。

＊10 「所有者不明土地の利用の円滑化等に関する特別措置法」(2018年)、森林経営管理法 (2018年)、農業経営基盤強化促進法改正 (2018年)、「農業用ため池の管理及び保全に関する法律」(2019年) など参照。こうした法制度の意義については、北村喜宣「縮小社会における地域空間管理法制と自治体」公法研究82号 (2020年) 73頁以下参照。

4 特定空家等への対応（１）：助言・指導、勧告、命令

(1) 空家法の関係規定

特定空家等と個別に判定された事案については、市町村長は、「助言・指導」（14条１項)、「勧告」（同条２項)、「命令」（同条３項）ができる。当然ながら、相手方が判明している場合である。

> **第14条**　市町村長は、特定空家等の所有者等に対し、当該特定空家等に関し、除却、修繕、立木竹の伐採その他周辺の生活環境の保全を図るために必要な措置（そのまま放置すれば倒壊等著しく保安上危険となるおそれのある状態又は著しく衛生上有害となるおそれのある状態にない特定空家等については、建築物の除却を除く。次項において同じ。）をとるよう助言又は指導をすることができる。
>
> **2**　市町村長は、前項の規定による助言又は指導をした場合において、なお当該特定空家等の状態が改善されないと認めるときは、当該助言又は指導を受けた者に対し、相当の猶予期限を付けて、除却、修繕、立木竹の伐採その他周辺の生活環境の保全を図るために必要な措置をとることを勧告することができる。
>
> **3**　市町村長は、前項の規定による勧告を受けた者が正当な理由がなくてその勧告に係る措置をとらなかった場合において、特に必要があると認めるときは、その者に対し、相当の猶予期限を付けて、その勧告に係る措置をとることを命ずることができる

行政の権限行使を規定する法律のなかには、たとえば、「周辺の生活環境が損なわれると認めるときは」（騒音規制法12条１項）のような実体要件を設けるものもあるが、前述のように、特定空家等については、その定義のなかにそれが含まれているため、権限根拠規定のなかで加重して設ける合理性はない。このような規定ぶりに鑑みれば、「……することができる。」と効果裁量が認められているけれども、権限行使はほぼ羈束されると考えるべきであろう。

助言・指導にあたっては、履行期限を付さなくてもよいが、勧告および命令は、「相当の猶予期限を設けて」とされる。また、命令にあたっては、通常なら

ば行政手続法13条１項２号にもとづく弁明機会の付与手続で足りるところ、公開意見聴取という手厚い特別法手続が規定されている（14条４～８項）。

⑵　総務省調査の知見

⒜　空家法前の措置とその効果

空家法のもとでの状況改善に向けた具体的措置は、14条１項の助言・指導から始まる。ところが、総務省調査によれば、「93自治体のうち、88自治体（94.6%）においては、空家法第14条に基づく特定空家等としての措置を行う以前に、所有者等に対し、自治体の条例に基づく助言・指導、あるいは、空家法第12条に基づく所有者等への情報提供として、①管理不全の空き家の改善を求める文書の送付や、②空き家の改修・除却に利用できる補助事業等の周知など状況改善に向けた何らかの対応を実施していた。」（45頁）という。

筆者の調査によれば、約40%の市町村は、空家法14条１項以前に独自の指導はしないと回答していた。この結果については、その当時、「少々意外な結論」*11と評していた。サンプルが異なるから一般化はできないが、運用を経るにつけて、空家法の世界になるべく入らないようにすることにメリットが感じられてきたのであろうか。そのような対応によって、事前対応をしていると回答した78自治体の対象空き家7,705戸のうち2,873戸（37.3%）について管理不全状態の改善がみられた。状況次第であるが、こうした運用には、それなりの合理性はある。

総務省調査は、事前指導をする理由として、２つのコメントを引用している。すなわち、①「助言・指導等を行っても所有者等が改善を図らない場合、勧告や代執行等の実施を視野に入れなければならず、これらを実施することとなれば、その事務負担や財政負担は大きく、可能な限り、特定空家等とする前に自主的な改善を促している」、②「所有者等との関係を円滑に保つために、いきなり空家法第14条に基づく措置は採らず、まずは条例に基づく措置などで自主的な改善を促すこととしている」（45頁）のである。

⒝　助言・指導とその効果

空家法14条１項の助言・指導を実施した51自治体の1,710戸のうち、755戸

＊11　北村・前註（９）論文265頁。

(44.2%) において、所有者等による改善が図られている（50頁)。改善の程度は不明であるが、行政指導がそれなりに響いたということであろう。

もちろん、無反応や対応拒否の事案も相当あり、そうしたケースへの具体的対応が紹介されている（51～52頁)。そのひとつに、「特定空家等の周辺にカラーコーン等を設置し、周辺住民に当該物件が危険であることを周知していることを所有者等に伝達することで、周辺に悪影響を及ぼしていることを認識させ、改善の必要性を意識させる。」という豊能町の例がある。たんなるカラーコーン等の設置なのかそこに「特定空家等危険」というメッセージも付されているのかは不明であるが、記述のかぎりでは、所有者等にプレッシャーをかける意図があるようである。

(c)　**躊躇される勧告および命令**

総務省調査は、空家法14条２項にもとづく「勧告の実施に苦慮している状況」(53頁) を伝える。周知のように、勧告を受けたまま固定資産税の賦課期日である１月１日を迎えると、特定空家等の用に供されている土地について、それまで適用されていた住宅用地特例が適用除外されてしまう。200㎡以下の土地の場合には、税額が約4.12倍になる。空家法15条２項を踏まえた措置である。そこで、この不利益による所有者等とのトラブルが懸念されている。また、勧告対象になるような特定空家等の所有者等には資力がないために、勧告をしても効果が期待できず、それゆえに勧告に躊躇するという自治体運用も紹介されている。

空家法14条３項命令を発出していない自治体からのコメントとして、❶「除却等の費用がなく改善措置を行えないような所有者等に対し命令を実施しても、その違反による過料を徴収することは困難であると考えられ、そもそも命令の実効性は低いのではないか。」、❷「除却費用の原資とするべき費用を、命令違反の過料として徴収した場合、結果的に行政代執行費用の回収ができなくなるのではないか。」、❸「命令を実施することは、その不履行による行政代執行の実施に直結しているが、他自治体が行っている行政代執行事例をみると、費用が全額回収できる見込みは薄いと考えられることから、命令実施になかなか踏み込めない。」が紹介されている（53～54頁)。

(3) いくつかのコメント

(a) 事前措置の合理性と不合理性

空家法３条によるまでもなく、建築物を適正に管理する責任は、その所有者等にある。管理不全状態になっていれば、自主的に対応するのがあるべき姿である。もっとも、とりわけ遠方にいる所有者等は、空き家の現状を理解しているとはかぎらないから、なるべくコミュニケーションを多くとって自主的対応に誘導するのが、行政運用としては適切である。その意味では、事前指導についての②の対応は理解できる。なお、「条例に基づく措置」という点は、どういう意味であろうか。空家法以前に条例を制定し、それが改正されないまま維持されているため、同じ空き家に対して両者の二重規制となっているところ、とりあえずは空家法を封印して空き家条例を利用しているという趣旨であろうか*12。あるいは、空家法のもとでの空家等であるが特定空家等とまではいえない空き家に対して行政指導をできる旨を規定する空き家条例にもとづいて対応しているという趣旨であろうか*13。

一方、①の対応（⇨p.150）は、かりに特定空家等を前提にしているのであれば、適切さを欠いているように思われる。空家法の実施は、所有者等をみるのではなく特定空家等をみて行われるのが原則である。とにかく何らかの働きかけはしているのであるから、まったくの「不作為」というわけではない。しかし、特定空家等であるとして、その管理不全状況が深刻であるのに空家法の措置を講じていないとすれば、事故発生時の国家賠償訴訟において、少なくとも国家賠償法１条１項のもとでの過失責任は肯定されるだろう。

(b) 特定空家等と道路管理者の責任

カラーコーン等の設置は、むしろ道路管理者としての措置としても整理ができる。万が一、路上に倒壊して被害が発生すれば、空家法のもとでの権限不行使の過失が国家賠償法１条１項にもとづき争われる可能性もあるが、道路に「通常有すべき安全性」が欠ける瑕疵があったとして、同法２条にもとづく無過失の営造物責任が問われる可能性の方が高い。特定空家等の前面道路は市町村道

---

*12　そうした運用については、北村・前註（６）論文301～302頁参照。
*13　そうした運用については、北村喜宣「空家法制定後の空き家条例の動向」本書第２章、北村喜宣「空家法制定後における市町村の条例対応とその特徴」・前註（６）書270頁以下・282頁参照。

であるとはかぎらないから、国道や都道府県道の道路管理者に対して、特定空家等の存在を連絡する運用が望ましい。

(c) 懸念される不作為責任

勧告および命令を躊躇する理由には、唖然とするほかない。とにかくやりたくないという想いが前提にあって、その理由を探しているようにさえみえる＊14。

所有者等が納得して自主的除却をするのが最善であるのはいうまでもない。しかし、特定空家等となっている以上、そうはいっておられず、最終的には代執行なり略式代執行なりを通じて強制的に除却するスキームを規定するのが空家法なのである。勧告により税額があがるのも、ネガティブ・インセンティブとしての経済手法をわざわざ制度化したためである。「トラブル」が発生するのは当然であり、それは病理ではなく生理というべきであろう。資力がないから勧告をしても意味はないというコメントに至っては、保安上の危険および生活環境の支障の除去という住民全体への便益に思いが至らず、目の前にいる所有者等しかみえないきわめて視野の狭い認識が自白されている＊15。

同様の印象は、命令に対するコメントにも共通する。❶❷（⇨p.151）は、過料について触れるが、この市町村は、命令を発出してその不履行があったことを地方裁判所に連絡するつもりでいるのだろうか。過料の徴収困難がなぜ命令の実効性と関係するのか、理解不能である。過料手続は裁判所がしてくれるのであるから、徴収が困難かどうかは、行政に関しては、大きなお世話である。過料を払ったら代執行費用が回収できなくなるという理由も、理解不能である。過料を払わなくても回収できない場面は多いのであり、だからといって命令が出されていないのではない。❸についても、目の前の特定空家等の所有者等しかみえていないという印象を禁じえない。倒壊事故に住民が巻き込まれ、さらに、自治体が国家賠償責任を問われる可能性をどう考えているのだろうか。

もっとも、そもそも空家法など不要と考えていたとすれば、必要でもない法律を一方的に押し付けられた不幸については、同情するほかない。実際、これ

＊14　前提とする事案は異なるが、北村喜宣「言い訳の天才⁉：建築基準法10条３項命令と老朽不適正管理家屋」同『自治力の躍動：自治体政策法務が拓く自治・分権』（公職研、2015年）95頁以下参照。

＊15　前提とする事案は異なるが、北村喜宣「あなたしかみえない⁉：監督処分要件と執行の実際」同『自治力の冒険』（信山社出版、2003年）67頁以下参照。

らのコメントからは、求めてもいない権限を一方的に押しつけられる市町村の実情が垣間見える。法定事務の処理は自治にとっての深刻な論点を内在させる。空き家対応が必要になったとしても、そのときには独立条例を制定して、「身の丈に合った仕組み」をつくればよかったのだろう。筆者は、空家法が市町村の義務的事務を規定した対応に批判的であるが＊16、任意的事務となっていれば、こうした想いをする羽目にはならなかったのである。ただ、そうはなっていない現在、コメントに示された内容については、住民自治の観点から、行政だけの独断ではなく、その想いを議会と共有して承認を得るべきであろう。そうしてはじめて、住民に対する責任が果たせる。

(d)　住宅用地特例のあり方

前述のように、空家法14条２項勧告がされると固定資産税の住宅用地特例が適用除外され、税額が約4.12倍になりうる。これは、勧告に従って特定空家等の除却を促進するための経済手法である。しかし、除却をして住宅用地でなくなったとしても、そこを住宅用地として利用しないかぎり特例は復活せず、税額はやはり約4.12倍となる。このため、インセンティブとして機能していないのが現実である。

そこで、勧告に従って除却をしたために勧告が撤回されたときには、たとえば、その後５年間は、従前の住宅用地特例を継続させる、あるいは、税額をたとえば２分の１の約2.06倍とする「激変緩和措置」を講ずる方法も考えられる。なお、これは、相当に政策的配慮が強いものである。勧告とリンクさせた住宅用地特例の廃止措置については、総務省は難色を示したとされる。しかし、空家法15条２項により、措置が命じられてしまった。このため、同省筋からは、「パンドラの箱を開けた」という表現も聞こえてくるところである。自治体の課税自主権の問題であるが＊17、さらにそれを進めるような措置は可能だろうか。

＊16　北村喜宣「空き家対策における法的諸課題」日弁連調査・前註（３）書10頁以下・12頁参照。小島延夫＋北村喜宣＋伊藤義文＋田處博之＋幸田雅治「〔パネルディスカッション〕空き家の解消のために：いま必要な取り組みは何か」日弁連調査・前註（３）書101頁以下（以下「パネルディスカッション」として引用。）・103頁［幸田雅治］も参照。

＊17　「見附市老朽空き家等の所在地に係る固定資産税等の減免に関する要綱」（2012年10月１日実施）は、2012年制定の「見附市空き家等の適正管理に関する条例」（空家法施行後も改正されていない）のもとで「老朽危険空き家」と認定されている家屋について、緊急時除却ついての同意書が提出された場合、当該空き家所在地に係る固定資産税を減免できるとする（実際は、特例の２年間据え置

5 特定空家等への対応（２）：代執行による除却等

⑴ 空家法の関係規定

空家法14条３項命令が発出されても措置が講じられない場合、市町村は、同条９項にもとづいて、代執行ができる。行政代執行法２条に規定される公益要件を不要とする緩和代執行である。より迅速に代執行を可能にする立法者意思の表れといえる。また、命令の名宛人を過失なく確知できない場合には、空家法14条10項にもとづいて、略式代執行をすることができる。

第14条

9　市町村長は、第３項の規定により必要な措置を命じた場合において、その措置を命ぜられた者がその措置を履行しないとき、履行しても十分でないとき又は履行しても同項の期限までに完了する見込みがないときは、行政代執行法……の定めるところに従い、自ら義務者のなすべき行為をし、又は第三者をしてこれをさせることができる。

10　第３項の規定により必要な措置を命じようとする場合において、過失がなくてその措置を命ぜられるべき者を確知することができないとき……は、市町村長は、その者の負担において、その措置を自ら行い、又はその命じた者若しくは委任した者に行わせることができる。この場合においては、相当の期限を定めて、その措置を行うべき旨及びその期限までにその措置を行わないときは、市町村長又はその命じた者若しくは委任した者がその措置を行うべき旨をあらかじめ公告しなければならない。

き）。除却してしまえば当然に特例が廃止されるが、その場合であっても、激変緩和措置を用意することにより、同意調達を容易にしようとする意図がある。「空き家管理条例 先駆け見附方式 解体で税優遇 賛否」朝日新聞2013年２月２日［新潟版］参照。筆者が見附市職員にヒアリングしたところ、この要綱の制定にあたっては、総務省と協議をして了解を得ているとのことであった。そのほかにも、「立山町老朽住宅所在地に関する固定資産税の減免に関する要綱」2014年３月１日実施）、「豊前市老朽危険家屋等の除却後の土地に対する固定資産税の減免に関する条例」（2014年６月20日施行）、「日南町老朽家屋等解体撤去に係る固定資産税の減免措置要綱」（2015年３月１日実施）がある。地方税の賦課徴収にあたっては、「暖かい心」が求められる。碓井光明「自治体の債権管理の意義」自治実務セミナー2019年２月号２頁以下・３頁参照。

総務省調査は、両代執行に関して、実施状況および費用回収状況に分けて整理している。この部分が、本調査の「コア」といってよい。以下では、それぞれについて検討する。

(2)　総務省調査の知見

調査対象93市町村のうち、代執行実績があるのは、39自治体（代執行９自治体10件、略式代執行30自治体38件）である（54頁）。これを人口規模別にみると、**[図表 3.3]** のようになる＊18。

[図表 3.3] 代執行実施市町村の人口別分類（カッコ内は実施件数）

人口規模	市町村名
５万人未満	礼文町（１）、豊浦町（１）、川西町（１）、魚沼市（１）、黒部市（１）、上市町（３）、越前町（１）、高森町（１）、筑北村（１）、与謝野町（１）、岬町（１）、洲本市（１）、岡垣町（１）、東峰村（１）、新上五島町（１）
５～20万人	室蘭市（１）、五所川原市（１）、香取市（３）、十日町市（３）、恵那市（１）、瀬戸市（１）、東近江市（２）、箕面市（１）、橋本市（１）、鳥取市（１）、宇部市（１）、飯塚市（２）、宗像市（２）、別府市（１）
20万人以上	前橋市（１）、柏市（１）、品川区（１）、板橋区（１）、姫路市（１）、尼崎市（２）、明石市（２）、高知市（１）

（出典）総務省調査147頁「Ⅱ-3-③行政代執行・略式代執行取組事例集」より筆者作成。

代執行に関して、総務省調査は、個別市町村のコメントを整理している。多くはノウハウに関するものであるが、法的観点から注目されるものとして、「除却の際、建物の基礎部分を残置している例」に関する論点がある。こうした工事方法を採用する理由としては、「①代執行は必要最低限の措置であるため　②除却に係る工事費用を少しでも圧縮するため　③除却後跡地に雑草が繁茂することを防ぐため　④特に借地上の特定空家等の場合、更地にすることで再利用等が行いやすくなり、結果的に土地所有者の利益につながることを防ぐため」が紹介されている（55頁）。

そのほかにも、前述のように、この48件については、（記述に濃淡があるものの、）個票が掲載されている（147～243頁）。建物基礎対応以外の興味深い記述を

＊18　十日町市と飯塚市は、代執行と略式代執行の両方を実施しているため、自治体数としては37である。

いくつか要約すれば、**[図表3.4]** のようになる。次章で検討する費用徴収に関するものも含まれる。

[図表3.4] 代執行実施における特徴的運用

市町村名	運用
川西町	ⓐ木造３階建ての築64年の特定空家等の代執行にあたって、建設リサイクル法11条にもとづく通知について、通知先の県と協議した。 ⓑ屋内残置動産について、町に処分を任せるとの念書を所有者からとって、建物除却の際、同時に処分した。
前橋市	ⓐ略式代執行か相続財産管理人選任かを検討したが、危険が切迫していたため、市のイニシアティブで確実に除却できる略式代執行を選択した。 ⓑ略式代執行は２軒長屋の１軒に対してであるが、もう１軒も特定空家等であったことから、その所有者の費用負担で、略式代執行と連続した工事で除却した。
柏市	ⓐ現場が線路に近接しており、JR東日本から、大型重機を使用する代執行では強風等による転倒時に甚大な影響があると指摘され、リスクの少ない手作業工法にしたため、約1,000万円を要した。
品川区	ⓐ廃棄物に混在する動産・金銭等を分別するため、区職員の中で動産管理を主に担当する班を設置し動産目録を作成した。
板橋区	ⓐ大量の残置物のなかに財産的価値のある物品がある可能性があるため、独自の判断基準表を作成して作業現場に掲示した。 ⓑ相続財産管理人を選任してから代執行を実施した。
魚沼市	ⓐ市民の安全を守るために略式代執行が必要という市長の指示を財政部に説明したところ、円滑に予算折衝がされた。
筑北村	ⓐ略式代執行か相続財産管理人選任かを検討したが、跡地売却および補助金受給の目途が立たないため、略式代執行を選択した。
上市町	ⓐ略式代執行実施後、相続財産管理人を利用して解体費用を回収しようとしたが、接道要件を充たさない狭小土地であって売却が見込めず断念した。

（出典）総務省調査150〜243頁「Ⅱ-3-③行政代執行・略式代執行取組事例集」より筆者作成。

(3) いくつかのコメント

(a) 代執行の積極的実施

国土交通省の調査によれば、2018年10月１日現在、代執行は118件（代執行29件、略式代執行89件）実施されていた＊19。「抜けずの宝刀」とか「機能不全」と

＊19　前註（1）参照。

酷評されることが多かった代執行であるが、日本の行政執行過程において、きわめて注目される状況にある。行政法テキストのなかには、早速に記述を修正するものも現れている*20。なぜそうなっているのかは、法社会学の重要な研究課題である（⇨第 4 章）*21。魚沼市ⓐにみるように、長のイニシアティブは、主要要因のひとつであろう。

(b)　建物基礎の残置措置

およそ行政の活動である以上、比例原則のもとにある*22。その観点からいえば、上記①（⇨p.156）は、適切な基本的認識である（香取市、魚沼市、岬町と思われる）。②もそのようにいえるかもしれない。空家法にもとづくあらゆる措置は、同法の制度趣旨に鑑みて必要十分な対応でなければならない。

実務上、悩ましいのは、④が前提とする事情である。空家法には、受益者負担制度がないため、こうした場合に対応できない。かりに借地契約が有効であるとすれば、目的物である家屋が除却されると、当該契約は解除できる。土地を別に利用したいため、除却してもらいたいけれども交渉を通じてはそれができない状況にあったとすれば、土地所有者にとっては、願ったり叶ったりとなる。かりに土地を売却して利益を得たとした場合、それが不当利得かといえばそうではないだろうが、その利益のすべてを帰属させることには、割り切れなさが残る。税金を使って私的財産の価値を高めた結果になるからである。

こうした状況を踏まえると、比例原則に従って、④のように、基礎を残すという運用がされる（十日町市と思われる）。③は、大きな理由かもしれない（上市町と思われる）。それはそれで、理解できないではない。それでは、建物・敷地同一所有者事案においても、同様の対応がされるのだろうか。特定空家等が生活環境に与える影響は、所有形態の違いとは関係ないため、この点だけを考えれば、同一の状況であれば、基礎部分を残すべきであろう。

ただ、次にみる費用徴収の際に、基礎を残したままの敷地を差し押さえて競

---

*20　宇賀克也『行政法概説 I 行政法総論〔第 7 版〕』（有斐閣、2020年）250頁、大橋洋一『行政法 I〔第 4 版〕現代行政過程論』（有斐閣、2019年）318～320頁、櫻井敬子＋橋本博之『行政法〔第 6 版〕』（弘文堂、2019年）170頁参照。

*21　簡単な検討として、北村喜宣「学界の常識は現場の非常識？：空家法のもとで活用される代執行」同『自治力の挑戦：閉塞状況を打破する立法技術とは』（公職研、2018年）52頁以下参照。

*22　宇賀・前註（20）書62頁以下、高木光『行政法』（有斐閣、2015年）66頁参照。

売にかけた場合、入札価格が低くなる可能性がある。もちろん、代執行により基礎を撤去したとすれば、その費用は代執行費用として請求するから、より高く売却できたとしてもそこからその分が差し引かれる。したがって、結局は同じになるのかもしれない。そうであるとすれば、基礎を残す対応が、やはり原則とされるべきであろう。

(c)　屋内残置物の処理

個票の様式には、「動産」についての欄がある。48枚の個票のうち、「なし」と記されていたのは18であった（「不明」とするものは３あった）。もっとも、「スッカラカン」というわけではないから、ほとんどの場合、程度の差はあれ、何らかの動産は存置されていると考えてよいだろう。

代執行において、そうした残置動産をどのように扱ったのかは、必ずしも明らかではない。川西町ⓑ（⇨p.157）のように、所有者の念書をとり、代執行作業のなかで、家屋除却と一緒に処分している例が多いのではないかと推測される。品川区ⓐは、丁寧な対応であるが、これは、除却ではなく、建物の利用を前提にした補修の代執行という特殊事案であったためである。

基本的には、板橋区ⓐのような対応が適切であろう。特定空家等とされる家屋内に放置されているものであり、所有者等に対しては、再三にわたり、必要なものを搬出して家屋は除却するよう求められているはずである。それにもかかわらず、これに応じないのであるから、残置動産は、基本的には不要物と解し、勧告および命令においては、搬出と処分を求めればよい。それゆえ、命令不履行の場合には、代執行によって処分し、建物除却費用とあわせて請求することになる。なお、社会通念上・宗教感情上、不要物とはみなせない動産については、保管のうえ、引取りを求めたり、遺失物法のもとでの準遺失物として警察に引き渡したりするなどの対応が必要となる＊23。

(d)　他法のコンプライアンス

代執行作業は、空家法の実施として行われるが、同法だけが関係するわけではない。川西町ⓐは、「建設工事に係る資材の再資源化等に関する法律」（以下

＊23　空家法のもとでの代執行実施と屋内残置物への対応については、北村喜宣「建物除却代執行と屋内残置物の取扱い」本書第６章、宇那木正寛「空家法による行政代執行の課題」同『実証 自治体行政代執行の手法とその効果』（第一法規、2022年）219頁以下参照。

「建設リサイクル法」という。）をあげている。同法は、「建設対象工事」の受注者に対して、分別解体等実施義務を課すとともに（９条）、その発注者に対して、都道府県知事への工事届出義務を課している（10条）。解体工事の場合、床面積合計80㎡以上のものが対象となる（９条３項、同法施行令２条１項１号）。ただし、自治体が発注者の場合には、通知で足りる（11条）。民間の場合とは異なり、通知義務違反に対して罰則はないけれども、無通知は「違法」となる。除却対象となる特定空家等について、表題登記がされていなければ、床面積を正確に把握するのが困難な場合も想定される。建設リサイクル法のコンプライアンスは、意外に難題である。都道府県の担当部署と十分に協議する必要があろう。

市町村として、そのほかに注意しなければならないのは、「廃棄物の処理及び清掃に関する法律」（以下「廃棄物処理法」という。）との関係である。これには、大別して２つの局面がある。第１は構造物の解体、第２は残置物の処理である。構造物については、解体業者に委託される。木造家屋を前提にすると、解体により発生する木くずは、当該業者が排出者となった産業廃棄物である（廃棄物処理法２条４項、同法施行令２条２号）。屋内残置物については、少々面倒である。それが廃棄物という前提に立つと、特定空家等が事業場であれば、事業系一般廃棄物と産業廃棄物の混合物となる（廃棄物処理法２条２項、同法施行令２条各号）。一般民家であれば、家庭系一般廃棄物となる。残置物に関しては、合わせ産廃制度（同法11条２項）を利用して、市町村がまとめて処理を行うのが現実的ではないだろうか＊24。

(e)　**略式代執行か、相続財産管理人か**

前橋市ⓐおよび筑北村ⓐにみるように、特定空家等の除却の実現手段として、略式代執行の実施か相続財産管理人を選任しての対応かが検討されている＊25。重要なのは、特定空家等の状況である。著しく保安上危険であるからこそ特定空家等に認定したのであるから、基本的には、代執行が選択されるべきである。前橋市の判断は、適切である。

＊24　本章では詳論しないが、筆者は、とりわけ劣化の程度が高い特定空家等の家屋は、それ全体が廃棄物処理法上の「廃棄物」ではないのかという疑問を持っている。

＊25　空家法との関係で財産管理人制度をわかりやすく解説したものとして、パネルディスカッション・前註（16）107～113頁［田處博之］参照。

もっとも、不特定多数への被害を何らかの理由で行政がコントロールできる場合には、別に考えることもできよう。手続にそれなりの時間を要するけれども、跡地売却の可能性があれば、財産管理人選任申立てをする方法も否定されない。それができれば、当該財産管理人と交渉をし、家庭裁判所から権限外許可を得ての除却が可能になる。そうすれば、代執行によらずにすむ。

財産管理人に関しては、家庭裁判所への申立ての際に、市町村が特定の弁護士を推薦することがある。当該弁護士が、家庭裁判所から信用されている人物である場合には、そのまま選任され、行政と連携をとりながら、特定空家等の除却手続が進行する例もある。しかし、選任権は裁判所にあるから、そうした人物が必ず選任される保証はない。除却相当と考える市町村に対して、選任された財産管理人が、「これは管理行為で何とかなる。」とでもいえば、同人に対して除却命令を出して代執行をせざるをえなくなる。そうした懸念がある場合には、略式代執行を先行させ、後日、ゆっくりと費用回収を考えるという運用は合理的である。

また、当然のことながら、代執行の場合は、必要かつ十分な措置しかできない。所有者等不確知の事案において、ブロック塀は倒壊の危険が多いが、家屋はそこまでではない場合、略式代執行として可能なのは、ブロック塀の除去だけである。しかし、家屋も除却して新たな土地所有者に売却できれば、当該家屋は特定空家等にはならないし、土地に関して固定資産税収入も見込める。そのためには、財産管理人に家屋を除却してもらわなければならない。個票にあった香取市の事案には、こうした背景があった。

板橋区ⓑの対応は、興味深い。相続財産管理人を選任すれば、同人と調整して任意の除却を実現できそうであるにもかかわらず、命令を経て代執行をしている。本件は、屋内がごみ屋敷状態になっており、相当に残置物があった事案である。区は、その取扱いに当たっての判断を管理人に求めたかったようである。

6　特定空家等への対応（3）：代執行の費用回収

(1)　空家法の関係規定

代執行の費用回収については、緩和代執行と略式代執行に分けて整理しなければならない。命令を前提とする緩和代執行（以下、国土交通省の調査における用語法に従い、たんに「代執行」という。）については、上述の通り、空家法14条9項が、「行政代執行法……の定めるところに従い」と規定する。行政代執行法の関係規定は、以下の通りである。

> **○行政代執行法**
>
> **第５条**　代執行に要した費用の徴収については、実際に要した費用の額及びその納期日を定め、義務者に対し、文書をもつてその納付を命じなければならない。
>
> **第６条**　代執行に要した費用は、国税滞納処分の例により、これを徴収することができる。

一方、略式代執行については、空家法14条10項が、「その者の負担において」と規定するだけである。この点について、前出のガイドラインは、「義務者が後で判明したときは、その時点で、その者から代執行に要した費用を徴収することができるが、義務者が任意に費用支払いをしない場合、市町村は民事訴訟を提起し、裁判所による給付判決を債務名義として民事執行法……に基づく強制執行に訴えることになる……。」（⇨p.395）と述べる。

⑵　総務省調査の知見

代執行の費用回収について、総務省調査は、実施された48件について、**［図表3.5］**の通り整理している。国の補助制度（社会資本整備総合交付金（空き家再生等推進事業（除却タイプ））、空き家対策総合支援事業）も利用されている。行政代執行法の強制徴収制度を利用して全部または一部が回収されたと思われる例もある（柏市、品川区、十日町市、飯塚市）。補助金の返還はどうしたのだろうか。

［図表3.5］代執行の費用回収状況

行政代執行	10件
所有者等から費用全額を回収済み	１件
全額回収の見込みが無く費用の一部を回収済み又は回収見込み	３件
所有者等が分割納付中	２件

所有者等へ請求中	3件
費用回収方法検討中	1件
略式代執行	**38件**
費用全額を回収済み	4件
費用の一部に国又は県の補助金を利用	13件
費用全額又は一部を回収予定	5件
費用回収方法を検討中	3件
全額自治体負担	13件

（出典）総務省調査57頁「図表Ⅱ-3-⑧代執行の費用回収状況」。

⑶　いくつかのコメント

⒜　財産管理人制度の活用

代執行費用回収にあたって、相続財産管理人制度および不在者財産管理人制度は、相当に利用されている。空家法以前には、自治体行政にはそれほど知られていない制度であったが、ここに至って、にわかに注目された。

48件の個票のうち、38件の略式代執行事案をみると、「財産管理人制度の利用」の欄で「有」と回答されたのは、15件あった。管理人による跡地売却で、家庭裁判所に納付した予納金が返戻されたほか、跡地の売却利益から代執行費用の全額ないし相当額が回収されている例が多くある（前橋市、香取市、黒部市、東近江市、箕面市、尼崎市、宗像市、別府市）。尼崎市の個票には、「費用回収のため」と明記されていた。裁判ではなく、任意の支払いであったと思われる。上市町ⓐは、それを目指したけれども実現できなかったということであろう。

一方、代執行において、財産管理人を選任して同人に命令を経て実施している例がある（板橋区、十日町市）。前述のように、不利益処分を経なくても交渉を通じた任意除却が期待できるのであるが、どういう事情だったのだろうか。

⒝　略式代執行と「その者の負担」

空家法14条10項は、略式代執行の費用について、「その者の負担において」と規定する。前出のガイドラインにあるように、これは民事徴収するという趣旨のようである。しかし、略式代執行の個票をみるかぎり、真の義務者が後日判明したという事案はなかった＊26。前述のように、略式代執行による除却に対しては、空き家対策総合支援事業のもとでの補助がある（５分の２）。支給を受けたあとで「その者」が判明でもすれば、補助金返還の面倒な手続をしなければならないため、「出てきてほしくない」のが実感であろう

それでは、選任された財産管理人は、空家法14条10項にいう「その者」となり、債務を支払っていると整理できるのだろうか。その整理は無理なように思われる。略式代執行をしたときには選任されていないし、選任されたときには家屋は存在しないのである。問題となる家屋との法的関係は何もない。もっとも、行政に対して何らかの補填が任意にされているため、実質的にみれば、財産管理人が「その者」になっているようにみえる。

家屋除却の跡地が上市町ⓐのような状況になければ、上記市町村がやっているように、市町村としては、財産管理人選任を申し立てて費用回収をするとともに、当該土地の管理を買主に委ねるべきである。そうしないと、空き地の管理責任を抱え込むだけである。

7　総務省調査のその向こう

実情調査という性格のため、総務省調査のなかでは、空家法改正の具体的な提案はされていない。調査対象となった市町村が、空家法の「使い勝手」をどのように語っていたのか、関心が持たれる。

空家法成立後には、同法だけでは空き家行政を展開するのに不十分と判断した多くの市町村が、同法以前に制定していた空き家条例を改正したり、新規に制定したりしている＊27。改正の論点も提示されている＊28。空家法の廃止は、現実にはありえない。同法をよりよくするために、総務省調査は、関係者に対し

＊26　真の義務者が後日判明した場合に、「その者の負担において」という空家法14条10項の文言だけで、市町村が請求権を持つのかについて、筆者は否定的であり、別途納付命令が必要と考える。北村喜宣「略式代執行の費用徴収」本書第７章参照。この点に関して、宇那木正寛「空家対策と代執行①」自治体法務研究55号（2018年）86頁以下・96頁は批判的であり、納付命令はすでに発生している債権に公定力を付与する手続的処分にすぎないと解している。しかし、筆者には、代執行という事実行為だけで債権額が自動的に確定しているは思えない。「その者の負担において」という「方針」は、納付命令による「決定」ではじめて実現すると考える。いずれにせよ、森林経営管理法43条３項などの規定を参考にして、法改正で対応すべきである。

＊27　その動向分析として、北村喜宣「空家法制定後の空き家条例の動向」本書第２章参照。

＊28　北村喜宣「空家法改正にあたっての検討項目」本書第11章参照。

て、きわめて有益な情報を提供しているのである。

第4章　空家法の執行過程分析

「機能不全」という烙印が押されていた行政代執行の実施に関する認識を、空家法は大きく変えた。施行後４年半で196件、６年半で360件である。

行政指導による対応を好むインフォーマル志向の執行は市町村においても一般的であるが、それにもかかわらず、空家法の執行において究極の手段である代執行が選択される要因は何であろうか。代執行の前提となる特定空家等の認定も、それほど躊躇されていない。代執行実施経験のある市町村への調査（４年半時点）によれば、「保安上の危険の切迫性」と「住民からの要望」が主要要因である。「長の姿勢」「部課長の姿勢」「国のガイドラインの存在」を要因としてあげる市町村も多くあった。

1　「驚くべき変容」

行政法テキストにおける解説が、「行政法の義務履行の強制」「行政上の義務履行確保」という見出しのもとで具体的手段の実施の実情に触れるとき、行政代執行に関しては、「機能不全」「抜けない伝家の宝刀」という不名誉な記述がされるのが通例であった。

たしかに、その通りである。行政現場においては、行政代執行はそもそも念頭に置かれない選択肢であり、まさに封印されているといってよい。この点は、いくつもの実証研究によって確認されている＊1。筆者自身、法律違反に対して

＊1　阿部泰隆「その後の廃棄物法制の発展（1997～1998年）」同『廃棄物法制の研究〔環境法研究Ⅱ〕』（信山社、2017年）173頁以下・192頁、北村喜宣「産業廃棄物の不法投棄をめぐる環境行政と環境警察の活動」同『行政執行過程と自治体』（日本評論社、1997年）91頁以下・115～116頁、福井秀夫「行政代執行制度の課題」公法研究58号（1996年）206頁以下・206～207頁、宮崎良夫「行政法の実効性の確保：行政法違反とその是正をめぐる問題点」雄川一郎先生追悼論集『行政法の諸問題 上』（有斐閣、1990年）203頁以下・225～243頁、六本佳平「規制過程と法文化：排水規制に関する日英の実態研究を手掛かりに」『平野龍一先生古稀祝賀論文集 下巻』（有斐閣、1991年）25頁以下・49頁参照。そうしたなかで、やや異なった傾向を観察するものとして、三枝茂樹「実務からみた行政代執行の課題」自治体法務NAVI49号（2012年）10頁以下参照。

監督処分権限を有する行政が、行政代執行を含む公式的な権限行使を回避して行政指導に過剰に依存している行政実務の実情について、「インフォーマル志向の執行」と評したことがある＊2。

ところが最近、行政法テキストの著者をして記述の修正を余儀なくさせている事象がある。2010年頃より制定が急増した空き家条例、および、その影響を受けて2014年に制定された空家法の執行過程における行政代執行の「積極的な実施」がそれである＊3。「眠れる行政現場」に、一体何が起こったのだろうか。日本における行政執行過程の常識的認識を一変させるかのような驚くべき変容である。事業活動に関係する事業場が対象になっているのではなく、非居住とはいえ一般住宅が大半である点、そして、市町村および特別区、より正確には、政令指定都市でも中核市でも特別区でもない小規模の一般市または町村がその大半を実施している点でも注目される。

空家法のこうした執行実態は、同法だけに特有な「異常値」なのだろうか。あるいは、行政法の義務履行確保実務一般に対して、何らかの示唆を与えるものなのだろうか。本章では、空家法を実施する市町村の行政担当者に対する質問票調査およびヒアリング調査を通じて空家法の執行過程の記述をするとともに、行政代執行の選択を決断させた要因を分析する＊4。

なお、「積極的な実施」といっても、代執行実績のある個別の市町村についてみれば、「１件」という場合が圧倒的に多い。したがって、少なくとも現時点においては、当該市町村行政の事情というよりも「当該事件」についての要因となっている面がある点は否定できない。そのほかにも案件はあるのであって、

＊2　北村喜宣「インフォーマル志向の執行を規定する制度的要因：自治体における規制執行活動の一断面と今後の研究課題」同・前註（1）書235頁以下参照。

＊3　早くも空き家条例のもとでの動向に着目して記述を修正したものとして、塩野宏『行政法Ｉ〔第６版〕行政法総論』（有斐閣、2015年）254頁参照。空家法の実施状況に迅速に対応したものとして、宇賀克也『行政法概説Ｉ 行政法総論〔第６版〕』（有斐閣、2017年）233頁、大橋洋一『行政法Ｉ 現代行政過程論〔第４版〕』（有斐閣、2019年）318〜319頁、櫻井敬子＋橋本博之『行政法（第６版）』（弘文堂、2019年）170頁参照。空家法を特記したテキスト記述の修正は、さらに拡大するだろう。

＊4　簡単な検討として、北村喜宣「学界の常識は現場の非常識？：空家法のもとで活用される代執行」同『自治力の挑戦：閉塞状況を打破する立法技術とは』（公職研、2018年）52頁以下参照。なお、質問票に対する回答は、担当者個人の認識ではなく、所属長等の決裁を経ていることが多いと思われるため、担当者個人に直接ヒアリングをした場合とは異なる「公式見解」になっている可能性は否定できない。

そこにおける基本的なスタイルは、依然として「インフォーマル志向の執行」であると考えられる＊5。代執行を経験していないその他の市町村においては、一層そうであろう。したがって、本章では、「基本的にインフォーマル志向にある市町村行政が行政代執行の決断をした要因は何か」を探ることになる。

後に引用・参照するように、空家法の実施状況調査は、いくつかなされている。本章は、それらを踏まえつつも、一歩踏み込み、「権限行使がされる・されない理由」に着目する点で、これらとは異なっている＊6。

2　空家法「前史」

(1)　空き家条例とその執行

老朽不適正管理空き家への対応は、条例が先行した。空き家のみを対象とし、所有者等に適正管理を法的に義務づけ不履行時の行政措置までを規定する空き家対策専門条例の嚆矢とされるのは、2010年制定の「所沢市空き家等の適正管理に関する条例」である。

所沢市条例は、管理不全な空き家の所有者に対して、助言、指導、勧告を経て、必要な措置を命令できると規定する（６～７条）。管理不全な状態とは、「建物その他の工作物又はその敷地が、老朽化若しくは台風等の自然災害による倒壊等のおそれがある状態、建築材等の飛散による危険な状態その他生活環境の保全上支障が生じるおそれがある状態又は不特定者の侵入による火災若しくは犯罪が誘発されるおそれのある状態」（２条２号）である。こうした状態の解消を命ずる命令は、いわゆる代替的作為義務に該当する。このため、命令の不履行が著しく公益に反すると認められる場合には、市長は、行政代執行法２条に

＊5　空家法のもとでの行政代執行の実施状況については、前註（３）および前註（４）の諸文献のように、行政法学者は「積極的」と受け止めている。一方、弁護士には、「代執行によって自治体の手で朽廃した空家を撤去するケースは少数にとどまっており、いわば“最後の手段”の扱いになっている」と映るようである。日本組織内弁護士協会（監修）＋幸田博＋加登谷毅（編）『Q&Aでわかる業種別法務 自治体』（中央経済社、2019年）67頁参照。興味深い認識のコントラストである。

＊6　本章と同じような視点からの調査・研究として、阿部いづみ「空き家の行政代執行に関する考察：行政代執行を実施した要因の分析と適切な運用に向けた取組の提案」一橋大学国際・公共政策大学院公共法政プログラム（2019年、非公刊リサーチペーパー）。岩手県職員である阿部氏は、同プログラムに１年間派遣された。筆者に同論文の参照・引用をお認めいただいたこと、ならびに、個別のご教示をいただいたことに対して、謝意を表する。

もとづき、自ら除却をして費用を義務者に請求できる＊7。

空家法案の準備作業を担当した衆議院法制局によれば、空家法が2014年に制定される以前に、401の空き家条例が存在していた＊8。**[図表 4.1]** から明らかなように、その80%以上は、所沢市条例以降の制定である＊9。所沢市条例がその先陣を切った形になったのではあるが、老朽不適正管理空き家に起因する問題への対応は、多くの市町村の喫緊の課題であったといえる＊10。

空き家条例のなかには、行政代執行に関してとくに1か条を設けるものがあった。たとえば、2011年制定の「大仙市空き家等の適正管理に関する条例」は、「市長は、前条の命令を受けた者が当該命令に従わない場合において、他の手段によってその履行を確保することが困難であり、かつ、その不履行を放置することが著しく公益に反すると認められるときは、行政代執行法……の定めるところにより代執行を行うことができる。」（13条）と規定する。これは確認規定であるが、行政代執行も辞さないという姿勢の市町村が、こうした規定を設けていたようにみえる＊11。

実際、大仙市は、条例施行直後の事案を含めて3件の行政代執行を実施し、著しく保安上危険な家屋や倉庫などを除却した＊12。そのほか、美郷町、八郎潟

＊7　宇賀克也『行政法概説Ｉ 行政法総論〔第7版〕』（有斐閣、2020年）248頁参照。所沢市条例の概要およびその実施状況については、所沢市総合政策部危機管理課防犯対策室「所沢市空き家等の適正管理に関する条例について：生活環境の保全と防犯のまちづくりの推進のために」自治体法務研究26号（2011年）71頁以下、前田広子「「所沢市空き家等の適正管理に関する条例」：その制定プロセス、運用と効果」北村喜宣（監修）『空き家等の適正管理条例』（地域科学研究会、2012年）39頁以下参照。

＊8　小林宏和「空家等対策の推進に関する特別措置法」法令解説資料総覧401号（2015年）31頁以下・31頁参照。

＊9　「和歌山県建築物等の外観の維持保全及び景観支障状態の制限に関する条例」を唯一の例外として、ほかのすべては市町村条例である。和歌山県条例については、北村喜宣「これこそ県の生きる道!?：空家法と和歌山県条例」同・前註（4）書118頁以下参照。

＊10　空き家条例については、北村喜宣「条例による空き家対策をめぐる法的論点」同『空き家問題解決のための政策法務：法施行後の現状と対策』（第一法規、2018年）53頁以下参照。

＊11　北村・前註（10）論文66頁参照。

＊12　大仙市の行政代執行に関しては、北村喜宣「空き家対策の自治体政策法務」・前註（10）書2頁以下・37頁、進藤久「大仙市における空き家対策」住宅697号（2013年）、同「「空き家等の適正管理に関する条例」の取組み：制定、運用（行政代執行等）、成果と課題」北村（監修）・前註（7）書69頁以下、同「条例に基づく行政代執行の具体的運用について：大仙市空き家等の適正管理に関する条例」自治体法務NAVI47号（2012年）30頁以下、仲村譲「空き家の行政代執行（3件・13棟）の目的・成果と課題・対応策：大仙市「空き家等の適正管理に関する条例」の仕組みと「空き家解体ローン」について」北村喜宣（編）『行政代執行の手法と政策法務』（地域科学研究会、2015

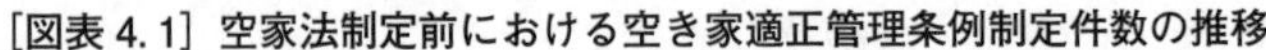

[図表4.1] 空家法制定前における空き家適正管理条例制定件数の推移

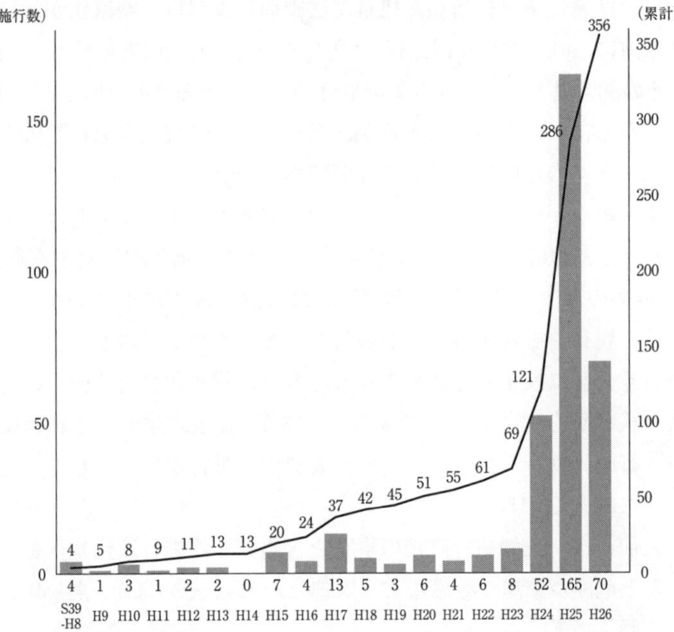

（出典）国土交通省資料をもとに筆者作成。ただし、条例施行年による表示である。

町、長岡市において、除却代執行の実施例がある。いずれも豪雪地帯である＊13。これら市町の空き家条例には、行政代執行に関する規定が設けられていた＊14。大田区は、2012年の条例制定時には行政代執行規定を設けていなかったが、2013

年）99頁以下参照。

＊13　生まれも育ちも京都市内で、現在江戸川区在住の筆者には、北国における屋根に積もった雪の威力は、容易には想像しがたかった。2020年初春に大仙市を訪問し、屋根に積もった2メートル近くの雪の重みで軒が崩落した現場に立って、パウダースノーではない「重たい雪」の「破壊力」、そして、雪下ろしや居住がされずに放置される建築物の危険性を目の当たりにした。

＊14　長岡市が現在施行している「長岡市空家等の適切な管理に関する条例」には行政代執行規定はないが、2017年に全部改正される前の「長岡市空き家等の適正管理に関する条例」（2012年制定）には、行政代執行規定があった（13条）。「長岡市空き家等の適正管理に関する条例」でインターネット検索をすれば、同市都市整備部住宅施設課が作成したパワーポイント資料がアップロードされており、実施された代執行の状況が紹介されている（www.hrr.mlit.go.jp/kensei/machi/akiya/kaisai03/03-1_nagaoka.pdf）。

年改正により追加的に規定し、それを踏まえて代執行の実施に至っている＊15。

⑵　建築基準法とその執行

市町村が空き家条例を制定せざるをえなかったのは、ひとつには、建築基準法のもとで老朽危険空き家の除却をすることに、特定行政庁がきわめて後ろ向きであったからである。権限がないわけではない。同法10条３項は、「……特定行政庁は、建築物の敷地、構造又は建築設備（いずれも第３条第２項の規定により次章の規定又はこれに基づく命令若しくは条例の規定の適用を受けないものに限る。）が著しく保安上危険であり、又は著しく衛生上有害であると認める場合においては、当該建築物又はその敷地の所有者、管理者又は占有者に対して、相当の猶予期限を付けて、当該建築物の除却、移転、改築、増築、修繕、模様替、使用禁止、使用制限その他保安上又は衛生上必要な措置をとることを命ずることができる。」と規定している。居住の有無は不問である。

空き家条例が対象としているような著しい管理不全状態の空き家は、ほとんどの場合、建築基準法10条３項が措置対象とする建築物に該当する。したがって、当該空き家が所在する地域を所管する特定行政庁は、除却を命ずる措置命令を発出するなり、略式代執行を実施するなりの対応ができた（10条４項、９条11項）。ところが、いくつかの例外的事例を除いて、この権限は行使されてこなかった＊16。まさに、「インフォーマル志向の執行」があてはまる行政実態だったのである。

特定行政庁とは、「建築主事を置く市町村の区域については当該市町村の長を

＊15　大田区の行政代執行については、中山順博「老朽危険空き家に対する行政代執行の実施と今後の課題：大田区「空き家の適正管理に関する条例」に基づく行政代執行とそこから見えてきたもの」北村（編）・前註（12）書77頁以下参照。

＊16　北村喜宣「老朽家屋等対策における都道府県と市町村の協働：特定行政庁に着目して」・前註（10）書77頁以下・82〜83頁参照。なお、空き家に対しては、京都市、神戸市、大阪市、横須賀市において、除却命令の発出実績がある。大阪市の事例については、長谷川高宏「老朽危険家屋の行政代執行：「建築基準法」に基づく解体・撤去の手法と今後」北村（編）・前註（12）書49頁以下参照。建築基準法を所管する国土交通省は、従来から、同法10条３項の権限を的確に行使すれば問題は解決できるという立場であった。空家法施行にあたって、改めてその旨を明確にした通知として、国土交通省住宅局長「既存不適格建築物に係る是正命令制度について（技術的助言）」平成27年５月26日国住指第792号参照。さらに、同法2019年改正により新設された９条の４を含む権限行使に関して、国土交通省住宅局建築指導課『既存不適格建築物に係る指導・助言・勧告・是正命令制度に関するガイドライン』（令和元年６月24日）参照。

いい、その他の市町村の区域については都道府県知事」（２条35号）を指す＊17。そのほか、特定事務のみを扱う限定特定行政庁もある（97条の２第１号）。筆者の調査によれば、特定行政庁としての業務を担当する建築職職員は、10条３項が求める作業を、およそ自分の仕事と考えていなかった。有体に言えば、「我々の仕事はモノを作ることであり、たんに壊すのは仕事ではない。」というような興味深い認識が、共通に持たれている。実に法治主義に反する認識なのであるが、「特定行政庁文化」のように強固なものを感じた＊18。

空き家条例第１号を制定した所沢市は、中核市であり、特定行政庁が設置されている。しかし、筆者の調査によれば、建築基準法を所管する建築指導課は動こうとはしなかったため、建築物対応というよりも防災対応という観点から危機管理課防犯対策室が条例案を準備し、制定後はこれを所管した。空き家条例にもとづく初の行政代執行を実施した大仙市は、中核市ではないものの特定行政庁は設置されているが、同様の状況にあった＊19。

＊17　島田信夫＋関哲夫『建築基準法体系〔第５次全訂新版〕』（酒井書店、1991年）115～116頁参照。

＊18　北村・前註（16）論文83～88頁、同「言い訳の天才⁉：建築基準法10条３項命令と老朽不適正管理家屋」同『自治力の躍動：自治体政策法務が拓く自治・分権』（公職研、2015年）95頁以下参照。小澤英明「法律家の視点からみる空き家問題」法律のひろば68巻７号（2015年）37頁以下・38頁は、「日本の建築行政は、新築時点では基準に適合した建築となるように目を光らせるが、その後建物に新築時の機能や性能が維持されているかについては、ほとんど関心を示してこなかった」と指摘する。また、竹村幸太郎＋手塚文雄＋保母武彦＋室﨑千重＋新藤宗幸「〔パネルディスカッション〕老朽化する社会資本」後藤・安田記念東京都市研究所（編）『老朽化する社会資本』（後藤・安田記念東京都市研究所、2013年）24頁以下・46頁［手塚］は、「土木や建築をやっている人間は、「作る」、「整備をする」ということに生き甲斐を持っていた」と指摘する。

　最近、ある特定行政庁関係者と議論をした際に、「わが市が代執行をすれば、県内のほかの特定行政庁に対して「ウチの市でもそれをせよ」という住民の声が寄せられるため、同庁に迷惑がかかると考えて、権限行使を控えていた。」というコメントを聞いて、愕然とするとともにその思考方式に感心した。こうした認識が建築行政に共有されているとするならば、まさに、「不作為カルテル」が発生している。

＊19　建築主事といえども市長の補助機関であるから、その指示があれば、不作為は許されない。しかし、案件を課長が握りつぶしてしまえば、市長は知りえない。両市においては、下部組織がきわめて強い自律性を有する状態だったのだろうか。もっとも、条例制定時の大仙市の人口は、8.8万人程度である。行政代執行第１号案件は、小学校の校庭横に立地しており、市民のよく知るところであったから、保護者である市民から市長の耳に入っていたのではないかとも推測されるが、筆者の調査によれば、市長には「あがっていなかった」。

3　空家法の関係規定および執行実績

(1)　シングル・ミッションの空家法

空家法の目的規定には、空家等の活用促進も規定されている。しかし、地域社会の要請に鑑みれば、現在における同法の実施の中心は、地域住民の生命、身体、財産および生活環境の保全を図るべく、老朽不適正管理空き家に対処することにある（１条)。前文16か条と「軽量」な同法は、目的や対象の範囲が狭く、行政に対する指示が明確なシングル・ミッション法といえる。

空家法が措置の対象とするのは、「特定空家等」である。同法はこれを、「そのまま放置すれば倒壊等著しく保安上危険となるおそれのある状態又は著しく衛生上有害となるおそれのある状態、適切な管理が行われていないことにより著しく景観を損なっている状態その他周辺の生活環境の保全を図るために放置することが不適切である状態にあると認められる空家等」（２条２項）と定義する。

空家法実施の中心となるのは、市町村である。実施の仕組みは、空き家条例のそれと基本的に同じである。すなわち、第１段階として、特定空家等の所有者等に助言・指導をし（14条１項)、第２段階として、勧告をする（同条２項)。そして、勧告が奏功しない場合には、命令を発出する（同条３項)。

さらに、空家法は、強制執行手段として、緩和代執行と略式代執行を規定している（以下、両者をあわせて「行政代執行」ということがある)。いずれも、法律で明確に規定してはじめて可能になる創設規定と解されている。両制度を規定する条文は、以下の通りである。

第14条

9　市町村長は、第３項の規定により必要な措置を命じた場合において、その措置を命ぜられた者がその措置を履行しないとき、履行しても十分でないとき又は履行しても同項の期限までに完了する見込みがないときは、行政代執行法…の定めるところに従い、自ら義務者のなすべき行為をし、又は第三者をしてこれをさせることができる。

10　第３項の規定により必要な措置を命じようとする場合において、過失がなくてその措置を命ぜられるべき者を確知することができないとき（過失がなくて第１項の助言若しくは指導又は第２項の勧告が行われるべき者を確知することができないため第３項に定める手続により命令を行うことができないときを含む。）は、市町村長は、その者の負担において、その措置を自ら行い、又はその命じた者若しくは委任した者に行わせることができる。この場合においては、相当の期限を定めて、その措置を行うべき旨及びその期限までにその措置を行わないときは、市町村長又はその命じた者若しくは委任した者がその措置を行うべき旨をあらかじめ公告しなければならない。

空家法14条９項は、行政代執行法２条に規定されている「他の手段によってその履行を確保することが困難であり、且つその不履行を放置することが著しく公益に反すると認められるとき」という文言を削っており、要件を緩和した内容となっている。行政代執行法の特別法規定である。それゆえ、法律で規定されて初めて可能という解釈が一般的である。緩和代執行には、迅速に代執行権限を行使すべきという立法者意思が反映されている＊20。

受命者が不明の場合の略式代執行を定めるのが、同法14条10項である。命令が発出されていないため、正確には、行政代執行法の特別法と位置づけることはできない。長期間放置されている空き家に関しては、相続放棄がされていたり相続人の全部または一部が不明であったりという例が少なくない。このため、略式代執行は、ときに迅速な対応が求められる空き家対策においては、きわめて効果的な手段である。これも、迅速な対応を求める立法者意思の反映である＊21。条例で略式代執行を規定することはできないという実務解釈が一般的であったため、それを前提にするかぎり、法律で規定された意義は大きい＊22。

＊20　自由民主党空き家対策推進議員連盟（編著）『空家等対策特別措置法の解説』（大成出版社、2015年）（以下「議連解説」として引用。）157頁参照。

＊21　議連解説・前註（20）書159頁参照。

＊22　もっとも、2017年に全部改正されて「山陽小野田市空家等の推進に関する条例」となる前の「山陽小野田市空き家等の適正管理に関する条例」（2012年制定）には、略式代執行が規定されていた（９条２項）。筆者の照会に対して、山陽小野田市は、「単に命ずべき者が確知できないことを理由に危険な空き家を漫然と放置することこそ、公益に反する行為であり、市民生活の安心安全を最優先にすべきと考え、条例中に略式の代執行を定めました。」と回答した（山生第G3206-20号2016年

(2)　国土交通省調査にみる法14条の諸措置実施状況

空家法14条の諸措置の実施に関して、国土交通省・総務省が回収率100％のアンケートをもとに取りまとめた状況（2019年10月１日現在）は、**[図表 4. 2]** の通りである（最新状況は、**[図表 1. 6]**（⇨p.72）参照）。

調査時において、市町村の総数は、1,741（792市、743町、183村、23特別区）であった（現在も変化はない）。約３分の１（550÷1,741≒0.316）の市町村が、少なくとも空家法を使って助言・指導をしている。同法14条１項にもとづく助言・指導と位置づけないけれども、後にみるように、それに先立って、同法12条にもとづく情報提供・助言・援助、さらに、「適切に対応しないと空家法が適用される」というように、同法をいわば「脅し」に用いて、空家法外の行政指導をしている自治体は少なからずある。全体としてみれば、市町村は、程度の差はあれ、空家法に依拠しつつ、積極的に空き家対策をしているといえそうである。

[図表 4. 2] 特定空家等に対する措置状況 [2019年10月１日現在]（カッコ内は、市町村数）

	2015年度	2016年度	2017年度	2018年度	2019年度＊	合計
助言・指導 （14条１項）	2,622 （134）	3,264 （203）	4,018 （267）	4,624 （326）	2,498 （266）	17,026 （550）
勧告 （14条２項）	52 （23）	199 （74）	268 （90）	363 （102）	168 （84）	1,050 （232）
命令 （14条３項）	4 （３）	17 （16）	44 （29）	41 （19）	25 （21）	131 （70）
緩和代執行 （14条９項）	1 （１）	10 （10）	12 （12）	18 （14）	9 （８）	50 （41）
略式代執行 （14条10項）	8 （８）	27 （23）	40 （33）	49 （44）	22 （21）	146 （105）

（出典）国土交通省資料（https://www.mlit.go.jp/common/001339641.pdf）を踏まえて筆者作成。

＊2019年度は、10月１日現在の実績。

これは、空家法施行後約４年半の実績である。**[図表 4. 2]** の数字は、それぞれの措置が講ぜられた年度におけるものであるため、ひとつの事案について同一年度にすべての措置がされたというわけではない。

９月14日）。憲法94条が保障する条例制定権の範囲内として規定できると解されていたのである。この見解を支持したい。北村喜宣「略式代執行の費用徴収」本書第７章257頁参照。

次のステップに進まなかったのは、当該措置により求められた除却等が実施された結果であるように思われる。そこで、各措置についての合計の数字同士を、とりあえず単純に割り算する。行政が満足できる程度に対応されているという前提に立てば、それぞれの「成功率」は、助言・指導が93.8%［(17,026－1,050)÷17,026］、勧告が87.5%［(1,050-131)÷1,050］、命令が61.8%［(131-50)÷131］となっている。このかぎりでは、行政からアプローチされた特定空家等の所有者等の大半は、助言・指導ないし勧告の段階で対応をしているようにみえる＊23。それ以降の実態調査データからも、同様の傾向が確認できる。最新の調査結果である［図表1.6］(⇨p.72)も参照されたい。しかし、そう単純に整理できるのだろうか。この点については、後述する。

上記アンケート結果について、国土交通省は、「助言・指導の件数に対する勧告の件数から、助言・指導を行うことにより、特定空家等の多くでは、所有者の自主的な対応を促すことができているとも考えられます。」とコメントしている＊24。助言・指導数17,026件という数字は、同一の特定空家等に関して数回実施したものを含む「延べ数」であるから、「成功率」は、前出の93.8.%よりは下がる。たとえそうであっても、全体としてみるならば、国土交通省の認識は、現在においても、おそらくは妥当といえよう。なお、14条１項助言・指導、同条２項勧告については、数の多さのゆえにか、市町村名は公表されていない。

一方、空家法14条３項命令、同条９項緩和代執行、同条10項略式代執行を実

＊23　なお、ここでいう措置件数に関して、国土交通省・総務省が市町村に送付した空家法実施状況アンケートには、「同一物件に対して措置を行った場合は、(物件の数でなく）措置の数としてください。」と注記されている。したがって、特定空家等Ａに対して、１月に指導文書を発したが効果がなかったため10月に再び指導文書を発すれば、「２件」と記入されることになる。

それでは、特定空家等Ｂについて、家屋の所有者が３名で敷地の所有者が４名の場合において、それぞれに対して指導文書を発した場合、「７件」と記入すべきなのか、家屋所有者に対して１件、敷地所有者に対して１件の「２件」と記入すべきなのか、この注記からは判別しにくいが、いくつかの市町村への照会によれば、後者と認識するところが多かった。同一対象についての複数回の助言・指導がされている例はある一方で、勧告の重ね打ちはされていない。なお、調査回答における市町村の認識には、微妙な食い違いがあるようである。そのために、調査結果の数値は、後年度において修正されている。

＊24　国土交通省住宅局住宅総合整備課住環境整備室「空家等対策の推進に関する特別措置法の施行状況等について」市街地再開発594号（2019年）64頁以下・65頁。大野和彦「空き家問題の現状と課題」生活と環境64巻５号（2019年）９頁以下・10頁は、2018年10月１日現在の総計を踏まえたものであるが、措置件数合計を提示したうえで、同様のコメントをしている。

施した市町村名は、公表されている。2019年10月１日現在として公表された実績を踏まえると、**[図表 4. 3]**～**[図表 4. 5]** の通りである＊25。緩和代執行の前提には、所有者等に対する命令がある。そして、その前には、助言・指導および勧告がある。しかし、建物所有者不明の特定空家等で土地所有者は判明している場合のように、土地所有者に対して勧告はするものの、当該建築物に関して権原のない同者に命令はできないがゆえに除却につながらなかった結果、略式代執行がされる事例もある。略式代執行の場合には、空家法14条１項や２項にもとづく措置がされている場合がある点に注意が必要である。

[図表 4. 3] 空家法14条３項命令の実績

市町村		件数
北海道	旭川市	1
	室蘭市	1
	沼田町	1
	大空町	1
	豊浦町	1
青森県	十和田市	1
岩手県	盛岡市	1
宮城県	仙台市	1
秋田県	湯沢市	2
	上小阿仁村	8
山形県	村山市	1
	金山町	1
	川西町	2
茨城県	笠間市	1
	筑西市	3
栃木県	宇都宮市	1
	那須塩原市	1
群馬県	前橋市	1
	大泉町	1
埼玉県	川越市	1
	熊谷市	1
	新座市	3
	坂戸市	5
千葉県	柏市	1
	香取市	26
東京都	品川区	1
	世田谷区	3
	杉並区	1
	板橋区	1
	葛飾区	1
石川県	七尾市	1
	小松市	1
	輪島市	3
	加賀市	2
長野県	大桑村	1
愛知県	瀬戸市	2
	安城市	1
三重県	津市	1
	名張市	2
	伊賀市	1
	菰野町	1
	紀北町	1
滋賀県	野洲市	1
京都府	京都市	2
大阪府	大阪市	2
	吹田市	1
兵庫県	神戸市	1
	姫路市	2
	尼崎市	1
	明石市	2
	丹波篠山市	2
奈良県	桜井市	1
岡山県	美作市	1

＊25　空家法６条計画や７条協議会の実績なども含めた最新（2022年３月31日現在）の状況について、詳しくは、国土交通省のウェブサイトを参照（https://www.mlit.go.jp/jutakukentiku/house/content/001495582.pdf）。緩和代執行と略式代執行の実施実績のある自治体名と件数については、**[図表 1.7]**（⇨p.73）にまとめてある。

広島県	広島市	1
山口県	宇部市	2
	周南市	2
香川県	高松市	1
愛媛県	松山市	1
福岡県	北九州市	1
	福岡市	1
	飯塚市	1
	東峰村	1
	糸田町	1
佐賀県	嬉野市	1
長崎県	長崎市	2
	五島市	1
鹿児島県	鹿屋市	1

（出典）国土交通省・総務省資料より筆者作成。

［図表 4. 4］ 空家法14条 9 項緩和代執行の実績

市町村		件数
北海道	旭川市	1
	室蘭市	1
	大空町	1
	豊浦町	1
宮城県	仙台市	1
秋田県	湯沢市	1
	上小阿仁村	4
山形県	金山町	1
	川西町	2
茨城県	笠間市	1
栃木県	宇都宮市	1
群馬県	大泉町	1
埼玉県	坂戸市	1
千葉県	柏市	1
	香取市	4
東京都	品川区	1
	板橋区	1
	葛飾区	1
新潟県	柏崎市	1
	十日町市	2
	胎内市	1
石川県	小松市	1
	輪島市	2
	加賀市	1
愛知県	安城市	1
三重県	名張市	1
	菰野町	1
大阪府	大阪市	1
兵庫県	姫路市	1
	明石市	1
	丹波篠山市	1
奈良県	桜井市	1
岡山県	美作市	1
山口県	周南市	1
福岡県	北九州市	1
	福岡市	1
	飯塚市	1
	東峰村	1
佐賀県	嬉野市	1
長崎県	長崎市	1
鹿児島県	鹿屋市	1

（出典）国土交通省・総務省資料より筆者作成。

［図表 4. 5］ 空家法14条10項略式代執行の実績

市町村		件数
北海道	室蘭市	1
	歌志内市	1
	共和町	1
	鷹栖町	2
	礼文町	1
	利尻町	1
青森県	五所川原市	1
	六戸町	1
岩手県	宮古市	1
宮城県	仙台市	1
秋田県	湯沢市	1

山形県	村山市	1
茨城県	石岡市	1
	牛久市	2
	ひたちなか市	1
	筑西市	1
	神栖市	1
栃木県	佐野市	1
群馬県	前橋市	2
	下仁田町	1
埼玉県	川口市	2
	深谷市	1
千葉県	千葉市	1
	香取市	5
	いすみ市	1
	一宮町	1
東京都	台東区	1
	町田市	1
神奈川県	横須賀市	1
新潟県	柏崎市	2
	十日町市	1
	妙高市	1
	魚沼市	1
	胎内市	1
富山県	富山市	1
	魚津市	1
	黒部町	1
	上市町	3
福井県	小浜市	1
	越前町	1
山梨県	甲府市	1
	北杜市	2
長野県	長野市	1
	高森町	1
	阿智村	1
	筑北村	1
岐阜県	大垣市	1
	中津川市	1
	瑞浪市	1
	恵那市	1
	御嵩町	1
静岡県	浜松市	1
愛知県	瀬戸市	2
三重県	伊賀市	1
	紀北町	1
滋賀県	野洲市	1
	高島市	2
	東近江市	2
	米原市	2
京都府	宇治市	1
	京丹後市	1
	与謝野町	1
大阪府	池田市	2
	枚方市	1
	松原市	2
	箕面市	1
	岬町	2
兵庫県	神戸市	3
	姫路市	2
	尼崎市	3
	明石市	2
	洲本市	1
	豊岡市	1
	丹波篠山市	2
	丹波市	3
	市川町	2
	太子町	1
和歌山県	海南市	2
	橋本市	1
	那智勝浦町	1
鳥取県	鳥取市	1
	米子市	1
	倉吉市	1
島根県	浜田市	1
	安来市	1
	西ノ島町	2
岡山県	岡山市	1
広島県	尾道市	1
	福山市	1
	廿日市市	1
山口県	宇部市	4
愛媛県	八幡浜市	2
	四国中央市	2
	砥部町	1
高知県	高知市	1
福岡県	福岡市	1
	飯塚市	2
	宗像市	2
	芦屋町	1
	岡垣町	1
長崎県	大村市	2
	西海市	2
	新上五島町	1
熊本県	熊本市	1
大分県	別府市	1

（出典）国土交通省・総務省資料より筆者作成。

4　リサーチ・デザイン

本章で明らかにしたいのは、インフォーマル志向の執行スタイルを基本とする市町村が、空家法のもとで行政代執行を決断できたのは「なぜか」である。筆者は、行政執行過程研究を30年間以上継続している。その経験を踏まえての「偏見」であるが、行政代執行のようにほかの仕事が止まってしまう未経験かつ非日常的措置は「面倒なこと」であって、極力回避したいと考えるのが、自治体行政現場の一般的な意識である＊[26]。そうであるとすれば、どのような要因が作用して、当該市町村は行政代執行の決断に至ったのだろうか。もちろん、それぞれの事案については、「それが必要だったから」であり、「総合判断の結果」であるのは言うまでもない。それを踏まえつつも、その向こう側にある実情に迫りたい。

前述のように、行政代執行実績があるといえども、１度しか実施していない市町村が圧倒的に多いのは、**[図表 4.4]** **[図表 4.5]** から明らかである。したがって、「個別ケースにおける特殊な事情」となっている可能性が高い点に、留意が必要である。対象となるのは、**[図表 4.4]** **[図表 4.5]** に掲げられている自治体である。緩和代執行と略式代執行の両方の実施実績を有する市町村が12あるため、数としては、「41＋105－12＝134」となる。

空家法14条９項にもとづく緩和代執行に至るまでには、同条１項助言・指導、同条２項勧告、同条３項命令の各プロセスを経なければならない＊[27]。行政代執行という決断をしなかった市町村にとっては、それぞれのプロセスに進まなか

＊26　20年の自治体職員経験を持つ三好規正は、「自治体における環境法執行過程の考察：豊島産業廃棄物不法投棄事件を素材として」社会学研究［山梨学院大学］40号（2020年）１頁以下・27頁において、命令を念頭に、「そもそも、担当課に違反是正のための不利益処分（行手法２条４号）を行った実例がなければ、起案文書等もなく、そのノウハウが組織的に蓄積されないのはいうまでもない。その課においては「誰もやったことのない仕事」になってしまうのである。また、行政職員の意識として、違反対応は業務の中心ではなく、突発的に降りかかってくる業務である。職員は、行政改革の名の下に人員が削減されていく中で、許認可や届出処理、定期検査、予算・議会対応などを通常業務として行っており、これだけでも相当多忙なところに、さらに不利益処分をすることになれば（まして、そのノウハウを持ち合わせていなければ）、他の仕事が「止まってしまう」ことを忌避する意識を持つのは当然であろう。」とする。筆者の「偏見」は、それほど的外れではないようである。

＊27　ある措置をスキップしてなされる措置は「無効」という見解も示されている。小林・前註（８）論文39頁参照。国土交通省および総務省も、同じ解釈のようである。

ったことが、結果としての不決断の背景事情でもある。そこには、①空家法2条2項の特定空家等を認定しない、②（①はするが）空家法14条1項の助言・指導をしない、③（②はするが）同条2項の勧告をしない、④（③はするが）同条3項の命令をしない、⑤（④はするが）同条9項の緩和代執行をしない、という諸相がある。さらに、⑥（①をした対象が所有者等不明物件のときに）同条10項の略式代執行をしない、という場合もある。そこで、空家法の執行実態の全体を記述するには、これらの場合を念頭に置いて、それぞれの状態にある市町村の調査もする必要がある。

ところが、空家法14条1項および同条2項の実施状況については、総数のみが公表されており、具体的市町村名を知ることはできない。そこで、様々な機会を利用して、統一的な質問票を送付し、267自治体から回答を得た（全体の15.3%に相当）。この対象には、**[図表4.4]** **[図表4.5]** にかかる国土交通省・総務省調査（2019年10月1日現在）以降に行政代執行を実施した自治体として筆者が知ることができた7市も含まれている。回答が得られたいくつかの自治体については、直接訪問して、あるいは、電話によるヒアリング調査を実施した。なお、調査は、新聞記事や論文などを通じてすでに知られている事実、および、個別の許諾を得た場合を除き、対象市町村名の公表はしないという合意のもとに実施された。そのほか、空家法のもとでの行政代執行を実施した5団体への実態調査研究も参考にした＊28。

5　行政代執行の事前措置の実施実態

(1)　特定空家等の認定

特定空家等に関する前出の定義を踏まえれば、ほとんどの市町村には、一定数の特定空家等が客観的には存在しているとみてよいだろう。しかし、行政がそれを認知しないかぎり空家法上の措置を講ずることはできない。「特定」空家等という名称にも、そうしたプロセスの必要性を看取しうる。

空き家条例のなかには、認定手続に関する規定を持つものが多くある＊29。認

＊28　阿部・前註（6）論文参照。この論文では、大仙市、上小阿仁村、香取市、横須賀市、葛飾区の空家法担当者に対するヒアリング調査の結果を踏まえた分析がされている。

＊29　北村喜宣「空家法制定後の空き家条例の動向」本書第2章106頁参照。

定によって、不使用が常態である空家等で著しい保安上の危険のおそれほか同法２条２項の要件に該当するものが、特定空家等として把握される。行政代執行との関係で整理すれば、特定空家等の認定は、まさに「入り口」なのである。回答を得た市町村については、認定状況をみれば、「ゼロ」から606件まで多様であった。

ところで、空家法の使用を極力回避したいと考える市町村は、認定に対して消極的なはずである。そこで、空家法担当者に対して、「特定空家等の認定をすれば空家法を適用せざるをえないからなるべく認定は避けたい。」という認識についてどう考えるかという質問を直接・間接に投げかけた。その結果は、**[図表4.6]** の通りである。

[図表4.6] 特定空家等の認定に対する態度

1．大いにそう考える	2．ある程度はそう考える	3．どちらともいえない	4．どちらかといえばそう考えない	5．まったくそう考えない	合計
12	87	82	44	42	267
4.50%	32.60%	30.70%	16.50%	15.70%	100.00%

（出典）筆者作成。

これによれば、認定に対する一定の抵抗感は観察できるものの、それは、それほど強度とはいえない。むしろ、［５］を選択した市町村の多さが注目される＊30。［１］を選択した市町村であるが、そうであっても、特定空家等の認定実績が皆無というわけではない。対応すべき案件については、抵抗感を乗り越えて措置が講じられている。もっとも、認定数「ゼロ」という市町村の回答（n=101）については、［１］11（10.9%）、［２］45（44.5%）、［３］26（25.7%）、［４］12（11.9%）、［５］７（7.0%）となり、ある程度の傾向が確認できた＊31。一方、［５］

＊30　2020年７月時点で、６件の緩和代執行および６件の略式代執行を実施している香取市は、４調査項目のもとに11調査内容からなる「特定空家等の判定基準」を作成・適用しているが、ひとつの調査内容について「有」となれば特定空家等に認定する方針である。きわめて積極的な執行姿勢である。その理由も、「空家法が施行されているから、それを実施しているだけ」というように、とくに「力の入った」ものではなかった。

＊31　「ある程度はそう考える」を選択したある市は、「特定空家等への認定を行うのであれば、市内対

を選択した市町村においては、認定実績が多いという傾向は観察された。［３］を選択した市町村のなかには、行政リソースの制約から、「特定空家等への認定は慎重に行っていくべきである」とするところもある。［２］を選択したある中核市は、「行動への影響がないなど、当該空家への措置に公益性が低い」ために認定をためらっている案件があると回答した。

ある空家等を「特定空家等候補」として調査をし、課内の会議にかけて認定するための下準備をするのは、課員であって部課長ではない。具体的な対象について、議論の俎上に載せる決断をなぜしたのかには、関心が持たれる。ヒアリングにおいては、「何とかしなければという想いが強くあった。」という回答も聞かれた。

⑵　空家法12条にもとづく情報提供、助言、援助

空家法12条は、「市町村は、所有者等による空家等の適切な管理を促進するため、これらの者に対し、情報の提供、助言その他必要な援助を行うよう努めるものとする。」と規定する。対象は、「空家等」であるが、そこには「特定空家等」も含まれる＊32。

総務省行政評価局が実施した93市町村に対する空家法実施調査（以下「総務省調査」として引用。）＊33によれば、「今回調査した93自治体のうち、88自治体(94.6%）においては、空家法第14条に基づく特定空家等としての措置を行う以前に、所有者に対し、自治体の条例に基づく助言・指導、あるいは、空家法第12条に基づく所有者等への情報提供……を実施していた。」としている。これは、空家等段階での対応である。なお、空家法12条助言の実施件数は、公表されていない＊34。

象物件すべてに対して一様に行うべきと考えているが、マンパワーが足りていない。」という興味深い回答をした。その日は永久に来ないであろう。やりたくない判断を前提にした典型的な言い訳にみえる。

＊32　特定空家等は、空家等の部分集合である。この点、空家法12条が「空家等」と規定していることから、特定空家等には同条にもとづく権限行使ができないと誤解している市町村があるようにみえる。

＊33　総務省行政評価局『空き家対策に関する実態調査結果報告書』（2019年１月）45頁。同調査は、総務省ウェブサイトで公開されている（https://www.soumu.go.jp/main_content/000595230.pdf）。

＊34　空家法12条のもとでのアプローチがされれば、「行政に目をつけられている」ことを所有者等は認識するから、これによって、一定数は自主対応されているように推測される。なお、調査のかぎりでは、同条に関して様式を定めている施行規則はみられなかった。筆者の調査によれば、口頭に

12条にいう「適切な管理を促進」の中心は、特定空家等の状態にならないようにするための建物改修や樹木伐採といった措置であろう。しかし、所有者等の事情を勘案して、除却を促す助言が排除されるわけではない。不適正管理状態にならないような対応と整理して、除却を「適正な管理」に含めることはできるだろう。実際、筆者の調査によれば、12条にもとづく助言をした自治体においては、効果は「無かった。」という自治体がある一方で、「市の補助制度を活用して、特定空家等を除却した。」、「除却費補助金の対象となる空き家であれば、補助金制度に関する助言は効果がある。」という事案もみられる。それに至らずとも、「行政文書として通知することは、ある一定の効果はある。」という認識もある。「対面で話し合う」ことで除却につながった事例もある。所有者のなかには、除却は自分でしなければならないが費用を捻出できないと考える人が少なくないようである。このため、助言において、現状有姿での不動産業者への売却をすすめる場合があると回答した中核市があった。「ダメモト」というわけではないが、所有者等とのコミュニケーション・チャネルのひとつとして、市町村は、12条をもっと積極的に用いてもよいように思われる＊35。その際には、特定空家等と認定した後ではなく、「このままでは特定空家等と認定されます。」という空家等の段階でするのが効果的ではなかろうか。「笠間市空家等対策の推進及空家等の利活用の促進に関する条例」９条１項のように、空家法12条を活用する旨を規定するものもある。実際、同市においては、相当の割合で、事態改善に向けての対応がされている。

特定空家等に認定した旨の連絡をいきなりするのは、いかにも「上から目線」

より伝達している市町村が多いが、葛飾区のように、文書番号が付され、区長公印が押印された通知書によるところもあった。12条にもとづく措置で対応されるというのは、空家法１条に規定される目的の最もコストパフォーマンスが高い事案処理である。奏功しなければ14条１項に移行するという見極めは重要であるが、特定空家等に対する12条措置は、推奨されるべきであろう。

＊35　「「助言・指導、勧告、命令等の法的な対応」、「応急措置を実施し、費用を請求」という文言を見て、今まで無視をしていた人から問い合わせがあるケースもある」と回答した市があった。空家法12条の文書に、同法および空き家条例が適用された場合の「シナリオ」を記したのであろう。特定空家等と認定する以前においてなされる空家法12条措置について、「一定の成果を上げている」と評価する総務省調査は、「①「助言・指導等を行っても所有者等が改善を図らない場合、勧告や代執行等の実施を視野に入れなければならず、これらを実施することとなれば、その事務負担や財政負担は大きく、可能な限り、特定空家等とする前に自主的な改善を促している」」、「②「所有者等との関係を円滑に保つために、いきなり空家法第14条に基づく措置は採らず、まずは条例に基づく措置などで自主的な改善を促すこととしている」」という実情を整理する。

である。所有者等の側にも、それぞれの事情がある。初動段階での「ボタンの掛け違い」は、無用のトラブルを招く原因となるため、行政においては、注意を要する。

⑶　空家法14条１項にもとづく助言・指導

特定空家等に対して空家法が予定する最初の措置は、空家法14条１項にもとづく助言・指導である。「……助言又は指導をすることができる。」というように、市町村長には効果裁量が与えられている。

特定空家等と認定をすれば助言・指導をするかという問いに対しては、ほとんどすべてが「する」と回答した。現にある特定空家等の管理不全状態を改善するために認定したのであるから、前に進むのは当然なのであろう。総務省調査によれば、実施件数は、「特に建設・建築部局が空き家対策担当をしている自治体で人口比に比べ多くなっていた（建設・建築部局が空き家対策をしている自治体は、人口は調査対象自治体全体の約６割だが、助言・指導の実施件数（戸数）は８割を占めた。）」という。その理由として、特定空家等の「判定に当たっては住宅関係の専門的知識が有用と考えられるため、これらの知見がある建設・建築部局の方が助言・指導を行いやすいためではないかと考えられる。」とする＊36。

もっとも、戦略的に対応し、なるべく空家法を用いずに所有者等による自主対応を実現しようとしている自治体もある。たとえば、香取市は、特定空家等に認定しつつも、空家法14条１項助言・指導をする前に、建物の現状写真などを添付した「現況連絡文書」を送付する運用をしている。認定された296件のうち160件が解除されているが、そのうち71件（44.4%）がこの運用によるというのであるから、効果は相当にあるとみてよい。世田谷区も、具体的な措置を依頼する前に、周辺住民からの苦情が出ていることを添え書きして、現況写真を送付している＊37。

助言・指導の効果であるが、**[図表4.2]**（⇨p.175）によれば、成功率は93.8%であった。この傾向は、過去から一貫している。一方、総務省調査は、「51自治体では、1,710戸のうち、755戸（44.2%）について、所有者等による改善が図ら

＊36　総務省調査・前註（33）13頁。
＊37　総務省調査・前註（33）145頁参照。

れていた。」とする＊38。半数以上の事例においては改善がみられていない。そうすると、単純に93.8％が指導により改善対応したというよりも、助言・指導の「重ね打ち」がされており、勧告に進む事案はそれほど多くないと整理するのが適切であろう。

それでも、筆者のアンケート調査では、効果的という意見は多かった。理由として示された回答のいくつかを、内容ごとに分類して紹介すると、以下のようになる。

１．【対応の必要性の意識づけ】

「認定されることにより、所有者への強いメッセージになった。」、「指導通知をきっかけとして放置できないものと再認識されたことがうかがえる。」、「市からの直接の助言・指導があったことにより、自身の問題として認識させることができた。」、「相続の自覚がある物件（小さいときに住んでいた等）の場合は早く動いてくれるケースが多い。」、「助言・指導の効果があったものは、所有者等が以前から空家のことを気にしていた場合がほとんどであり、指導では措置期限を３カ月（規模や構造によっては６カ月）に設定したため、所有者等の切迫感が募ったと考えられる。」、「即効性は高くないが、粘り強く助言・指導を行うことで一定の効果はあると感じている。所有者等の多くが、近隣に迷惑をかけてはいけないと思っており、行政の働きかけがきっかけとなり真剣に空き家への対応を考えてくれたものと思われる。」、「遠方に居住している所有者等については空き家の状況を把握することが容易ではないため、現状を知らせる意味でも効果がある。」、「近年の新聞やテレビ等による報道と相まって、文書を見てすぐに理解できると思われるため。」

２．【公文書による通知の効果】

「行政文書として通知することは、ある一定の効果がある。」、「役所から公印を押された書類が届いたという事実が理由と考える。」、「「指導書」という書面を見て、今まで無視していた人から問い合わせがあるケースもある。」、「法12条の助言書とは異なり、「指導」という言葉が文字として現れることで一定の効果がある。」、「多

＊38　総務省調査・前註（33）50頁。

くは態度に変化はないが、文面がそれまでの通知文より固く難しくなったことから、相談や除却に向けた動きがみられる場合もある。」

３．【今後の措置の可能性の具体的提示】

「直接、対面により指導書を手交し、特定空家等の説明を交えながら物件の売却等のあっせん、取り壊し費用の見積書の提示などを行ったため。」、「行政が代執行を行った場合に過料と費用が請求されることを所有者等に理解させたこと、また、見積取得の代行など、所有者等に寄り添った対応を行ったこと…。」、「指導に従わなかった場合の法的措置（勧告時の税特例解除、命令違反の罰金、代執行など）が本市の啓発活動・認定時での所有者等への説明や全国的にもニュースなどで広く周知されているため、所有者等に危機感が生じていると思われる。」、「「特定空家等」という文言や、勧告・命令等の可能性の示唆等により、通常の指導よりは多少強い印象を与えることができると思われる。」、「指導書を送付する際に空家法の該当条文を付しているので、所有者は今後、不利益処分が働く可能性があるという認識を持ったと思われる。」、「自分に不利益があると考えに至った者には効果はある。条例の助言では動かなかった所有者が指導内容を実施した。法14条の流れを説明したからか。」、「空家法の手続きの流れ（勧告（住宅用地の特例除外）→命令（従わないと過料、本市の場合は条例により氏名公表））に乗ってしまった事を感じて改善していることが考えられる。」

４．【勧告に移行した場合の具体的不利益の認識】

「勧告により固定資産税の減免特例が解除されること、命令・代執行まで移れば、資産が差し押さえられることなど、より切迫感をもって説明できる。」、「そのまま対応せず、勧告された場合、固定資産税の特例が解除されると知ったためと思われる。」

５．【除却補助金制度の利用可能性の提示】

「所有者等への除却費用補助金（上限30万円）の情報提供等が契機となり、除却につながった事例がある。特定空家等に対しては補助金を利用し解体にかかった費用の３分の１最大50万円）を補助できるため。」、「除却に対する国・市の補助があったことが効果の要因として大きいと考えられる。」、「認定されることで活用できる除却補助による支援が所有者の後押しになった。」

一方、「効果は限定的・ほぼない」という回答もそれなりの数あった。その理由として示されたものをいくつかあげると、以下のように整理できる。

１．【除却費用の問題】

「費用問題等の理由で改修・解体ができない。」、「高齢者であり相続手続きや解体の発注等が自発的にできない、資力がなく解体費用が用意できない等、自力ではどうにもならない場合が多い。」、「解体の意思はあるが、現在の生活で解体費用を捻出することができない。」

２．【相続関係の問題】

「法定相続人がほとんどで、所有者としての自覚がない。」、「相続人が遠隔地に居住し無関心。」、「複雑な相続等の時はなかなか動いてもらえない。」

３．【不利益性の問題】

「助言・指導しても所有者への損失はなく、特定空家等に認定される前に行っていた法12条助言と特に変わらないものであるため。」、「所有者等は空き家を放置してもデメリットは少なく、逆に除却・改善する方が、経済的負担などデメリットが大きい。」、「古い建物で、相当の期間固定資産税が課税されていない空き家等の場合、所有者が亡くなっていると、相続人が空き家の存在自体を知らない場合があり、市が助言・指導を行っても、なぜ自分が対策を講じる必要があるのか理解を得られない。」、「勧告のように税の特例措置が解除となるような効力はないので、即時対応へと導くことは難しい。」、「助言・指導を行っても、所有者への不利益等が生じないため。」

ある中核市は、「これまで11件の空き家に対して助言・指導を行ってきたが、そのうち８件については、粘り強く交渉等を行った結果、所有者等により除却され〔た〕」が、これは、助言・指導によって、「自身の問題として認識させることができた」からと自己評価されている。別の市は、「指導した5件のうち、4件は除却等の対応が行われ、残り1件も除却予定であるが」、これは、「市の姿勢を示したことで、所有者等が代執行や条例に基づく氏名等の公表などの現実を帯びた」からであるという。たしかに、このような事例は少なくないだろう。すなわち、対応が十分にされた以上、勧告をする必要がないのである。

これに対して、改善がされたがゆえに勧告に移行しないのではなく、勧告に移行できないために指導・助言を繰り返す「重ね打ち」をしている場合も少なくない点は先にみた。ある市は、「助言・指導により、解体済及び解体への取組みが行われているものが4割であり、一定の成果は得られている。」とは述べつつも、「しかし、6割近くは、資力がない、相続手続きをしていない、相続人が遠隔地に居住し無関心等、解決に向けて課題が残っている状態」と指摘している。実際、この市では、空家法14条1項指導を71件実施しているが、同条2項勧告に進んだのは1件にとどまる。**[図表4.2]**（⇨p.175）にある助言・指導数は延べ数であるため、同一の特定空家等に対して、複数回実施している例がある*39。上述のように、助言・指導段階で足踏みをしている事例は少なくない*40。勧告に移行すれば、そのあとの空家法14条3項命令および（費用回収がきわめて不確実な）9項緩和代執行を覚悟せざるをえない。しかし、この自治体では、「個人の財産である空家等の適正管理は、所有者等が自らの責任において行うことが原則であるため、あくまで所有者等による自主的な改善を求めている。」のである。勧告に進まないのではなく、「進めない」現実がそこにある。14件の指

---

*39　アンケート調査におけるある市の回答は、空家法14条1項助言・指導の件数に関する質問に対して、「10件（特定空家等認定件数は5件であるが、所有者へ複数回指導した物件あり。）」と記している。総務省調査・前註（33）51～52頁・141～146頁は、いくつかの自治体の実情を紹介する。それによれば、室蘭市は、再指導文書については色付きのシートを用いて所有者等に働きかけているが、「これにより、所有者等からの返答が増加した」という効果はあったそうである。上市町においては、所有者が指導に応じなかったところ、当該特定空家等の地元町内会に対して、危険だから近づかないようにという注意文書を回覧したところ除却されたという。地域コミュニティのなかでの「圧力」が作用したのだろうか。安芸高田市では、自治会長からの連絡に応じて、所有者による改善対応が実現した。

*40　泉水健宏「空き家対策の現状と課題：空家等対策特別措置法の施行状況を中心とした概況」立法と調査416号（2019年）84頁以下・91頁は、「助言・指導を実施した市区町村数、措置件数と比較すると、いずれも低位の水準となっている。」と評する。

導をしつつも勧告を１件しかしていない市、40件の指導をしつつも勧告を１件しかしていないある中核市も、「勧告をしてしまうと先に進まざるをえなくなることを懸念する。」と回答した。

日本弁護士連合会の調査によれば、回答市町村の約８割は、勧告対象者における固定資産税の住宅用地特例適用除外の影響に関して、「特に考慮することはない、あるいは考慮することを予定していない」としている＊41。この点に関して、20件を超える勧告件数を持つある市は、上掲の理由に示されている固定資産税の住宅用地特例適用除外をあげていた。13件の指導をしつつも１件の勧告しかしていない市は、「所有者等の金銭的理由等から改善が見込めない空家等が多いなか、勧告すると住宅用地特例の対象から除外され、実質不利益処分となるため。」と回答した。「固定資産税の住宅用地の特例が外れることにより、トラブルが生じる恐れがあるため。」という認識を示す町もある。助言・指導と勧告の間に「一線」を引いている。「年金生活者のように資力がない所有者の特定空家等の場合には、勧告は難しい。」と回答する市もあった。適用除外措置は、所有者等において、不適正管理に対するディスインセンティブとして機能させるのが制度趣旨であるが、それにより生じる不利益性に対して、行政が配慮をしている。行政に対するディスインセンティブになっているという逆機能である。上記いずれの場合であっても、特定空家等と認定した以上、著しい保安上の危険性は存在しているものの、倒壊等による被害発生の可能性は低いと判断しているのだろうか。

一方、勧告をそれほど重たく受け止めていない市もある。「できるだけ勧告まで行い、後は説明により目的を達成しようと努力している。」というように、この自治体では、空家法14条３項命令を大きなハードルととらえているのである。「勧告は行政指導という点で助言・指導と同じであるが、命令となると代執行につながるから慎重になる。」という中核市もある。

なお、著しく保安上危険な建築物が借地上に建っている場合、空家法14条１項助言・指導は、建物所有者と土地所有者の両方に対してなされる。**[図表4.2]**

＊41　日本弁護士連合会法律サービス展開本部自治体等連携センター＋日本弁護士連合会公害対策・環境保全委員会（編）『深刻化する「空き家」問題：全国実態調査からみた現状と課題』（明石書店、2018年）（以下「日弁連調査」として引用。）79頁参照。

（⇨p.175）の「17,026」という件数の内訳は示されていないため、その実態は不明である。指導を受けた土地所有者としては、建物所有者に対して自主解体を依頼するだろう。しかし、相手方が行方不明の場合も少なくないと考えられるため、助言・指導の効果はほとんどないとみてよいと思われる。そうである場合に、建物については免税点以下ゆえに課税されないことがほとんどであろうから、住宅用地特例の適用除外がされる不利益は、土地所有者が一身に引き受けることになる。総務省調査でも、「借地上の特定空家等の場合、税負担増に伴う土地所有者とのトラブルが懸念されるため、勧告に躊躇しているとする意見が聴かれた。」とするが*42、筆者の調査においても同様の状況にあった。

⑷　空家法14条２項にもとづく勧告

空家法14条２項勧告の実務についてみてみよう。勧告は、「助言又は指導をした場合において、なお当該特定空家等の状態が改善されていないと認めるとき」になしうる。効果裁量があるのは、助言・指導と同様である。

［図表 4. 2］（⇨p.175）からわかるように、数字だけみれば、勧告の効果も相当に高い。命令に進むのは、12.5％（100.0－87.5）しかない。同一の特定空家等に対して勧告は１度しかしないという市町村が大半と思われるが*43、「複数回にわたり定期的に実施する」という中核市もある。このため、助言・指導ほどではないにせよ、この数字はややディスカウントして受け止める必要がある。

勧告は、法14条３項命令と強くリンクしている。すなわち、命令は、「勧告を受けた者が正当な理由がなくてその勧告に係る措置をとらなかった場合において、特に必要があると認めるとき」になしうるのである。「特に必要があると認めるとき」という要件は、比例原則の確認にしかすぎないため*44、「相当の猶予期限」経過後になお勧告にかかる措置が講じられていなければ、命令に移行す

＊42　総務省調査・前註（33）23頁。

＊43　日弁連調査・前註（41）書186頁も、同様の傾向を報告する。

＊44　北村喜宣「空家法の逐条解説」・前註（10）書152頁以下・192～193頁参照。この点は、ガイドライン案のパブリックコメントにおいて筆者が指摘し、その趣旨であると確認がされたものである。北村・前註（10）書373～374頁参照。もっとも、アンケート調査においては、「法14条第３項には「特に必要があると認めるときは」とされていることから、勧告から命令には大きな壁があると認識しています。」とする市があった。ガイドラインは、所詮は法的拘束力のない行政規則にすぎないため、この市は、空家法の自治解釈しているようにもみえる。あるいは、たんなる言い訳だろうか。いずれにせよ、法改正においては、削除すべき要件である。

る。もちろん、命令発出にあたっては効果裁量があるものの、実際には、そのような場合において命令をしないという選択肢はないだろう。助言・指導から勧告に移行するにあたっては、相当慎重な検討がされる場合も考えられる。実際、そうした受け止め方から、指導の重ね打ちをしている市町村もあった。一方、「命令をすると後がないが、勧告ならばまだ命令がある」と整理する中核市がある。

アンケート回答のかぎりでいえば、勧告の効果に関する評価は分かれている。効果ありとする市町村は、その理由として、「勧告を受けた後、命令に違反した場合、50万円以下の過料が科せられる……。」、「固定資産税の特例の解除による効果」、「住宅用地の特例が解除される」、「勧告により固定資産税の税負担が大きく増えることによる効果は大きい。」、「(物件が住宅用地特例を受けている場合においては）実質的な不利益処分である……。」、「措置期限までに正当な理由なく措置を取らなかった場合は、法第14条第３項の規定に基づき、当該措置を命ずる旨をしめしたこと……。」とコメントしている。アンケート調査においては、理由なしだが効果ありとする自治体は多くあった。

これに対して、効果がない・少ないとする市町村も多くあり、その場合には、より具体的なコメントが回答に記されている＊45。「解体したら隣との境界線がわからなくなるとの理由で改善に至っていない。」、「支払い能力がない……。」、「解体の意思はあるが、現在の生活で解体費用を捻出することができない…。」、「固定資産税の特例がはずれてもよい、差し押えされてもよいと考える所有者には、効果があまりない。」、「土地の評価額が低いため、住宅用地特例がはずれていても、高額な負担にならない……。」、「地方では固定資産税が６倍になっても、都市部とは異なり金銭的に大きな負担とはならない……。」、「特例が外れても、固定資産税の賦課は翌年であり、時差があり即効性のある効果はみられない。」、「そもそも対象家屋が、屋根が落ち込み壁がほぼ剥落しているなど、課税上は住宅（建物）が滅失している状態と判断されると、特定空家等の認定とは関係なく、その敷地は住宅用地でないということで特例の対象とならないこととなり、勧告による罰則的意味合いの特例の対象外となる措置の効力がない。」、

＊45　総務省調査・前註（33）53頁も参照。

「所有者が重度の疾病にかかっており、仮に命令を行ったとしても適切な対応がされないと考えられる。」、「接道のない土地など評価額の低い土地については効果が限定的である。」、「金銭的理由等から改善が見込めない物件が多い。」、「市税滞納者などの既に経済的に余裕がない方にとっては、固定資産税の負担が増すことが対応動機となり得ない。」、「特定空家等の所有者の多くはそもそも金銭的に余裕が無い方が多いため、固定資産税が上がってもすぐに除却に結びつかない。」、「資金がなくて対応できない場合や危険空家に対する問題意識が低い者に対しては効果がない。」、「勧告までいくと、所有者等ではどうしようもない状態」という状況にある。特定空家等の認定を比較的緩やかに行っていると思われるある中核市においては、「指導147件、勧告９件」となっていた。事情を調査したところ、「対象が多いので、フォローができていない面がある。」ということであった。アンケート調査においては、理由なしだが効果ありとする自治体は、一定数あった。

なお、借地上にある建築物が著しく保安上危険であるがゆえに土地ともども特定空家等に認定されている案件については、法14条１項助言・指導と同様、同条２項勧告は、建物所有者と土地所有者の両方に対してなされる。そうした場合の土地所有者の勧告は、指導と同じく効果がないであろう。かりに除却がされたとすれば、住宅が消失するために固定資産税の住宅用地特例は適用除外される。勧告を受けて除却がされないままに１月１日を迎えると、やはり同特例は適用除外される。いずれにしても、土地所有者は、踏んだり蹴ったりにはなる。「空き家の除却等への動機づけにはならないため、勧告をしていない特定空家等があります。」とする市、「土地所有者に被害が及ぶ。」とする市があった。借地上の建物にかかる土地の所有者への配慮は、多くの市町村でみられる。実際、土地所有者に対して勧告をしたある市では、「土地所有者からの反発を招いた。」としている。先にも確認できたが、間接的原因者にすぎず、むしろ被害者的立場にある土地所有者に対しての、それなりの配慮がうかがわれる。

「本市においては、対策計画において重点対象地区を定めており、マニュアルにおいて重点対象地区のみ勧告を行う」という回答があった。行政リソースの配分を、住民参画を通じて策定される計画により決定するというのは、合理的運用といえる＊46。

勧告の次の措置は、法14条３項の命令である。命令の判断にあたっては、市町村においては、相当に慎重になっている状況がある。一般論としては、たしかに、「命令は原則として代執行を伴うが、空き家の適正管理は所有者の責任であり、安易な代執行は避けるべき」ではある。勧告までは行政指導であるが、命令は緩和代執行につながる不利益処分であることから、「建築物の老朽度や周囲への悪影響の程度の状況から、命令の段階ではないと判断している。」とする中核市がある。「命令する場合は、代執行までを視野に入れる必要があるため。」というように、「一線」を超えることに慎重な中核市もある。「個人の財産であるので所有者自らの解決を促すことを目指している。」がゆえに命令はしていないある市は、命令を封印しているといえる。行政リソースの制約を理由に、命令に進む案件を「厳選」している自治体は複数ある。また、「命令すれば、除却に関する補助制度を活用できなくなり、より除却が困難となる可能性が高くなり、代執行に踏み切らざるを得なくなる」と回答した市もあった。

⑸　空家法14条３項にもとづく命令

［図表4.2］（⇨p.175）によれば、131件の命令と50件の緩和代執行が実施されていた。空家法14条１項助言・指導や２項勧告と比較すれば、３項命令の履行状況は芳しくないと評することもできよう。しかし、命令された事案の半数において自主解体対応がされているとすれば、それなりの効果があったとみることもできよう。命令の履行としての建物の自主解体事例はある。「事態の深刻さがわかってもらえた。」、「命令により所有地等が公表され、報道もされた。」というのである。

命令に至る事案は、助言・指導から勧告を経て半年以上経過しているものが多い。空家法14条２項・３項が、それぞれに「相当の猶予期間を設けて」としているためである。その間になされるであろうさまざまな行政からのアプローチに対して何の対応もされなかったために命令に至ったというのであるから、相当のハードケースなのである。それにもかかわらず、命令によって自主解体

＊46　重点地区については、大澤昭彦「空き家対策と都市計画の連携：空家等対策計画の重点地区に着目して」高崎経済大学地域科学研究所（編）『空き家問題の背景と対策：未利用不動産の有効活用』（日本経済評論社、2019年）301頁以下参照。

が実現できたというのは、筆者には、ほとんど奇跡のように感じられる。効果が低いと回答したある中核市は、「所有者に対して勧告との差や新たな危機感を与えることができない」と述べている。

空家法14条４～８項は、命令発出にあたって、行政手続法と比較しても、きわめて充実した事前手続を規定する。そうした重装備の手続を経てまで命令を選択するのには消極的になるというのが、従来の日本の行政執行過程の実態に鑑みた推測である。ところが、前述のように、勧告の効果に関しては、否定的な見方が少なくなかった。逡巡しつつも命令に移行せざるをえないという判断をする際の考慮要素としてあげられたのは、以下のような事情である。

１.【対応の見込み】

「所有者により改善される見込みがあるか。」、「所有者等の自主的除却の意向と危険度。」

２.【客観的危険性】

「倒壊等の可能性が高いか。市道や公園等の公共空間に接し、不特定多数の人に危険を及ぼす恐れがあるか。他の手段（所有者による対応、緊急安全代行措置）による危険回避はできるか。」、「危険度・周辺への影響度。所有者の誠意度（悪質でないかどうか）。代執行を見据えられるか。」

３.【代執行に至る手続・費用】

「命令を行う前に、所有者に対して十分な働きかけや説明を行ったかどうか。」、「代執行費用の予算措置。」、「建物倒壊による身体、生命、財産への侵害可能性の切迫度。代執行までに進んだ際の費用回収可能性。近隣住民からの要望の強弱。」、「措置が履行されなければ、行政代執行へ移行することになるので予算措置や入札、他法令での連携の可否等について考慮する。」、「代執行まで行う想定で予算、協議会、議会対応、解体業者選定等が無理なく実施可能か。」

４.【訴訟リスク】

「相手方から訴訟を起こされるリスク等。」

そうであっても、一般的には、命令の発出には消極的なのが実情である。総務省調査は、その理由について、「命令を実施することは、その不履行による行政代執行の実施に直結しているが、他自治体が行っている行政代執行事例をみると、費用が全額回収できる見込みは薄いと考えられることから、命令実施になかなか踏み込めない。」と総括している＊47。一方、例外的と思われるが、空家等対策計画において示されている「措置範囲」の基準に照らしてほぼ機械的に判断するという政令指定都市もある。

6　行政代執行を決断した理由と規定要因

(1)「４年半・196件」の意味

行政代執行の対象になるような特定空家等は、「一夜城」のごとく忽然と出現したのではない。それぞれには、そうした問題状態に至るまでの長い歴史がある。市町村行政に対しては、周辺住民から要望が多く寄せられていたはずである。決定的な対応方法がないために「たらいまわし」をしていたとしても、現場状況を知っている職員には、「何とかしなければならない」という意識はあっただろう。事案として臨界点近くになっていたところに、タイミングよく空家法が登場したという面はある。空家法施行から2019年10月１日までの４年半の間に196件もの代執行が連鎖的にされた背景には、こうした事情があるように思われる＊48。大仙市などによる行政代執行実績はあるけれども、かりに独立条例としての空き家条例しかなかったとすれば、そこに命令が規定されていたとしても、行政代執行法にもとづき全国的に代執行が実施されるという事態には至っていなかったように思われる。

そうであるとしても、市町村行政の規模にかかわらず、やはり行政代執行は「大事（おおごと）」であり、決断にあたっては、組織としての相当の逡巡があったのではな

＊47　総務省調査・前註（33）54頁。同53頁は、命令違反に対して科される過料が「自治体が命令の実施に躊躇する理由」であるとするが、どのような趣旨だろうか。

＊48　除却命令を可能にする空き家条例を制定していた市町村であれば、空家法を待たずとも、命令を発出して行政代執行を通じて除却をすることは可能である。そうであるにもかかわらず、空家法を待って行政代執行を実施した事例があるとすれば、その理由は何だろうか。

いかとも思われる。日弁連調査は、行政代執行を躊躇させる要因について、**[図表 4.7]** のように報告している。

[図表 4.7] 特定空家等に対する行政代執行の実施を躊躇させる要素（複数回答）

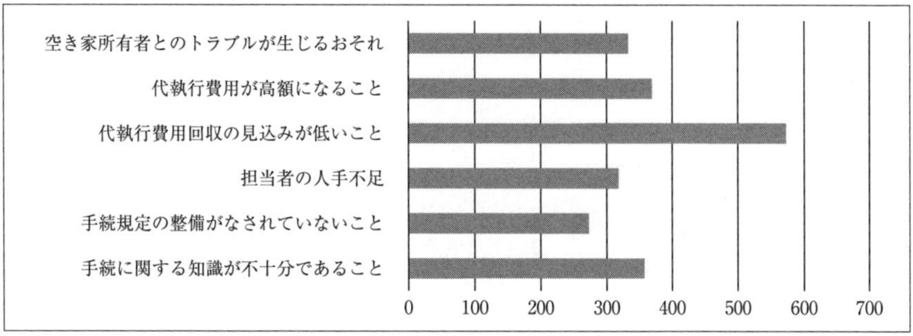

（出典）日弁連調査84頁。

代執行を経験した市町村においても、それ以前においては、**[図表 4.7]** のような状況だったであろう。それにもかかわらず、「一歩」を踏み出せたのはなぜなのか。アンケート調査とヒアリング調査を踏まえて、その実情をみてみよう。

(2)　空家法14条９項にもとづく緩和代執行および法14条10項にもとづく略式代執行

(a)　影響を与えた要因

[図表 4.2]（⇨p.175）によれば、「空家法14条３項命令131件、同条９項緩和代執行50件」となっている＊49。同一年度の命令が同一年度の代執行につながったわけでは必ずしもないから、単純に引き算をするわけにはいかない。しかし、おおよその傾向は反映しているとみてよい。命令事案の38.2％が、履行されずに代執行に至っている。これらは、「超ハードケース」である。おそらくは、空家法12条の手続ないし特定空家等の認定から始まる長い期間のなかで、関係者に対して数えきれないくらいの働きかけがされたはずである。しかし、結局は自主除却を実現できずに公費を用いた代執行に至ったのであるから、個々の行

＊49　そのうちの48事例の状況は、総務省調査・前註（33）の147頁以下で詳細に紹介されている。

政担当者および組織にとって、相当のストレスが蓄積されている事案と推察される。

空家法14条９項にもとづく緩和代執行の実施実績がある市町村には、代執行を可能にした要因として影響が大きかったものを質問した。要因として示したのは、次の11項目である＊50。

［１］長の姿勢、［２］部課長の姿勢、［３］建築専門職の存在、［４］法律専門職の存在、［５］国や県からの補助金、［６］国のガイドライン＊51の存在、［７］住民からの要望、［８］保安上の危険の切迫性、［９］他自治体における前例、［10］相手方からの費用回収可能性、［11］その他＊52。

この質問項目に対して回答を得た市町村は、24団体である＊53。これら11項目について、影響があった順に上位５つを選んでもらったところ、第１順位～第５順位は、**［図表 4.8］**のようであった。空家法14条９項にもとづく行政代執行を実施した市町村のなかには、任期付き・任期なしの公務員弁護士を雇用しているところがある。［４］は、それを念頭に置いた項目である＊54。

＊50　項目の選定にあたっては、行政代執行経験のある川口市、板橋区、葛飾区の空家法担当者にご助言をいただいた。記して謝意を表したい。

＊51　「ガイドライン」とは、空家法14条14項にもとづいて作成された国土交通省＋総務省「『特定空家等に対する措置』に関する適切な実施を図るために必要な指針（ガイドライン）」のことである（以下「ガイドライン」として引用）（⇨p.380）。

＊52　行政代執行が選択される理由として、筆者は、①長の認識、②ガイドラインの存在、③現実の危険性、④都道府県のサポート、⑤不行使の前例がない、⑥低い争訟可能性、⑦財政的裏づけ、⑧限定された対象、⑨住民や議会の理解をあげていた。北村・前註（４）論文52頁以下参照。その後の検討を踏まえて、①～⑨を本文にある要因に修正し、その影響力を検証しようというのが、本研究である。なお、阿部・前註（６）論文は、①～⑨を前提として、面接調査を踏まえた独自の検証作業をしている。

＊53　前述のように、国土交通省・総務省調査対象時期（2019年10月１日）以降に代執行を実施した市町村も含まれている。後にみる略式代執行に関しても、同様である。

＊54　行政執行過程における公務員弁護士の役割に関しては、平田彩子「公務員弁護士と規制行政」地方自治851号（2018年）２頁以下参照。在職状況については、ちなみに、2021年６月１日現在では、105名（内女性43名）である。毎年発行される『弁護士白書』に最新情報が紹介されている。

［図表 4. 8］ 空家法14条９項にもとづく緩和代執行の決定に影響を与えた要因

市町村	第１	第２	第３	第４	第５
1	7	8	11	6	2
2	8	7	1	2	3
3	8	7	3	2	1
4	8	7	6	2	1
5	8	7	2	4	3
6	8	7	1	---	---
7	8	7	---	---	---
8	8	7	6	---	---
9	8	7	6	---	---
10	8	7	1	2	---
11	8	6	7	9	3
12	10	8	1	3	7
13	8	7	6	---	---
14	1	8	7	6	10
15	8	6	5	3	10
16	8	7	11	---	---
17	7	8	1	2	9
18	2	4	9	7	10
19	8	7	1	9	6
20	10	8	7	2	6
21	8	7	1	---	---
22	8	7	6	1	2
23	8	7	10	6	2
24	8	7	2	6	9

（出典）筆者作成。

空家法14条10項にもとづく略式代執行に関しても、同様の質問をした。なお、代執行決定時には相手方が不明であるため、「相手方からの費用回収可能性」以外の10項目を示している。この質問項目に対して回答があった市町村は、40団体である。それぞれについての順位は、［図表 4. 9］のようになる。同法14条９項にもとづく緩和代執行の実績を有する同じ市町村が複数含まれている。

[図表 4. 9] 空家法14条10項にもとづく略式代執行の決定に影響を与えた要因

市町村	第 1	第 2	第 3	第 4	第 5
1	7	8	5	1	---
2	8	7	6	2	1
3	2	1	8	6	9
4	8	7	2	---	---
5	8	7	2	1	6
6	8	7	6	5	1
7	7	8	9	2	---
8	8	7	6	1	5
9	8	7	1	2	3
10	7	8	1	2	9
11	8	7	6	---	---
12	8	7	6	3 & 4	1
13	8	2	7	9	4
14	7	8	1	5	9
15	8	6	9	---	---
16	1	8	7	6	5
17	8	7	9	---	---
18	7	8	9	2	---
19	8	6	9	2	7
20	2	4	7	8	5
21	8	7	6	2	3
22	7	2	1	6	---
23	8	---	---	---	---
24	7	8	5	9	1
25	7	8	5	1	---
26	8	7	6	1	5
27	7	8	1	---	---
28	8	6	3	---	---
29	8	7	5	6	1
30	8	7	1	2	9
31	8	7	5	1	6

32	8	7	6	2	3
33	8	9	2	5	3
34	8	7	9	6	3
35	7	8	5	1	2
36	8	7	---	---	---
37	8	7	1	4	6
38	8	7	2	---	---
39	8	7	9	6	2
40	8	7	1	5	---

（出典）筆者作成。

(b)　全体傾向の概観

緩和代執行および略式代執行の合計64サンプルの全体傾向を確認しよう。第１順位については、「［８］保安上の危険の切迫性」が45（70.3%）、「［７］住民からの要望」が12（18.8%）となっている。第２順位については、「［７］住民からの要望」が37（57.8%）、「［８］保安上の危険の切迫性」が15（23.4%）となっている。この２つの要因で、第１および第２順位の大半（87.5%）を占めている。

第３～５順位については、それほどに目立った傾向は観察されない。相対的に多いのは、「［１］長の姿勢」「［２］部課長の姿勢」「［６］国のガイドラインの存在」であった。10項代執行に関しては、「［９］他自治体における前例」が多い。９項代執行と事情は変わらないように思われるが、興味深い傾向である。全国的に実施件数が多いからであろうか。

(c)　要件充足性、住民要望

緩和代執行にせよ略式代執行にせよ、その対象となるのは、空家法２条２項が規定する特定空家等である。複数ある特定空家等のなかでも特に保安上の危険度が高いという事実が第１順位にあげられるのは、行政代執行の前提ともいうべき判断であり、当然の結果である＊55。行政代執行に至った時点での保安上

＊55　順位は別にして、阿部・前註（６）論文76～78頁も、この点を指摘する。葛飾区の行政代執行に関して、下村聖二「所有者判明の空き家を行政代執行で撤去」日経アーキテクチュア2016年９月22日号110頁以下・111頁では、「仮に空き家が倒壊したときの、周辺に与える影響の大きさと、危険の切迫性」が強調されている。

の危険性が、特定空家等認定時のそれとどれほど異なっているかは事案によるが、悪化しているに違いなく、倒壊等の切迫した危険が一層顕著になっているのであろう＊56。緩和代執行の場合には、空家法14条１項指導、２項勧告、３項命令のいずれも奏功しなかった。「もう後がない。」という状況のもとで危険性の程度が深刻化していれば、行政代執行をせざるをえない。しかし、そのような状態には至っていなければ、命令でとまる事例もある。

第２順位は、住民要望であった。保安上の危険が物理的要因であるとすれば、こちらは社会的要因である。住民要望を第１順位にあげる市町村があるが、当該特定空家等に関して深刻な保安上の危険が発生しているのは、当然の前提になっていると考えられる。複数の案件があった場合、「何とかしてほしい」という地元の気持ちが強いものに優先順位をつけるのは、選択的執行を基本とする法律執行過程においては、理解できる判断である。

住民要望の強さの背景としては、空家法にもとづく行政代執行事例が広く報道され、「行政に言えば何とかしてもらえる。」という期待感が拡大している点が指摘できるだろう。空家法以前の空き家条例の制定がない市町村であれば、住民は、「言っても何もしてもらえなかった。」と諦めムードであった。「何でもかんでも持ち込まれるようになった。」という行政担当者のボヤキもあるが、現実に実施されている行政代執行の根拠としての空家法の存在が住民に知られるようになったことは、身近な案件に関する行政への要望の背中を押しているだろう。

(d)　長の姿勢、部課長の姿勢

第１順位および第２順位に「［８］保安上の危険の切迫性」、「［７］住民からの要望」があげられたのは、予想された結果である。筆者としては、第３順位以下が何かに注目をしていた。

［図表4.8］および**［図表4.9］**にあるように、第３～５順位のなかでは、「［１］長の姿勢」、「［２］部課長の姿勢」が多かった。より正確にいえば、前者は30、後者は26である。これは、少々意外な結果であった。後者の方がはるかに多い

＊56　阿部・前註（６）論文42頁は、空き家条例のもとで３件の行政代執行をした大仙市が、その後に代執行をしていない理由のひとつとして、「３件の空き家の解体により、市が代執行により除却すべき公益性や緊急性の高い物件がひとまずなくなったこと」をあげている。

と想像していたのである。

実際、ヒアリング調査のかぎりでは、具体的な行政代執行の決定に対して長が積極的に関与したという事実はほとんど確認できなかった＊57。長が最終的決裁をする通常の案件と同様、行政代執行についても、担当課が庁内調整をしたうえで「長にあげる」のである。事務方において調整の済んだ案件について、長が「拒否権を発動」したという事例は耳にしなかった。「［1］長の姿勢」を選んだ回答の趣旨は、おそらく、危険な建築物は除却してよいという方針を長が示している、住民のためになるなら進んで対応すべきと長は考えている、長が反対しなかったために行政代執行が決定された、ということであろう。事案によるけれども、行政代執行費用は、一般には、数百万円程度である。たしかに、その程度の額の支出で「地域住民の安心を買える」、「地域住民に感謝してもらえる」のであれば、政治家として、通常は、これを拒否する理由はない。そうした方針が抽象的にではあれ庁内外に示されていれば、担当課による庁内調整は、それなりにスムーズには進むだろう。香取市については、「「危ない空き家に積極的に対応する」という市長の方針」＊58、「長が代執行の実施を後押しすることで、財政部門をはじめとする関係部署の協力を得られているという意見もあった。」と報告されている＊59。第3順位として「［1］長の姿勢」をあげた東近江市については、「県内で代執行を実施した市町村がなく、空き家対策の先進地となるべきであるという市長の意向」があったそうである＊60。

長の「リーダーシップ」は、自治体規模が小さいほど発揮されるのかもしれない。**［図表4.4］**（⇨p.178）にあるように、秋田県内で最少人口の自治体である上小阿仁村（2020年9月末現在、2,206人）は、4件の緩和代執行を実施している

＊57　もっとも、阿部・前註（6）論文73頁は、葛飾区について、「区長から「空き家により困っている区民がいるので、早く対応するように」という指示により対応を進めた」という事情を紹介する。筆者の知るかぎり、めずらしい対応である。

＊58　阿部・前註（6）論文55頁。

＊59　阿部・前註（6）論文73頁。釼持麻衣「特定空家等に対する行政代執行と費用回収」都市とガバナンス30号（2018年）164頁以下・165頁註（9）は、「ヒアリング調査を行った自治体では、長が代執行等の実施を決断したことで、財政所管部署をはじめとする庁内関係部署の協力をより得やすくなったとの意見が聞かれた。」とする。

＊60　総務省調査・前註（33）205頁。同じく第3順位として「［1］長の姿勢」をあげた野洲市の市長による代執行報告として、山仲善彰「特定空家の老朽化分譲マンション行政代執行終了：社会経済的災害として位置付けて」市政69巻9号（2020年）38頁以下参照。

が、地縁の濃い土地柄であり、村民からの要望に対応せざるをえない「村長の方針が大きかった」＊61。

これに対して、「［２］部課長の姿勢」は、相当に実質的な決定要因となっているように思われる。ヒアリング調査においては、「今の課長が変われば、おそらく代執行はしないのではないか。」、「今の課長では、代執行はできないだろう。」という趣旨の発言を多く耳にした。市町村として、一度実施した以上、必要があれば代執行を実施するという方針になるのではないかとも考えていたが、そうした意味での前例性は確認できなかった。

もっとも、調査・調整・起案をするのは、部課長ではなく課員や係員である。彼らが住民からの通報を受けて調査をし、保安上の危険度を把握する。緩和代執行であれば、空家法14条１項指導、２項勧告、３項命令の手続を進め、「代執行やむなし」の判断をして部課長に相談をする。調査をしても所有者等が不明の略式代執行案件であれば、保安上の危険の深刻さを評価して、同様の動きをする。行政においては、ボトムアップ型の意思決定が通例である＊62。したがって、代執行決定のポイントは、下からの提案に対して、部課長がどのような姿勢をみせるかにある。法的に整理すれば、空家法14条９項または10項にいう「できる」という効果裁量の判断である。進むのか抑えるのか、どちらの判断であるにせよ、実質的な決定権がここにある。

代執行の実質的決定の決裁印を押した理由は、人により様々であろうが、住民への危害の防止の緊急の必要性については、共通しているだろう。なお、「代執行はしない」という部課長の姿勢が明確に示されていれば、職員は、忖度をして、あえて代執行を提案するようにはならないようにも思われる。**［図表4.6］**の認識にそれがどの程度反映しているのかは、確認できなかった。

理由はさておき「とにかくやりたくない」という想いが先にあれば、理由はいくらでも後からつけられる。空家法14条９項および10項の法令解釈になるが、代執行の決断は属人的であり、「人による行政」になっている面もある＊63。長の

＊61　阿部・前註（６）論文46頁。

＊62　礒崎初仁＋金井利之＋伊藤正次『ホーンブック地方自治〔新版〕』（北樹出版、2020年）201頁以下［金井］も参照。

＊63　「行政の継続性」の観点からは、こうした属人的事情は否定されるべきものであるかもしれないが、現実には、組織の意思決定において、影響力を持つ要因である。ある市では、「最初の代執行

きわめて強いリーダーシップが発揮されないような事案においては、どちらに転ぶにせよ、組織の決定において、「［２］部課長の姿勢」は、まさに「切り札」として作用するのである。

あるセミナーの場で、代執行経験のあるいくつかの市の職員から、「対応が必要な建築物なので、どうせなら県内一番乗りの代執行を目指そうと考えた。」という趣旨の発言が連続したことがある。担当課として、こうした認識が共有されている場合もある。

(e)　**国のガイドラインの存在**

空家法14条14項にもとづくガイドラインは、パブリックコメントを経て策定されたものであり、「第１章 空家等に対する対応」「第２章「特定空家等に対する措置」を講ずるに際して参考となる事項」「第３章 特定空家等に対する措置」を中心に構成されている（⇨p.380）。ガイドラインは、全国画一的なものであるが、都道府県によっては、これをカスタマイズしたバージョンを作成して市町村に提供するところもある。

特定空家等の認定、指導から勧告への移行、勧告から命令への移行、代執行の決断など、空家法の実施にあたっては、裁量的判断を求められる場面が多くある。たしかに、ガイドラインの〔別紙１〕～〔別紙４〕（⇨p.395～400）において示される基準（空家法２条２項の特定空家等の要件に対応）は曖昧であって使い勝手が悪いという評価を耳にすることがあるけれども、何らかの根拠を国が用意してくれているのは、（とりわけ建築専門職員が不在の）市町村にとっては大きなよりどころとなっている点が確認できる＊64。代執行を検討するのは、特定

をした前課長は後輩であったため、その手柄を継承するのがおもしろくない。」という理由で、その後の代執行に否定的になっているという話も耳にした。前例としての代執行経験があったとしても、それゆえに別の案件についても実施するのではなく、前例においては費用回収ができていないから、これからは実施すべきではないという言い訳がされる。そういうスタンスであれば、代執行につながる空家法14条３項命令は出されないだろう。14条２項勧告、１項指導についてもそうかもしれない。

＊64　順位は別にして、阿部・前註（６）論文75～76頁も、この点を指摘する。行政代執行との関係は必ずしも明らかではないが、長谷川福造「空き家に関する施策の考察：行政の実効性確保の視点から」法政論叢53巻１号（2017年）115頁以下・124頁も、ガイドラインを評価している。泉水・前註(40) 論文93頁は、行政代執行に関して、「実施に当たってのノウハウが不足しており、実施できないともされる。」とするが、筆者の調査のかぎりでは、そうした事情は観察されなかった。人口約1.3万人・行政職員数約100人の高森町へのメール調査によれば、「国のガイドラインにより構造の専門家がいない当町でも特定空家等の判断ができました。」ということであった。

空家等のなかでもきわめて危険度が高いと認識されるものであり、この点については、議論の余地はない。ガイドラインは、決断にあたって、まさに「背中を押してくれる」存在なのだろう。

(f)　他自治体における前例

「［９］他自治体における前例」は、散見される要因である。前例主義は行政の意思決定を規律する大きな要因であるところ、提案する職員にしても判断を求められる部課長にしても長にしても、「心の平安」を前例に求めるのは自然である。前例は、行政内外の説得材料として機能する。

行政代執行の年度別の状況は、**［図表４.２］**（⇨p.175）の通りである。「順調に」実績が積み重ねられている。空家法のもとでの最初の除却代執行は、2015年７月に、新上五島町により実施された。同年10月に、横須賀市がこれに続いている。新上五島町は、空家法以前の2013年に「新上五島町空き家等の適正管理に関する条例」を制定しており、老朽空き家対策に積極的に取り組んでいた。同法の施行は2015年５月26日であったが、あたかもそれを待っていたかのように、６月８日、かねてからマークしていた老朽空き家が、隣地家屋に寄りかかるようにして突然倒壊するとともに、建材が前面の町道に散乱したのである。所有者の所在不明案件であった。緊急の対応に迫られた町は、国土交通省にも長崎県庁にも照会することなく、ガイドラインを独力で読み込んで略式代執行を決断・実施した*65。町政上、初の代執行であった。

老朽空き家に対する行政代執行は、空家法以前の時期に、独立条例である空き家条例のもとで実施されている。その第１号は、前述のように、大仙市において実施された*66。豪雪で空き家が倒壊する事例が多く発生していたために、対応の法的根拠をつくるべく、同市は、2011年12月26日に条例を公布した。そ

---

*65　本件については、マスコミ報道もされなかったため、国土交通省は、行政代執行の事実を把握していなかった。このため、「代執行の前例はあるか」と照会した横須賀市に対して、「貴市が第１号」と回答した。2015年10月26日から着手された行政代執行について、同市の発表を受けた同日付け夕刊各紙は、「横須賀市が第１号」と報じたのである。「危険空き家 市負担で撤去 横須賀、特措法で全国初」読売新聞2015年10月26日夕刊12面、「倒壊の恐れの空き家 解体 横須賀市、特措法で全国初」日本経済新聞2015年10月26日夕刊15面（共同通信配信）参照。ところが、実際には「第２号」であることが判明したため、同市は、11月27日に、ウェブサイトで「訂正」をしている。新上五島町が国土交通省に「誤り」を指摘したのだろうか。

*66　前註（12）で引用した諸論文参照。

のうえで、数日後の2012年１月１日に施行し、３月５日に代執行を実施している。勧告および命令を経てのことであるから、相当に短縮したスケジュールでされている。担当の総合防災課が起案した案件であるが、市長も総務部長もこれを肯定的に受けとめて、実施を認めたのである＊67。除却代執行は、大仙市においても、市政初である。

2019年10月１日までの196件の行政代執行事例には、それぞれのストーリーがある。「先駆者たち」の存在は、その後に続く事案における決断の背中を押す要因となったことは、想像するに難くない。何といっても、約４年半でこの数である。建築基準法とは異なって、空家法には、行政代執行をしないという前例がないのである＊68。

空家法以前に空き家条例を制定していたけれども、そのもとでは「命令→行政代執行」を実施しなかった市町村が、同法のもとで、空き家条例時代からマークしていた物件に対して代執行をする例がある。独自の条例によるのではなく、同じ法律を用いた代執行事例の存在は、危険除去のための決定にあたっての大きな後押しとなっているだろう。

さらに関心が持たれるのは、自らが実施した行政代執行の持つ意味である。複数件を実施している市町村においては、他自治体の実例以上に、自ら実施した前例の存在が、大きな意味を持っただろう。

(g)　その他の要因

全体としてみれば、「［３］建築専門職の存在」「［４］法律専門職の存在」は、それほど大きな要因とはなっていない。実際、特定行政庁が設置されていない市町村のなかには、建築職員が不在であるところも多いし、法制度的根拠のない任意採用の任期付き弁護士となると、その数はさらに限られる。

専門職が必ずしも求められないのは、行政代執行を検討するような状態の特定空家等にあっては、状態が相当に劣悪であり、もはや専門的な判断は必要ではなく、「一見明白に」代執行の必要性が判断できるからであろう。総務省調査

＊67　大仙市は、この後、２件の行政代執行を実施していた。積極的な対応の背景には、進藤久・総合防災課長（当時）の存在が大きかったように思われる。更田沙良「〔インタビュー〕進藤久さん 艱難辛苦汝を玉にす」ALPS［地域社会ライフプラン協会］124号（2016年）66頁以下参照。

＊68　北村・前註（４）論文54頁で「不行使の前例がない」と記したのは、こうした趣旨である。

も、「代執行については、住宅関係の専門的知見の有無と相関がなく、また、人口規模とも相関がなく、周辺からの苦情や被害発生の有無等を踏まえ、必要な空き家に対して実施していると考えられる。」としている*69。また、とりわけ略式代執行を要するような状態になっている特定空家等に関する空家法の実施にあたっては、それほど複雑な法律解釈や事案へのあてはめが求められるわけではない*70。

「［５］国や県からの補助金」も、それほど大きな要因ではなかった。著しい保安上の危険性がある以上、補助金がないから対応しないという選択肢はありえない。人身被害が発生すれば、不作為国家賠償法のもとで、責任すら負うのである。この点、緩和代執行を実施したある自治体でのヒアリングにおいては、「放置して事故が発生した場合の法的責任について、顧問弁護士から指摘があり、それが決断にあたっての大きな要因のひとつであった。」という話を聞いた。もちろん、補助金があることは、積極的な対応の決断を後押しする要因であるには違いない。

「［10］相手方からの費用回収可能性」とは、同じような保安上の危険性がある特定空家等があるとして、資力がある事案とない事案がある場合、前者を優先対応する理由になるのかどうかを念頭に置いた要因であった。しかし、これをあげる市町村は少なかった。比較をするような状況にはなかったからであろう。もっとも、「特定空家等と認定しているにもかかわらず、行政代執行を実施しないのは、どのような理由からでしょうか。」という質問に対する自由回答で目立ったのは、費用回収の困難性であった*71。それゆえに予算要求が通らない

---

*69　総務省調査・前註（33）13頁。

*70　宇賀・前註（７）書255頁は、一般論として、「行政代執行が多大の労力と専門知識を要求する作業であることにかんがみると、通常の組織が片手間で行うことができるという前提自体を見直す必要があり、代執行専門組織の整備等も検討すべきと思われる。」とする。筆者は、空家法のもとでの初の代執行を実施した（特定行政庁は設置されていない）新上五島町にヒアリングしたが、「ほぼ倒壊しており、保安上の危険は明白」という回答であった。一方、総務省調査・前註（33）242頁によれば、「国土交通省のガイドラインを参考に実施したが、職員には専門的知識もなく、費用回収方法等も不明のため苦慮」とある。

*71　阿部・前註（６）論文42頁は、空き家条例のもとで３件の行政代執行経験を持つ大仙市が、その後に代執行をしていない理由のひとつとして、「解体費用を回収できていないこと」をあげている。この点は、筆者も確認した。空き家担当（総合防災課）の職員の異動、市の幹部の交代などの要因も影響しているようである。さらに、同論文55頁は、空家法のもとで行政代執行を積極的に進める香取市に関して、「今後は、費用回収できるかどうかが判断基準になる」としている。

とする中核市もある。その点から逆算をして、特定空家等の認定に逡巡するとする市もある。そのほかには、モラルハザードを招くことへの懸念をあげる市町村、所有者等の管理責任を重視する市町村がある。

7 「インフォーマル志向の執行」の例外的事情

(1) 行政代執行決断の要因

空家法の執行実績をみれば、他法に例をみないほどの件数の行政代執行が実施されている。このため、「積極的な執行がされている」と評することもできるのであるが、代執行を経験した個別の市町村に関しては、やはり相当に例外的な出来事なのであった。

[図表4.6] (⇨p.182) で、「特定空家等の認定に対する態度」に関する回答をまとめたが、行政代執行を実施した市町村のなかには、「1．大いにそう考える」という立場のところはなかったものの、「2．ある程度はそう考える」と回答した自治体はあった。「4．どちらかといえばそう考えない」、「5．まったくそう考えない」という態度の自治体であれば、行政代執行決断への心理的ハードルはそれほど高くはないのかもしれないが、そうではない場合において、代執行が選択されたのはなぜなのだろうか。これまでの検討を踏まえて、整理しておこう。

(2) 切迫した保安上の危険の存在

第１は、切迫した保安上の危険の存在である。著しい保安上の危険があるからこそ、特定空家等に認定したのである。本来は所有者等に対応してもらうべきというのが基本的立場としても、特定空家等が公道上に倒壊しそうな状態にあるなど、行政としては、「やるしかない状態」になっている点である。顧問弁護士から積極的に対応すべきという指摘があった町の事例は先にみたが、そのほかにも、以前から状態の悪い特定空家等が台風により大きく傾いて倒壊寸前であったり、条例にもとづく応急措置をしていたがそれだけでは対応しきれなかったりというように、空家法14条３項および９項の効果裁量がゼロ収縮するような事案である。2018年６月に発生した大阪北部地震において、小学校のブロック塀が倒壊して女子小学生が死亡した事件は、まだ記憶に新しい。そうした建築物・工作物への対応を目的に制定されたのが、ほかならぬ空家法であり、それぞれの事案において、シングル・ミッションのこの法律を適用しないという選択肢はない。また、空家法14条10項にもとづく略式代執行の場合には、「所有者等が対応すべき」といっても意味がない。

空家法にもとづく「武器」を与えられているうえに、目の前に深刻な問題案件を突き付けられている。こうなれば、「代執行もやむなし」という組織決定をするほかないのであろう。

⑶　これをやらずして

第２は、地域社会における注目度である。当該特定空家等の存在が市町村において「有名」になっており、政治的にも対応を迫られていたという点である。著しい保安上の危険を発生させるストック型負荷として、行政のみならず、地域社会にも認知されている。空家法にもとづく他自治体における代執行事案の報道も多くなされているため、除却に対する住民や議会の期待は強い。

ある市の事例における特定空家等は、放火により半焼した建築物であったために市民や議員の関心も強く、長に対して対応の陳情が繰り返しされていた。そして、例外的と思われるが、長の個別的指示があったようである。別の事例では、当該特定空家等は駅前に所在しており、「市民の誰もが知っていた」。空家法７条協議会を設置している市の場合、当該特定空家等の存在を長が最初から認識していたことに加えて、住民からの対応陳情を受けていた長が代執行に肯定的であったことが、代執行費用の予算化を円滑に進めた。このようになってしまえば、部課長としても、「やるしかない」。

⑷　ハードルが低い略式代執行

第３は、**[図表 4.2]**（⇨p.175）にあるように、実施された合計196件の代執行の74.5%（146/196）が略式代執行であったという点である。特定空家等に関しては、大半の場合、全部または一部の所有者等が確知されている＊72。すなわち、空家法14条１～３項が規定する指導・勧告・命令措置の対象となる案件の方が圧倒的に多い。それだけをみれば、緩和代執行の件数は、もっと多くてよいようにも思われる。しかし、そうはなっていない。空家法の執行には、明らかに、「略式代執行の優先方針」がある。

＊72　総務省調査・前註（33）38～42頁参照。「所有者等の特定を試みた戸数11,565」に対して、「最終的に所有者等を特定した戸数10,989」（95.0%）である。

所有者等不明案件においては、働きかけるべき相手方が存在しない。特定空家等と認定をした物件に関して、その状態が相当に深刻であれば、たとえ所有者等判明案件の方が数として多いとしても、投入する行政リソースがはるかに少ない所有者等不明案件に略式代執行で対応するのは、自然な成りゆきであろう。略式代執行は、相対的に、ハードルが低いのである。

一方、所有者等判明案件の場合、行政の基本的姿勢は、所有者等による自主的対応である。そこで、空家法14条１項の指導や２項の勧告が繰り返される事例が少なくない。そして、不利益処分である３項の命令については、審査請求や行政訴訟のリスクが認識され、これに消極的になる傾向もある。トラブル回避志向は、インフォーマル志向の執行をもたらす行政執行過程の特徴のひとつであるが*73、緩和代執行に踏み切らない事情としても確認できる。

8　行政代執行の今後

本章では、空家法の実施にあたる市町村行政が、権限行使の諸段階においてどのような理由のもとにどのような判断をしているのかを記述した。そして、そのうえで、行政代執行が全国的に積極的に実施されている理由に迫ろうとしたのであるが、結局のところ、「行政代執行をするしかない事案であるから、行政として、それを決断した。」という何とも平凡な事実を確認したにとどまった。

空家法のもとでの行政代執行の選択が今後どうなるのかは、対象となる特定空家等の状況次第である。それぞれの市町村における「第１号」が保安上の危険度において突出しており、次順位の対象案件との間に「それなりの距離」があるならば、当分は実施されないかもしれないが、それは、狭きに失した見方であろう。ズームアウトしてみれば、ストックとしての空家等が経年劣化によって特定空家等と認定されざるをえず、それが行政代執行対象になるという「メガ・トレンド」は、厳然として存在する。

特定空家等の認定件数が少ない市町村においても、客観的には、その候補は多くあるだろう。利活用の促進により除却に至る物件を減少させる措置はたし

＊73　北村・前註（2）論文251頁参照。

かに必要であるが、この重くて強い圧力を大きく方向転換できるだけの方策はないのが実情である。そのなかで、市町村の空家法執行は、今後どのように変容していくのか。その運用から同法の改正やガイドラインの修正に対してどのような示唆が得られるのか。引き続き注視していきたい。

第5章 部分居住長屋に対する空き家条例の適用

中央政府は、長屋についてはすべての住戸部分が不使用常態でなければ当該建物全体が空家等ではないと解している。このため、ひとつの住戸部分だけが著しい保安上の危険がある場合に対応できるように、独立条例によってそれを措置対象とする空き家条例が制定されている。

長屋は区分所有法が適用される建築物であり、屋根・外壁・柱・壁といった共用部分は区分所有者全員の共有となる。ひとつの住戸部分の所有者に除却命令を出そうとすれば、当該部分はほかの区分所有者の共有にもなっている以上、その者にも命令を出さざるをえない。法技術的には可能であるが、現実には難しい。長屋に関する区分所有関係の法政策的整理が必要である。

1 空き家条例と長屋

(1) 建築基準法と空き家条例

地域的課題対応の最前線にある自治体行政は、中央政府とは異なった感度で目の前の問題に取り組まざるをえない。それが法律のもとでどのように位置づけられていようが、住民の安全のために何らかの対応をせざるをえない場合も生じるのである。

2010年代に制定が急激に増加した空き家条例は、その一例であろう。地域に存在する空き家は、建築基準法２条１号にいう「建築物」（土地に定着する工作物のうち、屋根及び柱若しくは壁を有するもの）である。そうであるかぎりにおいて、それが著しく保安上危険な状態にあれば、同法10条３項にもとづき、特定行政庁がその状態を除去すべく規制権限を行使しなければならない。しかし、実際には、それはされなかった。そこで、市町村は、空き家条例を制定し、独自の対応を推進してきた。

⑵　空家法と長屋

空き家条例ブームの大きな流れは、2014年の空家法の制定につながる＊1。空き家条例なくして空家法はなかった。

空家法の対象となる「空家等」は、「建築物又はこれに附属する工作物であって居住その他の使用がなされていないことが常態であるもの及びその敷地」と定義される（2条1項)。建築基準法の特別措置法としても位置づけられる空家法は、建築基準法の枠組みや解釈に大きく影響を受けている。建築物の理解についてもそうである。

空家法の施行にあたって、「建築物」をどのようにとらえるかについては議論があった。それ以前に制定されていた空き家条例のなかには、結果として、同法よりも広い適用対象を持つものがある。それが、大半の住戸部分は非居住であるが居住部分もある一棟の「長屋」（以下、「部分居住長屋」という。）である。これが対象になるかどうかは、市町村にとっては重大な関心事である。後述のように、すでに制定されていた空き家条例のなかには、居住部分があっても非居住部分の管理状態が劣悪で著しい保安上の危険を発生させている場合には、当該部分も含み独立して対応できる旨を明記するものもあった。そこで、空き家条例を踏まえて制定された空家法のもとでも、部分居住長屋も建築物に含める解釈が妥当という主張が市町村サイドからされていた。

ところが、国土交通省・総務省は、「長屋の場合、当該長屋の一部のみが使用されていない場合にはそもそも空家等には該当しない」と解した＊2。建築基準法との棲み分けを考えるならば、それはそれでひとつの整理ではある。この結果、空家法の対象は、「誰一人住んでいない建築物」とされたのである。利用状態に関する整理の違いである。そうした状態の空家等が、たとえば「そのまま放置すれば倒壊等著しく保安上危険となるおそれのある状態」（2条2項）になれば特定空家等となり、同法のもとでの具体的措置の対象となる。

教室事例であるが、甲、乙、丙という住戸部分を持つ3軒長屋を考えてみよう。非居住状態にある甲の屋根が落ちて壁が抜けていても、同じく非居住状態

＊1　空き家条例の全体的状況および空家法については、北村喜宣『空き家問題解決のための政策法務：法施行後の現状と対策』（第一法規、2018年）参照。

＊2　パブコメ回答において明言されている（⇨p.413)。

にある乙の状態はそれほど悪くない。丙についてはまったく問題はなく、そこでは居住がされている。こうした場合、当該長屋の甲部分は、客観的には空家法２条２項にいう「倒壊等著しく保安上危険となるおそれのある状態」にはあるが、丙が居住使用しているために、そもそも同法２条１項にいう「使用がされていないことが常態」である「空家等」には該当しない。非居住の個別住戸部分に特定空家等と評価できる程度の保安上の危険があったとしても、それを含む３軒長屋全体がそもそも空家等に該当しないために、空家法の対象にはならないのである。中央政府の解釈は、住戸部分を「バラ売り」せず棟単位で考える「棟主義」といえる。

(3)　空き家条例による追加的対応

しかし、現実には、一部住戸部分で居住がされていても、非居住のほかの住戸部分が激しく劣化し、それが道路上に倒壊する危険性がある場合もある。国土交通省・総務省は、そうした状態にある建築物に対しては建築基準法で対応できるというが＊３、前述のように、現実には権限行使はされない＊４。特定行政庁に対して市長が命令をすればよいのである。不思議なことに、それはされず、その結果、特定行政庁は動かない。そこで仕方なく、空き家条例が制定される。実に興味深い展開である。「法律上の権限行使がされないから条例が必要」という立法事実は、きわめてめずらしい。本章で検討するのは、部分居住長屋を対象に含む空き家条例のもとでの対応をめぐる法的論点である。

2013年に制定された「京都市空き家の活用、適正管理等に関する条例」（以下「旧条例」という。）は、先駆的対応をしていた。制定時の同条例は、対象となる「空き家」について、「本市の区域内に存する建築物（長屋及び共同住宅にあっては、これらの住戸）で、現に人が居住せず、若しくは使用していない状態又はこれらに準じる状態にあるものをいう。」（２条１号）と定義した。旧条例は、部分居住長屋を明確に対象に含めていたのである。京都市では、空き家に関する苦情の約30％が長屋に関するものであったというのであり、何の対応もしない

＊３　北村・前註（１）書346頁に収録。

＊４　北村喜宣「老朽家屋等対策における都道府県と市町村の協働：特定行政庁に着目して」・前註（１）書77頁以下参照。

という選択肢はなかった＊5。上記定義にあるように、旧条例は、長屋の個々の住戸部分を独立して措置対象として把握している。こちらは、「住戸主義」である。苦情対象のほとんどは、使用されている住戸部分ではなく不使用部分についてのものであったのだろう。

空家法の制定を受けて、京都市条例は、2015年に一部改正され、名称も「京都市空き家等の活用、適正管理等に関する条例」となった。上記の定義については、これを新たに「空き家等」とし、そこに実質的に、①空家法２条１項にいう空家等、②改正前条例にあった「長屋及び共同住宅にあっては、これらの住戸」を含めたのである。住戸主義にもとづき把握した長屋を、空家法との関係では追加的に取り込んだ結果となる。

しかし、当該部分は、あくまで条例による独自対応である。したがって、その実施のためには、空家法を直接に用いることはできない。そこで、現行京都市条例は、当該部分に対して、独立条例としてフル装備の規定を設けた＊6。部分居住長屋に対する措置に関して空家法の規定を準用するなど、興味深い制度設計がされている＊7。テクニックを駆使する京都市らしい法制執務である。同条例は、法律実施条例部分と独立条例部分を併有するモデル的な総合的空き家対策条例となっている。

ところで、空家法は、住戸主義を排するとまでは明言していない。棟主義は、ひとつの解釈である。同法の事務は自治体事務であるから、市町村は、住戸主義にもとづく運用ができないわけではない。しかし、中央政府と異なる解釈にもとづいて対応するのは憚られるのだろう。なお、対象として長屋を含めない旨を明記する空き家条例もある＊8。

＊5　京都市へのヒアリングによれば、2019年度末時点で、京都市が指導している空き家のうち、35.6%は長屋であり、そのうちの88.3%が部分居住長屋である。

＊6　「フル装備条例」については、北村喜宣『自治体環境行政法〔第９版〕』（第一法規、2021年）35頁参照。

＊7　京都市条例の改正に関しては、北村喜宣＋米山秀隆＋岡田博史（編）『空き家対策の実務』（有斐閣、2016年）68頁以下［春名雅史］参照。

＊8　栗東市空家等対策条例２条１号は、「空家等」を定義するなかで、「長屋及び共同住宅を除く」と明記している点で特徴的である。ただ、この規定ぶりであると、過剰除外になりえ、たとえ棟全体が不使用常態にあっても条例対象から除外されてしまうように思われる。「倉敷市空家等対策の推進に関する条例」２条１号は、長屋について「全てにおいて居住その他の使用がされていないのが常態であるものに限る。」として、国土交通省・総務省の解釈を確認的に規定する。

2　長屋の状況

(1)　統計にみる長屋

本章の検討対象である長屋の意味を国語辞典で探すと、「数戸の家を一棟に建てつらねた家。」＊9という解説に出逢う。長屋はまた、法令用語でもある。建築基準法30条１項は、「長屋又は共同住宅の各戸の界壁は、次に掲げる基準に適合するものとしなければならない。」としたうえで、「その構造が、隣接する住戸からの日常生活に伴い生ずる音を衛生上支障がないように低減するために界壁に必要とされる性能に関して政令で定める技術的基準に適合するもので、国土交通大臣が定めた構造方法を用いるもの又は国土交通大臣の認定を受けたものであること。」（１号）、「小屋裏又は天井裏に達するものであること。」（２号）を規定する。ただし、同法および同法施行令・施行規則は、「長屋」そのものを正面から定義していない＊10。一般に、長屋と認識されているのは、典型的には、【写真5.1】のような建築形態であろう。

【写真5.1】屋根は連担しているが、個別住戸部分ごとに出入口がある２階建て長屋。京都市中京区内で筆者撮影。

1948年以来、５年毎に実施されている住宅・土地統計調査の最新版である『平成30年住宅・土地統計調査住宅数概数集計結果の概要』（以下「総務省平成30年調査」という。）をみると、「住宅の建て方」のひとつである「長屋」に関する統計

＊9　新村出（編）『広辞苑〔第７版〕』（岩波書店、2018年）2163頁。

＊10　逐条解説建築基準法編集委員会（編著）『逐条解説 建築基準法』（ぎょうせい、2012年）243頁、小宮賢一＋荒秀＋関哲夫『建築基準法』（第一法規出版、1984年）319頁の建築基準法30条部分には、「長屋」の解説はない。筆者には明白であるとは思えないが、常識的に判断できるというのであろうか。

が示されている＊11。全国6,242万戸の割合は、一戸建てが53.6%、長屋建てが2.6%、共同住宅が43.5%、その他が0.3%となっている。1978年以降の傾向をみると、（その他を別にすれば、）一戸建ては微増、長屋建ては微減、共同住宅は増加である。なお、同調査は、「長屋建て」を「二つ以上の住宅を一棟に建て連ねたもので、各住宅が壁を共通にし、それぞれ別に外部への出入口をもっているもの。いわゆる「テラスハウス」と呼ばれる住宅もここに含まれる。」と定義している。一般には、構造的には同様の建築物について、「タウンハウス」という呼称も用いられている＊12。なお、二世帯住宅については、内部で行き来ができるようになっているものもあり、そうであるかぎりにおいて長屋には含まれないが、外見上判別が難しい。統計上、どのように整理されているのかは定かではない。

⑵　全国的傾向

総務省平成30年調査は、建物全体に占める「長屋率」を示している。それによれば、上位は、①北海道、大阪府（3.9%）、③香川県、熊本県（3.8%）、⑤岩手県、山口県（3.4%）、⑦奈良県、和歌山県、鳥取県、佐賀県（3.3%）である。一方、下位５位は、①沖縄県（1.1%）、②石川県（1.5%）、③山梨県（1.6%）、④山形県、東京都（1.8%）となっている。有意な差とまでいえるか、微妙なところである。これは都道府県全域単位の調査であり、都市部に偏在しているという推測はできる。また、たとえばかつての炭鉱地帯のように、従業員およびその家族のための「社宅」として長屋が建設されたという社会的事情によって、後に個別住戸部分が売却された状態でなお多くが現存するという地域もある。これらのうちのどれくらいが非居住となっているのかは、空家法６条にもとづく市町村の空家等対策計画のなかで確認されているかもしれない。

別荘などの「二次的住宅」を除く空き家率のトップ10は、**[図表5.1]** のとおりである。これをみると、西日本の県が高くなっている。一方、ボトム10は、**[図表5.2]** のとおりである。これは全体の傾向であり、その内部において、どの市町村に多く集積しているかはうかがいしれない。全体として、都市自治体

＊11　総務省統計局「平成30年住宅・土地統計調査住宅数概数集計結果の概要」（2019年４月26日）（https://www.stat.go.jp/data/jyutaku/2018/pdf/g_gaiyou.pdf）参照。

＊12　テラスハウスとタウンハウスの違いは、建物の構造ではなく、敷地の所有形態にある。前者においては、敷地はそのうえに建つ住戸部分の区分所有者の所有になっている。後者においては、敷地全体がそのうえに建つ住戸部分の区分所有者全体の共有になっている。

を抱える都道府県は空き家率が低いといえそうである。都道府県別の統計は示されていないが、総務省平成30年調査によれば、住宅の建て方別の空き家率は、①共同住宅（56.2%）、②一戸建て（37.5%）、③長屋建て（5.9%）、④その他（0.4%）となっている。長屋建ての空き家率は、14.7%（1978年）、13.8%（1983年）、12.4%（1988年）、9.9%（1993年）、8.9%（1998年）、6.6%（2003年）、5.5%（2008年）、5.5%（2013年）と減少傾向にあるのが興味深い。前述のように、長屋数は、全体として微減である。その詳細をみると、一階建て長屋のストックは減少している一方で、二階建て以上長屋の総数は増加傾向を示している。建築費用が抑えられる（したがって、分譲価格も抑えられる）タウンハウス方式やテラスハウス方式の建売住宅が増加しているためではないかと推測される。

［図表5.1］二次的住宅を除く空き家率トップ10

	都道府県	空き家率(%)
1	和歌山県	18.8
2	徳島県	18.6
3	鹿児島県	18.4
4	高知県	18.3
5	愛媛県	17.5
6	山梨県	17.4
7	香川県	17.4
8	山口県	17.3
9	大分県	15.8
10	栃木県	15.6

［図表5.2］二次的住宅を除く空き家率ボトム10

	都道府県	空き家率（%）
1	沖縄県	9.7
2	埼玉県	10.0
3	神奈川県	10.3
4	東京都	10.4
5	愛知県	11.0
6	宮城県	11.5
7	山形県	11.6
8	千葉県	11.8
9	滋賀県	11.9
10	京都府	12.3

（出典）総務省統計局『平成30年住宅・土地統計調査住宅数概数集計結果の概要』（2019年４月26日）より筆者作成。

3　条例独自対象としての部分居住長屋

(1)　長屋を対象に含む条例

前述の京都市条例のように、一棟の長屋の住戸部分を独立して対象にする旨を明記し、この追加部分に関して独立条例による対応を規定する空き家条例は多くある*13。国土交通省は、2017年３月31日時点で、一部が空き家となっている長屋等に関する条例の調査を実施し、その一覧を公表している*14。

ところが、筆者が当該条例をチェックしたりヒアリング調査をしたりしたところ、実際にはそのような方針ではない条例もあった。対象とするという方針を確認できたのは、**[図表5.3]** の40条例である。不利益的措置の規定状況についても整理した。行政代執行に関する条文を設ける条例もあるが、命令が規定されていればそれは可能であるため、ここでは表示していない*15。筆者の調査のかぎりでの分析であり相当に漏れはあるが、それを踏まえるかぎり、条例の制定状況については、完全な「西高東低」である。町村条例よりも市条例が多い。歌志内市、飯塚市、嘉麻市、須恵町、多久市は、旧炭鉱地帯にある。「社宅長屋」が多く残存しているのである。**[図表5.1]** **[図表5.2]** からも、「西高東低」傾向は看取できる。

---

*13　北村喜宣「空家法制定後の条例動向」行政法研究24号（2018年）１頁以下・17～19頁、同「空家法の実施と市町村の空き家条例」都市問題111巻11号（2020年）92頁以下・95～96頁参照。なお、「長屋」という文言は含まないけれども運用上対象にしている条例もある。この点については、尼崎市条例に関する後註（18）参照。

*14　国土交通省住宅局住宅総合整備課住環境整備室「平成28年地方分権改革に関する情報提供２」（https://www.mlit.go.jp/common/001218430.pdf）（以下「国交省情報提供」という。）参照。この情報提供は、「平成28年の地方からの提案等に対する対応方針（平成28年12月20日閣議決定）」にもとづくものである。市町村からは、一棟の長屋の個別住戸部分が非居住で深刻な管理不全状況にある場合への空家法による対応を求める提案が複数されていたが、これに対して、「一部が空き室となっている長屋等への対応については、各地方公共団体の取組事例等の調査を行い、地方公共団体に平成29年中に情報提供を行う。」として応えたものである。空家法で対応せよと迫る市町村に対して、「空き家条例で対応可能」という回答の不合理を国土交通省は十分に認識していただろうが、妙案がないことの裏返しである。同資料が掲載する「秩父市空き家等の適正管理及び有効活用に関する条例」「鹿児島市空家等の適正管理に関する条例」は、「長屋」を明記しないものの、「空き家等」の定義として、空家法２条１項の空家等に加えて、それ以外の非居住建物を含めている。これは市長の個別認定にかかるけれども、部分的非居住状態にある長屋の住戸部分も含まれるということであった。このように、回答者の回答だけでは不十分なのであって、空き家条例にもとづく部分居住長屋への対応実態の正確な把握には、相当の労力を要するように思われる。

*15　淡路市条例10条10項、倉吉市条例５条、神戸市条例15条、敦賀市条例12条、名張市条例12条４項、八幡浜市条例16条、米子市条例13条は、行政代執行の公益要件を削除した緩和代執行をなしうると規定する。空家法14条９項にならったのであろうが、独立条例の対象に対してこれが可能かという論点について、どのような整理をしたのだろうか。独立条例のなかで行政代執行法の特別法的規定（法律の修正）を設けることも憲法94条にいう「法律の範囲内」と解したのかもしれない。この論点を認識する京都市条例16条、宍粟市条例15条は、巧みな規定ぶりで、通常の代替的作為義務命令の場合と同じく、行政代執行法２条が適用されるとしている。神戸市は、同法を修正する条例は適法と解している。上書き的条例の実例として注目される。

［図表 5.3］長屋の住戸部分を対象に含む空き家事例

	条例名	最新施行日	規定の有無			
			助言・指導	勧告	命令	即時執行
北海道	歌志内市建築物の適正管理に関する条例	2016年４月１日	○			
群馬県	みどり市空家等対策条例	2020年７月１日	○			○
埼玉県	坂戸市空き家等の適正管理に関する条例	2018年12月23日	○			○
千葉県	柏市空家等適正管理条例	2020年10月１日	○	○	○	○
	市原市空家等の適正な管理に関する条例	2020年９月24日	○			○
東京都	日野市空き住宅等の適切な管理及び活用に関する条例	2017年１月１日	○			
	調布市空き家等の対策の推進に関する条例	2020年４月１日				○
	立川市特定空家等の適正管理に関する条例	2020年６月10日	○	○	○	○
福井県	南越前町空家等対策の推進に関する条例	2016年９月23日	○	○	○	○
	敦賀市空き家等の適切な管理に関する条例	2018年６月27日	○	○	○	
愛知県	岡崎市空家等対策の推進に関する条例	2020年７月１日	○			○
岐阜県	美濃市空家等の適正な管理及び利活用の促進に関する条例	2018年４月１日	○			○
三重県	名張市空家等対策の推進に関する条例	2015年９月30日	○	○	○	○
	亀山市空家等対策の推進に関する条例	2016年９月30日	○	○		○
	明和町空家等の適正管理に関する条例	2018年３月23日				○
滋賀県	大津市空家等の適正管理に関する条例	2017年６月30日	○	○	○	○
京都府	京都市空き家等の活用、適正管理等に関する条例	2018年６月11日	○	○	○	○
	長岡京市空き家等対策の推進に関する条例	2018年12月１日	○	○		○
大阪府	枚方市空家等及び空き地等の対策に関する条例	2017年４月１日	○	○	○	○
	八尾市空家等の適正管理に関する条例	2018年４月１日	○	○	○	○

	東大阪市みんなで美しく住みよいまちをつくる条例	2018年10月10日	○	○	○	○
	富田林市空家等の適正管理に関する条例	2019年4月1日	○	○	○	○
	池田市空家等及び空き長屋等の適切な管理に関する条例	2020年4月1日	○	○	○	○
兵庫県	神戸市空家空地対策の推進に関する条例	2016年6月28日	○	○	○	○
	洲本市空家等の適正管理に関する条例	2019年7月1日	○			○
	相生市空家等対策の推進に関する条例	2016年4月1日	○	○	○	○
	淡路市空家等の適切な管理に関する条例	2019年10月1日	○	○	○	○
	宍粟市空き家等の対策に関する条例	2020年3月9日				○
和歌山県	湯浅町空家等の適正管理に関する条例	2020年4月1日				○
	かつらぎ町空家等の適正管理に関する条例	2018年4月1日				○
広島県	府中市空家等対策の推進に関する条例	2019年4月1日	○	○	○	○
鳥取県	倉吉市空家等の適正管理に関する条例	2018年4月1日	○	○	○	○
	米子市空家等及び空き住戸等の適切な管理に関する条例	2019年7月1日	○	○	○	○
愛媛県	八幡浜市空家等対策の推進に関する条例	2017年6月23日	○	○	○	○
福岡県	嘉麻市老朽空家等の適正管理に関する条例	2022年3月15日	○	○		○
	飯塚市空家等の適切な管理に関する条例	2018年10月9日	○	○	○	○
	須恵町空き地等の環境保全に関する条例	2020年12月11日	○	○	○	○
佐賀県	佐賀市空家空地等の適正管理に関する条例	2018年10月5日	○	○	○	○
	多久市空家等の適切な管理に関する条例	2016年4月1日	○			○
熊本市	老朽家屋等の適正管理に関する条例	2017年12月1日	○	○	○	○

（出典）国土交通省住宅局住宅総合整備課住環境整備室「平成28年地方分権改革に関する情報提供２」を修正し、筆者が調査した条例を追加。

(2)　長屋の定義と措置対象物

総務省平成30年調査が前提とした長屋の定義は、先にみた。そのほか、[図表5.3] に掲げた条例のなかには、独自にこれを定義するものがある。[図表5.4] に整理する。

[図表5.4] 空き家条例における「長屋」の独自定義

嘉麻市条例２条１号 (八幡浜市条例２条３号も同じ)	一つの建築物に２以上の住戸があり、各世帯の使用する部分が独立し、各世帯間の往来が内部からは不可能であり、かつ、建築物の出入口から住戸の玄関に至る階段、廊下などの共用部分がないものをいう。＊16
長岡京市条例２条４号	２戸以上の住戸を有する１の建築物で、隣接する住戸間又は上下で重なり合う住戸間で内部での行き来ができない完全分離型の構造を有するもののうち、廊下、階段等を各住戸で共有しない形式のものをいう。＊17
八尾市条例２条３号（「長屋建ての建築物」の定義）	各専有部分のそれぞれが所有権の目的となっており、建物の区分所有等に関する法律…の適用がある建築物に限る。
池田市条例２条１号	２戸以上の住戸を有する一の建築物であって、隣接する住戸間又は上下で重なり合う住戸間において内部で往来することができない完全に分離された構造を有するもののうち、廊下、階段等の共用部分を有しないものをいう。
多久市条例２条１号（「長屋」を直接には定義していない）	一棟の建物を区分しそれぞれ独立した住戸としたもの

（出典）筆者作成。

そのうえで、[図表5.3] にある条例は、著しく保安上の危険のおそれがあるなど、指導、勧告、命令などの措置対象となる基準を充たした長屋を、別の概念のもとに把握する。名称は多様であり、「特定長屋空家等」（相生市条例、八幡浜市条例）、「特定法定外空家等」（淡路市条例、大津市条例、富田林市条例、八尾市条例）、「特定部分空家等」（飯塚市条例）、「特定老朽空家等」（嘉麻市条例）、「特定空き家等」（京都市条例、宍粟市条例、調布市条例、敦賀市条例）、「特定空家等」

＊16　嘉麻市条例の定義は、横浜市『横浜市建築基準法取扱基準集』（最新改訂2020年４月版）を参考にしている。この資料は、「長屋」を、「２以上の住戸を有する一の建築物で、隣接する住戸間又は上下で重なり合う住戸間で内部での行き来ができない完全分離型の構造を有する建築物のうち、廊下・階段等を各住戸で共有しない形式のものをいう。」と定義する。

＊17　長岡京市条例の定義は、京都府建設交通部建築指導課＋宇治市都市整備部建築指導課『建築基準法施行条例（昭和35年京都府条例第13号）解説集』（2019年10月３日改正）を踏まえたものである。

（美濃市条例）、「特定空住戸等」（倉吉市条例、府中市条例、米子市条例）、「特定類似空家等」（神戸市条例）、「（危険な状態にある）法定外空家」（佐賀市条例）、「特定法定外空家等」（洲本市条例）、「管理不全空き家等」（長岡京市条例）、「（管理不全状態となっている）空家等」（名張市条例、南越前町条例）、「（管理不全状態となっている）空家外家屋」（熊本市条例）、「特定空き長屋」（池田市条例）、「法定外管理不足空家」（市原市条例）という具合である。実質的には、空家法２条２項にいう「特定空家等」と同様の状態のものであり、個別に認定されるのであろう。一棟の長屋について、どの部分を措置対象とするのかを確定する（＝一部分を切り分ける）この認定は、法的にみれば、空家法のもとで建物全体を対象とする特定空家等の認定以上に重要な意味を持つ作業となる。

なお、この定義は、建築学的な観点からの記述であり、当該対象物に関する所有権関係がどうなっているのかには中立的である。全体を１人が所有し、借家として賃貸している場合もあれば、そうはなっていない場合もある。また、この定義にもとづいて認定される住戸部分の隣の住戸部分に保安上の問題がないという例は少ないが、とりあえず実務的には、該当・非該当という形式判断をするほかない。

⑶　措置対象者および措置内容

行政措置の対象者については、「所有者等」と規定されるのが通例である。空家法と同様に、具体的には「所有者又は管理者」と定義されている。また、講じられる措置の内容についても、同法と同様に、助言・指導、勧告、命令が多い。

条例においては、これらすべてを規定せず、助言・指導までしか規定していないもの（歌志内市条例、洲本市条例、美濃市条例）や勧告までしか規定していないもの（嘉麻市条例、長岡京市条例）がある。これらは、あえて勧告や命令を規定しなかったのであるが、それはなぜだったのだろうか。担当者との議論を通じて、以下のような事情が確認された。

①　空家法の対象外であるため、空家法と同等の措置をするのは不適切であり、それよりも緩やかな措置でとどめるべきと考えられた。

② 空家法の対象外の長屋については代執行ができるとする委任規定がないために代執行ができないことから、それにつながるような命令は定めなかった。
③ 命令となると代執行につながりうるが、区分所有法のもとでの共有部分について、他の住戸部分の所有者にも影響が出るという複雑な関係を整理しなければならない点が懸念された。

空家法の「空家等」に関する国土交通省・総務省の解釈を前提にすれば、同法対象外のものへの条例対応としては、「小なりイコール（≦）」、すなわち、同法の対応の内容を超えない程度の措置は規定しうる。高知市普通河川条例事件最高裁判決（最一小判昭和53年12月21日民集32巻９号1723頁）の法理であるが、それに沿う規定をする条例もあれば、①のように、やや控え目にする条例もある。

なぜ②のような認識になるのかは不明である。代替的作為義務命令であれば「委任規定」などなくても行政代執行法にもとづいて対応ができるのであるから、誤解というべきであろう。③は、後にみるような重要な論点を含んでいる。

4 長屋の老朽危険住戸部分に対するアプローチ

(1) 国土交通省情報提供が紹介する対応実例

空家法の空家等に加えて長屋を対象にした空き家条例を制定している市町村では、１棟の長屋を構成する複数住戸の一部が非居住かつ著しく保安上危険な状況を呈しているという事例がそれなりにみられたはずである。そうした危険性を抽象的にのみ考えて空き家条例を制定したとは思われない。**[図表5.3]** に掲げた条例のもとでは、実際に長屋に対してどのような対応がされているのだろうか。運用にあたっては、どのような課題が認識されているのだろうか。

国土交通省情報提供においては、いくつかの市に関して、部分居住長屋に対する条例対応が紹介されている。そのうちの３つは、**[図表5.5]** の通りである*18。なお、建築年は記されていない。

＊18 「尼崎市危険空家等対策に関する条例」には「長屋」という文言はないため、**[図表5.3]** には含めていないが、２条１号「法その他の法令の規定によって生活環境の保全等を図るために必要な措置を講ずべきことを命令することができないもの」のなかに部分居住長屋を含むという扱いがされている。

[図表 5.5] 部分居住長屋に対する条例措置事例

① 〈八尾市〉

措置の対象	4 軒長屋のうちの 1 軒（中間部住戸）
物件の概要	木造 2 階建　44.17㎡（登記面積）
措置の経緯	壁の剥落やベランダの落下のおそれ等老朽化が進行しているため、市は所有者に対し改善を働きかけてきたが、危険状態の放置が続いた。このまま放置すると倒壊等により近隣に危害を及ぼすおそれがあるため、条例に基づく措置に至った。
措置の内容	条例に基づき建築物の倒壊防止措置（除却を含む）を勧告（平成26年 5 月22日）
措置後の対応	所有者は隣接住戸の法人所有者に土地・建物の所有権を譲渡。譲渡を受けた隣接住戸の所有者が自己の建物と同時に除却。
当該長屋の別住戸部分居住者の同意	両隣とも除却に同意
隔壁の原状回復費用	詳細不明
所有形態	区分所有
登記の状況	区分ごとに登記あり。

② 〈尼崎市〉

措置の対象	4 軒長屋のうちの 1 軒（端部住戸）
物件の概要	木造 2 階建　64㎡（登記面積）
措置の経緯	屋根と外壁の一部が崩落していたため、市は所有者に対し改善を働きかけてきたが、危険状態の放置が続いた。このまま放置すると倒壊等により近隣に危害を及ぼすおそれがあるため、条例に基づく措置に至った。
措置の内容	条例に基づき建築物の除却を勧告（平成28年 2 月 1 日）
措置後の対応	所有者が土地・建物を不動産業者に売却し、建築物は同業者が除却
当該長屋の別住戸部分居住者の同意	売却を受けた不動産業者が同意を取り付けた。
隔壁の原状回復費用	除却を行った不動産業者が負担。
所有形態	区分所有

登記の状況	区分所有で登記を行っている。
その他	当初、土地の所有が建物所有者全員の共有名義となっていた。その後、一戸分を取得した不動産業者が全員の同意を取り、分筆した。【市より指導が入る旨の話を受けて】

③〈**多久市**〉

措置の対象	３軒長屋のうちの１軒（端部住戸）
物件の概要	木造平屋建（建床面積不明）
措置の内容	長屋の東端の家が空き家となり、倒壊しそうである。同じ長屋の家の中では、畳のゆがみなどが生じているとのことで指導・助言の要望書提出あり。空き家等の適正管理に関する条例に基づく措置に至った。
措置の内容	所有者死亡のため条例に基づき法定相続人14名への建築物の適正管理を文書指導（平成25年10月24日）
措置後の状況	所有者が除却
当該長屋の別住戸部分居住者の同意	当初より同意
隔壁の原状回復費用	不明
所有形態	区分所有
登記の状況	区分所有だが建物の未登記のため土地所有者（相続人）に対し指導

（出典）国土交通省住宅局住宅総合整備課住環境整備室「平成28年地方分権改革に関する情報提供２」から抜粋（内容に及ばない範囲で、一部文言補足・修正）。

いずれの事案においても、命令には至らず行政指導で除却が実現している。国土交通省情報提供に掲げられている措置前後の写真をみると、②〈尼崎市〉および③〈多久市〉の事案においては、隣接住戸部分の壁が養生されている。この点についても、別住戸部分の区分所有者との間で、界壁に対する措置の内容に関しての合意がされたのであろう。

なお、措置対象住戸以外の住戸の区分所有者に対しても指導や勧告をしていたかは、国土交通省情報提供には記載がなかった。このため、個別に照会したところ、「口頭で助言・指導をしていた」（八尾市）、「対象者のみに勧告したが界壁部分は民民の問題」（尼崎市）、「当該部分の相続人だけに対応を指導した」

（多久市）という実情にあった。**［図表 5.5］**の 3 事例においては、隣接区分所有者は除却に同意をしたというのであるが、除却勧告の対象になっている建物部分について、自らの権利関係に関してはどのような認識があったのだろうか。実は、この点が、長屋対応を考える際に重要な論点になってくる。

⑵　いくつかの市町村における実情

国土交通省が発表した、2020年 3 月31日現在の空家法の実施状況の統計によれば、空家法14条 3 項にもとづく命令は、81市町村において150件発出されている＊19。この81市町村のうち、**［図表 5.3］**にある条例を制定している市が 3 つあった（京都市、神戸市、飯塚市）。長屋に対しても、積極的に対応しているのではないかと思われるため、その状況について電話ヒアリング調査を実施した。もっとも、空家法のもとでの命令実績がないとしても、自己決定により独自に条例対象にした長屋については別の方針があるかもしれない。そこで、それ以外の市町村にも電話ヒアリング調査をした。

調査のかぎりでは、モデルケースにおける甲のような状況の住戸部分に関して、所有者であるＡに命令を出した例は確認できなかった。しかし、それに至らない対応実例はある。

たとえば、ある市では、長屋の住戸部分が著しく保安上危険な対象空家の所有者のみに指導、勧告をして、公表もした。次は命令をする方針であったが、その時点で、問題住戸部分を所有者が自主的に除却し、隣の住戸部分との間の界壁については、養生して対応した。市は、当該長屋のほかの住戸部分の所有者に対しては、特段の措置は講じていない。対象部分の屋根および外壁は、ほかの住戸部分の所有者との共有であるという認識にもとづいて、市は、勧告対象者には隣人との協議を口頭指導していた。幸い当事者間の調整がつき、問題住戸部分だけの除却が実現したようである。

＊19　国土交通省・総務省調査「空家等対策の推進に関する特別措置法の施行状況等について（令和 2 年 3 月31日時点）」（https://www.mlit.go.jp/jutakukentiku/house/content/001373851.pdf）参照。

5　長屋をめぐる法律関係

(1)　区分所有法

(a)　専有・共有関係

以上では、長屋の建物構造に着目をして議論をしてきた。それでは、所有権の観点からは、どのような整理ができるのだろうか。市町村が長屋対応を考えるにあたっては、この点が重要になってくる。

[図表5.5]（⇨p.226）には、「区分所有」という表記があった。一般に、長屋に対しては、1962年に制定され、数次の改正を経て現在に至る「建物の区分所有等に関する法律」（以下「区分所有法」という。）が適用される。現在では、同法の適用対象のほとんどは、分譲マンションとなっている。

もっとも、同法の対象は、「一棟の建物に構造上区分された数個の部分で独立して住居、店舗、事務所又は倉庫その他建築物としての用途に供することができるもの」（１条）であり、建物構造の点では、長屋もこれに含まれる。こうした建物の共用部分を除く部分を目的とする所有権が、区分所有権である（２条１項）。このため、居住の有無にかかわらず、その所有権関係は、同法に定めるところによる*20。なお、住戸部分を借家として賃貸している長屋については、「大家さん」が唯一の所有者であるから、同法の適用がされないのはいうまでもない。

長屋という建築物に関しては、その構造上、区分所有権の目的となる専有部分（２条３項）、および、それ以外の建物の部分である共用部分（２条４項）がある*21。そして、「共用部分は、区分所有者全員の共有に属する。」（11条１項本

*20　区分所有法について筆者が参照した文献として、丸山英氣（編）『改訂版 区分所有法』（大成出版社、2007年）、同『区分所有法』（信山社、2020年）、青山正明（編）『区分所有法』（青林書院、1997年）、濱﨑恭生『建物区分所有法の改正』（法曹会、1989年）がある。

*21　日本においては、伝統的に、「棟割長屋は、一般に貸家経営の手段として利用されていたので、これを区分して所有するという場合は、実際には極めて少なかった」とされる。川島一郎「建物の区分所有等に関する法律の解説」濱﨑・前註（20）書503頁以下・504頁。すなわち、長屋の外観は呈しているものの、建築物としては大家さんの単独所有なのであり、区分所有を観念する必要がなかったのである。それが払い下げられて区分所有が発生したような場合に、本章で検討する問題が発生する。川島論文の初出は、法曹時報14巻６～８号（1962年）であるが、執筆当時、川島氏は、区分所有法の立案担当をしていた法務省民事局参事官であった。当時の状況については、白羽祐三「区分所有権」ジュリスト118号（1956年）10頁以下参照。

文）のが原則である*22。

マンションならば、屋上や壁はすべて共用部分となり、その旨が管理規約に明記されるのが通例である。一方、長屋の場合には、マンションのような管理規約があるわけではないため、どこが区分所有権の対象となる専有部分でどこが共用部分なのかは、一義的に明白ではない。専有部分以外が共用部分となるが、これに関して、区分所有法は、「数個の専有部分に通ずる廊下又は階段室その他構造上区分所有者の全員又はその一部の共用に供されるべき建物の部分は、区分所有権の目的にならない」（4条1項）と規定する。典型的には、マンションの廊下、階段、エントランスであるが、前述の空き家条例における「長屋」の定義に明らかなように、長屋にはそうした構造はない。

そうなると、何が共用部分かは解釈になる。この点、実務的には、支柱、外壁、耐力壁、屋根、屋上、基礎工作物といった建物全体の基本的構造部分は、建物の存立や安全に必要不可欠であることから、「法定共用部分」と解されている*23。長屋の場合には、合意で決定される「規約共用部分」は存在しないのが通例であろう。具体的長屋に関して、「どこまでが専有部分でどこからが共用部分か」を判別する能力は筆者にはないが、観念的に区別できるとして論を進める。また、2階建て以上の場合、「タテワリ」的構造になっている長屋を前提とする。長屋には、1階部分に出入口を独立して持ちながら、1階部分と2階部分に別の区分所有部分がある「ヨコワリ」的構造のものもある。

長屋をめぐる裁判例は、きわめて少ない。そうしたなかにあって、ある判決は、区分所有法の適用関係について、次のように整理している（東京地判平成25年8月22日判時2217号52頁）*24。連棟式建築である長屋の特徴を前提にして、それを区分所有法にあてはめたものといえる。同法でいう専有部分も含めて建物

---

*22　本章の検討は、2021年改正以前の民法を前提にしている。改正法と共有制度に関しては、斎藤毅「共有制度の見直し（2）：改正民法・不動産登記法等の概要と実務への影響」市民と法130号（2021年）3頁以下参照。

*23　渡辺晋『最新区分所有法の解説〔6訂版〕』（住宅新報社、2015年）39頁参照。かつては、共用部分は柱や壁のみと解する見解が多数であったようである。青山（編）・前註（20）書3頁［青山］、玉田弘毅『建物区分所有法の現代的課題』（商事法務、1981年）69頁、玉田弘毅＋森泉章＋半田正夫（編）『建物区分所有権法』（一粒社、1975年）29頁［森泉］参照。

*24　本判決の評釈として、伊藤栄寿・判例時報2238号（2015年）153頁以下（＝判例評論671号7頁以下）、丸山昌一・NBL1031号（2014年）83頁以下がある。

全体を全員の共有とするというような所有権に関する特段の合意がないかぎりは、これが基本的解釈となるのだろう。判決文からは不明であるが、同法施行後に建設されたものと推測される。

> 区分所有法上，一棟の建物に構造上区分された数個の部分で独立して居住，店舗，事務所又は倉庫その他建物としての用途に供することができるものは，区分所有権の目的たる専有部分となり，専有部分以外の建物の部分（数個の専有部分に通ずる廊下又は階段室その他構造上区分所有者の全員又はその一部の共用に供されるべき建物の部分）は，区分所有権の目的とならない共用部分となる（区分所有法１条，２条３項，同条４項，４条１項)。本件連棟式建物Ａは，全体が隙間なく接続されており…，基礎・土台部分や，屋上，外壁，柱及び境界壁等の躯体部分は，専有部分以外の建物の部分として共用部分に当たるというべきである。そして，上記基礎・土台部分及び躯体部分は，本件敷地全体にまたがって設置されているのであり，各区分所有者は，上記共用部分の持分を有することにより，他の区分所有者の土地を占有していることになる。この点，被告らは，本件連棟式建物Ａのようないわゆる棟割長屋の屋根，外壁等は各専有部分に分属しており，本件連棟式建物Ａに共用部分はないと主張する。しかし，前記認定のとおり，本件連棟式建物Ａは，全体が隙間なく接続されているのであって，屋根，外壁等が各専有部分と一体のものとして各区分所有者が単独で所有しているものとみることはできない。

共有物の持分割合について、民法はこれを「相等しいものと推定する」(250条）と規定する。区分所有法のもとでは、これが修正され、「専有部分の床面積の割合による」(14条１項）となっている。

区分所有法上、区分所有者には、共用部分についても専用部分についても、共同利益違背行為をしてはならないという義務がある（６条)。もっとも、これは、作為による積極的侵害行為を想定したものであろう。空き家条例の対象になっている空き家については、適正な保存行為なり管理行為をしないという不作為が原因となっている点で、この規定の前提とは異なっている。

(b)　タイプⅠ

上記の整理を冒頭の教室事例にあてはめてみよう。一棟の長屋の住戸部分・甲（Aの区分所有）、乙（Bの区分所有）、丙（Cの区分所有）のうち、非居住の甲部分について、屋根が一部落ちて壁が一部抜けるなど管理状態が著しく悪化し、前面道路への崩落も懸念される状態にある。甲部分の屋根と外壁は、A～Cの共有であり、持分割合は均等（各3分の1）と仮定しよう。**[図表 5.6]** のような所有関係である。これをタイプⅠとする。

[図表 5.6]　3 軒長屋のモデル的所有関係（タイプⅠ）

区分所有者	専有	共有		
		甲部分	乙部分	丙部分
A	甲室内	屋根、外壁、界壁（3分の1）	屋根、外壁、界壁（3分の1）	屋根、外壁、界壁（3分の1）
B	乙室内	屋根、外壁、界壁（3分の1）	屋根、外壁、界壁（3分の1）	屋根、外壁、界壁（3分の1）
C	丙室内	屋根、外壁、界壁（3分の1）	屋根、外壁、界壁（3分の1）	屋根、外壁、界壁（3分の1）

（出典）筆者作成。

(2)　合意による修正

(a)　専有・共有関係

区分所有法は、強行法規ではない。したがって、長屋に関する以上の所有関係は、当事者の合意によって修正可能である。これは、同法が施行された1963年4月1日の前後を問わない。

(b)　タイプⅡ

専有・共有関係の決め方は多様である。たとえば、界壁のみを共有とし*25、区分所有法上、区分所有として専有とされる住戸部分の上にかかる屋根やそれ

*25　界壁に関して、壁や柱の「中心線で切って」、その両側を区分所有とするような整理が可能なのだろうか。可能とすれば、もはやそれは長屋ではないだろう。壁や柱について、どこまでが共用部分なのかは微妙である。この点に関しては、「境界部分の骨格を成す中央の部分や共用部分であり、従って、専有部分の範囲に含まれないが、その上塗りの部分は共用部分ではないから、専有部分に含まれる」とする解釈が「比較的妥当」という説明がある。川島・前註（21）論文528～529頁。

を取り巻く外壁について、当該区分所有者の専有であり他の住戸部分の区分所有者との共有ではない場合もありうる。まさに「羊羹をスパッと切るごとく」である。それを前提にすれば、その所有関係は、**[図表5.7]** のようになる。これを、タイプⅡとする。

[図表5.7]　3軒長屋のモデル的所有関係（タイプⅡ）

区分所有者	専有	共有
A	甲室内、甲屋根、甲外壁	界壁（３分の１）
B	乙室内、乙屋根、乙外壁	界壁（３分の１）
C	丙室内、丙屋根、丙外壁	界壁（３分の１）

（出典）筆者作成。

6　部分居住長屋に対する措置のあり方

(1)　タイプⅠの場合

(a)　区分所有法を踏まえた対応

まず、タイプⅠの場合の対応を考える。除却したいのは、甲部分を構成するグレイの部分である。空家法のもとでの一戸建ての特定空家等が共有となっている場合であれば、共有者のすべてに対して、指導、勧告、命令において、対象物の全部除却が求められる。これを参考にすれば、空き家条例のもとでは、同じ棟の３軒長屋の所有者であるＡ～Ｃに対して、グレイの部分の除却を求めることになる。３人とも確知されていると仮定する。しかし、それぞれに求める内容は、どのようなものになるだろうか。

長屋全体の屋根や外壁は、Ａ～Ｃの共有である。区分所有部分と共有部分が明確に分けられるのかは不明であるが、区分所有法のもとでは、観念的には区別可能である。そこで、❶Ａに対して自らの専有部分である甲室内の除却および共有にかかる甲の屋根と外壁の除却、❷Ｂに対して共有にかかる甲部分の屋根と外壁の除却、❸Ｃに対して共有にかかる甲部分の屋根と外壁の除却、を求めることになろう。後述のように、Ａに対しては、乙部分の甲側の界壁への対応についても求めておく必要がある。

甲部分についてＢおよびＣが共有という形で権原を有している以上、除却という変更行為には、民法251条１項によって共有者全員の同意が必要とされるとすれば、ＢおよびＣにも責任がある。Ａに対して条例上の措置を講ずる一方で、ＢおよびＣに対して何の措置もしないという対応には、平等原則に照らして問題があるようにも思われる。

(b)　現実に実施されている措置

(ア)　Ａのみへの対応

区分所有法を前提とした整理は、以上のようになるのかもしれない。しかし、前述のように、部分居住長屋対策実務においては、Ａのみへの対応となっていた。ＢやＣについては、行政は直接対応せず、Ａに調整を依頼しているのである。これが実務的対応なのであろう。実際、空き家条例のもとで部分居住長屋に対する対応実績のない自治体の担当者にヒアリングをすると、全員が「Ａだけに対応するだろう。」と回答した。

ＢやＣに対して、Ａの区分所有部分に密接に関係する共用部分である屋根や外壁についての対応を求めれば、それは自分には関係ないと考えるために、「何でオレに言ってくるんだ。」という素朴な疑問にもとづく反発を招く。また、「それなら雨漏り修理のために以前にオレが負担した自分の居住部分の屋根の修理費も分担してもらおう。」という話になるかもしれない。要するに、「無用のトラブル」が発生しかねないのである。話が抉れてＡ～Ｃの調整がつかなければ事案がフリーズし、命令そして行政代執行になってしまう。任意除却を優先的に考える行政としては、そうした事態は、何としても回避したい。かくして、区分所有法の規定の適用は、行政にとっては、「不都合な真実」となっている。

(イ)　命令の実行可能性

ところで、上記❷❸のようなＢおよびＣに対する命令の内容は、果たして「実行可能」なのだろうか。不可能を命ずる処分は、その内容に関する瑕疵があるために無効である＊26。命令内容は、共有に係る甲部分の屋根と外壁の全部除却であるが、それとＡの専有部分との建物構造上の関係が問題になる。

Ａ～Ｃが合議して同一の解体業者に委託するのが現実的であり、おそらくコ

＊26　原田尚彦『行政法要論〔全訂第７版補訂２版〕』（学陽書房、2012年）186頁参照。

ストはもっとも安くなる。その場合、Ａがすべての費用を負担するのであれば問題はないであろうが、ＡがＢおよびＣに分担を求めるとなると、合意ができるかは不確実である。そうなると、上述の❶〜❸のような内容の命令になることが考えられる。

その場合、共有者だけでしかないＢあるいはＣが、自らの命令内容を独立して履行できるだろうか。この点に関して、何人かの建築専門職員にヒアリングを実施した。その話を総合すると、「建物構造上、区分所有部分は共用部分と一体として設計・施工されており、かりに共用部分だけを除去するとすれば耐力が極度に低下し、残存する区分所有部分が自立することはできず、補強が不可避となる。」ということであった。しかし、区分所有部分も除却対象であるから、補強措置をＢあるいはＣに求める合理性はない。行政としては、一体としての除却をしたいところであろうが、部分的に居住はされている。

この点をどう考えればよいだろうか。ひとつは、❶のように、Ａのみへの対応とする方法である。通常、条例においては、「命ずることができる。」というように、効果裁量が規定されている。ＢおよびＣに命令することの不合理と、しないことの不公平を比較衡量すれば、前者を重視すべきであろう。そこで、ＢとＣに命令しないことは効果裁量に吸収し、裁量権の適法な行使の結果と整理する。

㈲　Ａによる事後的調整

命令を受けたＡは、ＢおよびＣの共有も含めて甲部分全体を除却する。通常であれば、除却には他の共有者の同意が必要であるが、命令の履行であるため、行政法的には、それは不要である。しかし、持分に応じた負担をする義務は共有者にあるから、共有部分の除去に要した費用について、ＢおよびＣに３分の１ずつの支払いを求めることになる＊27。区分所有法19条にもとづけば、ＢおよびＣも負担すべき費用であるようにみえる。そこで、Ａがそれを負担しているのは「法律上の原因なく他人の……労務によって利益を受け」という結果になっていると整理して、民法703条にもとづく不当利得が発生しているとみるのである。

＊27　もちろん、Ａの判断によって請求をしなくてもよいし、おそらくそれが「望ましい」対応なのかもしれないが、本章では、いささか「原理的」に検討する。

しかし、BおよびCの共有部分を含む甲部分のAによる除却は、BおよびCの「利益」になっているのだろうか。持分割合に応じた負担の義務があるとすれば、Aの支払いは、BおよびCとの関係で非債弁済的なものになっている。ところが、行政が命ずるのは、Aのみによる除却であるから、BおよびCにとっては、「Aが勝手にやったこと」となる。除却せず放置された結果、当該部分が崩落して通行人に被害を発生させれば、Aのほか、BおよびCも工作物責任を問われる可能性がある。そうであるとしても、現実に事故が発生していない以上、「利益」とまで評価されるだろうか。

あるいは、民法697条にもとづく事務管理という構成はどうだろうか。他人性と自己性が併存する「共有物管理は事務管理の典型的一例」*28といわれる。たしかに、それが任意にされれば、そのような法的評価になるだろう。しかし、甲部分の除却は、除却命令の履行としての行為であるから、「義務なく」とはいえない。共有部分の３分の２はBおよびCの持分であるとしても、除却が求められるのは当該部分全体であるから、「他人の事務の管理」というのも難しい。

したがって、甲部分の除却について、その「主たる管理者」であるAのみに命令し、任意の除却にせよ行政代執行による除却にせよ、費用調整をAに委ねるのは、Aに対して過度の負担となり不合理である。タイプⅠの場合には、やはり前述のように、❶～❸の命令を出すほかないと思われる。たしかに、Bに出される❷命令とCに出される❸命令は、単独では履行が困難であるが、Aに出される❶命令と調整しつつ共同して履行すればよいから、不可能とまではいえないように思われる。

なお、以上は、各専有部分の区分所有者は１名という前提であった。同一住戸に関して区分所有者が多数となる事案においては、事案処理のための行政コストは、絶望的に増加する*29。

---

*28　窪田充見（編）『新注釈民法（15）債権（8）』（有斐閣、2017年）21頁［平田健治］。

*29　最近、不動産に関する所有者不明事案への対応のため、土地所有権の放棄の法制度化や登記の義務化といった立法措置が講じられている。縮小社会への応答的な法的適応と評することができる。多数者共有事案への対応についても、その延長線上で検討される必要があるだろう。行政としては、少数者（できれば１名）への権利集約をするとか共有者の連帯責任を認めるというような制度的割切りが望ましいだろうが、それが合憲かどうかは、にわかに断じがたい。一方、多数者共有事案の拡大再生産をどこかで遮断する社会的必要性もある。

(2)　タイプⅡ

次に、[図表 5.7]（⇨p.233）のタイプⅡで考えてみよう。除却したいのは、同じくグレイの甲部分である。甲部分については、乙部分との界壁以外はＡの専有となっているので、行政は、Ａのみに対し、その専有部分の除却を求める。Ｂの専有部分との間の界壁の扱いが問題になるが、Ｂの専有部分への影響を与えないように養生することをその内容とすればよい。

なお、実際の所有関係がタイプⅠかタイプⅡかは、長屋の外観からだけでは判断が困難である。屋根に段差があるとか外壁の仕上げが異なるというのは、判断の手掛かりにはなるが、決定的理由ではない。したがって、行政としては、当該長屋の登記を調べるほかない。

しかし、司法書士へのヒアリングによれば、登記簿だけからは明確に判断できない場合があるという。そこで、実務的には、明確に判断できる場合以外は、区分所有法に則ってタイプⅠと推定し、Ａ～Ｃに対してアプローチするのが合理的である。当事者間に特別の合意が有効に存在するタイプⅡであるとすれば、（最終的には、行政手続条例にもとづく弁明機会の付与手続のなかで、）ＢまたはＣから、「自分の共有部分はないから、自分は名宛人にはなりえない。」というように、何らかの事情を立証する書証が提出されるだろう。それをも参考に検討してタイプⅠと評価できれば、それ以降はＡのみにアプローチすればよい。

Ｂ・ＣとＡの主張が、食い違うかもしれない。その場合には、総合判断になる。タイプⅡと評価するに十分な証拠がなければ、タイプⅠとして処理するほかないだろう。

(3)　区分所有法施行前後での違い

区分所有法は、1963年４月１日に施行された。現在、老朽危険状態にある長屋には、同法施行以前に建築されたものが多いと推測される。同法のもとでの共有部分についての法解釈は、前出の東京地判平成25年判決の通りである。

区分所有法のもとでの区分所有対象部分、その結果としての共用部分に関しては、「従来解釈によって認められていたところを規定上明確にしたというに止まり、従来の解釈に何らかの変更を加えようとしたものではない」＊30とされて

＊30　川島・前註（21）論文520頁。

いる。そうであるとすれば、同判決で示された整理が、同法施行以前に建築された長屋についてもあてはまることになる。

もちろん、屋根や外壁などの共用部分に関して、区分所有者間で同法の規定と異なる合意がされ、それが登記に反映されていれば話が別である。このため、前述のように困難な場合が多いが、行政においては、タイプⅠなのかタイプⅡなのか（あるいは、それ以外なのか）について、所有関係の正確な把握が重要である。

(4)　実務上の課題

ところで、実務的には、難しい技術上の問題がある。数戸が連担する一棟の長屋の場合、通常、界壁も共有されている。羊羹の端を切り取ったり真ん中をスパッと切り抜いたりはできないのが現実である。除却後の界壁をどうするか、除却による残存住戸部分の構造耐力への影響をどのように考えればよいのだろうか。界壁はあくまで界壁なのであり、外壁ではない。耐力強化のための「界壁の外壁化」が必要になる。

建築物の全部解体であれば、それほどの問題はない。ところが、部分居住長屋の場合には、残さなければならない部分が存在する。建物全体がそれなりに老朽化しているため、問題部分をどのように除却すればよいのかを誰がどのように決定すればよいのだろうか。切除した屋根や界壁の養生はできるとしても、除却して空間となった部分に建物の残存部分が倒壊しないような措置も必要になる。界壁を外壁化して耐力を高める工事や「つっかえ棒」「突っ張り棒」のような残存部分の強化措置も含めて、「除却」の内容になるだろう。【写真5.2】は、ひとつの施工実例である。

【写真5.2】隣接住戸が除去されたかつての長屋の一住戸部分。現在は「独立」しているので、もはや長屋ではなくなっている。界壁の補強は確認できなかったが、３カ所の「突っ張り棒」が設置されている。どのような法関係になっているのだろうか。京都市中京区内において筆者撮影。

６軒長屋の端から２軒目住戸部分について建物収去土地明渡しを命ずる確定判決を得た者が、強制執行に着手した。これに対して、強制執行により不安定な状態で残される端部住戸の区分所有者が執行不許を求めた事案において、ある裁判例は、次のように判示している（大阪高判平成23年３月30日判時2130号13頁）＊31。

> 本件一棟建物や切離し後の被控訴人建物の各位構造等に照らせば、本件一棟建物の一部の住居部分を切り離して単体で存立させることは、その設計上予定されていないものと推認することができる。
>
> そして、本件対象部分を収去した場合における切離し後の被控訴人建物は、…本件一棟建物の一構成部分である場合と比較して、構造耐力上、とりわけ東西方向に働く力に対して弱くなり、倒壊の危険が増大することが認められる。
>
> （略）
>
> 本件一棟建物は、その一部の住戸部分を切り離して単体で存立されることがその設計上予定されているものではなく、本件一棟建物全体は風圧力及び地震力のいずれに対してもある程度の強度を兼ね備えているのに対し、本件対象部分を収去し、切離し後の被控訴人建物が単体で存立することとなった場合には、建築基準法所定の基準を大きく下回り、建物の形状からみても非常に倒壊しやすい危険な建物となるから、少なくとも、本件対象部分のうち東西方向の梁、支柱等の基本的構造部分は、構造上、被控訴人区分建物の存立、安全に不可欠な部分であるというべきであって、被控訴人が共有持分権を有する共用部分であると認められる。

本件は、**［図表5.5］**（⇨p.226）でいえば、①〈八尾市〉のような事案であった。八尾市事案では、残存部分も同時に除却されたから問題はなかったが、そうではないとなると、上記判決に示されたような点への配慮が求められる。残存部分の安全性対応に配慮し、必要な場合にはこれを内容に含む命令でなければならないだろう。どれほどの具体性・特定性が命令に必要だろうか。命令内

＊31　評釈として、杉本和士・判例時報2154号（2012年）156頁以下（＝判評643号156頁以下）、田中壮太・NBL973号（2012年）90頁以下参照。

容が不十分でその通りの措置を講じたために残存部分が傾斜したり倒壊したりするなどの被害が発生した場合には、ＢやＣの建物共有持分権の侵害となる。除却をしたＡには不法行為責任が発生するし、それを命じた行政には国家賠償責任が発生するだろう。行政代執行の結果、そのようになった場合にも同様である。このため、命令にあたっては、構造耐力に関する専門的知識が必要となる＊32。

長屋の部分的除却は、建物全体の形状を大きく変更する。それが結果として集団規定違反を招かないかにも注意が必要である。

7　部分居住長屋対策の今後

(1)　対象に取り込む条例の増加と空家法の対応

筆者の調査のかぎりでは、部分居住長屋に対して命令をした、あるいは、その不履行に対して代執行をしたという事例は確認できなかった。タイプⅠかタイプⅡかは不明であるが、現状では、問題住戸の区分所有者への助言・指導または勧告という行政指導で事態が収束しており、命令までを規定する空き家条例においても、命令および行政代執行法にもとづく行政代執行には至っていない。しかし、これはたまたまそうであるというだけであり、命令相当案件が発生する可能性は十分にある。行政指導であるがゆえに、指示内容に曖昧さはあったであろう。もっとも、命令までが規定されている条例においては、そうはいかない。その際には、一戸建ての空き家とは異なる問題が顕在化する。

前述のように、国土交通省は、部分居住長屋を空家法２条１項にいう「空家等」の対象外と解している。空家法公布時の2014年当時にされたその判断は、建築基準法を前提にしたものと推測される。それはそれで、一応の整理ではある。ただ、本章でみたように、明示的に「空き家の住戸部分」を対象とする空き家条例はまだ少ないけれども、制定は増加傾向にある。また、明記はしない

＊32　杉本・前註（31）評釈158頁は、「当該住戸部分の安全性に重大な問題があることは社会通念からしても明らか」とする。［図表 5.3］に掲げる条例を制定している自治体のなかには、建築基準法２条35号にいう特定行政庁を置かないがゆえに建築職が在職していないところもある。そうした自治体がこのような事案の処理をするにあたっては、地方自治法２条５項に規定される都道府県の補完的役割の観点から、あるいは、空家法８条を踏まえて、その技術的サポートを受けるなどの対応が必要になろう。

ものの、実質的にそれをも対象とする条例運用ないし空家法運用は多くある。

空家法の「空家等」の外側にあるこうした非居住長屋住戸部分は、全国に存在する。その多寡については地域的特性があるにしても、それなりには存在しているのである。空き家条例を踏まえて空家法が制定されたという立法経緯に鑑みれば、空家法が部分居住長屋を積極的に対象外とし続ける理由をみつけるのは難しい。空家法が法定自治事務として市町村に事務を義務づけた以上、こうした対象について明示的に同法に含めるとともに、所有関係に関する特有の法的課題に対して立法的解決をすべきは、地方自治法１条の２第２項にもとづく国の役割というべきである。

⑵　空家法および区分所有法の問題としての長屋空き家対応

本章では、空家法が対象外とするがゆえに空き家条例で対象とされている部分居住長屋に対する措置について検討してきた。それでは全住戸部分が非居住であるがゆえに空家法の対象となる長屋については対応に問題はないかとなると、実はそうではない。**[図表5.6]**［**図表5.7**］でいえば、全部非居住の場合、甲の部分以外に乙の部分についても部分的にグレイになったり、あるいは、すべての部分についてグレイになったりすることもある。共有部分の除却を求めるとなると、「誰に対して何を」という点では、同じような課題に直面する。

したがって、区分所有法の適用がされる長屋に関しては、全部非居住であろうが部分居住であろうが、市町村が対応するにあたって、同法が規定する所有関係ゆえに生じる課題は共通に存在している。本章で検討してきた内容は、空き家条例のみならず空家法の解釈問題でもあるが、この点に関する解釈は、中央政府によっては示されていない。こうした点に関する法政策なり法解釈は、地域特性に応じて異なるという性質のものではないように思われる。

同法制定以前に建築された長屋のほか、最近多く建築されているテラスハウスやタウンハウスといった方式の長屋も、いずれは管理不全のままに放置される事態にならないともかぎらない。そもそも長屋を区分所有法の対象にしつづけるのが適切なのかどうか[*33]。悩ましいことに、所有権に関する区分所有法の

＊33　区分所有法制定にあたっては、その対象をすべての建築物に及ぼすのか棟割長屋は適用除外するのかについての議論があったが、結局は、全部適用で決着したようである。川上・前註（21）論文510～513頁参照。制定当時においても、こうした対応については、民事法学者からも強い疑問が呈

規定は、少なくとも現在の区分所有者の自己所有部分に関する認識（＝屋根・外壁は自己所有）とズレている場合がほとんどなのである。区分所有法を長屋に適用することに関しては、本章執筆にあたってのヒアリング調査の過程で、行政実務家や法曹実務家からの疑問を多く耳にした。空家法14条にもとづく措置に先立って、長屋に関する区分所有関係を「清算」するような特別措置が必要と痛感する。前述のように、個々の区分所有権が共有になっているとすると、目もくらむ想いがする。

これらは、基本的に民事法制の問題ではある。しかし、それを維持することの不合理が明白である以上、長屋対応に関しても、「民事法の公法化」が必要と感じる＊34。空き家対策という行政法的観点から、さらに検討を重ねたい。「長屋、手ごわし」である＊35。

されていた。石田喜久夫＋柚木馨＋谷口知平＋甲斐道太郎＋林良平＋木下忠良＋末川博「〔座談会〕「建物の区分所有等に関する法律」をめぐって」民商法雑誌46巻２号（1957年）34頁以下参照。法案立案過程に参画していた柚木は、「はじめの段階では、新ら〔ママ〕しいこの法律は大きなアパートのみに適用して、棟割長屋とか、小さな区分所有権については民法第二〇八条によろうというつもりでおったようなんですけれども、いつのまにか全部を含むことになってしまった」と述べる（43頁）。

＊34　北村喜宣「縮小社会における地域空間管理法制と自治体」公法研究82号（2020年）73頁以下・90頁参照。

＊35　北村喜宣「手ごわい長屋：空家法実施の一局面」同『自治力の闘魂：縮小社会を迎え撃つ政策法務』（公職研、2022年）68頁以下参照。

第3部

代執行等の実務的課題と論点

第6章　建物除却代執行と屋内残置物の取扱い

特定空家等の除却に際しては、屋内残置物の扱いが問題となる。著しい保安上の危険等をもたらしているのは建築物そのものであるから、屋内残置物までを撤去するのは過剰執行ではないかという疑問も呈される。しかし、建築物だけを除却しようとすると、残置物の搬出および保管、除却後の搬入というように費用がかかるとともに、搬入された残置物が新たな生活環境保全上の支障の原因となる。したがって、所有者判明事案においては、指導・勧告・命令の内容として、残置物の撤去と適正な処理を求め、代執行においては、社会通念上不法物とみなせないもの以外は処分するのが合理的である。略式代執行においても、同様である。

1　空家法と代執行

(1)　積極的な発動実績

2014年11月26日に公布された空家法は、1,741あるすべての市町村に対して、多くの事務の実施を義務づけた。同法は、2015年 5 月26日に施行された。国土交通省によれば、施行後 7 年を経過した2022年 3 月31日現在の空家法実施状況は、**[図表 1.6]**（⇨p.72）の通りである。

従来より、老朽危険空き家は、地域に対して、それなりの外部性を与えていた。空家法制定時、市町村の空き家条例は約400存在していたとされる。その約80%は、同法成立以前の 3 年間に制定されたものである。これは、建築基準法による対応が実際には期待できない状態にあるなかで、周辺住民からの苦情を受ける市町村が対応の法的根拠を求めていたがゆえのことであった。

実績において注目すべきは、命令（14条 3 項）を前提とする公益要件のない（緩和）代執行（14条 9 項）、および、それを介さずに実施できる略式代執行（14条10項）の数の多さである。1 億円以上の費用を要した事例もあるし、人口数千人の村が実施した事例もある。この実施実績は、行政法としては、前代未聞ではないだろうか。行政代執行は機能不全という「行政法学界の常識」を根底から覆す実務が展開されている＊1。空家法のもとで積極的対応がなぜ可能になったのかは、法社会学的に探求されるべき研究課題である＊2。

⑵　未整理の論点

空家法にもとづく代執行は、興味深い行政法学的論点も提供している。それは、代執行措置により除却される特定空家等の建物内に残されている残置物の扱いである。長期間にわたって管理が放棄されている残置動産の内容は、家具、食器棚、学習机、衣類、食器、アルバム、手紙、ビール券、現金、預金通帳、印鑑、仏壇、位牌、骨壺など、実に多様である。

国土交通省のウェブサイトには、市町村による代執行事例の写真が掲載されている＊3。そこでは、保安上危険な状態にあった特定空家等が除却され更地になっている状況が、紹介されている。「before/after」である。

代執行作業の着手時にすべての残置物が搬出されている状態は、一般には考えにくい。それでは、代執行において、特定空家等の屋内残置物はどのようにして処理されたのだろうか。代執行の対象として、その適正処理が命じられていたのだろうか。そうした命令内容は、空家法の実施として適法なのだろうか。比例原則に適合した必要かつ十分な内容だったのだろうか。

空家法実施における屋内残置物の問題は、同法が明示的な規定を設けていないこともあって、十分に整理されていない＊4。本章では、実施案件を踏まえ、

＊1　空家法の実施状況に対応して、迅速にテキストの記述を追加・修正したものとして、宇賀克也『行政法概説Ⅰ〔第6版〕行政法総論』（有斐閣、2017年）233頁、大橋洋一『行政法Ⅰ〔第3版〕現代行政過程論』（有斐閣、2016年）315～316頁、櫻井敬子＋橋本博之『行政法〔第6版〕』（弘文堂、2019年）170頁参照。

＊2　試論的検討として、北村喜宣「学界の常識は現場の非常識？：空家法のもとで活用される代執行」同『自治力の挑戦：閉塞状況を打破する立法技術とは』（公職研、2018年）52頁以下、同「空家法の執行過程分析」本書第4章参照。

＊3　「空き家対策に関する情報提供」（http://www.mlit.go.jp/jutakukentiku/house/jutakukentiku_house_tk3_000042.html）参照。

＊4　建築基準法を前提にした（老朽不適正管理空き家を前提としていない）議論として、雄川一郎＋金子宏＋塩野宏＋新堂幸司＋園部逸夫＋広岡隆『行政強制：行政権の実力行使の法理と実態』［ジュリスト増刊］（有斐閣、1977年）62～64頁参照。宇那木正寛「行政代執行における執行対象（外）物件の保管等およびその費用徴収の法的根拠」同『実証 自治体行政代執行の手法とその効果』（第一法規、2022年）13頁以下は、筆者と見解を異にする部分もあるが、本章の基本的問題関心とも重なる議論を展開する。

空家法のもとでの特定空家等の除却代執行において建物内部の残置物をどのように取り扱うのが適切なのかを試論的に検討する＊5。

2　空家法の解釈

(1)　措置対象としての特定空家等

空家法のもとで具体的な働きかけがされるのは、特定空家等（2条2項）である。これは、おおむね通年にわたって使用がない空家等（建築物、付随する工作物、その敷地）の状況が悪化し、「そのまま放置すれば著しく保安上危険となるおそれ」をはじめとするいくつかの状態にあるものである。市町村長は、特定空家等の所有者等に対して、必要な措置をとるよう助言・指導ができる（14条1項）。助言・指導がされた場合において改善がされないときには、必要な措置をとるよう勧告ができる（同条2項）。そして、勧告を受けた者が正当理由なく勧告に係る措置を取らなかった場合は、当該措置をとるよう命令ができる（同条3項）。

命令が履行されない場合には、行政代執行法の定めるところに従い、公益要件がない緩和代執行ができる（同条9項）。なお、特定空家等と認定される物件については、市町村長が登記簿・戸籍簿・住民票などを調査しても、所有者が判明しない場合は少なくない。そこで、相手方を過失なく確知できない場合には、市町村長は、自ら当該措置を行うことができる（14条10項）。略式代執行である。

(2)　国のガイドライン

空家法14条3項によれば、命令内容は、「勧告に係る措置」である。勧告を規定する同条2項は、その内容について、「除却、修繕、立木竹の伐採その他周辺の生活環境の保全を図るために必要な措置」と規定するのみである。除却を求める際に建築物内の残置物をどのように扱うのかについては、何の指示もしていない。著しい保安上の危険のおそれなどの特定空家等の認定要件を充たしているのは家屋そのものであり、そのなかにある残置物ではない。

＊5　筆者は、北村喜宣「空家法の実施における法的論点」同『空き家問題解決のための政策法務：法施行後の現状と対策』（第一法規、2018年）206頁以下・251～252頁で一応の検討はしたが、きわめて不十分であった。

この点に関しては、空家法14条14項にもとづいて国土交通省および総務省が作成した「「特定空家等に対する措置」に関する適切な実施を図るために必要な指針（ガイドライン）」（平成27年5月26日。以下「ガイドライン」という。）が、緩和代執行と略式代執行を分け、それぞれについて若干の記述をしている。

■緩和代執行の場合（第3章6（5）代執行の対象となる特定空家等の中の動産の扱い）

代執行の対象となる特定空家等の中に相当の価値のある動産が存する場合、まず、所有者に運び出すよう連絡し、応じない場合は保管し、所有者に期間を定めて引き取りに来るよう連絡することが考えられる。その場合、いつまで保管するかは、法務部局と協議して適切に定める。

■略式代執行の場合（第3章7（3）代執行の対象となる特定空家等の中の動産の扱い）

代執行の対象となる所有者が不明の特定空家等の中に相当の価値のある動産が存する場合、まず、運び出すよう公示し、連絡が無い場合は保管し、期間を定めて引き取りに来るよう公示することが考えられる。その場合、いつまで保管するかは、法務部局と協議して適切に定める。

ガイドラインから導出できるいくつかの論点を確認しよう。第1は、「相当の価値」の判断基準、判断方法、判断時点である。第2は、保管のあり方である。第3は、「相当の価値」がないと判断された動産への対応である。これらの点について、ガイドラインは沈黙している。このため、すべては市町村の法解釈に委ねられる。

(3) いくつかの見解

空家法の解説書を参照してみよう。ある書物は、「特定空家等の建具等の保管」について、「除却作業の開始前又は終了後に、当該建具等を引き取るよう通知し、特例〔ママ〕空家等の所有者等がこれを管理することができるような状態に置けば十分」＊6と説明する。同書は、略式代執行の場合には、「市町村長は、事務管理者（民法697条）としてこれを保管する義務を負うものと解される」＊7とする。建具等はガイドラインにいう「相当の価値のある動産」という前提に立っての記述であろう。それゆえに、事務管理による保管という整理につながるのだろう。しかし、代執行という権力的事実行為を法律にもとづき実施しているにもかかわらず、そもそも事務管理は成立するのだろうか＊8。保管を必要とする状況を創出した行政がその保管を事務管理と主張することには、違和感を禁じえない。

別の書物は、「いったん地方自治体が保管した上で、「特定空家等」の所有者に対し、期間を定めて、引き取りに来るよう求めます。……もし、期間を経過しても正当な理由なく引き取りにこない場合には、地方自治体において処分することになります。」＊9とする。しかし、残置物の内容にかかわらず相手方の同意なく処分できる法的根拠は何だろうか。「廃棄物の処理及び清掃に関する法律」（以下「廃棄物処理法」という。）のもとでの一般廃棄物と総合的に判断されるがゆえに、市町村がその処理責任（６条の２）にもとづき処理するという整理だろうか。そうであるとすれば、所有者等が排出したものという整理になる。

3　行政実務の状況

(1)　国土交通省調査

(a)　更地事案

国土交通省は、2016年度および2017年度において代執行を実施した市町村に対し、個別事案に関する調査を実施した。そのいくつかは、前出の同省ウェブサイトで紹介されている。それぞれについて個票は存在するが、地域バランス

＊6　西口元＋秋山一弘＋帖佐直美＋霜垣慎治『Q&A自治体のための空家対策ハンドブック』（ぎょうせい、2016年）168頁。

＊7　西口ほか・前註（6）書168～169頁。

＊8　筆者は否定説の立場である。北村・前註（5）論文245頁以下参照。より詳しくは、同「行政による事務管理（1）～（3完）」自治研究91巻３号33頁以下、同４号28頁以下、同５号51頁以下（2014年）参照。

＊9　弁護士法人リレーション（編著）『よくわかる空き家対策と特措法の手引き：空き家のないまちへ』（日本加除出版、2015年）66頁。

を考慮し、かつ、当該市町村の承諾があった部分のみが掲載されている＊10。除却の代執行後に更地になっている状態の写真の事案を実施したとして紹介されている自治体は、［図表6.1］の通りである。

［図表6.1］除却の行政代執行後に更地となった事案と実施市町村

	緩和代執行	略式代執行
2016年度	（北海道）室蘭市、（山形県）川西町、（東京都）葛飾区、板橋区、（福岡県）飯塚市	（群馬県）前橋市、（神奈川県）横須賀市、（新潟県）妙高市、（兵庫県）尼崎市、姫路市、（福岡県）飯塚市、（長崎県）新上五島町
2017年度	（北海道）旭川市、（千葉県）柏市、（新潟県）十日町市	（千葉県）香取市、（東京都）台東区、（新潟県）十日町市、（富山県）上市町、（岐阜県）瑞浪市、（兵庫県）神戸市、（福岡県）宗像市

（出典）国土交通省「地方公共団体の空き家対策の取組事例１」［平成28年度調査］、同「地方公共団体の空き家対策の取組事例２」［平成29年度調査］より筆者作成。

本章の関心は、緩和代執行における空家法14条３項にもとづく命令内容、略式代執行における同条10項にもとづく公告内容、そして、屋内残置物の取扱いである。国土交通省資料のなかでこの点に関する記述があったものを引用する。

(b)　屋内残置物の取扱い

緩和代執行の場合には、除却が命じられた義務者が存在する。命令が履行されないがゆえに代執行に移行するのであるが、戒告、代執行令書という手続を経る過程における交渉により、一定の対応が実現された事例もある。義務者の側で「廃棄物」と判断されている。

①　【川西町】「所有者から動産を町で処分してほしい旨の申し出があったことから、所有者から町が廃棄しても責任を問わないとの誓約書を提出してもらった」

②　【葛飾区】「家財があったが使用できる状態ではなかったことから、区職員が不

＊10　調査のとりまとめとしては、『地方公共団体等が実施する空き家対策及びその手続等の検討調査』が存在するが、「取扱注意」となっている。

要物として現地で選別し処分」「息子の賞状と家族写真、期限切れの通帳等は保管が必要と区職員が判断し、区倉庫内に保管」

③　【飯塚市】「建物が傾斜するなど危険性が高い建物内に立ち入れる状態ではなかったため、所有者に家財等の持ち出しを依頼」「所有者には持ち出しがない場合は廃棄物として処分する旨を伝える」

④　【板橋区】「全て財産と考え、相続財産管理人に代わって区がゴミと財産の区分作業を実施」「事前にゴミと財産（現金、貯金通帳、有価証券、貴金属類、写真、手紙など）の仕分けルールを相続財産管理人に確認した上で、財産については通常、保管してある金庫や家財道具、場所を解体業者が確認するが、他の場所で見つかった場合は管理人に確認することとした」「相続財産管理人の話では確認できた財産（通帳、印鑑、株券、宝飾品等）は約1,000万円相当とのこと」

⑤　【旭川市】「所有者立会いのもと、現地で処理内容を確認」「確認後、所有者等で保管することで代執行中に所有者等に引き継ぐ」

⑥　【柏市】「多くの残置物があったため、代執行実施前の所有者との面談時に動産等の残置物処分に関する承諾書に押印頂く」「個人情報があるパソコン、不動産売買関係書類は市役所内の倉庫に保管（10年間保管方針）」「上記以外の受付カウンター、ソファー、TV、ガス台、エアコン等は廃棄物として処分」

これに対し、略式代執行の場合には、交渉すべき相手方が存在しないため、もっぱら行政が判断せざるをえない。

⑦　【尼崎市】「動産調査における要不要の判断を検討し、現金化可能なもののみを市職員と解体業者で調査」「3,000円程度の現金が見つかったため、法務局に供託」「その他は古くて財産価値がないと判断し、廃棄物として処分」

⑧　【飯塚市】「屋根の半分と 2 階の床が崩落するなど危険性が極めて高く、建物内に立ち入れる状態ではなかったため、可能限り外部から確認したが、タンス類等も腐食が著しいこともあり、残置物はなしと判断」

⑨　【香取市】「火事被災建物であり、財産的価値があるものは相続人が持ち出して

いると判断し、残置物は廃棄物として処分」
⑩ 【宗像市１】「所有者死亡後約20年経過し、財産価値のあるものは相続人等が持ち出していると判断し、残置物は廃棄」
⑪ 【宗像市２】「相続人不存在であり、解体時に建物内の残置物はすべて廃棄」
⑫ 【台東区】「解体資材や資産価値のないと思われる残置物については、処分」「居住者（所在地不明の借家人）に関するものと思われる残置物（写真、手紙等）については、課内事務スペースに保管」
⑬ 【上市町】「町職員にて事前調査した結果、価値のある動産はないと判断し、解体工事に合わせて撤去・処分」
⑭ 【瑞浪市】「立入調査の際に確認したが、殆どが陶器類やダンボール、転写紙等の産業廃棄物だったので、解体時に産業廃棄物として処分」

4 屋内残置物の扱いの実情

(1) 緩和代執行の場合

緩和代執行が実施された事案①～⑥においては、その前提として、法14条３項命令が発出されている。残置物の撤去・処分は、命令内容に含まれていたのだろうか。筆者によるヒアリング結果は、**[図表6.2]** のようである。

[図表6.2] 命令における屋内残置物の扱い

[1] 川西町	所有者との交渉で残置物は処分してほしいといわれたので、一筆をとって家屋廃材と一緒に処分した。代執行令書には、屋内残置物を撤去すると明記した。残置物の処理費用は代執行費用に含めている。
[2] 葛飾区	敷地内に置かれた廃家電等の処分は独立して命じたが、屋内残置物の処分は建物の除却に含めている。その費用は代執行費用に含めている。
[3] 飯塚市	建物は半壊状態で屋内残置物も腐食が激しかった。必要なものがあれば撤去せよと求めたがされなかったため、廃棄物とみなして、家屋除却の内容として屋内残置物処分も含めて対応し、その費用は代執行費用に含めた。
[4] 板橋区	命令は家屋の除却のみ。屋内残置物は、相続財産管理人との協議で自主的処分を依頼した。

[5] 旭川市	屋内残置物について必要なものは搬出するように求めていたがされなかったため、一筆とることなく、廃棄物とみなして、家屋除却と一緒に処分した。その費用は代執行費用に含めている。
[6] 柏市	建築物の除却の内容として屋内残置物の処分も含めている。すべての残置物を処分することについては、所有者の同意書を取得した。

(2) 略式代執行の場合

それでは、略式代執行にあたってなされる公告においてはどうであろうか。ヒアリングによれば、香取市（事例⑨）は「建物内及び敷地内にある動産を搬出すること。」、台東区（事例⑫）は「建物の除却（基礎を除く）及び敷地内残置物の撤去。」と明確に記していた。それ以外の自治体においては、建物除却に含めて整理している。

5　自治体対応へのコメント

依るべき明確なルールがないなかで、それぞれの市町村は、相当に悩んで対応を決定したものと推測される。そこで重視されていたのは、「クレームが出ないこと」、「トラブルが発生しないこと」だろう。とりわけ緩和代執行事案にあっては、まさに「交渉による行政」である。もっとも、行政法的にみれば、確認すべき点や懸念もある。

事例①では、相手方の申し出に応じて処分をしている。処分は、代執行費用に含まれるとすれば、申し出に応じて処分をするようなものではなく、本来、命令に含めるべきものであろう。承諾書を用いた事例⑥についても同様である。

事例②では、ほとんどの残置物を廃棄物と判断して処分がされた。ただ、直ちにそうと判断できないものについては念のために保管をしている。いつまで保管を継続するかが問題になるが、基本的に廃棄物であるとすれば処分はいつでも可能であるから、期限を明示して引取りを求め、応じなければ処分できる。事例⑥において10年間保管の対象となったものについては、不要物ではないという判断であるが、期間経過時にはどうするのだろうか。事例③、⑧、⑨、⑩、⑬、⑭においては、建物等の状況から残置物は廃棄物と推定されているようである＊11。事例⑪では、残置物は廃棄物ではなく無主物と判断されているようにみえる。

これとは逆に、事例④では、すべてが廃棄物ではないという前提で準備作業にとりかかり、その結果、約1,000万円相当の財産が確認された。これほど財産価値のあるものが管理放棄状態に置かれていたのであるが、所有者等においてその事実は認識されていなかったのだろう。事例⑤も、基本的に廃棄物ではないという前提で作業がされたようである。事例⑦、⑫の方針も、同様にみえる。

6　空家法14条３項命令および代執行における屋内残置物の取扱いのあり方

前述のように、特定空家等の内部に置かれている動産は、それ自体が当該特定空家等の認定原因となったわけではない。周辺の生活環境という保護法益を侵害しているのは、もっぱら家屋なのである。そのかぎりにおいて、残置物に罪はない。したがって、空家法14条３項命令により、屋内残置物のみの撤去を独立して求めることはできないのは当然である。残置物は、特定空家等の中心的構成要素である家屋と、基本的に不可分一体として把握する必要がある。

命令において家屋の除却が求められた場合、それをどのような方法で実施するのかは、義務者の自由である。自由ではあるが、長年にわたって放置していた残置物があるときに、除却作業の支障になるからとして、作業に先立ってそのすべてを搬出して保管し、家屋除却後に敷地に搬入するというような対応は考えにくい。自分にとって必要なものだけを搬出・保管し、それ以外は、除却した家屋の廃材等とともに処分するのが通例であろう。一般に、残置物は、家屋の除却作業の支障物となる。

そうであるとすれば、空家法14条３項命令の内容も、そうした一種の経験則を前提にするべきである。法14条３項命令の内容としては、❶特定空家等にかかる家屋の除却およびそれにより発生するものの関係法令に従った適正な処分、

＊11　環境省環境再生・資源循環局廃棄物適正処理推進課長＋廃棄物規制課長「建築物の解体時における残置物の取扱いについて（通知）」（環循適発第1806224号、環循規発第1806224号平成30年６月22日）では、「残置物については一般家庭が排出する場合は一般廃棄物となり」という記述がされている。

❷敷地内に放置されている物品についてはその撤去および関係法令に従った適正な処分、さらに、❸屋内残置物については必要なものを保管しそれ以外については搬出および関係法令に従った適正な処分とするのが適切ではないか。勧告を規定する空家法14条２項の文言との関係でいえば、❶❸は「除却」、❷は「その他周辺の生活環境の保全を図るために必要な措置」の内容として解釈できる。❸は、除却付随行為と整理すればよい。これまでは、❸を❶の内容に含めた命令が出されているようにみえる。それは適切であるが、より明確に整理すれば、上記のようになるのではなかろうか。

空家法14条３項命令は、同条１項指導および２項勧告を経て発出される。家屋内部に立ち入ることができるようであれば、立入調査をしたうえで残置物の内容や状況について写真付きの簡単な記録を作成して所有者等に送付し、屋内残置物に関して、指導や勧告のなかで、「必要なものがあれば搬出して適正に管理すること」を求めるのが適切である。詳細な財産目録までを作成する必要はない。再三の求めにもかかわらず搬出・管理の対応がなされずに３項命令に至った場合、義務者において必要なものはないと判断されているとみなして、緩和代執行につなげてよい＊12。

なお、代執行作業の際に、それまでには認識していなかった動産に気づく場合はある。家屋の状態が劣悪で屋内立入に危険が伴うため、代執行作業ではじめて屋内動産の実情を知ることもある。代執行作業の過程で、社会通念上あるいは国民の宗教感情上、明らかに不要物とはみなせないようなものであり、かつ、保管にそれほどの費用を要しないようなものが認知された場合には、行政においてこれを保管し、義務者に対して、合理的な範囲で期間を設けて引取りを求めるのが妥当であろう。現場対応マニュアルを作成する必要がある。もっとも、代執行作業の以前に、義務者はそれを搬出・保管していなかったのであるから、代執行着手の時点で不要物とされていたと整理して、引取期限が徒過すれば、処分するという整理もある＊13。

＊12　残置物の不要物性が一般に推定されない場合には、所有権を尊重した対応がされるべきは当然である。たとえば、港湾法56条の４第３～９項は、略式代執行によって撤去した工作物等について取扱いを規定する。宇那木正寛「港湾法に基づく略式代執行の諸課題」同・前註（４）書181頁以下参照。

＊13　位牌、仏壇、骨壺のような宗教的性質を帯びるものがあることを想定すれば、市町村は、あらか

作業中に偶然発見された現金、金券、預金通帳、印鑑、施錠された金庫などは、準遺失物（他人の置き去った物）として、遺失物法4条1項にもとづき、警察署長に提出することになろうか＊14。残置物のほとんどがそうではないが、不要物とは評価できないがゆえに行政に保管義務があると考えられる例外的場合においては、民法494条にもとづく弁済供託という方法もある＊15。

略式代執行の場合、当該家屋の敷地が売却可能性のある土地であれば、空家法の実施として不在者財産管理人を選任し、その管理・処分に委ねるという方法もある。そうでなければ、不要物（＝廃棄物）とみなせるものは処分し、それ以外については、上述の取扱いにすればよい＊16。

残置物に対する廃棄物処理法の適用関係であるが、特定空家等が一般住居であれば家庭系一般廃棄物になり、事業所であれば事業系一般廃棄物と産業廃棄物となる。空家法にもとづく代執行という「行政の事業活動」に伴って処理するのではあるが、廃棄物の性格は変わらない。実務的には、産業廃棄物についても、廃棄物処理法11条2項にもとづき、市町村は、いわゆる「合わせ産廃」として処理するのが適切な場合が多いであろう。

7　空家法のもとでの代執行と比例原則

たしかに、屋内残置物は、それだけを独立して考えれば、空家法の保護法益を侵害しない。このため、これに手をつけることはできないとして、一旦は搬出したうえで家屋除却後に敷地に戻したとしよう。分量にもよるが、それは、外見的には、廃棄物処理法のもとで、残置物の不法投棄のような状態を生み出し、新たな生活環境保全上の支障を発生させる。同じく生活環境保全を目的にする法律であることに鑑みれば、生活環境保全上の措置としての空家法のもと

じめ地元の宗教法人と協定を締結し、国民の宗教感情に即した対応を委託することになるだろう。

＊14　宇那木・前註（4）論文56～57頁は、準遺失物という整理を否定するが、それは、保管を前提として、それを行政が「奪取」してきたからという。筆者は、現場においてそうした状態にあったと整理している。

＊15　宇那木・前註（4）論文52～55頁参照。尼崎市が2016年に実施した略式代執行においては、作業中に数千円の現金が発見されたため、法務局に供託している。

＊16　宇那木・前註（12）論文189～190頁は、港湾法56条の4が規定する略式代執行の運用として、換価価値のあるものを前提とする保管義務は、それがないものについては発生しないとする。残置物に関する議論ではないが、発想としては同感である。

での代執行が、廃棄物処理法のもとでの新たな生活環境支障状態を創出するというのは不合理である＊17。

一方、除却された家屋の廃材について、搬出撤去までは不要であり、敷地内に整然と置いておくのは比例原則に即した措置であるという整理もあろう。しかし、それは解体業者が排出した産業廃棄物たる木くずであり（廃棄物処理法施行令２条２号）、そのままではやはり不法投棄となりかねない。搬出して適正処分をする必要がある。比例原則の適用も、空家法の制度趣旨の観点から考えられるべきである。

また、本章の検討対象ではないが、代執行の内容として、コンクリート基礎の除去までを含めるべきであろうか。数十万円の費用を要する作業である。これが残っていても、特段の生活環境上の支障はない。したがって、「根こそぎ除却」と整理して基礎までを撤去し処分するのは、空家法のもとでは比例原則に反する過剰な措置と評価される可能性がある。現実には、残した事案もあれば撤去した事案もある。住民訴訟においては「損害がない」とされるかもしれないが、借地上の家屋であれば、土地所有者を不当に利してしまう結果となる点への配慮が必要である＊18。所有者不明事案においてたんに更地にするだけでは不法投棄を招くことから、フェンスを設置し、それも代執行費用に含める事案もある。これは、合理的範囲の対応と評価できるように思われる＊19。

＊17　搬入それ自体は正当行為であるから刑事責任を追及されるようなものではないにしても、搬入後の状況が生活環境保全上の支障を発生させれば、廃棄物処理法19条の４ないし同法19条の５にもとづく措置命令の対象になる可能性はある。

＊18　家屋と同一所有者の場合には、当該土地を差押・競売する際に基礎が残っていれば入札価格が低くなるという判断から、総合的に判断して、基礎まで除去するという選択はあるかもしれない。

＊19　行政代執行にあたっては、廃棄物処理法や「建築工事に係る資材の再資源化等に関する法律」の適用が問題になる。前者に関しては、家屋除却の場合、解体業者が排出事業者となって産業廃棄物（例：木くず）が発生し、委託基準、処理基準、産業廃棄物管理票などの規制遵守が求められる。後者に関しては、床面積80㎡以上であれば、届出や再資源化等実施の義務が課される。

第7章 略式代執行の費用徴収

略式代執行を規定する空家法14条10項は、「その者の負担において」として、代執行後に義務者が判明した場合においては、義務者が費用負担をすべきという方針を明記している。方針は合理的であるものの、中央政府は、徴収にあたっては民事訴訟を提起すべきとする。提訴の前提には債権が発生していなければならないが、この文言によって発生するというのであろう。

しかし、それは法的には無理であり、方針の明示以上の意味はない。建築基準法に引きずられて上記のようにしか規定しなかったのは立法ミスであり、廃棄物処理法19条の８第５項のように、行政代執行法５条および６条の準用を明記する法改正が必要である。

1 行政による強制執行と費用負担

法律目的実現の観点から、生命、身体、財産あるいは生活環境に被害が発生するおそれが高い場合に、行政がそれに対応すべく、原因となっている状況に対して、除去などの権力的事実行為を断行することがある。行政による強制執行であるが、そのうち、いわゆる略式代執行および即時執行は、それぞれ事情は異なるものの、措置を要する状況を創出する者に対して、行政が対応を個別に命じることなく、行政の一方的判断で具体的な実力行使をする点で共通する。いずれも、適法になしうるためには、法治主義の観点から、法律なり条例なりの根拠を要するのはいうまでもない。

行政措置のために資材を購入したり実施を業者に委託したりした場合には、程度の差はあれ、費用が発生する。いったんは行政が支出するこの費用の負担と徴収方法について、どのように考えるべきであろうか。すべてが行政費用なのだろうか。そうでないとして、措置の原因となった状況を創出した相手が特定された場合、徴収手続は、民事訴訟あるいは強制徴収のどちらによるのだろうか。これらは、実定法において規定されるのが適切であるが、現実には、そうなっていない場合がほとんどである。

日本の行政執行過程の特徴のひとつとして、たとえ法定要件が充たされたとしても、行政は公式的権限の発動に消極的であることが指摘されてきた＊1。そうしたこともあって、要した費用を誰が負担するかについては、それほど注目されなかった。行政法テキストにおいてほとんど説明されていないのが通例である背景には、こうした事情がある。

ところが、近年、こうした特徴を否定するかのような行政実態がみられる。2014年11月に制定された空家法および市町村の空き家条例のもとでの対応である。行政代執行や即時執行が、積極的に行われているのである＊2。このため、それに伴い発生した費用をどのように処理するのかは、行政にとって現実の問題となってきている。本章では、空家法に規定され、実施例も多い略式代執行を素材にしつつ、それにより発生する費用の負担の方法について検討する＊3。なお、略式代執行と区別するため、行政代執行法のみにもとづく代執行を「通常代執行」と呼ぶ＊4。

2　略式代執行の構造と法的位置づけ

(1)　受命者不明時における行政の直接行動

「略式代執行」は、法令用語ではない。この説明として、「代執行は義務を命じて戒告、代執行令書の手続を経て行うものであるが、事柄の性質上、代執行

＊1　北村喜宣「インフォーマル志向の執行を規定する制度的要因：自治体における規制執行活動の一断面と今後の研究課題」同『行政執行過程と自治体』（日本評論社、1997年）235頁以下参照。行政代執行についても、従来は、こうした評価が一般的であった。たとえば、阿部泰隆『行政法解釈学Ⅰ』（有斐閣、2008年）577頁、宇賀克也『行政法概説Ⅰ行政法総論〔第５版〕』（有斐閣、2013年）229頁、大橋洋一『行政法Ⅰ：現代行政過程論〔第３版〕』（有斐閣、2016年）302頁参照。

＊2　空家法のもとでの行政代執行に関しては、北村喜宣「学界の常識は現場の非常識？：空家法のもとで活用される代執行」同『自治力の挑戦：閉塞状況を打破する立法技術とは』（公職研、2018年）52頁以下参照。

＊3　国土交通省のウェブサイトに掲載されている空家法の施行状況調査（2017年３月31日現在）によれば、略式代執行は、34件実施されていた。当時における費用の最高額は、2016年９月に妙高市が実施した事案における約３，960万円である。全体としてみれば、500万円以下が多い。北村喜宣「空家法制定後の市町村空き家行政」自治実務セミナー2017年６月号２頁以下参照。

＊4　「略式」の対義語は「正式」であろうが、「正式代執行」という表現はどことなくすわりが悪いので、「通常代執行」ということにする。宇那木正寛「行政代執行における執行対象（外）物件の保管等およびその費用徴収の法的根拠」同『実証 自治体行政代執行の手法とその効果』（第一法規、2022年）13頁以下・14頁も、「通常代執行」という表現をしている。

の手続をとることができない場合、略式の代執行が行われる。」とするもの＊5、「行政庁が義務を命ずべき者を確保しえない場合における、公告を前提とする略式の代執行」とするもの＊6などがある。

通常代執行においては、個別法のもとで代替的作為を義務づける不利益処分たる命令がまず発出される。そして、その不履行の場合に、行政代執行法２条に規定されるいわゆる補充性要件および公益性要件が充足されれば、同法３条１項に規定される戒告および同条２項に規定される代執行令書通知という手続を経て、同法２条にもとづき、命令内容を行政が自ら実現する。それに要した費用については、同法５条にもとづき納付命令が発出され、その履行がないときには、同法６条にもとづき、国税滞納処分の例により強制徴収される。

ところが、命令要件は充足しているにもかかわらず命令の名宛人が判明しない場合には、命令を発出できないことから、代執行ができない。しかし、それでは不合理である。このため、法目的の実現の観点から支障があると考えられる場合に、受命者が不明であっても一定の措置を行政自ら実施できるような規定が当該個別法に設けられるのである。代執行内容を公告する手続が通常規定されるが、これは、義務者がどこかに所在していることを観念的には想定する。そして、同人に代わって行政が措置を講ずるという意味で「代執行」と整理されている。要するに、「略式」とは、戒告および代執行令書通知という行政代執行法３条１～２項の手続を経ずに、命令の対象となっている「他人が代つてなすことのできる行為」を行政自ら行うという意味である＊7。

⑵　行政代執行法と略式代執行

個別法に規定される略式代執行の個別規定は、行政代執行法とどのような関

＊5　阿部泰隆『行政法再入門（上）〔第２版〕』（信山社、2016年）372頁。

＊6　広岡隆『行政代執行法〔新版〕』（有斐閣、1981年）〔復刊版2000年〕40頁。

＊7　広岡・前註（6）書42頁参照。なお、略式代執行と表記される場合が多いが、同内容を、「簡易代執行」と表現するものもある。たとえば、宇賀・前註（1）書228頁、櫻井敬子＋橋本博之『行政法〔第５版〕』（弘文堂、2016年）174頁、鈴木潔『強制する法務・争う法務:行政上の義務履行確保と訴訟法務』（第一法規、2009年）87頁、原田大樹『例解行政法』（東京大学出版会、2013年）77頁参照。行政代執行に関しては、広岡・前註（6）書、雄川一郎＋金子宏＋塩野宏＋新堂幸司＋園部逸夫＋広岡隆『行政強制：行政権の実力行使の法理と実態』（有斐閣、1977年）、北村喜宣＋須藤陽子＋中原茂樹＋宇那木正寛『行政代執行の理論と実践』（ぎょうせい、2015年）参照。実定法における規定ぶりに関しては、北村喜宣「不確知事案における対応：略式代執行の三類型」自治実務セミナー53巻５号（2014年）69頁参照。

係にあるのだろうか。第１は、特別法とする整理である（特別法説）。第２は、別の仕組みとする整理である（独立法説）。折衷案は、考えにくい。

通常代執行と略式代執行は、「代執行」という文言を共通にするため、特別法説は、文理としては、素直な整理である。もっとも、個別法のなかに、国家賠償法４条や行政事件訴訟法７条のように、一般法との適用関係を明示する規定があるわけではない。

一方、略式代執行の場合には、その前提として、行政代執行法２条にいう「法律に基き行政庁により命じられた行為（他人が代つてなすことができる行為に限る。）」が存在しない。また、同法１条にいう「行政上の義務の履行確保」が問題となっているわけでは必ずしもない。このため、同法とは別の仕組みと整理する独立法説も十分ありうる。

この点に関しては、それほど論じられているわけではない。ただ、参考になる議論はある。それは、「条例により略式代執行を規定できるか」という論点をめぐるものである。略式代執行が「行政上の義務の履行確保」に含まれると整理すれば、これは行政代執行法が独占するのであるから、個別法の規定以外に、条例によっては規定できないという結論につながる。このような説明をするものが多いようにみえることから＊8、結論として、一般には、特別法説が受け入れられているのではないかと思われる＊9。「行政代執行法……の特例として、簡

＊8　鈴木・前註（７）書87～88頁、小早川光郎『行政法 上』（弘文堂、1999年）239頁、藤田宙靖『第４版 行政法Ⅰ（総論）〔改訂版〕』（青林書院、2005年）263頁、黒川哲志「行政強制・実力行使」磯部力＋小早川光郎＋芝池義一（編）『行政法の新構想Ⅱ 行政作用・行政手続・行政情報法』（有斐閣、2008年）113頁以下・117頁参照。立法論として、「条例で定める代執行を可能にすること」を主張する松本英昭「自治体法務をサポートする自治法制のあり方」北村喜宣＋山口道昭＋出石稔＋礒崎初仁（編）『自治体政策法務』（有斐閣、2011年）80頁以下・96頁も、特別法説を前提としているのだろうか。なお、阿部泰隆『行政の法システム（下）〔新版〕』（有斐閣、1997年）439頁は、より根源的なところにさかのぼって、地方自治の本旨の観点から、行政代執行法１条にいう「条例」の解釈論のなかで、条例による略式代執行の創設を適法と解している。なお、北村喜宣「行政の実効性確保制度」現代行政法講座編集委員会（編）『現代行政法講座Ⅰ 現代行政法の基礎理論』（日本評論社、2016年）197頁以下・206頁も参照。

＊9　たとえば、屋外広告行政研究会（編）『屋外広告の知識 法令編〔第４次改訂版〕』（ぎょうせい、2013年）26頁、平裕介「空き家対策の実効性確保と除却命令・代執行」自治実務セミナー2017年６月号９頁以下・10頁参照。筆者も、かつてはそのように考えていた。北村喜宣「自治体条例による空き家対策をめぐるいくつかの論点」都市問題104巻４号（2013年）63頁参照。空き家条例に関する実務上の整理については、北村喜宣＋米山秀隆＋岡田博史（編）『空き家対策の実務』（有斐閣、2016年）43頁［北村］、79頁［今崎匡裕］参照。

易迅速な手続により代執行を行うことを可能にするもの」という中央省庁の整理＊10も、そのような認識であろう。もっとも、現実には、こうした解釈にもとづくことなく、略式代執行を規定する独立条例は制定されている＊11。どのように考えるべきだろうか。

通常代執行は、命令内容を代替的かつ強制的に実現する。これに対して、略式代執行には、命令という前提がなく、したがって、「義務」履行確保という把握はできない＊12。このため、独立法説のように整理するのが適切であるように思われる。この立場によれば、略式代執行というにせよ簡易代執行というにせよ、この仕組みに「代執行」という名称を付するのはミスリーディングと評されよう＊13。

⑶　略式代執行の規定

略式代執行の規定ぶりのひとつの特徴は、「命ずべき者を過失がなくて確知できない」という要件である。「確知できない」とは、①命ずべき者の氏名および住所の両方を確知できない場合、②氏名は知りえても住所を確知できない場合、のいずれもを含むとされる＊14。

この要件に関しては、公告や供託のような手続的措置を講ずる前提として規

＊10　環境省大臣官房廃棄物・リサイクル対策部産業廃棄物課長『行政処分の指針について（通知）』（2013年３月29日）（以下「行政処分の指針」という。）第10 1参照。

＊11　例として、「広島県プレジャーボートの係留管理の適正化に関する条例」14条１項、「大津市港湾の管理に関する条例」８条３項、「山陽小野田市空き家等の適正管理に関する条例」９条２項、「相生市空家等対策の推進に関する条例」12条２項、「西桂町空き家等の適正管理に関する条例」10条２項、「豊田市不良な生活環境を解消するための条例」14条２項参照。

＊12　板垣勝彦『「ごみ屋敷条例」に学ぶ条例づくり教室』（ぎょうせい、2017年）111頁、岡田博史『自治体コンプライアンスの基礎』（有斐閣、2017年）197頁参照。法律のなかで、「……ねばならない。」「……してはならない。」というような作為・不作為の義務づけが規定される場合もあるが、すべてについてではない。実際、空家法においては、「……努めるものとする。」というように、空家等の適正管理は、所有者等の努力義務にとどまっている。

＊13　豊田市は、前註（11）で引用した条例のパブリックコメントにおいて、条例にもとづく略式代執行を適法とする理由を、「行政代執行法第１条は、法律以外で、代執行手続についてより具体的に定めることまでも排除していません。地域の課題を踏まえ、行政上の義務履行確保の観点から、この義務履行確保を確実にするためには、代執行の範疇で、行政代執行法の執行条例としていわゆる上乗せ・横出しをすることは可能です。したがって、代執行の略式の手続である略式代執行について、条例で規定することは可能と考えます。」と説明している。通常代執行の上書き的要件緩和という趣旨だろうか。この発想は、公益要件を含めない「緩和代執行」には適用できると解しうるが、そもそも命令がされない略式代執行に適用するのは難しいように感じる。

＊14　広岡・前註（６）書41～42頁参照。

定される場合（例：新都市基盤整備法41条３項、都市再開発法135条）と、略式代執行のような実体的措置を講ずる前提として規定される場合がある。本章で検討するのは、後者のパターンである。

そのような仕組みは、39法律に規定されている。そのひとつである空家法は、14条10項のなかで、「第３項の規定により必要な措置を命じようとする場合において、過失がなくてその措置を命ぜられるべき者を確知することができないとき……は、市町村長は、その者の負担において、その措置を自ら行い、又はその命じた者若しくは委任した者に行わせることができる。この場合においては、相当の期限を定めて、その措置を行うべき旨及びその期限までにその措置を行わないときは、市町村長又はその命じた者若しくは委任した者がその措置を行うべき旨をあらかじめ公告しなければならない。」と規定する。文言は同一ではないが、この規定ぶりは、関係法律に共通している。なお、過失要件を持たない略式代執行規定もある。道路交通法81条２項、81条の２第２項、82条２項、消防法３条２項、５条の３第２項がそうである＊15。

3　略式代執行の費用

(1)　「その者の負担において」の意味

略式代執行の規定ぶりのもうひとつの特徴は、上述の空家法14条10項にもあるように、「その者の負担において」（あるいは、「その者の負担により」）という文言である。代執行実施時には確知できなかった者が、後日判明した場合に問題となる。個別法にこの文言が明記されることには、積極的な意味があるのだろうか。

名宛人が判明している場合において同人に対してなされた命令が履行されなければ、通常代執行になる。略式代執行においては、名宛人が判明していないだけであり、通常代執行の場合と同様に、命令要件は充足されている。命令が発出されていないために義務の不履行という状態は発生していないが、命令要件充足状態になっていることについて、不明の名宛人には、命令の名宛人と同

＊15　過失要件がないのは、それがある規定と比較すれば、命ずべき者の調査の程度がより低くても足りるという趣旨であろうかと思われる。もっとも、実務的には、だからといって簡易な調査にとどめているのではない。道路交通法に関しては、実質的には過失要件がある場合と同じ程度の調査がされている。なお、道路交通法研究会（編著）『最新注解道路交通法（Ⅰ）』（立花書房、2006年）502頁・506頁・508頁は、これらの規定を、51条３項と同様に「即時強制」と整理している。

様の責任がある。あくまで不明であれば行政費用による措置とするほかないが、そうでない場合においても行政費用にするということに合理性はない。したがって、「その者の負担により」という明文規定は、要した費用を行政費用にはしないという立法者意思を明確にしたものと解される。

⑵　「負担」の法的性質

「負担」の法的性質は何であろうか。「負担金」という文言を用いる実定法がある。たとえば、道路交通法51条15項は、移動命令に従わない場合や命ずべき運転者等がいない場合に違法駐車車両の移動などの作業（いわゆるレッカー移動）に要した費用について、「当該車両の運転者等又は使用者若しくは所有者……の負担とする。」と規定する。そして、同条16項は、これを「負担金」と称し、納付命令によりその額を確定させる。同条18項は、督促を受けても納付なき場合には、地方税滞納処分の例による強制徴収を規定する＊16。

道路交通法ほどには丁寧な規定ぶりではないが、こうした負担金の仕組みを持つ例としては、そのほかに、「特定外来生物による生態系等に係る被害の防止に関する法律」（以下「特定外来生物法」という。）17条、「絶滅のおそれのある野生動植物の種の保存に関する法律」（以下「種の保存法」という。）52条がある。特定外来生物法は、防除措置を要する原因となった行為をした者に対して、実施費用を負担させることができると規定する（16条）。防除は、一種の公共事業であり、命令は前提とされない。最終的には、国税滞納処分の例により徴収する（19条４項）。種の保存法は、措置命令が履行されなかった場合に行政代執行ができる旨を規定する（40条）。行政代執行法２条ほどの厳格な要件のない緩和代執行である。その費用については、これを「負担金」としたうえで、国税滞納処分の例により徴収する仕組みを持っている（52条）。戒告や代執行令書通知といった手続もない。負担金額は、いずれも納付命令により確定する。すべては負担者が判明していることを前提にしているが、以上の負担金における「負担」とは、原因者負担の意味である。特定外来生物法16条は、「その原因となった行為をした者があるときは」として、趣旨を明確に規定している。

＊16　道路交通法研究会（編著）・前註（14）書241～243頁参照。かつて盛んに実施されていたレッカー移動は、交通監視委員制度の導入と積極的執行を通じたルールの浸透により、現在では、ほとんど実施されていない。道路交通法は、81条７～８項においても、負担金を規定する。

(3)　負担の確定に関する明文規定

それでは、略式代執行を定める条文にある「その者の負担により」という規定については、どのように考えればよいだろうか。字句通りには、「本来の義務者が費用を負担する」という趣旨である。この法的性質は、前述の諸法律と同様に、原因者負担と解される。

そうであるとしても、この規定だけで、不明時において実施された代執行の費用を、判明時において、「その者」が当然に負担する法的根拠と解するのは無理である。略式代執行にかかる措置を実施した後においても、行政には、合理的な範囲で命ずべき者を探索する義務があると解されるが＊17、それを通じて、あるいは、通報などにより同者が判明した場合、どのように対応すべきであろうか＊18。

まずは負担額を確定する必要がある。略式代執行のもとでの作業実施に要した費用は、作業委託業者との関係では、行政の債務であり、弁済により消滅する。しかし、それが、「その者」との関係で、自動的に行政の債権になるわけではない。自治体に関して、「合法的に収入しうる権利」が必要である＊19。

法律規定があれば、この点は明確になる。強制徴収規定を持つ法律として、「ポリ塩化ビフェニル廃棄物の適正な処理の推進に関する特別措置法」がある。同法は、2016年改正により、高濃度PCB廃棄物の廃棄処分に関する略式代執行を規定した（13条１項２号）。そして、「当該措置に要した費用を徴収する」として徴収方針を明確にし、それに関して、「……費用の徴収については、行政代執

＊17　この探索の内容と程度は、略式代執行の実施を必要とする状況との相関関係で決定される。空家法に関して、北村ほか・前註（９）書43頁［北村］参照。観念的には、措置前の探索は、それほどに徹底したものである必要はない。しかし、措置後においては、措置前の探索との関係では、「大なりイコール」であるべきだろう。そうであっても、期間には自ずと制限はある。行政内部的には、どこかの時点で「探索終了宣言」をするのが適切である。あとは、偶然の判明に期待するしかない。なお、措置を実施し費用を支出したあとに、まったく探索をしないことが住民訴訟において怠る事実と評価されるかどうかは微妙である。

＊18　義務者不明として措置の準備をしていた過程で判明すれば、個別法および行政代執行法の手続に戻るのは当然である。碓井光明『都市行政法精義Ｉ』（信山社、2013年）109頁参照。

＊19　松本英昭『新版逐条地方自治法〔第９次改訂版〕』（学陽書房、2017年）848頁参照。宇那木・前註（４）論文62頁註105は、「自治体が略式代執行等を行ったという事実に基づき当然に発生する」とするが、筆者には、なぜそういえるのか理解できない。また、「空家法は納付命令による徴収方法をあえて選択していないと解すべき」とするが、筆者は、建築基準法９条の規定ぶりに引きずられた立法ミスと考えている。

行法……第5条及び第6条の規定を準用する。」（13条3項）と規定している。略式代執行の場合は除外されていないため、事後的に判明した場合には、行政代執行法5条にもとづいて納付命令を発し、納期日までに納付がなければ同法6条にもとづいて強制徴収することになる。そのほかに、行政代執行法5～6条の準用に関する明文規定を有する法律としては、農地法（44条、51条）、「廃棄物の処理及び清掃に関する法律」（以下「廃棄物処理法」という。）（19条の7第5項、19条の8第5項）がある＊20。同趣旨の仕組みは、「大深度地下の公共的使用に関する特別措置法」にもある。事業区域における物件の明渡義務者を確知できない場合になされる略式代執行において、費用は義務者から徴収するが、任意の履行がなければ、納付通知および督促の手続を経て、「……国税滞納処分の例によって、これを徴収することができる。」（35条7項）のである。

これらの法律のもとでは、行政代執行法5条にもとづく納付命令により、債権が確定する。権力的法律関係のなかで行政処分により発生する債権であるから、その性質は、公債権と解される。時効は5年となる（会計法30条、地方自治法236条1項）。実務的には、督促したときから進行する（「国の債権の管理等に関する法律」（以下「債権管理法」という。）13条、地方自治法236条4項）＊21。

強制徴収に関する規定を持たない法律が大半であるなかにあって、行政代執行法（とりわけ6条）の準用や国税滞納処分の例による強制徴収についてとくに定めるこれら規定は、確認規定ではなく創設規定と解すべきであろう＊22。根拠規定の有無は、決定的である＊23。これら3法律に限定されている背景には、どのような立法政策があるのだろうか。

以上の法律の場合、行政代執行法5条にもとづく納付命令によりはじめて債

＊20　土地収用法102条の2は、起業者が過失なく土地・物件を引渡し・移転すべき者を確知できない場合に行政代執行法の定めるところに従い略式代執行ができる旨を規定するが、費用徴収について同法5～6条も適用されるのかについては明らかではない。なお、明治33年（1900年）制定当時の旧土地収用法61条に規定される略式代執行は、最初の規定例のひとつであると思われる。

＊21　2017年民法改正による地方自治法の消滅時効制度への影響に関しては、藤澤治奈「民法総則の改正：消滅時効を中心に」自治実務セミナー2017年10月号7頁以下・11～12頁参照。

＊22　廃棄物処理法の適用にあたっての環境省の見解として、『行政処分の指針』（前註（10））第10が参考になる。

＊23　広岡・前註（6）書43頁、阿部・前註（1）書576～577頁、松本・前註（19）書861～863頁、宇賀克也『行政法概説Ⅰ　行政法総論〔第7版〕』（有斐閣、2020年）251～254頁、大塚康男「自治体債権の管理に係る基礎知識」アカデミア112号（2015年）26頁以下・27頁参照。

権が発生する。「その者」は、永久に納付命令の対象になりうるが、これは、通常の不利益処分の場合と同様である。

⑷　明文規定を欠く法律の場合

一方、略式代執行を規定してはいるが、強制徴収に関する明文規定を欠く法律の場合はどうなるのだろうか。空家法はこのパターンである。この点に関して、国土交通省・総務省は、同法14条14項にもとづいて制定した『「特定空家等に対する措置」に関する適切な実施を図るために必要な指針（ガイドライン）』（平成27年５月26日、最終改正：令和３年６月30日。以下「ガイドライン」という。）のなかで、以下のように述べている（⇨p.395）。

> **（４）費用の徴収**
>
> 本項〔註：14条10項〕の代執行は行政代執行法の規定によらないものであることから、代執行に要した費用を強制徴収することはできない。すなわち、義務者が後で判明したときは、その時点で、その者から代執行に要した費用を徴収することができるが、義務者が任意に費用支払をしない場合、市町村は民事訴訟を提起し、裁判所による給付判決を債務名義として民事執行法……に基づく強制執行に訴えることとなる（地方自治法施行令……第171条の２第３号）。

裁判手続による徴収というのである。おそらくこれは、空家法だけに限定される方針ではなく、強制徴収規定を欠く略式代執行制度に共通する中央政府の考え方といえる*24。自治体に関していえば、地方自治法231条の３第１項にもとづいて督促をし、任意の支払いがない場合には、ガイドラインにいうように、同法施行令171条の２第３号にある「訴訟手続……により履行を請求する」という流れを想定しているのであろう。国の場合は、債権管理法13条・15条などに

---

*24　なお、国土交通省へのヒアリングによれば、同省所管法律に関して、略式代執行をした場合において事後的に判明した義務者に費用を請求した実例は「ない」とのことであった。　宇那木・前註（４）論文61頁は、「略式代執行に要した費用は、一種の私債権として徴収する」として、ガイドラインの考え方の根拠となっていると思われる自由民主党空き家対策推進議員連盟（編著）『空家等対策特別措置法の解説』（大成出版社、2015年）162頁を参照する。その一方で、同62頁註105では、「空家法14条10項に定める略式代執行に要した費用は公法上の債権である」ともいう。

よる。確定した給付判決を債務名義として、民事執行法にもとづく強制執行を通じて費用を回収する。

ところで、こうした規定のもとでは、「代執行に要した費用」をどのようにして確定すればよいのだろうか。「その者の負担において」という文言だけで、当然に具体的負担額が確定するわけではないのは、前述の通りである。行政内部的に確定はしたとしても、「その者」との間で法的に確定させる必要がある。この点については、国土交通省および総務省においても、詰めた整理はされていないようである＊25。

略式代執行のもとでの除却行為などの実施にあたっては、公告がなされる＊26。その内容について、前述のガイドラインは、以下のように述べている（⇨p.394）。

（２）事前の公告（法第14条第10項）

法第14条第10項に基づく代執行を行う場合においては、相当の期限を定めて、

・当該措置を行うべき旨

・その期限までに当該措置を行わないときは、市町村長又はその措置を命じた者若しくは委任した者がその措置を行うべき旨

をあらかじめ公告しなければならない。

公告の機能は、行政代執行法３条２項にもとづく代執行令書通知のようなものである。代執行令書においては、同条同項に明記されるように、要する費用の概算見積額が示されるが、略式代執行の公告においては、それは示されないのが通例である。もっとも、たとえ示されたとしても、それはあくまで「見積

＊25　略式代執行としての措置により「その者」が得た利益を民法703条の不当利得と考えれば、行政は、業者への支払時に私債権として返還請求権を取得するという構成もありうる。しかし、個別法に規定されるこの仕組みによることが「法律上の原因なく」といえるのかどうか疑問である。また、この考え方によると、支出時から10年で時効となるが（民法166条１項２号）、わざわざ時効を走らせる合理性はない。略式代執行という権力的事実行為に要した費用のうちどれだけの部分を「その者」が負担すべきかが、証拠にもとづく原告・被告の主張立証を通じて決まるというのも釈然としない。

＊26　通常代執行においては、行政代執行法３条３項は、公告手続を省略できる緊急代執行を規定するが、略式代執行を規定する個別法には、「緊急略式代執行」の規定はない。

額」であって、負担額を確定するものではない。措置費用として業者に支払った額がそのまま法的に負担すべき額になるとはかぎらないのは、前述の通りである。実定法の規定をみると、「その者の負担において」とするだけで、負担額の確定方法については沈黙しているケースがほとんどである。現在のままでは、給付を求める地位が行政にあるのかは明らかではなく、裁判所の審判の対象となる権利関係（訴訟物）がないといわざるをえない。行政の請求権および請求原因事実が不明確なのである＊27。したがって、民事訴訟を提起したとしても、徴収できないのではないだろうか＊28。何らかの方法を考える必要がある。

4　略式代執行における負担の確定方法

⑴　行政代執行法５条の準用

通常代執行の場合、行政代執行法５条にもとづく納付命令によって、負担の内容は確定される。これは不利益処分であるが、「納付すべき金銭の額を確定し、一定の額の金銭の納付を命じ……〔る〕不利益処分」であるため、行政手続法の関係規定は適用除外される（13条２項４号）。命令の到達により公債権として確定し、債権管理台帳に登録される。

行政代執行法５条を明文で準用している法律は別にして、そうはなっていない大半の略式代執行制度においては、事後的に判明した義務者との関係で、どのようにして金額を確定するのだろうか。この点に関しては、独立法説に立ちつつ、それが必要とされる事情や講じられる措置の内容に鑑み、通常代執行の根拠法である行政代執行法の５条を準用すべく、その適用ができると類推解釈

＊27　伊藤眞『民事訴訟法〔第７版〕』（有斐閣、2020年）216頁参照。
＊28　「その者の負担において」という規定をもとに支払いを求めて任意にそれがされたとしても、法的原因がなく支払ったとして、後になって行政の不当利得とならないかが懸念される。なお、すべての空家法の解説書は、請求権の根拠について認識していない。旭合同法律事務所（編）『空き家・空き地をめぐる法律実務』（新日本法規出版、2016年）180頁、弁護士法人リレーション（編著）『よくわかる空き家対策と特措法の手引き：空き家のないまちへ』（日本加除出版、2015年）68頁、宮崎伸光（編著）『自治体の「困った空き家」対策：解決への道しるべ』（学陽書房、2016年）128頁、自由民主党空き家対策推進議員連盟（編著）『空家等対策特別措置法の解説』（大成出版社、2015年）162頁参照。「行政代執行費用回収方法の検討」として国土交通省の「先駆的空き家対策モデル事業」となった東近江市の報告書は、「略式代執行で発生する債権」という表現をする（https://www.mlit.go.jp/common/001186954.pdf）。しかし、どのようにして発生すると考えているのかは不明である。債権者であることを踏まえ、市が利害関係人となって家庭裁判所に相続財産管理人の選任申立てをするというが、裁判所は、債権があるのかどうかについて実質判断をするのだろうか。

するのが適切ではないかと考える。

⑵　命令の手続と救済

「その者の負担において」という文言を、立法者は「寄附」という意味で用いたのではないのは明らかである。そこで、負担内容の確定にあたっては、個別に納付を命ずる措置が必要である。「その者」が判明した以上、この点について、特別法説に立つにせよ独立法説に立つにせよ、通常代執行と別異に考える合理性はない。納付命令は行政処分であるから、法律なり条例なりの根拠を要することになるが、多くの規定例においては、明文規定を欠いているのが現状である。そこで、行政代執行法５条を類推適用して納付命令を発しうると解したい。たしかに、法治主義のもとでは、類推適用は例外的ではあるが、立法者意思および制度趣旨を踏まえた解釈である。命令により確定した略式代執行費用は、空家法のもとでの「普通地方公共団体の歳入」（地方自治法231条）となる。

略式代執行がされる事案では、個別法にもとづく代替的作為義務の命令が（要件は充足しているものの）発出されていない。また、行政代執行法３条にもとづく戒告もされていない。もっとも、名宛人が把握できなかったことについて、行政には過失がない。事後的にならざるをえないが、「その者」に対して、代執行の違法性を争う機会をできるだけ早期に与える観点からも、納付命令を発する必要性がある。事後的手続保障である。

すでに実施された措置の違法性は、納付命令に承継される。除却などの措置が違法であると考える「その者」は、納付命令を争うなかで、措置の違法性を主張すればよい。措置に関して、通常代執行のような事前の手続法的保障はないが、公示はされるのであるから、この点については、やむをえないというべきであろう。

類推適用をするタイミングであるが、これは、略式代執行の措置実施時ではなく、「その者」の判明時で足りる。したがって、たとえば、略式代執行を実施したあとに、「その者」を想定して、行政代執行法５条にもとづく納付命令を公示送達し、そこで債権を発生させ、氏名や住所などが「不明」として債権管理台帳に記載する必要はない。そのようにした場合、５年の消滅時効期間が到来すれば時効完成となり債権は消滅する。わざわざ債権を創出したばかりに、それが時効にかかって不納欠損処理をするとなると、その会計処理の違法性が問われるであろう。

納付命令により、行政は、費用支払請求権を取得する。また、納付命令書の送達によって、負担は、時効期間５年の公債権として確定する。なお、どの公債権を強制徴収対象とするかは、個別法の明示的規定を要すると解すべきであろうから、行政代執行法６条の準用はできない＊29。結果的に、これは非強制徴収公債権となる＊30。このため、行政は、訴訟を通じて徴収することになる。

⑶　訴訟類型

なお、前出のガイドラインは、この訴訟を通常の民事の給付訴訟と考えているようにみえる。この点、納付命令により請求権が確定するとすれば、それは「公法上の法律関係に関する訴訟」になるため、履行の請求は、給付を求める公法上の実質的当事者訴訟によるべきとも考えられる。実務的には、行政としては、両方の訴訟を提起するのが安全であろう。なお、納付命令により発生した公債権の弁済を求めるこの訴訟は、宝塚市パチンコ店条例事件最高裁判決（最三小判平成14年７月９日民集56巻６号1134頁）の判断枠組みに照らしても、「法律上の争訟」（裁判所法３条１項）といえる。

5　空家法の実施における財産管理制度との関係

空家法14条10項にもとづく特定空家等の除却などが完了したあと、敷地についても所有者不明の状態にあり、かつ、当該敷地がそれなりの価格で売却可能であるとする。こうした場合には、市町村は、不在者財産管理人制度を利用して、家庭裁判所の審判により選任された管理人と協議しつつ、同裁判所の処分許可を得て売却してもらい、売却益から略式代執行に要した費用を償還することになる。この手続を進めている途中で、「その者」が判明すればどうなるだろうか。

おそらくは理論的な整理にとどまるが、その際には、原則に立ち返り、空家

＊29　北村喜宣「空家法の実施における法的論点（二）」自治研究92巻11号（2016年）29頁以下・45～47頁では、行政代執行法６条も解釈準用できるという議論をしていたが、修正したい。北村喜宣「空家法の実施における法的論点」同『空き家問題解決のための政策法務：法施行後の現状と対策』（第一法規、2018年）206頁以下・236～237頁も参照。

＊30　自治体の債権の種類については、いわゆる債権管理条例のなかで定義されている場合がある。たとえば、美濃加茂市債権管理条例２条４号は、非強制徴収公債権を、「公債権のうち、強制徴収公債権以外の債権をいう。」と定義する。

法14条10項の手続を進めるほかない。「その者」が判明した旨を家庭裁判所に連絡し、たとえ売却手続に入っていたとしても、財産管理人の選任を解いてもらうことになろう。そのうえで、行政代執行法５条を準用しての納付命令を発出する。売却は完了したが行政が考える負担の額の80％しか回収できていないときには、残余の20％に関して、納付命令を発出する。任意の納付がなければ、公法上の当事者訴訟を提起しての回収となる。

6　立法的対応の必要性

略式代執行における「負担」の確定方法について、現行法はそれほど自覚的には考えていないようにみえる。本章では、解釈論による対応を提案したが、法律レベルにおいては、本来は、空家法をはじめとする個別法において、独自条文を書き起こすなり行政代執行法５条の準用を規定するなりの立法的対応が適切である。

それがされていない現状では、空家法を実施する市町村としては、空き家条例のなかで、たとえば、「市長は、法第14条第10項にもとづく措置を講じた場合において同項に規定する者に同項の規定による費用の徴収をするときには、行政代執行法第５条を準用する。」という趣旨の規定を設けて対応することが考えられる。空家法は、この手続について規定していないが、それを否定しているわけではない。筆者のこの提案を受けて、南さつま市は、2020年に「南さつま市空家等対策の推進に関する条例」を制定し、空家法14条10項にもとづく行政代執行の費用徴収について、「行政代執行法５条の規定を準用する。」（10条３項）と規定した。空家法に存在する「オープンスペース」に関する法律実施条例である＊31。

以上のように、現行法には、不十分な部分があり、命ずべき者が事後的に判明したとしても請求ができにくい状態になっている。そうであれば、義務者が現われてきてもらっては困ると行政が考えるかもしれず、それゆえに、措置実施後に真摯に探索をするインセンティブが発生しない。これでは不合理である。請求をするかどうかについては市町村長の裁量があるとしても、それを決断した場合に、徴収までが確実にできるような規定の整備は必要である。

＊31　北村喜宣「空家法制定後の空き家条例の動向」本書第２章114頁参照。

第8章　即時執行における費用負担のあり方

空家法が規定しない即時執行は、空き家条例における標準装備のようになっている。それにより発生する費用の徴収について、これまで行政法学が議論してこなかったのは、実施する措置にそれほどの費用を要するものではないため行政費用で行うことを当然の前提にしていたからである。

ところが、空き家条例においては、原因者の費用負担を明記するものが多くある。しかし、負担をさせるという方針を規定するだけでは、行政側に当然に債権は発生しない。事務管理という法的構成は無理であるから、条例のなかに納付命令を規定して非強制徴収公債権として確定させ、公法上の当事者訴訟を通じて徴収すべきである。

1　即時執行の新たな論点

法律や条例の要件が充たされた場合、目的実現のために不利益処分による個別義務づけを行い、その不履行に対して行政代執行により履行状態を強制的に実現する。こうしたモデル的な行政法の義務履行確保の仕組みは、さまざまに生起する事象のすべてに適用できるわけではない。緊急に対応すべき必要がある場合には、慎重な手続を踏んでいては問題状況の除去に間に合わないこともあるし、そもそも働きかける相手方が不明のこともある。

念頭に置かれる状況は法律や条例によって異なるが、そのような状況下で、行政庁に対して一定の事実行為を授権する規定が設けられる場合がある。「即時執行」と称される仕組みである＊1。そこには多くの行政法学的論点が伏在して

＊1　「即時執行」という名称の適切さについては議論がある。阿部泰隆『行政法再入門 上〔第２版〕』（信山社、2016年）374頁以下参照。筆者は、即時執行と即時強制の両方の用語の違いについて、それほど意識的には考えていない。行政代執行に対比する意味で、即時執行と表記するのが適切と整理している。直接強制も直接執行とする方がわかりやすい。これらが、行政強制という概念のもとにある。用語法も含めて、須藤陽子「即時強制小論」行政法研究41号（2021年）37頁以下が詳細な検討を加える。なお、同論文41頁註13で、本章の原論文における筆者の誤解を指摘していただい

いる＊2。

本章では、これまでの即時執行論において論じられていない問題を検討する。それは、即時執行の実施によって発生した「費用負担のあり方」である。この論点は、市町村の空き家条例の実施にあたって、にわかに意識されるようになってきた＊3。

即時執行は、空家法の成立（2014年）以前に制定されていた空き家条例、および、その後に制定・改正された空き家条例の「標準装備」になっている＊4。対象となる老朽危険空き家に対して即時執行を実施したうえで、実際に費用を徴収している実例もある。以下では、筆者が知りえたいくつかの事例における対応を紹介し、空き家条例に明文で規定されている即時執行制度の法的意味を検討する。それを踏まえて、即時執行に起因する費用負担のあり方を考えてみたい。即時執行を条例で規定できること、その費用負担のあり方も条例で規定できることは、条例制定権を保障する憲法94条の当然の帰結である。

市町村の行政現場の多くにおいては、即時執行の実施によって当然に費用請求権が行政に発生すると考えられているようでもある。なぜこのように考えるのか。はたしてそのように整理できるのか。徴収が適切としてもどのような手続によるべきか。行政強制執行法制におけるニッチゆえに検討されていない論点であるが、議論の素材を提供できれば幸いである＊5。

た。記して謝意を表する。

＊2　阿部泰隆『行政法解釈学Ⅰ』（有斐閣、2008年）579頁以下参照。

＊3　大澤昭彦「空家法の補完機能としての空き家条例：多様性・実効性・公平性の観点から」高崎経済大学地域科学研究所（編）『空き家問題の背景と対策：未利用不動産の有効活用』（日本経済評論社、2019年）53頁以下・76～77頁、釼持麻衣「空き家条例における緊急安全措置の法的考察」同前書124頁以下、千葉実「空き家対策における即時執行費用の回収と相続財産管理制度の活用等について」自治実務セミナー2018年５月号38頁以下・39頁、北村喜宣「即時執行二題：対象家屋と費用徴収」同『自治力の闘魂：縮小社会を迎え撃つ政策法務』（公職研、2022年）80頁以下参照。

制定事例は空き家条例ほど多くはないが、いわゆるごみ屋敷条例においても規定例はある。板垣勝彦『「ごみ屋敷条例」に学ぶ条例づくり教室』（ぎょうせい、2017年）139頁以下、北村喜宣「条例によるごみ屋敷対応をめぐる法的課題」日本都市センター（編）『自治体による「ごみ屋敷」対策：福祉と法務からのアプローチ』（日本都市センター、2019年）119頁以下・137～139頁参照。

＊4　北村喜宣「条例による空き家対策をめぐる法的論点」同『空き家問題解決のための政策法務：法施行後の現状と対策』（第一法規、2018年）53頁以下・67～68頁、同「空家法制定後の空き家条例の動向」本書第２章参照。

＊5　本章の問題意識は、基本的に、北村喜宣「略式代執行の費用徴収：空家法を素材にして」鈴木庸夫先生古稀記念『自治体政策法務の理論と課題別実践』（第一法規、2017年）293頁以下と同じであ

2 即時執行費用に関する行政法学の議論

行政法テキストの即時執行の解説において、その例とされる法律は、規模・内容ともに多様である。対応すべき状況が、関係者の何らかの作為ないし不作為に起因する例をあげると、放置物件の撤去（道路法44条の３）や放置車両の移動（同法59条の２）、けい留命令に反した未けい留犬の抑留（狂犬病予防法18条１項）、違法広告物の除去（屋外広告物法７条４項）、虚偽誇大表示食品の廃棄（食品衛生法54条２項）、非検定済薬品の廃棄（医薬品、医療機器等の品質、有効性及び安全性の確保等に関する法律70条２項）、特定外来生物の防除（「特定外来生物による生態系等に係る被害の防止に関する法律」（以下「特定外来生物法」という。）11条）がある＊６。即時執行に関する論点としては、法的根拠、手続的保障、行政救済があげられ、それらについて簡単に解説されるのが通例である。

即時執行は、個別処分により具体的義務を賦課することなく（したがって、その違反を前提とすることなく）、実力を行使して、行政目的に対応する状態を可及的速やかに創出する権力的事実行為である。そうであるがゆえに、比例原則が厳格に適用され、必要最小限の措置であることが強く要請される。もっとも、必要最小限とはいえ、なしうる措置の内容については、絶対値的な制約があるわけではない。その限界は、即時執行を規定する個別法の目的や制度趣旨の観点から相対的に確定される。いずれにしても、基本的に、きわめて短時間のうちに完了させるという制度内在的制約はある。また、比例原則の観点からは、危険の切迫性など、代替的作為義務を不利益処分により課した上でその不履行を行政代執行法（あるいは、個別法にもとづく略式代執行）によって実現するのが

る。簡単に検討したものとして、北村喜宣「「する」「できる」「しない」「沈黙」：空き家条例にもとづく即時執行の費用徴収」同『自治力の挑戦：閉塞状況を打破する立法技術とは』（公職件研、2018年）112頁以下参照。

＊６　応急措置支障物件の除去（災害対策基本法64条２項）、水防障害物処分（水防法28条１項）、破壊消防（消防法29条）も即時執行の例とされるが、関係者の作為または不作為が当該措置の原因となっているわけではない。もっとも、2020年12月25日に、国土交通省住宅局住宅総合整備課長＋総務省自治行政局地域振興室長＋内閣府政策統括官（防災担当）付参事官の連名による「空家等対策に係る災害対策基本法の規定に基づく措置について（周知）」（国住備第109号、総行地第195号、府政防第1827号）が出され、「発災時等に外壁等の飛散のおそれのある部分の撤去又は修繕等の措置、積雪に伴い応急措置の支障となる空家等又はその一部の除却等の措置についても、災対法第62条第１項の応急措置又は同法第64条第２項の必要な措置に該当する場合がある」とされた。

困難という意味での補充性は求められる＊7。

ところで、即時執行の実施によって、大なり小なり費用が発生する。その負担に関する実体法・手続法規定がない場合においてどのように考えるべきかについての記述は、行政法テキストにはみられない。おそらくは、行政費用で対応すると考えられているのではないだろうか。しかし、原因者負担的な発想にもとづく支払請求は可能ではないか。実際、空き家条例においては、請求に関する規定を設ける例が多くある。その場合には、どのような法的構成で負担を正当化できるのか。これが、本章の出発点となった疑問である。

3　空き家条例における即時執行規定

(1)　第１期空き家条例および第２期空き家条例

空家法制定の2014年11月の前後で、空き家条例の制定時期を分けてみる。それ以前を第１期とすれば、国土交通省が「空き家条例」と整理する条例の大半は、2010年７月制定の「所沢市空き家等の適正管理に関する条例」以降のものである。

実は、制定当時の所沢市条例には、即時執行は規定されていない（2016年改正で追加）。確認できたかぎり、これをもっとも早くに規定した条例で費用に関する条文を有するものは、2012年９月に制定された「飯山市空き家等の適正管理に関する条例」であった。同条例９条３項は、「市長は、緊急安全措置に要した費用を所有者等に請求することができる。」と規定する＊8。筆者の調査によれば、この規定は、飯山市職員のオリジナルのようである＊9。このような対応の行政ニーズはあったようで、それ以降、即時執行を規定する空き家条例は、ま

＊7　稲葉馨＋人見剛＋村上裕章＋前田雅子『行政法〔第４版〕』（有斐閣、2018年）197頁も参照。

＊8　飯山市条例は、措置にあたって、所有者等の意思を不問とする。一方、所有者等の申出や同意にもとづき対応する措置を規定する条例は、2011年10月制定の「足立区老朽家屋等の適正管理に関する条例」をはじめ、いくつか制定されていた。第１期の初期の頃は、安全代行措置と称されることが多いこのタイプの条例が多くみられた。緊急の必要があるといいながら所有者等の同意を必須とする法政策は、筆者には不可解である。マークしている物件に関して、あらかじめ文書により同意を得ておく運用なのだろうか。

＊9　この規定ぶりが、何を参考にしたものかは、確認できなかった。略式代執行に関して法律に規定される「その者の負担において」という文言を言い換えたのかもしれない。そうであるとすれば、その文言が何を踏まえたものなのかに関心が持たれる。筆者は、民法697条の事務管理ではないかとも推測している。この論点については、後述する。

さに燎原の火のごとく、全国に伝播した*10。

約400の空き家条例を踏まえて制定された空家法には、即時執行は規定されなかった。その理由は、必ずしも明らかではないが*11、市町村にとって、安全確保のためには不可欠の措置である。そこで、空家法制定後の第２期空き家条例においても、第１期条例の流れを受けて、ほとんどといってよいほどに規定されるようになった。その対象については、広く空家法２条１項の空家等とするもの（例：赤磐市空家等の適正な管理の促進に関する条例９条１項）、同条２項の特定空家等に限定するもの（例：明石市空家等の適正な管理に関する条例11条１項）、同法の対象以外の物件（例：一部居住者がいる長屋や共同住宅）を含むもの（例：淡路市空家等の適切な管理に関する条例11条１項）がある。

⑵　空き家条例における規定ぶり

⒜　何を負担するのか（対象）

空き家条例の即時執行規定における負担の対象に関しては、「当該措置に要した費用」とされるのが通例である。「当該措置」とは、もちろん即時執行として実施した措置のことである。なお、「全部又は一部」という文言はないのが一般的であるため、「費用」が、現実に作業を担当した解体業者などに支払った費用の全額を意味するのかどうかは、条文からは明らかではない。

⒝　誰が負担するのか（主体）

明文規定がある場合において、負担の主体については、「所有者等」とする条例が多い。「所有者等」については、条例の定義規定において、「所有者又は管理者をいう。」とするのが通例である。対象物の所有または管理に関して正当な権原を有する者という趣旨である。

---

*10　即時執行は規定するけれども費用徴収規定を持たない条例としては、2012年３月制定の「三木市空き家等の適正管理に関する条例」がある（13条「危険予防措置」として規定）がある。そのほかにも、制定が飯山市条例や三木市条例より古いもので、即時執行規定を持つ条例は存在する。そうした条例は、制定時からそのように規定されていたのか、あるいは、その後の改正によってそうなったのかは、個別に確認する必要がある。

*11　議員提案としての空家法案の取りまとめの中心人物のひとりであった山下貴司・衆議院議員の講演録「議員立法のつくり方：改正ストーカー規制法と空家対策特別法などを題材に」臨床法務研究［岡山大学法科大学院］19号（2017年）51頁以下・60頁は、「すべての場合を規定しきれない場合、詰め切れない場合、全会一致で通すことは困難ですから、この点は控えました。」とするが、意味不明である。

(c)　なぜ負担するのか（理由）

所有者等に即時執行費用を負担させる理由を条文上明示する空き家条例はないように思われる。この点に関して、実定法においては、「原因者負担」という法政策が制度化される例がある＊12。空き家条例の即時執行と似ているのは、前述の特定外来生物法だろうか。

特定外来生物法11条１項は、特定外来生物による生態系等被害が発生している場合に防除を行うものとすると規定する。さらに、同法16条は、「原因者負担」という見出しのもとに、「その原因となった行為をした者があるときは、その防除の実施が必要となった限度において、その費用の全部又は一部を負担させることができる。」（下線筆者）と規定する＊13。防除は、特定外来生物による生態系等被害の防止という同法の目的実現のための措置である。これを公費負担とする立法判断もありうるが、下線部に明確なように、立法者は、原因者の作為が起因する現象の防除であるため、原因者負担を選択したのである。

費用に関する空き家条例の規定ぶりは、「その者の負担において」「負担しなければならない。」「負担させることができる。」「負担させるものとする。」「負担とする。」「徴収することができる。」「請求することができる。」「請求するものとする。」と多様である。即時執行が必要とされるのは、所有者等の不作為に起因するものではあるが、そうであっても、空き家条例に規定される適正管理義務を前提にすれば、原因者負担的発想を踏まえるのは、それなりに合理的である。もっとも、どのような法的整理にもとづいて規定しているのかは、必ずしも明らかではない。

4　即時執行実施例における費用の取扱い

(1)　実施状況

国土交通省および総務省は、毎年、空家法の全国実施状況調査をしているが、同法と直接には関係しない空き家条例については、対象とはしていない。そう

＊12　阿部泰隆『行政法解釈学Ⅰ』（有斐閣、2008年）227～228頁参照。

＊13　特定外来生物法が規定する原因者負担制度は、環境基本法37条が規定する原因者負担の枠組みのもとにあると整理できよう。大塚直『環境法〔第４版〕』（有斐閣、2020年）79頁以下、北村喜宣『環境法〔第５版〕』（弘文堂、2020年）57頁以下参照。

したなかで、2018年に、国土交通省は、全国調査にもとづいた結果を情報提供した。そこでは、それぞれの空き家条例にもとづいて実施された26のケースが、個票形式で紹介されている＊14。それに筆者の調査を加えて、即時執行の実施と判断できる26事例＊15を整理すると、［図表8.1］のようになる＊16。

［図表8.1］即時執行の実施例

自治体名	実施年月	措置内容	支出費用	所有者状況	費用工面方法	費用請求裁量	請求・納付
函館市	2016年1月	半壊部分を含む建物全部解体	162万円	判明	規定内予算	有	済・分納中
旭川市	2014年12月	木造空き家上屋部分解体	43万円	判明	当初予算	有	未
盛岡市	2017年5月	残存する軒天の解体及び落下防止ネットの設置	48.6万円	判明	当初予算・補正予算	無	済・未納
宮古市	2017年4月	倒壊の危険がある部分崩落家屋を全部解体	321,480円	判明	予備費充当	無	済・納付中
五城目町	2017年3月	危険箇所解体、集積、隣家屋根等の養生	27万円	判明	予備費充当	無	済・完了
羽後町	2017年3月	崩落した２階部分除去、飛散防止ネット施工	24.8万円	不明	当初予算	無	未
八潮市	2016年7月	軒裏天から剥落し手摺に引っかかるモルタル撤去	０円	判明	---	規定なし	費用発生無

＊14　国土交通省住宅局住宅総合整備課住環境整備室「平成28年 地方分権改革に関する情報提供１」(https://www.mlit.go.jp/common/001218429.pdf)、国土交通省「地方公共団体の空き家対策の取組事例２（平成30年３月末時点)」(https://www.mlit.go.jp/common/001239420.pdf) がそれである。両資料には、カラー写真による「before/after」が紹介されている事例もある。その後も情報収集はされているが、整理したうえでの公開はされていない。

＊15　相手方の同意を得て実施するタイプの措置にもとづく事例や民法の事務管理と整理したうえで実施する事例も紹介されているが、それは即時執行ではないため、除外した。

＊16　そのほか、総務省行政評価局『空き家対策に関する実態調査結果報告書』(2019年１月) (https://www.soumu.go.jp/menu_news/s-news/hyouka_190122.html#kekkahoukoku) においても、若干の紹介がされている。空き家条例のもとでの即時執行実施の全国的状況の把握と分析は、それ自体、行政法学的にも意味ある作業である。

柏市	2016年6月	隣家に傾く竹木伐採	0円	判明	---	規定なし	費用発生無
燕市	2015年11月	部材の剥離、落下続く外壁への防護ネット設置	139万円	---	予備費充当	無	相続放棄案件
上越市	2016年12月	落雪注意喚起看板の設置	7.8万円	---	当初予算	規定なし	未
魚沼市	2015年1月	屋根除雪	2万円	判明	当初予算	有	済・完了
中央市	2017年8月	木造2階建て空き家の取り壊し	約90万円	一部不明	補正予算	無（例外あり）	未
伊賀市	2017年3月	開口部封鎖	5,382円	判明	原材料費	有	済・完了
大津市	2016年11月	カラーコーン等による簡易バリケード設置等	0円	---	---	有	---
彦根市	2016年3月	家屋外壁面に取り付けている看板の撤去	10,800円	判明	当初予算	有	済・完了
京都市	2016年11月	落下物防ぐ養生足場設置、瓦撤去等	386,640円	判明	当初予算	有	済・不明
八尾市	2014年7月	崩落物飛散防止のための柵の設置等	33.48万円	判明	当初予算	有	済・完了
神戸市	2017年10月	台風により飛散した部材撤去、傾斜した壁補強	13.8万円	不明	当初予算	有	---
尼崎市	2016年6月	建物前面庇撤去、シート貼り	157,680円	不明	当初予算	有	---
明石市	2017年1月	瓦等建築資材飛散及び落下防止措置	0円	不明	---	無	---
小野市	2016年12月	外壁落下の注意喚起のため簡易バリケード設置	3.7万円	不明	当初予算	無	---
福津市	2017年8月	木造草葺平屋建て空き家の解体・除却	約117万円	不明	予備費充当	有	---
佐賀市	2016年12月	屋根に養生ネット、瓦の一部撤去	16.2万円	判明	工事請負費	無	済・不明

小城市	2016年4月	壁や屋根等の資材撤去及び倒壊防止補強	20万円	判明	委託料	有	済・一部納付
鹿児島市	2015年6月	道路への被害防止として大型土嚢設置	20万円	不明	当初予算	有	---

（出典）国土交通省資料より筆者作成。納付状況は、資料当時のものである。

⑵　費用徴収の実情

［図表 8. 1］にあるように、額の多寡はあれども、即時執行の実施によって、それなりの費用が発生している（「0円」は、他者に委託することなく行政職員自らが実施した事案である）。相手方判明事案においては、行政が請求している事案がほとんどであり、完納された例も多い。少なくとも、これら自治体においては、行政が負担すべき費用とは考えられていないのである。前述のような空き家条例上の「根拠規定」を踏まえて対応されたのであろう。

ところで、行政が請求する以上、相手方には、支払義務がなければならない。要するに、行政は債権者であり、相手方は債務者でなければならない。そうでないかぎりは、請求は行政指導にすぎず、支払いは寄附である。しかし、そうした整理にもとづく取扱いが不適切なのは明白である。

それでは、即時執行の実施によって、行政には債権が発生しているといえるのだろうか。そうだとすると、発生原因は何だろうか。発生時期はいつだろうか。［図表 8. 1］をみると完納事案が多いが、請求はするものの対応されないままに放置されているケースや、所有者等は判明しているのに請求していないケースもあるはずである。そうした場合には、どのように整理されているのだろうか。

⑶　費用回収の実例：香取市

⒜　「香取市空家等の適正管理に関する条例」にもとづく即時執行の実施

即時執行を実施して費用回収をした例として、香取市の実務を紹介する＊17。その過程に裁判所が関与したという点でも、当該費用の法的性質を検討するに

＊17　以下の記述は、香取市におけるヒアリング調査、および、全国建設研修センターにおける同市担当者の講演資料（佐藤彰彦「香取市の空き家対策について」（2018年度））を踏まえたものである。

あたって、格好の素材となる。

「香取市空家等の適正管理に関する条例」のもとでの即時執行は、「緊急安全措置」と称されている。これを規定する５条は、以下の通りである。ほかの空き家条例と特段変わったところはない規定ぶりである。

> **第５条**　市長は、特定空家等に倒壊、崩壊、崩落その他著しい危険が切迫し、人の生命若しくは身体に対する危害又は財産に対する甚大な損害（以下「危害等」という。）を及ぼし、又はそのおそれがあると認めるときは、その危害等を予防し、又はその拡大を防ぐため、必要最小限の措置を講ずることができる。
>
> 2　市長は、前項の措置を講じたときは、当該措置に係る特定空家等の所在地及び当該措置の内容を当該特定空家等の所有者等に通知するものとする。
>
> 3　市長は、前項の規定にかかわらず、第１項の措置を講じた場合において、当該措置に係る特定空家等の所有者等又はその連絡先を確知できないときは、当該措置に係る特定空家等の所在地及び当該措置の内容を告示するものとする。
>
> 4　市長は、第１項の措置を講じたときは、当該措置に要した費用を所有者等から徴収することができるものとする。

香取市は、５条にもとづく緊急安全措置を、2017年３月、同年６月、2018年３月、2020年１月の４回実施している。２回目と３回目の内容は、それぞれ［**図表8.2**］と［**図表8.3**］の通りである。2017年６月の措置は、火災により被災し、その放置されていた建物に対するものである。本件建物は、通学路に面していた。2018年３月の措置は、外壁の落下が継続していた隣接する２棟の建物に対するものである。

［図表8.2］緊急安全措置①（2017年６月実施）の概要

物件概要	建築年	昭和50年
	構造・面積等	鉄骨造３階建て・309.6㎡
	状態	・外的モルタルが道路及び隣地に落下、落下のおそれ ・胴縁腐食によるサッシ落下のおそれ

措置の経緯	きっかけ	H24.12　近隣住民の通報 その後も近隣住民、自治会からの相談がある
	特定空家の認定	H28.8　担当職員が判定し、特定空家と認定
	法に基づく措置	H28.9　指導
	条例に基づく措置	H29.1　緊急安全措置事前通知（措置期限：H29.7） H29.6　再度事前通知 H29.6　緊急安全措置着手（完了：H29.7）
	措置内容	・落下のおそれのある外壁、サッシの撤去 ・腐食した外階段の撤去 ・注意喚起看板と敷地内侵入防止ロープの設置
	撤去等の費用	1,620,000円

（出典）香取市資料。

［図表 8. 3］緊急安全措置②（2017年 3 月実施）の概要

物件概要	建築年	不詳（木造） 昭和40年（鉄筋コンクリート造）
	構造・面積等	木造 2 階建て・60.32㎡ 鉄筋コンクリート造 4 階建て・395.22㎡
	状態	○木造　外壁落下、建物倒壊 ○鉄筋コンクリート造　屋上工作物及び外壁落下
措置の経緯	きっかけ	H18.9　競売にて落札した現所有者からの相談 H23.8　危険性について相談がある
	特定空家の認定	H28.8　担当職員が判定し、特定空家と認定
	法に基づく措置	H28.10　指導
	条例に基づく措置	H29.1　緊急安全措置事前通知（措置期限：H29.2） H29.3　緊急安全措置着手（完了：H29.4）
	措置内容	○木造　除却（基礎部除く） ○鉄筋コンクリート造　屋外工作物除去、飛散防止ネットで覆う
	撤去等の費用	3,898,800円

（出典）香取市資料。

⒝　費用の回収

香取市条例５条４項によれば、費用請求は裁量的であるが、いずれの事案においても、請求がされている。その徴収方法は、民事訴訟法上の支払督促制度を利用した点で特徴的である。手続の流れは、それぞれ［**図表 8.4**］および［**図表 8.5**］の通りである（2019年７月現在）。

［図表 8.4］緊急安全措置①の費用回収手続の流れ

H29.6	緊急安全措置着手
H29.7	緊急安全措置完了
H29.8	費用請求
H29.9	催促
H29.12	訴訟手続移行予告兼催告
H30.5	支払催促の申立（債務者からの異議申立無）
H30.6	仮執行宣言付支払催促の申立（債務者からの異議申立無）
H30.7	債務名義取得
H30.9	不動産強制競売の申立（対象物件は当該特定空家等）
H30.10	強制競売開始決定（差押）（建物については滅失と判断され、強制物件からは除かれる）
R1.5	強制競売の公告（土地のみ）
R1.6	開札（落札者有）
	売却額：約16万円

［図表 8.5］緊急安全措置②の費用回収手続の流れ

H29.3	緊急安全措置着手
H29.4	緊急安全措置完了
H29.5	費用請求
H29.7	催促
H29.8	催告
H30.2	訴訟手続移行予告兼催告
H30.8	支払催促の申立（債務者からの異議申立がされる）（市が原告となり通常訴訟並行）（第一審：地裁）
H30.12	地裁にて第１回口頭弁論（被告欠席、答弁書も提出されなかったので即日結審、同月判決により債務名義取得）
H31.1	不動産強制競売の申立（対象物件は当該特定空家等）　市の債権：措置費用、延滞金、支払催促申立費用、訴訟費用
H31.2	強制競売開始決定（差押）
現在	強制競売手続進行中

（出典）香取市資料。

⒞　債権発生の根拠に関する認識

香取市が支払督促という制度を利用したのは、緊急安全措置という名の即時執行の実施によって市が債権者となっているという前提があるからである。それでは、債権の発生原因は何なのであろうか。

根拠規定はないが、同市は、運用上、即時執行を実施する前に、所有者等に対し、措置費用概算額を記した実施措置通知を送付している。そして、措置後に、空き家条例 5 条 2 項を踏まえ、「香取市空家等の適正管理に関する規則」9 条に規定される様式を用いて、支払期限を明記した請求書とともに実施通知を送付した。香取市へのヒアリング調査によれば、同市は、「実施通知送付によって債権として確定させた」のである＊18。①と②のいずれ事案においても、請求時に債権管理台帳に登録されている。即時執行の実施の事実だけでは債権は発生しないと認識されているのか、発生しているので地方自治法231条にもとづいて通知をしたのかは、明確ではなかった。

規則の第12号様式である「緊急安全措置通知書」をみると、通常の拒否処分や不利益処分にあるような内容の教示文が印刷されている。ただ、そこにおける「処分」とは、即時執行という権力的事実行為を指している。実施通知書の送付によって債権として確定させるというのであれば、請求書および通知書をもって「納付命令」と位置づけるのだろう。ただ、納付命令であることを前提とした教示は、通知書にはみられない。

緊急安全措置①および②においては、債権の発生を前提にして、事務処理がされた。しかし、香取市空き家条例 5 条の規定によって同市に債権が発生しているといえるのかどうかは、上記 2 例について処理がされた事実によってもなお判然としない。簡易裁判所の書記官が処理する支払督促（民事訴訟法382条以下）の手続過程においては、申立内容がそこまで深くチェックされないのが通例である＊19。また、緊急安全措置②の事案においては、異議申立てがされたが、相手方の反論が実際にはされずに結審している。

(4)　請求事案における法的根拠の認識

そのほかの事案についてはどうだろうか。**[図表 8. 1]**（⇨p.278）にあるいくつ

＊18　「送付により効力が発生する」というのは、到達主義が原則の行政処分のようでもある。宇賀克也『行政法概説Ⅰ　行政法総論〔第 7 版〕』（有斐閣、2020年）390～391頁、塩野宏『行政法Ⅰ〔第 6 版〕行政法総論』（有斐閣、2015年）186頁参照。

＊19　法務省民事局参事官室（編）『一問一答新民事訴訟法』（商事法務研究会、1996年）434頁以下参照。北村喜宣「可能性は書記官次第？：支払督促という武器」自治実務セミナー2019年12月号39頁では、民事訴訟法382条以下の支払督促を裁判所法33条 1 項 1 号との関係で整理していた。しかし、この制度は、同法34条にもとづき特に定められた「その他の権限」である。書記官が裁判をするわけではない。訂正する。

かの自治体、および、筆者が知りえた実施実績を持つ自治体に対し、「請求する以上、債権が発生していると考えられるが、その発生原因と発生時期についてどのように認識しているか。」という点をヒアリングした。

全体としては、きわめて曖昧な認識であった。そうしたなかで、「空き家条例の規定は事務管理の確認」と回答した市もあった。このように回答した市は、「私債権として即時執行の完了時に発生する」としていたが、私債権とする理由は、「時効の点で、公債権とするよりも市にとって有利」であるからという。論理が逆立ちしている。このような事情で債権の性格が左右されるものではないのは当然であり、いささかご都合主義的な整理である。事務管理規定の確認説として整理する自治体は多いが、この解釈が不適切である点は後述する。

また、「条例に「負担において」と規定されていることから、これにより債権が発生している」と明確に回答した自治体があった。そこまで読み込めるというのである。この自治体においては、実際に、即時執行を実施したうえで請求し、納付もなされている。

5　債権の発生原因

(1)　納付命令

(a)　条例による明記が必要

前述の特定外来生物法16条においては、「その原因となった行為をした者があるときは、……その費用の全部又は一部を負担させることができる。」というように、原因者負担が規定されていた。しかし、同法は、それだけでは徴収はできないという認識のもとに、17条において、納付命令（１項）、催促（２項）、強制徴収（４項）を定めている。即時執行の費用について、これを強制徴収公債権としているのである。費用徴収に関して、このような仕組みを規定する法律は多い。要するに、納付命令という不利益処分によってはじめて支払義務が発生すると考えるのである。

いくらを負担させるのかは一義的明白ではないところ、これを個別の不利益処分によって確定させるというのは、きわめて合理的である。この手続によってはじめて、原因者との関係での公債権として発生する。支払義務の確定は、こうした方法によるしかないのではないだろうか。納付命令は、義務を確認する手段ではなく確定する手段である。香取市は、上述のような整理をしているけれども、条例には、納付命令の規定はない。その趣旨を明確にすべく、条例改正をするのが適切ではなかろうか。

(b)　即時執行の実施により債権が発生するという整理の不合理

(ア)　自動的発生

即時執行の作業を工務店等に委託して実施し、支払いをすませたときに行政の手元に残るのは、行政宛の領収証である。そこに記入されている額が、何の行政判断も介在しないままに原因者と目される所有者等の債務にそのまま転化するというのは、何とも奇異である。

かりにそうであるとすれば、即時執行として費用をかけてなされた事案については、その多寡を問わず債権が発生する結果になる。そこで、そのすべてについて債権管理をしなければならない。少額なら請求されないかもしれないが、債権として存在している以上、回収をしなければならないし、それができなければ、不納欠損処理なども必要になる。放置しておくと、住民監査請求や住民訴訟提起もされるだろう。事務手続上、きわめて煩雑にならないだろうか。債権の発生を回避したければ、少々困難な作業でも行政職員が無理をして対応するようにはなるが、それは合理的だろうか。

(イ)　京都市の運用

前述のように、「その者の負担において」という条例の文言を根拠に債権が発生するという解釈を採用する自治体の例はある。空き家条例に関してではないが、興味深いのは、京都市の運用である。同市は、建築基準法 9 条11項が規定する略式代執行に関し、代執行後に義務者を確知できた事例において、具体的根拠はないものの、教示文を付した納付命令を別途出したうえで債権を確定させ、非強制徴収公債権としての処理をしたうえで納付を実現した＊20。条例あるいは規則に納付命令の根拠となる規定が必要であるように思われるが、実務的には、「その者の負担において」という文言が、納付命令の根拠規定であると解

＊20　杉林真吾「略式代執行に要した費用の全額回収成功事例の紹介」自治実務セミナー2019年 8 月号54頁以下参照。本件事案に関しては、寺澤昌人「建築基準法にもとづく略式代執行：京都市上京区東柳町の事例」北村喜宣＋米山秀隆＋岡田博史（編）『空き家対策の実務』（有斐閣、2016年）148頁以下参照。

されているようである。しかし、非強制徴収公債権であるとしても、そこまで読み込めるだろうか。

たとえば、使用料であれば、強制徴収公債権であり、徴収手続は地方自治法231条の３に法定されているけれども＊21、それに該当しないかぎりは、同条を援用できるわけではない。いずれにせよ、即時執行という事実行為それだけではなく、納付命令という不利益処分によって公債権として確定するという整理がされている点を確認しておきたい。

ところで、「京都市空き家等の活用、適正管理等に関する条例」19条１項は、「市長は、特定空き家等の管理不全状態に起因して、人の生命、身体又は財産に危害が及ぶことを避けるため緊急の必要があると認めるときは、当該特定空き家等の所有者等の負担において、これを避けるために必要最小限の措置を自ら行い、又はその命じた者若しくは委任した者に行わせることができる。」（下線筆者）と規定する。緊急安全措置という名称の即時執行である。下線部は、建築基準法９条11項の規定ぶりと同趣旨であろう。そうであるとすれば、京都市は、緊急安全措置と称する即時執行においても、同様の整理にもとづいて対応するものと思われる＊22。この点については、後述する。

(c)　強制徴収公債権と非強制徴収公債権

納付命令が規定されるのは、それにより発生する公債権が強制徴収対象となっているからであり、そうではない非強制徴収公債権の場合には、「費用の全部又は一部を負担させることができる。」という規定によって支払義務が発生するという反論があるかもしれない。

しかし、同じく公法上の原因によって発生する公債権でありながら、徴収方法の違いによって支払義務の発生原因が異なるというのは不合理である。何らかの立法判断で強制徴収対象としないとしても、規制関係という公法上の法律関係のなかで発生した支払義務の履行は、給付訴訟としての実質的当事者訴訟となる「公法上の法律関係に関する訴訟」＊23（行政事件訴訟法４条）を通じて債務名義を得て、民事執行法にもとづく強制徴収を通じて実現するだけである。

＊21　松本英昭『新版 逐条地方自治法〔第９次改訂版〕』（学陽書房、2017年）861頁以下参照。
＊22　京都市条例19条については、北村ほか・前註（20）書84頁［今﨑匡裕］参照。
＊23　宇賀克也『行政法概説Ⅱ 行政救済法〔第７版〕』（有斐閣、2021年）391〜392頁参照。

手続の違いがあるにすぎず、前提としての実体的義務に違いはあるわけではない。

(d)　空家法14条10項

ここで、法律における規定ぶりを確認しておこう。命ずべき相手方を過失なく確知しえない場合になされる略式代執行の根拠規定には、「その者の負担において」という文言があるのが通例である。実定法には、それを踏まえて、行政代執行法５～６条を準用するものもあれば（例：農地法42条３項２号・４～５項、森林経営管理法43条１項２号・２～３項）、それをしないものもある（例：建築基準法９条11項、景観法64条４項）。空家法14条10項は、後者に属する。

上記文言だけでは、当然に支払義務は発生しない。納付命令すら規定しないのは、立法ミスである。空家法の場合、特定空家等といえども「不動産」であるから、強制徴収公債権とするのは躊躇されたのかもしれない。しかし、景観法の対象物件とは異なり、財産的価値が著しく低く、適正管理が放棄されているものであるから、空家法においては、行政代執行法５～６条を準用すべきであった*24。法改正により対応すべきである*25。

(2)　事務管理説とその不合理性

ほかに債権の発生原因として理論的に考えられるのは、民法697条以下に規定される事務管理である。事務管理が成立するのであれば、管理者としての行政には、同法702条にもとづく費用償還請求権があることから、所有者等は、事務管理費用の債務者として負担するという整理である。

実際、この整理の採用を明確に規定する空き家条例がある。「嬉野市空家等の適切な管理に関する条例」９条は、緊急安全措置を規定するが、費用負担に関して、「市長は、緊急安全措置の実施により生じた諸費用を民法……第702条に

---

*24　空家法14条10項にもとづく略式代執行における「その者」に関する支払義務について、「南さつま市空家等対策の推進に関する条例」10条３項は、「行政代執行法第５条の規定を準用する。」と規定する。非強制徴収公債権として確定するための対応である。なお、同条同項には、「法第14条第10項に基づき」という文言がみられないが、これにもとづく対応であると推測できる。ただ、法文上100％明確になっているとはいえないから、住民に対して誤解を生じさせないためにも、改正すべきであろう。

*25　北村喜宣「空家法改正にあたっての検討項目」本書第11章354頁参照。空家法も景観法も、建築基準法９条10項にならったように思われる。これに対して、宇那木正寛「行政代執行における執行対象（外）物件の保管等およびその費用徴収の法的根拠」同『実証 自治体行政代執行の手法とその効果』（第一法規、2022年）13頁以下・62頁註105は、立法ミスではなく意図的とみている。

基づき、所有者等に償還請求するものとする。」（２項）と規定する。「歌志内市建築物の適正管理に関する条例」７条３項、「豊島区建物等の適正な維持管理を推進する条例」11条３項は、同様の内容を規定する。「費用の償還を請求することができる。」とする「芦北町空家等対策に関する条例」６条４項の規定ぶりは、民法702条１項と似ている＊26。条例に「緊急安全措置」のような名称で規定される行為は、事務管理の確認規定にすぎないという整理もある。そのほか、「事務管理」と明記されないまでも、老朽危険空き家への対応をそれとして行うと認識し、実際にも実施している行政は少なくないように思われる＊27。前述のように、筆者自身も、いくつかの自治体へのヒアリング調査を通じて確認している。事務管理説は、行政実務において、それなりに浸透している理解なのである。どこに淵源があるのだろうか＊28。

即時執行のような公権力行使に関して、この法理の援用はできないというのが、筆者の現在の見解である＊29。民法697条は、「義務なく他人のために事務の管理を始めた者……は、その事務の性質に従い、最も本人の利益に適合する方法によって、その事務の管理……をしなければならない。」と規定する。なるほど即時執行は、外形的にみれば、事務管理のようにみえる。しかし、「似て非な

＊26　いわゆる「ごみ屋敷条例」である「世田谷区住居等の適正な管理による良好な生活環境の保全に関する条例」10条は、勧告を受けた者がそれに従わない場合において、区長により、「民法…その他の法令に照らして適切な範囲内において必要な措置を講じるものとする。」と規定する。環境総合対策室環境保全課『世田谷区住居等の適正な管理による良好な生活環境の保全に関する条例について 逐条解説』（2016年４月１日）15頁は、「区による代行は、民法第697条（事務管理）の考え方に照らして措置を講じるもの」と明記している。なお、環境総合対策室環境保全課『世田谷区住居等の適正な管理による良好な生活環境の保全に関する条例について逐条解説〔第２版〕』（2018年３月１日）10頁では、この部分の記述はやや曖昧になっているが、「事務管理」という文言は残されている。

＊27　北村喜宣ほか「〔パネル討論〕空き家（老朽家屋・空き地等）の適正管理条例の制定・運用のポイントと法的論点」北村喜宣（監）『空き家等の適正管理条例』（地域科学研究会、2012年）131頁以下・139頁［大仙市総合防災課長・進藤久発言］、吉原治幸「老朽家屋の適正管理に向けた取り組み」地方自治職員研修631号（2012年）71頁以下・71頁、宇那木正寛（監）＋板橋区都市整備部建築指導課（編）『こうすればできる 所有者不明空家の行政代執行：現場担当者の経験に学ぶ』（第一法規、2019年）21頁参照。条例で措置を規定しておきながら、なおそれを「事務管理」と整理する論理は、にわかに理解しがたい。

＊28　行政は、とりあえず実施した行為の適法性を後付けで正当化する「最後の手段」として事務管理を持ち出すという実務家の意見に接したことがある。それが「そうした考え方もあるのなら」ということで、「最初の手段」に変容して、実務に定着しているのかもしれない。

＊29　詳しくは、北村喜宣「行政による事務管理（１）～（３・完）」自治研究91巻３号33頁以下、同４号28頁以下、同５号51頁以下（2015年）参照。

るもの」というべきであろう。その理由は、大要以下のとおりである。

第１に、即時執行は条例に規定される行政の権力的事実行為であり、当該権限の適切な行使が、行政に義務づけられる。発動にあたって裁量はあるとしても、一定の状況下においては、不作為は権限の消極的濫用として違法となる*30。この点において、「義務なく」とはいえない。第２に、たしかに家屋の適正管理は、行政にとっては、所有者等の「他人の事務」ではあるが、議会が条例を通じて行政に求める即時執行は、条例にもとづく「自分の事務」である。対応が予定され、場合によっては実施が義務となるような者を「潜在的管理者」と考えることはできない。第３に、民法700条によれば、所有者等が即時執行の中止を求めれば、管理者たる行政は、これを継続してはならない。その要求が公序良俗に反する場合には継続も可能であるが、およそ公権力の行使に関して、そのような整理も可能になると考えるのは不合理である。第４に、空き家条例が規定する即時執行の要件は、民法698条が規定する緊急事務管理（「本人の……財産に関する急迫を免れさせるため」）と似ている。即時執行は不特定多数への急迫的危害回避のためにされるが、これを本人に対する民法717条の工作物責任発生による財産的負担と解したとして、本人に対する損害（実際には、ないであろう。）につき悪意・重過失がなければ免責されるという規定が適用されると考えるのは不合理である。第５に、何よりも、事務管理は善意にもとづく利他的対応に要した費用の事後調整法理であり、空き家条例のように、行政の権限行使の根拠法理になるものではない*31。その適用を一般的に予定し、権限行使の根拠および債権債務関係発生の根拠とするのは、便宜にすぎる論理の逆転である。

なお、本章では、空き家条例に根拠を有する即時執行制度について検討してきた。それとは別に、実定法上、特段の根拠規定がない場合における「公法上

---

*30　国家賠償法の次元での不作為違法性は、被侵害法益、予見可能性、結果回避可能性、期待可能性の総合判断によるとされる。宇賀・前註（23）書439頁以下、阿部泰隆『行政法再入門 下〔第２版〕』（信山社、2016年）286頁以下参照。

*31　ほかに参照しうる民法の規定としては、不当利得がある（703条）。「法律上の原因なく他人の財産又は労務によって利益を受け、そのために他人に損失を及ぼした者……は、その利益の存する限度において、これを返還する義務を負う。」というものである。かりに即時執行による危険除去が所有者等にとって「利益」であったとしても、それは条例の実施によって実現されたものであるから「法律上の原因なく」とはいえない。したがって、この法的構成もとりえない。

の事務管理」なる法理は、理論上、存在しうるようにも思われる*32。即時執行という概念とその法理との関係は、興味深い検討課題である。

6　空き家条例のもとでの対応のあり方

(1)　原因者負担の方針の再確認

以上、検討してきたように、現行の空き家条例の規定ぶりを前提にすると、即時執行に要した費用について、その実施という事実が原因となって所有者等に支払義務が当然に発生すると構成するのは、解釈上も困難であるし、実務上も現実的ではない。納付命令を規定し、それを踏まえて徴収をするのが適切である。

土地基本法が2020年３月に改正され、土地所有者に関して「管理」の責任が明記された。これは、憲法29条２項が規定する「公共の福祉」に関して、縮小社会化する現在における新たな内容を盛り込んだものといえる*33。管理放棄による外部不経済の発生に対応するための諸方策の法政策的根拠を提供するものである*34。空家法や空き家条例にもとづく施策の推進の後押しをする改正とい

*32　塩野・前註（20）書47～48頁は、民法の事務管理法理をそのままに行政活動に対して適用することを前提に、その成立は否定されないとして、私見に批判的である。筆者は、①私人に関して「利益の併存」がありうるというが、行政を私人と同じく位置づけられるのか、②本人の意思に反して一方的に介入するわけではないというが、そうでない場合も多くある（筆者の議論は、そうでない場合を念頭に置いている）、③民事法の法技術を行政法の次元で積極的に活用するとして参照する大橋洋一『行政法Ⅰ　現代行政過程論〔第４版〕』（有斐閣、2019年）86頁以下は行政法規違反の民事取引に関するものであって前提とする法律関係が異なる、と考え、塩野の議論に対してなお懐疑的である。碓井光明「行政上の義務履行確保」公法研究58号（1996年）137頁以下・153頁は、法律の根拠がない場合について、「事務管理としての費用償還請求が認められよう。」と結論のみを記す。事務管理には、助勢的なものと自衛的なものがある。行政がするとすれば前者であろうが、それに関する「公法上の事務管理論」の成立可能性を含め、本格的検討は、他日を期したい。自治体の役割論、条理論、比例原則論など、多くの論点がありそうである。「民法720条の法意に照らして」鉄杭撤去行為の違法性を否定した最二小判平成３年３月８日民集45巻３号164頁は、この論点との関係で、改めて検討されるべきである。同判決は、1999年に改正される以前の地方自治法２条３項１号（「地方公共の秩序を維持し、住民及び滞在者の安全、健康及び福祉を保持すること。」）をも根拠として引用していた点にも留意したい。

*33　北村喜宣「縮小社会における地域空間管理法制と自治体」公法研究82号（2020年）73頁以下・76～77頁参照。

*34　改正土地基本法の解説として、国土交通省土地・建設産業局企画課「土地基本法の改正について」土地総合研究28巻１号（2020年）44頁以下、国土交通省不動産・建設産業局土地政策課「改正土地基本法及び土地基本方針について」人と国土46巻２号（2020年）19頁以下参照。そのほかに、小柳春一郎「土地基本法見直し「中間とりまとめ」における土地所有者の「管理」の責務：物理的

えよう。空き家条例のなかには、努力義務として規定されている空家等の所有者の責務について、これを「適切に管理しなければならない。」を上書き的に規定するものが少なくないが、そうした対応にも法的根拠を与えている。即時執行の費用負担に関する現行空き家条例の規定は、こうした流れのなかにあると整理できる＊35。

(2)　裁量的納付命令を規定

(a)　支払義務と額の確定

規定が必要なのは、「費用の全部又は一部の納付を命ずることができる。」という納付命令である。命令は、義務的とするのではなく、裁量的とするのが適切である＊36。そして、その送達により公債権が発生・確定すると考えるべきである。要した費用が少額ならば、コストとの見合いで、行政費用としての処理も可能である。また、条例に明記すべきであるが、相手方の事情次第で、請求をしないとしたり請求額を調整したりする処理もできる＊37。実務的には、納付命令を発するとの同時に、地方自治法231条にもとづき、調定（調査決定）したうえで、履行の請求としての納入通知を送付する。いつまでも通知ができる状態にする合理性はないため、即時執行の実施から一定期間以内というように、命令ができる期間を条例で限定してもよい。個人情報に配慮しつつ、即時執行の実施状況の情報を公表するのもよいだろう。

空き家条例に規定される「市長は……所有者等に請求することができる。」という規定は、納付命令の根拠規定と解せないわけではない。しかし、そのつもりであるならば、透明性を確保するためにも、これを正面から明確に規定するべきである。

管理と法的管理」土地総合研究28巻１号（2020年）３頁以下、内海麻利「土地基本法改正と都市計画：公共性・全体性・時間性からみた課題と期待」同前14頁以下、宇賀克也「土地基本法の改正」行政法研究34号（2020年）巻頭言、山野目章夫『土地法制の改革：土地の利用・管理・放棄』（有斐閣、2022年）21頁以下参照。

＊35　北村喜宣「土地基本法の改正と今後の空き家法政策」本書第９章311頁参照。

＊36　義務的とすると、たとえば、後述のような多数共有事案における対応の煩雑さを懸念して、そもそも措置がされないとか、行政職員で対応可能な範囲の措置しかしないという不合理が発生しかねない。義務的徴収を条例で規定するいくつかの自治体へのヒアリング調査においても、そうした問題は確認された。

＊37　納付命令は行政手続条例のもとでの不利益処分になるだろうが、行政手続法13条２項４号相当規定によって、弁明機会付与の手続については、適用除外となっているのが通例である。

納付命令とまで明確に規定されているわけではないが、「京都市不良な生活環境を解消するための支援及び措置に関する条例」（以下「京都市ごみ屋敷条例」という。）のもとでの緊急安全措置規定は参考になる。原因者に帰責事由がない場合を除き、同者が費用負担しなければならないと明記し（13条５項、施行規則２条）、その額について、「別に定める算定基準に従い、市長が算定して通知する額とする。」という規定を準用している＊38（13条６項、９条４項）。算定基準は、施行規則に詳細に規定されている（３条）＊39。この条例にもとづく即時執行は、前述の京都市空き家条例を参考にしたものである。同条例のもとでは、施行規則上の根拠はないものの、市長名で発出される「緊急安全措置費用納付命令書」という様式が用意されている。そこには、納付期限や納付金額を記入する欄もある。「この処分について不服があるときは」で始まる定型的な教示文も付されており、不利益処分となっている＊40。

(b)　**命令要件と考慮事項**

不利益処分とする以上は、要件をどう規定するかが問題となる。上述の京都市ごみ屋敷条例において、負担を求めないときとして、「不良な生活環境を生じさせたことについて，その状態を生じさせた者の責めに帰すべき事由がないと市長が認める場合」（施行規則２条）とされている。帰責事由（具体的には、意思能力がない者が想定されている。）がないかぎり、技術的に算定された額の全部に関する義務的命令となる。意思能力に欠けるけれども成年後見人が選任されていない場合に納付命令という不利益処分ができるのか（その前提として、弁明機会付与通知の受領能力があるのか）、選任されている場合であっても受領は後見人の権限の範囲なのかは問題となるため＊41、実務的には、こうした規定は必要で

＊38　板垣・前註（３）書147頁は、「明文の規定を置くことで、費用徴収の法的根拠付けを明確にすることが望ましい」とする。筆者と同じ発想にもとづくものであろうか。

＊39　京都市条例に関しては、岡田博史「いわゆる「ごみ屋敷」対策のための条例について：軽微な措置による即時執行に焦点を当てて」自治実務セミナー2014年12月号46頁以下参照。

＊40　松本・前註（21）書850頁は、「単にすでに完全に成立した債務についてこれを催告する行為すなわち一種の通知行為にとどまる」としつつ、「一般的な歳入の一部については、……金銭納入義務を命ずる行政上の行為としての意味をもつものがある」とする。京都市は、この整理にもとづいて、教示文を付した納付命令書という通知書にしているのだろうか。あるいは、本来は空き家条例に規定されるべき納付命令の機能も併有させているのだろうか。

＊41　行政手続法制においては、不利益処分にあたっての聴聞または弁明機会付与の際に、代理人の選任ができる（行政手続法16条・31条、または、行政手続条例の相当規定）。その制度趣旨に鑑みれ

あろう。

条例で家屋の適正管理義務を一般的に課している場合、特定空家等と認定されるような管理状況であったのは、その義務に違反した結果といえる。そこで、即時執行対象を特定空家等としている条例においては、特に要件を規定せず、「……納付を命ずることができる。」とだけ規定し、具体的判断は効果裁量のなかで行うという方法もある。行政手続条例のもとでの処分基準を策定するとすれば、そこに具体的内容を規定する。当該特定空家等に関する空家法14条１～３項の措置への対応状況などが定められるだろうか。即時執行実施時に所有者等が不明であっても、後日判明すれば、そのときに命令をすればよい。

(c)　共有物件の場合

即時執行の対象となった特定空家等が共有の場合がある。納付を求めるとして、命令は誰に対して発出することができるだろうか。共有者全員が判明しており、持分割合が、A50%、BおよびCが各25%の場合を考えてみよう。条例にもとづき実施された即時執行の内容は、道路に倒壊しそうになっていたブロック塀の上部部分を撤去してそれを敷地内に置いたことである。作業を業者に発注して、10万円支出されたとする。行政としては、全額を回収したい*42。いくつかの方法が考えられる。

ば、成年後見人が選任されている場合には、行政手続への対応は、その包括的代理権の範囲内にある。行政は、後見人とのやりとりにより、本人に対する手続保障されたと解することができよう。当該行為は、民法859条１項にいう「財産に関する法律行為」である。本人の財産管理に問題があるために発生した事象に関して即時執行がされて納付命令が出されると整理すれば、肯定に解しうる。しかし、後見人が付されていない場合には、どのように考えればよいのだろうか。本人が確認できている以上、略式代執行のように「過失がなくて命ずべき相手方を確知できない場合」とはいえない。難しい問題である。意思能力に欠ける者の行政法関係における位置づけは、民法学でも行政法学でも議論がされていない「谷間に落ちた論点」である。そもそも行政法学においては、行政の行為に対する検討に注力する一方で、それを受け止める側の行為については関心がなかった。この点について、現行法のもとでは、民法を踏まえた解釈論をするほかないが、法政策論としては、行政法関係については行政法的世界を創設した方がように感じる。北村喜宣「意思能力に欠ける者と行政法」政策法務Facilitator70号（2021年）巻頭言参照。

*42　空家法にもとづき実施される、多数人共有物件に対する緩和代執行においても、似たような問題が生じる。より面倒なのは、同法14条９項にもとづく緩和代執行の費用徴収を定める行政代執行法５条が、「……義務者に対し、文書をもって納付を命じなければならない。」と羈束的に規定していることである。義務者とは、14条３項命令の名宛人全員である。何らかの特別措置法的対応が必要な気がする。北村喜宣「50/50か１/50か：共有物件の行政代執行費用請求」自治実務セミナー2022年１月号42頁参照。

第１は、持分割合通りに、Ａは５万円、ＢとＣは2.5万円である。第２は、各人に10万円である。第３は、「一番資産がありそうな」Ａのみに10万円（全額回収できなければ、残額について次に資産がありそうな人）である。実務的には、第３にしたいだろう。どのように考えるべきだろうか。

おそらくは、第１の対応が適切である。民法717条にもとづく工作物責任の場合には、共有事案では可分債務であるため、損害賠償債務は持分割合に応じて共有者に帰属すると解される。民法250条の「各共有者の持分は、相等しいものと推定する。」という規定にもとづき、判明した持分割合に応じた納付命令となる。この整理が基本となるだろう＊43。第２の対応では、全員が10万円支払えば行政の不当利得となり事後調整が必要となる。１人が10万円支払ったあとは、残りの２人からの支払い申出があった場合にこれを拒絶するとしても、命令によってそもそも債権額が３倍になってしまう。現実の実施費用は全額回収できたとしても、なお未収納状態になる。第３の対応では、持分割合を超えて負担する合理性が説明できない。平等原則にも比例原則にも反する。たしかに民法719条にもとづく共同不法行為のもとでは連帯債務となるけれども、即時執行は加害・被害関係の場面ではないし、被害者保護という観点を考える必要もないため、民法の法理を援用する理由がない。50名共有のように持分割合が小さくなると、その対応の不合理は、一層明確になる＊44。共有案件の場合、連帯して

＊43　三平聡史『共有不動産の紛争解決の実務〔第２版〕』（民事法研究会、2021年）371頁参照。空家法のもとで特定空家等と認定され、撤去を含めた適切な対応を、共有者全員が行政から繰り返し求められていたような場合には、共有者に過失があると評価され、民法719条に規定される共同不法行為の場合のように連帯責任と解する（すなわち、第３の対応となる）という議論があるかもしれないが、一方当事者が行政権限行使の主体である行政であることに鑑みれば、民事法の法理をそのままに適用することはできないように思われる。債務の連帯性に関しては、伊藤栄寿「連帯債務」法学教室478号（2020年）75頁以下参照。

＊44　同じ不動産に関するということで、共有物件に対する固定資産税の課税が参照されるかもしれない。地方税法10条の２第１項は、共有者は連帯納税義務を負うとされている。これは、「地方税の徴収の確保を図るために納税者に課した特別の責任」と説明されている。川村栄一『地方税法概説：国税との比較で学ぶ地方税入門』（北樹出版、2009年）376頁参照。さらに、金子宏『租税法〔第23版〕』（弘文堂、2019年）677頁は、「その責任の内容がときとして過大ないし過酷でありうることを考えると、今日の法思想のもとでは、異例のことであるといわなければならない。そこで、この規定の解釈・運用にあたっては、できるだけ不合理な結果が生じないようにする必要がある。」とする。前出の地方税法の規定は、自治体財政に大きな意味を持つ税収に関するものであり、自治体の歳入一般に適用されるものではない。非定型的な歳入であるものに対して準用的に考えるのは無理であろう。

負担する旨を条例で規定できるかが問題になりうるが、同様の理由で、筆者は消極に解している。

たしかに、第1の対応では、共有者多数事案になるほど徴収費用の方が高くなり、コストパフォーマンスが悪い。そうなると、そもそも納付命令をしないのかもしれない。局面は異なるが、税金の徴収においても生ずる現象である。この点でも、「徴収するものとする。」というように、義務的に規定する条例の場合が気にかかる。多数共有者がいる事案において、立法者はどのような基準でどの共有者にどのような命令をすると考えていたのだろうか。

(3)　公法上の当事者訴訟を通じた徴収

前述の特定外来生物法は、「国税の滞納処分の例による。」と規定し、強制徴収公債権として徴収できるとしている。それでは、個別法ではなく、憲法94条を直接の根拠とする独立条例である空き家条例において、「地方税の滞納処分の例による。」と規定して強制徴収ができるだろうか。

憲法94条が条例制定権を認めている以上、そのもとで適法に発生する義務の履行手法も、比例原則に反しないかぎりで認められるというのが、理論的な帰結であろう＊45。しかし、現行法の解釈論としては、強制徴収が可能なのは、地方自治法231条の3第3項に列挙される「分担金、加入金、過料、法律で定める使用料その他の普通地方公共団体の歳入」に限定されると考えられている。個別法の根拠は不要であるが、それぞれのカテゴリーにあてはまらなければならない。そこで、即時執行の費用を地方自治法224条にいう「分担金」と解して、同法231条の3第1項にもとづいて強制徴収をするという解釈もある＊46。

しかし、即時執行に要した費用について、行政が本来負担すべきでないものであるがゆえに対象物件の所有者等に分担させると解するのは無理がある。即時執行は、条例に規定される措置であり、その実施は、条例が当然に予定しているものである。**[図表 8.1]** (⇨p.278) の事例にあるように、当初予算措置すらされているのである。

独立条例にもとづく即時執行規定の実施に起因して発生した費用については、

＊45　条例とサンクションに関しては、塩野宏『行政法Ⅲ〔第5版〕行政組織法』(有斐閣、2021年) 201頁参照。

＊46　千葉・前註（3）論文参照。

地方税滞納処分の例により徴収できると当該条例のなかで規定できれば問題は解決する。しかし、この歳入に関しては、個別法の根拠規定がないかぎり強制徴収公債権にはできないという解釈が一般的であろう＊47。それを前提にすれば、条例の実施に起因する公法上の法律関係によって発生した支払義務の履行は、前述のように、実質的当事者訴訟の提起を通じて債務名義を取得し、その強制執行によってなされることになる＊48。したがって、空き家条例においては、納付命令までを規定しておけばよい。

また、債権が確定していないとすれば、（前述の香取市の事案ではなされたが、）そもそも支払督促が利用できるのかという論点がある＊49。この点については、実務でも学説でも、必ずしも統一した理解とはなっていないようである。

⑷　徴収しないという選択と「沈黙」

即時執行費用を原因者に負担させるかどうかは、立法裁量の問題である。請求や負担に関する規定を持つ空き家条例は、たしかに過半数を超える。一方、「飯田市空家等の適正な管理及び活用に関する条例」８条２項、北上市空家等対策条例」21条３項、「美咲町空家等の適正管理に関する条例」11条２項のよう

＊47　松本・前註（21）書862頁参照。金銭債権の強制徴収ができる範囲を拡大する方向での立法論として、碓井・前註（32）論文153～154頁、碓井光明『自治体財政・財務法〔改訂版〕』（学陽書房、1995年）192～193頁、松本英昭「自治体政策法務をサポートする自治法制のあり方」北村喜宣＋山口道昭＋出石稔＋礒崎初仁（編）『自治体政策法務：地域特性に適合した法環境の創造』（有斐閣、2011年）80頁以下・96頁参照。阿部泰隆『行政の法システム（下）〔新版〕』（有斐閣、1997年）409頁は、「行政代執行の根拠たる行政処分は、後述のように条例に根拠を有するものでもよく、条例で行政徴収の根拠規定をおけない現行法は均衡を失している。」と指摘する。分権改革後の自治法制における論点のひとつである。

＊48　高橋滋＋市村陽典＋山本隆司（編）『条解行政事件訴訟法〔第４版〕』（弘文堂、2014年）123～124頁［山田洋］、谷口知平＋甲斐道太郎（編）『新版注釈民法（18）債権（９）』（有斐閣、1991年）527頁［小高剛］参照。納付命令を通じて特定額の支払義務を確定させておけば、訴状においては、たとえば「被告は○万円支払え」と記載すれば十分である。適切な訴訟類型は、提出された証拠などを踏まえて裁判所が決定する。公法上の当事者訴訟は行政事件訴訟であるし（行政事件訴訟法２条）、それは簡易裁判所の管轄外である（裁判所法33条１項１号）。140万円以上の請求についても同様である。行政から簡易裁判所に提出された訴状に記された請求の趣旨から、訴訟類型は公法上の当事者訴訟であると裁判所が判断すれば、管轄権を有する地方裁判所に移送される（民事訴訟法16条１項）。民事訴訟として提訴した場合の扱いは、裁判所によるだろう。公法上の当事者訴訟の場合、簡易裁判所のほか地方裁判所の支部も事物管轄を有しないため（地方裁判所及び家庭裁判所支部設置規則１条２項）、市町村の地理的条件によっては、不便になってしまう。宇賀・前註（23）書143～144頁参照。

＊49　瀧康暢（編著）＋自治体支援弁護士プロジェクトチーム（編）『改正民法対応版 自治体債権回収のための裁判手続マニュアル』（ぎょうせい、2020年）92頁以下参照。

に、「市（町）が負担する」として、行政負担の方針を明記するものもある。

また、即時執行を規定しながら、費用負担に関しては「沈黙」している条例も相当数ある＊50。この意味であるが、筆者のヒアリング調査によれば、十分に考えていないと思われる自治体のほか、行政費用として負担することが適切な範囲の行為として実施するという自治体もあれば、条例の規定は事務管理の確認であり費用は民法702条にもとづいて償還請求をするから条例で規定していないとする自治体もあった。事務管理法理の利用に関する筆者の否定的見解は、本章で述べた通りである。

7　合法状態の早期実現

本章での検討によれば、「原因者から徴収する」「原因者に請求できる」といった規定だけでは、即時執行の実施のために支出した費用が行政にとっての債権に当然になるわけではない。ところが、[図表 8. 1]（⇨p.278）にあるように、現実には、支払いがされている例が少なからずある。おそらく、行政は、条例の該当条文を示して支払義務があると相手方に説明したはずである。決して任意の寄附ではない。たんに行政が口頭で納付を求めた場合であってもそうであるが、行政の申立てを簡易裁判所が認めた結果としての支払督促は、（気軽に異議を出せばよいとされるものの）相当の「権威」をもって相手方に迫ってくる。行政の相手方にとっては、どうみても「債務の弁済の請求」である。「強迫による寄附」とまではいえないにせよ、重大な錯誤にもとづく支払いではないだろうか。

現行条例の規定のもとでは、理論的には、債権は発生していないと解されるため、行政による費用の請求は、法律上の原因を欠くものとなっている。納付したとしても、それは非債弁済である。行政は、「正当な原因のない歳入はこれを徴収することはできない」＊51。このため、納付者は、受益者たる行政に対し

＊50　負担・徴収に関する規定がない空き家条例のなかで筆者が確認できた条例の自治体名のみをあげる。荒川区、阿波市、魚津市、小野市、観音寺市、北区、菊池市、肝付町、熊取町、世田谷区、佐賀市、上越市、洲本市、丹波篠山市、都留市、天塩町、所沢市、中野区、中之条町、中能登町、長野原町、日南市、浜中町、日野市、深浦町、平群町、松戸市、南九州市、箕輪町、宮崎市、妙高市、横須賀市。

＊51　松本・前註（21）書848頁。

て、民法703条にもとづき、不当利得返還請求ができる＊52。市町村に悪意はないにしても、結果的に、支払請求や支払督促は、「エレガントな恐喝」に近くなっている。

以上の整理は、まさに「卓袱台返し」のようなものであり、行政実務に混乱を招来させるだけかもしれない。しかし、その実務といっても、十分な検討を踏まえて債権債務関係を認識し、それにもとづいて請求をしていたとは思われない。不当利得として返還請求がされるとしても、徴収実例はまだ少ないだろうから、ひっくり返される卓袱台はまだ小さくてすむ。なお、債権が発生していたと行政が考えた点に過失はなかったと解されるから、国家賠償請求までは認められないだろう。

空き家条例にもとづく老朽危険空き家対応は、今後も長く継続する。これまで以上に一層重要性を増すといってもよいだろう。費用負担について規定する空き家条例においては、債権の発生原因について、十分な検討がされないままに即時執行規定が設けられている。先行条例のコピペにより、「曖昧さの拡大再生産」が発生しているといってよい。現状は、空き家条例草創期の「混乱」であると整理して、即時執行の費用徴収を的確になしうるよう、早急に条例改正をするのが適切である。

そもそも即時執行費用の徴収方法は、地域特性に応じて自治体ごとに対応を異にしてよい問題ではない。基本的には、全国統一的であるべきものであろう。本章では、ひとつの解釈にもとづく対応の可能性を論じたにすぎない。あるべき方策に関する議論のたたき台を提示できていれば幸いである＊53。

＊52　窪田充見（編）『新注釈民法（15）債権（８）』（有斐閣、2017年）93頁［藤原正則］、円谷峻『不法行為法・事務管理・不当利得：判例による法形成〔第３版〕』（成文堂、2016年）346頁照。

＊53　この論点は、空家法14条９項にもとづく緩和代執行の費用徴収に関する行政代執行法５条の適用にあたっても問題になる。納付命令が義務的となっているだけに、解釈を明確にする必要性は一層強い。ある自治体の空家法担当に、この点について調査をお願いした。その結果、共有案件については、持分割合の限度で納付命令を共有者全員に出している市町村、持分割合にかかわらず共有者全員にそれぞれ全額の納付を命じている市町村があった。後者の方が多かった。「１名に全額」はなかった。現時点における老朽不適正管理空き家は、数次の相続を経て多数共有となっている場合が少なくない。行政はきわめてコストパフォーマンスの悪い対応を強いられるが、この点をどのように考えるのかは、ひとつの政策法務的課題である。

8　即時執行の過重負担と対応の方向性

本章では、実際に実施された即時執行については、その内容を所与として検討してきた。ただ、[図表 8.1]（⇨p.278）をみると、はたしてそれが特定空家等対策との関係「即時執行」の概念の枠内に入るものであったかについて疑問に思われる事例がないわけではない。

急激に状態が悪化したのであれば、あるいは除却という「必要最小限の措置」も妥当であると考えられよう。ところが、[図表 8.1] のもとになった国土交通省の資料をみると、即時執行を決断・実施するまでの時間的余裕はそれなりにあり、空家法を用いた対応ができたのではないかと思われる事例もある。市町村には権限があるのに、なぜそちらを選択しなかったのだろうか。所有者等に適正管理義務が課されている条例の場合、「建築物の破壊」という内容に鑑みれば、直接強制（直接執行）のようなものと整理できないでもない*54。本来は、そこまでの措置を予定してない即時執行という制度に、過重な負担がかけられており、本章で紹介した除却という措置を即時執行として実施することには、実質的法治主義の観点から疑問が呈される*55。

この点は推測になるが、空家法の仕組みに一因があるのではないだろうか。

---

*54　塩野・前註（18）書261頁参照。同書は、行政代執行法 1 条の文言を理由に、「直接強制の根拠を条例によって置くことはできない」（261頁）、「条例事項に当たるかどうかの問題が残る」（279頁）とする。筆者は、行政代執行法 1 条の文言だけからは、直接強制を条例で規定することが禁止されるという法理を導出できないと考える。この点に関しては、宇賀・前註（18）書245～246頁も参照。

*55　北村喜宣「パンツが破れそう⁉：即時執行の限界」・前註（3）書77頁以下参照。「志賀町空き家等の適正な管理に関する条例」10条 1 項のように、「当該空き家等の形状を著しく変形させない限度において」という（おそらくは即時執行としての制度的限界に関する）確認規定を置くものもある。「下仁田町空家等対策の推進に関する条例」7 条 1 項 1 ～ 2 号、「横須賀市空き家等の適正管理に関する条例」8 条 1 ～ 5 号は、より踏み込んで、なしうる必要最小限措置の内容を具体的に規定している。

宇那木正寛「空家法による行政代執行の課題」・前註（25）書219頁以下・235頁は、「特定空家等については、そもそも財産としての経済的価値が認められず、また、公共に対して危害を生じさせる物件でもある。このように考えると通常代執行あるいは略式代執行によるのでは重大な結果を招く状態にあり、かつ、全部の解体あるいは除却以外、技術的に選択肢がない場合には、即時執行による特定空家等の解体や除却も許容されると解したい。」とする。前半部分はまったく同感であるが、それがなぜ後半の結論に結びつくのかが理解できない。条理だろうか。それとも比例原則だろうか。

すなわち、同法のもとでは、所有者等判明事案において、特定空家等に対しては、所有者等の調査、確認できた所有者等に対する助言・指導（14条１項）、勧告（同条２項）、命令（同条３項）を経なければ除却はできない。勧告および命令にあたっては、それぞれ「相当の猶予期限を設けて」と規定されている。このため、事実上、それなりの猶予期限が設けられる助言・指導を含めると、空家法14条９項の行政代執行に至るには、半年前後の時間がかかる。国土交通省と総務省は、いかなる案件であってもこの順序を変えてはならないという解釈をとっているため＊56、この手続を回避して、所有者判明事案においては、条例にもとづく即時執行がいわばバイパス的に利用されている面があるのではなかろうか＊57。**［図表 8. 1］**にみられるように、実際には、行政代執行と同じような措置内容の作業をする事例がある＊58。**［図表 8. 2］**（⇨p.281）や**［図表 8. 3］**（⇨p.282）からもわかるように、空家法14条１項の指導はされたものの、同条２項の勧告はされずに緊急安全措置が実施されている。ある行政法テキストは、即時執行について、「義務を命ずることによっては目的を達成しがたい場合に、相手方の義務の存在を前提とせずに、行政機関が直接に身体または財産に実力を行使して行政上望ましい状態を実現する作用」＊59（下線筆者）と説明する。相当に大規模な即時執行を実施した市町村は、空家法の構造ゆえに迅速に命令が出せない場合を下線部に含めるような整理をしたのだろうか。通常、行政代執行となると、行政にはそれなりの「手間・時間・覚悟」が求められるが、そうした点への配慮があったかもしれない。

「廃棄物の処理及び清掃に関する法律」（以下「廃棄物処理法」という。）19条の７第１項４号および同法19条の８第１項４号は、それぞれ一般廃棄物または産

＊56　国土交通省＋総務省「「特定空家等に対する措置」に関する適切な実施を図るために必要な指針（ガイドライン）」第１章２（１）ロ（⇨p.381）参照。批判的検討として、北村喜宣「空家法の逐条解説」・前註（４）書152頁以下・193～194頁参照。北村ほか・前註（20）書81頁［今﨑匡裕］も、「〔中央政府の〕見解は適当ではない。」と評する。ただ、空家法14条の規定ぶりを前提にすると、こうした硬直的条文解釈にはやむを得ない面もある（⇨p.55）。

＊57　特定空家等の除却に関して、命令を前提にするならば、法改正により、状況次第で空家法14条１項および同条２項の手続を省略できる旨を規定すべきであろう。北村・前註（25）論文343頁参照。

＊58　空家法のもとで認定されている特定空家等に関しては、所有者判明事案が多くを占める。それにもかかわらず、代執行件数としては、略式代執行の件数が緩和代執行のそれの2.4倍になっている（2022年３月31日現在、342件と140件）。以前よりも、差は縮まってきた。

＊59　宇賀・前註（18）書117頁。

業廃棄物に関して、「緊急に支障の除去等の措置を講ずる必要がある場合において、……〔措置命令による〕支障の除去等の措置を講ずべきことを命ずるいとまがないとき。」に、市町村長または都道府県知事は、自ら支障除去等措置を講ずることができると規定する＊60。特別緊急代執行である＊61。その費用に関しては、行政代執行法５～６条の準用がされている。現実になされている「大規模な」即時執行措置は、廃棄物処理法のこの規定を参考にして、空家法の改正によって受け止めるのが適切であろう＊62。その保護法益は、人の生命および財産であり、それをまもるために不可欠となれば、規定の必要性は高い。

そのうえで、空き家条例のもとでの特定空家等に対する即時執行は、行政費用で対応できる範囲のものに限定する「本来の形」にとどめるという整理もある。しかし、それは両極端に過ぎる。特別緊急代執行と行政費用によりなしうる程度の即時執行との間に、原因者負担原則を踏まえた即時執行を位置づける制度設計が、様々な形で生活環境への負荷を発生させる老朽危険空き家に柔軟に対応するには適切であると思われる。なお、空き家対策における即時執行に関しては、「実質的法治主義の観点から即時執行権限の濫用をどう抑制するか」、「特別緊急代執行と即時執行の振分けの基準をどう考えるか」など、検討を要する理論的課題が確認できる。

＊60　廃棄物処理法にもとづくこれら規定（４号措置）が発動されるのは、相当悪質な不法投棄事案においてであろう。作業の規模は、それなりに大きくなる。もっとも、それも、当該事案の処理との関係で最低限なのであり、とりあえず状況を落ち着かせたうえで、同法19条の４や19条の７第１項２号、19条の５や19条の８第１項２号にもとづく措置に移行するのであろう。当該案件における生活環境保全上支障除去作業のすべてを４号措置によって行うことはできないのが原則ではないかと解される。これに対し、環境省環境再生・資源循環局廃棄物規制課長「行政処分の指針について（通知）」（環循規発第18033028号）」別添の「行政処分の指針」42頁は、すべてが可能であると認識しているようにみえる。受命者不確知で略式代執行（２号措置）となる場合は別にして、受命者に対する手続保障の観点からも、ワンポイントリリーフである４号措置のあとは、19条の４なり19条の５なりが適用されると解すべきである。

＊61　北村・前註（13）書184頁・502頁参照。

＊62　北村・前註（25）論文349頁参照。

第4部

今後の
空き家法政策

土地基本法の改正と今後の空き家法政策

土地をめぐる狂乱的状況の後を追って1989年に制定された土地基本法が、今度は社会の縮小事態に対応すべく2020年に改正された。利用の抑制を基調としていた旧法から、適正な管理の重要性を明記し、これを土地所有者等（土地所有者・土地使用収益権原者）の責務であるとした。

この改正は、空き家対策にも大きな影響を与える。空家法のもとで特定空家等とされている建築物は、適正管理責任が放棄された結果であり、所有者等の責任が問われうる。外部性を発生させる状態で放置される特定空家等に関して、管理責任が果たされない場合の権利制約は、財産権に内在するものとして受忍を求めるような対応がされることになる。

1　「必要最小限規制の原則」と土地基本法

日本の土地法制に関しては、「必要最小限規制の原則」が抜きがたく存在しているといわれることがある＊1。日本国憲法は、およそ基本的人権について、12条が「これを濫用してはならないのであつて、常に公共の福祉のためにこれを利用する責任を負ふ。」とし、財産権の中核といえる土地所有権に関して、29条2項が「公共の福祉に適合するやうに、法律でこれを定める。」と規定している。ところが、法律による具体的規制の次元においては、上記の不文原則が確固として存在していたため、結果として、開発圧力に抗しきれず、計画的な土地利用規制ができない法制度になっているというのである。

立法者は、憲法が保障する基本的人権を具体的に実現する法律を制定し、そのなかで行政に権限を与え、個別事案においてその的確な実施を命じている。

＊1　藤田宙靖「必要最小限規制原則とそのもたらしたもの」藤田宙靖＋磯部力＋小林重敬（編）『土地利用規制立法に見られる公共性』（土地総合研究所、2002年）7頁以下・7頁は、「我が国の従来の土地立法には、少なくともその出発点として、「必要最小限の規制」という原則（ないし基本的な傾向）が、抜きがたく存在しているように見える。」という。

しかし、憲法の規定は、あまりにも茫洋としている。そこで、領域によっては、基本法という法形式を用いて、行政に対する憲法の命令をやや具体的に表現し、立法者自身に対して法政策の指針を提示するとともに、行政に対しても関係法の実施にあたっての考慮事項を提示することがある＊2。「基本法」を名称の末尾に据える法律は、現在、52ある。

1980年代の日本の土地法制においては、「必要最小限規制の原則」という昭和パラダイムを転換する必要性が痛切に意識された。1989年に制定された土地基本法は、そうした時代状況を反映して、国会が憲法規定を改めて解釈し、その内容について、平成パラダイムを踏まえた法政策として明定したものである＊3。

2　土地基本法制定時における土地利用とその後の展開

(1)　1989年当時の認識

土地基本法には、「土地についての公共の福祉優先」（２条)、「適正な利用及び計画に従った利用」（３条)、「投機的取引の抑制」（４条)、「価値の増加に伴う利益に応じた適切な負担」（５条）という４つの基本理念が規定された。その前提として念頭に置かれたのは、明らかに土地に関する財産権の過剰利用であった。それを適正利用に誘導する必要性は痛感されていたものの、「必要最小限規制の原則」が障害となっていたことから、それを打破するために、明確な方針を示す基本法が必要とされたのである。土地基本法は、異常なバブル経済のもとで展開していた「土地＝商品」という論理にもとづく土地の過剰利用実態に（後追い的にではあるが）ブレーキをかけることを期待して制定された。

(2)　「利用」に込められた２つの意味

土地基本法で用いられた「利用」という文言の内容には、積極的な利用とそれをしないという意味での消極的な利用の両方が含意されている。そのうえで、前者を「適正」な範囲に抑える必要性が強調された。

特段の利用をしないという後者の状態としては、その結果として、自然保護

＊2　塩野宏「基本法について」同『行政法概念の諸相』（有斐閣、2011年）23頁以下参照。

＊3　成田頼明「土地基本法の成立と今後の立法課題等（上)」自治研究66巻３号（1990年）３頁以下、本間義人＋五十嵐敬喜＋原田純孝（編）『土地基本法を読む：都市・土地・住宅問題のゆくえ』（日本経済評論社、1990年)、土地政策研究会『逐条解説土地基本法』（ぎょうせい、1990年）参照。

や都市緑地保全につながる効果が期待されていた。過剰利用のなかにあって、それをしないことは望ましいと考えられていたのである。消極的利用それ自体が「正の外部性」を発生させるという認識である。

⑶　今世紀に入ってからの変化

バブル経済期のような土地をめぐる狂乱的な状況は、さすがに鎮静化している。そうしたなかで徐々に認識されてきたのは、消極的利用に起因する「負の外部性」である。

今世紀に入って、「縮小社会」という言葉が多用されている。「縮小」という社会的概念は、かつて人間活動の対象となっていた土地や建築物などの地域空間の価値に対して、権利者、コミュニティ、そして、市場の関心が薄れ、それぞれの関与の程度の低下により、それらが結果的に放置・遺棄される事象を意味する。これが顕著になった社会が、「縮小社会」である＊4。人口減少、少子高齢化、経済減退などの要因が複合的に作用している。

縮小社会の現在、前提とされる社会状況は、土地基本法制定時とは大きく異なっている。不動産に関していえば、「所有権のネグレクト」が発生しているのである。権利の対象の価値がきわめて低く評価されるかまったく評価されなくなり、権利者や市場の関心の低下もあいまって、「負の外部性」が発生している。それが、森林や農地の荒廃、マンションの不適正管理、そして、本章が検討する一般家屋の空き家化に起因する生活環境への支障の発生である＊5。

⑷　適正利用をめぐる 2 つのベクトル

土地利用をめぐるかつての法政策は、土地に関する権利の過剰利用の抑制であった。それによって、土地の適正利用を実現しようとしたのである。**[図表9.1]** にあるような下向きベクトルである。

これに対して、現在重視されているのは、「負の外部性」を解消するべく過少利用（非利用を含む。）を引き上げ、適正利用を実現しようとする上向きベクト

＊4　北村喜宣「縮小社会における地域空間管理法制と自治体」上智法学論集64巻 1 ・ 2 号（2020年）3 頁以下参照。

＊5　北村喜宣「マンションの不適正管理に対する最近の条例対応」ジュリスト1532号（2019年）41頁以下、同「法の生理による「積極的合意の非形成」と行政介入：「見棄てられた建築物」の社会的管理」金井利之（編著）『縮減社会の合意形成：人口減少時代の空間制御と自治』（第一法規、2019年）64頁以下（以下「行政介入」として引用。）も参照。

ルの法政策である。次にみるように、土地基本法の2020年改正以前には、個別法の制定・改正によって、こうした方向性がすでに法制化されていた。

［図表９.１］適正利用を実現するための２つのベクトル

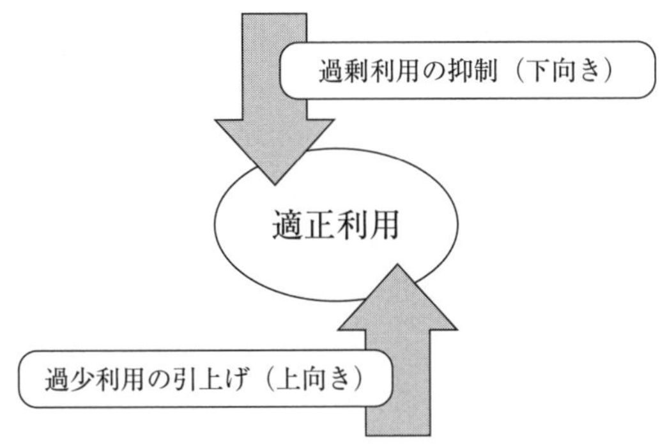

（出典）筆者作成。

3　土地関係法における上向きベクトル対応

(1)　積極的な立法

最近の土地関係法には、上向きベクトルを積極的に制度化する立法傾向が観察できる＊6。農地に関しては農業経営基盤強化促進法（以下「基盤強化促進法」という。）の2018年改正、森林に関しては数次の農地法改正および2018年の森林経営管理法制定、都市内農地に関しては生産緑地法の2017年改正、農業用ため池に関しては、2019年の「農業用ため池の管理及び保全に関する法律」（以下「農業用ため池法」という。）の制定といった具合である。そして、およそすべての土地を対象とするという意味での「一般法」として、2018年制定の「所有者不明土地の利用の円滑化等に関する特別措置法」（以下「所有者不明土地法」という。）がある。こうした「ハード対策」に加え、「ソフト対策」として、「表題部所有者不明土地の登記及び管理の適正化に関する法律」が、2019年に制定され

＊6　北村・前註（４）論文49頁以下、飯島淳子「地方自治と行政法 再論（上）」法律時報92巻11号（2020年）136頁以下参照。

た。

これらにおいて共通するのは、対象となる土地の利用および管理に関して、所有者等の意思に全面的に委ねるのではなく、また、所有者等が不明であったとしても、土地の効率的利用や負の外部性の除去のために、行政的な措置が講じられている点である。私的自治領域への公的介入が制度化されている。民事法の公法化傾向が顕著である。

⑵　合意形成フリーズに起因する不作為への介入

なぜそれが必要になるのだろうか。この点に関しては、共有者全員が判明している場合において、「各共有者は、他の共有者の同意を得なければ、共有物に変更（その形状又は効用の著しい変更を伴わないものを除く。……）を加えることができない。」という民法251条 1 項の規定が問題となる。前述の各法律において対象とされる土地に関しては、遺産分割協議によって権利が 1 人ないし少数者に集約される例は少なく、数次にわたる相続によって、共有者が多く発生している例が多い。さらに、現在の共有者は、自分に権利があることや他に誰が共有者となっているかなどを認識していない場合も少なくない。共有持分放棄は、必ずしも活用されていない。

権利関係は別にして、結果として適正に管理されていれば、さしあたりは問題ない。しかし、そうでない場合において、管理の方法や処分の方法に関して共有者間の合意が形成されなければ、あるいは、共有者の一部が不明であるためにそもそもそれが不可能であれば、売却や借地権設定という変更行為はできない。利用権設定などの管理行為についても、民法252条 1 項では、過半数の共有者の同意が必要となる。所定の同意調達ができなければ、時間だけが経過し、当該土地の管理状況は劣化するばかりとなる。

上述の法律に全体として観察できるのは、土地という不動産に関して、当該不動産とそれが所在する地域空間との関係で、所有者等に対して、過少利用状態のままにすることを認めないという基本的法政策である。適正利用によってはじめて当該土地の効用が発揮されるという前提に立ち、共有者間で合意形成ができないために利用に関する不作為状態に対して、公法的介入によってブレークスルーしようとしている。

⑶　注目されるいくつかの施策

⒜　時間的切迫性が低い場合

不作為状態に起因する問題への対応には、必ずしも切迫性がない場合と切迫性がある場合がある。当該問題に関する負の外部性の内容・程度、および、財産権の侵害の程度によって、講じられる施策も異なっている。

基盤強化促進法、森林経営管理法、生産緑地法のもとでの施策は、時間的切迫性が低い場合に該当する。一般農地、民有林、都市内農地それぞれの過少利用に起因する負の外部性に着目し、共有関係の調整を通じた適正利用の実現により、それを制御しようとしている。

たとえば、基盤強化促進法のもとでは、遊休状態にある農地で再生可能なものは知事裁定を経て農地中間管理機構が20年以内の利用権設定を受けて営農意欲ある者への貸付ができるようになった。共有者の過半不明の事案では、知事裁定を経た「みなし同意」により、同機構に利用権設定が可能になった。そのほか、把握される共有者全員が同意する農地の集積計画について、市町村による公告を通じた不確知共有者に関する「みなし同意」により、存続期間20年以内の利用権設定が可能になった。

森林経営管理法は、森林経営管理計画未認定の小規模私有林について、森林経営に意欲のある林業経営者に集積集約して搬出路網整備をして効率的利用を促進しようとしている。集積が必要と市町村が認めた森林については、共有者全員同意による集積計画策定義務を課す。不同意者には市町村長が同意勧告をし、拒否されれば知事裁定を経て「みなし同意」とされる。これらにより市町村が経営管理権を取得し、意欲ある民間事業者に経営管理実施権を設定して森林経営をさせるのである。

所有者不明土地法のもとでは、地域福利増進事業に利用しうる特定所有者不明土地について、利用希望者が知事裁定を申請し、10年上限の使用権設定を受けることができる。不明者に関しては、「みなし同意」となる。生産緑地法のもとで指定を受けている生産緑地は、農業等の継続を条件に特定生産緑地指定を受ければ、10年の税制優遇措置が適用される。

⒝　時間的切迫性が高い場合

農地法2013年改正は、遊休農地に関して、病害虫の発生や崩落の危険がある土石の堆積など周辺農用地の営農条件に著しい支障が生じている場合の対策として、措置命令、緩和代執行、略式代執行、特別緊急代執行を規定する。行政代執行法に規定される代執行要件を緩和するほか、受命者不明事案や探索の余裕がない場合には、措置による被侵害利益と放置による被害可能性を比較衡量して、必要最小限の対応をするのである。

同旨の措置は、決壊時に周辺に被害を及ぼすおそれありとして指定された特定農業用ため池に関して、農業用ため池法においても規定された。さらに、同法は、同ため池が管理不全状況にあるけれども所有者を確知できない場合には、知事裁定により、20年上限の施設管理権の設定が市町村にされる。所有者や利害関係人は、市町村長が裁定申請をするように申し出ることができるとされている点が特徴的である。私的管理に全面的に委ねることのリスクに鑑みた制度である。

それぞれの観点から適正利用を実現しようとするこうした具体的な措置を規定する法律は、土地基本法改正のまさに「前座」として位置づけられる。そして、「真打ち」の登場である。

4　土地基本法2020年改正と空き家対策

(1)　再度のパラダイム転換

1989年土地基本法は、「適正な土地利用の確保を図りつつ正常な需給関係と適正な地価の形成を図るための土地政策を総合的に推進する」（旧 1 条）ことを目指していた。土地をめぐる危機的な時代状況に対応するための緊急措置的な基本法として制定されたといえる。

これに対して、2020年改正法は、「土地が有する効用の十分な発揮、現在及び将来における地域の良好な環境の確保並びに災害予防、災害応急対策、災害復旧及び災害からの復興に資する適正な土地の利用及び管理並びにこれらを促進するための土地の取引の円滑化及び適正な地価の形成に関する施策を総合的に推進し、もって地域の活性化及び安全で持続可能社会の形成」（ 1 条）を目指している。旧法の枠組みでは対応しきれなくなった平成時代の社会事象に対して、新たな令和パラダイムの導入が不可欠とされたのである。改正の最大のポイントは、対象とする経済活動について、「利用」を「利用及び管理」に置き換えるとともに、これについて、まずは土地所有者等（土地所有者・土地使用収益権原者）の責務であると明記した点にある。施策対象分野の射程が広く、長い時間軸を持っている＊7。

「土地は、その周辺地域の良好な環境の形成を図るとともに当該周辺地域への悪影響を防止する観点から、適正に利用し、又は管理されるものとする。」（3条2項）という規定が、土地基本法の基本理念として新設された。**[図表9.1]**（⇨p.307）で示した2つのベクトルの両方が、明確に規定されたのである。図には「適正管理」という言葉はないが、「適正利用（広義）＝適正利用（狭義）＋適正管理」と整理しておこう。前述の諸法律は、こうした思想の先取りである。この改正は、法形式的には一部改正であるが、「実質的には全部改正に近い重要な改正と位置づけることができる」と評されている＊8。

もっとも、まったく新しい考え方が創出されたというわけでもない。「適正な管理」は、**[図表9.1]**（⇨p.307）にある「上向きベクトル」の法政策であるが、もともとそれは、憲法29条2項の「公共の福祉」の概念に含まれているものである。それが、現在の時代状況のなかで顕在化したとみるべきであろう。

(2)　空き家対策の位置づけ

土地基本法には、「建築物」という文言はない。しかし、そこに建築物を建築するのは（土地所有者としてであっても、借地人としてであっても）土地の利用行為であり、その建築物を管理するのは土地の管理行為でもある。「現在における良好な環境の確保」の「環境」には、自然環境と生活環境が含まれる。

したがって、現在では、2014年に制定された空家法ならびに同法前から制定されている空き家条例および同法後に制定・改正された空き家条例は、土地基本法7条2項が求める「土地所有者等による適正な土地の利用及び管理を確保するため必要な措置を講ずるよう努める」という要請に応えたものと位置づ

＊7　改正土地基本法については、国土交通省土地・建設産業局企画課「土地基本法の改正について」土地総合研究28巻1号（2020年）44頁以下、国土交通省不動産・建設経済局土地政策課「改正土地基本法及び土地基本方針について」人と国土46巻2号（2020年）19頁以下、「〔特集〕土地基本法の改正」日本不動産学会誌34巻4号（2021年）所収論文、五十嵐敬喜『土地は誰のものか：人口減少時代の所有と利用』（岩波書店、2022年）、山野目章夫『土地法制の改革：土地の利用・管理・放棄』（有斐閣、2022年）第2章参照。

＊8　宇賀克也「土地基本法の改正」行政法研究34号（2020年）巻頭言。

けられる。また、前述の土地関係諸法もそうである。そして、とりわけ所有者不明土地法や農業用ため池法に規定される仕組みのように、同条同項が求める「地域住民その他の土地所有者等以外の者による当該利用及び管理を補完する取組を推進するため必要な措置を講ずるよう努める」という要請に応えたものという面もある。土地基本法の改正は、こうした個別法・条例対応に導かれたものであった。新設された同法21条にもとづく土地基本方針には、そうした事情が強く反映されている。

5　空家法・空き家条例へのインパクト

(1)　求められる進化と方向性

基本法のなかには、たとえば、生物多様性基本法附則２条のように、基本法で示された法政策に即して既存法の検討および見直しを政府に対して明示的に命ずるものもある。土地基本法にはそうした規定はないが、「土地政策の基本理念等を見直し、適正な土地の利用及び管理を確保する施策の総合的かつ効率的な推進を図る」という改正法提案理由に鑑みれば、明確にされた基本理念を踏まえた対応が求められているといえよう（７条）＊９。2014年に制定された空家法も、その例外ではない。また、空き家条例についても、改正法を参考にした自律的な対応が期待される。

同じ不動産であっても、建築物である空き家と土地とでは異なる面も多いが、前述の土地関係諸法の諸施策を改正法との関係で整理しておこう。土地基本法７条は、公共の福祉優先原則を踏まえた対応を国および自治体に求めている。私的自治を制約するそれらの施策は、土地の効用の発揮および安全と環境の確保が最重要とされている全体枠組みのなかにある。負の外部性を不合理に発生させるような過少利用の権利は、法的に保障されないのである。土地所有者等の適正管理責任を明記する６条を基本にしつつも、不の外部性是正のために、行政に対して積極的な介入をも求めている。

(2)　基本的考え方

空家法・空き家条例の今後の施策を考えるにあたっては、改正土地基本法１

＊９　山野目章夫「2020年の土地制度改革：土地基本法と国土調査法の改正を受けて」人と国土46巻２号（2020年）６頁以下、同・前註（７）書21頁以下参照。

条に規定される「現在及び将来」「適正な……管理」「安全で持続可能な社会の形成」という文言に注目したい。

ここから導出できる法政策的含意は、ひとつには、先手を打った未然防止的対応の重要性である。管理がされない土地や建築物の状態が時間の経過とともに急速に悪化するのは、経験則上、明白である。遅れれば遅れるほど、対応コストは高くなる。相当に深刻な状況になったときに所有者がそれを負担するのであれば別であるが、そうはならない可能性が高いのも、経験則上、明白である。結局は、行政費用の支出を通じて、納税者に転嫁される。「より早期」の対応は、現在は適正に管理されている空家等に関して、空家法２条２項が規定する「そのまま放置すれば倒壊等著しく保安上危険となるおそれのある状態」である特定空家等への坂道を転がらせないために求められる。

もうひとつは、特定空家等に認定された建築物の財産権の制約の許容性である。そのような状態に放置されているのは、財産権の濫用的過少利用の結果である。倒壊等に起因する身体的・財産的被害を回避すべく、「より早期」の対応を可能にしなければならない。土地基本法３条２項の「公共の福祉」優先原則は有名であるが、憲法29条２項にあるこの文言が改めて用いられているのは、適正管理の実現のための財産権の内在的制約が、土地や建築物についてはより強く作用することを認めたものと解すべきである。管理責任が果たされていない場合には、土地所有者等における財産権制約の受忍義務が大きくなる。

空き家対策には、時間的切迫性が高い場合とそれほどではない場合がある。後者の場合は、未然防止的観点から、今後の対策に含められるべきものである。以下で指摘する課題のいくつかは、基本的には、現行の民事法制・不動産法制ゆえに、解決が困難となっている。抜本的には、その改革に委ねられるべきであるが、空家法・空き家条例との関係で簡単に指摘する。

⑶　検討されるべき具体的施策

⒜　略式代執行に際しての所有者等探索の合理化

現行空家法14条10項は、略式代執行を規定する。実際、施行後５年半が経過した2019年10月１日現在の状況をみると、259件という前代未聞の積極的な実施がされており（⇨p.175）、同法の「目玉商品」といってもよいほどである。

同条同項には、「過失がなくて……確知することができない」という条件が付されている。「過失なく」という曖昧な規定ぶりであるため、何をどこまでやれば必要かつ十分なのかが明確ではなく、探索にはそれなりの行政コストを要している。基盤強化促進法や農業用ため池法などにみられるように、政令で定める探索方法を尽くせば必要かつ十分とすべきである。対応の緊急性や当該財産に関する権利保障の程度を低くする合理性ゆえの措置であり、事情は特定空家等にも共通する。確知困難となっている一因は、不動産登記法のもとで義務づけられている権利登記が適正にされていないことにある。管理責任が果たされていないのであり、そのツケを、公金を用いて探索する行政に負わせるべきではない。

(b)　長屋への対応

空家法の対象とはされていないけれども市町村現場において対応の必要性が認識されているのは、賃貸ではない長屋のいくつかの非居住住戸部分の劣化が激しく倒壊のおそれがある（当該部分以外では居住がある）場合である。このため、空き家条例のなかには、空家法と同様の対応ができるような仕組みを規定するものもある。

十分に意識されていない論点であるが、これらの建築物は、「建物の区分所有等に関する法律」（以下「区分所有法」という。）のもとで、専有部分と共用部分が複合したものとなっている。問題部分についても同様であり、単純化すれば、抜け落ちている屋根や穴が開いている外壁は共用でおよそ居住に適さない室内は専有となる。こうした事案では、誰に対してどのような内容の措置を求めるべきだろうか。自分の居住部分の屋根や外壁については何の劣化もない長屋居住者に対して、自らが共有する（と法的にはなってしまう）問題部分の屋根や外壁に関する対応を求めることができるのだろうか。区分所有法は、現在の空家法のもとで長屋に関して認識されているような問題をも踏まえて立法されたわけではない。権利関係を整序する何らかの特別措置法が必要である＊10。

(c)　自己努力をせず略式代執行を待つモラルハザード

特定空家等の建築物が借地上に建っているケースは少なくない。借地契約は、旧借地法時代のものであろう。契約当事者は、数世代を経ている。現在の土地

＊10　北村喜宣「部分居住長屋に対する空き家条例の適用」本書第 5 章参照。

所有者は締結時の土地所有者ではなく、現在の借地権者の所在は不明の場合もある。空家法のもとでは、当該建築物の除却等について、土地所有者はその所有者ではないために、市町村長は、空家法14条１項の助言・指導、同条２項の勧告までしかできないとされることが多い。たとえば、借地権者が所在不明の場合、土地所有者は、結局は何もできず、当該建築物の状況が悪化して略式代執行が実施される。

しかし、土地を貸すという利用行為に起因して特定空家等の状態になっているのであるから、土地所有者には、その責務の一環として、合理的範囲の自助努力を求めるのが、土地基本法改正の趣旨にも適合的である。地代未払状態は継続しているだろう。そこで、建物所有者の全部または一部が判明している場合には、債務不履行を理由とする借地契約解除を主張して、建物収去・土地明渡しの民事訴訟を提起してもらい、債務名義を得て強制執行をする。こうした対応を助言・指導、勧告するのは可能であろう。しかし、建物の権原を有さない土地所有者に対して命令はできないから、結局は、略式代執行を待つというモラルハザードが発生する。

基礎が残されるとしても、更地に近い状態になった場合に地価にどれだけの影響があるかはわからない。土地所有者等以外の者による公益増進活動によって土地の価値が増加した場合に適切な受益者負担を求めうるとする土地基本法５条２項の新設規定の趣旨に鑑みれば、受益分の算定をしたうえで、略式代執行に起因する便益の調整制度は必要であろう。算定基準、請求時期、考慮要素など、検討課題は多そうだが、積極的に取り組むべき課題である。

(d)　意思能力に欠ける所有者等への対応

少子「超」高齢化社会現象の急速な進行に伴い、独身独居高齢者が確実に増加する。高齢者にかぎられないが、今後の空き家対策においては、認知機能が低下した所有者等への対応も意識しておかなければならない。土地基本法の「土地所有者等」は、抽象的にはこうした属性の者を含むけれども、利用や管理に関する責務の主体として正面から把握しているわけではない。

典型的には、特定空家等に認定された建物の所有者に対してアプローチを試みたところ、認知症が疑われる場合である。成年後見人は付されていない。空家法14条１項の助言・指導および２項の勧告については、不利益処分ではないという前提でこれをなすことは可能であるが、３項の命令については、その前提となる４～７項が規定する手続上の保障を享受できるかどうかが問題にある。４項の通知の受領能力がないとすれば、その先には進めない。命令対象候補者は確知されているため略式代執行もできないから、お手上げとなる。課税などそのほかの不利益処分にも共通する大きな課題である。特別措置の検討が強く求められる＊11。

(e)　**共有物件の除却にあたっての合意形成**

前述のように、共有物件の除却には共有者全員の同意が必要とされ、特定空家等の建築物が相続により共有となっている場合にも同様と解されている。客観的に除却するほかないような状態にある建築物についてもこの法理が硬直的に適用されるべきなのかは、検討の余地がある。

空家法の適用としては、除却に反対する共有者を含めた共有者全員に対して空家法14条３項の命令に至るまでの措置を講じ、なお全員同意が調達できずに事案がフリーズしていれば、最終的には、同法14条９項の代執行により除却する。しかし、「管理」を明記した土地基本法、さらに、問題となっている劣化激しい建築物が著しい保安上の危険を提起しており所有権の保護の必要性が低い状態にあるという点に鑑みれば、このフリーズ状態に対して、全員同意原則を修正するなどの特別措置法措置を講じ、自主的な除却に誘導する必要性はあるように思われる＊12。

＊11　北村喜宣「意思能力なき原因者への対応：ごみ屋敷条例実施の一断面」同『自治力の闘魂：縮小社会を迎え撃つ政策法務』（公職研、2022年）68頁以下、同「成年後見制度と空家法：行政処分と名義人の意思能力」同『自治力の挑戦：閉塞状況を打破する立法技術とは』（公職研、2018年）100頁以下参照。

＊12　北村・前註（５）行政介入82頁参照。

第10章　空家法ガイドライン改正と実務的課題

空家法14条14項にもとづくガイドラインが、2020年および2021年に、連続して改正された。2020年改正は、代執行にあたっての屋内残置物の扱いに関するものである。勧告や命令のなかで、関係法令に従った適正な処理を求め、代執行においてもそのようにすべきという解釈が明示された。これは適切な解釈である。重要動産について供託という選択肢が示されたが、公法的な返還義務を負うという前提だろう。略式代執行の場合には、重要動産は準遺失物とみなして遺失物法の利用も検討すべきである。

2021年改正の中心は、所有者等の特定にあたっての調査範囲について詳しく規定した点にある。そのほかにも市町村現場への情報提供がされているが、確認的内容が多い。

1　空家法14条14項とガイドライン

(1)　市町村行政に対する意義

空家法14条14項は、「国土交通大臣及び総務大臣は、特定空家等に対する措置に関し、その適切な実施を図るために必要な指針を定めることができる。」と規定する。周知の通り、空家法は、自由民主党国会議員による議員提案として成立した＊1。この条文は、法案作成最終段階において、民主党（当時）の要望を入れて追加されたものである＊2。

国土交通省および総務省は、この規定を踏まえ、空家法施行にあわせて連名で、「「特定空家等に対する措置」に関する適切な実施を図るために必要な指針（ガイドライン）」（平成27年５月26日）（以下「2015年ガイドライン」という。）を公

＊１　提案者による解説として、自由民主党空き家対策推進議員連盟（編著）『空家等対策特別措置法の解説』（大成出版社、2015年）（以下「議連解説」として引用。）参照。

＊２　北村喜宣「空家法の逐条解説」同『空き家問題解決のための政策法務：法施行後の現状と対策』（第一法規、2018年）152頁以下・199頁参照。

表した。これは、上記規定を受けて、中央政府が必要と考える範囲で示した法解釈である。

内閣提出法案でなかったために、成立後における解釈の確定作業は、かなり押せ押せだったのだろう。自治体に理解をしてもらうための十分な時間的余裕を持ってではなく、法律施行日の日付で公表された。このため、事務の実施を命じられた市町村の行政現場には、法律実施にあたって相当の混乱があったのではないかと想像する。しかし、施行時において、空家法の実施には、住民から大きな期待が寄せられており、法解釈がとりあえずは示された意義は、市町村にとっては大きかった。

同法にもとづき市町村が担当する事務は法定自治事務であるから、2015年ガイドラインは、地方自治法245条の 4 にもとづく技術的助言となる。また、その法的性質は行政規則であるために、自治体を法的に拘束するものではない＊3。そうではあるが、筆者自身、空家法の実施調査の過程で、市町村の行政担当者からは、「ガイドラインを頼りにしている。」、「ガイドラインがある意味は大きい。」という話を幾度となく耳にした＊4。

⑵ 「適宜の見直し方針」とその実施

ところで、2015年ガイドラインには、「今後、法に基づく措置の事例等の知見の集積を踏まえ、適宜見直される場合があることを申し添える。」という記述がある。たしかに、空家法の実施には、試行錯誤の面が少なからずある。PDCA

＊3　宇賀克也『行政法概説Ⅰ 行政法総論〔第 7 版〕』（有斐閣、2020年）317頁以下参照。法令解釈の統一を企図して上級行政機関が下級行政機関に出す通達ではないため、行政法学の分類法によれば、解釈基準とはいえない。各自治体が独自に裁量基準を作成するにあたって参照する資料という位置づけになろうか。

＊4　空家法14条 9 項にもとづく緩和代執行を最初に実施（2015年 7 月）したのは、当時において人口9,700人ほどの新上五島町（長崎県）であった。同町は、空家法以前に空き家条例を制定するなど、空き家対策に積極的であった。筆者のヒアリング調査によれば、同法のもとでの代執行前例がないなかでの実施を可能にした大きな要因は、ガイドラインの存在であった。同町は、代執行にあたって、長崎県にも国土交通省にも照会をしておらず、まさに「独力」でやりとげている。総務省行政評価局『空き家対策に関する実態調査報告書』（2019年 1 月）は、特定空家等として判断するにあたっての基準として、ガイドラインにおいて示されている基準を市町村行政が重宝している状況を報告している。同報告書の解説として、木村克哉「「空き家対策に関する実態調査」の解説」自治体法務研究58号（2019年）46頁以下参照。空家法の執行実態に関しては、北村喜宣「空家法の執行過程分析」本書第 4 章参照。

サイクルの実践という観点からも、適切な認識である＊5。

この方針を踏まえて、2015年ガイドラインは、2020年12月および2021年6月に改正された＊6。空家法施行の直後から、国土交通省には、市町村から多くの照会が寄せられていた。また、同省は、年2回の空家法施行状況調査のほか、数多くのアンケート調査を実施し、市町村現場の情報を収集していた＊7。これらの改正は、新たに認識された課題に対応したものである。本章では、各改正の背景事情および内容を整理・検討する。改正内容は、それぞれに大きい論点に関係しているが、ここでは必要最小限のコメントにとどめ、本格的検討は他日を期したい。

2　2020年12月改正

(1)　改正の経緯

2020年12月25日、国土交通省住宅局長および総務省大臣官房地域力創造審議官の連名で、「「特定空家等に対する措置」に関する適切な実施を図るための必要な指針（ガイドライン）の一部改正について（令和元年地方分権改革提案事項）」（国住備第107号、総行地第190号）が、各都道府県知事・指定都市の長宛に発出された。カッコ内にあるように、直接には、いわゆる提案募集方式を通じて寄せられた自治体の要望に応える形での改正となっている。

2020年度の提案募集において、「特定空家等に対する代執行時の動産の取扱いについての明確化」と整理される提案事項が提出された（管理番号52）。提案団体は熊本市であるが＊8、「追加共同提案団体」として15団体があった＊9。そこ

＊5　適宜の見直しは、立案者が期待したところでもある。議連解説・前註（1）書175頁参照。

＊6　2021年6月のガイドライン改正と同時に、空家法5条1項にもとづく「空家等に関する施策を総合的かつ計画的に実施するための基本的な指針」も改正されている。

＊7　種々の調査結果は、国土交通省のウェブサイト「空家等対策の推進に関する特別措置法関連情報」（https://www.mlit.go.jp/jutakukentiku/house/jutakukentiku_house_tk3_000035.html）に収録されている。

＊8　熊本市は、空家法にもとづく略式代執行を経験するなかで認識した課題を踏まえての提案をした。宇那木正寛「空家等除却代執行における残置物件等への対応と改正ガイドライン」同『実証自治体行政代執行の手法とその効果』（第一法規、2022年）238頁以下参照。

＊9　須賀川市、ひたちなか市、三鷹市、川崎市、大垣市、多治見市、浜松市、豊橋市、京都市、池田市、八尾市、神戸市、松山市、大村市、宮崎市である。本件に関する個票は、内閣府のウェブサイトに掲載されている（https://www.cao.go.jp/bunken-suishin/doc/tb_r1_ko_kekka_15_1_mlit.pdf）。

で求められていたのは、「空家等対策の推進に関する特別措置法第14条における代執行時の特定空家等の中の動産の取扱いについて、具体的な保管期間及び保管期間経過後に市町村長が当該動産を処分できることを、空家等対策の推進に関する特別措置法上に規定していただきたい。」というように、空家法改正であった。同法14条10項にもとづく略式代執行についてのものである。

提案団体の念頭に置かれていたのは、河川法75条のような規定である。同条４項は、略式代執行を実施した際に、河川管理者に対して、一旦は除却対象の工作物の保管を義務づける。そのうえで、引取公示（５項）、売却・廃棄（６～７項）、費用の処理（８～10項）などの基準や手続を規定している。引取対応がされない場合に廃棄できる旨が明記されているのである＊10。

⑵　認識されていた課題

空家法の実施を通して、代執行時の動産の処理は、市町村において、大きな問題として認識されていた＊11。この点について、2015年ガイドラインは、以下のように記述していた（第３章６．（５）、７．（３））＊12。

> 代執行の対象となる所有者が不明の特定空家等の中に相当の価値のある動産が存する場合、まず、運び出すように公示し、連絡が無い場合は保管し、期間を定めて引き取りに来るよう公示することが考えられる。その場合、いつまで保管するかは、法務部局と協議して適切に定める。

法定自治体事務である空家法の実施にかかる法解釈について、技術的助言であったとしても、中央政府がどこまで詳しく述べるべきなのかは難しい。動産問題については、国土交通省および総務省も認識していたが＊13、踏み込んだ記

＊10　河川法研究会（編著）『逐条解説 河川法解説〔改訂版〕』（大成出版社、2006年）453～456頁参照。

＊11　筆者のコメントとして、「空家法の実施における法的論点」・前註（２）書206頁以下・251～253頁参照。

＊12　筆者のコメントとして、北村喜宣「建物除却代執行と屋内残置物の取扱い」本書第６章253～256頁参照。

＊13　2015年ガイドラインの記述は、案のパブリックコメントにおいて動産の管理に関して寄せられた意見に対応したものである。釼持麻衣「特定空家等に対する行政代執行と費用回収」都市とガバナンス30号（2018年）164頁以下・171頁参照。具体的応答については、本書451頁参照。西津政信『行政規制執行改革論』（信山社、2012年）87頁は、行政代執行の実施にあたって動産保管等への法制度対応が必要とする自治体の意見を紹介する。

述により硬直的運用を招くことが懸念されていたのかもしれない。

しかし、ガイドラインとして公表された以上、法律実施を義務づけられる1,741の市町村は当然に注目し、それゆえにその「使い勝手」が問題にされる。たしかに、記述内容だけをみるならば、①「相当の価値」の判断基準は何か、②「適切」とは何か、③期間の目安はないか、④「相当の価値」がないとみられる動産は処分しても差し支えないか、などの疑問がすぐに呈される。実際、市町村においては、判断に迷う事案が多くあったようである。「支障事例」と整理される項目をみると、保管対象性判断基準、保管手続、保管期間に関する内容を明記してほしいという要望が多く出された。なお、提案募集方式という制度は「タマ切れ状態」であり、内閣府にしてみれば、本件提案は、「ありがたき１件」ではあっただろう。

(3)　やりとり

国土交通省・総務省と提案団体や提案募集検討専門委員会の間のやりとりは興味深い*14。両省からの第１次回答は、「仮に動産の管理について法定化すれば、すべてのケースにおいて一律の対応を行うことが必要となり、かえって市町村の判断による合理的な対応を阻害し、動産の管理に係る業務を増大させるおそれもある」であった。法定化されても裁量は残るから、そのなかで対応を考えればよく、「すべてのケースにおいて一律の対応」にはならないが、硬直的対応の懸念も理解できないではない。

これに対し、熊本市からは、「動産の保管期間や処分権限が明確化されていない現状が、空家法に基づく代執行を躊躇する要因となって〔いる〕」という見解が示された。提案の処理をする内閣府地方分権改革有識者会議提案募集専門部会は、「再検討の視点」として、不明確性が代執行を躊躇させている点を重視し、代執行時の動産の扱いについての実態調査を求めるとともに、河川法などを参考にした立法対応を促した。両省は、「提案事項に係る実態を確認するため、地方分権改革推進室とともに、各市町村の空家担当部局に対しアンケートを行い、その結果を踏まえて、検討することにしたい。」と引き取った。

その後、同部会と両省の間でどのような調整があったのかは定かではないが、

---

*14　やりとりの状況は、前註（9）で引用したウェブサイトで確認できる。

結局は、空家法改正により対応するということにはならなかった。「令和元年の地方からの提案等に対する対応方針」（2019年12月23日閣議決定）においては、ガイドラインを改正し、2020年中に市町村に周知するとされたのである。

もっとも、本件に関する法制化が断念されたわけではない。「動産の取扱いを法で規定することについては、附則２項に基づき、施行後５年を経過した場合において行う検討の際に併せて検討を行う。」と明記された。「附則２項」とは、空家法のそれであり、「政府は、この法律の施行後５年を経過した場合において、この法律の施行の状況を勘案し、必要があると認めるときは、この法律の規定について検討を加え、その結果に基づいて所要の措置を講ずるものとする。」と規定されている。空家法の全面施行は2015年５月26日であったから、残置動産問題も含めて、中央政府は、2020年には、法改正を視野に入れた検討を開始しなければならない＊15。しかし、結局、法改正はされなかった。

⑷　改正内容

ガイドラインの改正案は、2020年11月10日～12月９日の１か月間、パブリックコメントに付された。その結果を踏まえて確定し、結果は12月25日に公示された（⇨p.453）＊16。以下、これを、「2020年ガイドライン」という。

本改正内容のなかには、2015年ガイドライン作成時には施行されていなかった行政不服審査法2014年改正法に対応する形式的修正も含まれているが＊17、以

＊15　基本的には、国土交通省および総務省による検討であろう。国土交通省は、それに加えて、「空き家対策アドバイザリー・チーム」を組織し、2020年３月以降、「合同ヒアリング」という形での検討会を開催した。筆者は、同チームのメンバーである。なお、本稿の見解は、同チームのそれを代表するものではないことを申し添える。

＊16　パブリックコメントにおいては、６件の意見が提出された。そのうちの１件を踏まえ、特定空家等の全部除却の勧告の場合についての記述が一部修正された。動産がどこに存置されているかという観点から、建物の全部除却とそうでない場合とを区別して、対応が書き分けられた。

＊17　改正行政不服審査法施行（2016年４月１日）は、旧ガイドライン公示から１年も経過していなかったけれども、本来は、その際に修正すべき内容であった。それを怠ったために、市町村においては、ガイドラインに添付された参考様式４に依拠して、形式的にみれば違法な教示文（行政事件訴訟法にもとづく取消訴訟の提起を記していない）が付された空家法14条３項命令が発出され、緩和代執行まで実施されてしまった例がある。そのひとつが、宇那木正寛（監）＋板橋区都市整備部建築指導課（編）『こうすればできる 所有者不明空家の行政代執行：現場担当者の経験に学ぶ』（第一法規、2019年）54～55頁に収録されている板橋区の命令である。北村喜宣「信じる者は、救われず？：空家法ガイドラインの「あと一息」」同『自治力の闘魂：縮小社会を迎え撃つ政策法務』（公職研、2022年）95頁以下参照。確認はできていないが、2016年度に発出された17件（16市町村）の命令の大半は、誤った教示文が付されたという点で違法であったと推測される。なお、今回のガイ

下では、残置動産に関する改正を確認する。項目としては、空家法14条２項の勧告、同条３項の命令、同条９項の緩和代執行、同条10項の略式代執行がある。勧告と命令の改正部分は共通しているので、まとめて整理する。勧告・命令に関しては新規追加、代執行に関しては前掲内容の修正である。

■勧告（14条２項）・命令（14条３項）〔実施〕

　勧告に係る措置の内容が特定空家等の全部の除却であり、動産等（廃棄物を含む。以下「動産等」という。）に対する措置を含める場合は、勧告書（参考様式2）において、
・対象となる特定空家等の内部又はその敷地に存する動産等については、措置の期限までに運び出し、適切に処分等すべき旨
・特定空家等の除却により発生する動産等については、措置の期限までに関係法令※1に従って適切に処理すべき旨
を明記することが望ましい。【命令書（参考様式4）においても同様】

■緩和代執行（14条９項）〔動産等の扱い〕

・対象となる特定空家等の内部又はその敷地に存する動産等については、履行の期限又は代執行をなすべき時期の開始日までに運び出し、適切に処分すべき旨
・特定空家等の除却により発生した動産等については、関係法令に従って適切に処理すべき旨
・履行の期限までに履行されない場合は、代執行する旨
を明記することが望ましい。
　代執行により発生した廃棄物や危険を生ずるおそれのある動産等であって所有者が引き取らないものについては、関係法令※1に従って適切に処理するものとする。
代執行により、相当の価値のある動産等、社会通念上処分をためらう動産等が存する場合は保管し、所有者に期間を定めて引き取りにくるよう連絡することが考えられる。その場合、いつまで保管するかは他法令※2や裁判例※3も参考にしつつ、法務部局と協議して適切に定める。あわせて、現金（定めた保管期間が経過した動産で、民法497条に基づき裁判所の許可を得て競売に付して換価したその代金を含む。）及び有価証券については供託所（最寄りの法務局）に供託することも考えられる。
また、代執行をなすべき措置の内容が特定空家等の全部の除却ではない場合において動産が措置の障害となるときは、特定空家等の内部又はその敷地内等の適切な場所に移すことが望ましい。

■略式代執行（14条10項）について〔動産等の扱い〕

〔緩和代執行の上記記述に以下の記述が加えられた〕
　なお、特定空家等の所有者等に対して代執行費用に係る債権を有する市町村長が申したてるなどして不在者財産管理人（民法25条1項）又は相続財産管理人（民法952条1項）が選任されている場合は、当該財産管理人に動産を引き継ぐ。

※１　「廃棄物の処理及び清掃に関する法律」、「建設工事に係る資材の再資源化等に関する法律」などがあげられる。
※２　遺失物法７条４項、河川法75条６項、都市公園法27条６項、屋外広告物法８条３項などがあげられる。
※３　さいたま地判平成16年３月17日訟月51巻６号1409頁。

ドライン改正によって参考様式４は修正され、適切な内容になっている（⇨p.405～406）。

(5) 検討

(a) 土地基本法2020年改正を踏まえての位置づけ

空家法のもとでの空き家対策としては、再利用を通した住宅資源の活用という方向性と除却による生活環境の保全という方向性の２つのベクトルがある。ガイドライン改正は、後者に関係する。

その方向性のもとでの空家法の実施および今後の改正にあたっては、土地基本法の2020年改正を踏まえる必要がある。今回のガイドライン改正も同様である。

土地基本法改正の最大の特徴は、土地の積極的利用を伴わない保有行為を「管理」と位置づけ、それに起因する外部性の抑制を土地所有者の責任として明記した点にある＊18。新たに設けられた３条２項「土地は、その周辺地域の良好な環境の形成を図るとともに当該周辺地域への悪影響を防止する観点から、適正に利用し、又は管理されるものとする。」は、縮小社会における土地に対する関係者のあり方を示す基本的視点を明記したものとして、きわめて重要な意義がある。

土地に家屋を建築し維持する行為は、土地利用行為に該当する。土地を賃借してそこに家屋を建築・維持する行為は、賃貸人である土地所有者と賃借人との合同的土地利用行為と観念できる。そのかぎりにおいて、改正土地基本法が明確にした管理責任は、家屋にも及ぶと解される。同法４条１項は、「土地の所有者又は土地を使用収益する権原を有する者」を「土地所有者等」とする。

前述の「周辺地域の……環境」とは、空家法２条２項にいう「周辺の生活環境」と同義である。土地基本法３条２項を空家法２条２項との関係で整理すれば、土地所有者等は周辺の生活環境を悪化させるような土地の利用・管理をしてはならないし、かりにそのような状態にある場合には、これを是正すべくなされる公法的関与を受忍する義務があることになる＊19。

＊18　中央政府職員による解説として、横山征成「人口減少社会に対応した土地政策の再構築に向けた土地基本法の改正について」日本不動産学会誌34巻４号（2021年）30頁以下、国土交通省土地・建設産業局企画課「土地基本法の改正について」土地総合研究28巻１号（2020年）44頁以下参照。筆者のコメントとして、北村喜宣「土地基本法の改正と今後の空き家法政策」本書第９章参照。

＊19　北村喜宣「縮小社会における地域空間管理法制と自治体」公法研究82号（2020年）73頁以下・76～77頁参照。

そもそも土地所有者等は、特定空家等を発生させてはならない。空家法３条に努力義務として規定されている責務は、土地基本法３条２項および６条１号により強化されたとみるべきであり、空家法改正においては、より踏み込んだ規定ぶりに修正されなければならない。この点については、多くの空き家条例が先行的に対応している＊20。

2020年ガイドラインは、周辺の生活環境保全を重視して、土地所有者等に対して、その責務を的確に果たさせることができるよう、措置権限行使の内容を明確にした。それ自体は、改正土地基本法の趣旨に適合したものと評しうる。提案にあたっての支障事例としては、動産処分にあたっての損害賠償請求の懸念も示され、その懸念は、提案募集専門部会によっても共有されていた。同ガイドラインは、空家法のもとで適切に裁量権が行使されているかぎりは訴訟にも耐えうると考えており、その前提には、特定空家等と評価されるまでに管理放棄されている家屋内の残置動産については、その財産的価値は尊重するに足りないという評価をしているものと思われる。特定空家等になった経緯は多様であるが、結果として、土地所有者等による財産権の消極的濫用状態が発生し、その非是正状態が継続している。土地所有者等には、外部性を是正すべき管理責任があるのであって、その懈怠が原因となって空家法の権限行使がされる場合には、これを受忍する責務があるという評価が前提にある。「判断の自由」は制約されると解するのが合理的である＊21。

(b)　参考にすべきとされる地裁判決

(ア)　事案の概要と関係判示部分

前述のように、2020年ガイドラインは、「※３」として、「さいたま地裁平成16年３月17日」（訟月51巻６号1409頁）を引用する（⇨p.323）。この種の文書において、最高裁判決以外の裁判例が参照されるのは、めずらしい気がする＊22。本

＊20　その状況については、北村喜宣「空家法制定後の空き家条例の動向」本書第２章104～105頁参照。

＊21　宇那木正寛「土地収用法に基づく行政代執行の課題（下）：移転対象物件の保管義務とその費用徴収における法的根拠を中心に」判例地方自治441号（2019年）90頁以下・94頁註39は、おそらくは財産権の尊重という観点から、「義務者の判断の自由」を理由に筆者の見解に批判的であるが、こうした観点から整理するという発想はないようにみえる。

＊22　北村喜宣＋須藤陽子＋中原茂樹＋宇那木正寛『行政代執行の理論と実践』（ぎょうせい、2015年）121～124頁が本判決を紹介していたのが、参照されたのかもしれない。なお、本判決は控訴されたが、控訴審は、原審を支持する判示をしている（東京高判平成17年10月５日裁判所HP（D1-Law判

判決の全体となった事案の概要は、大要以下の通りである。

河川法24条にもとづく占用許可を得ることなく一級河川区域内の土地に船舶等を係留していた者に対して、埼玉県知事は、船舶等除却および土地原状回復の命令を経て行政代執行を実施した。そこで、当該船舶等の所有者が、違法な代執行により発生した損害の賠償を請求した。争点は、代執行における諸作業の適法性である。裁判所は、請求を棄却した。

2020年ガイドラインが同判決を参照したのは、それが代執行後の保管行為に関する判示をしたからであろう。同ガイドラインの関心事は、「保管期間」にある。現に残置動産を保管していて、いつまでこれが続くのかを懸念する市町村の声に対応する必要があったからである。以下、関係すると思われる判示部分を引用する＊23。

> 代執行により移動・撤去された動産等を保管する行為については，本来，行政代執行の作用に含まれるものではないけれども，行政庁には上記動産等を義務者本人に返還すべき義務があると考えられるから，当該行政庁は，代執行開始前又は終了後に，義務者本人に直ちにそれを引き取るべき旨を通知すれば，原則として保管義務を免れる一方，執行責任者が代執行終了後暫時上記動産等を占有し，所有者自ら直ちに引取りができない場合のような特段の事情がある場合には，当該行政庁には，事務管理者として要求される程度の注意義務をもってそれを保管・管理する義務があると解するのが相当である。
>
> もっとも、代執行は，義務者が指示命令，監督処分，戒告及び代執行令により命ぜられた原状回復を履行しない結果行われるものであるから，当該行政庁が本件代執行後に義務者本人に当該動産等を引き取るべき旨を通知し，相当期間が経過した後は，行政庁は保管・管理義務を免れると解せられる（民法700条参照）。義務者において引取りに応じず任意放置している場合において，なお行政庁が一定の保管・管理責任を負うとすることは明らかに不合理と考えられるからである。

例体系28152365））。

＊23　この判示部分は、前註（15）合同ヒアリングの資料にも収録されていた。

対象になるのは、「相当の価値のある動産等、社会通念上処分をためらう動産等」(以下「重要動産」という。)である。その取扱いにあたり、「保管の時期」について2020年ガイドラインが参考にせよという判示は、次のように整理できる。

① 行政代執行対象物の保管は、代執行の内容に含まれない。
② 行政には、行政代執行により現場から撤去した動産を義務者本人に返還する義務があるが、引取通知をすれば、法的な保管義務はなくなる。
③ それにもかかわらず事実上保管するのは、事務管理としての行為となるが、通知後、相当期間経過すれば、事務管理継続義務もなくなる。

⑷ 空家法との関係での注意点

行政代執行により現場から撤去された動産の取扱いについては、最近、行政法学的に関心が持たれ、議論がされるようになっている*24。本判決は、ひとつの整理を示すものである。ただ、本件においては、代執行対象物は財産的価値を有するプレジャーボートであり、判決もそれを前提としている。空家法の実施との関係で、いくつかのコメントをしておこう。

第1に、判示①は、2020年ガイドラインの立場と異なる。同ガイドラインは、残置動産について、勧告・命令の内容として、関係法令に従った適正処理を明記せよと述べていることから明らかなように、「❶家屋の解体、❷発生した建設廃材・下ごみと残置動産の現場からの搬出と管理、❸適正処理」を射程に含めている。保管は、❷に相当するプロセスであろう。なお、行政が保管義務を負うかどうかという論点は、行政代執行の前提となる命令に何を含めるかという問題である。2020年ガイドラインのような立場をとれば保管義務は発生するし、❶のみとすれば、それは発生しない。先験的に論じうるものではない*25。空家

*24　筆者は、撤去動産の保管も代執行作用に含まれると考えるが、本章は、この論点を正面から論ずるものではない。撤去動産問題については、北村・前註（11）論文、同「とんだオジャマ虫⁉：空家法代執行と残置動産への対応」北村・前註（17）書83頁以下、釼持・前註（12）論文参照。そのほかに、宇那木・前註（8）書所収の関係論文も参照。

*25　広岡隆『行政代執行法〔新版〕』（有斐閣、1981年）184頁、曽和俊文『行政法総論を学ぶ』（有斐閣、2014年）371頁が行政の保管義務を否定するのは、除却までが命令内容であることを前提にしているのであろう。2020年ガイドラインが参照するさいたま地判平成16年3月17日訟月51巻6号1409頁も同様の見解であるが、これは、埼玉県知事がなした代替的作為義務命令の内容が「撤去」

法の制度趣旨に鑑みれば、同法のもとでは、同ガイドラインの整理の方が適切と考える＊26。

第２に、代執行を通じて、重要動産を占有下においた行政には、それ以外の動産と比較して、より重い管理責任が発生すると考えられる（適正保管は、これに該当する）。これは、行政代執行法の制度趣旨および比例原則から導出できる公法上の法的義務である＊27。そして、対象が重要動産であるかぎり、義務者本人がその所有権を放棄したとは考えられず、むしろ速やかな返還を欲していると考えるのが合理的であるから（といっても、骨壺や位牌の場合は微妙である）。したがって、引取通知をするのが適切である。この点を確認した判示②には、意義がある。

第３に、保管について、判示③は、事務管理と構成している。通知をすれば保管義務がなくなるとするため、「義務なく他人のために事務の管理を始めた」という民法697条の要件を充たすというのだろうか。行政の事務管理については、最近、にわかに論じられているが、筆者は、権力的行為に関係するかぎり、事務管理否定説である＊28。保管が必要になるとしても、それを要する状態を創出した当事者である行政自身が事務管理としてこれを行い、費用償還請求権を取得するという構成は、事務管理法理の基本的考え方に照らしていかにも不合理である。行政にとっては、一連の行為を法的に根拠づけられるために好都合なのであろうが、理論的整理としてのスジの悪さを感じる。通知後相当期間経過により事務管理継続義務がなくなるというのは、民法700条の解釈論であろう

であったからである。判決は、「代執行により移動・撤去された動産等を保管する行為については，本来，行政代執行の作用に含まれるものではない」とするが、これは、前提とする命令内容によって決まるのであり、「本来」というべきほどのものではない。

＊26　北村・前註（11）論文251～252頁参照。そのほか、阿部泰隆『行政の法システム（下）〔新版〕』（有斐閣、1997年）419頁、同『行政法解釈学Ⅰ』（有斐閣、2008年）573頁、北村ほか・前註（23）書）223頁［宇那木］も参照。

＊27　かつて筆者は、これを条理上のものと整理していたが（北村・後註（28）「（２）」論文36頁）、本文のような整理が妥当と感じている。宇那木・前註（８）論文246頁、同・前註（21）論文86頁が比例原則に触れるのは適切である。一方、宇那木正寛「行政代執行における執行対象（外）物件の保管等およびその費用請求の法的根拠」同・前註（４）書13頁以下・28頁が「信義則」というのには、少々違和感がある。

＊28　北村喜宣「行政による事務管理（１）～（３完）」自治研究91巻（2015年）３号33頁以下・４号28頁以下・５号69頁以下参照。

が、重要動産について、そのようにいえるのだろうか。なお、2020年ガイドラインが、この点についてどのように解しているのかは、明らかではない。

このように考えると、特段の限定を付さずして、同ガイドラインが本判決を記載したのは、いささかミスリーディングである。国土交通省は、行政が引取通知をすることで保管期間の終期を決定できるという一点を伝えたかったのかもしれないが、そうであれば、さいたま地判を参照する必要もなく、それだけを伝えればよかった。判決のほかの部分には、同ガイドラインの趣旨と矛盾するところがあり、現場の混乱が懸念される。

(ウ)　残置動産の扱い

残置動産については、2020年ガイドラインがいうように、その適正処理を命令内容に含め、行政代執行をすればよい。空家法14条のもとでの指導・勧告・命令を通して、再三にわたって、家屋の除却と動産の処分が求められているが、それがされずに代執行に至る。義務者本人にしてみれば、特定空家等の内部に何が残されているかを知らない場合も少なくないだろう。高齢者は、心の安心のためにか現金を手元に置いておきたい心情を持つともいわれるが、それをそのままにして死亡する場合もある。代執行作業によって、さまざまな動産が「発見」される。そうしたときに、期間を限定して、引取りの機会を与えるのは合理的である。これは、空家法14条９項または10項のもとでの市町村の義務とまではいないが、適切な配慮ではある。代執行過程の流れ❶～❸（⇨p.327）のなかで、ちょうど高速道路のサービスエリアで少し休むように、執行を暫時停止すると考えればよい。

その結果、義務者において引き取りたい物品が見つかるかもしれない。もっとも、代執行はされているのであり、行政としては、少なくとも❶および❷に関する費用の納付がないかぎり引取りを認めたくはない。ただ、高額になる費用の支払いを「人質」にするのは均衡がとれないため、この点は割り切るほかない。代執行費用については、❶～❸の各段階に分割して、別々の納付命令を出せばよいだろう＊29。

＊29　本章では、義務者が１人であることを前提に議論をしているが、現実には、相続人の間で多数共有となっている特定空家等も少なくない。その場合の命令の出し方は、悩ましい問題である。筆者の一応の整理として、北村喜宣「即時執行における費用負担のあり方」本書第８章294～296頁参照。

(c)　供託制度利用の論理

現金および有価証券のような重要動産については、「供託をすることも考えられる」とされた。民法494条1項は、「弁済者は、……債権者のために弁済の目的物を供託することができる。この場合においては、弁済者が供託をした時に、その債権は、消滅する。」と規定する。いわゆる弁済供託である。供託できるのは、弁済の提供をした場合において、債権者がその受領を拒んだとき（1号）、債権者が弁済を受領することができないとき（2号）である。供託をするには、ⓐ行政が「債務者」であること、ⓑ弁済の提供をしたこと、が必要である。供託ができれば、対象物は行政の手から離れるため、実務的にも都合がよい。

ところで、代執行を実施する行政の「債務者性」は、どのように説明できるだろうか。国土交通省は、明確な整理をしていないようにみえる。少し考えてみよう。

事務管理の管理者は債権者であるから、そもそも該当しない。そうすれば、行政代執行作業を通じて重要動産の占有をしたという民法703条のもとでの不当利得者だろうか。不当利得であれば、たしかに返還義務が発生する。

ただ、重要動産は、空家法および行政代執行法のもとでとくに認められた公権力行使によって行政の占有下に置かれたものである。「法律上の原因なく」という要件を充たすのだろうか。また、不当利得者であるためには、「他人の財産……によって利益を受け」という要件を充たさなければならない。他人の財産が占有下にあるとしても、行政がそれによって受益しているわけではない。この要件の充足も難しそうである。したがって、公益実現のために代執行を実施している行政に対して不当利得規定を適用するのは難しい*30。

供託の前提となる行政の義務としては、前述のように、代執行実施者としての比例原則にもとづく公法上のものが考えられるのではないか。重要動産は、社会通念上、義務者のもとにあるべきものといえるから、作業上、一旦は行政の占有下に領置してはいるものの、行政には、これを速やかに返還する義務がある。1～2号に規定される理由によって返還が実現しないならば、供託制度を利用することに問題はない。

---

*30　宇那木・前註（21）論文97～98頁も参照。

(d)　**遺失物法の参照**

2020年ガイドラインが「※２」としてあげるのは、保管期間を３カ月とする立法例である。ところで、そのなかに含まれる遺失物法のもとで、重要動産を「準遺失物」とみなした事務処理はできないであろうか。否定説もある＊31。

筆者は、重要動産を遺失物法２条１項にいう「準遺失物」（３種の内容のうち、「他人の置き去った物」）とみなし、同法にもとづく処理をするという方策もありうるとしていた＊32。しかし、とりわけ空家法14条９項にもとづく緩和代執行の場合には、重要動産の所有者は明らかなのであり、そうであるとすれば、遺失物法の仕組みを動員せずとも、まずは直接に引き渡せばよいだけである。拒否されれば、準遺失物と考えればよい。上記の整理は、一般的に過ぎた。

一方、空家法14条10項にもとづく略式代執行の場合には、当該重要動産については管理放棄がされているのであって、所有者も不明である。まさに、置いたままにいなくなったと整理して、「他人の置き去ったもの」と解せるのではないだろうか。

(e)　**2020年ガイドラインの真意**

市町村の空家法担当者にとって関心が持たれるのは、重要動産の保管期間を「他法令※２や裁判例※３も参考にしつつ」決定すべしという部分であろう。上述のように、「他法令」は、「特に貴重なもの」について３カ月という数字を規定する。また、参考裁判例は、引取通知で保管義務がなくなるとする。これらを合わせ考えると、重要動産の保管開始後に、「３カ月以内に引取ることを通知すればよい」という対応となる。そのあとは供託である。筆者の整理によれば、略式代執行の場合は、それに遺失物法の利用という選択肢も加わる。

(f)　**法律事項か非法律事項か**

提案内容について、提案団体は立法化による実現を求め、提案募集専門部会も同様の見解であった。これに対して、国土交通省および総務省は、ガイドライン改正で決着させた。それがいわゆる「法律事項」であれば、それを定める

＊31　宇那木正寛「行政代執行における執行対象（外）物件の保管等およびその費用徴収の法的根拠」同前註（４）書13頁以下・55〜57頁参照。

＊32　北村喜宣「建物除却代執行と屋内残置物の取扱い：空家法実施の一断面」上智法学論集62巻３・４号（2019年）13頁以下・24〜25頁参照。

ためには法律改正をする以外にはない。提案にかかる論点についてガイドライン改正による対応となったのは、そもそもそれが法律事項ではなかったからか、法律事項にならないものに絞って対応したかのいずれかであろう。

提案募集専門部会が法制化を求めたのは、対応内容に法律事項があるとみたからであろう。「河川法、道路法、道路交通法や災害対策基本法等において様々な保管スキームが規定されており」というような記述をしているところからは、これらの法律を参考にした空家法改正を念頭に置いているのだろう。それは、「必要的法律事項」＊33である。前出の閣議決定が「動産の取扱いを法で規定すること」としているのは、こうした制度例を前提にしていると考えられる。筆者も、空き家対策の特性を踏まえ、これにカスタマイズした仕組みを空家法で規定するのが適切であると考える＊34。しかし、国土交通省は、法改正はしたくなかったのか＊35、あるいは、そこまでは必要ないと判断したのかは別にして、ガイドラインの改正で対応した。

保管した重要動産の処理について供託を使うという運用は、もちろん解釈論である。この点は、任意的法律事項になるように感じる。一方、事務管理は成立しないという筆者の立場によれば、前記さいたま地判が引取通知をすれば保管義務がなくなるというのは、解釈論を超えて必要的法律事項のように感じる。

一般的議論として、「財産的価値の低い物は最初から保管せず処分する、財産的価値と保管費用を比較して、前者が相当に上回ると認められなければ、処分し得ると定めるべき」＊36とされるのは、必要的法律事項としての内容だろうか。より根本的には、代執行される特定空家等や残置動産の「所有権」をどのよう

＊33　渡辺康行＋宍戸常寿＋松本和彦＋工藤達朗『憲法Ⅱ 総論・統治』（日本評論社、2020年）398頁［工藤］。

＊34　宇那木・前註（8）論文90頁も参照。

＊35　議員提案として成立した空家法の改正は、同じく議員提案でしなければならないという法的ルールはない。小島和夫「議員立法の概観」北大法学論集33巻 5 号（1983年）121頁以下・129頁は、「国会関係の法律は、まず原則としてといってよい位に議員立法である。もとよりわずかな例外もある。たとえば、公職選挙法の改正で、それが選挙運動に係る部分の改正である場合には、内閣提出のこともある。」と指摘する。わかりにくい例示である。そのほかには、議員立法として成立した「国民の祝日に関する法律」の第 1 次改正（1966年）と第 4 次改正（1989年）は、閣法によるものであった。吉田利宏氏のご教示による。

＊36　阿部泰隆『行政法再入門（上）〔第 2 版〕』（信山社、2016年）373頁。

に考えればよいのかという問題がある＊37。

3 2021年６月改正

(1) 改正の経緯

ガイドラインは、2021年６月にも改正された。この改正は、2020年ガイドライン改正作業の際に、すでに予定されていた。背景は同改正と同じで、空家法附則２項の規定にもとづく検討結果や自治体からの要望等を踏まえたものと説明されている＊38。

2020年ガイドラインとは異なり、2021年ガイドライン改正は、提案募集に対応したわけではない。提案募集対応については、2020年度内の実施が閣議決定により求められていたため、そのようにされたが、それ以外の項目については、特段の時期的縛りはない。とりあえず閣議決定対応をしたあと、市町村からの要望や市町村へのアンケート調査等を通じて把握された事項について、可及的速やかに処理をしたということであろう。

国土交通省および総務省の見解は、パブリックコメントにおける「ご意見に対する考え方」で確認できる（⇨p.455）。

(2) 改正内容

改正案は、2021年４月20日～５月19日の１か月間、パブリックコメントに付された。その結果を踏まえて確定し、６月30日に公示された＊39。これを、「2021年ガイドライン」という。以下では、同ガイドラインが2015年ガイドラインを改正した部分について検討する。改正の主たる内容は、次の通りである。

■法に定義される空家等及び特定空家等

現に著しく保安上危険又は著しく衛生上有害な状態の空家等のみならず、将来著しく保安上危険又は著しく衛生上有害な状態になることが予見される空家等も含めて幅広く対象と判断できる。

外見上は長屋等であっても、隣接する住戸との界壁が二重となっているなど別個の建築物の場合はそれぞれが法2条1項の「建築物」となる。

＊37　北村喜宣「誰のものを壊すのか？：行政代執行対象物の所有権」自治実務セミナー2021年11月号38頁参照。

＊38　国土交通省住宅局＋総務省地域力創造グループ「「特定空家等に対する措置」に関する適切な実施を図るために必要な指針の一部改正案について（概要）」（令和３年４月）参照。

＊39　パブリックコメントにおいては、29件の意見が提出され、４カ所の修正がされた。

■「特定空家等に対する措置」の手順
周辺の生活環境への悪影響が顕在化する前段階から法14条にもとづく助言・指導を行い、改善がされなければ勧告をし、必要ならば命令等の実施を検討する。
■固定資産税等の住宅用地特例に関する措置
構造上住宅と認められない状況にある、使用見込みなく取壊し予定である、居住の用に供するための必要な管理を怠っている等の場合には、住宅に該当しないため、固定資産税等の住宅用地特例は適用されない。
■他の法令等に基づく諸制度との関係
災害対策基本法にもとづく措置の活用。
■所有者等の特定
調査方法としては、登記情報確認、住民票写し等・戸籍附表写し確認、戸籍確認、固定資産税課税台帳確認、親族・関係権利者等への聞き取り調査、居住確認調査、水道・電気・ガス供給事業者の保有情報や郵便転送情報確認調査、公的機関（警察・消防等）保有情報確認、家庭裁判所への相続放棄等申述有無確認等がある。 相続人多数事案においては、判明した一部所有者等に対して先行的に助言対応できる。 国外居住所有者等の特定に係る調査手法等としては、住居地市町村への外国人住民登録照会、東京出入国在留管理局への出入国記録・外国人登録原票照会がある。 所有者等所在特定ができない場合には、市町村が利害関係者として財産管理人選任申立てが認められる場合がある。
■過失なく措置を命ぜられるべき者を確知することができない場合（法14条10項）
登記情報等一般に公開されている情報、住民票（除票を含む）・戸籍（除籍・戸籍付票（除票を含む））情報、法10条調査、親族・関係権利者等への聞き取り調査等を必要な範囲で行う。それ以外の方法については、調査に要する人員・費用・時間等を考慮してケースごとに、特定空家等がもたらす悪影響のおそれの程度、危険の切迫性を踏まえて必要性を判断する。

(3)　検討

(a)　未然防止的対応の確認

空家法２条２項は、特定空家等について、「そのまま放置すれば倒壊等著しく保安上危険となるおそれのある状態又は著しく衛生上有害となるおそれのある状態」（下線筆者）と定義する。建築基準法10条３項が「著しく保安上危険であり、又は著しく衛生上有害であると認める場合」に除却等を命じると規定している点と比較すれば、下線部に明らかなように、空家法の立法者意思は、より早期の対応により保安上・衛生上の問題を解消すべしとしているのは明白である。管理不全のままに放置され居住がないという点が重視されているのはいうまでもない*40。

2021年ガイドラインの対応は、この点を確認的に明記したものである。「おそれがある」を「予見される」と言い換えただけであり、法律の文言からは容易に解釈できるように思われるが、こうした記述があえてされたのは、「おそれ判断」に関して相当多くの照会が国土交通省にされたことを推測させる。ガイドラインは、「周辺の建築物や通行人等に対し悪影響をもたらすおそれがあるか否か」という部分で、新たに「そのまま放置すれば周辺に被害が及ぶおそれが予見される」という記述を加えている。「おそれ×予見」というのであり、確率的にみてそれほどの可能性はないにしても先手を打った対応が求められると解している。「周辺環境への悪影響が顕在化する前の早期の段階から」という表現もある。なお、このように記述しても、「どれくらいの」という判断は、市町村がしなければならない。

(b)　期待された「長屋住戸部分への対応」への対応

(ア)　手強い長屋

数個の住戸部分から構成される長屋に関しては、その全部について非居住が常態となってはじめて全体を空家等と認定できるというのが国土交通省の解釈である。したがって、たとえば、３軒長屋の端にある道路に面した住戸Ａが著しく保安上危険な状態になっていたとしても、Ｂ～Ｃに使用の実態があれば当該３軒長屋は空家等ではない。そのため、Ａがいくら危険な状態にあっても、空家法の対象とはならない*41。

そこで、これを独立して措置の対象とする空き家条例が多く制定されている*42。ところが、これは、空家法とはリンクしないフル装備条例であるため、せっかく整備された同法の仕組みが使えない。そこで、空家法２条１項の「建築物」としてこれを含める解釈を示すなり法改正をするなりの対応を求める声が、多く寄せられていた。

筆者もそうした考え方に賛同していた*43。しかし、目下のところ、「建物の区

---

*40　北村・前註（２）論文159頁参照。
*41　北村・前註（２）論文156～157頁、同「空家法の逐条解説」本書第１章６頁参照。
*42　北村・前註（20）論文、同・前註（２）論文、本書第２章95～97頁参照。
*43　北村喜宣「あとがき」同・前註（２）書305頁以下・306頁参照。

分所有等に関する法律」（以下「区分所有法」という）の適用がある長屋の法律関係はきわめて複雑であり、空家法14条の諸措置をする場合に、誰に対して何を求めうるのかが判然としないため、空家法に取り込むにしても、共有関係を「清算」するような手続が必要なのではないかと考え、一筋縄ではいかないという認識に至っている＊44。

部分居住長屋を空家法の対象に含めるかどうかは、ひとつの大きな論点である。この点を問われた国土交通省担当者は、「区分所有になっているものはもちろん、区分所有でないとしても、隣の住戸との間の壁をどうするとか、特に代執行も含めた出口まで考えると法的に整理しなければならない課題があります。引き続き、様々な方々のご意見も伺いながら、対応策について検討してまいります。」＊45と回答した。区分所有法との関係を考えるとすぐには難しいという認識である。部分居住であろうが全部非居住であろうが、区分所有されている長屋に対する対応は、手ごわい法政策課題である＊46。

⑷　市町村要望を受けて

ガイドラインは、たとえば、【写真10.1】のような建築物を念頭に置いたものであろう。民法234条 1 項は、「建築物を築造するには、境界線から50センチメートル以上の距離を保たなければならない。」とする。その一方で、同法236条は、「異なる慣習があるときは、その慣習に従う。」と規定する＊47。その内実は定かではないが、結果として、こうした「長屋風」の建物が連坦して建築されているのは、それぞれの地域の「慣習」によるものなのだろう＊48。

＊44　北村喜宣「部分居住長屋に対する空き家条例の適用」本書第 5 章参照。より根本的には、長屋をめぐる区分所有関係を清算するような特別措置が必要であると感じる。

＊45　「〔ワークショップ〕「空き家等対策の現在：単なる「人の住んでいない家」が管理不全の「特定空家」とならないための工夫」都市住宅学113号（2021年）143頁以下・150〜151頁［国土交通省住宅局住宅総合整備課長・山下英和］。

＊46　北村喜宣　北村・前註（44）論文、同「手ごわい長屋：空家法実施の一局面」同『自治力の闘魂：縮小社会を迎え撃つ政策法務』（公職研、2022年）74頁以下参照。

＊47　小粥太郎『新注釈民法（5）物権（2）』（有斐閣、2020年）448〜456頁・460頁［秋山靖浩］参照。

＊48　【写真10.1】のような状況がどのようにして創出されるかは、興味深い「建築史」の一断面である。相互の屋根や庇のかぶり具合からは、何らかの調整があったことを推測させる。同一人所有の敷地の上に同一人が独立した建物を建て、その後、建物が譲渡されて（あるいは、敷地も分筆されたかもしれない）、現在の所有者がファサードを新しくしたようにもみえる。登記簿を参照すれば、ある程度の歴史がわかるだろう。

パブリックコメントの回答によれば、この記述は、「市町村からの要望を受け」たものである。しかし、長屋風であるものの、独立した２棟の建築物なのは明白であるため、市町村の空き家行政現場が判断に迷う例がそれほど多くあるとは思われない。確認的な記述であるが、果たしてわざわざ対応する必要があったのだろうか。実際、この「明確化」の意義については、首をかしげる自治体担当者がほとんどであった。

【写真10.1】長屋にみえるが、建物の間にわずかな隙間があって、相互に独立している。京都市中京区において筆者撮影。

(c)　悪影響顕在化の前段階での措置

空家法14条１項は、特定空家等に対して、「助言又は指導をすることができる。」とだけ規定する。特定空家等であるだけで助言・指導要件を充足しているのである。したがって、あとは効果裁量をいかに行使するが問題となる。2021年ガイドラインは、「周辺の生活環境への悪影響が顕在化する前の段階」でも権限行使が可能とする。いわゆる「時の裁量」＊49についてのコメントである。同法１条が規定する保護法益である「地域住民の生命、身体又は財産」の保護と「生活環境の保全」の観点からは、（当然のことを確認したにすぎないけれども）適

＊49　塩野宏『行政法Ｉ〔第６版〕行政法総論』（有斐閣、2015年）145～146頁参照。

切な記述である。

(d)　**住宅用地特例適用除外措置**

特定空家等が空家法14条 2 項の勧告を受けたままに 1 月 1 日を迎えると、建築物が建つ土地に関して適用されている住宅用地特例が適用除外される。しかし、本来、住宅用地特例は、それ自体として厳格な運用がされるべきものである＊50。空家法との連動は「邪道」であるが、それがされていなかったために、あえてリンクさせた面がある。改正されたガイドラインが本来あるべき姿を確認したのは適切である。

もっとも、そうした方針は、地方税法に関する通知である「地方税法第三百四十九条の三の二の規定における住宅用地の認定について」（平成27年 5 月26日総税固第42号改正）により示されていた。確認的取込みである。

適用除外の業務は、税務部局が担当する。漫然と適用を維持していたことに対しては、徴収すべき税金を徴収していなかったのであり、住民訴訟が提起されても不思議ではなかった。ガイドラインのこの部分の記述は、空家法の実施とは別に、税務部局に対して改めて「喝」を入れる効果があるだろう＊51。

(e)　**所有者等の特定**

2021年改正で最も分量が多いのが、所有者等の特定に関する記述である。項目としては、「（1）所有者等の特定に係る調査方法等」「（2）国外に居住する所有者等の特定に係る調査手法等」「（3）所有者との所在を特定できない場合等の措置」「（4）具体的な調査方法等に係る留意事項」となっている。

所有者等の特定に関しては、2018年に制定された「所有者不明土地の利用の円滑化等に関する特別措置法」（以下「所有者不明土地法」という。）が、「所有者不明土地」（ 2 条 1 項）、「所有者不明物件」（10条 1 項 2 号）の定義のなかで、探索に関して「政令で定める方法」と規定している。同法施行令 1 条および 6 条、同法施行規則 1 ～ 3 条、11条、16条などには、探索の方法や対象者が具体的に

＊50　北村喜宣「空家法制定と実施主体としての市町村行政の対応：132市町村アンケートからみえる現場風景」同・前註（ 2 ）書257頁以下・265頁参照。

＊51　しかし、税部門は、必ずしも積極的には動いていないようである。松木利史『事例でわかる！空き家対策実務マニュアル：「財産管理人制度」と「略式代執行」の使い方』（ぎょうせい、2021年）34～35頁参照。

規定されている＊52。

2021年ガイドラインの上記項目は、それらを参考にしつつ平易に解説したものである。類似している内容が、空家法の場合には、ガイドラインで規定されている。所有者不明土地法の場合は、政令に委任する具体的規定があった。ところが、空家法の本則にはそれがないために＊53、政令で規定できない。探索方法が政令事項であるのかどうかは定かではないが、それに倣うとすれば、将来的には、同法9条の改正で対応すべきであろう。

4　空家法改正との関係

空家法の附則2項は、「政府は、この法律の施行後5年を経過した場合において、この法律の施行の状況を勘案し、必要があると認めるときは、この法律の規定について検討を加え、その結果に基づいて所要の措置を講ずるものとする。」と規定する。本章で検討した2回のガイドライン改正および2021年にされた空家法5条1項の基本指針の改正は、「所要の措置」に相当するのだろうか。

しかし、筆者は、そうではないと考える。附則は、「法律の運用について検討を加え」としているのではない。規定について検討せよというのは、法律改正を考えよという趣旨と解すべきである。

そうであるとすれば、法律改正ではなかったのは、国土交通省がそれに相応しい「タマ」がないと考えたか、十分な検討ができなかったかのどちらかであろう。筆者は、改正の「タマ」はそれなりにあると考えている＊54。今回の対応をもって附則の命令に応えたと整理すべきではない。

＊52　所有者不明土地法制研究会（編著）『所有者不明土地の利用の円滑化等に関する特別措置法解説』（大成出版社、2020年）19～25頁参照。そのほか、国土交通省土地・建設産業局総務課公共用地室『権利者探索の手引き』（2020年3月）も参照。

＊53　空家法の政令事項は、附則が規定する施行日に関するもののみである。このため、空家法施行令は制定されていない。

＊54　北村喜宣「空家法改正にあたっての検討項目」本書第11章参照。

第11章　空家法改正にあたっての検討項目

空家法は、2015年の施行から７年を経過した。法目的をより効果的に実現するために、改正を要すると認識されてきている項目がある。

区分所有法の適用対象にもなる長屋対応は、大きな課題である。そのほか、所有者情報の把握方法の拡大、状況が急変した特定空家等への迅速な対応、空家法の実施に特化した財産管理人制度、意思能力に欠ける所有者等への対応、特定空家等内の残置動産の処分、略式代執行手続の改善、特別緊急代執行制度の創設、借地上の特定空家等除却により発生する土地所有者の便益の調整などがあげられる。これらは、ガイドライン改正によって対応できるようなものではないため、法改正が不可欠である。

1　予定通りの法改正準備

2014年11月に可決成立した空家法は、周知のように、議員提案法（衆議院国土交通委員会提出法律案）であった。立案過程においては、自由民主党空き家対策推進議員連盟（以下「議員連盟」という。）が、衆議院法制局第４部第２課のサポートを得て、法案を固めていった＊1。

空家法附則２項は、「政府は、この法律の施行後５年を経過した場合において、この法律の施行の状況を勘案し、必要があると認めるときは、この法律の規定について検討を加え、その成果に基づいて所要の措置を講ずるものとする。」と規定する。同法の全面施行は2015年５月26日であったから、2020年５月が、検討を開始する時期となる。しかし、それを待たずに、主たる所管官庁である国土交通省は、2020年２月、「空き家対策アドバイザリー・チーム」を組織

＊1　そのプロセスについては、北村喜宣「空家法の立法過程と法案の確定」同『空き家問題解決のための政策法務：法施行後の現状と対策』（第一法規、2018年）126頁以下参照。空家法制定にあたって中心的役割を果たした議員らによる空家法解説として、自由民主党空き家対策推進議員連盟（編著）『空家等対策特別措置法の解説』（大成出版社、2015年）（以下「議連解説」として引用。）参照。

して、法改正に向けての本格的作業を開始した＊2。一方、空家法制定後は活動を休止していた議員連盟も、2019年10月から、活動を再開している。

空家法の実施に関しては、国土交通省が、半年に一度の実施状況調査をしている＊3。さらに、2019年1月には、総務省が詳細な実態調査報告をとりまとめた＊4。そのほかにも、種々の調査が実施されている＊5。これらの調査の結果は、法改正作業に対して重要な情報を提供するだろう。

空家法は、すべての市町村に対して、事務の担当を命じた。市町村のなかには、同法を積極的に利用するところもあれば、これを実質的に「封印」しているところもある＊6。いずれにせよ、これまでの実施経験を通じて、様々な課題が認識されてきた。そのなかには、同法の改正で対応できそうなものもあれば、より大きな枠組みで受け止めるのが適切なものもある。本章では、空家法改正にあたって、どのような事項が検討されるべきかについて、同法を比較的近い立ち位置で観察してきた筆者なりの雑感を述べたい＊7。

2　空き家条例の展開

空家法には、「条例」という文言はない。それにもかかわらず、少なからぬ数の市町村が、空き家条例を制定している。同法以前からのものもあれば、それ

＊2　新型コロナウィルス対応のため、予定されていた会議が2度にわたり延期され、第1回が開催されたのは、2020年3月27日であった。事務局となっているのは、国土交通省住宅局住宅総合整備課住環境整備室である。なお、国会は政府に検討を命じてはいるが、その成果を踏まえて、空家法改正を内閣提出法案で行うのか議員提案で行うのかは明らかではない。議員提案法の改正は、同じく議員提案法によってなされることが多いようではある。小島和夫「議員立法の概観」北大法学論集33巻5号（1983年）121頁以下・129頁参照。

＊3　最新のものは2022年3月31日現在の状況であり、国土交通省のウェブサイトで公開されている（http://www.mlit.go.jp/jutakukentiku/house/content/01495582.pdf）。

＊4　総務省行政評価局『空き家対策に関する実態調査結果報告書』（2019年1月）（以下「総務省調査」として引用）。同報告書は、総務省のウェブサイトで公開されている（https://www.soumu.go.jp/main_content/000595230.pdf）。

＊5　たとえば、土屋依子＋伊藤夏樹＋上田章紘＋橋本裕樹「空き家問題における土地・建物の所有者不明化に関する調査研究」国土交通政策研究154号（2020年）参照。同調査は、国土交通省のウェブサイトで閲覧可能である（http://www.mlit.go.jp/pri/houkoku/gaiyou/pdf/kkk154.pdf）。筆者によるものとして、北村喜宣「空家法の執行過程分析」本書第4章参照。

＊6　北村喜宣「「空家法」を含まない条例の「真意」」・前註（1）書294頁以下・301～302頁参照。

＊7　筆者は、「空き家対策アドバイザリー・チーム」のメンバーである。本章は、その場における議論などに多くを負っているが、以下で示される見解は、同組織とは無関係な現時点での筆者の見解である。同チームは存続しているが、現在、活動はしていない。

が全部・一部改正されたもの、同法以降に新たに制定されたものがあり、その内容は、実に多様である＊8。筆者の条例分類でいえば、独立条例となっているもの、および、法律実施条例となっているものがある＊9。空家法に規定される市町村事務は、法定自治事務である。同法が全国画一的規制を完結的にしているとみることはできないから、一般に、こうした条例は適法に制定しうる。空き家条例に関する分析を国土交通省は本格的に実施していないが、その内容および実施経験は、同法改正作業に対して、貴重な情報を提供できる。

空家法の実施調査は、条例の機能には関心がないが、同法改正作業においては、こうした条例に注目しなければならない。同法が存在するにもかかわらず、ユーザーである市町村がなぜ条例を制定したのか、そこに規定されている内容のうち同法が全国的観点から吸収できるものは何か、吸収するにしても完全にするのではなく枠組みだけを規定して具体的内容は市町村に任せるべきものがあるか、それすらせずに条例に残しておくべきものは何か。地方自治法 2 条11項・13項が明記するように、分権時代の国法は、国と自治体との適切な役割分担を踏まえて制定されなければならない。条例から学ぶにあたっては、このような点に留意する必要がある。条例に広く規定されているからといって、それを無邪気に法律に吸収することは、少なくともこの時代においては、慎重でなければならない＊10。この点は、後述する。

＊8　北村喜宣「空家法制定後の空き家条例の動向」本書第 2 章、同「空家法の実施と条例対応」亘理格＋内海麻利（編集代表）『縮退時代の「管理型」都市計画』（第一法規、2021年）参照。両論文において検討対象としたのは、243条例と204条例の合計447条例である。これは、筆者が独自に調査・収集したものであるが、土屋ほか・前註（5）論文14〜15頁によれば、実施したアンケート（2017年10月）に回答した1,172市町村のうち、「策定済み＝33.4%」「策定中＝4.0%」であった。策定中の市町村において策定がされたと仮定すると、1,172×0.374≒438となる。全体像は知りえないが、現在では、おそらく500ほどの市町村が条例を制定しているのではないだろうか。もっとも、そうであったとしても、全市町村数1,741の約 3 割にすぎない。条例の整理については、大澤昭彦「空家法の補完機能としての空き家条例の実態：多様性・実効性・公平性の観点から」高崎経済大学地域科学研究所（編）『空き家問題の背景と対策：未利用不動産の有効活用』（日本経済評論社、2019年）53頁以下も参照。

＊9　筆者の条例分類論については、北村喜宣『自治体環境行政法〔第 9 版〕』（第一法規、2021年）34頁以下参照。

＊10　個人情報保護法制についてであるが、最高裁判所裁判官である宇賀克也・東京大学名誉教授が、「分権的個人情報保護法制」自治実務セミナー2020年 4 月号 1 頁において、地方自治法 2 条13項を踏まえつつ、「法律による統一的規制は、個別分野の特別の事情が認められる場合に行えば足りるのであり、個別分野ごとの立法事実の検討を経ることなく、自治体ごとに規律が異なるのは不便と

3　土地基本法の改正

(1)　「管理」責任の明確化

1989年に制定された土地基本法が、2020年３月に改正された*11。その最大のポイントは、土地に関して、適正に「利用」されることに加え、適正に「管理」されるべきことを基本理念として明記した点にある（３条)。その管理の内容については、物理的管理と法的管理があるとされている（６条）*12。不動産を適切に管理しないという不作為によって外部性が発生しているような場合には、その解消を目的とする財産権に対する公的介入には、十分な法的正当性がある*13。財産権の消極的濫用状態に対する法的保護の程度は、そうでない場合に比べ、従来よりも低くなると考えるべきである。

改正土地基本法は、土地に関する規定をしているにすぎず、空家法が対象とする特定空家等を直接念頭に置いたものではないようにもみえる。たしかに、空き家と土地の所有者が同一であれば、当該建築物の管理については土地所有者等の責務に含まれるけれども、借地上の空き家の所有者等については、同法の対象外と考えられるかもしれない。しかし、同法４条１項は、「土地の所有者又は土地を使用収益する権原を持つ者（以下「土地所有者等」という。)」と規定している（下線筆者)。借地権の登記がされているかどうかは別にして、この下線部分に、借地上の空き家の所有者も含まれると解される。

(2)　空家法改正への影響

今後予定される空家法の改正は、改正土地基本法を前提としてなされることになる。空家法改正を直接に指示するような規定はないが、土地基本法13条１項に注目しておこう。同項は、「国及び地方公共団体は、前条第１項の計画に従って行われる良好な環境の形成又は保全、災害の防止、良好な環境に配慮した

いう抽象的な論理で個人情報保護条例を廃止することは、地方分権の流れに逆行することになる」と指摘している点を、重く受け止めたい。

*11　国土交通省土地・建設産業局企画課「土地基本法の改正について」土地総合研究28巻１号（2020年）44頁以下、山野目章夫『土地法制の改革：土地の利用・管理・放棄』（有斐閣、2022年）21頁以下参照。

*12　小柳春一郎「土地基本法見直し「中間とりまとめ」における土地所有者の「管理」の責務：物理的管理と法的管理」土地総合研究28巻１号（2020年）３頁以下参照。

*13　北村喜宣「縮小社会における地域空間管理法制と自治体」公法研究82号（2020年）73頁以下参照。

土地の高度利用、土地利用の適正な転換その他適正な土地の利用及び管理の確保を図るため、土地の利用又は管理の規制又は誘導に関する措置を適切に講ずるとともに、同項の計画に係る事業の実施及び当該事業の用に供する土地の境界の明確化その他必要な措置を講ずるものとする。」と規定する（下線筆者）。この下線部分に、空家法改正を含めることができるだろう。

空家法２項１項にいう「空家等」は、敷地も含んだ概念である。改正にあたっては、空き家に対する所有者としての管理責任を強化するという土地基本法改正の趣旨を踏まえた検討が必要である。

4　所有者等の責務

空家法３条は、「空家等の所有者又は管理者（以下「所有者等」という。）は、周辺の生活環境に悪影響を及ぼさないよう、空家等の適切な管理に努めるものとする。」と規定する。「……努めなければならない。」と規定する建築基準法８条１項を踏まえつつ、少し踏み込んだものであろう＊14。

この点については、改正後の土地基本法６条１項が、土地所有者等に対して、土地の適正管理をする「責務を有する。」と新たに規定したことに鑑みれば、多くの空き家条例が上書き的に規定しているように、「空き家等を適正に管理しなければならない。」と改正すべきである。このように規定しても、そこから具体的な義務が発生するわけではないが、基本法制を踏まえた対応である。「ねばならない。」と規定する空き家条例は多かった。６年を経て、市町村条例の認識に、ようやく国法が追いつくことになる。

5　長屋・共同住宅の個別住戸部分の取込み

(1)　不明確な現行法

長屋・共同住宅の個別住戸部分を明確に法律対象として規定する対応は、改正法の重要部分になるであろう。空家法２条１項は、対象とする「空家等」について、「建築物又はこれに附属する工作物であって居住その他の使用がなされていないことが常態であるもの及びその敷地（立木その他の土地に定着する物を

＊14　議連解説・前註（１）書66～67頁は、訓示規定にとどめた理由を説明していない。

含む。）をいう。ただし、国又は地方公共団体が所有し、又は管理するものを除く。」と定義している。

これに対して、たとえば、空家法以前の2013年に制定された「京都市空き家の活用、適正管理等に関する条例」のように、「本市の区域内に存する建築物（長屋及び共同住宅にあっては、これらの住戸）で、現に人が居住せず、若しくは使用していない状態又はこれらに準じる状態にあるものをいう。」（２条１号）のように、「長屋・共同住宅の住戸部分」を明確に対象とするものがあった。空家法にいう空家等が、京都市条例にあるカッコ書きを含んでいるのかどうかは、同法２条１項の条文からは明確ではなかった。

(2)　国土交通省の解釈と京都市条例の対応

この点に関しては、空家法14条14項にもとづいて策定された「「特定空家等に対する措置」に関する適切な実施を図るために必要なガイドライン」（以下「ガイドライン」という。）のパブリックコメントにおける回答（以下「パブコメ回答」という。）のなかで、「長屋の場合、当該長屋の一部のみが使用されていない場合にはそもそも空家等には該当しないことから、特定空家等に該当しません。」という見解が示された（⇨p.413）。おそらくは建築基準法のもとでの解釈と平仄を合わせたのであろうが、国土交通省は、否定説をとっていたのである＊15。空家法の実施にあたって開催された説明会においては、市町村の側から、その解釈を変更するようにきわめて強い調子での指摘が相次いだと聞くが、同省は頑として応じなかった。

しかし、とりわけ木造の長屋や共同住宅の住戸部分の不適正管理に起因する保安上の問題を抱える市町村は、そうした解釈に付き合っているわけにはいかない。そこで、空家法の対象外を規制する独立条例を制定して対応した。京都市に関していえば、同法制定直後の2015年12月に条例名を「京都市空き家等の活用、適正管理等に関する条例」と改め、新たに創設した「空き家等」（２条１号）という概念のもとに、同法にいう空家等と条例独自の対象である空き家を

＊15　たしかに、建築基準法10条３項にもとづく対応は制度上可能なのであるが、現実には「封印」されたといっていい状況にあった。北村喜宣「老朽家屋対策における都道府県と市町村の協働：特定行政庁に着目して」・前註（１）書第３章参照。この点に関して、北村喜宣「空家法の逐条解説」・前註（１）書152頁以下・156～157頁参照。

含めたのである。同条例は、（やや皮肉っぽくみえるが、）条例の横出し部分に対して、空家法の関係規定を準用している＊16。こうした対応は、その後に制定・改正された条例のいくつかに引き継がれた。

(3)　明確に対象とすべき

建築基準法の規制は、居住の有無に関係なく適用される。ところが、空家法の規制は、非居住かつ管理状態が極めて劣悪で外部性をもたらしているような限定的な事案に適用されるものである。対象についての考え方を建築基準法と同じくする必然性はない。

空家法は「特別措置法」なのであるから、改正にあたっては、条例の規定ぶりに学んで、長屋や共同住宅の住戸部分を含むと明記すべきであろう＊17。「建築基準法離れ」が必要である。それにあたっては、「建物の区分所有等に関する法律」のもとでの区分所有関係の整理が不可避かつ不可欠である。同法に関しては、老朽マンションの建替えや共有部分の変更にあたっての議決要件の緩和が検討されている。実態への法制度の「適応」である。

6　所有者情報の把握方法の拡大

(1)　固定資産税情報

固定資産税の課税情報のなかに所有者等の所在の手がかりが伏在しているため、これを利用したいという市町村の意向は強かった。「地方税に関する調査……又は地方税の徴収に関する事務に従事している者又は従事していた者は、これらの事務に関して知り得た秘密を漏らし、又は窃用した場合においては、２年以下の懲役又は100万円以下の罰金に処する。」という地方税法22条の「秘密」という文言の範囲の解釈になるが、全体としてみれば、「氏名や住所を含めて一切出せない」という運用が多かった。

この点で、空家法10条１～２項が一定範囲で守秘義務を解除し、それを可能

＊16　京都市条例の対応については、北村喜宣＋米山秀隆＋岡田博史（編）『空き家対策の実務』（有斐閣、2016年）68～72頁［春名雅史］参照。

＊17　北村・前註（15）論文・156～157頁で指摘した点である。なお、これらの建築物が、賃貸ではなく区分所有となっている場合がある。後者の場合には、屋根や外壁などの共用部分に関する対応を求める必要があることから、他の区分所有者との関係で、指導・勧告・命令内容には、工夫が必要になる。北村喜宣「部分居住長屋に対する空き家条例の適用」本書第５章参照。

と明記した意義は大きい。実際、総務省調査によれば、固定資産税情報の利用によって大きな成果があがったことが確認されている＊18。

⑵　その他の情報

空家法10条３項は、それ以外に、「関係する地方公共団体の長その他の者」に対し、情報提供を求めうると規定する。市町村の場合は、いわば「お互い様」なので、公用請求を通じた情報入手は容易であろう（例：住民基本台帳法12条の２、12条の３第３号、20条２項・３項３号、戸籍法10条の２）。住民基本台帳ネットワークシステムの利用が可能になったため、この作業は一層安易になる（⇨p.37）。

問題は、「その他の者」である。この点に関して、空家法５条にもとづいて策定された「空家等に関する施策を総合的かつ計画的に実施するための基本的な指針」（平成27年総務省・国土交通省告示１号、最終改正：令和３年６月30日付け総務省・国土交通省告示１号）（以下「基本指針」という。）は、「電気、ガス等の供給事業者に、空家等の電気、ガス等の使用状況やそれらが使用可能な状態にあるか否かの情報の提供を求めることも可能」とする。しかし、求められた側に提供義務が発生するわけではないし、個人情報保護法27条１項の制約もあるため、顧客情報が出されることはないといってよい。

また、郵便物の転送先情報も所有者の所在確認には有用と思われるが、郵便法８条２項は、「郵便の業務に従事する者は、在職中郵便物に関して知り得た他人の秘密を守らなければならない。その職を退いた後においても、同様とする。」と規定し、郵便認証司が漏洩をした場合に、同法66条は、これを懲戒対象としている。郵便認証司に限定されサンクションも行政的なものであるというように、対象者の範囲および場合は地方税法22条よりも狭いが、これらの規定を拡大解釈して、「郵便局からは、氏名や住所を含めて一切の情報は出せない。」という運用がされているようである。

郵便物の転送先情報の利用を可能にする運用については、筆者も前記指針で明確にするよう求めていた＊19。東京都が市町村区に対して実施した法改正に関するアンケート調査によれば、この点を明確に規定するような要望が、それな

＊18　総務省調査・前註（４）38～40頁参照。
＊19　北村・前註（15）論文179～180頁参照。

りにあったようである＊20。日本郵便に対しては、協力依頼はされているものの、対応は義務的とはなっていない（⇨p.38）。

この点については、慎重な検討が必要であろう。提供を可能にするには、空家法改正により明記するほかない。税務情報以外のこうした情報が、とりわけハードケースにおける所有者特定において不可欠と判断されるかどうかがポイントであろう。

7　「特別特定空家等」の創設とそれへの迅速な対応

(1)　三段階手続必須説

所有者等が判明している場合の特定空家等への対応は、空家法14条 1 項助言・指導、同条 2 項勧告、同条 3 項命令と進むことになる。勧告は「……助言又は指導をした場合において」、命令は「……勧告を受けた者が……その勧告に係る措置をとらなかった場合において」、それぞれなしうると規定されている。指導前置主義・勧告前置主義である。命令については、同法14条 4 ～ 8 項のなかで、行政手続法よりも手厚い手続が規定されている。これは、建築基準法 9 条 2 ～ 6 項にならったものである。

この点に関しては、「所有者等を確知している以上は、この法律に基づき対応するのであれば、この三段階のプロセスを省略することはできない」＊21、「特定空家等に相当する空家に対し、助言・指導や勧告を前置せずに一ステップ又は二ステップで命令を行う手続を定めた条例の当該規定は無効」＊22、「倒壊等の著しい危険があるとしても、特定空家等の所有者の権利を保障する目的を有する……三段階の権利保護手続を省略することは許されない」＊23という見解もある。ガイドラインも同意見である（⇨p.414）。三段階手続必須説である。

＊20　東京都は、それを踏まえて、「令和 3 年度国提案（前期）要求内容」において、「指針で想定されている例示を明文化し、目的外利用できる情報の範囲を拡大することにより、区市町村による空家等の所有者等の特定が促進」されるとしている。

＊21　議連解説・前註（1）書149頁。

＊22　小林宏和「空き家等対策の推進に関する特別措置法」法令解説資料総覧401号（2015年）31頁以下・39頁。

＊23　西口元＋秋山一弘＋帖佐直美＋霜垣慎治『Q&A自治体のための空家対策ハンドブック』（ぎょうせい、2016年）141頁。

⑵　不合理な硬直性

たしかに、空家法の規定はそうなっているが、法制度としての適切さを考えれば、こうした重装備の仕組みには合理性がない。そもそも建築基準法９条は、居住されている建築物をも対象にして規定されている。しかし、空家法のもとで問題になっている建築物は、相当に状況が異なっている。事情は様々であるにせよ、所有者がその適正管理義務の履行を放棄して、所有権の消極的濫用によって問題を発生させているのである。前述のように、そうした状況のもとにある所有権に対しては、憲法29条のもとでの保障の程度は相対的に低くなると考えるのが、比例原則にかなう*24。

同じような状況にある特定空家等に関して、かりに所有者等が確知できなければ、空家法14条10項にもとづく略式代執行により除却ができる。そこで比較衡量されるのは、当該建築物の財産権と倒壊等により被害を受ける不特定多数の人格権である。どちらを重視すべきなのかは、常識的に理解できるだろう。２極関係でなく３極関係・多極関係のなかで空家法の法政策を考えるべきである。

もちろん、自主的対応が最善であるから、助言・指導から始めるのは合理的である。しかし、特定空家等の状況が急変するような場合もある。そうした場合にまで、「手続通りに進めよ」というのは、およそ社会の納得を得られない議論である。

まったく利用されていないと思われる空家法14条４～８項に規定される公開意見聴取手続は、削除されてよい。原則に戻って、行政手続法13条１項２号にもとづく弁明機会の付与だけで十分であろう。

⑶　バイパスの創設

「無効」という強い言葉を使った上記ガイドラインが念頭に置いているのは、京都市条例であるかもしれない。京都市は、「〔そうした〕見解は、適当でない」*25として、国土交通省の見解を批判し、同条例17条において、著しく保安

---

*24　建築基準法10条３項が、除却命令等の権限行使要件として、「著しく保安上危険であ……ると認める場合」と規定しているのに対して、空家法２条２項が、特定空家等の定義として、「著しく保安上危険となるおそれのある状態」と規定しているのは、こうした違いを前提にしていると解される。もう一歩、踏み込むべきである。

*25　北村ほか・前註（16）書81頁［春名雅史執筆］。

上危険な状態が「著しい」(「著しいの二乗」の）場合には、いきなりの命令も可能としている。前述のように、同条例は、空き家等という概念を創出しているが、それが著しい管理不全状態にあるものを特定空き家等（2条2号）と定義し、それに対していきなりの命令を可能としている。要件を絞ったうえで、いわばバイパスを制度化しているのである。

空家法改正にあたっては、同法の対象となる特定空家等の状況を十分に踏まえて、硬直的な対応を回避できるような規定ぶりにすることが望ましい。「著しいの二乗」のような特定空家等を「特別特定空家等」と把握して、いきなりの命令も可能にするという対応が考えられる*26。そうしたカテゴリーの創設は混乱を招くというのであれば、後述するように、特別緊急代執行を規定するべきである。

8　財産管理人制度のカスタマイズ

(1)　利用される財産管理人制度

空家法の実施実務のなかで、にわかに民法の財産管理人制度が注目されるようになった。建物の除却や土地の売却において、それなりに活用されているようである*27。

もとより、この制度は中立的なものであるため、空家法実施にとって使い勝手がよいわけではない。実務家からは、「条文上、市町村長の〔ママ〕選任申立人の方に加えていただいたりとか、市町村長の申し立てによる場合は予納金を不要とするようなことをしていただければなというふうには思っております。」と指摘されている*28。日弁連調査は、「相続人のいない財産の国庫帰属に関する関連民事法の整備……不在者財産管理人・相続財産管理人の申立てに関する関連

*26　幸田雅治＋北村喜宣＋岡田博史＋金井利之＋中村さゆり「〔パネルディスカッション〕自治体は空き家対策にどう取り組むべきか」第二東京弁護士会弁護士業務センター『空き家対策への自治体の取組みはどうあるべきか：自治体独自の条例制定で解決しましょう』(2016年)（シンポジウム記録）25頁以下・55～56頁［岡田博史・京都市行財政局総務部法制課長］も参照。

*27　川口市空家問題対策プロジェクトチーム『所有者所在不明・相続人不存在の空家対応マニュアル：財産管理制度の利用の手引き』(2017年)、松木利史『事例でわかる！　空き家対策マニュアル：「財産管理人制度」と「略式代執行」の使い方』（ぎょうせい、2021年）参照。

*28　幸田ほか・前註（26）パネルディスカッション48頁［中村さゆり・国立市行政管理部法務担当課長］。

民事法の整備……も相当数の自治体が挙げており」と報告する＊29。

(2) 空家法に適応した修正

財産管理人の選任申立権は、「利害関係人」にある（民法25条1項、952条1項）。空家法を実施する行政庁である市町村長が利害関係人になれるかどうかについては、法解釈となるため、家庭裁判所により判断が分かれているようである。「所有者不明土地の利用の円滑化等に関する特別措置法」（以下「所有者不明土地法」という。）は、市町村長に申立権を与えることを明記した（38条）。同様の措置が講じられるべきであろう。また、申立ては家庭裁判所（本庁50、支部203、出張所77）に対してしなければならないが、簡易裁判所（併置庁253、その他185）においても可能にできないだろうか。空家法の実施の観点からは、「ありとあらゆる財産」の管理をする必要はない。管理対象を限定できるようにすることも必要であろう。

なお、財産管理人は、「個人財産」についての制度である。特定空家等の所有者の名義が清算未了の法人になっている場合には、利用できない。この場合には、裁判所に清算人の選任を申し立てることになるが、これについても「利害関係者」の申立てによると規定される（会社法478条2項）。同様の措置が必要であろう。清算人の場合には、限定的な清算事務も可能とされている。

一方、予納金については、法的に求められるものではないので、法定するのは難しいだろう。財産管理人に選任されて仕事をする弁護士などに対する報酬に充当されるものであるが、土地の売却益が見込める場合はそこから充当するなど、一律に数十万円の支払いを事前に求めるのではなく、事案に応じた柔軟な対応が必要である。

＊29　伊藤義文「自治体は空き家問題をどうとらえているか：「空家法」施行1年後の全国実態調査からみえるもの」日本弁護士連合会法律サービス展開本部自治体等連携センター＋日本弁護士連合会公害対策・環境保全委員会（編）『深刻化する「空き家」問題：全国実態調査からみた現状と課題』（明石書店、2018年）（以下「日弁連調査」として引用。）49頁以下・92頁。2021年に、民法の一部改正、「相続等により取得した土地所有権の国庫への帰属に関する法律」が成立した。これらについては、ジュリスト1582号（2021年）「〔特集〕 所有者不明土地と民法・不動産登記法改正」所収の諸論文および座談会を参照。

9　意思能力に欠ける所有者等への対応

(1)　将来の問題を予想した制度化の必要

独身独居老人の数が増加している。2025年には、増加する高齢者人口の約20%を占めると予測されている＊30。そうしたなかで、今後の空家法の実施にあたって懸念される問題として、措置の対象者が意思能力を十分に有していない場合の対応がある。

たとえば、認知症になっているが成年後見人が付されていない特定空家等の所有者に対して、空家法14条１項にもとづく助言・指導や同条２項にもとづく勧告ができるだろうか。これらは行政指導であるから可能と解するとしても、同条３項にもとづく命令になれば、受領能力が問題となるため、そうはいかない。意思能力に欠ける者は行政処分の名宛人になれるかという行政法一般に通ずる大きな問題であるが、学問的検討はされていない状況にある＊31。

(2)　「命ぜられるべき者」は目の前にいる

そのような状態にある所有者の所有にかかる特定空家等が倒壊する可能性が高いときであっても、命ずべき者は確知できている。「過失がなくてその措置を命ぜられるべき者を確知できない」という空家法14条10項の略式代執行の要件は充たさない。空き家条例で即時執行が規定されていれば、必要最小限の措置は可能であるが、保安上の危険を抜本的に除去するまではできない。

65歳以上の者については、老人福祉法32条にもとづき、市町村長は、家庭裁判所に対して、成年後見の開始の審判を請求することができる。「その福祉を図るため特に必要があると認めるとき」が請求の要件である。もとよりこれは、一般的な制度である。空家法実施のために審判請求手続を同法に規定できるのかどうか。

この点に関しては、対象者の人格的自立や尊厳は重視されるべき価値である

＊30　厚生労働省第２回介護施設等の在り方委員会（2006年12月15日）資料１「我が国における高齢者の住まい等の状況について」参照。同省のウェブサイトで閲覧可能である（https://www.mhlw.go.jp/shingi/2006/12/dl/s1215-13b.pdf）。

＊31　筆者の試論的検討として、北村喜宣「空家法の実施における法的論点」・前註（６）書242～244頁、同「意思能力に欠ける者と行政法」政策法務 Facilitator 70号（2021年）１頁参照。

から、空家法といえども軽々には特別措置を規定できないように思われる＊32。それゆえに、後に論ずる特別緊急代執行制度が必要になる。

10　特定空家等内の残置動産の処分

空家法のもとでの行政代執行の実施を通じて認識された課題として、特定空家等の建築物内部に放置された不動産への対応がある。この点に関しては、行政代執行を規定する同法14条９項・10項に具体的規定がない。現実には、撤去・処分されているようであるが＊33、市町村行政現場においては、どのように解釈すべきなのか、それなりの迷いがある。

筆者は、空家法14条２項勧告および３項命令の内容として、建築物除却および必要品の搬出・管理のほか、残置動産の処分までを求め、命令不履行の際には、行政代執行費用に含めて請求しうるという立場である＊34。しかし、解釈ゆえの不安定さがあるため、ガイドラインでの対応（⇨p.394～395）を超えて、それが可能である旨を明確にするのが適切である。

11　略式代執行手続の改善

⑴　所有者等探索手続の合理化

空家法14条10項は、略式代執行が可能となる要件として、「過失がなくてその措置を命ぜられるべき者を確知することができないとき」と規定する。どこまでの探索をすれば十分かが問題となるが、この点に関して、2021年に改正される前のガイドラインは、「少なくとも、不動産登記簿情報等一般に公開されてい

＊32　菅富美枝「脆弱な人々を包摂する社会の構築に向けて：住居荒廃の問題と自律支援」日本都市センター（編）『自治体による「ごみ屋敷」対策：福祉と法務からのアプローチ』（日本都市センター、2019年）55頁以下、同「判断能力の不十分な人々をめぐる事務管理論の再構成：本人中心主義に立った成年後見制度との統合的解釈の試み」田山輝明先生古稀記念論文集『民事法学の歴史と未来』（成文堂、2014年）481頁以下参照。

＊33　国土交通省のウェブサイトで紹介されている「空き家対策に関する情報提供」のなかの「地方公共団体の空き家対策の取組事例１」参照（https://www.mlit.go.jp/common/001218439.pdf）。

＊34　北村喜宣「建物除却代執行と屋内残置物の取扱い」本書第６章参照。なお、社会通念上・国民の宗教感情上、処分が不適当な動産については、別の対応が必要である。この論点に関する議論は活性化している。釼持麻衣「特定空家等に対する行政代執行と費用回収」高崎経済大学地域科学研究所（編）・前註（８）書105頁以下、宇那木正寛『実証 自治体行政代執行の手法とその効果』（第一法規、2022年）所収の関係論文参照。

る情報、法第10条に基づく固定資産課税情報等を活用せずに所有者等を特定しようとした結果、所有者等を特定できなかった場合にあっては、「過失がない」とは言い難いと考えられる。」と記述していた。現場担当者を途方に暮れさせるきわめて不親切な表現であった。たしかに、前述のように、固定資産税情報が利用できるようになったことで、所有者等にたどりつける例が増えたと報告されている。しかし、一方で、現場の苦労も報告されている*35。

「過失がなくて」というような曖昧な表現を残しておくのは不合理である。最近の法律のなかには、たとえば、所有者不明土地法のように、「相当な努力が払われたと認められるものとして政令で定める方法により探索を行ってもなおその所有者の全部又は一部を確知することができない」（2条1項）とするものがある。同法施行令1条1～5号は、具体的な内容を限定列挙している*36。2021年に改正されたガイドラインは、少し前向きのスタンスで具体性をやや高めた記述をしている（⇨p.394）。

空家法においても、必要かつ十分な調査方法を限定列挙する改正をすべきである。「過失がなくて」の内容について、市町村が「上記限定列挙で足りる」と解釈して手続を進めることは可能ではあるが、訴訟リスクが伴うため、現場行政においては、そのようには踏み切れないだろう。同じ不動産であるが、その所有権については、土地の方が建築物より重く扱われるべきというのが、法的バランスである。保安上の危険という物理的外部性、そして、権利関係の整序がされていないという法的外部性を発生させている土地についてそうした対応がされていることに鑑みれば、特定空家等についても同様の規定をすべきである。

(2)　費用負担手続の明確化

略式代執行の費用徴収が問題となるのは、本来、空家法14条9項にもとづく命令の名宛人となるべき者が過失なく確知しえなかったために行政が自ら除却措置をしたあとで、当該者が判明した場合である。補助金支給を受けていればその返還手続など対応が面倒になるので、「出てきてほしくない」のがホンネで

---

*35　土屋ほか・前註（5）論文20～22頁参照。

*36　限定列挙といっても、現実には、相当の作業が求められている。国土交通省土地・建設産業局『権利者探索の手引き』（2020年）参照。

あろうが、万が一そうした場合には、法的には、何ができるだろうか。

この点に関して、ガイドラインは、「義務者が後で判明したときは、その時点で、その者から代執行に要した費用を徴収することができるが、義務者が任意に費用支払いをしない場合、市町村は民事訴訟を提起し、裁判所による給付判決を債務名義として民事執行法……に基づく強制執行に訴えることになる。」としている（⇨p.395）。民事訴訟可能説である。これに対して、筆者は、略式代執行をしても当然には市町村に債権は発生しないという立場である＊37。

具体的に問題にはまずならないケースであるため、法改正対応をする実益は少ない。ただ、「廃棄物の処理及び清掃に関する法律」（以下「廃棄物処理法」という。）19条の７第５項および19条の８第５項のように、「……負担させる費用の徴収については、行政代執行法第５条及び第６条の規定を準用する。」と規定すればよいだけである。これくらいなら、改正で対応してもよいのではないだろうか。

もっとも、ガイドラインは、「民事訴訟」とするから、この債権を私債権とみているようにも思われる。しかし、行政代執行という権力的事実行為に起因する債権を公営住宅の家賃と同じ私債権とみるのは無理がある（⇨p.265）。その考え方を改めたうえで、これを公債権と把握し、行政代執行法５～６条を準用することで、納付命令・国税滞納処分の例による強制徴収と整理するのが妥当である。これは、ガイドライン事項ではなく、法律事項である。

12　特別緊急代執行制度の創設

廃棄物処理法19条の８第１項は、「……生活環境の保全上の支障が生じ、又は生ずるおそれがあり、かつ、次の各号のいずれかに該当すると認められるときは、都道府県知事等は、自らその支障の除去等の措置の全部又は一部を講ずることができる。」とし、同項４号は、「緊急に支障の除去等の措置を講ずる必要がある場合において、……支障の除去等の措置を講ずべきことを命ずるいとまがないとき。」とする。行政代執行法３条３項は、命令がされた場合において行政代執行をする緊急の必要があるときには、戒告および代執行令書通知を省略

＊37　北村喜宣「略式代執行の費用徴収」本書第７章参照。

できると規定する。緊急代執行と称される手法である。廃棄物処理法の前出の制度は、それとの比較で、命令の発出を前提としない点で、「特別緊急代執行」とでも称しうる。

爆弾低気圧や台風の襲来、多量の積雪の重圧などにより、特定空家等の状況が急変する事態は想定される。通行人等への被害を回避するには、迅速な対応が求められる。そして、その内容は、除却もありうるというように、後でみる即時執行によりなしうる対応の範囲を大きく超えている。しかし、行政現場には、こうしたニーズがある。たとえば、「香取市空家等の適正管理に関する条例」のもとで、緊急安全措置（5条）として、300万円以上をかけて保安上危険な建築物の除却をした。同市はこの措置を即時執行と整理しているが、制度に対する過重負担にみえる＊38。

もっとも、緩和代執行、略式代執行、特別緊急代執行のように、一般には、「行政代執行法の特別法」と理解されているようにみえる制度を条例で創出することはできないという解釈が、行政現場にはある＊39。京都市条例17条2項が、空家法を準用しつつも、緩和代執行および略式代執行に関する規定を慎重に除外しているのは、そうした理由による。同条例の対象とされる「特定空き家等」に対して、市長がいきなり命令をしてその義務不履行があった場合には、（空家法ではなく）行政代執行法が直接適用されるとするのである。もっとも、命令は必須の前提である。

＊38　北村喜宣「パンツが破れそう⁉：即時執行の限界」同『自治力の闘魂：縮小社会を迎え撃つ政策法務』（公職研、2022年）77頁以下参照。空き家条例のもとでの実施状況については、釼持麻衣「空き家条例における緊急安全措置の法的考察」高崎経済大学地域科学研究所（編）・前註（8）書124頁以下参照。

＊39　学説として、角松生史「空き家問題」法学教室427号（2016年）14頁以下・17～18頁参照。これに対して、筆者は、適法説をとっている。北村・前註（31）論文234頁参照。また、筆者は、これらの「代執行」を行政代執行法の「特別法」として把握することに疑問を持っている。北村・前註（37）論文295～297頁参照。なお、略式代執行も条例で規定可能という立場に立った制度設計として、「豊田市不良な生活環境を解消するための条例」14条2項参照。同条例については、瀧薫子「条例による実効性確保の実際：ごみ屋敷条例を手がかりとして」自治実務セミナー2018年3月号16頁以下参照。2017年に全部改正されて「山陽小野田市空家等の推進に関する条例」となる前の「山陽小野田市空き家等の適正管理に関する条例」（2012年制定）には、略式代執行が規定されていた（9条2項）。筆者の照会に対して、山陽小野田市は、「単に命ずべき者が確知できないことを理由に危険な空き家を漫然と放置することこそ、公益に反する行為であり、市民生活の安心安全を最優先にすべきと考え、条例中に略式の代執行を定めました。」と回答した（山生第G3206-20号2016年9月14日）。憲法94条が保障する条例制定権の範囲内として規定できると解されていたのである。

空家法に特別緊急代執行規定があれば、条例によるこうした対応は不要になる。学説上も実務上も条例で規定可能と解されている即時執行は空き家条例に任せればよいが、特別緊急代執行は、空家法で明記すべきである＊40。即時執行をなしうる要件は、たとえば、「人の生命、身体又は財産に危害が及ぶことを避けるため緊急の必要があると認めるとき」（京都市条例19条１項）のように、緊急代執行を規定する条文とそれほど変わらない。前述のように、意思能力に問題のある所有者等が所有する特定空家等の状態が悪化した場合に対しても、この措置は効果的である。

13　借地上の建築物除却により発生する土地所有者の便益の調整

(1)　受益者負担の発想

借地上の空き家が特定空家等と認定されている場合、状況次第では行政代執行が必要になる。そうした状態で放置したままに借地契約を存続させる合理性はない。借地料不払いも継続しているだろう。本来は、貸主が借主に対して契約解除を求めるなり民事調停をするなり民事訴訟を提起するなりして解決すべき問題である。ところが、相手方が不明であるとか、判明していても除却に応じない（単独所有者が反対している場合もあれば、共有者の一部が反対しているために除却できない場合もある。）ために、事案がフリーズする場合がある＊41。

貸主である土地所有者は借地上の空き家に対する所有権を持たないため、除却を命ずることはできない。借主不明事案において、土地所有者から「自分の費用で除却したい。」という申し出を行政が受ける場合があるが、権原がないため違法である。故意でなされる当該行為は、器物損壊罪（刑法261条）を構成するだろうし＊42、自ら除却をしてしまったあとで建物滅失登記の申請をするのは

＊40　鈎持・前註（38）論文138頁も参照。条文としては、「市町村長は、特定空家等に関して、緊急に保安上の危険等の措置を講ずる必要がある場合において、第14条第１項、第２項又は第３項の規定により危険等の除去等の措置を講ずべきことを求めるいとまがないときには、自らその除去等の措置の全部又は一部を講ずることができる。」とすることが考えられる。費用負担に関しては、行政代執行法５条および６条の準用を規定すればよい。

＊41　北村喜宣「法の生理による「積極的合意の非形成」と行政介入：「見棄てられた建築物」の社会的管理」金井利之（編著）『縮減社会の合意形成：人口減少時代の空間制御と自治』（第一法規、2019年）64頁以下参照。

＊42　事情が事情であるし、また、現実に「被害」がないため、検察は起訴しないようにも思われる。しかし、だからといって、社会的に容認される行為ではない。

公序良俗に反するだろう。とにかく特定空家等が解消できればよいと考える行政が「それでは、お願いします。」と言うと、器物損壊罪の幇助犯（同62条１項）にもなりかねない。

結局は、緩和代執行なり略式代執行をするほかないが＊43、土地所有者にとっては「公費によって更地にしてもらった」結果となる。まさに、タナボタである。自己努力をせずに行政措置を待つというモラルハザードが発生してしまう。このために、略式代執行を躊躇している市町村もある。行政の具体的行為によって特定人に偶然的な受益が発生しているため（もっとも、何をもって、どの時点で「受益」を観念するのかは難問である。）、受益者負担金を徴収できるような仕組みが必要であろう＊44。

⑵　改正土地基本法を踏まえた対応

改正された土地基本法５条２項は、「土地の価値が地域住民その他の土地所有者等以外の者によるまちづくりの推進その他の地域における公共の利益の増進を図る活動により維持され、又は増加する場合には、土地所有者等に対し、その価値の維持又は増加に要する費用に応じて適切な負担が求められるものとする。」と規定する。これは、エリアマネジメント＊45を念頭に置いた規定と思われる。この規定のもとでの土地の価値の維持・増加の原因者としては、民間活動が前提とされているから、空家法のもとでの行政による略式代執行をそこに含めるのは無理である。しかし、「土地の価値がその所在する地域における第２条に規定する社会的経済的条件の変化により増加する場合には、土地所有者等に対し、その価値の増加に伴う利益に応じて適切な負担が求められるものとする。」と規定する改正同条１項＊46を、空家法が制定された現在の時代状況とあ

＊43　倒壊しそうにある状態の建築物の除却を土地所有者が事務管理（民法697条）としてなしうるかという論点はある。帖佐直美「民法による空家問題解決の可能性：財産管理人制度の活用を例にして」高崎経済大学地域科学研究所（編）・前註（８）書142頁以下・144～145頁、伊藤栄寿「「空き家問題」の私法的検討序説」上智法学論集59巻４号（2016年）201頁以下参照。しかし、そのような状態にあるものこそ、市町村が略式代執行により除却すべきである。

＊44　釼持・前註（34）論文113～114頁も参照。受益者負担金については、阿部泰隆『行政の法システム（下）〔新版〕』（有斐閣、1997年）494頁、宇賀克也『行政法概説Ⅰ　行政法総論〔第７版〕』（有斐閣、2020年）137頁参照。

＊45　小林重敬（編著）『最新エリアマネジメント：街を運営する民間組織と活動財源』（学芸出版社、2015年）参照。

＊46　改正前の旧５条が念頭に置いていたのは、「人口の集中や道路の整備等外部的要因による土地の

わせ考えれば、これが地価上昇分の受益者負担措置の根拠となるのではなかろうか。

代執行に先立って、行政と土地所有者が、個別に一定額の寄附契約を締結するという方法も考えられないではないし、(契約をしているかどうかは別にして、)実施例もある＊47。しかし、額の確定や履行確保など種々の問題があるから、公法上の制度とするのが適切である。

14　一定対象物に関する実施権限の特定行政庁への移管

空家法の対象となる特定空家等に関しては、その規模・構造などについて、特段の制約はない。現実に行政代執行が実施されている案件の多くは、「木造戸建て住宅」であるが、なかには、「鉄筋コンクリート造４階建ての元旅館」(妙高市（2016年))、「鉄筋コンクリート３階建ての分譲マンション」(野洲市（2020年))といった事例もある。

今後、こうした手ごわい物件が特定空家等となるケースが増加するのではないかと予測される。そして、そうした建築物は、とりわけ小規模市町村行政の対応能力を超える。本来、こうした建築物が著しく保安上の危険性を発生させている場合には、当該市町村域についての特定行政庁である都道府県が、建築基準法10条３項にもとづいて対応すべきなのである。ところが、それがされなかったために空き家条例や空家法が制定されたという経緯がある＊48。

「市町村は」「市町村長は」と規定する空家法は、市町村一律主義を採用している。しかし、ありとあらゆる特定空家等への対応をすべての市町村に義務づ

価値の増大」であった。国土庁土地局（監修）＋土地政策研究会（編著）『逐条解説土地基本法』（ぎょうせい、1990年）45頁参照。

＊47　2016年に明石市で実施された略式代執行事案においては、土地所有者が当該土地を売却して、売却益の一部を市に寄附することになったとされていた。西尾浩「〔兵庫・明石市〕空家特措法に基づく行政代執行（略式代執行）による空き家の除却」北村喜宣（編）『空家法施行と自治体空き家対策』（地域科学研究会、2017年）155頁以下・169頁参照。しかし、筆者の調査によれば、実現はしていない。なお、同市が実施した別の略式代執行事案では、少額ながらも寄附はされた。2016年に上市町で実施された略式代執行事案においては、土地所有者から土地の寄附を受けた市が、除雪機械等置き場として活用している。国土交通省「地方公共団体の空き家対策の取組事例２」参照(https://www.mlit.go.jp/common/001239420.pdf)。

＊48　北村喜宣「老朽家屋等対策における都道府県と市町村の協働：特定行政庁に着目して」・前註（２）書77頁以下参照。

けるのは、専門性の面でも財政力の面でもリアリティを欠いている。建築基準法10条３項の権限を有しない市町村に関しては、その選択によって、一定の特定空家等に対する措置権限を、特定行政庁をおく都道府県に移譲できるようにすべきではないだろうか＊49。

15　条例との関係

(1)　自治的決定の尊重

空家法案が議論されていた当時、筆者は、市町村に対して一律に事務を義務づけることに反対していた。分権時代の法律のあり方としては、屋外広告物法のように、そもそも事務を任意的としておいて、法律では手法を規定するのみとしたうえで、「条例で定めるところにより」と規定して、市町村が自ら適切と考える内容を条例という器に取り込んでカスタマイズすればよいと考えていた。空き家対策というきわめて身近な問題については、自治体に政策的主導権を与えるべきであり、そもそもこれを行政課題と認識して対応するのかどうか、するとしてどのようにするのかを自治的決定に任せるのが適切と考えていたのである＊50。法案準備をサポートした衆議院法制局からヒアリングを受けた際には、そのように進言していた。

ところが、側聞するところでは、議員連盟は、「「……することができる。」というように裁量を持たせているから問題はない。」という行政法的には誤った認識に立って、法律のコアである14条措置を義務的事務としてしまった。筆者の上記の考えに変わりはないが、空家法が制定されてしまった以上、これを任意的事務に戻すのは、現実には不可能である。そうであるとしても、法改正においては、自治的決定の尊重という方針が十分に意識されるべきである。憲法92条、94条、地方自治法１条の２、２条11項、13項を明確に意識した作業が求められる。

＊49　北村喜宣「ダウンサイジング？：法律を身の丈に合わせる」同・前註（38）書32頁以下も参照。

＊50　小島延夫＋伊藤義文＋北村喜宣＋田處博之＋幸田雅治「〔パネルディスカッション〕空き家の解消のために、いま必要な取り組みは何か」日弁連調査・前註（26）書101頁以下・104頁［幸田］、幸田雅治「空家対策特措法の問題点」第二東京弁護士会弁護士業務センター・前註（29）資料11頁以下も、同様の問題意識を持つ。

⑵　条例は「放任」せよ

条例による措置を可能にするために、法律に明文規定が設けられることがある。法律規定があってはじめて条例制定が可能とされる場合もあれば、そうではない場合において制定が可能である旨を確認的に規定する場合もある＊51。しかし、空家法改正では、「条例への授権」をしてはならない。

同法と条例の関係について、筆者は、**[図表2.1]**（⇨p.79）のように整理している＊52。「①独立条例（イ）追加（対象）」としている部分については、上述のように、空家法改正によって全国統一的に対応すべきものもあるが、それ以外の部分については、特段の対応は不要であり根拠規定も設けるべきではない。条例はただ「放任」すればよいのである＊53。

空き家条例の「標準装備」ともいえる即時執行については、空家法には規定がない。同法以前に制定されていた空き家条例においては多くの規定例があったが、この措置は、意図的に盛り込まれなかったようである＊54。条例の規定ぶりは多様であるが＊55、それは、市町村の自治的決定の結果である。京都市条例20条が規定する「軽微な措置」のようにユニークな仕組みもあるのであり＊56、条例で一般化しているからといって、（たしかに、改正法に含める要望はあるけれども＊57）法律により全国画一的な仕組みを設ける必然性はない。それぞれの条

＊51　斎藤誠「条例制定権の限界」同『現代地方自治の法的基層』（有斐閣、2012年）286頁以下・293頁参照。

＊52　条例の具体的内容の分析については、前註（８）で引用した筆者の２本の論文参照。

＊53　条例による対象追加部分については、京都市条例のように、現実に空家法の関係規定の準用などで対応されているから、空家法改正によって同法の対象として取り込む必要はなく、従来通り、取扱いは市町村の任意にすればよいという考え方もあるだろう。そうかもしれないとも考えるが、本文で述べたように、京都市条例17条２項が追加対象に関する空家法準用にあたって、同法14条９項および10項を慎重に回避しているのをみると、主張に一貫性を欠くかもしれないが、この点に関しては、全国統一的であってよいのではないかと思うのである。

＊54　山下貴司「議員立法のつくり方：改正ストーカー規制法と空き家対策特別法などを題材に」臨床法務研究［岡山大学法科大学院］19号（2017年）51頁以下・60頁は、「すべての場合を規定しきれない場合、詰め切れない場合、全会一致で通すことは困難ですから、この点は控えました。」とする。山下は、議員連盟のメンバーである。空家法案のなかで規定したかったが、反対する会派があったために実現できなかったということであろうか。もっとも、筆者の把握しているかぎり、2013年９月６日版以降のいずれの段階の法案においても、即時執行は一度も規定されていない。北村・前註（２）論文134～151頁参照。

＊55　釼持・前註（38）論文参照。

＊56　北村ほか・前註（16）64～68頁［岡田博史］参照。

＊57　東京都は、「令和２年度国提案（前期・後期）具体的要求内容」において、「区市町村が特措法に

例において、納付命令手続を明記し、非強制徴収公債権として、公法上の当事者訴訟による徴収ができるとする旨の改正をすれば十分である。前述のように、特別緊急代執行制度を改正法で規定した場合、即時執行も規定するとなると、適用しうる場合の境界線が曖昧になる。ひとつの法律のなかで併存させるのは、困難かもしれない。このため、それぞれ法律と条例とで別々に規定し、状況によって使い分ける運用をするのが合理的であろう。

そのほかにも、空き家条例に固有の仕組みは多い。空家等以上・特定空家等未満の建築物への対応、特定空家等の認定手続、所有者等とのコミュニケーション、空家法にもとづく勧告・命令違反に対するサンクション（例：公表）などについても、空家法改正により対応する必要はない。

16 法律改正手続

冒頭に述べた通り、2014年に制定された空家法は、衆議院国土交通委員会提出法案であった。委員会として合意した内容が法案となるため、内閣提出法案のような委員会審議は実質的にはされないのが先例である*58。しかし、それでは、国民はまったくの蚊帳の外である*59。実際、空家法の場合にはそうであった*60。

かりに「空家法の一部を改正する法律案」が議員提案として発議されることになり、国会における審議はしないとしても、法案準備段階では、原案を公開して、市町村や国民の意見に広く耳を傾けてもらいたいものである。また、事務局となる国土交通省は、市町村や関係業界に対して、改正に向けたアンケー

基づき、緊急に危険回避をする際は、所有者の同意を得ずに行政措置を講じることが可能になるように法改正を行うこと。」を求めている。「即時執行」という文言もみられる。同旨の要望は、「令和 3 年度国提案（前期）」においてもされるようである。

*58　浅野一郎＋河野久『新・国会事典』（有斐閣、2014年）130頁参照。『衆議院先例集〔平成29年版〕』（衆議院事務局、2017年）318頁に収録されている先例239号は、「委員会の提出した法律案は、委員会の審査を省略して直ちに議題とするのを例とする。」とする。

*59　この点に対する批判は強い。大山礼子『国会学入門〔第 2 版〕』（三省堂、2003年）88～89頁、谷勝宏『議員立法の実証研究』（信山社出版、2003年）552～553頁参照。そのほか、茅野千江子『議員立法の実際』（第一法規、2017年）168~172頁も参照。

*60　空家法案の準備過程において、筆者は、議員連盟の会長であった宮路和明衆議院議員（当時）が、自分が答弁に立ちたいので委員会提案にはしたくないという意向を持っていることを耳にしていた。しかし、委員会提案であったため、国土交通委員会委員長が趣旨説明をした（国会法50条の 2 第 2 項）。委員会提案にしたのは、審議日程をにらんで成立を最優先にしたからかもしれない。

トを広く実施するとともに、その結果および審議内容のウェブサイト上での情報提供が望まれる。国民からのコメントに対しても、オープンであってほしい。モラルハザードの助長と批判されることもある行政代執行が積極的に実施できている背景には、国民や自治体議会の理解がある点を忘れてはならない*61。

なお、国民の権利義務に影響を及ぼさない事項や法解釈に関わる事項であれば、基本指針およびガイドラインのパブリックコメントを経た改訂による対応が可能である。空家法実施を通じて、とりわけ国土交通省がどのような課題の認識を持っているかは示されていないが、国と自治体の適切な役割分担を踏まえ、市町村の自治的判断に資するような適切な取組みを期待したい。

---

*61　北村喜宣「学界の常識は現場の非常識？：空家法のもとで活用される代執行」同『自治力の挑戦：閉塞状況を打破する立法技術とは』（公職研、2018年）52頁以下・54頁参照。

資料1 空家等に関する施策を総合的かつ計画的に実施するための基本的な指針

平成27年２月26日付け総務省・国土交通省告示第１号
（最終改正　令和３年６月30日付け総務省・国土交通省告示第１号）

一　空家等に関する施策の実施に関する基本的な事項

１　本基本指針の背景

近年、地域における人口減少や既存の住宅・建築物の老朽化、社会的ニーズの変化及び産業構造の変化等に伴い、居住その他の使用がなされていないことが常態である住宅その他の建築物又はこれに附属する工作物及びその敷地（立木その他の土地に定着する物を含む。）が年々増加している。このような空家等（空家等対策の推進に関する特別措置法（平成26年法律第127号）第２条第１項に規定する空家等をいう。以下同じ。）の中には、適切な管理が行われていない結果として安全性の低下、公衆衛生の悪化、景観の阻害等多岐にわたる問題を生じさせ、ひいては地域住民の生活環境に深刻な影響を及ぼしているものがある。

このような状況から、市町村（特別区を含む。以下同じ。）等の地方公共団体は、適切な管理が行われていない空家等に対して既存法や条例に基づき必要な助言・指導、勧告、命令等を行い適切な管理を促すとともに、それぞれの地域の活性化等の観点から、国の財政上の支援措置等を利用しながら空家等を地域資源として有効活用するなど地域の実情に応じた空家等に関する施策を実施してきた。

しかしながら、空家等がもたらす問題が多岐にわたる一方で、空家等の所有者又は管理者（以下「所有者等」という。）の特定が困難な場合があること等解決すべき課題が多いことを踏まえると、空家等がもたらす問題に総合的に対応するための施策の更なる充実を図ることが求められていたところである。

以上を踏まえ、適切な管理が行われていない空家等が防災、衛生、景観等の地域住民の生活環境に深刻な影響を及ぼしていることに鑑み、地域住民の生命、身体又は財産を保護するとともに、その生活環境の保全を図り、あわせて空家等の活用を促進するため、空家等に関する施策に関し、国による基本指針の策定、市町村による空家等対策計画の作成その他の空家等に関する施策を推進するために必要な事項を定めることにより、空家等に関する施策を総合的かつ計画的に推進し、もって公共の福祉の増進と地域の振興に寄与することを目的として、平成26年11月27日に、空家等対策の推進に関する特別措置法（以下「法」という。）が公布され、平成27年５月26日の全面施行以降、全国の市町村において空家等対策の取組が進められてきた。

今後、空家等の数の増加が見込まれ、それがもたらす問題が一層深刻化することが懸念されることから、引き続き空家等の発生の抑制、利活用、除却等の取組を強力に推進する必要がある。

(1)　空家等の現状

平成30年に総務省が実施した住宅・土地統計調査（令和元年９月30日公表）によると、全国の総住宅数は6,240万戸となっている一方、総世帯数は5,400万世帯となっており、住宅ストックが量的には充足していることが分かる。このうち空き家※1の数は849万戸であり、これが全国の総住宅数に占める割合は13.6％となっている。また居住目的のない空き家※２の数は349万戸に上っている。これが全国の総住宅数に占める割合は5.6％であるが、その数は過去20年間で約1.9倍に増加しているところである。

一方で、法の施行以降、全国の市町村において、空家等対策計画（法第６条第１項に規定する空家等対策計画をいう。以下同じ。）が作成され※3、協議会（法第７条第１項に規定する協議会をいう。以下同じ。）が組織される※4とともに、適切な管理が行われていない空家等への対応として、法の規定に基づく特定空家等に対する措置のほか、条例に基づく措置や所有者等が自ら行う空家等の除却への補助等の市町村の取組により、約9.0万物件（令和元年度末時点）の空家等について除却、修繕等の対応がなされているところである。

※1住宅・土地統計調査における「空き家」とは、「賃貸用又は売却用の住宅」、「二次的住宅」及び「その他の住宅」を合計したものをいう。
※2「居住目的のない空き家」とは、住宅・土地統計調査における「その他の住宅」に属する空き家をいい、「「賃貸用又は売却用の住宅」又は「二次的住宅」以外の人が住んでいない住宅で、例えば転勤・入院などのために居住世帯が長期にわたって不在の住宅や建て替えなどのために取り壊すことになっている住宅など」をいう。
※3令和元年度末時点で全国の市町村の92%が既に作成済み又は作成予定あり。
※4令和元年度末時点で全国の市町村の67%が既に組織済み又は組織予定あり。

(2) 空家等対策の基本的な考え方

①基本的な考え方

適切な管理が行われていない空家等がもたらす問題を解消するためには、法において行政主体の責務に関する規定の前に「空家等の所有者等は、周辺の生活環境に悪影響を及ぼさないよう、空家等の適切な管理に努めるものとする。」(法第3条)と規定され、また、土地基本法(平成元年法律第84号)第6条において土地の所有者又は土地を使用収益する権原を有する者は、同法第2条から第5条までに定める土地についての基本理念にのっとり、土地の利用及び管理並びに取引を行う責務を有する旨規定されているように、第一義的には空家等の所有者等が自らの責任により的確に対応することが前提である。その上で、行政による対応としては、空家等の適正管理に係る啓発等による所有者等の意識の涵(かん)養と理解増進を図るとともに、関係制度の周知により、特に所有者等の適正な管理に係る意識が希薄となりやすい、所有者等が多数である場合や遠方に居住している場合、建物の相続登記が行われていない場合、敷地と建築物等の所有者等が異なる場合等も含めて所有者等の自主的な対応を求めることが重要となる。

しかしながら、空家等の所有者等が、経済的な事情等から自らの空家等の管理を十分に行うことができず、その管理責任を全うしない場合等も考えられる。そのような場合においては、所有者等の第一義的な責任を前提としながらも、住民に最も身近な行政主体であり、個別の空家等の状況を把握することが可能な立場にある各市町村が、地域の実情に応じて、地域活性化等の観点から空家等の有効活用を図る一方、周辺の生活環境に悪影響を及ぼす空家等については所要の措置を講ずるなど、空家等に関する対策を実施することが重要となる。なお、この点を明確化する観点から、法第4条においては市町村の責務として「市町村は、第6条第1項に規定する空家等対策計画の作成及びこれに基づく空家等に関する対策の実施その他の空家等に関する必要な措置を適切に講ずるよう努めるものとする。」と規定されている。

また、国及び都道府県においては、以下に掲げるような役割を踏まえ、市町村と連携してその空家等に関する対策の実施を支援することが重要である。

②市町村の役割

市町村は、関係内部部局間の連携、必要に応じた協議会の組織、相談体制の整備等による法の実施体制の整備に着手し、まず法第9条第1項の調査を通じて、各市町村内における空家等の所在及び状態の実態把握並びにその所有者等の特定を行うことが重要である。また、必要に応じ、空家等対策計画の作成を行い、各地域内の空家等に対する行政としての基本姿勢を住民に対して示しつつ、空家等及びその跡地の活用方策についても併せて検討する。さらに、適切な管理が行われていない空家等やその結果として地域住民の生活環境に悪影響を及ぼしている空家等、またそのようなおそれのある空家等については、法第9条第2項に基づく立入調査を必要に応じて行いつつ、法第14条に基づく特定空家等(法第2条第2項に規定する特定空家等をいう。以下同じ。)に対する必要な措置を講ずることが重要である。

なお、市町村は法第6条第4項に基づき、都道府県知事に対し、空家等対策計画の作成及び変更並びに実施に関し、情報の提供、技術的な助言その他の必要な援助を求めることができることとされている。

また、空家等対策を行う上では、必要に応じて、事務の委託、事務の代替執行等の地方公共団体間の事務の共同処理の仕組みを活用することや、地域の空家等対策に取り組むNPO等の団体と連携することも有効と考えられる。

③都道府県の役割

都道府県知事は、②で述べたように、法第6条第4項に基づき市町村から空家等対策計画の作成及び変更並びに実施に関して必要な援助を求められた場合のほか、法第８条において「空家等に関しこの法律に基づき市町村が講ずる措置について、当該市町村に対する情報の提供及び技術的な助言、市町村相互間の連絡調整その他必要な援助を行うよう努めなければならない。」こととされている。

具体的には、例えば都道府県内の市町村間での空家等対策の情報共有への支援、空家等対策を推進している都道府県内市町村相互間の意見交換の場の設置、協議会の構成員の仲介又はあっせんや、必要な場合における空家等対策を行う上での事務の委託、事務の代替執行等が考えられる。また、市町村に対して必要な援助を行うに際し、都道府県内の関係部局の連携体制を構築することが望ましい。

特に建築部局の存在しない市町村に対しては、例えば特定空家等に該当するか否かの判断、法第12条に基づく情報提供・助言又は法第14条に基づく助言・指導、勧告の実施に当たり困難を来している場合における技術的な助言を実施したり、都道府県の建築部局による専門技術的サポートを受けられるような体制作りを支援したり、協議会への参画を通じた協力をすることも考えられる。

このほか、市町村が住民等からの空家等に関する相談に対応するための体制を整備するのに際し、宅地建物取引業者等の関係事業者団体や建築士等の関係資格者団体、地域の空家等対策に取り組むNPO等の団体との連携を支援することも考えられる。

さらに、都道府県は国とともに、市町村が行う空家等対策計画に基づく空家等に関する対策の適切かつ円滑な実施に資するため、空家等に関する対策の実施に要する費用に対する補助など必要な財政上の措置等を講ずるものとされている（法第15条）。

④国の役割

国は、法の内容について、地方公共団体等に対して具体的に周知を図るとともに、法第14条に基づく市町村長（特別区の区長を含む。以下同じ。）による特定空家等に対する措置に関し、その適切な実施を図るために必要な指針（「「特定空家等に対する措置」に関する適切な実施を図るために必要な指針」（平成27年５月26日策定）。以下「ガイドライン」という。）等により、市町村による空家等対策の適切な実施を支援することとする。また、③で述べたとおり、国は市町村が行う空家等対策計画に基づく空家等に関する対策の適切かつ円滑な実施に資するため、空家等に関する対策の実施に要する費用に対する補助、地方交付税制度の拡充など必要な財政上の措置や必要な税制上の措置その他の措置を講ずるものとされているところ、例えば市町村が空家等対策計画の作成のため空家等の実態調査を行う場合、空家等の所有者等に対してその除却や活用に要する費用を補助する場合、代執行に要した費用の回収が困難な場合、代執行等の措置の円滑化のための法務的手続等を行う場合等について、当該市町村を交付金制度や補助制度により支援するほか、市町村が取り組む空家等に関するデータベースの整備、空家等相談窓口の設置、空家等対策計画に基づく空家等の活用・除却等に要する経費について特別交付税措置を講ずる等、空家等対策を実施する市町村を支援することとする。

2　実施体制の整備

空家等対策を市町村が効果的かつ効率的に実施するためには、空家等の調査・確認、特定空家等と認められる空家等に対する立入調査又は措置などに不断に取り組むための体制を整備することが重要であることから、市町村は、空家等対策に関係する内部部局の連携体制や空家等の所有者等からの相談を受ける体制の整備を図るとともに、必要に応じて協議会の組織を推進する。

(1)　市町村内の関係部局による連携体制

空家等がもたらす問題を解消するには、防災、衛生、景観等多岐にわたる政策課題に横断的に応える必要があることから、市町村においては、それら政策課題に対応する建築・住宅・景観・まちづくり部局、税務部局、法務部局、消防部局、防災・危機管理部局、環境部局、水道部局、商工部局、市民部局、財政部局等の関係内部部局が連携して空家等対策に対応できる体制の構築を推進することが望ましい。

特に建築部局の参画は、空家等が倒壊等著しく保安上危険となるおそれのある状態又は著しく衛生上有害となるおそれのある状態であるかどうかの判断やその対応策を検討する観点から重要である。また、1(2)③で述べたとおり、建築部局の存在しない市町村においては、建築部局を擁する都道府県の援助を得ることにより、空家等対策の実施に当たり必要となる連携体制を構築することが重要である。

さらに、税務部局の参画は特に空家等の土地について、住宅用地に係る固定資産税及び都市計画税の課税標準の特例措置（以下「固定資産税等の住宅用地特例」という。）の適切な運用を図る観点から、法務部局の参画は所有者等が不明である空家等に対してどのような対処方針で臨むかを検討する観点から、それぞれ重要である。

(2) 協議会の組織

市町村は、空家等対策計画の作成及び変更並びに実施に関する協議を行うための協議会を組織することができ、その構成員としては「市町村長（特別区の区長を含む。）のほか、地域住民、市町村の議会の議員、法務、不動産、建築、福祉、文化等に関する学識経験者その他の市町村長が必要と認める者をもって構成する。」ものとされている（法第7条第2項）。なお、市町村長を構成員としつつも、協議の内容に応じて、本人ではなく、市町村長より委任された者が参画するなど、必要に応じて柔軟な運営方法とすることも可能である。

このほかの協議会の構成員として、具体的には弁護士、司法書士、行政書士、宅地建物取引士、不動産鑑定士、土地家屋調査士、建築士、社会福祉士等の資格を有して地域の福祉に携わる者、郷土史研究家、大学教授・教員等、自治会役員、民生委員、警察職員、消防職員、法務局職員、道路管理者等公物管理者、まちづくりや地域おこし、地域の空家等対策に取り組むNPO等の団体が考えられる。これに加え、都道府県や他市町村の建築部局に対して協力を依頼することも考えられる。

この協議会は、法に規定されているとおり空家等対策計画の作成及び変更に関する協議を行うほか、同計画の実施の一環として、例えば、市町村長が特定空家等に対する措置を講ずるに当たって参考となる、①空家等が特定空家等に該当するか否かの判断の基準、②空家等の調査及び特定空家等と認められるものに対する立入調査の方針、③特定空家等に対する措置の方針などに関する協議を行うための場として活用することも考えられる。また、協議会における協議の過程で空家等の所有者等の氏名、住所などの情報が外部に漏えいすることのないよう、協議会の構成員は当該情報の取扱いには細心の注意を払う必要がある。

また、協議会を設置するに当たっては、1市町村に1つの協議会を設置するほか、例えば1つの市町村が複数の協議会を設置したり、複数の市町村が共同して1つの協議会を設置したりすることも可能である。

(3) 空家等の所有者等及び周辺住民からの相談体制の整備

法第12条には「市町村は、所有者等による空家等の適切な管理を促進するため、これらの者に対し、情報の提供、助言その他必要な援助を行うよう努めるものとする。」と規定されている。本規定を踏まえ、例えば自ら所有する空家等をどのように活用し、又は除却等すればよいかについての相談や、引っ越し等により今後長期にわたって自宅を不在にせざるを得ない場合における管理等についての相談を当該住宅等の所有者等から受ける場合が想定されるため、市町村はその要請に迅速に対応することができる体制を整備することが望ましい。なお、体制整備に当たっては、空家等をめぐる一般的な相談はまず市町村において対応した上で、専門的な相談については宅地建物取引業者等の関係事業者団体や建築士等の関係資格者団体、地域の空家等対策に取り組むNPO等の団体と連携して対応するものとすることも考えられる。

また、空家等の所有者等に限らず、例えば空家等の所在地の周辺住民からの当該空家等に対する様々な苦情や、移住、二地域居住又は住み替えを希望する者からの空家等の利活用の申入れに対しても、市町村は迅速に回答することができる体制を整備することが望ましい。

3 空家等の実態把握

(1) 市町村内の空家等の所在等の把握

市町村が空家等対策を効果的かつ効率的に実施するためには、既存の統計資料等も活用しつつ、まず各市町村の区域内の空家等の所在やその状態等を把握することが重要である。

空家等は、法第2条第1項において「建築物又はこれに附属する工作物であって居住その他の使用がなされていないことが常態であるもの及びその敷地（立木その他の土地に定着するものを含む。）をいう。」と定義されている。ここでいう「建築物」とは建築基準法（昭和25年法律第201号）第２条第１号の「建築物」と同義であり、土地に定着する工作物のうち、屋根及び柱又は壁を有するもの（これに類する構造のものを含む。）、これに附属する門又は塀等をいい、また「これに附属する工作物」とはネオン看板など門又は塀以外の建築物に附属する工作物が該当する。

市町村はその区域内の建築物又はこれに附属する工作物（以下「建築物等」という。）のうち「居住その他の使用がなされていないことが常態であるもの」を空家等と判断し、この法律を適用することとなる。「居住その他の使用がなされていないこと」とは、人の日常生活が営まれていない、営業が行われていないなど当該建築物等を現に意図をもって使い用いていないことをいうが、このような建築物等の使用実態の有無については、法第９条第１項の調査を行う一環として、調査時点での建築物等の状況を基に、建築物等の用途、建築物等への人の出入りの有無、電気・ガス・水道の使用状況及びそれらが使用可能な状態にあるか否か、建築物等及びその敷地の登記記録並びに建築物等の所有者等の住民票の内容、建築物等の適切な管理が行われているか否か、建築物等の所有者等によるその利用実績についての主張等から客観的に判断することが望ましい。

また、「居住その他の使用がなされていない」ことが「常態である」とは、建築物等が長期間にわたって使用されていない状態をいい、例えば概ね年間を通して建築物等の使用実績がないことは１つの基準となると考えられる。

調査の結果、空家等に該当する建築物等については、法第11条に基づき、例えば空家等の所在地を一覧表にし、又は地図上に示したものを市町村の内部部局間で常時確認できるような状態にしておくなど、空家等の所在地について市町村内の関係部局が情報共有できる環境を整備することが重要である。

なお、「国又は地方公共団体が所有し、又は管理する」建築物等については、通常は各法令に基づき適切に管理されることが想定され、またその活用等についても、多くの場合は当該建築物等を管理する国又は地方公共団体の責任において行われる実態に鑑み、空家等から明示的に除外されている。

また、空家等のうち、「そのまま放置すれば倒壊等著しく保安上危険となるおそれのある状態又は著しく衛生上有害となるおそれのある状態、適切な管理が行われていないことにより著しく景観を損なっている状態その他周辺の生活環境の保全を図るために放置することが不適切である状態にあると認められる」もの（法第２条第２項）については特定空家等に該当することとなるが、どのような空家等が特定空家等に該当するか否かを判断する際に参考となる基準等については、ガイドラインにおいて別途定めている。

⑵　空家等の所有者等の特定及び意向の把握

空家等の所在等を把握した市町村においては、次に当該空家等の所有者等を特定するとともに、必要に応じて当該所有者等がその所有する空家等をどのように活用し、又は除却等しようとする意向なのかについて、併せて把握することが重要である。その際、敷地と建築物等の所有者等が異なる場合においても、その敷地の所有者等は空家等の所有者等に含まれることに留意する。

空家等の所有者等を特定し、その意向を把握するためには、⑶で述べる手段を用いて所有者等を確知し、当該所有者等に対して法第９条第１項に基づき聞き取り調査等を行うことが重要である。なお、所有者等による空家等の適切な管理を促進するため、市町村は、法第12条に基づき空家等の所有者等に対し、例えば時々の通水、換気、清掃等の適切な管理又は適宜の除草、立木竹の伐採、枝打ち等により空家等の劣化を防ぐことができる旨の助言を行ったり、空家等を日頃管理することが難しい所有者等については当該空家等を適切に管理する役務を提供する専門業者や地域の空家等対策に取り組むNPO等の団体に関する情報を提供したりすることが考えられる。

⑶　空家等の所有者等に関する情報を把握する手段

市町村長が⑵の調査を通じて空家等の所有者

等の特定を行うためには、空家等の所在する地域の近隣住民等への聞き取り調査に加え、法務局が保有する当該空家等の不動産登記簿情報及び市町村が保有する空家等の所有者等の住民票情報や戸籍謄本等を利用することが考えられる。これらの情報は、いずれも不動産登記法（平成16年法律第123号）、住民基本台帳法（昭和42年法律第81号）、戸籍法（昭和22年法律第224号）等既存の法制度により入手可能なものであるが、市町村長は法第10条第３項に基づき「この法律の施行のために必要があるときは、関係する地方公共団体の長その他の者に対して、空家等の所有者等の把握に関し必要な情報の提供を求めることができる。」こととされていることから、例えば空家等の不動産登記簿情報については関係する法務局長に対して、電子媒体による必要な不動産登記簿情報の提供を求めることができる。このように市町村長が法務局長に電子媒体による不動産登記簿情報を求めることとすれば、４で述べる空家等に関するデータベースを市町村が整備しようとする際に有効と考えられる。また、同項に基づき、電気、ガス等の供給事業者等に、空家等の電気、ガス等の使用状況やそれらが使用可能な状態にあるか否かの情報等の提供を求めることも可能である。

また、従来、固定資産税の納税者等に関する固定資産課税台帳については、地方税法（昭和25年法律第226号）第22条により、同台帳に記載された情報を空家等対策に活用することは秘密漏えい罪に該当するおそれがあることから、たとえ同じ市町村の他部局に対してであっても、税務部局が同台帳に記載された情報の提供を行うことは原則としてできないものとされてきた。しかしながら、固定資産課税台帳に記載された情報のうち空家等の所有者等に関するものは、空家等の所有者等を特定する上では不動産登記簿情報等と並んで有力な手段であることから、法第10条第１項により、この法律の施行のために必要な限度において、固定資産課税台帳に記載された空家等の所有者等に関する情報を空家等対策のために市町村の内部で利用することができることとなるとともに、同条第２項により、都が保有する固定資産課税台帳に記載された空家等の所有者等に関する情報について、特別区の区長から提供を求められたときは、都知事は速やかに当該情報の提供を行うものとすることとされた。なお、固定資産税の課税その他の事務のために利用する目的で保有する情報については、固定資産課税台帳に記載された情報に限らず、例えば各市町村の個人情報保護条例などにより目的外利用が制限されている情報のうち、空家等の所有者等の氏名、住所等の情報で、法に基づき各市町村が空家等対策のために必要となる情報については、法の施行のために必要な限度において、市町村長は法第10条第１項に基づき内部で利用することが可能である。

一方で、これらの手段をもってしても空家等の所有者等が把握できない場合や、所有者等が把握できたとしても所在を特定できない場合、所有者等が外国に居住しており所在を特定できない場合など、法第14条第10項に規定する「過失がなくてその措置を命ぜられるべき者を確知することができないとき」に該当するか否かを判断する際に参考となる基準等については、空家等の所有者等の探索方法とともに、ガイドラインにおいて別途定めている。

４　空家等に関するデータベースの整備等

市町村長が調査の結果空家等として把握した建築物等については、法第11条に基づき「データベースの整備その他空家等に関する正確な情報を把握するために必要な措置を講ずるよう努めるものとする。」とされている。3⑴で述べたとおり、市町村においては、同条に基づき、例えば空家等の所在地を一覧表にし、又は地図上に示したものを市町村内の内部部局間で常時確認できるような状態にしておくなど、空家等の所在地について市町村内の関係部局が情報共有できる環境を整備するよう努めるものとする。なお、データベースの整備に際しては、必ずしも電子媒体による必要はなく、各市町村の判断により、紙媒体によることも可能である。

このデータベースには空家等の所在地、現況、所有者等の氏名などについて記載することが考えられるが、これらに加えて、空家等のうち特定空家等に該当するものについては、データベース内に特定空家等に該当する旨並びに市町村長による当該特定空家等に対する措置の内容及びその履歴についても併せて記載する等により、継続的に把握していく必要がある。

なお、上記情報については、空家等の所有者等の了解なく市町村内から漏えいすることのないよう、その取扱いには細心の注意を払う必要がある。また、市町村によっては、その区域内の空家等に関する全ての情報についてデータベース化することが困難な場合も考えられる。そのような場合であっても、特定空家等に係る土地については、8(2)で述べるとおり固定資産税等の住宅用地特例の対象から除外される場合があり、また、今後人の居住の用に供される見込みがないと認められる家屋の敷地に対しては、そもそも固定資産税等の住宅用地特例は適用されないこととなるため、その点で税務部局と常に情報を共有する必要があることから、少なくとも特定空家等に該当する建築物等についてはデータベース化することが必要である。

また、法第11条に基づきデータベース化の対象とされた空家等のうち、「建築物を販売し、又は賃貸する事業を行う者が販売し、又は賃貸するために所有し、又は管理する」空家等については、その対象から除外されている。これは、いわゆる空き物件に該当する空家等については、宅地建物取引業者等により適切に管理されていると考えられる上、空き物件たる空家等の活用もこれら業者等により市場取引を通じて図られることから、市町村による空家等対策の対象とする必要性が小さく、したがってデータベースの対象とする実益に乏しいと考えられるためである。しかしながら、たとえ空き物件に該当する空家等であったとしても、周辺の生活環境に悪影響を及ぼしているものについては、この法律の趣旨及び目的に照らし、市町村がその実態を把握しておくことが適切であると考えられることから、本条に基づくデータベースの対象となる。

5　空家等対策計画の作成

空家等対策を効果的かつ効率的に推進するためには、各市町村において、空家等対策を総合的かつ計画的に実施するための計画を作成することが望ましい。

法第6条第1項に基づき、市町村が空家等対策計画を定める場合、同計画には①空家等に関する対策の対象とする地区及び対象とする空家等の種類その他の空家等に関する対策に関する基本的な方針、②計画期間、③空家等の調査に関する事項、④所有者等による空家等の適切な管理の促進に関する事項、⑤空家等及び除却した空家等に係る跡地の活用の促進に関する事項、⑥特定空家等に対する措置その他の特定空家等への対処に関する事項、⑦住民等からの空家等に関する相談への対応に関する事項、⑧空家等に関する対策の実施体制に関する事項及び⑨その他空家等に関する対策の実施に関し必要な事項を定めるものとする（同条第2項）。

空家等対策計画に定めるべき各項目の具体的な内容及び特に重要となる記載事項については二2で示すとおりであるが、同計画を定めるに当たっては、各市町村における空家等対策の全体像を住民が容易に把握することができるようにするとともに、空家等の適切な管理の重要性及び管理不全の空家等がもたらす諸問題について広く住民の意識を涵(かん)養するように定めることが重要である。この観点から、空家等対策計画については定期的にその内容の見直しを行い、適宜必要な変更を行うよう努めるものとする。

6　空家等及びその跡地の活用の促進

空家等対策を推進する上では、各市町村がその跡地も含めた空家等を地域資源として利活用すべく、今後の空家等の活用方策を検討することも重要である。このような観点から、法第13条は「市町村は、空家等及び空家等の跡地に関する情報の提供その他これらの活用のために必要な対策を講ずるよう努めるものとする。」と規定されている。

空家等の中には、地域交流、地域活性化、福祉サービスの拡充等の観点から、所有者等以外の第三者が利活用することにより、地域貢献などに有効活用できる可能性のあるものも存在する。

空家等を有効に利活用するため、例えば、利活用可能な空家等又はその跡地の情報を市町村が収集した後、当該情報について、その所有者の同意を得た上で、インターネットや宅地建物取引業者の流通ネットワークを通じて、広く当該空家等又はその跡地を購入又は賃借しようとする者に提供することが想定される。その際、都道府県又は市町村は空き家バンク等の空家等情報を提供するサービスについて宅地建物取引業者等の関係事業者団体との連携に関する協定を締結することや「全国版空き家・空き地バンク」に参画することが考えられる。

また、空家等を市町村等が修繕した後、地域の集会所、井戸端交流サロン、農村宿泊体験施設、住民と訪問客との交流スペース、移住希望者の住居等として当該空家等を活用することも考えられる。その際、空家等の用途変更に当たっては、建築基準法、都市計画法（昭和43年法律第100号）、景観法（平成16年法律第110号）、消防法（昭和23年法律第186号）、旅館業法（昭和23年法律第138号）等の関係法令を遵守するものとする。

さらに、空家等の跡地については、市街地環境の向上に資する敷地整序の促進、土地の適正な利用・管理に向けたマッチング・コーディネートや土地所有者等に代わる管理などの機能を担うランドバンクの取組との連携、所有者不明土地等対策との連携により、地域のまちづくりにおいて有効活用することが期待でき、例えば、漁業集落等の狭隘（あい）な地区における駐車場や広場として活用することも考えられる。

なお、空家等の利活用方策については、空家等対策計画の実施に関する課題であることから、その検討を行う場として協議会を積極的に活用することが考えられる。

7　特定空家等に対する措置の促進

特定空家等は、法第２条第２項に定義するとおり、例えば現に著しく保安上危険又は著しく衛生上有害な状態にあるもののほか、将来著しく保安上危険又は著しく衛生上有害な状態になることが予見されるものも含むものであり、広範な空家等について特定空家等として法に基づく措置を行うことが可能である。市町村長は、地域住民の生命、身体又は財産を保護するとともに、その生活環境の保全を図る観点から、このような特定空家等の状態に応じて必要な措置を講ずることが望ましい。なお、将来著しく保安上危険又は著しく衛生上有害な状態になることが予見される空家等について参考となる考え方の例や、特定空家等の状態に応じた措置のあり方については、ガイドラインにおいて定めている。

特定空家等に該当する建築物等については、市町村長は、建築物等の詳細な現状を把握し、周辺の生活環境の保全を図るためにどのような措置が必要となるかについて迅速に検討するため、法第９条第２項に基づき、市町村職員又はその委任した者（例えば建築士や土地家屋調査士など）に特定空家等に該当すると認められる空家等に対して立入調査をさせることができる。また、この調査結果に基づき、市町村長は特定空家等の所有者等に対し、必要な措置を助言・指導、勧告及び命令することができる（法第14条第１項から第３項まで）とともに、その措置を命ぜられた者がその措置を履行しないとき、履行しても十分でないとき又は履行しても期限内に完了する見込みがないときは、行政代執行法（昭和23年法律第43号）の定めるところに従い、本来特定空家等の所有者等が履行すべき措置を代執行することができる（同条第９項）。この他、法第14条は特定空家等の所有者等に対して市町村長が必要な措置を命ずる際に講ずるべき手続（同条第４項から第８項まで並びに同条第10項及び第11項）、所有者等を市町村長が確知することができない場合における代執行に関する規定（同条第10項）等を定めている。これに加え、空家等の所有者等の所在を特定できない場合又は所有者が死亡しており相続人のあることが明らかではない場合（相続人全員が相続放棄をして相続する者がいなくなった場合を含む。）に必要な措置を講じるに当たっては、財産管理制度を活用するために、市町村長が民法（明治29年法律第89号）第25条第１項の不在者財産管理人又は同法第952条第１項の相続財産管理人の選任の申立てを行うことも考えられる。

法第９条第２項に基づく立入調査及び法第14条に基づく措置は、いずれも空家等の所有者等にとっては強い公権力の行使を伴う行為を含むものである。このため、法第14条第14項に基づくガイドラインにおいて、どのような空家等が特定空家等に該当するか否かを判断する際に参考となる判断基準や市町村長が特定空家等の所有者等に対して必要な措置を助言・指導する段階から最終的には代執行を行うに至る段階までの基本的な手続の内容、特定空家等に残置された動産の取扱い等について定めている。各市町村長は、必要に応じてこのガイドラインを参照しつつ、各地域の実情に応じた特定空家等に関する対策に取り組むこととする。

なお、特定空家等と認められる空家等に対して立入調査や必要な措置を講ずるに当たっては、市町村においては、建築・住宅・景観・まちづくり部局、税務部局、法務部局、消防部局、防災・危機管理部局、環境部局、水道部局、商工部局、市民部局、財政部局等の関係内部部局間の連携が一層求められる。

8　空家等に関する対策の実施に必要な財政上・税制上の措置

⑴　財政上の措置

法第15条第１項においては「国及び都道府県は、市町村が行う空家等対策計画に基づく空家等に関する対策の適切かつ円滑な実施に資するため、空家等に関する対策の実施に要する費用に対する補助、地方交付税制度の拡充その他の必要な財政上の措置を講ずるものとする。」と規定されている。

具体的には、例えば一１⑵④で述べたような財政上の措置を国として講ずることとする。また、空家等を活用するに当たり必要となる費用の一部を市町村を通じて、又は都道府県から直接、それぞれ予算支援している都道府県も存在する。

以上を踏まえつつ、地域活性化や良好な居住環境の整備を促進する観点から、空家等の利活用や除却等を始めとする空家等対策に取り組む市町村を支援するため、国及び都道府県においては、市町村による空家等対策の実施に要する費用に対して引き続き財政上の措置を講ずるよう努めるものとする。

⑵　税制上の措置

法第15条第２項においては「国及び地方公共団体は、市町村が行う空家等対策計画に基づく空家等に関する対策の適切かつ円滑な実施に資するため、必要な税制上の措置その他の措置を講ずるものとする。」と規定されている。

①空き家の発生を抑制するための税制上の特例措置（所得税・個人住民税の特例）

平成26年に国土交通省が実施した空家実態調査（平成27年11月20日公表）によれば、周辺の生活環境に悪影響を及ぼし得る空き家（住宅・土地統計調査における「その他の住宅」に該当する空き家）の約75%は旧耐震基準の下で建築されたものであり、また平成25年における住宅の耐震化の進捗状況の推計値として国土交通省が平成27年６月に公表した数値を考慮すると、そのような空き家のうち約60%が耐震性のない建築物であると推計されている。加えて、上述の平成26年空家実態調査によれば、居住用家屋が空き家となる最大の契機が相続時であることも判明している。

このような実態を踏まえ、空き家が放置され、その結果周辺の生活環境に悪影響を及ぼすことを未然に防止する観点から、空き家の最大の発生要因である相続に由来する古い空き家及びその敷地の有効活用を促進することにより空き家の発生を抑制するため、租税特別措置法（昭和32年法律第26号）等において、税制上の特例措置が講じられている（平成28年４月１日創設）。具体的には、相続の開始の直前において被相続人の居住の用に供されていた家屋（昭和56年５月31日以前に建築された家屋（区分所有建築物を除く。）であって、当該相続の開始の直前において当該被相続人以外に居住をしていた者がいなかったものに限る。以下「被相続人居住用家屋」という。）及び当該相続の開始の直前において当該被相続人居住用家屋の敷地の用に供されていた土地等を当該相続により取得をした個人が、平成28年４月１日から令和５年12月31日までの間に譲渡（当該相続の開始があった日から同日以後３年を経過する日の属する年の12月31日までの間にしたものに限るものとし、当該譲渡の対価の額が１億円を超えるもの等を除く。）をした場合には、当該譲渡に係る譲渡所得の金額について居住用財産の譲渡所得の3,000万円特別控除を適用する（ただし、当該譲渡の対価の額と当該相続の時から当該譲渡をした日以後３年を経過する日の属する年の12月31日までの間に当該相続人が行った当該被相続人居住用家屋と一体として当該被相続人の居住の用に供されていた家屋又は土地等の譲渡の対価の額との合計額が１億円を超える場合を除く。）（租税特別措置法第35条第３項から第10項まで及び第13項。なお、個人住民税については地方税法附則第34条第２項及び第５項並びに第35条第２項及び第６項）。また、令和元年度（平成31年度）税制改正により、平成31年４月１日以降の譲渡については、老人ホーム等に入所をしたことにより被相続人の居住の用に供されなくなった家屋は、一定の要件を満たす場合に限り、相続の開始の直前において当該被相続人の居住の用に供されていた家屋として本特例措置を適用することとされた。なお、本特例措置に関する事務手続等の詳細については、別途通知で定めている。

②特定空家等に対する固定資産税等の住宅用地特例の取扱い（固定資産税・都市計画税）

現在、人の居住の用に供する家屋の敷地のうち一定のものについては、地方税法第349条の3の2及び第702条の3に基づき、当該敷地の面積に応じて、その固定資産税の課税標準額を6分の1（200㎡以下の部分の敷地）又は3分の1（200㎡を超える部分の敷地）とするとともに、その都市計画税の課税標準額を3分の1（200㎡以下の部分の敷地）又は3分の2（200㎡を超える部分の敷地）とする特例措置（固定資産税等の住宅用地特例）が講じられている。この固定資産税等の住宅用地特例が、管理状況が悪く、人が住んでいない家屋の敷地に対して適用されると、比較的地価が高い地域においては当該家屋を除却した場合※と比べて固定資産税等が軽減されてしまうため、空き家の除却や適正管理が進まなくなる可能性があるとの指摘が存在する。

※固定資産税等の住宅用地特例が適用されない場合の税額は、課税標準額の上限を価格の7割とするなどの負担調整措置及び各市町村による条例減額制度に基づき決定されることとなる。

空家等の中でも、特定空家等であって地域住民の生活環境に深刻な影響を及ぼす場合には法に基づく措置の対象となるものであり、その除却や適正管理を促すことは喫緊の課題である。以上を踏まえ、地方税法において、固定資産税等の住宅用地特例の対象から、法第14条第2項の規定により所有者等に対し勧告がされた特定空家等の敷地の用に供されている土地を除くこととされている（地方税法第349条の3の2第1項等）。なお、一7で述べたとおり、将来著しく保安上危険又は著しく衛生上有害な状態になることが予見される空家等についても、その所有者等に対し法第14条第2項の規定に基づく勧告を行うことが可能である。

また、あわせて、家屋の使用若しくは管理の状況又は所有者等の状況等から客観的にみて、当該家屋について、構造上住宅と認められない状況にある場合、使用の見込みはなく取壊しを予定している場合又は居住の用に供するために必要な管理を怠っている場合等で今後人の居住の用に供される見込みがないと認められる場合には、住宅には該当しないものであるため、そうした家屋の敷地についてはそもそも固定資産税等の住宅用地特例は適用されない。したがって、空家等対策で得られた情報について、税務部局（特別区にあっては東京都の税務部局）と情報共有し、連携して必要な対応を行うことが重要となる。

二　空家等対策計画に関する事項

市町村は、協議会を設置した場合には当該協議会の構成員等から意見を聴取するとともに、必要に応じて都道府県からの情報提供や技術的な助言を受けつつ、各市町村の区域内で必要となる空家等に関する対策を総合的かつ計画的に実施するため、本基本指針に即して、法第6条第2項に掲げる事項を定めた空家等対策計画の作成を推進する。

その際、一3(1)及び(2)で述べたとおり、各市町村内における空家等の実態を的確に把握した上で、空家等対策計画における目標を設定するとともに、定期的に当該目標の達成状況を評価し、適宜同計画の改定等の見直しを行うことが望ましい。

1　効果的な空家等対策計画の作成の推進

効果的な空家等対策計画を作成するためには、各市町村内における防災、衛生、景観等の空家等がもたらす問題に関係する内部部局が連携し、空家等に関する対策を分野横断的に記載した総合的な計画を作成することが重要である。また、周辺の生活環境に深刻な影響を及ぼしている空家等に対処するだけでなく、こうした空家等のそもそもの増加を抑制する観点から、三で述べるような施策等も含めた形で作成することが望ましい。

2　空家等対策計画に定める事項

(1)　空家等に関する対策の対象とする地区及び対象とする空家等の種類その他の空家等に関する対策に関する基本的な方針

各市町村における空家等に関する対策について、各市町村長が把握した空家等の数、実態、分布状況、周辺への悪影響の度合いの状況や、これまでに講じてきた空家等対策等を踏まえ、空家等に関する政策課題をまず明らかにした上で、空家等対策の対象地区、対象とする空家等の種類（例えば空き住居、空き店舗など）や今後の空家等に関する対策の取組方針について記載する。

特に、空家等対策の対象地区を定めるに当たっては、各市町村における空家等の数や分布状況を踏まえ、空家等対策を重点的に推進するべき地区を重点対象地区として定めることが考えられる。また、対象とする空家等の種類は、市町村長による空家等調査の結果、どのような種類の建築物が空家等となっていたかを踏まえ、重点対象地区を定める場合同様、どの種類の空家等から対策を進めていくかの優先順位を明示することが考えられる。

これらの記載により、各市町村における空家等対策の今後の基本的な方針を、住民にとって分かりやすいものとして示すことが望ましい。

なお、空家等対策計画の作成に当たっては、必ずしも市町村の区域全体の空家等の調査を行うことが求められるわけではない。例えば、各市町村における中心市街地や郊外部の住宅団地等の中で、既に空家等の存在が周辺の生活環境に深刻な影響を及ぼしている地域について先行的に空家等対策計画を作成し、その後必要に応じて順次同計画の対象地区を拡大していく方法も考えられる。

(2)　計画期間

空家等対策計画の計画期間は、各市町村における空家等の実態に応じて異なることが想定されるが、関連する既存の計画で定めている期間や住宅・土地に関する調査の実施年と整合性を取りつつ設定することが考えられる。なお、計画期限を迎えるごとに、各市町村内における空家等の状況の変化を踏まえ、空家等対策計画の改定等を検討することが重要である。

(3)　空家等の調査に関する事項

各市町村長が法第９条第１項に基づき当該市町村の区域内にある空家等の所在及び当該空家等の所有者等を把握するための調査その他空家等に関しこの法律の施行のために必要な調査を行うに当たって必要となる事項を記載する。具体的には、例えば空家等の調査を実際に実施する主体名、対象地区、調査期間、調査対象となる空家等の種類、空家等が周辺に及ぼしている悪影響の内容及び程度その他の調査内容及び方法を記載することが考えられる。

(4)　所有者等による空家等の適切な管理の促進に関する事項

一１(2)①で述べたとおり、空家等の適切な管理は第一義的には当該空家等の所有者等の責任において行われるべきことを記載するとともに、空家等の所有者等に空家等の適切な管理を促すため、例えば各市町村における相談体制の整備方針や、空家等の利活用に関心を有する外部の者と当該空家等の所有者等とのマッチングを図るなどの取組について記載することが考えられるほか、空家等の所有者等の意識の涵（かん）養や理解増進に資する事項を記載することが考えられる。

(5)　空家等及び除却した空家等に係る跡地の活用の促進に関する事項

一６で述べたとおり、各市町村において把握している空家等の中には、修繕等を行えば地域交流や地域活性化の拠点として利活用できるものも存在し、また利活用する主体は当該空家等の所有者等に限られていない。例えば各市町村が把握している空家等に関する情報を、その所有者の同意を得た上でインターネットや宅地建物取引業者の流通ネットワークを通じて広く外部に提供することについて記載することが考えられる。その際、空き家バンク等の空家等情報を提供するサービスにおける宅地建物取引業者等の関係事業者団体との連携に関する協定が締結されている場合には、その内容を記載することも考えられる。また、当該空家等を地域の集会所、井戸端交流サロン、農村宿泊体験施設、住民と訪問客との交流スペース、移住希望者の住居等として活用する際の具体的な方針や手段について記載することも考えられる。当該空家等の跡地についても、市街地環境の向上に資する敷地整序の促進、ランドバンクの取組や所有者不明土地等対策との連携により地域のまちづくりにおいて有効活用することに加え、例えば、漁業集落等の狭隘（あい）な地区における駐車場や広場として活用する際の具体的な方針や手段について記載することも考えられる。

(6) 特定空家等に対する措置その他の特定空家等への対処に関する事項

各市町村長は、特定空家等に該当する建築物等の状態や特定空家等が地域住民の生活環境に及ぼしている影響の程度等の観点から、特定空家等に対してどのような措置を講ずるのかについて方針を示すことが重要である。具体的には、必要に応じてガイドラインの記載事項を参照しつつ、例えば各市町村長が特定空家等であることを判断する際の基本的な考え方や、特定空家等に対して必要な措置を講ずるか否かについての基本的な考え方及びその際の具体的な手続等について記載することが望ましい。

(7) 住民等からの空家等に関する相談への対応に関する事項

一2(3)で述べたとおり、各市町村に寄せられる空家等に関する相談の内容としては、例えば空家等の所有者等自らによる空家等の今後の利活用方針に関するものから、空家等が周辺に及ぼしている悪影響に関する周辺住民による苦情まで幅広く考えられる。そのような各種相談に対して、各市町村はできる限り迅速に回答するよう努めることとし、例えば各市町村における相談体制の内容や住民に対する相談窓口の連絡先について具体的に記載することが望ましい。

(8) 空家等に関する対策の実施体制に関する事項

空家等がもたらす問題は分野横断的で多岐にわたるものであり、各市町村内の様々な内部部局が密接に連携して対処する必要のある政策課題であることから、例えばどのような内部部局が関係しているのかが住民から一覧できるよう、各内部部局の役割分担、部署名及び各部署の組織体制、各部署の窓口連絡先等を記載することが考えられる。また、協議会を組織する場合や外部の関係団体等と連携する場合については、併せてその内容を記載することが望ましい。

(9) その他空家等に関する対策の実施に関し必要な事項

(1)から(8)までに掲げる事項以外に、各市町村における空家等の実情に応じて必要となる支援措置や空家等対策を推進するための数値目標、空家等対策の効果を検証し、その結果を踏まえて空家等対策計画を見直す旨の方針等について記載することが考えられる。

3　空家等対策計画の公表等

法第6条第3項において、「市町村は、空家等対策計画を定め、又はこれを変更したときは、遅滞なく、これを公表しなければならない。」ものとされている。公表手段は各市町村の裁量に委ねられているが、単に各市町村の公報に掲載するだけでなく、例えばインターネットを用いて公表するなど、住民が空家等対策計画の内容について容易に知ることのできる環境を整備することが重要である。

三　その他空家等に関する施策を総合的かつ計画的に実施するために必要な事項

1　空家等の所有者等の意識の涵(かん)養と理解増進

適切な管理がその所有者等によってなされない空家等は、周辺地域に悪影響を及ぼす要因となるものと考えられることから、空家等の適切な管理を行うことの重要性、管理不全の空家等が周辺地域にもたらす諸問題及びそれに対処するために作成した空家等対策計画の内容については、空家等の所有者等に限らず、広く住民全体で共有されることが望ましい。このような観点からは、例えば、空家等対策計画の公表に合わせて、空家等の適切な管理を行うことの重要性や管理不全の空家等が周辺地域にもたらす諸問題について広報を行ったり、協議会における協議の内容を住民に公開したりする等により、空家等の適切な管理の重要性や空家等の周辺地域にもたらす諸問題への関心を広く惹起し、地域全体でその対処方策を検討・共有できるようにすることが望ましい。

2　空家等に対する他法令による諸規制等

空家等については、この法律に限らず、例えば建築基準法、消防法、道路法（昭和27年法律第180号）、災害対策基本法（昭和36年法律第223号）、災害救助法（昭和22年法律第118号）等各法律の目的に沿って適正な運用を図る一環から、適切な管理のなされていない空家等について必要な措置が講じられる場合も考えられる。例えば、災害が発生し、又はまさに発生しようとしている場合には、空家等に対して災害対策基本法第62条第1項及び第64条第2項の規定に基づき必要な措置を講じることが可能となる場合もある。関係法令の適用を総合的に検討する観点からも、各市町村においては一２(1)で述べたとおり、市町村の区域内の空家等の所在、所有者等について内部部局間で広く情報共有を図り、空家等対策について内部部局間の連携を取りやすい体制を整備することが重要である。

３　空家等の増加抑制策、利活用施策、除却等に対する支援施策等

空家等対策を講ずる上では、単に周辺地域に悪影響を与える管理不全の空家等に対して、この法律を始めとする２で述べたような関係法令に基づき必要な措置を講ずるだけでなく、空家等のそもそもの発生若しくは増加を抑制し、又は空家等の他用途の施設への転用等による利活用を図ることも重要である。また、地方創生や中心市街地の活性化、コンパクトシティ施策等と空き家対策の一体的な推進、空き家を活用した新たなビジネスの創出の促進等により、立地・管理状況の良好な空き家の多様な利活用の推進を図る取組も重要となる。

(1)　空家等の発生又は増加の抑制等に資する施策

第一義的には、空家等の所有者等が自らの責任において空家等の適切な管理に努めるべきものであることに鑑み、空家等をそもそも発生させない、又は空家等の増加を抑制する観点から、例えば１で述べたように、空家等の適切な管理を行うことの重要性、管理不全の空家等が周辺地域にもたらす諸問題及びそれに対処するための総合的な方針について所有者等の意識の涵(かん)養や理解増進を図るとともに、空家等となることが見込まれる住宅の所有者等へ適切な管理についての注意喚起を行う取組を進めることが重要である。あわせて、一８(2)で述べた空家等の発生を抑制するための税制上の措置の的確な運用、また一２(3)で述べたように、空家等の所有者等、外部からの空家等への移住希望者、関係民間団体等との連携の下、空家等の売買・賃貸、適正管理、除却等などの幅広いニーズを掘り起こす取組を促すことが考えられる。

(2)　空家等の利活用、除却等に対する支援施策

現在、空家等の所有者等だけでなく、各市町村の住民や外部からの移住希望者等が空家等を利活用し、又は除却等する取組を促す観点から、例えば空家等のリフォームの普及・促進、空家等の他用途の施設（地域活性化施設、地域間交流拠点施設、社会福祉施設、店舗等）への転用、多様な二地域居住・多地域居住の推進のための空家等の利活用、地方公共団体と民間団体等が連携した古民家の活用、空家等そのものの除却等を促すための各種財政支援策が用意されている。各市町村においては、これらの支援策を活用しながら、空家等の有効活用策の選択肢を少しでも広げて住民等に提示することも重要である。

資料2 空家等に関する施策を総合的かつ計画的に実施するための基本的な指針の変更案に関するパブリックコメントに寄せられたご意見と国土交通省及び総務省の考え方

令和３年６月30日、国土交通省・総務省

【意見公募手続結果】

※空家等に関する施策を総合的かつ計画的に実施するための基本的な指針の変更案に対し14件のご意見をいただきました。

※とりまとめの都合上、内容を適宜要約や統合をさせていただいております。

※空家等に関する施策を総合的かつ計画的に実施するための基本的な指針の変更案と直接の関係がないため掲載しなかったご意見等についても、今後の施策の推進に当たって、参考にさせていただきます。

	ご意見	国土交通省及び総務省の考え方
1	（対象箇所：－１（２）① 基本的な考え方） 特に所有者等の適正な管理に係る意識が希薄となりやすい事例として、「建物の相続登記が行われていない場合」が多いことから、事例として追加していただきたい。	ご意見を踏まえ、「…特に所有者等の適正な管理に係る意識が希薄となりやすい、所有者等が多数である場合や遠方に居住している場合、建物の相続登記が行われていない場合、敷地と建築物等の所有者等が異なる場合も含めて所有者等の自主的な対応を求めることが重要となる。」に修正いたします。
2	（対象箇所：－１（２）① 基本的な考え方） １．基本的指針が制定された2015年２月と現在との大きな法環境の違いは、2020年３月の土地基本法改正である。土地所有者の管理責任が明確に規定されている点を、基本的指針の「基本的な考え方」においても明記すべきである。土地基本法にいう「土地所有者等」には、土地を使用収益する権原を有する者も含まれ、借地上の建築物の所有者もこれに該当するはずである。	ご意見を踏まえ、「適切な管理が行われていない空家等がもたらす問題を解消するためには、法において行政主体の責務に関する規定の前に「空家等の所有者等は、周辺の生活環境に悪影響を及ぼさないよう、空家等の適切な管理に努めるものとする。」（法第３条）と規定され、また、土地基本法（平成元年法律第84号）第６条において土地の所有者又は土地を使用収益する権原を有する者は、同法第２条から第５条までに定める土地についての基本理念にのっとり、土地の利用及び管理並びに取引を行う責務を有する旨規定されているように、第一義的には空家等の所有者等が自らの責任により的確に対応することが前提である。」に修正いたします。
3	（対象箇所：－１（２）① 基本的な考え方） 行政機関において自主的な対応を求めてきた結果，昨今のような特定空家等に該当するような空き家が放置されてきたという状況を考えると，「自主的な対応を求めることが重要である」との記載では，不十分であり，従前からの前進が見られないと思われる。１段落の後段部分の「意識が希薄となりやすい」場合には特に，これまでの問題事例や除却等の事例を踏まえたうえで，「自主的な対応を求める『ために，管理	ご指摘の点については、行政による対応として、「空家等の適正管理に係る啓発等による所有者等の意識の涵（かん）養と理解増進を図るとともに、関係制度の周知により、…所有者等の自主的な対応を求めることが重要となる」旨記載していることから、原案通りとさせていただきます。

	不全によるリスクの自覚を促し，解決に向けた具体的な法制度を紹介し，適正管理を実行するためのシステムを構築する』ことが重要となる。」と考える。	
4	（対象箇所：－1（2）④ 国の役割） 市町村の事務負担を軽減し，空家等に関する施策の推進に特に資すると考えるため，賛成する。	頂いたご意見は今後の参考とさせていただきます。
5	（対象箇所：－2（3）空家等の所有者等及び周辺住民からの相談体制の整備） 関係資格者団体として，「空家発生のきっかけとなりやすい相続等の法務については司法書士等」を明記すべきである。	相続等の法務について司法書士や弁護士等の方々が対応されていることは自明であり、またご指摘の個所は空家等そのものに関する専門的な相談先についての記載箇所であるため、原案どおりとさせていただきます。
6	（対象箇所：－3（2）空家等の所有者等の特定及び意向の把握） P8「（2）空家等の所有者等の特定及び意向の把握」の中で「その際、敷地と建築物等の所有者等が異なる場合においても、その敷地の所有者等は空家等の所有者等に含まれることに留意する。」とあるが、この記述はあくまで「意向の把握」についてのみか。土地所有者が地上建物を単独で解体することはできず、仮に行政代執行の後に自治体が費用請求を行うこととなった場合、建物を保有していない土地所有者には請求ができないと思われるが、どの範囲まで土地所有者の責任を言及しているのか。	借地上の空家の場合には、土地所有者から空家所有者に対して適切な管理について働きかける、土地所有者に立木や雑草についての権限がある場合に繁茂している立木等について措置を行う、空家所有者が不在者等の場合に財産管理人の選任申立てを行うといったことが考えられ、土地所有者にも一定の役割を担う責務があると考えております。
7	（対象箇所：－3（2）空家等の所有者等の特定及び意向の把握） 敷地と建築物等の所有者が異なる場合に，その敷地所有者等が「空家等の所有者等」に含まれるが，その場合の特定空家の略式代執行による建物除却費用の回収方法が問題となっている。建物除却費用の回収への懸念を払しょくするため，敷地である土地の交換価値については「特定空家等の除却等費用について特別の先取特権に類似する権利を認める」等，利用価値については「除却後の敷地に法定地上権に類似する権利を認める」等を今後の法改正に向けて検討いただきたい。	今後の検討において参考にさせていただきます。
8	（対象箇所：－4空き家等に関するデータベースの整備等） 固定資産税等の住宅用地特例が適用されない「今後居住の用に供される見込みがないと認められる家屋」の判断基準としては、平成27年5月26日付け総務省固定資産税課長通知がある	令和3年3月30日付け事務連絡（空き家対策の推進を目的とした固定資産税の住宅用地特例に関する取組について（情報提供））により、市町村に対し、「居住の用に供するために必要な管理を怠っている場合等で今後人の居住の用に供される見込みがないと認められる場合」に

	が、この中で特に「必要な措置を怠っている場合等で今後人の居住の用に供される見込みがないと認められる場合」について、別途具体的な事例を示していただきたい。	該当するか否かを判断し、該当する家屋の敷地の用に供されている土地について、空家等対策特別措置法第14条第2項に基づく勧告の有無にかかわらず住宅用地に対する固定資産税の課税標準の特例の対象から除外する取組を進めている市町村の事例を周知済みのため、原案どおりとさせていただきます。
9	(対象箇所：一8(2)② 空き家の発生を抑制するための税制上の特例措置（所得税・個人住民税の特例） 1.「税務部局と情報共有し、連携して必要な対応」というのは、通常の市町村を念頭においているようにみえるが、特別区の場合は事情が異なる。特別区の場合、住宅用地特例に関して「必要な対応」をするのは東京都であるから、この点に配慮した記述が必要ではないか。	ご意見を踏まえ、「…空家等対策で得られた情報について、税務部局（特別区にあっては東京都の税務部局）と情報共有し、連携して必要な対応を行うことが重要となる。」に修正いたします。
10	(対象箇所：三3（2）空家等の利活用、除却等に対する支援施策) 基本的な指針一1にあるように、今後予想される空き家の増加とそれに伴う問題の発生を可能な限り抑制するために、空き家の発生抑制が重要と考える。空家等の利活用や除却に加えて、発生抑制に関する市町村の取組に対しても国の支援についても記述を求める。	空き家の発生抑制の重要性等については三3（1）に記載していることから、原案どおりとさせていただきます。なお、住宅市場を活用した空き家対策モデル事業において、発生抑制についても支援しているところです。
11	(全体意見) 本件のような空家対策は推進してください。	頂いたご意見は今後の参考とさせていただきます。
12	(全体意見) 戸建ての空き家の増加と同様にマンションの空き室も増加傾向にあることを踏まえて、居住所有者が困っている現状と不公平感情について調査をしてその結果を広報し啓発すべきであり、この点の追加を希望する。	集合住宅については、現に居住している者がいない空部屋がほとんどであっても、一部でも現に居住している者がいる住戸がある限り、空家法に規定する「空家等」には該当しません。 区分所有者の非居住化等による空き室の増加は、マンションの管理不全を加速させる要因の一つであると考えております。マンションの管理不全を防止し、適正な管理を推進していくため、令和2年6月にマンションの管理の適正化の推進に関する法律を改正し、マンションの管理の適正化のための国による基本方針の策定、地方公共団体によるマンション管理適正化推進計画制度や管理計画認定制度等の措置を講じ、マンションの良好な居住環境の確保を図っていくこととしております。

資料3　「特定空家等に対する措置」に関する適切な実施を図るために必要な指針（ガイドライン）

平成27年２月26日付け総務省・国土交通省告示第１号
（最終改正　令和３年６月30日付け総務省・国土交通省告示第１号）

はじめに

平成26年11月27日に公布された空家等対策の推進に関する特別措置法（平成26年法律第127号。以下「法」という。）においては、空家等（法第２条第１項に規定する空家等をいう。以下同じ。）の所有者又は管理者（以下「所有者等」という。）が、空家等の適切な管理について第一義的な責任を有することを前提としつつ、法第４条において、住民に最も身近な行政主体であり、個別の空家等の状況を把握することが可能な立場にある市町村（特別区を含む。以下同じ。）が、地域の実情に応じた空家等に関する対策の実施主体として位置付けられている。法に基づく空家等対策の基本的な考え方については、法第５条第１項に基づく空家等に関する施策を総合的かつ計画的に実施するための基本的な指針（平成27年２月26日付け総務省・国土交通省告示第１号。以下「基本指針」という。）により示されている。法に基づく空家等対策のうち、特に、特定空家等（法第２条第２項に規定する特定空家等をいう。以下同じ。）については、法第14条各項において、市町村長（特別区の区長を含む。以下同じ。）が当該特定空家等の所有者等に対して講ずることができる措置が規定されている。市町村長は、周辺の生活環境の保全を図るために必要があると認められるときは、速やかに特定空家等の所有者等に対し、適切な措置を講ずべきである。他方、これらの措置については、強い公権力の行使を伴う行為が含まれることから、その措置に係る手続についての透明性及び適正性の確保が求められるところである。

以上を踏まえ、法第14条第14項の規定に基づき、特定空家等に対する措置に関し、その適切な実施を図るために必要な指針（以下「ガイドライン」という。）を定めるものである。

本ガイドラインは、市町村が特定空家等の判断の参考となる基準等及び「特定空家等に対する措置」に係る手続について、参考となる一般的な考え方を示すものである。したがって、各市町村において地域の実情を反映しつつ、適宜固有の判断基準を定めること等により特定空家等に対応することが適当である。また、措置に係る手続については、必要に応じて、手続を付加することや法令等に抵触しない範囲で手続を省略することを妨げるものではない。なお、法第14条第１項及び第２項に基づく特定空家等に対する助言・指導及び勧告については、本ガイドラインにおいては行政手続法（平成５年法律第88号）上の関連規定を示しているところ、同法第３条第３項により市町村が行う行政指導については同法第４章の規定が適用除外とされていることから、実務的には本ガイドラインを参考としつつ、各市町村が定める行政手続条例等によることとなる。

また、本ガイドラインは、今後、法に基づく措置の事例等の知見の集積を踏まえ、適宜見直される場合があることを申し添える。

第１章　空家等に対する対応

１．法に定義される空家等及び特定空家等

空家等の定義の解釈は、基本指針一３⑴に示すとおりである。特定空家等は、この空家等のうち、法第２条第２項において示すとおり、以下の状態にあると認められる空家等と定義されている。

㈠ そのまま放置すれば倒壊等著しく保安上危険となるおそれのある状態
㈡ そのまま放置すれば著しく衛生上有害となるおそれのある状態
㈢ 適切な管理が行われていないことにより著しく景観を損なっている状態
㈣ その他周辺の生活環境の保全を図るために放置することが不適切である状態

特定空家等のうち㈠又は㈡については、現に著しく保安上危険又は著しく衛生上有害な状態の空家等のみならず、将来著しく保安上危険又は著しく衛生上有害な状態になることが予見さ

れる空家等も含めて、幅広く対象と判断することのできるものであることに留意が必要である。

空家等を特定空家等として判断した後、法に基づき、特定空家等に対する措置を講じるに当たっては、当該特定空家等の状態及び当該特定空家等が周辺の生活環境に及ぼす影響の程度に応じて適切な対応を行う必要がある。上述したように、特定空家等については幅広く対象と判断することのできるものであるため、周辺の生活環境への悪影響が顕在化する前の段階において所有者等による自主的な対応を促す観点から、そのまま放置すれば将来的に周辺の生活環境への悪影響が顕在化することが予見されるものとして早期に特定空家等として判断し、所有者等に対する法第14条に基づく助言又は指導を開始することも考えられる。

なお、基本指針一3(1)のとおり、法第2条第1項の「建築物」とは、建築基準法（昭和25年法律第201号）第2条第1号の「建築物」と同義であるが、外見上はいわゆる長屋等であっても、隣接する住戸との界壁が二重となっているなど、それぞれの住戸が別個の建築物である場合には、同項のいう建築物に該当する。

2．具体の事案に対する措置の検討

(1) 特定空家等と認められる空家等に対して法の規定を適用した場合の効果等

適切な管理が行われていない空家等のうち、特定空家等と認められるものに対して、法の規定を適用した場合の効果等について概略を整理する。

イ 「特定空家等に対する措置」の概要

市町村長は、特定空家等の所有者等に対し、除却、修繕、立木竹の伐採その他周辺の生活環境の保全を図るために必要な措置をとるよう助言又は指導（法第14条第1項）、勧告（同条第2項）及び命令（同条第3項）することができるとともに、その措置を命ぜられた者がその措置を履行しないとき、履行しても十分でないとき又は履行しても期限までに完了する見込みがないときは、行政代執行法（昭和23年法律第43号）の定めるところに従い、当該措置を自らし、又は第三者をしてこれをさせることができる（同条第9項）。

また、市町村長は、過失がなくてその措置を命ぜられるべき者を確知することができないときは、その者の負担において、その措置を自ら行い、又はその命じた者若しくは委任した者に行わせることができる（同条第10項、いわゆる略式代執行）。

ロ 「特定空家等に対する措置」の手順

法に定める特定空家等として、法の規定を適用する場合は、法第14条に基づく助言又は指導、勧告、命令の手続を、順を経て行う必要がある。緊急事態において応急措置を講ずる必要がある場合であっても、法により対応しようとするのであれば同様である。これは、特定空家等の定義が「そのまま放置すれば倒壊等著しく保安上危険となるおそれのある…と認められる空家等をいう」とされるなど、将来の蓋然性を考慮した判断内容を含み、かつ、その判断に裁量の余地がある一方で、その措置については財産権の制約を伴う行為が含まれることから、当該特定空家等の所有者等に対し、助言・指導といった働きかけによる行政指導の段階を経て、不利益処分である命令へと移行することにより、慎重な手続を踏む趣旨である。

また、1.のとおり、そのまま放置すれば著しく保安上危険又は著しく衛生上有害な状態となることが予見される空家等については幅広く特定空家等に該当するものと判断し、周辺の生活環境への悪影響が顕在化する前の段階から、法第14条に基づく助言又は指導を行い、改善がなされない場合には勧告を行った上で、必要に応じて命令等の実施を検討することも考えられる。

なお、法と趣旨・目的が同様の各市町村における空家等の適正管理に関する条例において、適切な管理が行われていない空家等に対する措置として、助言又は指導、勧告、命令の三段階ではなく、例えば助言又は指導、勧告を前置せずに命令を行うことを規定している場合、上記のように慎重な手続を踏むこととした法の趣旨に反することとなるため、当該条例の命令に関する規定は無効となると解される。

ハ 固定資産税等の住宅用地特例に関する措置

特定空家等に該当する家屋に係る敷地が、固定資産税等のいわゆる住宅用地特例の対象であって、法第14条第2項に基づき、市町村長が当該特定空家等の所有者等に対して除却、修繕、立木竹の伐採その他周辺の生活環境の保全を図るために必要な措置をとることを勧告した場合は、地方税法（昭和25年法律第226号）第349条の３の２第１項等の規定に基づき、当該特定空家等に係る敷地について、固定資産税等の住宅用地特例の対象から除外される。

なお、家屋の使用若しくは管理の状況又は所有者等の状況等から客観的にみて、当該家屋について、構造上住宅と認められない状況にある場合、使用の見込みはなく取壊しを予定している場合又は居住の用に供するために必要な管理を怠っている場合等で今後人の居住の用に供される見込みがないと認められる場合には、当該家屋が特定空家等に該当するか否かに関わらず、住宅には該当しないものであるため、そうした家屋の敷地についてはそもそも固定資産税等の住宅用地特例は適用されない。したがって、空家等対策で得られた情報について、税務部局（特別区にあっては都。以下同じ。）と情報共有し、連携して必要な対応を行うことが重要となる。

⑵　行政の関与の要否の判断

市町村の区域内の空家等に係る実態調査や、地域住民からの相談・通報等により、適切な管理が行われていない空家等に係る具体の事案を把握した場合、まず、当該空家等の状態やその周辺の生活環境への悪影響の程度等を勘案し、私有財産たる当該空家等に対する措置について、行政が関与すべき事案かどうか、その規制手段に必要性及び合理性があるかどうかを判断する必要がある。

⑶　他の法令等に基づく諸制度との関係

空家等に係る具体の事案に対し、行政が関与すべき事案であると判断された場合、どのような根拠に基づき、どのような措置を講ずべきかを検討する必要がある。適切な管理が行われていない空家等に対しては、法に限らず、他法令により各法令の目的に沿って必要な措置が講じられる場合が考えられる。例えば、現に著しく保安上危険な既存不適格建築物に対する建築基準法に基づく措置や、火災予防の観点からの消防法（昭和23年法律第186号）に基づく措置のほか、立木等が道路に倒壊した場合に道路交通の支障を排除する観点からの道路法（昭和27年法律第180号）に基づく措置、災害が発生し、又はまさに災害が発生しようとしている場合に応急措置を実施する観点からの災害対策基本法（昭和36年法律第223号）に基づく措置、災害における障害物の除去の観点からの災害救助法（昭和22年法律第118号）に基づく措置などである。状況によっては、措置の対象物ごとに異なる諸制度を組み合わせて適用することも考えられる。各法令により、目的、講ずることができる措置の対象及び内容、実施主体等が異なることから、措置の対象となる空家等について、その物的状態や悪影響の程度、危険等の切迫性等を総合的に判断し、手段を選択する必要がある。

３．所有者等の特定

空家等の所有者等の特定方法としては、不動産登記簿情報による登記名義人の確認、住民票情報や戸籍謄本等による登記名義人や相続人の存否及び所在の確認等と併せ、地域住民への聞き取り調査等が行われているところである。

これらに加え、法第10条により、市町村長は、固定資産税の課税その他の事務のために利用する目的で保有する情報であって氏名その他の空家等の所有者等に関するものについては、法の施行のために必要な限度において内部利用できる（同条第１項）（特別区においては、区長からの提供の求めに応じて、都知事が当該情報の提供を行う（同条第２項））ほか、関係する地方公共団体の長等に対して、空家等の所有者等の把握に関し必要な情報の提供を求めることができる（同条第３項）こととされたことから、市町村長は、所有者等の特定に当たって、これらの規定を適宜活用することが考えられる。

⑴　所有者等の特定に係る調査方法等

所有者等の特定に当たり想定される調査方法は主に、

- 登記情報（所有権登記名義人等の氏名及び住所）の確認
- 住民票の写し等及び戸籍の附票の写しの確認（所有権登記名義人等の現住所・転出・生存状況の確認）
- 戸籍の確認（法定相続人の確認）
- 固定資産課税台帳の記載事項の確認（所有者等の氏名及び住所）
- 親族、関係権利者等への聞き取り調査
- 必要に応じて実施する居住確認調査
- 水道・電気・ガスの供給事業者の保有情報や郵便転送情報の確認調査

・公的機関（警察・消防等）の保有情報の有無の確認
・その他（市町村の関係する部局において把握している情報の確認、家庭裁判所への相続放棄等の申述の有無の確認等）

が想定されるが、これらの調査に要する人員、費用、時間等を考慮してケースごとに必要性を判断する必要があると考えられる。空家等の所有者等の特定に係る調査手順の例を〔別紙5〕に示す。また、所有者等の特定に係る調査や登記関係業務等に関し、専門的な知識が必要となる場合には、司法書士、行政書士又は土地家屋調査士等の活用が有効である。

また、空家等について、相続に伴う登記手続が一代又は数代にわたりなされていない場合や相続人が多数となる場合等において相続人全員の所在が容易には判明しないときは、当該空家等への対応の緊急性等を勘案して、例えば判明した一部の所有者等に対して先行して必要な対応を行う旨の助言を行う等の対応も考えられる。また、相続人が多数となる場合にあっては、相続人の意向確認を行うに当たり、例えば、相続人のうちの特定の者に連絡役を依頼する方法、相続放棄を利用する方法、相続分を他の共有者等に譲渡してもらう方法により現在の所有者等の特定に係る事務や所有者等の特定後の対応を効率的に進めることが考えられる。

なお、所有者等が法人であることが判明し、当該法人が事業活動を行っていないと思われる場合は、当該法人の事業状況や代表者を把握するため、法人登記簿に記載されている代表者や役員、清算人等について自然人と同様の調査を行うことが考えられる。

⑵　国外に居住する所有者等の特定に係る調査手法等

⑴の調査において所有者等が国外に居住していることが判明した場合には、それまでの調査の過程でその氏名及び住所が判明した親族等の関係者への郵送等による照会等を行うとともに、市町村が法第10条第3項に基づく求めとして行う外務省の調査を利用することが考えられる。なお、当該調査を利用する際には、十分な資料が求められることに留意が必要となる。

また、所有者等が国内又は国外に居住する外国籍の者であることが判明した場合には、親族、関係権利者等（国外に居住する場合にあっては、納税管理人を含む。）への聞き取り調査等を行うほか、法第10条第3項に基づき、住居地の市町村への外国人住民登録の照会、東京出入国在留管理局への出入国記録や外国人登録原票の照会を行うことが考えられる。

⑶　所有者等の所在を特定できない場合等の措置

⑴及び⑵の調査手法によってもなお、空家等の所有者等の所在を特定できない場合又は所有者が死亡しており相続人のあることが明らかではない場合（相続人全員が相続放棄をして相続する者がいなくなった場合を含む。）において、当該空家等が特定空家等に該当する場合にあっては、法第14条第10項に基づく略式代執行を行うことができる。そのほか、所有者等が自然人であるときは、民法（明治29年法律第89号）第25条第1項又は第952条第1項に基づく財産管理制度を活用して、利害関係人等が家庭裁判所に不在者財産管理人又は相続財産管理人の選任の申立てを行った上で、市町村が、家庭裁判所により選任された不在者財産管理人又は相続財産管理人を名宛人として法第14条に基づく措置（同条第9項に基づく行政代執行を含む。）を行うことも考えられる。

借地上の建築物等の所有者等の所在が特定できない場合等は、敷地の所有者等が利害関係人として不在者財産管理人等の選任の申立てを行うことも考えられる。

また、当該空家等が特定空家等に該当しない場合であっても、不在者財産管理人又は相続財産管理人が家庭裁判所へ権限外行為許可の申立てを行い、許可を得て、当該空家等の売却処分・無償譲渡等の処分行為等を行うことが可能な場合がある。

なお、不在者財産管理人又は相続財産管理人の選任の申立ては、民法の規定に基づき利害関係人等が行うが、例えば、市町村が当該空家等の所有者等に対して債権を有しない場合や法第14条に基づく特定空家等と認める手続を行っていない場合であっても、法に基づく措置の主体である市町村における申立てが認められる場合がある。また、当該空家等の敷地が所有者不明土地の利用の円滑化等に関する特別措置法（平成30年法律第49号）第2条第1項に規定する所有者不明土地に該当し、その適切な管理のため特に必要があると認められる場合には、同法第38条に基づき市町村長は不在者財産管理人又は相続財産管理人の選任の申立てを行うことも考えられる。

所有者等である法人が解散をしている場合等は、原則として、会社法（平成17年法律第86号）等の根拠法に基づく清算制度を活用して、解散後に存続する財産について清算を進めることとされている。清算人の全員について死亡が確認された場合等において空家等の譲渡を行うときなど、必要な場合には、地方裁判所に対して利害関係人等が清算人の選任の申立てを行うことが考えられる。

(4)　具体的な調査方法等に係る留意事項

法第10条に定める市町村長が内部利用等できる情報のうち、固定資産課税台帳に記載された情報の内部利用等の取扱いについては、「固定資産税の課税のために利用する目的で保有する空家等の所有者に関する情報の内部利用等について」（平成27年２月26日付け国住備第943号・総行地第25号）を参照されたい。

また、日本郵便株式会社に郵便の転送情報の提供を求める場合は、日本郵便株式会社から当該情報の提供を受けることが可能となる要件等を記載した「郵便事業分野における個人情報保護に関するガイドライン（平成29年総務省告示167号）の解説」（令和２年３月１日総務省）を参考にされたい。

第２章　「特定空家等に対する措置」を講ずるに際して参考となる事項

特定空家等に対する措置を講ずるに際しては、空家等の物的状態が第１章１.の(イ)～(ニ)の各状態であるか否かを判断するとともに、当該空家等がもたらす周辺への悪影響の程度等について考慮する必要がある。

また、特定空家等は将来の蓋然性を含む概念であり、必ずしも定量的な基準により一律に判断することはなじまない。特定空家等に対する措置を講ずるか否かについては、下記(1)を参考に特定空家等と認められる空家等に関し、下記(2)に示す事項を勘案して、総合的に判断されるべきものである。なお、その際、法第７条に基づく協議会等において学識経験者等の意見を聞くことも考えられる。

(1)　特定空家等の判断の参考となる基準

空家等の物的状態が第１章１.の(イ)～(ニ)の各状態であるか否かの判断に際して参考となる基準について、〔別紙１〕～〔別紙４〕に示す。

なお、第１章１.の(イ)又は(ロ)の「おそれのある状態」については、そのまま放置した場合の悪影響が社会通念上予見可能な状態を指すものであって、実現性に乏しい可能性まで含む概念ではないことに留意されたい。また、第１章１.の(イ)～(ニ)に示す状態は、例えば外壁が腐朽して脱落することにより保安上危険となるおそれのある空家等が地域の良好な景観を阻害している場合のように、一件の特定空家等について複数の状態が認められることもあり得る。

(2)　「特定空家等に対する措置」の判断の参考となる基準

①周辺の建築物や通行人等に対し悪影響をもたらすおそれがあるか否か

特定空家等が現にもたらしている、又はそのまま放置した場合に予見される悪影響 の範囲内に、周辺の建築物や通行人等が存在し、又は通行し得て被害を受ける状況に あるか否か等により判断する。その際の判断基準は一律とする必要はなく、当該空家 等の立地環境等地域の特性に応じて、悪影響が及ぶ範囲を適宜判断することとなる。例えば、倒壊のおそれのある空家等が狭小な敷地の密集市街地に位置している場合や 通行量の多い主要な道路の沿道に位置している場合等は、倒壊した場合に隣接する建 築物や通行人等に被害が及びやすく、特定空家等に対する措置を講ずる必要性が高く、また、例えば、直ちに屋根、外壁等の脱落、飛散等のおそれはないがこれらの部位が 損傷している場合等は、現に周辺への被害が顕在化している状態ではないものの、そ のまま放置すれば周辺に被害が及ぶおそれが予見されることから、早期の段階から特 定空家等に対する措置を講ずる必要性が高いと考えられる。

②悪影響の程度と危険等の切迫性

特定空家等が現にもたらしている、又はそのまま放置した場合に予見される悪影響が周辺の建築物や通行人等にも及ぶと判断された場合に、その悪影響の程度が社会通念上許容される範囲を超えるか否か、またもたらされる危険等について切迫性が高いか否か等により判断する。その際の判断基準は一律とする必要はなく、気候条件等地域の実情に応じて、悪影響の程度や危険等の切迫性を適宜判断することとなる。例えば、樹木が繁茂し景観を阻害している空家等が、景観保全に係るルールが定められている地区内に位置する場合は、特定空家等に対する措置を講ずる必要性が高く、また、老朽化した空家等が、大雪や台風等の影響を受けやすい地域に位置する場合等は、そのまま放置した場合の危険等の切迫性の高さに鑑みて周辺環境への悪影響が顕在化する前の早期の段階から特定空家等に対する措置を講ずる必要性が高いと考えられる。

第３章 特定空家等に対する措置

特定空家等に対する措置は、行政指導である助言又は指導（法第14条第１項）及び勧告（同条第２項）、不利益処分である命令（同条第３項）、代執行（同条第９項）、過失がなくて必要な措置を命ぜられるべき者を確知することができないときのいわゆる略式代執行（同条第10項）とに大別される。このうち、命令については、行政手続法第３章（不利益処分。ただし、同法第12条（処分の基準）及び第14条（不利益処分の理由の提示）を除く。）の規定を適用除外とし（法第14条第13項）、法において特例を定めている点に留意されたい（詳述は本章５．を参照）。

１．適切な管理が行われていない空家等の所有者等の事情の把握

空家等の所有者等は当該空家等の所在地と異なる場所に居住していることから、自らが所有する空家等の状態を把握していない可能性や、空家等を相続により取得した等の事情により、自らが当該空家等の所有者であることを認識していない可能性等も考えられる。したがって、適切な管理が行われていない空家等について、まずは所有者等に連絡を取り、当該空家等の現状を伝えるとともに、当該空家等に関する今後の改善方策に対する考えのほか、処分や活用等についての意向など、所有者等の主張を含めた事情の把握に努めることが望ましい。その際は、必ずしも書面で行う方法のみによる必要はなく、対面や電話等の通信手段を選択することも考えられる。

上記の事情把握は、必ずしも法第14条に基づく法律上の行為として行う必要はなく、例えば所有者等であると考えられる者に対し、事実確認のために連絡を取るなど事実行為として行うことも考えられる。

また、当該空家等が特定空家等に該当すると考えられる場合にあっても、直ちに法第９条第２項に基づく立入調査や法第14条第１項に基づく指導等の手続を開始するのではなく、把握した当該特定空家等の所有者等の事情を勘案し、具体の対応方策を検討することが考えられる。例えば、

- 所有者等に改善の意思はあるものの、その対処方策が分からない
- 遠隔地に居住しているために、物理的に自ら対策を講ずることができない
- 経済的な対応の余地はあるが、身体的理由等により対応が困難である

等の場合には、状況に応じて、空家等の除却、改修、管理等に関する相談窓口や活用できる助成制度を紹介すること等により、解決を図ることも考えられる。

一方、危険が切迫している等周辺の生活環境の保全を図るために速やかに措置を講ずる必要があると認められる場合は、市町村長は所定の手続を経つつも法第14条に基づく勧告、命令又は代執行に係る措置を迅速に講ずることが考えられる。

２．「特定空家等に対する措置」の事前準備

⑴　立入調査（法第９条第２項～第５項）

市町村長は、法第14条第１項から第３項までの規定の施行に必要な限度において、当該職員又はその委任した者に、空家等と認められる場所に立ち入って調査をさせることができる（法第９条第２項）。この立入調査は、例えば、外見上危険と認められる空家等について措置を講じようとする場合、外観目視による調査では足りず、敷地内に立ち入って状況を観察し、建築物に触れるなどして詳しい状況を調査し、必要に応じて内部に立ち入って柱や梁等の状況を確認する必要がある場合に実施するものである。なお、立入調査は、必要最小限度の範囲で行うべきものである。

また、立入調査結果が、必ずしも法第14条第

１項から第３項までの規定による措置に結びつかなくとも、特定空家等に該当する可能性があると認められるか否か、当該空家等に対する措置を講ずる必要があるか否か、あるとすればどのような内容の措置を講ずべきか等を確かめようとすることは、目的が正当なものであるとして許容されるものと解される。一方、当該空家等の敷地内に立ち入らずとも目的を達成し得る場合には、不必要に立入調査を実施することは認められない。

イ　所有者等に対する事前の通知

市町村長は、空家等と認められる場所に立入調査を行おうとするときは、その５日前までに、当該空家等の所有者等にその旨を通知しなければならない（法第９条第３項本文）。この「５日」の期間の計算については、期間の初日は参入しないものと解される。

特に、1.により、空家等の所有者等と連絡が取れなかった場合には、空家等の所有者等は、当該空家等の状況を把握していない可能性があることから、事前の通知に当たって所有者等と連絡が取れた際には、立入調査の根拠のほか、立入調査をしようとするに至った理由等について、十分に説明するよう努めるべきである。また、立入調査を行う際、所有者等の立会いを得ることは、立入調査を円滑に実施することができるとともに、関係者が当該空家等の状況や所有者等の事情等を共有することで、対応方針の早期決定につながることが期待されることから、有用であると考えられる。

一方、所有者等に対し通知することが困難であるときは通知は要しない（法第９条第３項ただし書）。

ロ　身分を示す証明書の携帯と提示

空家等と認められる場所に立ち入ろうとする者は、その身分を示す証明書（参考様式１）を携帯し、関係者の請求があったときは、これを提示しなければならない（法第９条第４項）。

ハ　留意事項

(イ)　法に基づく立入調査は、相手方が立入調査を拒否した場合等の過料が定められている（法第16条第２項）が、相手方の抵抗を排除してまで調査を行う権限を認めるものではない。すなわち、明示的な拒否があった場合に、物理的強制力を行使してまで立入調査をすることはできない。

(ロ)　法に基づく立入調査は行政調査であり、法「第14条第１項から第３項までの施行」という行政目的の達成のためにのみ認められるものであり、別の目的のために当該立入調査を行うことは認められない。特に、犯罪捜査のために行政調査を行うことは許されず、この点は法第９条第５項に明示されているところである。

(ハ)　空家等は、所有者等の意思を確認することが困難な場合があるところ、倒壊等の危険があるなどの場合に、空家等と認められる場所の門扉が閉じられている等敷地が閉鎖されていることのみをもって敷地内に立ち入れないとなると、法の目的が十分に達成できないおそれがある。また、立入調査を行っても、現に居住や使用がなされている建築物に比してそのプライバシーの侵害の程度は相対的に軽微である。このため、門扉が閉じられている等の場合であっても、物理的強制力の行使により立入調査の対象とする空家等を損壊させるようなことのない範囲内での立入調査は許容され得るものと考えられる。

(ニ)　空家等と認められるとして立ち入った結果、建物内に占有者がいる等使用実態があることが判明した場合は、当該建築物は特定空家等に該当しないこととなり、それ以降、立入調査を継続することはできない。この場合、占有者等の同意の下で社会通念上相当と認められる範囲で所有者等の確認等（例えば、所有者の確認、当該建築物をどのように使用しているのか等）を行うことは、法第９条第１項の調査として許容されるものと解される。なお、建築物等に立ち入った時点において当該建築物等が「空家等と認められる場所」であった以上、使用実態があることが判明する以前の立入調査は適法な行為である。

(2)　データベース（台帳等）の整備と関係部局への情報提供

法第11条に定める空家等に関するデータベースの整備等についての考え方は、基本指針一４に示すとおり、特定空家等については、その所在地、現況、所有者等の氏名などに加えて、「特定空家等に対する措置の内容及びその履歴についても併せて記載する等により、継続的に把握していく必要がある。」とされているところである。

また、特定空家等に対する措置に係る事務を円滑に実施するためには、当該市町村の関係内部部局との連携が不可欠であることから、空家等施策担当部局は、必要に応じて特定空家等に関する情報を関係内部部局に提供し、共有することが望ましい。特に、法第14条第２項に基づき勧告がなされた場合、当該特定空家等に係る土地については、固定資産税等のいわゆる住宅用地特例の対象から除外されることとなるため、少なくとも税務部局に対しては、空家等施策担当部局から常に特定空家等に係る最新情報を提供し、税務部局の事務に支障を来すようなことがないようにしなくてはならない。

また、関係内部部局において所有者等の情報を含むデータベースを共有する場合は、個人情報が漏えいすることのないよう、細心の注意を払う必要がある。

(3) 特定空家等に関係する権利者との調整

法第14条に基づき特定空家等に対する措置を講じようとする特定空家等について、その措置の過程で、抵当権等の担保物権や賃貸借契約による賃貸借権が設定されていること等が判明することが考えられる。この場合、同条に基づく特定空家等に対する措置は、客観的事情により判断される特定空家等に対してなされる措置であるため、命令等の対象となる特定空家等に抵当権等が設定されていた場合でも、市町村長が命令等を行うに当たっては、関係する権利者と必ずしも調整を行う必要はなく、基本的には当該抵当権者等と特定空家等の所有者等とによる解決に委ねられるものと考えられる。

3．特定空家等の所有者等への助言又は指導（法第14条第１項）

法に基づく特定空家等の措置は、当該特定空家等の所有者等に対する助言又は指導といった行政指導により、所有者等自らの意思による改善を促すことから始めることとされている。

(1) 特定空家等の所有者等への告知

イ 告知すべき事項

助言又は指導に携わる者は、その特定空家等の所有者等に対して、

・当該助言又は指導の内容及びその事由

・当該助言又は指導の責任者を明確に示さなければならない。

また、助言又は指導後の対応として、

・助言又は指導に係る措置を実施した場合は、遅滞なく当該助言又は指導の責任者に報告すること

・助言又は指導をしたにも関わらず、なお当該特定空家等の状態が改善されないと認められるときは、市町村長は勧告を行う可能性があること

・市町村長が勧告をした場合は、地方税法の規定に基づき、当該特定空家等に係る敷地について固定資産税等のいわゆる住宅用地特例の対象から除外されることとなること

についても、当該特定空家等の所有者等に対してあらかじめ示し、所有者等自らの改善を促すよう努めるべきである。

助言及び指導は、口頭によることも許容されているが、改善しなかった場合の措置を明確に示す必要がある場合には、書面で行うことが望ましい。

ロ 助言又は指導の趣旨及び内容

特定空家等の所有者等は当該特定空家等の状況を把握していない可能性があること等を考慮し、助言又は指導の趣旨を示す際には、根拠規定のみならず、

・どの建築物等が特定空家等として助言又は指導の対象となっているのか

・当該特定空家等が現状どのような状態になっているのか

・周辺の生活環境にどのような悪影響をもたらしているか等について、分かりやすく示すことが望ましい。

また、助言又は指導できる措置の内容は、当該特定空家等についての除却、修繕、立木竹の伐採その他周辺の生活環境の保全を図るために必要な措置であるが、そのまま放置すれば倒壊等著しく保安上危険となるおそれのある状態又は著しく衛生上有害となるおそれのある状態のいずれでもない特定空家等については、建築物等の全部を除却する措置を助言又は指導することはできないことに留意されたい（法第14条第１項括弧書き）。

(2) 措置の内容等の検討

市町村長の助言又は指導により、その対象と

なった特定空家等の状態が改善された場合は、助言又は指導の内容は履行されたこととなるが、この場合においても、その履歴を記録しておくべきである。

一方、助言又は指導を受けた特定空家等が改善されないと認められるときは、市町村長は、当該特定空家等の所有者等に対し、繰り返し助言又は指導を行うべきか、必要な措置を勧告すべきかどうか、勧告する場合はどのような措置とするか等について検討する。その際、法第7条に基づく協議会において協議すること等も考えられる。なお、協議会で協議する場合には、協議の過程で当該特定空家等の所有者等に係る個人情報が外部に漏えいすることのないよう、細心の注意を払う必要がある。

4．特定空家等の所有者等への勧告（法第14条第2項）

⑴　勧告の実施

市町村長は、法第14条第1項に基づき助言又は指導をした場合において、なお当該特定空家等の状態が改善されないと認めるときは、当該特定空家等の所有者等に対し、相当の猶予期限を付けて、必要な措置をとることを勧告することができる（同条第2項）。

勧告を行う場合は、その特定空家等の所有者等に対して、

・当該勧告に係る措置の内容及びその事由
・当該勧告の責任者

を明確に示さなければならない。また、勧告を行う際には、

・勧告に係る措置を実施した場合は、遅滞なく当該勧告の責任者に報告すべきであること
・正当な理由がなくてその勧告に係る措置をとらなかった場合、市町村長は命令を行う可能性があること
・地方税法の規定に基づき、当該特定空家等に係る敷地について固定資産税等のいわゆる住宅用地特例の対象から除外されること

についても併せて示すべきである。

勧告は、措置の内容を明確にするとともに、勧告に伴う効果を当該特定空家等の所有者等に明確に示す観点から、書面（参考様式2）で行うものとする。

また、勧告の送達方法について具体の定めはなく、直接手交、郵送などの方法から選択することが考えられる。勧告は、相手方に到達することによって効力を生じ、相手方が現実に受領しなくとも相手方が当該勧告の内容を了知し得るべき場所に送達されたら到達したとみなされるため、的確な送達の方法を選択すべきである。郵送の場合は、より慎重を期す観点から、配達証明郵便又は配達証明かつ内容証明の郵便とすることが望ましい。

なお、市町村長が特定空家等に対して必要な措置に係る勧告を講ずるに当たり、特定空家等の所有者等が複数存在する場合には、市町村長が確知している当該特定空家等の所有者等全員に対して勧告を行う必要がある。

市町村長による勧告を受けた特定空家等の建物部分とその敷地のいずれかが当該勧告後に売買等された結果として所有者等が変わってしまったとしても、当該勧告は建物部分とその敷地とを切り離すことなく特定空家等の所有者等に対して講じられた措置であり、売買等による変更のなかった所有者等に対する効力は引き続き存続することから、建物部分又はその敷地の所有者等のいずれかが当該勧告に係る措置を履行しない限り、当該勧告に伴う効果は継続する。なお、当然のことながら、このような場合において、新たに特定空家等の建物部分又はその敷地の所有者等となった者に対し、市町村長はできる限り迅速に、改めて勧告を講ずる必要がある（当然、助言又は指導から行う必要がある。）。

また、市町村長による勧告を受けた後に特定空家等が売買等により、建物部分とその敷地いずれについても所有者等が変わってしまった場合には、勧告の効力が失われるため、本来元の所有者等により講じられるべきであった措置の履行を促す観点から、新たに当該特定空家等の所有者等となった者に対し、市町村長はできる限り迅速に、改めて勧告を講ずる必要がある。その際、勧告の効力の有無は、固定資産税等のいわゆる住宅用地特例の適用関係に影響を与えるため、税務部局とも十分連携を図る必要がある。

イ　相当の猶予期限

「相当の猶予期限」とは、勧告を受けた者が当該措置を行うことにより、その周辺の生活環境

への悪影響を改善するのに通常要すると思われる期間を意味する。具体の期間は対象となる特定空家等の規模や措置の内容等によって異なるが、おおよそのところは、物件を整理するための期間や工事の施工に要する期間を合計したものを標準とすることが考えられる。

ロ　勧告に係る措置の内容

勧告に係る措置を示す際には、下記に留意されたい。

(イ) 当該特定空家等の所有者等が、具体的に何をどのようにすればいいのかが理解できるように、明確に示す必要がある。すなわち、「壁面部材が崩落しそうで危険なため対処すること」といった概念的な内容ではなく、例えば「壁面部材が崩落しないよう、東側2階部分の破損した壁板を撤去すること」等の具体の措置内容を示すべきである。また、建築物を除却する場合にあっても、建築物全部の除却なのか、例えば2階部分等一部の除却なのか等除却する箇所を明確に示す必要がある。

勧告に係る措置の内容が特定空家等の全部の除却であり、動産等（廃棄物を含む。以下「動産等」という。）に対する措置を含める場合は、勧告書（参考様式2）において、

・対象となる特定空家等の内部又はその敷地に存する動産等については、措置の期限までに運び出し、適切に処分等すべき旨

・特定空家等の除却により発生する動産等については、措置の期限までに関係法令※1に従って適切に処理すべき旨

を明記することが望ましい。

※1　廃棄物の処理及び清掃に関する法律（昭和45年法律第137号）、建設工事に係る資材の再資源化等に関する法律（平成12年法律第104号）などが挙げられる。

(ロ) 措置の内容は、周辺の生活環境の保全を図るという規制目的を達成するために必要かつ合理的な範囲内のものとしなければならない。したがって、例えば改修により目的が達成され得る事案に対し、いたずらに除却の勧告をすることは不適切である。

(2)　関係部局への情報提供

市町村長が、法に基づき特定空家等の所有者等に対して勧告した場合には、2(2)に述べたとおり、速やかに税務部局等関係内部部局に情報提供を行うことが必要である。

5．特定空家等の所有者等への命令（法第14条第3項～第8項）

市町村長は、上記勧告を受けた者が正当な理由がなくてその勧告に係る措置をとらなかった場合において、特に必要があると認めるときは、その者に対し、相当の猶予期限を付けて、その勧告に係る措置をとることを命ずることができる（法第14条第3項）。

イ　正当な理由

この「正当な理由」とは、例えば所有者等が有する権原を超えた措置を内容とする勧告がなされた場合等を想定しており、単に措置を行うために必要な金銭がないことは「正当な理由」とはならないと解される。

ロ　特に必要があると認めるとき

「特に必要があると認めるとき」とは、比例原則を確認的に規定したものであり、対応すべき事由がある場合において的確な権限行使を行うことは当然認められる。

ハ　相当の猶予期限

「相当の猶予期限」の解釈は、4(1)イの勧告における「相当の猶予期限」と同義である。

ニ　命令の形式

命令の形式については、命令の内容を正確に相手方に伝え、相手方への命令の到達を明確にすること等処理の確実を期す観点から、書面で行うものとする。

ホ　命令の送達方法

命令の送達方法について具体の定めはないが、勧告の送達方法に準じるものとする。

ヘ　法における特例手続

命令については、法第14条第13項により行政手続法第12条（処分の基準）及び第14条（不利益処分の理由の提示）を除き、同法第3章（不利益処分）の規定を適用しないこととし、その代わりに法第14条第4項から第8項までに、命令を行う際に必要な手続を定めている。この手続の具体の内容として、措置を命じようとする者は、意見書を提出するだけでなく公開による意見の聴取を行うことを請求する権利も保障されている（法第14条第5項）。

(1)　所有者等への事前の通知（法第14条第4項）

市町村長は、措置を命じようとする者又はその代理人に対し、あらかじめ所定の事項を記載した通知書（参考様式3）を交付しなければな

らない。記載する事項は、
・命じようとする措置の内容及びその事由
・意見書の提出先
・意見書の提出期限
とされている（法第14条第４項）。

当該通知書を交付する相手は、「措置を命じようとする者又はその代理人」とされており、措置を命じようとする者が代理人を選任できることが明示的に示されている。代理人は、当該命令に関する一切の行為をすることができるが、行政手続法第16条の規定を踏まえ、代理人の資格は書面で証明しなければならないとともに、代理人がその資格を失ったときは、当該代理人を選任した者は、書面でその旨を市町村長に届け出なければならない。

また、当該通知書においては、法第14条第４項に示す通知事項のほか、当該通知書の交付を受けた者は、その交付を受けた日から５日以内に、市町村長に対し、意見書の提出に代えて公開による意見の聴取を行うことが請求できること（同条第５項）について、あらかじめ示すことが望ましい。

なお、当該通知書の交付は、従前の命令の内容を変更しようとする場合も同様である。

イ　命じようとする措置の内容

命じようとする措置は、法第14条第２項に基づき行った「勧告に係る措置」であり、措置の内容は明確に示さなければならない。

その他の留意事項については、４⑴ロを参照されたい。

ロ　措置を命ずるに至った事由

市町村長は当該命じようとする措置の事由を示さなければならない（法第14条第
４項）。どの程度の事由を示さなければならないのかについて法に特段の定めは置かれていないが、単に根拠法令の条項を示すだけでは不十分であると考えられ、当該特定空家等がどのような状態にあって、どのような悪影響をもたらしているか、その結果どのような措置を命ぜられているのか等について、所有者等が理解できるように提示すべきである。

ハ　意見書の提出先及び提出期限

市町村長は、当該措置を命じようとする者又はその代理人に意見書及び自己に有利な証拠を提出する機会を与えなければならないとされている（法第14条第４項）。意見書及び証拠の提出は、命令の名あて人となるべき者にとって自己の権利利益を擁護するために重要な機会となるものであるから、行政手続法第15条第１項を踏まえれば、提出期限は意見書や証拠の準備をするのに足りると認められる期間を設定しなければならない。

⑵　所有者等による公開による意見聴取の請求（法第14条第５項）

命令に係る通知書の交付を受けた者は、その交付を受けた日から５日以内に、市町村長に対し、意見書の提出に代えて公開による意見の聴取を行うことを請求することができるとされている（法第14条第５項）。この「５日」の期間の計算については、期間の初日は算入しないものと解される。

なお、意見聴取の請求がなく当該期間を経過した場合には、⑴ハの意見書の提出期限の経過をもって、直ちに法第14条第３項に基づく命令をすることができる。

⑶　公開による意見の聴取（法第14条第６項～第８項）

市町村長は、命令に係る通知の交付を受けた者から、上記の意見の聴取の請求があった場合においては、当該措置を命じようとする者又はその代理人の出頭を求めて、公開による意見の聴取を行わなければならない（法第14条第６項）。なお、これらの者が出頭しない場合は意見聴取の請求がない場合と同様に取り扱って差し支えないと解される。また、「公開による」とは、意見聴取を傍聴しようとする者がある場合にこれを禁止してはならないというにとどまり、場内整理等の理由により一定者数以上の者の入場を制限することまで否定するものではない。

市町村長は、意見の聴取を行う場合においては、当該措置を命じようとする者又はその代理人に対し、意見聴取の期日の３日前までに、
・命じようとする措置
・意見の聴取の期日及び場所
を通知するとともに、これを公告しなければならない（法第14条第７項）。なお、通知は、意見聴取を実施する日の３日前までに相手方に到達しなければならない点に留意されたい。また、「３日」の期間の計算については⑵と同様、期間の初日は算入しないものと解される。

通知の方式について定めはなく、口頭での通知も可能と解されるが、処理の確実性を期す観点からは、書面によることが望ましい。公告の方式についても定めはなく、当該市町村で行われている通常の公告方式でよいと考えられる。

措置を命じようとする者又はその代理人は、意見の聴取に際して、証人を出席させ、かつ、自己に有利な証拠を提出することができる（法第14条第８項)。この際、市町村長は、意見聴取の円滑な進行のため、過度にわたらない程度に証人の数を制限し、また証拠の選択をさせることは差し支えないと解される。

⑷　**命令の実施**

⑴の事前の通知に示した意見書の提出期限までに意見書の提出がなかった場合、事前の通知書の交付を受けた日から５日以内に⑵の意見聴取の請求がなかった場 合（意見聴取の請求があった場合において請求した者が出頭しなかった場合を含む。)、意見書の提出又は意見聴取を経てもなお当該命令措置が不当でないと認められた場合は、法第14条第３項の規定に基づき、当該措置を命令することができる。

命令はその内容を正確に相手方に伝え、相手方への命令の到達を明確にすること等処理の確実性を期す観点から、書面（参考様式４）で行うものとする。

命令に係る措置の内容が特定空家等の全部の除却であり、勧告で動産等に対する措置を含めている場合は、命令書（参考様式４）において、

・対象となる特定空家等の内部又はその敷地に存する動産等については、措置の期限までに運び出し、適切に処分等すべき旨
・特定空家等の除却により発生する動産等については、措置の期限までに関係法令※1に従って適切に処理すべき旨を明記することが望ましい。

また、当該命令は行政争訟の対象となる処分であり、当該命令に対し不服がある場合は、行政不服審査法（平成26年法律第68号）第２条の規定により当該市町村長に

審査請求を行うことができる。したがって、命令においては、同法第82条第１項の規定に基づき、

・当該処分につき不服申立てをすることができる旨
・不服申立てをすべき行政庁
・不服申立てをすることができる期間について、書面で示さなければならない。

さらに、行政事件訴訟法（昭和37年法律第139条）第８条の規定により、当該命令について審査請求をせずに、当該市町村を被告とする行政訴訟によって、当該市町村長の処分の取消しを求めることもできることから、命令においては、同法第46条第１項の規定に基づき、

・当該処分に係る取消訴訟の被告とすべき者
・当該処分に係る取消訴訟の出訴期間

についても、書面で示さなければならない。

なお、本項による市町村長の命令に違反した者は、50万円以下の過料に処することとなる（法第16条第１項)。過料の徴収手続については、非訟事件手続法（平成23年

法律第51号）に規定がある。手続の開始は裁判所の職権によるが、裁判所が職権探知により事件を立件することは事実上不可能であり、一般的には、通知を受けて手続が開始されている。このため、裁判所の職権の発動を促すため、違反事実を証する資料（過料に処せられるべき者の住所地を確認する書類、命令書又は立入調査を拒んだ際の記録等）を添付して、過料事件の通知を管轄地方裁判所に行うことが考えられる。この場合の管轄裁判所は、過料に処せられるべき者の住所地の地方裁判所である。過料事件の審理においては、当事者の陳述を聴き、検察官の意見が求められる。ただし、裁判所が、相当と認めるときは、当事者の陳述を聴かないで過料の裁判をすることができ、当事者はこの略式裁判手続に対しては、裁判の告知を受けた日から一週間内に異議を申し立てることができる。異議があったときは、前の裁判はその効力を失い、改めて当事者の陳述を聴いた上で更に裁判が行われる。

⑸　**標識の設置その他国土交通省令・総務省令で定める方法による公示（法第14条第11項・第12項）**

市町村長は、法第14条第３項の規定による命令をした場合は、第三者に不測の損害を与えることを未然に防止する観点から、必ず標識（参考様式５）の設置をするとともに、市町村の公報への掲載、インターネットの利用その他市町村が適切と認める方法により同項の規定による

命令が出ている旨を公示しなければならない（法第14条第11項、空家等対策の推進に関する特別措置法施行規則（平成27年総務省・国土 交通省令第１号）本則）。

標識は、命令に係る特定空家等に設置することができ（法第14条第12項）、当該特定空家等において、目的を達成するのに最も適切な場所を選定してよいと解されるが、社会通念上標識の設置のために必要と認められる範囲に限られる。

６．特定空家等に係る代執行（法第14条第９項）

⑴　実体的要件の明確化

法第14条第９項は、行政代執行の要件を定めた行政代執行法第２条の特則であり、「第３項の規定により必要な措置を命じた場合において、その措置を命ぜられた者がその措置を履行しないとき、履行しても十分でないとき又は履行しても同項の期限までに完了する見込みがないとき」は、行政代執行法の定めるところに従い、代執行できることとしたものである。

代執行できる措置については、

・他人が代わってすることのできる義務（代替的作為義務）に限られること

・当該特定空家等による周辺の生活環境等の保全を図るという規制目的を達成するために必要かつ合理的な範囲内のものとしなければならないこと

の２つの要件を満たす必要がある。

その他手続等については、全て行政代執行法の定めるところによる。

⑵　手続的要件（行政代執行法第３条～第６条）

イ 文書による戒告（行政代執行法第３条第１項）

代執行をなすには、

・相当の履行期限を定め、

・その期限までに義務の履行がなされないときは、代執行をなすべき旨

を、予め文書（参考様式６）で戒告しなければならない。また、戒告を行う際には、5⑷の命令を行う際と同様、行政不服審査法第82条第１項及び行政事件訴訟法第46条第１項の規定に基づき、書面で必要な事項を相手方に示さなければならない。行政代執行法に基づく代執行の手続は戒告に始まるが、戒告は、義務を課す命令とは別の事務として、代執行の戒告であることを明確にして行うべきであると解される。なお、代執行の戒告であることを明確にして行うべきではあるものの、戒告が命令と同時に行われることは必ずしも妨げられるものではないとされている。

「相当の履行期限」について定めはないが、戒告は、その時点において命令に係る措置の履行がなされていないことを前提として、義務者が自ら措置を行うように督促する意味をもつものであるから、少なくとも戒告の時点から起算して当該措置を履行することが社会通念上可能な期限でなければならないと解される。

戒告においては、市町村長による命令措置が履行されないときに、当該市町村長が当該特定空家等について具体的にどのような措置を代執行することとなるのかを相手方に通知する観点から、義務の内容を明確に記載しなければならない。

なお、戒告の送達方法についての留意事項は、５.ニを参照されたい。

ロ　再戒告

戒告において定められた措置命令の履行期限までに履行がなされないときは、市町村長は、直ちに代執行令書による通知の手続に移らず、再度戒告を重ね、義務者自らそれを履行する機会を与えることも認められると考えられる。どの時点で代執行を実行するかについては、市町村長において、例えば客観的事情から義務の履行期限を更に延長することが社会通念上許され難い状況にあるのか、又は再戒告により義務者自身による履行が期待され得るのか等の状況を勘案して判断することとなる。

ハ　代執行令書（行政代執行法第３条第２項）

義務者が前述の戒告を受けて、指定の期限までにその義務を履行しないときは、市町村長は、代執行令書（参考様式７）をもって、

・代執行をなすべき時期

・代執行のために派遣する執行責任者の氏名

・代執行に要する費用の概算による見積額

を義務者に通知する。

なお、代執行令書を通知する際には、5⑷の命令を行う際と同様、行政不服審査法第82条第１項及び行政事件訴訟法第46条第１項の規定に基づき、書面で必要な事項を相手方に示さなければならない。

(イ) 代執行をなすべき時期

代執行令書による通知と代執行をなすべき時期の時間的間隔について定めはなく、市町村長の裁量に委ねられるが、例えば特定空家等の除却を行う必要がある場合には、義務者が当該特定空家等から動産を搬出すること等に配慮することが望ましい。

(ロ) 代執行のために派遣する執行責任者の氏名

何人を執行責任者とするかは、代執行権者が適宜決定することとなる。

(3) 非常の場合又は危険切迫の場合（行政代執行法第３条第３項）

非常の場合又は危険切迫の場合において、命令の内容の実施について緊急の必要があり、前述の戒告及び代執行令書による通知の手続をとる暇がないときは、その手続を経ないで代執行をすることができる。

(4) 執行責任者の証票の携帯及び呈示（行政代執行法第４条）

法における代執行権者である市町村長は、執行責任者に対して、「その者が執行責任者たる本人であることを示すべき証票」を交付しなければならない。

また、執行責任者は、執行責任者証（参考様式８）を携帯し、相手方や関係人の要求があるときは、これを提示しなければならない。

(5) 動産等の取扱い

代執行をなすべき措置の内容が特定空家等の全部の除却であり、命令で動産等に対する措置を含めている場合は、戒告書（参考様式６）又は代執行令書（参考様式７）において、

・対象となる特定空家等の内部又はその敷地に存する動産等については、履行の期限又は代執行をなすべき時期の開始日までに運び出し、適切に処分等すべき旨

・特定空家等の除却により発生する動産等については、関係法令※1に従って適切に処理すべき旨

・履行の期限までに履行されない場合は、代執行する旨を明記することが望ましい。

代執行により発生した廃棄物や危険を生ずるおそれのある動産等であって所有者が引き取らないものについては、関係法令※1に従って適切に処理するものとする。

代執行時に、相当の価値のある動産等、社会通念上処分をためらう動産等が存する場合は保管し、所有者に期間を定めて引き取りに来るよう連絡することが考えられる。その場合、いつまで保管するかは、他法令※2や裁判例※3も参考にしつつ、法務部局と協議して適切に定める。あわせて、現金（定めた保管期間が経過した動産で、民法第497条に基づき裁判所の許可を得て競売に付して換価したその代金を含む。）及び有価証券については供託所（最寄りの法務局）に供託をすることも考えられる。

また、代執行をなすべき措置の内容が特定空家等の全部の除却ではない場合において動産が措置の弊害となるときは、特定空家等の内部又はその敷地内等の適切な場所に移すことが望ましい。

※2　遺失物法（平成18年法律第73号）第７条第４項、河川法（昭和39年法律第167号）第75条第６項、都市公園法（昭和31年法律第79号）第27条第６項、屋外広告物法（昭和24年法律第189号）第８条第３項などが挙げられる。

※3　さいたま地裁平成16年３月17日

(6) 費用の徴収（行政代執行法第５条・第６条）

代執行に要した一切の費用は、行政主体が義務者から徴収する。当該費用について、行政主体が義務者に対して有する請求権は、行政代執行法に基づく公法上の請求権であり、義務者から徴収すべき金額は代執行の手数料ではなく、実際に代執行に要した費用である。したがって、作業員の賃金、請負人に対する報酬、資材費、第三者に支払うべき補償料等は含まれるが、義務違反の確認のために要した調査費等は含まれない。

市町村長は、文書（納付命令書）において、

・実際に要した費用の額

・その納期日

を定め、その納付を命じなければならない（行政代執行法第５条）。

行政代執行法の規定においては、代執行の終了後に費用を徴収することのみが認められ、代執行終了前の見積による暫定額をあらかじめ徴収することは認められない。費用の徴収については、国税滞納処分の例※4による強制徴収が認められ（行政代執 行法第６条第１項）、代執行費用については、市町村長は、国税及び地方税に次ぐ順位の先取特権を有する（同条第２項）。

※4　納税の告知（国税通則法（昭和37年法律第66号）第36条第１項）、督促（同法第37条第１項）、財産の差押え

（国税徴収法（昭和34年法律第147号）第47条）、差押財産の公売等による換価（同法第89条以下、第94条以下）、換価代金の配当（同法第128条以下）の手順。

7．過失なく措置を命ぜられるべき者を確知することができない場合（法第14条第10項）

法第14条第３項に基づき必要な措置を命じようとする場合において、過失がなくてその措置を命ぜられるべき者を確知することができないとき（過失がなくて助言又は指導及び勧告が行われるべき者を確知することができないため命令を行うことができないときを含む。）は、市町村長は、その者の負担において、その措置を自ら行い、又はその命じた者若しくは委任した者に行わせることができる（いわゆる略式代執行。同条第10項）。

法第14条第10項に基づく略式代執行は、同条第３項の規定により「必要な措置を命じようとする場合」を前提としているから、仮に当該措置を命ぜられるべき者が確知されている場合に、必要な措置を命ずるに至らない程度のものについて略式代執行を行うことは認められないことに留意されたい。

法第14条第10項の規定により略式代執行をするための要件は、

・過失がなくてその措置を命ぜられるべき者を確知することができないこと
・その措置が、他人が代わってすることができる作為義務（代替的作為義務）であること

である。その他手続については、後述の「事前の公告」（法第14条第10項）を経た上で、法第14条第９項と同様である。

⑴　「過失がなくて」「確知することができない」場合

「過失がなくて」とは、市町村長がその職務行為において通常要求される注意義務を履行したことを意味する。また、「確知することができない」とは、措置を命ぜられるべき者の氏名及び所在をともに確知しえない場合及び氏名は知りえても所在を確知しえない場合をいうものと解される。

どこまで追跡すれば「過失がなくて」「確知することができない」と言えるかについての定めはないが、第１章３.⑴及び⑵の調査方法等により十分な調査を行っても所有者等を特定することができなければ、法第14条第10項の「過失がなくてその措置を命ぜられるべき者を確知することができない」場合に該当すると判断することができると考えられる。当該判断に当たっては、登記情報等一般に公開されている情報、住民票（除票を含む。）及び戸籍（除籍及び戸籍の附票（除票を含む。）をいう。）の情報、法第10条に基づく固定資産課税情報等に係る調査を行い、親族、関係権利者等への聞き取り調査等を必要な範囲について行うとともに、これ以外の調査方法等については、調査に要する人員、費用、時間等を考慮してケースごとに、特定空家等が周辺の建築物や通行人等に対し悪影響をもたらすおそれの程度や当該特定空家等による悪影響の程度と危険等の切迫性も踏まえ、必要性を判断することとなる。

⑵　事前の公告（法第14条第10項）

法第14条第10項に基づく代執行を行う場合においては、相当の期限を定めて、

・当該措置を行うべき旨
・その期限までに当該措置を行わないときは、市町村長又はその措置を命じた者若しくは委任した者がその措置を行うべき旨

をあらかじめ公告しなければならない。

公告の方法としては、当該市町村の掲示板に掲示し、かつ、その掲示があったことを官報に少なくとも１回掲載することを原則とするが、相当と認められるときは、官報への掲載に代えて、当該市町村の「広報」・「公報」等に掲載することをもって足りるものと解される。また、公告の期間については、最後に官報等に掲載した日又はその掲載に代わる掲示を始めた日から２週間を経過した時に、相手方に到達したものとみなされるものと解される（参考：民法第98条及び民事訴訟法（平成８年法律第109号）第111条・第112条、行政手続法第31条の規定により準用する同法第15条第３項）。

⑶　動産等の取扱い

代執行をなすべき措置の内容が所有者が不明の特定空家等の全部の除却であり、動産等に対する措置を含める場合は、事前の公告（法第14条第10項）において、

・対象となる特定空家等の内部又はその敷地に存する動産等については、履行の期限又

は代執行をなすべき時期の開始日までに運び出し、適切に処分等すべき旨

・特定空家等の除却により発生した動産等については、関係法令※1に従って適切に処理すべき旨

・履行の期限までに履行されない場合は、代執行する旨を明記することが望ましい。

代執行により発生した廃棄物や危険を生ずるおそれのある動産等であって所有者が引き取らないものについては、関係法令※1に従って適切に処理するものとする。

代執行時に、相当の価値のある動産等、社会通念上処分をためらう動産等が存する場合は保管し、期間を定めて引き取りに来るよう公示することが考えられる。その場合、いつまで保管するかは、他法令※2や裁判例※3も参考にしつつ、法務部局と協議して適切に定める。あわせて、現金（定めた保管期間が経過した動産で、民法第497条に基づき裁判所の許可を得て競売に付して換価したその代金を含む。）及び有価証券については供託所（最寄りの法務局）に供託をすることも考えられる。

なお、特定空家等の所有者等に対して代執行費用に係る債権を有する市町村長が申し立てるなどして不在者財産管理人（民法第25条第１項）又は相続財産管理人（民法第952条第１項）が選任されている場合は、当該財産管理人に動産を引き継ぐ。

また、代執行をなすべき措置の内容が特定空家等の全部の除却ではない場合において動産が措置の弊害となるときは、特定空家等の内部又はその敷地内等の適切な場所に移すことが望ましい。

(4)　費用の徴収

本項の代執行は行政代執行法の規定によらないものであることから、代執行に要した費用を強制徴収することはできない。すなわち、義務者が後で判明したときは、その時点で、その者から代執行に要した費用を徴収することができるが、義務者が任意に費用支払をしない場合、市町村は民事訴訟を提起し、裁判所による給付判決を債務名義として民事執行法（昭和54年法律第４号）に基づく強制執行に訴えることとなる（地方自治法施行令（昭和22年政令第16号）第171条の２第３号）。

８．必要な措置が講じられた場合の対応

特定空家等の所有者等が、助言若しくは指導、勧告又は命令に係る措置を実施したことが確認された場合は、当該建築物等は特定空家等ではなくなる。市町村においては、勧告又は命令をしている場合には当該勧告又は命令を撤回するとともに、当該建築物が特定空家等でなくなったと認められた日付、講じられた措置の内容等をデータベースに記録し、速やかに関係内部部局に情報提供することが望ましい。

特に税務部局に対しては、勧告又は命令が撤回された場合、固定資産税等のいわゆる住宅用地特例の要件を満たす家屋の敷地については、当該特例の適用対象となることから、可能な限り速やかにその旨を情報提供することが必要である。

また、必要な措置が講じられた空家等の所有者等に対しては、例えば、当該所有者等から措置が完了した旨の届出書の提出を受け、当該届出書を受領したものの写しを返却する等により、当該所有者等に対し特定空家等でなくなったことを示すことも考えられる。

〔別紙１〕「そのまま放置すれば倒壊等著しく保安上危険となるおそれのある状態」であるか否かの判断に際して参考となる基準

「そのまま放置すれば倒壊等著しく保安上危険となるおそれのある状態」であることを判断する際は、以下の１.(1)若しくは(2)又は２.に掲げる状態（倒壊等著しく保安上危険な場合又は将来そのような状態になることが予見される場合）に該当するか否かにより判断する。以下に列挙したものは例示であることから、個別の事案に応じてこれによらない場合も適切に判断していく必要がある。

１．建築物が倒壊等著しく保安上危険又は将来そのような状態になることが予見される状態

(1)　建築物の倒壊等

イ　建築物の著しい傾斜

部材の破損や不同沈下等の状況により建築物に著しい傾斜が見られるかなどを基に総合的に判断する。

調査項目の例	・基礎に不同沈下がある。 ・柱が傾斜している。

【参考となる考え方】
(a)「建築物の傾斜が原因で著しく保安上危険となっている状態」とは、例えば、下げ振り等を用いて建築物を調査できる状況にある場合は、1/20 超の傾斜が認められる状態が該当すると考えられる（平屋以外の建築物で、2階以上の階のみが傾斜している場合も、同様の数値で取り扱うことも考えられる。）。
(b)「将来(a)の状態になることが予見される状態」とは、例えば、1/20 を超えないが基礎の不同沈下や部材の損傷等により建築物に傾斜が認められる状態が該当すると考えられる。
※「被災建築物応急危険度判定マニュアル」財団法人日本建築防災協会／全国被災建築物応急危険度判定協議会

ロ　建築物の構造耐力上主要な部分の損傷等

(イ)　基礎及び土台

基礎に大きな亀裂、多数のひび割れ、変形又は破損が発生しているか否か、腐食又は蟻害によって土台に大きな断面欠損が発生しているか否か、基礎と土台に大きなずれが発生しているか否かなどを基に総合的に判断する。

調査項目の例	・基礎が破損又は変形している。 ・土台が腐朽又は破損している。 ・基礎と土台にずれが発生している。

【参考となる考え方】
(a)「基礎及び土台の損傷等が原因で著しく保安上危険となっている状態」とは、例えば、以下に掲げる状態が該当すると考えられる。
・基礎のひび割れが著しく、土台に大きなずれが生じ、上部構造を支える役目を果たさなくなっている箇所が複数生じている
※「震災建築物の被災度区分判定基準および復旧技術指針」（監修 国土交通省住宅局建築指導課／財団法人日本建築防災協会）
・土台において木材に著しい腐食、損傷若しくは蟻害がある又は緊結金物に著しい腐食がある
※「特殊建築物等定期調査業務基準」（監修国土交通省住宅局建築指導課／財団法人日本建築防災協会）
(b)「将来(a)の状態になることが予見される状態」とは、例えば、以下に掲げる状態が該当すると考えられる。
・基礎のひび割れや土台のずれにより上部構造を支える役目を果たさなくなるおそれのある箇所が生じている
・土台において木材に腐朽、損傷若しくは蟻害がある又は緊結金物に腐食がある

(ロ)　柱、はり、筋かい、柱とはりの接合等

構造耐力上主要な部分である柱、はり、筋かいに大きな亀裂、多数のひび割れ、変形又は破損が発生しているか否か、腐朽又は蟻害によって構造耐力上主要な柱等に大きな断面欠損が発生しているか否か、柱とはりの接合状況などを基に総合的に判断する。

調査項目の例	・柱、はり、筋かいが腐朽、破損又は変形している。 ・柱とはりにずれが発生している。

【参考となる考え方】
(a)「柱、はり、筋かい、柱とはりの接合等が原因で著しく保安上危険となっている状態」とは、例えば、複数の筋かいに大きな亀裂や、複数の柱・はりにずれが発生しており、地震時に建築物に加わる水平力に対して安全性が懸念される状態が該当すると考えられる。
(b)「将来(a)の状態になることが予見される状態」とは、例えば、複数の筋かいに亀裂や複数の柱・はりにずれが発生している状態が該当すると考えられる。

(2)　**屋根、外壁等の脱落、飛散等**

(イ)　屋根ふき材、ひさし又は軒

全部又は一部において不陸、剥離、破損又は脱落が発生しているか否か、緊結金具に著しい腐食があるか否かなどを基に総合的に判断する。

資料③ 「特定空家等に対する措置」に関する適切な実施を図るために必要な指針（ガイドライン）

調査項目の例	・屋根が変形している。 ・屋根ふき材が剥落している。 ・軒の裏板、たる木等が腐朽している。 ・軒がたれ下がっている。 ・雨樋がたれ下がっている。

【参考となる考え方】
(a) 「屋根ふき材、ひさし又は軒の脱落等が原因で著しく保安上危険となっている状態」とは、例えば、屋根ふき材が脱落しそうな状態や軒に不陸、剥離が生じている状態が該当すると考えられる。
(b) 「将来(a)の状態になることが予見される状態」とは、例えば、屋根ふき材や軒がただちに脱落・剥離等するおそれはないものの、これらの部位が損傷・変形している状態が該当すると考えられる。

(ロ) 外壁

全部又は一部において剥離、破損又は脱落が発生しているか否かなどを基に総合的に判断する。

調査項目の例	・壁体の破損等により貫通する穴が生じている。 ・外壁の仕上材料が剥落、腐朽又は破損し、下地が露出している。 ・外壁のモルタルやタイル等の外装材に浮きが生じている。

【参考となる考え方】
(a) 「外壁の脱落等が原因で著しく保安上危険となっている状態」とは、例えば、上部の外壁が脱落しそうな状態が該当すると考えられる。
(b) 「将来(a)の状態になることが予見される状態」とは、例えば、上部の外壁がただちに脱落するおそれはないものの、上部の外壁材に浮きがある又は外壁に複数の亀裂がある状態が該当すると考えられる。

(ハ) 看板、給湯設備、屋上水槽等

転倒が発生しているか否か、剥離、破損又は脱落が発生しているか否か、支持部分の接合状況などを基に総合的に判断する。

調査項目の例	・看板の仕上材料が剥落している。 ・看板、給湯設備、屋上水槽等が転倒している。 ・看板、給湯設備、屋上水槽等が破損又は脱落している。 ・看板、給湯設備、屋上水槽等の支持部分が腐食している。

【参考となる考え方】
(a) 「看板、給湯設備、屋上水槽等の脱落等が原因で著しく保安上危険となっている状態」とは、例えば、看板、給湯設備、屋上水槽等の支持部分が腐食している状態が該当すると考えられる。
(b) 「将来(a)の状態になることが予見される状態」とは、例えば、看板、給湯設備、屋上水槽等の支持部分に部分的な腐食やボルト等のゆるみが生じている状態が該当すると考えられる。

(ニ) 屋外階段又はバルコニー

全部又は一部において腐食、破損又は脱落が発生しているか否か、傾斜が見られるかなどを基に総合的に判断する。

調査項目の例	・屋外階段、バルコニーが腐食、破損又は脱落している。 ・屋外階段、バルコニーが傾斜している。

【参考となる考え方】
(a) 「屋外階段又はバルコニーの脱落等が原因で著しく保安上危険となっている状態」とは、例えば、目視でも、屋外階段、バルコニーが傾斜していることを確認できる状態や、手すりや格子など広範囲に腐食、破損等がみられ脱落しそうな状態が該当すると考えられる。
(b) 「将来(a)の状態になることが予見される状態」とは、例えば、屋外階段、バルコニーに著しい傾斜はみられないが、手すりや格子などの一部に腐食、破損等がみられる状態が該当すると考えられる。

(ホ) 門又は塀

全部又は一部においてひび割れや破損が発生しているか否か、傾斜が見られるかなどを基に総合的に判断する。

調査項目の例	・門、塀にひび割れ、破損が生じている。 ・門、塀が傾斜している。
【参考となる考え方】 (a)「門又は塀の損傷等が原因で著しく保安上危険となっている状態」とは、例えば、目視でも、門、塀が傾斜していることを確認できる状態や、広範囲に腐朽、破損等がみられ脱落しそうな状態が該当すると考えられる。 (b)「将来(a)の状態になることが予見される状態」とは、例えば、門、塀に著しい傾斜はみられないが、一部に腐朽、破損等がみられる状態が考えられる。	

2．擁壁の状態

擁壁の地盤条件、構造諸元及び障害状況並びに老朽化による変状の程度などを基に総合的に判断する。	
調査項目の例	・擁壁表面に水がしみ出し、流出している。 ・水抜き穴の詰まりが生じている。 ・ひび割れが発生している。
【参考となる考え方】 擁壁の種類に応じて、それぞれの基礎点（環境条件・障害状況）と変状点の組合せ（合計点）により、擁壁の劣化の背景となる環境条件を十分に把握した上で、老朽化に対する危険度を総合的に評価する。 ※「宅地擁壁老朽化判定マニュアル（案）」（国土交通省都市局都市安全課）	

〔別紙２〕「そのまま放置すれば著しく衛生上有害となるおそれのある状態」であるか否かの判断に際して参考となる基準

「そのまま放置すれば著しく衛生上有害となるおそれのある状態」であることを判断する際は、以下の⑴又は⑵に掲げる状態（著しく衛生上有害な場合又は将来そのような状態になることが予見される場合）に該当するか否かにより判断する。以下に列挙したものは例示であることから、個別の事案に応じてこれによらない場合も適切に判断していく必要がある。

⑴　建築物又は設備等の破損等が原因で、以下の状態にある。

【状態の例】 (a)「建築物又は設備等の破損等が原因で著しく衛生上有害となっている状態」とは、例えば、以下に掲げる状態が該当すると考えられる。 ・吹付け石綿等が飛散し暴露する可能性が高い ・浄化槽等の放置、破損等による汚物の流出、悪臭の発生があり、地域住民の日常生活に支障を及ぼしている ・排水等の流出による悪臭の発生があり、地域住民の日常生活に支障を及ぼしている (b)「将来(a)の状態になることが予見される状態」とは、例えば、以下に掲げる状態が該当すると考えられる。 ・吹付け石綿等が飛散し暴露する可能性は低いが使用が目視により確認できる ・地域住民の日常生活に支障を及ぼす状態にはなっていないが、浄化槽等の破損等により汚物の流出、悪臭の発生のおそれがある ・地域住民の日常生活に支障を及ぼす状態にはなっていないが、排水管等の破損等による悪臭の発生のおそれがある

⑵　ごみ等の放置、不法投棄が原因で、以下の状態にある。

【状態の例】 (a)「ごみ等の放置、不法投棄が原因で著しく衛生上有害となっている状態」とは、例えば、以下に掲げる状態が該当すると考えられる。 ・ごみ等の放置、不法投棄による悪臭の発生があり、地域住民の日常生活に支障を及ぼしている ・ごみ等の放置、不法投棄により、多数のねずみ、はえ、蚊等が発生し、地域住民の日常生活に支障を及ぼしている (b)「将来(a)の状態になることが予見される状態」とは、例えば、以下に掲げる状態が該当すると考えられる。

・地域住民の日常生活に支障を及ぼす状態にはなっていないが、ごみ等の放置、不法投棄による悪臭の発生のおそれがある ・地域住民の日常生活に支障を及ぼす状態にはなっていないが、ごみ等の放置、不法投棄による、ねずみ、はえ、蚊等の発生のおそれがある

〔別紙3〕「適切な管理が行われていないことにより著しく景観を損なっている状態」であるか否かの判断に際して参考となる基準

「適切な管理が行われていないことにより著しく景観を損なっている状態」であることを判断する際は、以下の(1)又は(2)に掲げる状態に該当するか否かにより判断する。以下に列挙したものは例示であることから、個別の事案に応じてこれによらない場合も適切に判断していく必要がある。

(1) 適切な管理が行われていない結果、既存の景観に関するルールに著しく適合しない状態となっている。

状態の例	・景観法に基づき景観計画を策定している場合において、当該景観計画に定める建築物又は工作物の形態意匠等の制限に著しく適合しない状態となっている。
	・景観法に基づき都市計画に景観地区を定めている場合において、当該都市計画に定める建築物の形態意匠等の制限に著しく適合しない、又は条例で定める工作物の形態意匠等の制限等に著しく適合しない状態となっている。
	・地域で定められた景観保全に係るルールに著しく適合しない状態となっている。

(2) その他、以下のような状態にあり、周囲の景観と著しく不調和な状態である。

状態の例	・屋根、外壁等が、汚物や落書き等で外見上大きく傷んだり汚れたまま放置されている。
	・多数の窓ガラスが割れたまま放置されている。
	・看板が原型を留めず本来の用をなさない程度まで、破損、汚損したまま放置されている。
	・立木等が建築物の全面を覆う程度まで繁茂している。
	・敷地内にごみ等が散乱、山積したまま放置されている。

〔別紙4〕「その他周辺の生活環境の保全を図るために放置することが不適切である状態」であるか否かの判断に際して参考となる基準

「その他周辺の生活環境の保全を図るために放置することが不適切である状態」であることを判断する際は、以下の（1）、（2）又は（3）に掲げる状態に該当するか否かにより判断する。以下に列挙したものは例示であることから、個別の事案に応じてこれによらない場合も適切に判断していく必要がある。

(1) 立木が原因で、以下の状態にある。

状態の例	・立木の腐朽、倒壊、枝折れ等が生じ、近隣の道路や家屋の敷地等に枝等が大量に散らばっている。
	・立木の枝等が近隣の道路等にはみ出し、歩行者等の通行を妨げている。

(2) 空家等に住みついた動物等が原因で、以下の状態にある。

状態の例	・動物の鳴き声その他の音が頻繁に発生し、地域住民の日常生活に支障を及ぼしている。
	・動物のふん尿その他の汚物の放置により臭気が発生し、地域住民の日常生活に支障を及ぼしている。
	・敷地外に動物の毛又は羽毛が大量に飛散し、地域住民の日常生活に支障を及ぼしている。

	・多数のねずみ、はえ、蚊、のみ等が発生し、地域住民の日常生活に支障を及ぼしている。
	・住みついた動物が周辺の土地・家屋に侵入し、地域住民の生活環境に悪影響を及ぼすおそれがある。
	・シロアリが大量に発生し、近隣の家屋に飛来し、地域住民の生活環境に悪影響を及ぼすおそれがある。

(3)　建築物等の不適切な管理等が原因で、以下の状態にある。

状態の例	・門扉が施錠されていない、窓ガラスが割れている等不特定の者が容易に侵入できる状態で放置されている。
	・屋根の雪止めの破損など不適切な管理により、空家等からの落雪が発生し、歩行者等の通行を妨げている。
	・周辺の道路、家屋の敷地等に土砂等が大量に流出している。

〔別紙５〕 所有者等の特定に係る調査手順の例

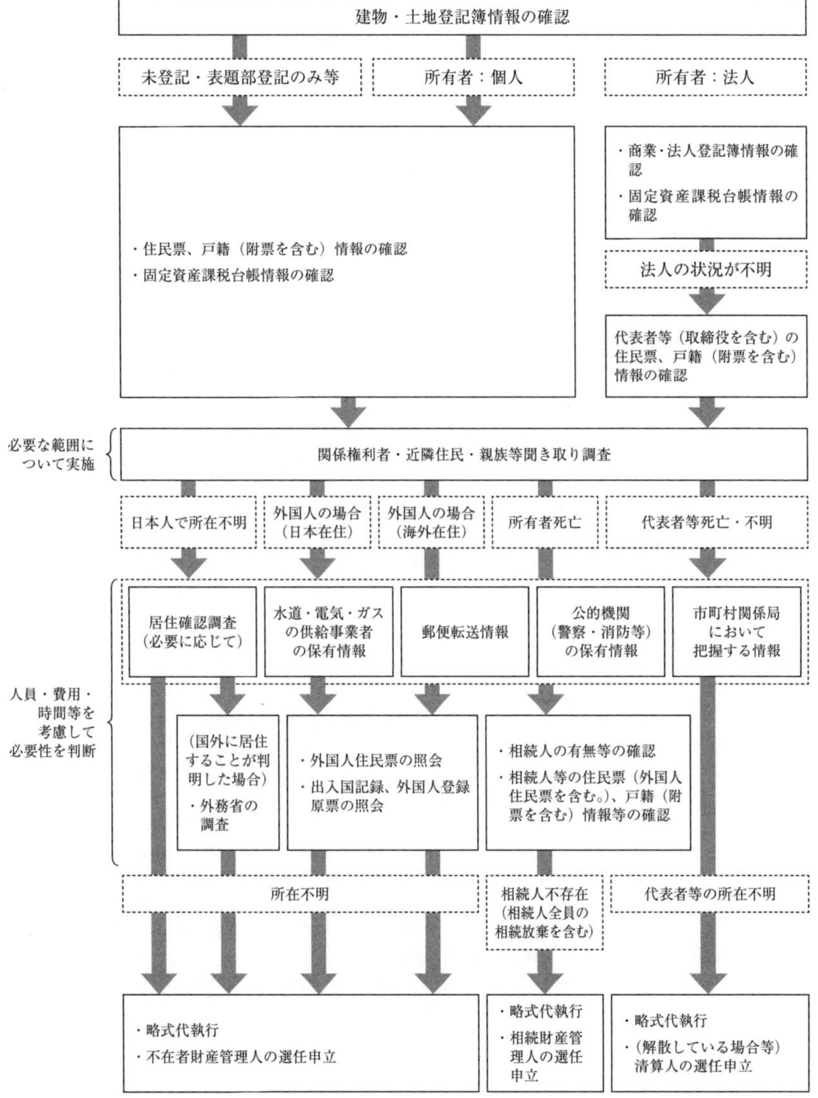

資　料

〔参考様式１：第９条第４項　立入調査員証〕

（表面）

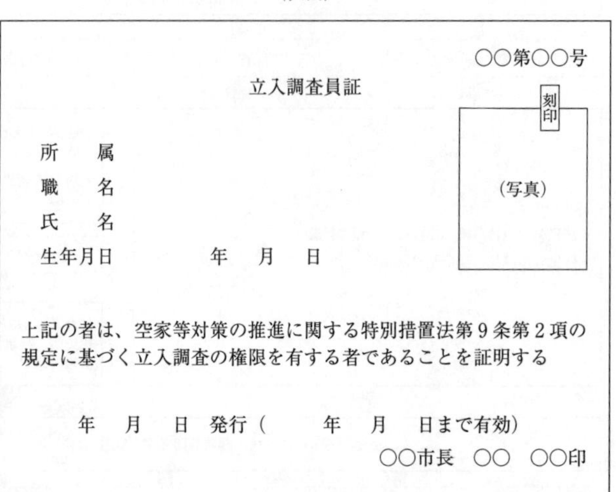

○○第○○号

立入調査員証

所　属

職　名

氏　名

生年月日　　　　年　月　日

（写真）

刻印

上記の者は、空家等対策の推進に関する特別措置法第９条第２項の規定に基づく立入調査の権限を有する者であることを証明する

年　月　日　発行（　　年　月　日まで有効）

○○市長　○○　○○印

（裏面）

空家等対策の推進に関する特別措置法（平成26年法律第127号）（抜粋）
第９条（略）

２　市町村長は、第14条第１項から第３項までの規定の施行に必要な限度において、当該職員又はその委任した者に、空家等と認められる場所に立ち入って調査をさせることができる。

３　市町村長は、前項の規定により当該職員又はその委任した者を空家等と認められる場所に立ち入らせようとするときは、その５日前までに、当該空家等の所有者等にその旨を通知しなければならない。ただし、当該所有者等に対し通知することが困難であるときは、この限りでない。

４　第２項の規定により空家等と認められる場所に立ち入ろうとする者は、その身分を示す証明書を携帯し、関係者の請求があったときは、これを提示しなければならない。

５　第２項の規定による立入調査の権限は、犯罪捜査のために認められたものと解釈してはならない。

注意
この証票は、他人に貸与し、又は譲渡してはならない。

〔参考様式２：第14条第２項　勧告書〕

○年○月○日
○○第○○号

○○市○○町○丁目○番地○号
○○　○○　　殿

○○市長
○○　○○　　印
（担当　○○部○○課）

勧　告　書

貴殿の所有する下記空家等は、空家等対策の推進に関する特別措置法（平成26年法律第127号。以下「法」という。）第２条第２項に定める「特定空家等」に該当すると認められたため、貴殿に対して対策を講じるように指導してきたところでありますが、現在に至っても改善がなされていません。
ついては、下記のとおり速やかに周辺の生活環境の保全を図るために必要な措置をとるよう、法第14条第２項の規定に基づき勧告します。

記

１．対象となる特定空家等
　所在地　　○○市××町×丁目×番地×号
　用　途　　住宅
　所有者の住所及び氏名
　　○○市○○町○丁目○番地○　　○○ ○○

２．勧告に係る措置の内容
（何をどのようにするのか、具体的に記載）
（特定空家等の全部の除却である場合は動産等に対する取扱いについても明記することが望ましい。）
（例）対象となる特定空家等の内部又はその敷地に残置されている動産等を措置の期限までに運び出し、適切に処分等すること。
　特定空家等の除却により発生する動産等を措置の期限までに関係法令に従って適切に処理すること。

３．勧告に至った事由
（特定空家等がどのような状態にあって、どのような悪影響をもたらしているか、当該状態が、
①そのまま放置すれば倒壊等著しく保安上危険となるおそれのある状態
②そのまま放置すれば著しく衛生上有害となるおそれのある状態
③適切な管理が行われていないことにより著しく景観を損なっている状態
④その他周辺の生活環境の保全を図るために放置することが不適切である状態
のいずれに該当するか具体的に記載）

４．勧告の責任者　　○○市○○部○○課長　　○○　○○
　　連絡先：○○○○－○○－○○○○

５．措置の期限　　○年○月○日

・　上記５の期限までに上記２の措置を実施した場合は、遅滞なく上記４の者まで報告をすること。
・　上記５の期限までに正当な理由がなくて上記２の措置をとらなかった場合は、法第14条第３項の規定に基づき、当該措置をとることを命ずることがあります。
・　上記１の特定空家等に係る敷地が、地方税法（昭和25年法律第226号）第349条の３の２又は同法第702条の３の規定に基づき、住宅用地に対する固定資産税又は都市計画税の課税標準の特例の適用を受けている場合にあっては、本勧告により、当該敷地について、当該特例の対象から除外されることとなります。

〔参考様式３：第14条第４項　命令に係る事前の通知書〕

○年○月○日
○○第○○号

○○市○○町○丁目○番地○号
○○　○○　　殿

○○市長
○○　○○　　印
（担当　○○部○○課）

命令に係る事前の通知書

貴殿の所有する下記空家等は、空家等対策の推進に関する特別措置法（平成26年法律第127号。以下「法」という。）第２条第２項に定める「特定空家等」に該当すると認められたため、○年○月○日付け○○第○○号により必要な措置をとるよう勧告しましたが、現在に至っても当該措置がなされていません。
このまま措置が講じられない場合には、法第14条第３項の規定に基づき、下記のとおり当該措置をとることを命ずることとなりますので通知します。
なお、貴殿は、法第14条第４項の規定に基づき、本件に関し意見書及び自己に有利な証拠を提出することができるとともに、同条第５項の規定に基づき、本通知の交付を受けた日から５日以内に、○○市長に対し、意見書の提出に代えて公開による意見の聴取を行うことを請求することができる旨、申し添えます。

記

１．対象となる特定空家等
　所在地　　　○○市××町×丁目×番地×号
　用　途　　　住宅
　所有者の住所及び氏名
　　　　○○市○○町○丁目○番地○号　　　○○　○○

２．命じようとする措置の内容
（何をどのようにするのか、具体的に記載）※勧告書と同内容を記載
（特定空家等の全部の除却である場合は動産等に対する取扱いについても明記することが望ましい。）
（例）対象となる特定空家等の内部又はその敷地に残置されている動産等を措置の期限までに運び出し、適切に処分等すること。
特定空家等の除却により発生する動産等を措置の期限までに関係法令に従って適切に処理すること。

3．命ずるに至った事由
（特定空家等がどのような状態にあって、どのような悪影響をもたらしているか、具体的に記載）

4．意見書の提出及び公開による意見の聴取の請求先
〇〇市〇〇部〇〇課長　宛
送付先：〇〇市〇〇町〇丁目〇番地〇号
連絡先：〇〇〇〇－〇〇－〇〇〇〇

5．意見書の提出期限 〇年〇月〇日

・上記2の措置を実施した場合は、遅滞なく上記4の者まで報告をすること。

〔参考様式4：第14条第3項　命令書〕

〇年〇月〇日
〇〇第〇〇号

〇〇市〇〇町〇丁目〇番地〇号
〇〇　〇〇　　殿

〇〇市長
〇〇　〇〇　　印
（担当　〇〇部〇〇課）

命　令　書

貴殿の所有する下記空家等は、空家等対策の推進に関する特別措置法（平成26年法律第127号。以下「法」という。）第2条第2項に定める「特定空家等」に該当すると認められたため、〇年〇月〇日付け〇〇第〇〇号により、法第14条第3項の規定に基づき命ずる旨を事前に通知しましたが、現在に至っても通知した措置がなされていないとともに、当該通知に示した意見書等の提出期限までに意見書等の提出がなされませんでした。
ついては、下記のとおり措置をとることを命じます。

記

1．対象となる特定空家等
所在地　　〇〇市××町×丁目×番地×号
用　途　　住宅
所有者の住所及び氏名
〇〇市〇〇町〇丁目〇番地〇号 〇〇 〇〇

2．措置の内容
（何をどのようにするのか、具体的に記載）※命令に係る事前の通知書と同内容を記載
（特定空家等の全部の除却である場合は動産等に対する取扱いについても明記することが望ましい。）
（例）対象となる特定空家等の内部又はその敷地に残置されている動産等を措置の期限までに運び出し、適切に処分等すること。
特定空家等の除却により発生する動産等を措置の期限までに関係法令に従って適切に処理する

こと。

3．命ずるに至った事由
（特定空家等がどのような状態にあって、どのような悪影響をもたらしているか、具体的に記載）

4．命令の責任者　〇〇市〇〇部〇〇課長　　〇〇　〇〇
連絡先：〇〇〇〇－〇〇－〇〇〇〇

5．措置の期限　　　〇年〇月〇日

・　上記2の措置を実施した場合は、遅滞なく上記4の者まで報告をすること。
・　本命令に違反した場合は、法第16条第1項の規定に基づき、50万円以下の過料に処せられます。
・　上記5の期限までに上記2の措置を履行しないとき、履行しても十分でないとき又は履行しても同期限までに完了する見込みがないときは、法第14条第9項の規定に基づき、当該措置について行政代執行の手続に移行することがあります。
・　この処分について不服がある場合は、行政不服審査法（平成26年法律第68号）第2条及び第18条の規定により、この処分があったことを知った日の翌日から起算して3箇月以内に〇〇市長に対し審査請求をすることができます（ただし、処分があったことを知った日の翌日から起算して3箇月以内であっても、処分の日の翌日から起算して1年を経過した場合には審査請求をすることができなくなります。）。
・　また、この処分の取消しを求める訴訟を提起する場合は、行政事件訴訟法（昭和37年法律第139号）第8条及び第14条の規定により、この処分があったことを知った日の翌日から起算して6箇月以内に、〇〇市長を被告として、処分の取消しの訴えを提起することができます（ただし、処分があったことを知った日の翌日から起算して6箇月以内であっても、処分の日の翌日から起算して1年を経過した場合には処分の取消しの訴えを提起することができなくなります。）。なお、処分の取消しの訴えは、審査請求を行った後においては、その審査請求に対する処分があったことを知った日の翌日から起算して6箇月以内に提起することができます。

〔参考様式5：第14条第11項　標識〕

標　　識

下記特定空家等の所有者は、空家等対策の推進に関する特別措置法（平成26年法律第127号。以下「法」という。）第14条第3項の規定に基づき措置をとることを、〇年〇月〇日付け〇〇第〇〇号により、命ぜられています。

記

1．対象となる特定空家等
所在地　　　〇〇市××町×丁目×番地×号
用　途　　　住宅

2．措置の内容
（何をどのようにするのか、具体的に記載）
（特定空家等の全部の除却である場合は動産等に対する取扱いについても明記することが望ましい。）

（例）対象となる特定空家等の内部又はその敷地に残置されている動産等を措置の期限までに運び出し、適切に処分等すること。
特定空家等の除却により発生する動産等を措置の期限までに関係法令に従って適切に処理すること。

3．命ずるに至った事由
（特定空家等がどのような状態にあって、どのような悪影響をもたらしているか、具体的に記載）

4．命令の責任者　○○市○○部○○課長　○○　○○
連絡先：○○○○－○○－○○○○

5．措置の期限　○年○月○日

〔参考様式６：第14条第９項の規定に基づく行政代執行戒告書〕

○年○月○日
○○第○○号

○○市○○町○丁目○番地○号
○○　○○　殿

○○市長
○○　○○　印
（担当　○○部○○課）

戒　告　書

貴殿に対し○年○月○日付け○○第○○号により貴殿の所有する下記特定空家等について下記措置を行うよう命じました。この命令を○年○月○日までに履行しないときは、空家等対策の推進に関する特別措置法（平成26年法律第127号）第14条第９項の規定に基づき、下記特定空家等について下記措置を執行いたしますので、行政代執行法（昭和23年法律第43号）第３条第１項の規定によりその旨戒告します。
なお、代執行に要するすべての費用は、行政代執行法第５条の規定に基づき貴殿から徴収します。また、代執行によりその物件及びその他の資材について損害が生じても、その責任は負わないことを申し添えます。

記

1．特定空家等
⑴ 所在地　○○市××町×丁目×番地×号
⑵ 用途　住宅
⑶ 構造　木造２階建
⑷ 規模　建築面積　約　６０㎡
延べ床面積　約１００㎡
⑸ 有者の住所及び氏名
○○市○○町○丁目○番地○号○○○○

2．措置の内容
（何をどのようにするのか、具体的に記載）※命令書と同内容を記載

（特定空家等の全部の除却である場合は動産等に対する取扱いについても明記することが望ましい。）

（例）対象となる特定空家等の内部又はその敷地に残置されている動産等を措置の期限までに運び出し、適切に処分等すること。

特定空家等の除却により発生する動産等を措置の期限までに関係法令に従って適切に処理すること。

・　この処分について不服がある場合は、行政不服審査法（平成26年法律第68号）第２条及び第18条の規定により、この処分があったことを知った日の翌日から起算して３箇月以内に○○市長に対し審査請求をすることができます（ただし、処分があったことを知った日の翌日から起算して３箇月以内であっても、処分の日の翌日から起算して１年を経過した場合には審査請求をすることができなくなります。）。

・　また、この処分の取消しを求める訴訟を提起する場合は、行政事件訴訟法（昭和37年法律第139号）第８条及び第14条の規定により、この処分があったことを知った日の翌日から起算して６箇月以内に、○○市長を被告として、処分の取消しの訴えを提起することができます（ただし、処分があったことを知った日の翌日から起算して６箇月以内であっても、処分の日の翌日から起算して１年を経過した場合には処分の取消しの訴えを提起することができなくなります。）。なお、処分の取消しの訴えは、審査請求を行った後においては、その審査請求に対する処分があったことを知った日の翌日から起算して６箇月以内に提起することができます。

〔参考様式７：第14条第９項の規定に基づく行政代執行代執行令書〕

○年○月○日
○○第○○号

○○市○○町○丁目○番地○号
○○　○○　　殿

○○市長
○○　○○　　印
（担当　○○部○○課）

代執行令書

○年○月○日付け○○第○○号により貴殿の所有する下記特定空家等について下記措置を○年○月○日までに行うよう戒告しましたが、指定の期日までに義務が履行されませんでしたので、空家等対策の推進に関する特別措置法（平成26年法律第127号）第14条第９項の規定に基づき、下記のとおり代執行をおこないますので、行政代執行法（昭和23年法律第43号）第３条第２項の規定により通知します。

また、代執行に要するすべての費用は、行政代執行法第５条の規定に基づき貴殿から徴収します。また、代執行によりその物件及びその他の資材について損害が生じても、その責任は負わないことを申し添えます。

記

１．○年○月○日付け○○第○○号により戒告した措置の内容

（何をどのようにするのか、具体的に記載）※戒告書と同内容を記載

（特定空家等の全部の除却である場合は動産等に対する取扱いについても明記することが望ましい。）

（例）対象となる特定空家等の内部又はその敷地に残置されている動産等を措置の期限までに運び出し、適切に処分等すること。

特定空家等の除却により発生する動産等を措置の期限までに関係法令に従って適切に処理する

こと。

2．代執行の対象となる特定空家等
　　○○市××町×丁目×番地×号
　　住宅（附属する門、塀を含む）約１００㎡

3．代執行の時期
　　○年○月○日から○年○月○日まで

4．執行責任者
　　○○市○○部○○課長　○○　○○

5．代執行に要する費用の概算見積額
　　約○，○○○，○○○円

・　この処分について不服がある場合は、行政不服審査法（平成26年法律第68号）第２条及び第18条の規定により、この処分があったことを知った日の翌日から起算して３箇月以内に○○市長に対し審査請求をすることができます（ただし、処分があったことを知った日の翌日から起算して３箇月以内であっても、処分の日の翌日から起算して１年を経過した場合には審査請求をすることができなくなります。）。

・　また、この処分の取消しを求める訴訟を提起する場合は、行政事件訴訟法（昭和37年法律第139号）第８条及び第14条の規定により、この処分があったことを知った日の翌日から起算して６箇月以内に、○○市長を被告として、処分の取消しの訴えを提起することができます（ただし、処分があったことを知った日の翌日から起算して６箇月以内であっても、処分の日の翌日から起算して１年を経過した場合には処分の取消しの訴えを提起することができなくなります。）。なお、処分の取消しの訴えは、審査請求を行った後においては、その審査請求に対する処分があったことを知った日の翌日から起算して６箇月以内に提起することができます。

※措置の内容（除却、修繕、立木竹の伐採等）に応じて記載

〔参考様式８：第14条第９項の規定に基づく行政代執行代執行令書〕

（表面）

執行責任者証

○○第○○号

○○部○○課長　○○○○

上記の者は、下記の行政代執行の執行責任者であることを証する。

○年○月○日

○○市長

○○○○　印

記

1．代執行をなすべき事項

代執行令書（○年○月○日付け○○第○○号）記載の○○市××町×丁目×番地×号の建築物の除却

2．代執行をなすべき時期

○年○月○日から○年○月○日までの間

（裏面）

空家等対策の推進に関する特別措置法（平成26年法律第127号）（抜粋）

第14条　（以上略）

9　市町村長は、第３項の規定により必要な措置を命じた場合において、その措置を命ぜられた者がその措置を履行しないとき、履行しても十分でないとき又は履行しても同項の期限までに完了する見込みがないときは、行政代執行法（昭和23年法律第43号）の定めるところに従い、自ら義務者のなすべき行為をし、又は第三者をしてこれをさせることができる。

10～15（略）

行政代執行法（昭和23年法律第43号）（抜粋）

第４条

代執行のために現場に派遣される執行責任者は、その者が執行責任者たる本人であることを示すべき証票を携帯し、要求があるときは、何時でもこれを呈示しなければならない。

資料4　『「特定空家等に対する措置」に関する適切な実施を図るために必要な指針（ガイドライン）（案）』に関するパブリックコメントに寄せられたご意見と国土交通省及び総務省の考え方（抄）

平成27年5月26日、国土交通省・総務省

※『「特定空家等に対する措置」に関する適切な実施を図るために必要な指針（ガイドライン）（案）』に対し64件のご意見をいただきました。

※とりまとめの都合上、内容を適宜要約させていただいております。

※『「特定空家等に対する措置」に関する適切な実施を図るために必要な指針（ガイドライン）（案）』と直接の関係がないため掲載しなかったご意見についても、今後の施策の推進に当たって、参考にさせていただきます。

〔筆者註〕引用されている頁番号は、本書のそれではない。

〈『「特定空家等に対する措置」に関する適切な実施を図るために必要な指針（ガイドライン）（案）』に関するご意見関係〉

第１章 1．	パブリックコメントにおける主なご意見等	国土交通省及び総務省の考え方
はじめに	「各市町村において地域の実情を反映しつつ、適宜固有の判断基準を定めること等により「特定空家等」に対応することが適当である。」とある。 各市町村で「固有の判断基準を定める」場合の法制上の標準的な位置づけを示して頂きたい。法に「市町村で独自に判断基準を付加できる」旨は明記されていないため、空き家等対策計画の「特定空き家等に対する措置」の項目で特定空家等の判断基準の詳細を定めるのか。	各市町村において定める「特定空家等」に該当するか否かの判断基準については、御指摘のとおり空家法上の位置付けはなく、また何らかの法令、条例等に根拠を有しなければ定められない性質のものではないことから、どのような位置付けとするかは各市町村において判断するべき事項と考えます。なお、法第６条に基づき空家等対策計画を定めることとした場合、同計画には「特定空家等に対する措置その他の特定空家等への対処に関する事項」を定める必要がありますが、ご指摘のとおり、この中に「特定空家等」に該当するか否かの判断基準を記載する方法も考えられます。
はじめに	「必要に応じて、手続を付加することや法令等に抵触しない範囲で手続を省略することを妨げるものではない。」とあるが、具体的にどのようなことを想定しているのか、示していただきたい。	特定空家等に対する措置について、ガイドラインに明記されていない手続を追加したり、ガイドラインに付加的に明記された手続を省略することを、法令の範囲内で行うことが許容されることを記述しています。ただし、追加や省略すべき具体的な手続については、各地域の実情に応じ、各市町村において判断されるべき事項だと考えます。
	第１章１空家の定義について 建物が諸事情によって存在しないが、残っている植栽が危険な状態場合にも、この法の対象とするために、「自治体（等）が空家に相当すると認められる場合」も追加していただくようご検討をお願いします。	

第1章 1．	具体的には、「新築または改築のために土地を所有しているが、完成までに時間がかかっている場合」や、「工事業者や建築主の諸事情によって工事が中断している場合」、また、「すでに建物は危険なためにすでに滅却しているが、植栽が危険な状態で放置されている場合」や、「滅失登記せずに引き続き固定資産税の優遇措置を受け続けている場合」などが考えられます。 役所からの調査には時間もかかるため、近隣住民からの通報等を活用できるようにしていただけると、より迅速な効果が期待できると思われます。	空家法で対象とする「空家等」は、法第２条第１項の定義にあります通り、建築物又はこれに附属する工作物である必要があります。
第1章 1．	ある空き家をガイドラインに沿って「特定空家等」であると判断した場合、市町村で何らかの意思決定（認定）を行う必要があるか。 　また、当該空き家を「特定空家等」として指導等を行っていくこととなると思われるが、「特定空家等」と判断した時点で、当該空き家の所有者等に当該空き家が「特定空家等」であると判断したことを通知する必要があるか。	認定制度はありませんが、特定空家等に該当するか否かを判断する主体は市町村になります。また、法第14条第１項に基づく助言又は指導を行う場合には、その所有者等に対して特定空家等に該当したことを告知する必要があります。
第1章 1．	『そのまま放置すれば～となるおそれのある状態』とありますが、放置される期間が半年から１年でその状態になるものであれば、法令に基づく取組が必要と感じられますが、10年から30年でその状態になるものであれば、急いで取り組む必要はないと思われるので、放置期間の目安を記載すべきと思います。 『そのまま放置され、概ね一年以内に～となるおそれのある状態』という表記でいかがでしょうか？	ご指摘の箇所は法第２条第２項の定義を引用している部分ですので、原案のとおりとさせていただきます。なお、「特定空家等」は、地域の特性や個々の空家等の現状を踏まえて判断すべきものであるため、一律に判断することはなじみません。ご指摘の点については、ガイドライン第２章等を参考とし、必要に応じて、協議会等において学識経験者等の意見も聞きながら、市町村が総合的に判断すべきものと考えます。
第1章 1．	老朽化等により既に倒壊（屋根、柱、壁も倒壊）した建築物だったものは「特定空家等」に該当するか。 　また、火災等により空き家となり残材等が残る建築物だったものは「特定空家等」に該当するか。 （類似意見他１件）	建築物が、老朽化等により既に倒壊した状態のものや、火災等により残材等が残る状態のものも建築物に該当し、それが第１章１．イ～ニのいずれかの状態にあると認められる「空家等」であれば、「特定空家等」に該当します。
第1章 1．	擁壁が老朽化し危険であるために特定空家等と判断されたものについて、その後、空家等（建築物）を除却し、擁壁のみが残置された場合の法適用の取扱いを示して頂けないでしょうか。	御指摘のような場合、「特定空家等」に該当すると判断される原因となった擁壁については必要な措置が講じられていないことから、擁壁が残されている限り「特定空家等」に該当することとなると考えます。

資料4　『「特定空家等に対する措置」に関する適切な実施を図るために必要な指針（ガイドライン）（案）』に関するパブリックコメントに寄せられたご意見と国土交通省及び総務省の考え方（抄）

第１章 １．	長屋の空き家の場合で所有者は同一であるが長屋の登記がそれぞれ分かれていた場合は、それぞれ「特定空家等」とし指導すべきか。 また、長屋のそれぞれの住戸の登記及び所有者が異なる場合に、一部の住戸が空き家である場合は、その一部の住戸は「特定空家等」となり得るか。	長屋で登記が分かれていても、所有者が同一であれば、特定空家等の要件に該当する限り当該所有者に指導することは可能です。ただし、長屋の場合、当該長屋の一部のみが使用されていない場合にはそもそも空家等には該当しないことから、特定空家等に該当しません。
第１章 １．	「概ね１年間を通じて」電気・ガス・水道の使用実績がないため、建物等の使用実績がないとし「特定空家等」と判断した場合に、所有者等が以下の状態で「使用」していると主張された場合、「特定空家等」でなかったことになるのか。どこまでが「使用」の範囲か。 ア　年に１度部屋の空気の入れ替えに来て「使用」している。 イ　当該建物とは別の地域に住んでおり、状況確認時に１泊し「使用」している。 ウ　物置として「使用」している。 エ　賃貸物件であり、入居者が決まり次第「使用」する。 また、上記のうちいずれかが「特定空家等」でないとなった場合は、建築基準法での指導に切れ替えて良いか。	本法にいう「空家等」と認められるためには、「居住その他の使用がなされていないことが常態であるもの」、すなわち「人の住居や店舗として使用するなど建築物として現に意図をもって使い用いていないことが長期間にわたって（概ね年間を通じて）継続している状態」であるか否かが１つの基準となると考えています。 ア、イ、エ使用の実態がない以上、「居住その他の使用」がなされていないと考えられることから、一般に「空家等」に該当すると考えられます。本法では、条文上「使用」と「管理」と区別し、「使用されていない空家等」との概念を用いていることから明らかなように、単なる管理行為があるだけでは「空家等」に該当し得ます。 ウ　当該家屋を住居として使用するものではないものの、建築物として物品を保管する「物置」用に現に意図をもって使用されており「居住その他の使用」がなされていると考えられることから、一般に「空家等」には該当しないと考えられます。ただし、所有者等が出入りすることが年間を通じてなく、あっても数年に一度というような場合は、物品を放置しているに過ぎず、「物置として使用している」と認められない結果、「空家等」と認定され得ます。 なお、「空家等」に該当するか否かに関わらず、当該建築物等が建築基準法など他法令に基づく措置の対象となり得る場合に、その措置を活用することは妨げられません。
第１章 １．	「特定空家等」と判断し、所有者等に指導・勧告等を行っている途中で、改善措置がなされていない当該空き家に占有者が現れた場合「特定空家等」に該当しなくなるのか。	御指摘のような占有者により、空家等の定義にある「居住その他の使用がなされていない」ことを満たさない（＝使用されている）場合は特定空家等には該当しません。

第1章 1.	長屋や共同住宅の一部の住戸が空き家等となっている物件でも、法に定義される「空家等」の対象として解釈することはできないでしょうか。もし、できないのであれば、このようなケースについては、どのように対応したらよろしいでしょうか。	空家等は「建築物又はこれに附属する工作物であって居住その他の使用がなされていないことが常態である」と定義されていることから、建築物の一部のみが使用されていない場合には空家等に該当しません。 空家等に該当しない建築物に対応する必要がある場合には、空家法以外の法令（例えば建築基準法）や条例により対応することとなります。
第1章 2.(1) ロ	（ガイドライン案2ページから3ページの次の記述について） 「法と趣旨・目的が同様の各市町村における空家等の適正管理に関する条例において、適切な管理が行われていない空家等に対する措置として、助言又は指導、勧告、命令の三段階ではなく、例えば助言又は指導、勧告を前置せずに命令を行うことを規定している場合、上記のように慎重な手続を踏むこととした法の趣旨に反することとなるため、当該条例の命令に関する規定は無効となると解される。」 　助言又は指導、勧告を前置することを必須とするのは、どんなケースについても適切といえるのでしょうか。例えば、台風が通過して突然著しく悪化した状態になれば、直ちに命令の手続に入るという速やかな対応をすることの方が適切ではないでしょうか。このようなケースを想定して、条例で直ちに命令を出す手続に入ることができる旨の規定を置くと、その規定は無効となるというのは、合理的な解釈でしょうか。 　この点、ガイドライン案の1ページ「はじめに」には、「措置に係る手続については、必要に応じて、手続を付加することや法令等に抵触しない範囲で手続を省略することを妨げるものではない。」と書かれており、柔軟な対応を予定していることが読み取れます。そもそも条例が法律に抵触するかどうか　は、それぞれの地方公共団体が自ら責任を持って判断すべきであり、国土交通省から意見を言われる筋合いのものではないので、上記の記載は余事記載として削除すべきと考えます。 （類似意見他6件）	法第14条では、対象となる「特定空家等」の内容が、「そのまま放置すれば倒壊等著しく保安上危険となるおそれのある」など、将来の蓋然性を考慮した内容を含み、かつ、その判断の裁量の余地もあり、また措置内容も所有者等の財産権を制約する側面があることから、よりソフトな手段による働きかけである助言又は指導からはじめ、勧告を経て命令を行うという慎重な手続により、行政が予防的な段階から「特定空家等」の所有者等に接触して必要な措置につき働きかけをすることが望ましいため、必ず助言・指導、勧告、命令の三段階を経る必要があることとしています。このため、ご指摘のような場合等であっても、「特定空家等」の所有者等を確知している以上は、この法律に基づき対応するのであれば、この三段階のプロセスを省略することはできないと考えております。法と趣旨・目的が同様の条例において、適切な管理が行われていない空家等に対する措置として、助言又は指導、勧告を前置せずに命令を行うことを規定している場合、上記のように慎重な手続を踏むこととした法の趣旨に反することとなるため、当該条例の命令に関する規定は無効と考えているため、原文の通りとさせていただきます。 なお、法は応急措置について何ら規定をしていませんが、これは、所有者等の同意を得て緊急安全措置を実施する旨の規定を有する条例を各団体が有することを妨げるものではなく、緊急事態にそれぞれの条例に基づいて手続きを行っていただくことは他法令に反しなければ可能と考えます。また、緊急事態において、災害対策基本法に基づく応急公用負担等、他法に基づく応急措置を行うことも、もちろん可能です。

資料4 『「特定空家等に対する措置」に関する適切な実施を図るために必要な指針（ガイドライン）（案）』に関するパブリックコメントに寄せられたご意見と国土交通省及び総務省の考え方（抄）

第3章 4．(1)	以下の内容を追記すべきである。 (1)勧告の実施 　地方税法に基づき、当該特定空家等に係る敷地について固定資産税等のいわゆる住宅用地特例から除外されるに至った場合には、速やかに所有者等に対して特例除外後の固定資産税等の納付通知を行うこと。 　この場合には、基準日における固定資産税等が特例除外されるため、その年度に特例除外前の納付すべき額のうちすでに支払った分との差額を固定資産税等の納付すべき額とする。	空家法第14条に基づく措置の施行日である本年5月26日以降、市町村長が必要な措置の勧告を行った「特定空家等」について、その所有者等が当該必要な措置を講じない限り、勧告の時点以降の最初の1月1日を賦課期日とする年度分から、当該「特定空家等」の敷地に適用されていた固定資産税等の住宅用地特例が解除されることとなります。したがって、当該勧告をされた年の固定資産税については、変更ありません。
第1章 2．(1) ハ	特定空家等の所有者に対して勧告等した場合は、固定資産税等の住宅用地特例から除外されるとあるが、勧告の対象がその敷地内の立木等のみの場合（敷地内の住宅については特定空家等に該当しない）でも住宅用地特例から除外されると考えてよいか。 （類似意見他1件）	ご指摘のとおり、勧告の措置の内容が敷地内の立木等のみの場合でも、当該「特定空家等」の敷地は住宅用地特例から除外されます。なお、「特定空家等」の前提となる「空家等」は、建築物等及び立木等を含むその敷地を一体として捉えたものであり、ご指摘の場合、措置の対象が立木等のみであったとしても、住宅を含めて「特定空家等」に該当することとなります。
第3章 2．(2)	P8．5行目　固定資産税の特例解除について、免税点以下となっている物件や、死亡者課税となっており納税義務者未定の物件の場合等の特例解除の取り扱いはどうなるのか。また、母屋は活用可能な状態の空き家だが、小屋や倉庫など付属建物が特定空き家の基準に該当し勧告された場合においても、固定資産税は特例解除されるという理解でよろしいか。なお、土地と家屋の所有者が異なる場合、固定資産税の特例解除は上物の管理ができていないという理解で土地所有者へ課税されるのか。それぞれ所有者が理解できるよう、別項目にて具体的に示されたい。	免税点以下となっている物件や、所有者の死亡により納税義務者が未定の物件についても、空家法第14条第2項に基づく勧告がなされた「特定空家等」の敷地に係る土地については、固定資産税等の住宅用地特例の対象から除外されます。 「特定空家等」の前提となる「空家等」は、建築物に附属する工作物や敷地に定着する物を含む概念であることから、勧告の措置の内容が敷地内の小屋や倉庫等のみの場合でも、当該「特定空家等」の敷地は住宅用地特例から除外されます。また、固定資産税等の住宅用地特例の除外は、「特定空家等」の敷地について効果が及ぶことから、敷地部分と家屋部分とで所有者が異なる場合には、そのどちらかが同特例が解除されたことによる増分を負担することになりますが、どちらが負担されるかは両者間で話し合われるべき内容です。 なお、本文については原案のとおりとさせていただきます。
	4．特定空家等の所有者等への勧告（法第14条第2項） (1)勧告の実施	

第3章 4.(1)	【案】（全体に対して） 1．法14条3項命令に関しては行政手続について触れているが、2項勧告については特段の言及はない。これは、本勧告が行政指導であることを前提にしているのではないかと推測される。 2．たしかに、法が制定された2014年11月時点ではそのように解することにも合理性はあったが、勧告が住宅用地特例の廃止と連動するようになる今後は、むしろ処分と解すべきである。以下、関係論文の部分を添付する（自治実務セミナー6月号掲載予定）。 　この点については、土壌汚染対策法に関する最高裁判例が参考になる（最2小判平成24年2月3日　）。同法3条2項（　現3条3項）通知が土地所有者にされた場合、同者には土壌汚染状況調査義務が発生し、その懈怠は同条3項（現4項）の調査報告命令につながり、命令違反は同法65条1号により1年以下の懲役・100万円以下の罰金につながる。こうした仕組みのなかにある通知に対して、取消訴訟が提起された。最高裁は、土壌汚染対策法の仕組みを全体的にとらえたうえで、大要次のように述べて処分性を肯定した。報告義務は命令により発生するが、実際にはそれは通知により発生している。命令は速やかに発せされるわけではないからその取消訴訟はできない。そこで、実効的な権利救済の観点からは、通知を取消訴訟の対象とするのが相当である。 　空家対策特措法のもとで勧告を受ければ、将来的に、固定資産税の6分の6課税がされる。最高裁判決は、命令が速やかに発せられるとはかぎらないから通知段階での訴えを認めるべきとした。住宅用地特例の廃止がどれくらい速やかにされるかは不明であるが、勧告に関しても、同様に解釈される可能性はある。 　同法の実施を義務づけられている市区町村は、この点に留意し、勧告をする際には、行政手続法13条1項にもとづいて、弁明機会の付与ないし聴聞の機会を与える運用をしておいた方が無難である。土壌汚染対策法事件の場合、それをしていなかったため、処分は違法として取り消されている。2015年3月に制定された「明石市空き家等の適正な管理に関	空家法は、不利益処分である命令に対しては行政手続法の特例を設けるなど特別な手続を要することとしており、そのような規定のない勧告は、行政手続法上の行政指導として規定しているものです。なお、賦課期日において勧告を受けた特定空家等に係る住宅用地については、固定資産税等の住宅用地特例が適用されない額が課税されますが、地方税法上の賦課処分は行政不服審査法に基づき市町村長に対し異議申し立てが可能です。 なお、空家法に基づく特定空家等に対する勧告については、ご指摘の土壌汚染法に基づく通知とは異なり、空家法に基づく権利・義務の変動を相手方に生じさせないものです。

	する法律」は、この点に対する対応をしている模範例である（８条）。 ３．したがって、ガイドラインにおいては、上記最高裁判決を引用しつつ、手続の必要性を明確にしておくのが適切である。なお、論文で言及した土壌汚染対策法旧３条２項（現３条３項）通知に関しては、法制定時において、環境庁も内閣法制局も、これを行政指導と解していた。環境庁の解説書は、本ガイドライン案と同様に、不利益処分である命令については行政手続に関する記述をしていたものの通知については一切記述をしていなかったことからも明らかである。このため、最高裁判決を受けて、環境庁は、あわてて解釈を変更する通知を出した（平成24年３月12日環水大土発1220312002号）。上記最高裁判決にもかかわらず、法14条２項通知には処分性がないことについて確固たる自信があるならば案の通りでよいだろう。いずれにせよ、この論点が認識されているような案の記述ぶりではないように思われ、解釈の妥当性について検討の上、必要な記述をするのが適切である。判決を受けて対応するのも一案であるが、処分性があると解された場合、それ以前になされた勧告が違法となり、それを踏まえた住宅用地特例の廃止措置も違法とされる可能性があり、そうなれば深刻な混乱をもたらすだろう。空家対策特措法は、行政手続法を所管する総務省も関係しているから、事後的に対応するのは、いささか格好が悪い。	
第１章 ２．(3)	１．特定空家等に該当する建築物に関して、空家対策特措法と建築基準法の適用の優先関係をどのように解すべきかは、とりわけ特定行政庁市にとっては重要な論点である。上記記述では、並列的に適用されるという理解が前提とされているようにみえる。そうであるならば、どのような場合がそうであるかを理由とともに明確に示すことが適切である。特定行政庁市において、建築基準法10条３項の権限があるのに独立条例としての空き家適正管理条例が制定された理由のひとつは、同法の適用となれば国土交通省の解釈ネットワークのもとに入ってあれこれをいわれることを嫌った点にあるという事情への配慮が必要である。	空家法と建築基準法の間に優先関係はなく、各法令の目的に沿って必要な措置が講じられることが期待されます。どのような場合に、どの法令を使うかは、それぞれの法の目的に即して、関与しようとする行政が判断されるべきと考えますので、原文の通りとさせていただきます。

	2．あるいは、空家対策特措法が原則として優先適用されるというのが立法者意思と解しているなら、その旨を明確に示すことが適切である。	
第１章 3．	P3で「空家等の所有者等の特定方法としては、従来より、不動産登記簿情報による登記名義人の確認、住民票情報や戸籍謄本等による登記名義人や相続人の存否及び所在の確認等と併せ、近隣住民への聞き取り調査等が行われているところである。」とありますが、戸籍謄本は個人情報であり、従来は取得できず、今回の法施行により取得可能という認識でしたが、従来より取得は可能であったのでしょうか？	戸籍謄本は、市町村が法令の定める事務を遂行するために必要がある場合には、既存の法律（戸籍法第10条の2第2項）により、従来より取得可能でした。なお、固定資産税情報は、地方税法第22条により目的外利用が禁止されており、今回の法施行により空家等対策に利用することが可能となりました。
第１章 3．	ガイドライン3ページからの所有者等の特定に関して、所有者等の定義がないが、民法で規定する所有者や占有者の定義との整合性はどのように整理されているのか。 また、法律では固定資産税の納税義務者の情報が使えるようになっているが、地方税法で規定する固定資産税の納税義務者は、単に固定資産税を納付しているだけのものもいるため、所有者や占有者と同義ではない者も多い。地方税法第343条では、所有者が死亡して相続登記が未了であるなどの場合においては、「現に所有する者」を納税義務者としているが、民法では登記建物で所有者が死亡し、相続登記が未了の場合にあっては、法定相続人すべてが所有権を有すると推定される。この部分との整合性はどのように考えているのか。	所有者等の定義は、法第3条の「所有者等」と同義です。なお、所有者等が死亡した場合の「現に所有する者」とは、民法上の所有者と同義です。
第１章 3．	昨今、外国籍の者が我が国の不動産を取得することが増加している。所有者の特定方法に戸籍謄本が上げられているが、登記情報上の所有者が外国籍の者の場合は、閉鎖外国人登録原票等の資料の取得についても、本ガイドラインで記載しておく必要があると考える。 　なお、閉鎖外国人登録原票は一般には公開されていないが、行政機関の保有する個人情報の保護に関する法律第8条第2項第3項の規定により、市町村は取得可能であると考える。	ガイドラインには、不動産登記簿情報、住民票情報、戸籍謄本等を記述しており、閉鎖外国人登録原票も「等」に含まれることから、原文の通りとさせていただきます。

第１章 ３．	措置を命ぜられるべき者である所有者等を特定するにあたっては、提示されているように、不動産登記情報等の公的情報を活用すべきことが最低限必要であり、特に、固定資産税が課税されている建物もしくはその敷地である場合は固定資産税情報の活用がより有用であると考える。 　しかし、不動産登記情報上の所有者等の住所については、所有者等が住所の移転と同時にその旨の登記をしていない場合が多い。現行住民基本台帳法施行令（第34条１項）では、転出等により消除された住民票の保存期間が５年とされており、５年以上経過していると廃棄されている可能性が高く、登記情報上の住所では当該転居を確知できない場合があると考えられる。住民票情報が電算化されている現在、消除された住民票の保存期間を長期化するよう法改正等の措置をすることを検討すべきである。 　なお、不動産登記情報や固定資産税情報で確知できない場合、対象となる建物所在場所の近隣住民等に確認するなど、実質的な対応をすべきものと考える。	今後の検討の参考とさせていただきます。なお書き以降については、「空家等に関する施策を総合的かつ計画的に実施するための基本的な指針」一３⑶に「市町村長が⑵の調査を通じて空家等の所有者等の特定を行うためには、空家等の所在する地域の近隣住民等への聞き取り調査に加え、法務局が保有する当該空家等の不動産登記簿情報及び市町村が保有する空家等の所有者等の住民票情報や戸籍謄本等を利用することが考えられる。」と記述しています。
第１章 ３．	「第１章空家等に対する対応」の「３．所有者等の特定」の中で、空家等対策の推進に関する特別措置法第10条により、市町村長は、固定資産税の課税その他の事務のために利用する目的で保有する情報であって氏名その他の空家等の所有者等に関するものについては、法の施行のために必要な限度において内部利用できると記載されている。市内部で保有する水道情報や、国勢調査の情報においても、空家等対策の推進に関する特別措置法第10条に基づき空家等の情報について使用が可能という解釈であれば、今後各市町村が特定空家等に対する措置を行う上での参考資料として、『「特定空家等に対する措置」に関する適切な実施を図るために必要な指針（ガイドライン）』に、各市町村が内部で保有する水道情報や、国勢調査の情報においても、空家等対策の推進に関する特別措置法第10条に基づき、空家等の情報として使用が可能であると記載すべきではないか。	法第10条第１項においては、「市町村長は、固定資産税の課税その他の事務のために利用する目的で保有する情報であって氏名その他の空家等の所有者等に関するもの」については、法の施行のために必要な限度において内部利用することができることから、御指摘のような空家等の所有者等の「水道情報」や「国勢調査情報」は内部利用の対象となりえますが、ガイドラインは法第14条第14項に基づき「特定空家等に対する措置に関し、その適切な実施を図るために必要な指針」ですので、ガイドラインに上記内容を記載するのはなじまないと考えます。

第１章 ３．	１．法を極度に狭く解釈すると、利用できるのは空家等であることが判明している場合であって、そうかどうかを調査するための利用はできないということになる。現に、そのような不合理な解釈で、市町村の法担当部署からのアプローチに対して、非協力的な態度を示す関係部署もあるときく。 ２．もちろん、長が指示して利用をさせればよいことであるが、上記のような解釈は立法者意思とは解されないことを明示的に示すのが適切である。	法第10条第１項では「固定資産税の課税その他の事務のために利用する目的で保有する情報であって氏名その他の空家等の所有者等に関するものについては、法の施行に必要な限度において、内部利用できる」と定められており、法第２条第１項の「空家等」に該当するか否かを判断することも「法の施行の必要な限度」と言えることから、そのようなものについても法第10条第１項に基づき内部利用することができます。なお、どのような範囲の情報を提供できるかなどの点につきましては、今般、平成27年２月26日付通知（「固定資産税の課税のために利用する目的で保有する空家等の所有者に関する情報の内部利用等について」（国土交通省住宅局住宅総合整備課長・総務省自治行政局地域振興室長通知））にて明らかにしておりますので、そちらを御参照下さい。
第１章 ３．	「固定資産税の課税その他の事務のために利用する目的で保有する情報」の「その他の事務」は、固定資産税に関する事務に限らないことを明確にしていただきたい。水道事業の事務など該当する事務を例示し、分かりやすく記述いただきたい。	空家等に関する施策を総合的かつ計画的に実施するための基本的な指針一３(3)に、「固定資産税の課税その他の事務のために利用する目的で保有する情報については、固定資産課税台帳に記載された情報に限らず、例えば各市町村の個人情報保護条例などにより目的外利用が制限されている情報のうち、空家等の所有者等の氏名、住所等の情報で、法に基づき各市町村が空家等対策のために必要となる情報については、法の施行のために必要な限度において、市町村長は法第10条第１項に基づき内部で利用することが可能である」と記載しておりますので、ガイドラインについては原案の通りとさせていただきます。
第１章 ３．	法第10条により、固定資産台帳の情報取得が可能となり、納税義務者が特定されることで所有者が判明し易くなることとなりましたが、所有者が判明しない場合の調査方法や、手続きなどがお示しになっておりません。例えば、所有者死亡の場合、その相続人を特定する。また、相続人も不在となる場合は、財産管理人を選定する申立てが必要となることなど弁護士に委ねる事務も発生することも考えられますので、一般的な考え方を明記したほうが良いと思います。	例えば不動産登記簿上の所有者等が死亡している場合、まず相続人の把握作業を進め、確知できた相続人（＝所有者等）全員に対して、助言又は指導、勧告を行うことが考えられます。また、相続人を確知することができない場合においては、空家法第14条第10項に基づく略式代執行措置を講ずることとするか、御指摘のような民法に基づく財産管理人の申立てを行うこととするかといった検討が各市町村においてなされるものと考えています。

第１章 ３.	特定空家等の登記名義人が死亡している場合について、相続人の調査を行った結果、複数の相続人がありその一部について行方不明者がいるという事案を想定する。このような事案においても、特定空家等に対する措置の内容を問わず、ただちに法第14条に基づく助言または指導、勧告、命令という手続を行うことについては疑問がある。相続人が複数いる場合には、特定空家等は相続人の共有状態であるところ、措置の内容が修繕や立木竹の伐採といった民法上の保存行為（民法252条但書）に該当するものであれば、所在の判明している相続人のみでも可能であろうが、除却など処分行為や共有物の管理や変更に該当するものであれば、その相続人のみでは対応できないことになる。 　このような事案では、通常、行方不明者については不在者財産管理人を選任し（民法25条）、その管理人と共同で当該物件について管理又は処分などの対応をするところ、特定空家についてもその原則に則って対応するよう、所在の判明している相続人に説明するべきであると考える。その際、その相続人のみでの対応が困難であるときは、司法書士など専門家へ依頼して相続人調査を行い、不在者財産管理人などの申立てについても行うよう説明することが望ましい。 　あるいは、このような事案においても、「過失なく措置を命ぜられるべき者を確知することができない場合（法第14条第10項）」該当するとしていわゆる略式代執行を行うことも検討されるべきであると考える。	登記簿上の所有者等が死亡しており複数の相続人があり、その一部について行方不明者がいる場合、相続人の把握作業を進め、確知できた相続人（＝所有者等）全員に対して、助言または指導、勧告を行うこととしています。命令は、勧告を受けた者が正当な理由がなくてその勧告に係る措置をとらなかった場合にしかできないので、確知できた相続人だけでは措置をとる権原が無い場合、同項に定める手続を踏んだ上で、略式代執行措置を講ずることも考えられます。 略式代執行の対象となる特定空家等は、固定資産課税情報等を活用してもなお、所有者等を確知することができない特殊な状態のものであるため、たとえば不動産としての価値がほぼ無いものや、固定資産税滞納等をはじめ不動産に関連づけられる複数の債務が残存するものなど、売却することで債権が十分に回収できないものもあると思われます。このような状況に鑑み、相続財産管理人を選任するか否かは、個別の事案に即して各市町村長において御判断頂く必要があると考えます。
第１章 ３.	以下の事項を追記すべきである。 ⑴所有者が認知症等により財産処分管理能力を喪失している場合、市長村長申立によって成年後見人を選任し、当該後見人に対して助言又は指導を行う。 ⑵所有者が死亡している場合、戸籍謄本等により相続人全員を割り出すが、相続人が数十人に渡る場合も想定される。その場合には、特措法第３条に規定する所有者の責務については、相続人全員が負うものとなる。また、相続人のうち、前記⑴に該当する者がいた場合には、個別に⑴の対応をそれぞれ行うこととなる。	市町村長が確知している当該特定空家等の所有者全員に対して行う必要があります。なお、所有者が認知症等の場合でも、成年後見人の選定を空家法上必須としていません。

	※相続人のうち、過失なく確知することができない者がいる場合には、個別に特措法第14条第10項に規定する対応をとることができる。 ※ただし、「立ち入り調査（特措法第９条）」、「助言又は指導（特措法第14条第１項）」及び「勧告（特措法第２項）」については、現実に固定資産税を負担する者及び市町村長が必要と認める者に限定して行うことができる。	立入調査の事前通知、助言又は指導、勧告について、所有者等が複数存在する場合には、
全般	固定資産税の情報については、内部利用のため、市町村が委託した業者等が利用することは不可と考えるべきか。	空家法第10条はあくまで「市町村長（特別区の区長を含む。）」にのみ認められた措置であり、御指摘の「市町村から委託された業者」に対して税務当局が内部利用をさせることはできません。なお、「市町村から委託された業者」が、空家等対策部局から法第11条のデータベースの作成目的で空家等の所有者等に関する情報の提供を受けることは可能と考えますが、その際、当該情報の提供を行う市町村においては、委託予定の業者に対して、その契約の中で、個人情報である空家等の所有者等に関する情報の守秘義務を課す必要があると考えます。なお、民間事業者への業務委託を行う際には、情報の他用途利用の禁止、委託業務の再委託の禁止を徹底することなどにより、情報の厳正な取扱いが確保されるよう、十分ご留意下さい。
第２章⑴別紙	別紙１の１．⑵（イについて： 調査項目の例として「雪止めが破損し、落雪のおそれがある」など、落雪に関する項目を追加していただきたい。	ご意見を踏まえ、別紙４⑶に「屋根の雪止めの破損など不適切な管理により、空き家からの落雪が発生し、歩行者等の通行を妨げている。」を追加します。
第２章⑴別紙	『ロ外壁』の表内に『・壁体を貫通する穴が生じている。』とありますが、設備工事で空けた穴で配線配管類が撤去されたものもあるので、「脱落のおそれがある」と一概に認められないと思います。 『・外壁の損傷に伴い壁体を貫通する穴が生じている。』という表記でいかがでしょうか？	「特定空家等」は、地域の特性を踏まえて判断すべきものであるため、一律に判断することはなじみません。そのため、ガイドライン第２章等を参考とし、必要に応じて、協議会等において学識経験者等の意見も聞きながら、市町村が総合的に判断すべきものと考えます。 なお、壁体を貫通する穴については、生じた理由にかかわらず、露見している場合には、雨水進入等による劣化進展の原因となることから、原案どおりとさせていただきます。

資料4 『「特定空家等に対する措置」に関する適切な実施を図るために必要な指針（ガイドライン）（案）』に関するパブリックコメントに寄せられたご意見と国土交通省及び総務省の考え方（抄）

第2章(1)別紙	また、同じ表内に『・外壁に浮きが生じている。』とありますが、吹付け材や塗装材の浮きもあるので、「脱落のおそれがある」と一概に認められないと思います。 『・外壁のモルタルやタイル等の外装材に浮きが生じている。』という表記でいかがでしょうか	ご意見を踏まえて修正します。
第2章(1)別紙	別紙2から別紙4までについて： 別紙1と同様に、参考となる考え方を示していただきたい。例えば、別紙2(2)の「臭気の発生」の程度、別紙3(2)の「大きく」「多数の」「散乱、山積」の程度を数値で示すなど)。	「特定空家等」について、定量的な基準を一律に示すことは困難です。そのため、必要に応じて、協議会等において学識経験者等の意見も聞きながら、総合的に判断してください。
第2章(1)別紙	吹付け石綿が含有しているか見て分かるものではない。石綿の含有が疑われるのみで「そのまま放置すれば著しく衛生上有害となるおそれのある状態」と判断するのとが可能であるか。 「浄化槽等の放置、破損等による汚物の流出、臭気の発生があり」とあるが、浄化槽法で対処すべきことではないか。 「排水等の流出による臭気の発生」とあるが、空家における排水において、雨水以外に想定されているのか。	石綿の含有が疑われる場合、市町村の判断で、「そのまま放置すれば著しく衛生上有害となるおそれのある状態」と判断することは可能と考えます。 ガイドライン第1章2．(3)に記述している通り、空家法に限らず、他法令により措置が講じられることも考えられますが、どの法令によるかは、各法の目的等を総合的に判断して、選択される必要があると考えます。 排水については、過去にたまった汚水も想定しています。
第2章(1)別紙	⑥（別紙2(2)） ・「ごみ等の放置、不法投棄が原因で、以下の状態にある」を判断基準としているが、そもそも「ごみ」は土地に定着しておらず「空家等」の定義に含まれないこと、また「ごみ」か「資産」かという判断が困難であることから、基準とするのは不適切ではないかと考える。 ・また、「不法投棄」された物体に関しての責任は空家等の所有者等に帰するものなのか疑義がある。例えば月に1回程度の維持管理を行っていても不法投棄の被害を受ける可能性はあると思われ、「不法投棄」＝「管理不十分」とも言えないことから、判断基準とするのは不適切ではないかと考える。	敷地は「空家等」に含まれ、ごみにより敷地が著しく衛生上有害となるおそれのある状態にあると認められれば、「特定空家等」となります。特定空家等については、その周辺の生活環境の保全を図るため必要な措置をとるよう指導等ができることから、ごみの放置等が原因で、周辺住民の日常生活に支障を及ぼしていることを記載することは不適切ではないと考えます。 また、「不法投棄」されたごみにより、結果として空家等が衛生上有害となるおそれのある状態になれば、特定空家等として措置することは可能であり、原案の通りとさせていただきます。
第2章(1)別紙	『・屋根、外壁等が、外見上大きく傷んだり汚れたまま放置されている。』とありますが、通常、窓ガラスは時々清掃するものの、屋根や外壁は竣工後、清掃せず汚れたままなので、著しく不調和な状態と一概に認めることは適当でないと思います。	

	『・屋根、外壁等が、汚物や落書き等で外見上大きく傷んだり汚れたまま放置されている。』という表記でいかがでしょうか？	ご意見を踏まえて修正します。
第２章 (1)別紙	『・立木等が建築物の全面を覆う程度まで繁茂している。』とありますが、敷地内や外壁面を緑化した効果もあるので著しく不調和な状態と一概に認めるは適当でないと思います。 『・立木等が５年から10年以上剪定されず、隣地を超えて繁茂している。』という表記でいかがでしょうか？	「特定空家等」は、地域の特性や個々の空家等の現状を踏まえて判断すべきものであるため、一律に判断することはなじみません。そのため、ガイドライン第２章等を参考とし、必要に応じて、協議会等において学識経験者等の意見も聞きながら、市町村が総合的に判断すべきものと考えます。 なお、「立木等が建築物の全面を覆う程度まで繁茂」は不調和な状態の一例として記載していることは明らかであることから、原案どおりとさせていただきます。
第２章 (1)別紙	別紙４(1)について： 　状態の例として「立木に多数のハチ、毛虫等が発生し、周辺住民の日常生活に支障を及ぼしている」など、立木に発生した害虫に関する項目を追加していただきたい。	別紙の「状態の例」は、あくまで例示です。害虫について、周辺の生活環境の保全を図るために放置することが不適切であると判断すれば、特定空家等とすることは可能です。ガイドラインについては、原案の通りとさせていただきます。
第２章 (1)別紙	別紙４「放置することが不適切である状態」の判断に際し参考となる基準（P. 26） 例示として(1)で立木が原因となる状態が示されているが、市町村に最も相談されている事例の一つである「隣家への立木の枝等の侵入」についての記載がないのは、周辺環境としての問題ではないことからだと推測されるが、市民等に無用な期待を抱かせないため、空家法では相隣関係のみの問題には対応しないとの明記が必要ではないか。	ガイドライン第２章に「特定空家等に対する措置」を講ずるに際しては、空家等の物的状態が第１章１．イ～ニの各状態であるか否かを判断するとともに、当該空家等がもたらす周辺への悪影響の程度等についても考慮する必要がある旨、記述しております。また、空家法第１条の規定内容からも、御指摘のような相隣関係のみの問題に対応しないことは明らかであることから、その点をガイドラインに明記する必要はないと考えます。
第２章 (1)別紙	またP26に「多数のねずみ、はえ、蚊、のみ等の発生し、周辺住民の日常生活に支障を及ぼしているとの」との状態の例があるが、空家ではハチ（特にスズメバチが問題となる事例が多いため、ハチについても明示すべきではないか。それとも「等の中に含まれる」との解釈で良いか。	別紙の「状態の例」は、あくまで例示です。空家等のハチについて、周辺の生活環境の保全を図るために放置することが不適切であると判断すれば、特定空家等とすることは可能です。ガイドラインについては、原案の通りとさせていただきます。
第２章 (1)別紙	⑧（別紙４(2)） ・「空家等に住みついた動物等が原因で、以下の状態にある」を判断基準としているが、上記⑥と同様、そもそも「空家等」の定義に動物は含まれないこと、また、当該動物に係る責任が空家等の所有者等に帰するものか疑	「空家等」に住みついた動物等が原因で、周辺の生活環境の保全を図るために放置することが不適切である状態にあると認められれば、「特定空家等」となります。特定空家等については、その周辺の生活環境の保全を図るため必要な措置をとるよう指導等ができること

	義があること（例えば周辺家屋で飼育されているペットが当該空家等に進入している場合など）から、基準とするのは不適切ではないかと考える。	から、住みついた動物等が原因で、周辺住民の日常生活に支障を及ぼしていることを記載することは不適切ではないと考えます。
第２章(1)別紙	P26.別紙４.(2)５項目　判断基準の中に空き家に住みついた動物について、空き家の家屋内及びその敷地内で動物が確認されるのであれば判断がつくが、(2)５項目の「住みついた動物が周囲の土地・家屋に侵入し」とあるように、他の敷地内に侵入している動物を当該空き家に住みついている動物であると特定することは困難と考えるがいかがか。事項のシロアリも同様と考える。当該空き家の敷地内に限定した記載に改められたい。	別紙４は、特定空家等の定義のうち、「周辺の生活環境の保全を図るために放置することが不適切である状態にあると認められる空家等」の状態の例を記述しておりますが、それらはいずれも周辺の生活環境に対する悪影響がある場合を想定して記述しているものであることから、当該空家等の敷地内に限定した記述とすることはできないと考えます。
第２章(1)別紙	特別措置法には防犯の観点が含まれていないところ、別紙４（26頁）「その他周辺の生活環境の保全を図るために放置することが不適切である状態」の特定空家等であるか否かの判断に際して参考となる基準の１つとして、「門扉が施錠されていない、窓ガラスが割れている等不特定の者が容易に侵入できる状態で放置されている。」が挙げられています。これは、例えば、空家等に盗品を隠す、女性や幼児を連れ込んだり監禁したりする、不良少年がたむろするといった問題ではなく、①衛生面での問題（ごみ等の放置、不法投棄により、臭気や多数のネズミ等が発生し、周辺住民が日常生活に支障を及ぼしている。）(24頁）や、②景観面での問題（外壁等の汚れ、多数の窓ガラスの割れ、敷地内のごみ等散乱等が放置され、周囲の景観と著しく不調和な状態）（25頁）に準ずる、ごみ等の放置、不法投棄、外壁への落書きといった衛生面や景観面の問題を誘発する状態を想定しており、やはり、防犯の観点は含まれない、という理解でよろしいでしょうか。 なお、特別措置法を補完する趣旨で、本市では、第１条で防犯の観点を目的として明記し、第２条で「不特定の者が容易に内部に侵入し、又は使用することができることにより犯罪行為を誘発するおそれがある状態」を措置の対象として明記した条例を制定しております。（平成27年３月６日公布・同年10月１日施行）	本法に防犯の観点は含まれません。「防犯」については本法の制定過程において、空き家対策として何らかの措置を講ずるよりは、直截に警察等によって不審者や不良少年に対応する方が適当であることから、本法の目的規定には掲げていないとの議論が制定者間であったと聞いておりますが、各地方公共団体の条例等において、空き家対策の目的として掲げることは妨げておりません。

第2章 (1)別紙	状態の例に以下の主旨を踏まえて追加いただきたい。 ・北海道では、台風時などの建材の飛散の危険の他に、屋根の雪の管理不足によって、空き家からの落雪が発生し、道路通行人などに危害を及ぼすことがある。建物を構成する部品以外にも、屋根の上に自然堆積したものが飛散することによって起こる危険についても定義されたい。	ご意見を踏まえ、別紙4(3)に「屋根の雪止めの破損など不適切な管理により、空き家からの落雪が発生し、歩行者等の通行を妨げている。」を追加します。
第2章 (1)別紙	このほか、P26で「門扉が施錠されていない、窓ガラスが割れている等不特定の者が容易に侵入できる状態で放置されている。」との状態の例があるが、法の趣旨には「防犯」は含まれてないと聞いている。上記の状態が防犯上の問題でないとすれば、どのような観点で問題となるのか明示すべきではないか。	別紙4の状態の例「門扉が施錠されていない、窓ガラスが割れている等不特定の者が容易に侵入できる状態で放置されている。」については、防犯の観点は含まれておりませんが、地域住民が不安に感じることが問題と考えています。
第2章 (2)	①（第2章(2)周辺の建築物や通行人等に対し悪影響をもたらすおそれがあるか否か） ・標題の「周辺の建築物や通行人等に対し」との文言について、法、指針及びここまでのガイドラインには出てきていない文言であるにもかかわらず、突然標題にあがっており、何の判断について言っているのかわからない。 ・記載するのであれば、標題は「周辺への悪影響の程度等を判断する基準」等とすべきではないか。 ・また、「周辺の建築物や通行人等」とあるが、「悪影響の範囲」については場合により自治会の区域内全てとなるような場合も考えられ、この場合は一般的に考えられる「周辺の建築物や通行人等」の範疇を超えると思われることから、基準とするのは不適当ではないか。例に挙げているような「保安上危険となるおそれ」を判断する際の基準として提示するのであればよいが、「特定空家等」の判断基準とすることは不適当と考える。	ガイドライン第2章柱書に、「「特定空家等に対する措置」を講ずるか否かについては、下記(1)を参考に「特定空家等」と認められる空家等に関し、下記(2)及び(3)に示す事項を勘案して、総合的に判断されるべきものである。」と記述しており、(2)の位置づけの説明はなされていることから、原文の通りとさせていただきたい。 「悪影響の範囲」について、自治会の区域内全てとなるような場合でも、「周辺の建築物や通行人等」に含まれると解釈することができると考えますので、原文のままとさせていただきます。
第2章 (3)	「老朽化した空家等が、大雪や台風等の影響を受けやすい地域に位置する場合等は、「特定空家等」として措置を講ずる必要性が高くなる」とあるが、国が定める豪雪地帯に位置する老朽化した空家は、損傷等が軽微でも、「特定空家等」として措置を講じても問題はないという認識と解釈してよいか、考え方を示していただきたい。	御指摘のような「国が定める豪雪地帯に位置する老朽化した空家等」も「特定空家等」に該当し得ると考えます。なお、「特定空家等」は地域特性や個々の空家等の現状を踏まえて判断するものであり、豪雪地帯に位置することもあくまで1つの判断要素として、その他の「空家等」の状況も含め総合的に判断してください。

資料④　『「特定空家等に対する措置」に関する適切な実施を図るために必要な指針（ガイドライン）（案）』に関するパブリックコメントに寄せられたご意見と国土交通省及び総務省の考え方（抄）

第２章(3)	台風の影響を受けやすい地域とそうでない地域の区分は、どのように行うのか例示していただきたい。	「特定空家等」は、地域の特性や個々の空家等の現状を踏まえて判断すべきものであるため、一律に判断することはなじみません。そのため、ガイドライン第２章等を参考とし、必要に応じて、協議会等において学識経験者等の意見も聞きながら、市町村が総合的に判断すべきものと考えます。
第２章(3)	②（全体として）特定空家等の判断基準等の例として記載する内容は、客観的に見て誤解等のないものとし、市町村が住民対応等において苦慮することのないよう配慮いただきたい。具体事例は以下のとおり。 （第２章(3)悪影響の程度と危険等の切迫性） ・６行目）「例えば、樹木が繁茂し景観を阻害している空家等が、景観保全に係るルールが定められている地区内に位置する場合」とあるが、特に景観に関する内容については周辺地域の状況により全く判断基準が変わること、また、個人の判断基準に大きく左右される傾向があること、さらに、樹木の繁茂等に関わることについては景観保全に係るルールの中でも判断基準がない可能性が高く、市町村が判断に苦慮すると思われることから、例示としての記載を削除していただきたい。	判断基準は一律とする必要はなく、気候条件等地域の実情に応じて、判断することとなる旨を記載した上で、「例えば、樹木が繁茂し景観を阻害している空家等が、景観保全に係るルールが定められている地区内に位置する場合」との記述は、景観保全に係るルールが定められている地区内は、景観を阻害している空家等の悪影響の程度が特に高いことを例示しているものであり、原文の通りとさせていただきます。
第３章１．	事情の把握については、所管行政職員が一義的に行うものか、実態調査のように委任・委託してもよいのか、追記いただきたい。	御指摘のとおり、空家等の所有者等の事情把握に当たり、外部の業者等に事実行為として委託することとしても構いませんが、その実施方法については市町村においてご判断いただいて差し支えないことから、原案どおりとさせていただきます。
第３章２．(1)イ	相続登記がなされていない空き家で複数の法定相続人がいる場合の取り扱いについてお尋ねします。第３章４．「特定空家等の所有者等への勧告」のなかに「所有者等が複数存在する場合には、市町村長が確知している当該特定空家等の所有者全員に対して勧告を行う必要がある。」とありますが、これは、２(1)イ「所有者等に対する事前の通知」、３．「特定空家等の所有者等への助言又は指導」、５．「特定空家等の所有者等への命令」などについても同様に考えるべきでしょうか。また、複数の法定相続人のうち１名を地方税法第343条第２項の「家屋を現に所有している者」として固定資産税を賦課している場合は、「所	「所有者等が複数存在する場合には、市町村長が確知している当該特定空家等の所有者全員に対して勧告を行う必要がある。」とあるのは、２(1)イ「所有者等に対する事前の通知」、３．「特定空家等の所有者等への助言又は指導」についても、同様に考えるべきです。５．「特定空家等の所有者等への命令」については、正当な理由がなくてその勧告に係る措置をとらなかった場合に実施できることとされており、確知している所有者等全員のうち、「正当な理由」の無い、措置を行う「権原がある者」に対して行ってください。また、複数の法定相続人のうち１名を地方税法第343条第２項の「家屋を現に所有している者」

3．(1) イ 5．(1)	有者等が複数存在する場合」にあたらないと考えるべきでしょうか。	として固定資産税を賦課している場合でも、当該法定相続人のうち複数名が実態として当該特定空家等を所有等している場合には、「所有者等が複数存在する場合」に当たります。
第3章 2．(1)	立入調査に際し必要に応じて内部に立ち入って確認するとあるが、原則として立入調査を行う旨を通知し立会いが得られ、内部に立ち入ることに了解が得られる場合を想定していると思われるが、所有者等に対し通知することが困難である場合等についても必要最小限の範囲において内部に立ち入って確認できるのか。できるのであれば明文化してほしい。 　また、所有者等に対し通知することが困難である場合とあるが、ここでいう困難とはどのような場合を指すのか例示を示してほしい。 　通知が困難な場合等の立ち入りの際、鍵が施錠されていることが大半であると思われるが、必要最小限の範囲において内部に立ち入るとは業者等に依頼し開錠させることも含まれるのか。 （類似意見他２件）	法第９条第３項に「ただし、当該所有者等に対し通知することが困難であるときは、この限りではない」と定められています。なお、法第９条第２項の立入調査は、所有者等の承諾を要件とするものではありません。 「通知することが困難であるとき」とは、具体的には、所有者等又はその所在が、市町村がその職務を行う際に通常用いる手段、具体的には住民票情報、戸籍情報等、不動産登記簿情報、固定資産課税情報などで調査してもなお不明な場合が考えられます。 特定空家等に該当すると認められる朽ち果てた家屋がある敷地が塀で囲まれ、門戸が閉まっているとしても、そのような塀を乗り越えて敷地に立ち入ることは、門戸（施錠も含む）や塀を破壊するなどの物理的強制力を用いない限りにおいて、許されると考えます。施錠されている鍵を業者等に依頼し開錠させることは、物理的強制力にあたると考えられます。なお、既に窓、扉、壁等が破損されている場合に、このような物理的強制力を行使せずに、そこから建物内へ立ち入ることは、可能と考えます。
第3章 2．(1)	７空き家へ立ち入り・調査員への権限は市町村で十分可能なのか外部へ委託することもあるのか疑問であるが	法第９条第２項において、「市町村長は、第14条第１項から第３項までの規定の施行に必要な限度において、当該職員又は<u>その委任した者</u>に、空家等と認められる場所に立ち入って調査をさせることができる」とされており、各市町村長のご判断で立入調査を外部の者に委任することは可能です。
第3章 2．(1)	【項目】 　市町村長は、法第14条第１項から第３項までの規定の施行に必要な限度において、当該職員又はその委託した者に、空家等と認められる場所に立ち入って調査をさせることができる（法第９条第２項）。 【意見】 　法では「委任」となっているが、「委託」とした理由を示していただきたい。	ガイドライン中「委託」との記述を「委任」に変更します。

資料[4] 『「特定空家等に対する措置」に関する適切な実施を図るために必要な指針（ガイドライン）（案）』に関するパブリックコメントに寄せられたご意見と国土交通省及び総務省の考え方（抄）

第３章２．⑴イ	「立入調査を行おうとするときは、その５日前までに所有者等に通知しなければならない」とあるが、「５日」の期間の計算については、P13記載事項と同様に、期間の初日は算入しないものと解される、でよいか。	貴見の通りです。なお、ガイドラン第３章２．⑴イの３行目に、「この「５日」の期間の計算については、期間の初日は参入しないものと解される。」と追加します。
第３章２．⑴イ	立入調査の際の所有者等に対する通知は所有者等全員に通知する必要があるのか。全員に通知する必要がある場合、一人でも立入調査を拒否されれば立ち入ることはできないのか。 （類似意見他１件）	立入調査の際の所有者等に対する通知は確知している所有者等全員に通知する必要があります。通知した方のいずれかから明示的な拒否がある場合は、物理的強制力の行使による立入調査を行う権限まで認められるものではありません。
第３章２．⑴イ	土地と建物所有者が異なるとき（例：借地）は両者に通知し承諾を得なければならないのか。（借地の場合、占有権は建物所有者にあるため建物所有者のみに通知し承諾を得られればよいと考えてよいか） （類似意見他１件）	土地所有者と建物所有者が異なるときは、その両者に通知しなければなりません。なお、通知に承諾の必要はありませんが、明示的な拒否がある場合は、物理的強制力を用いてまで立入調査をすることはできません。
第３章２．⑴イ	特定空家等の建物部分とその敷地の所有者が別な場合で、建物部分の所有者が覚知できず、敷地の所有者のみ確知している場合、敷地の所有者に指導・勧告・命令を行うべきか、それとも所有者不明として略式代執行を行うべきか。	敷地所有者に措置を行う権原がある場合、敷地所有者に対する措置は、助言・指導、勧告、命令、代執行という順になります。敷地所有者に措置を行う権原が無い場合、敷地所有者に助言・指導、勧告のステップを踏んだ上で、空家法第14条第10項の「過失がなくてその措置を命ぜられるべき者（本問の場合は建物所有者）を確知することができないとき」に該当することから、同項に定める手続を建物所有者に対して行った上で、略式代執行を行うことが可能です。
第３章２．⑴イ	P５．20行目、P６．26行目所有者の事情把握および立入調査の事前通知について、登記上の所有者が既に死亡しており相続者が複数いる場合、固定資産納税義務者に事情聴取や事前通知をするのが妥当と考えるが、死亡者課税となっており納税義務者未定の物件は、相続者全員に意向調査や事前通知をするべきか。この場合、相続割合が高い者の意見を尊重するべきと考えるがいかがか。わかりやすいよう事例を示されたい。	所有者の事情把握をする際に、誰を調査対象とするかについての明確なルールは存在しないので、事情をよく知る方に対して空家等の実態調査や立入調査を行う際の事前通知を行ってください。なお、立入調査の事前通知（空家法第９条第３項）について、登記上の所有者が既に死亡しており、その相続人が複数いる場合には、当該相続人全員に事前通知をしてください。また、立入調査はいわゆる間接強制調査であり、通知した方のいずれかから明示的な拒否がある場合には、当該通知した者の相続割合にかかわらず、物理的強制力の行使による立入調査を行う権限まで認められるものではありません。

第３章 ２.(1) イ	P６.35行目法第９条第３項ただし書きについて、通知するのが困難である場合とはどのような状況か。死亡者課税となっており納税義務者未定の物件は、相続者が複数人いるため即時特定ができない事案はこれに該当すると考えるがいかが。具体的な事例を示されたい。	所有者等又はその所在が、市町村がその職務を行う際に通常用いる手段、具体的には住民票情報、戸籍情報等、不動産登記簿情報、固定資産課税情報などで調査してもなお不明な場合が考えられます。これは空家等の所有者が既に死亡しており、その相続人が複数いる場合についても同様です。
第３章 ２.(1) ハ	【項目】 空家等と認められるとして立ち入った結果、建物内に占有者がいる等使用実態があることが判明した場合は、当該建築物は「特定空家等」に該当しないこととなり、それ以降、立入調査を継続することはできない。 【意見】 所有者等（管理者、相続人）が知り得ない占有者がいた場合は、立入調査を継続できると解釈しても良いか、考え方を示していただきたい。	所有者等が知り得ない者かどうかに関わらず、当該者により調査対象の空家等が使用されているという実態が判明した場合には、空家等に該当しなくなることから、立入調査を継続することはできません。
第３章 ２.(1) ハ	ガイドライン７ページ中、「ハ留意事項イ法に基づく立入調査は、(中略) したがって、明示的な拒否があった場合は、立入調査をすることはできない。」とされている。この場合、いつまでたっても特定空家等の認定に係る立入調査を行うことができず、特定空家等の認定もできなくなる。 法律第16条第２項では20万円以下の過料を科すとしているが、ガイドラインの趣旨としては、立入調査を拒否された場合は、ひたすら過料を科し続け、立入調査に応じさせよという考え方でよいのか、説明されたい。 (類似意見他１件)	法第９条第２項の立入調査は、いわゆる間接強制調査（調査拒否に対して罰則を設けて罰則の威嚇により間接的に調査受諾を強制するもの）であり、相手方が明示的な拒否をしている場合に物理的強制力の行使による立入調査を行う権限まで認めるものではありません。この場合には、空家法第16条に基づき20万円以下の過料に処することとするか、又は法第14条第１項に基づく助言又は指導を行うこととなります。
第３章 ２.(1) ハ	「特定空家等に関する措置」に関する適切な実施を図るために必要な指針（ガイドライン）（案）の７頁ハ留意事項ハに示されている門扉が閉じられている等の場合であっても、「物理的強制力の行使により立入調査の対象とする空家等を損壊させるようなことのない範囲内での立入調査」は許容され得るものと考えられるとあるが、ここで示されている物理的強制力の行使の範囲と、損壊させることのない範囲内とはどこまでを想定されているのか、例えば、施錠されている門扉・玄関扉に対し、錠前屋等により損壊させることなく開錠を行い、立入調査をした場合は該当するのか、又、	特定空家等に該当すると認められる朽ち果てた家屋がある敷地が塀で囲まれており、又は門戸が閉まっているとしても、そのような塀や門戸を乗り越えて敷地に立ち入ることは、門戸や塀を破壊するなどの物理的強制力を用いない限りにおいて許されると考えます。ただし、施錠されている門扉・玄関扉に対し、錠前屋等により損壊させることなく開錠を行い、立入調査を行うことは、物理的強制力の行使にあたり得ると考えます。なお、既に窓、扉、壁等が破損されている場合に、このような物理的強制力を行使せずに、そこから建物内へ立ち入ることは、可能と考えます。

	すでに破損されている窓、扉、壁等からの建物内への立入は「損壊させるようなことのない範囲内」での立入調査に該当するのか、見解を示していただきたい。 （類似意見他１件）	
第３章 ２．(1) ハ	空家等の所有者等が、立入調査を明示的な拒否をした場合は、立入調査をすることができないと記載があるが、倒壊の恐れが高い空家等、緊急性が高い場合は、対応を可能にすべき。	立入調査については、いわゆる間接強制調査であり、明示的な拒否がある場合には、物理的強制力の行使による立入調査を行う権限まで認められるものではなく、それは空家等の倒壊する可能性の高さや緊急性の高さにより変わるものではありません。
第３章 ２．(1) ハ	立入調査については、「市町村長は、空家等と認められる場所に立入調査を行おうとするときは、～その旨を通知しなければならない」旨規定されており、「所有者等に対し通知することが困難であるときは通知は要しない。」とのただし書規定があります。 一方で、留意事項として、「明示的な拒否があった場合は、立入調査をすることはできない。」と記述されています。 では、所有者等に通知はしたものの、土地所有者の意思が確認できない場合（反応がない場合）は、明示的な拒否がないものとして、立入調査を行っても支障がないということでよろしいか。	第９条第２項の立入調査は、所有者等の承諾を要件とするものではないので、所有者への通知手続等を踏んでいれば、法第14条第１項から第３項までに基づき特定空家等に対する措置を行うために必要な限度において行った立入調査として適法な職務執行となります。従って、御指摘のような通知を行ったが応答がない場合には、所有者等の明示の拒否がないと考えて差し支えはありません。
第３章 ２．(2)	「(2)データベースの整備と関係部局への情報提供」においては、「空家等施策担当部局は、必要に応じて特定空家等に関する情報を関係内部部局に提供し、共有することが望ましい。」また、「税務部局に対しては、空家等施策担当部局から常に「特定空家等」に係る最新情報を提供し、税務部局の支障を来すことがないようにしなくてはならない。」とある。 　特別区においては、都が課税を行っていることから、「税務部局（特別区においては都。以下同じ。）」と加筆し、明確にしていただきたい。	記述を変更します。
第３章 ２．(3)	本項では、抵当権等の担保権と賃借権等の用益権が同列に扱われているが、これは必ずしも適当でない。担保権については本項記載のとおりでよいと思われるが、用益権の権利者は、それが実質的に担保目的でない限り、空家等の管理をする権利をもつ「管理者」として「所有者等」の中に含まれると解する。	法では、空家等の所有者又は管理者を「所有者等」と定義しており、「管理者」は「所有者等」に含まれます。なお、第３章２．(3)は特定空家等に関する各種の権利については、当該権利者間での解決に委ねられることを明記したものであるため、原案どおりとさせていただきます。

第３章 ２．(3)	特定空家等に対する措置の過程で、抵当権等の担保物権や賃貸借契約による賃貸借権が設定されていることが判明した場合においては、確かに市町村長が関係者の調整を行う必要はない。しかしながら、特定空家等に対する措置を万全に行うためには、担保物権や賃借権など、措置を妨げる権利について消滅あるいは抹消させるために適切な相談窓口を紹介、あるいは相談窓口についての情報提供を行うことが望ましいと考える。所有者等にこの問題の調整を行う知識が不足している時には、早期解決が見込めないからである。この点について、司法書士は、例えば相続登記を行う過程で登記上抵当権等が設定されたままとなっていることが判明した場合に、抵当権者を調査し当該抵当権等を抹消するという業務を日頃より行っており、本件のような場面においても問題解決に役立つと考える。	今後の検討の参考とさせていただきます。
第３章 ３．(1)	所有者について相続が発生している場合には、告知の対象は相続人全員ではなく、固定資産税を現実に負担している者その他市町村長が告知が必要と認める者に対して行う。ただし、相続人全員に対して告知することを妨げるものではない。	所有者について相続が発生している場合には、相続人の把握作業を進め、確知できた相続人（＝所有者等）全員に対して告知してください。
第３章 ３．(1)	勧告について参考様式２が示されているように、助言又は指導についても参考様式を提示していただきたい。 又、指導から勧告へ手続きを進める判断目安として、指導回数や履行期間を示していただきたい。	助言又は指導は、口頭によることも許容されており、書面でしなければならないという誤解を与えないよう、様式の提示は控えさせていただきます。 指導から勧告への手続きを進める判断目安としての指導回数については、個々の事案ごとに一様ではなく異なることから、一律にその基準をお示しすることは困難です。指導又は助言については、法上、履行期間を定める必要はありませんが、実務上定める場合は、ガイドライン第３章４．イにある勧告の場合の「相当の猶予期限」も参考にしながら、ご検討ください。
第３章 ３．(1) イ	P.　28参考様式２では、課長が責任者として例示されているが、責任者は市町村長とならないのか、責任者の考え方、想定する役職等を示していただきたい。	責任者については当該措置の事務について、責任の所在を明らかにする観点から明示することを見込んでいます。役職については、市町村でご判断ください。

資料4 『「特定空家等に対する措置」に関する適切な実施を図るために必要な指針（ガイドライン）(案)』に関するパブリックコメントに寄せられたご意見と国土交通省及び総務省の考え方（抄）

第３章 ３．(1) イ	【項目】 助言及び指導は、口頭によることも許容されているが、改善しなかった場合の措置を明確に示す必要がある場合には、書面で行うことが望ましい。 【意見】 「助言及び指導は、口頭によることも許容されている」とされているが、口頭には、電話での対応も含まれるか、示していただきたい。 また、電話対応の場合は、書面ではなく、電話対応の記録を残しておけば良いのか、考え方を示していただきたい。	口頭には電話での対応が含まれます。また、例え電話応対を行った場合でも、改善しなかった場合の措置を明確に示す必要がある場合には、電話対応の記録の形ではなく、措置の内容を明確に記述した書面を用意する方が望ましいと考えます。
第３章 ３．(1) イ	P８「特定空家等の所有者等への助言又は指導における告知すべき事項」について ガイドライン案では勧告を実施した場合は「住宅用地特例の対象」から除外されることになることを所有者に告知することとされているが、従前から住宅用地特例が適用されていない物件もあるため、告知するにあたっては事前に税務部局から住宅用地特例適用状況にかかる情報を得る必要があると考えるが、平成27年２月26日付の通知「固定資産税の課税のために利用する目的で保有する空家等の所有者に関する情報の内部利用等について」では、住宅用地特例の適用にかかる情報の利用については明示されてないため、ガイドラインで明示すべきではないか。	住宅用地特例の適用の有無は、空家法第10条第１項の「空家等の所有者等に関する」情報とは言えず、また事前にそのような情報を入手せずとも、空家法第14条第２項に基づく勧告の対象者に対して「住宅用地特例の対象から除外されることとなる」点は連絡可能だと考えます。
第３章 ３．(1) イ	助言又は指導においては全員に行うとの記載がありません。このことから。必ずしも所有者全てに指導等を行う必要は無いと考えますが、仮に３人共有物件の代表者Ａに指導を行ったとき、残りの共有者Ｂ・Ｃに指導を行っていないことになります。この場合、勧告を行う手順は以下のどれになりますか？ ①Ｂ・Ｃに指導等を行い、相当の猶予をもってから所有者全てに対して同時に勧告する。 ②先にＡにのみ勧告し、Ｂ・Ｃには指導等から順次対応する。 ③Ｂ・Ｃへの指導等は省略し、所有者全てに対し同時に勧告する。	市町村長が特定空家等に対して必要な措置に係る勧告を講ずるに当たり、特定空家等の所有者等が複数存在する場合には、市町村が確知している当該特定空家等の所有者等全員に対して勧告を行う必要があります。助言又は指導についても、同様に考えてください。仮に代表者Ａに先に指導を行った場合、後でＢ、Ｃにも助言又は指導を行う必要がありますが、その際にＢ、Ｃに同時に行うか、又は別々に行うかは、各市町村においてご判断いただく事項だと考えます。

第3章 3．(1) イ	建物所有者と土地所有者が異なる空き家について「特定空家等」と判断し指導等を行う場合は、土地所有者に当該空き家が「特定空家等」であることを通知する必要があるか。また、当該「特定空家等」の所有者等に勧告を行った場合、当該「特定空家等」に係る敷地について固定資産税等の住宅用地特例の対象から除外されることを通知する必要があるか。 上記の通知が必要な場合は、税務部局から通知すべきものと考えてよいか。	建物所有者と土地所有者が異なる空家等について、法第14条第１項に基づく助言又は指導を行う場合は、土地所有者にも助言又は指導を行う必要があります。なお、助言又は指導の段階で、「特定空家等」の所有者等に対し、勧告を行った場合には当該「特定空家等」に係る敷地について固定資産税等の住宅用地特例の対象から除外されることを通知する法的義務はありませんが、助言又は指導を行う部局はそのような通知を合わせて行うことが望ましいと考えます。また、勧告を行う際に示すべきことについては第３章４．に記載しています。 固定資産税等の住宅用地特例の対象から除外されることは、空家法に基づく措置を行う部局が通知すべきものと考えます。
第3章 3．(1) イ	ガイドライン（案）P９の４行目に「助言及び指導は、・・・書面で行うことが望ましい。」とあるが「指導書」の参考様式についてはガイドラインで示さないのか。 (類似意見他１件)	助言又は指導は、口頭によることも許容されており、書面でしなければならないという誤解を与えないよう、様式の提示は控えさせていただきます。なお、書面により助言又は指導を行う場合には、勧告や命令に係る参考様式を参照しこれに準じるものとして作成することも考えられます。
第3章 3．(1) ロ	③（第３章３．(1)ロ下から３行目） ・「建築物等の全部を除却する措置を～留意されたい」とあるが、法文上は「建築物の除却」であり、「建築物等の全部を除却」とは全く内容が変わるため、修正すべきではないかと考える。	法第14条第１項の括弧書きの「除却」は、建築物等の「全部除却」を意味しています。
第3章 3．(2)	指導又は助言を受けたにもかかわらず状態が改善されない特定空家等に対する措置について法第７条に基づき協議会において検討する際には、代執行に至るまで遅滞が生じることを避けるため、まず、スケジュールを確認する必要がある旨を明示するべきである。	助言又は指導を受けた特定空家等が改善されない場合、繰り返し助言又は指導を行うべきか、必要な措置を講ずべきか等について、各市町村において検討がなされることになります。なお、(全ての事案について）必ずしも代執行に至るということではありません。
第3章 4．(1)	勧告の書式中にある責任者について、部局が２以上になる場合、併記することが可能であるか。あるいは代表部局のみ記載することになるか。	代表部局のみ記載することが望ましいと考えますが、複数部局を併記することも妨げられません。
第3章 4．(1)	10ページ14行目に「相手方が当該命令の内容を」とあるが、勧告の実施について記述しているので、「相手方が当該勧告の内容を」と記述するのが正しいと思われる。	記述を変更します。

資料④　『「特定空家等に対する措置」に関する適切な実施を図るために必要な指針（ガイドライン）（案）』に関するパブリックコメントに寄せられたご意見と国土交通省及び総務省の考え方（抄）

第３章 ４．(1)	本文中の「売買等」には贈与や相続も含まれると考えてよいか。	ガイドラインの「売買等」には贈与や相続も含まれます。
第３章 ４．(1)	P10「勧告の実施」について 勧告を実施した後に所有者等が変わった場合の記述があるが、一般承継（相続や法人合併）により所有者等が変わった場合も含むという理解で良いのか。	相続や法人合併により所有者等が変わった場合も含みます。
第３章 ４．(1)	④（第３章４．(1)下から２段目） ・当該段落全体がわかりにくいため、全体的に記載をわかりやすくしていただきたい。特に、上から４行目の「その従前の所有者等」については修正すべきと考える。「その従前の所有者等」という文言には、従来から現在まで所有者である者のみではなく、現在は所有者でなくなった者を含むことから、内容に誤解が生じるため。	ご指摘を踏まえ、「その従前の所有者等」については、「売買等による変更のなかった所有者等」と修正させていただきます。
第３章 ４．(1)	特定空家等の所有者等への勧告について、ガイドライン10ページ３パラグラフ目中、「なお、（中略）その敷地の所有者等となったものに対し市町村長はできるだけ迅速に、改めて勧告を講じる必要がある。」と記載している。特定空家等への指導及び勧告等は空家等の所有者等に対して行われるべきものであるはずだが、この部分についてだけは、敷地の所有者等への勧告とあるのはおかしいのではないか。	「特定空家等」の前提となる「空家等」は、建築物等及びその敷地を一体として捉えたものです。ここでは、勧告を受けた特定空家等の建物部分とその敷地のいずれかが当該勧告後に売買等された結果として所有者等が変わってしまった場合を記述しています。その場合、新たに特定空家等の建築部分又はその敷地の所有者等となった者に対して市町村長はできる限り迅速に、改めて勧告を講ずる必要があり、原文のままとさせていただきます。
第３章 ４．(1)	２「特定空家等に対する措置」に関する適切な実施を図るために必要な指針（ガイドライン）（案）の10頁下から10行目、「また、市町村長による勧告を受けた後に、「特定空家等」が売買等もより、建物部分とその敷地いずれについても所有者等が変わってしまった場合には、勧告の効力が失われると」とあるがその場合、「改めて勧告を講ずる必要がある」となっているが、勧告の効力が失われるのであれば、助言又は指導からではないか。 （類似意見他１件）	ご指摘を踏まえ、ガイドラインについて、「改めて勧告を講ずる必要がある（当然、助言又は指導から行う必要がある）」と修正します。

第３章 ４．(1)	勧告を受けた特定空家等の売買等による所有者等の変更について ガイドラインによれば、市町村長による勧告を受けた後に特定空家等が売買等によって建物部分及び敷地の双方の所有者等が変わってしまった場合、従前の所有者等に対する勧告の効力が失われるため、新たに所有者等になった者に対し、市町村長はできる限り迅速に、改めて勧告を講ずる必要があるとしています。 この点、新たな所有者等は、従前の所有者等が当該勧告を受けている旨を告知しない限り、当該建物につき、当該勧告がなされていることを知る術がありませんので、新たに所有権等を取得するや否や、市町村長から勧告を受ける事態となり、いささか酷ではないかと考えます。 ところで、法は、特定空家等に対する措置を行う場合、必ず、助言・指導、勧告、命令と段階を追って慎重に対応すべきものとしており、この段階を踏まない条例は無効と解するものとしています。 このため、本件のような場合においても、法が求める慎重な手続きを行うべきであり、新たな所有者等に対しても、直ちに勧告を行うのではなく、改めて助言・指導から段階を追って慎重に対応すべきではないかと考えます。 なお、勧告の履行を回避するため、所有権等を順次移転するという事態も想定できない訳ではありませんが、特定空家等に対する勧告回避のため、その敷地を含めて所有権等を順次移転させることは稀な事態（相当な経費がかかる）と考えられますので、新所有者等に対する慎重な手続きを優先させるべきと考えます。	ご指摘のような所有者に対しても、改めて助言・指導から段階を追って慎重に対応すべきと考えています。なお、ガイドラインについて、「改めて勧告を講ずる必要がある（当然、助言又は指導から行う必要がある）」と修正します。
第３章 ４．(1)	特定空家等に対する勧告は対物処分であるため、特定空家等が当該勧告内容に従って是正等が行われない限りは、当該特定空家等の所有権が移行しようとも勧告は有効と考えるが如何か。	勧告は「特定空家等」の所有者等に対して行う（空家法第14条第２項）ものであり、勧告を受けた後に所有者等の全員が変わった場合は、当該勧告の効力は失われます。また、勧告等を受けた後に所有者等の一部が変わった場合は、変更のない所有者等に対しては勧告はその効力を継続します。
第３章 ４．(1)	勧告の対象が建築物であり、土地の所有権のみが移転された場合において、新たに土地を取得した所有者に対しても勧告を発出する必要はあるのか。	「特定空家等」は建築物と敷地の双方を含むことから、勧告の対象が建築物であり、その敷地である土地の所有権のみが移転された場合でも、新たに土地を取得した所有者に対して改めて勧告を発出する必要があります。

第3章 4．(1)	(対象部分：P10　19行目P14　9行目) 第3章4．(1)勧告を講ずるに当たり、特定空家等の所有者等が複数存在する場合には、市町村長が確知している所有者等全員に対して勧告を行う必要があるとあるが、第1章3．における固定資産税の課税のための情報から得られる者をもって確知している所有者等と判断して差し支えないか。 また、勧告は所有者等全員に対して行う必要がある一方、助言又は指導については所有者等全員とは明文化されていないが、勧告(書面)を踏まえ、助言又は指導についても市町村長が確知している所有者全員に行わなければ、いきなり勧告(書面)が送達されるとなると問題が生じることとなると思われる。 第3章4．(4)、勧告については所有者等全員に行う必要があるとされているところ、命令の実施については、単に相手方とあるが、ここでいう相手方とは、勧告を行った所有者等全員又はその代理人を指すと解釈してよいか。	固定資産税の課税のための情報から得られる者のみならず、確知している所有者等全員に勧告してください。 「所有者等が複数存在する場合には、市町村長が確知している当該特定空家等の所有者全員に対して勧告を行う必要がある。」とあるのは、助言又は指導についても、同様に考えてください。命令については、正当な理由がなくてその勧告に係る措置をとらなかった場合に実施できることとされており、確知している所有者等全員のうち、「正当な理由」の無い、措置を行う「権原がある者」に対して行ってください。
第3章 4．(1)	所有者等が複数存在している場合には、確知している所有者等全員に対して勧告を行うこととあるが、代表者のみに通知した場合は無効なのか。 また、登記簿上の所有者等が死亡しており相続人が確定しているか確知できず相続関係人が複数いる場合は、どの範囲まで通知しなければならないのか示されたい。	市町村長が特定空家等に対して必要な措置に係る勧告を講ずるに当たり、特定空家等の所有者等が複数存在する場合には、市町村長が確知している当該特定空家等の所有者等全員に対して勧告を行う必要があります。代表者に対する勧告は有効ですが、それ以外の確知された所有者にも勧告をする必要があります。 代表者登記簿上の所有者等が死亡しており相続人が確定しているか確知できず相続関係人が複数いる場合は、相続人の把握作業を進め、確知できた相続人（＝所有者等）全員に対して勧告してください。
第3章 4．(1)	「なお、市町村長が特定空家等に対して必要な措置に係る勧告を講ずるに当たり、特定空家等の所有者等が複数存在する場合には、市町村長が確知している当該特定空家等の所有者等全員に対して勧告を行う必要がある。」とある。 これは、建物所有者と敷地所有者が異なる場合には、敷地所有者に対しても必要な措置に係る勧告を行うことができるということか。 また、建物について、所有者法人の破産や相続放棄等により所有者が存在しない場合には、敷地所有者のみに対して勧告を行うことができるという理解でよいか。	建物所有者と敷地所有者が異なる場合には、建物所有者だけでなく、敷地所有者にも勧告をして下さい。また、後段については、敷地所有者に措置を行う権原がある場合、敷地所有者に対する措置は、助言・指導、勧告、命令、代執行という順になります。敷地所有者に措置を行う権原が無い場合、敷地所有者に助言・指導、勧告のステップを踏んだ上で、空家法第14条第10項の「過失がなくてその措置を命ぜられるべき者（この場合は建物所有者）を確知することができないとき」に該当することから、同項に定める手続を建物所有者に対して行った上で、略式代執行を行うことが可能です。

第３章 ４．(1)	２　告知すべき事項について 勧告をした場合は、地方税法の規定に基づき、当該特定空家等に係る敷地について固定資産税等のいわゆる住宅用地特例の対象から除外されることの告知とあるが、土地と建物の所有者が違う場合に、建物所有者には助言、指導により告知し、土地所有者に対し、建物所有者への指導、助言とは別に、何らかのお知らせが必要と考えるか？	市町村長が特定空家等に対して必要な措置に係る勧告を講ずるに当たり、特定空家等の所有者等が複数存在する場合には、市町村が確知している当該特定空家等の所有者等全員に対して勧告を行う必要があります。助言又は指導についても、同様に考えてください。
第３章 ４．(1)	３　勧告は、相手方に到達することによって効力を生じ、効力が生じたのを確認した後に、固定資産税の特例解除という流れになると思うが、所有者等が複数存在する場合、当該特定空家等の所有者等全員に対して勧告を行う必要があるが、複数の所有者全員に到達しなければ、特例解除は出来ないと考えて良いか？	市町村長が特定空家等に対して必要な措置に係る勧告を講ずるに当たり、特定空家等の所有者等が複数存在する場合には、市町村が確知している当該特定空家等の所有者等全員に対して勧告を行う必要がありますが、当該勧告はご指摘のとおり、所有者全員に到達する必要があります。
第３章 ４．(1)	勧告について、当該空家等の所有者等全員に対して勧告を行う必要があると記載があるため、全員確知できるまで勧告できず、特定空家等を確知してから勧告までに時間を要してしまうおそれがあることから、一定時点で確知できている所有者のみへ勧告を行うとの記載が望ましい。	市町村長が特定空家等に対して必要な措置に係る勧告を講ずるに当たり、特定空家等の所有者等が複数存在する場合には、市町村が確知している当該特定空家等の所有者等全員に対して勧告を行ってください。全員が確知できなくても、所有者等の把握作業を進め、確知できた所有者等全員に対して勧告してください。
第３章 ４．(1)	以下の内容を追記すべきである。 所有者について相続が発生している場合には、勧告の対象は相続人全員ではなく、固定資産税を現実に負担している者その他市町村長が勧告が必要と認める者に対して行う。相続人全員に対して勧告することを妨げるものではない。	所有者について相続が発生している場合には、相続人の把握作業を進め、確知できた相続人（＝所有者等）全員に対して告知することとしています。
第３章 ４．(1)	配達証明郵便等を推奨されていますが、不在及び受取拒否等により配達ができない場合の取扱い（再送付回数や配達不能時の解釈等）についても表記願います。	御指摘のような場合に何回再送付をするか否かについては、各市町村において、必要に応じて協議会で協議するなどして検討する必要がある事項ですので、ガイドラインに一律に記載することは困難だと考えます。 なお、配達不能時の取扱いについては、ガイドライン第３章４．に「勧告は、相手方に到達することによって効力を生じ、相手方が現実に受領しなくとも相手方が当該命令の内容を了知し得るべき場所に伝達されたら到達したとみなされる」と記述しています。

資料④　『「特定空家等に対する措置」に関する適切な実施を図るために必要な指針（ガイドライン）（案）』に関するパブリックコメントに寄せられたご意見と国土交通省及び総務省の考え方（抄）

第３章 ４．(1)	以下の内容を追記すべきである。 勧告の内容を記載した書面が、所有者等に到達しない場合 (1)　受取り拒否の場合は到達したものとみなす。 (2)　受取人不明で返送された場合は略式代執行の手続きに移行する。	勧告について、相手が現実に受領しなくとも相手方が内容を了知し得るべき場所に送達されたら到達したとみなされることは、すでに記述しています。 なお、受取人不明で返送された場合であっても、必ずしも略式代執行に移行するものではありません。
第３章 ４．(1) イ	行政手続法第36条の３の規定に相当する行政手続き条例の規定により、住民等による「処分等の求め」が想定されるため、特定空家に対する措置に関する「相当の猶予期限」について、可能な範囲で具体的にお示しいただけるとありがたい。 （類似意見他３件）	ガイドライン第３章４．(1)イに、「物件を整理するための期間や工事の施工に要する期間を合計したものを標準とすることが考えられる。」と記述しています。なお、建築基準法に基づく是正措置命令の猶予期限について、木造住宅の全部除却命令について31日としたものや、木造住宅の一部除却等命令について138日としたものがあります。また、都市計画法に基づく除却命令の相当の期限について、鉄骨１階建ての倉庫（いわゆるコンテナ）３棟の全部除却命令について43日としたものや、鉄骨２階建ての事務所・工場の全部除却命令について112日としたものがあります。
第３章 ４．(1) ロ	固定資産税等の住宅用地特例に関する措置について ガイドラインによれば、特定空家等に該当する家屋の所有者等に対し、除却、修繕、立木竹の伐採その他周辺の生活環境の保全を図るために必要な措置をとることを勧告した場合、いわゆる固定資産税等の住宅用地特例の対象であった敷地は、その特例対象から除外されるとしています。確かに、特定空家等の除却を勧告する場合には、当該家屋は除却されるべきものですので、その敷地が固定資産税等の住宅用地の特例対象から除外されてもやむを得ないものと解します。 しかしながら、特定家屋等の修繕、例えば、ガイドライン11頁のロに示されている「東側２階部分の破損した壁板３枚を撤去すること」等の修繕勧告の場合（壁板３枚を撤去する程度で済むようなの場合）であっても、その敷地が固定資産税等の住宅用地の特定対象から除外される運用は、やや所有者等に酷ではないかと考えます。 従いまして、固定資産税等の住宅用地特例に関する措置につきましては、特定空家等に該当する家屋の所有者等に対し、除却の勧告を	法に基づき、市町村長が特定空家等の所有者等に対して周辺の生活環境の保全を図るために必要な措置をとることを勧告した場合には、当該特定空家等に係る敷地について固定資産税等の住宅用地特例の対象から除外されます。これは除却の勧告に限定されておらず、ガイドラインにおいて、限定的な運用を定めることは出来ません。

	した場合、固定資産税等の住宅用地特例の対象であった敷地は、その特例対象から除外されると限定的に運用すべきではないかと考えます。	
第３章 ４．(1) ロ	P11「勧告に係る措置の内容」について 勧告の内容は「危険なため対処すること」といった概念的な内容ではなく、例えば「壁面部材が崩落しないよう、東側２階部分の破損した壁板３枚を撤去すること」等の具体的な措置を明示する必要があるとしているが、危険箇所を具体的に明示する必要性は認められるが、対処方法について限定的に記載することは、修繕や全部撤去等のその他の対処方法の選択肢を狭め、所有者の負担増に繋がるおそれがあると考える。このため、例えば「撤去等の安全確保に必要な措置を講ずること」というような対処方法にある程度幅を持たせる表現も認めるような記載とすべきではないか。 (類似意見他３件)	勧告措置がとられなかった場合、命令、さらには代執行ができることとなっています。したがって、当該措置の内容について、当該特定空家等の所有者等が、具体的に何をどのようにすればいいのかが理解できるように、明確に示す必要があります。
第３章 ４．(1) ロ	⑤（第３章４．(1)ロ(イ)) ・３行目以降)「例えば、「壁面部材が崩落しないよう、～明確に示す必要がある。」とあるが、具体的な行為を検討するに当たっては、当該行為を行うことにより建築物が適切な状態を保つことができるか否かということや、適法性を確保できるか否かということについて判断する必要があるが、これらについては、当該建築物の状態等について詳細に把握した上で専門家による判断が必要であり、さらに、今後当該空家等をどのように利用するかといったことによっても取るべき行為が変わると考えられる。 ・例示されている「東側２階部分の破損した壁板３枚を撤去すること」についても、当該壁板を撤去するのみであれば、雨水等の浸透によりその他の部分の崩落危険性が高まること等が予想され、撤去後の対策について検討する必要がある。また、同様に建築物の除却についても「除却する箇所を明確に示す必要がある」とあるが、当該除却が建築物の構造に及ぼす影響を検討し、安全性・適法性を確保する必要があるのみではなく、撤去後の建築物の維持保全についても検討する必要がある。	壁面部材の崩落の危険については、破損した壁板の撤去で、対処できるものと考えています。ここでは、特定空家等の所有者等が、具体的に何をどうすればいいのかが理解できる程度に明確に示す例として記述しており、原文の通りとさせていただきます。ただし、詳細にすぎるとの御意見を踏まえ、「壁面部材が崩落しないよう、東側２階部分の破損した壁板を撤去すること」と修文します。

	・勧告を行うにあたっては具体的に行為を示すべきということは理解できるが、上記のように取るべき行為を特定することは非常に困難であることから、市町村が実際に運用するうえでの障害とならないよう、当該イの記載については再考いただきたい。 （類似意見他１件）	
第３章５．	１．空き家適正管理条例の多くは、不適正管理状態にある空き家に対して助言・指導、勧告、命令を規定している。次の段階に移行する要件は、基本的に、行政指導が従われないという事実のみである。もちろん、それだけではなく、「正当な理由なく従わない」という要件は、暗黙のうちに認識されている。行政指導不服従の事実のみで次の段階に移行するという仕組みの前提には、空き家等の所有者等に対して、「……ねばならない」というように、条例で適正管理を義務づけていることがある。 ２．法14条３項は、「特に必要があると認めるとき」という表現をしている。この点、時の法令1974号に掲載された立案担当者による解説は、「正当な理由がなくてその勧告に係る措置をとらなかった場合は、特に必要があると認めるときは」と記している（14頁）。正当な理由なくという要件は、暗黙にあると解するようである。この点では、自治体の従来の実務を変えるものではないが、「特に必要があると認めるとき」という要件は、相当高いハードルを設定したと自治体現場では受け取られている。 ２．法３条は、建築基準法８条と同じく、所有者等に対して努力義務を課すのみであり、所有者等に関する法的義務は法14条３項命令ではじめて発生するという構造になっている。こうした制度設計の違いが、法14条３項に「特に必要があると認めるとき」という文言が挿入された理由であると解される。 ３．行政指導ではなく行政処分になる場合には、財産権保障との関係で慎重な取扱いが必要となるのはいうまでもなく、14条３項の規定ぶりはそれを表現したにすぎないともいえる。	ご意見を踏まえ、第３章５．イの次に、「ロ．特に必要があると認めるとき」の項を作成し、以下を記述する。 「特に必要があると認めるとき」とは、比例原則を確認的に規定したものであり、対応すべき事由がある場合において的確な権限行使を行うことは当然認められる。

	4．法が空き家適正管理条例の対応を否定するものではなく、「特に必要であると認めるとき」が制度設計の発想の違いに起因して規定されたとするならば、この表現は、たんに比例原則を確認的に規定したものにすぎないことをガイドラインにおいては明記するのが適切である。こうした文言は、空き家適正管理条例の命令規定には含まれてはいないけれども、そうであるがゆえに命令が濫発されたという事実はない。懸念されるのは、立法者の意図とは異なって、法14条３項命令の権限行使に対して萎縮的効果は発生することである。「「特に必要であると認めるとき」というのは、比例原則を確認的に規定したものであり、対応すべき事由がある場合において的確な権限行使を抑制する趣旨ではない」というような記述をするのが適切である。 5．前述のように、そもそも法14条14項が、法案準備作業の最終段階で加えられ、その趣旨が、市町村による法実施をスムーズにするためということにある点に鑑みれば、法が空き家適正管理条例とは異なる前提に立っていることを客観的に認識したうえで、条例によるこれまでの運用をとくに変える意図を持つものはないというメッセージを的確に伝える必要がある。	
第３章 ５．	4　勧告を行った物件については、全て措置命令を経て代執行に向かうイメージがあるが、勧告を行い何らかの措置が行わなければ、全てについて、必ず措置命令以降の手続に進むものと考えるか？ ※代執行については、建物解体や雑草の伐採やごみの撤去など何らかの物を取り除くイメージであるが、仮に、勧告後は、必ず措置命令等の手続に進むとなれば、外壁の修繕についての勧告の場合、最終的に行政が代執行により修繕というのは考えられるか？	法第14条第３項では、「勧告に係る措置をとらなかった場合において、特に必要があると認めるときは」命ずることができるとされており、勧告に係る措置がとられなかった場合に、必ず措置命令以降の手続に進むものではありません。また、代執行は物を取り除くことに限られるものではありません。
第３章 ５．(1)	12ページ12行目「・命じようとする措置及びその事由」とあるが、他の記述や様式と整合させて「・命じようとする措置の内容及びその事由」と記述するのが適当と思われる。	記述を変更します。

資料④　『「特定空家等に対する措置」に関する適切な実施を図るために必要な指針（ガイドライン）（案）』に関するパブリックコメントに寄せられたご意見と国土交通省及び総務省の考え方（抄）

第3章 5.(1) ハ	「提出期限は意見書や証拠の準備をするのに足りると認められる期間を設定しなければならない。」とあるが、具体的な標準期間などを想定しているのであれば示していただきたい。	標準期間等は想定しておりません。必要な期間は、特定空家等に対する措置の内容等に応じて、個々の事案ごとに一様ではなく異なることから、個別の事案に即して各市町村長において御判断頂く必要があると考えます。
第3章 5.(2)	（対象部分：P13　7行目） 意見書の提出期限について、「意見書や証拠の準備をするのに足りると認められる期間」とあるが、日数の目安を具体的にお示し下さい。	御指摘の点については、個々の事案ごとに一様ではなく異なることから、一律にその基準をお示しすることは困難です。
第3章 5.(2)	13ページ「(2)所有者等による公開による意見聴取の請求（法第14条第5項）」の後段の記述に「なお、当該期間内に意見聴取の請求がない場合は、当該期間経過後、直ちに法第14条第3項に基づく命令をすることができる。」とある。しかし、意見書の提出がなかった場合、意見書の提出を経てもなお当該命令措置が不当でないと認められた場合に法第14条第3項に基づく命令を出すことができるので、「なお・・・」以下の当該記述は不要と考えられる。削除するのが適当と思われる。	「なお」以下は、「なお、意見聴取の請求がなく当該期間を経過した場合には、(1)ハの意見書の提出期限の経過をもって、直ちに法第14条第3項に基づく命令をすることができる。」と修正させていただきます。
第3章 5.(3)	P13「公開による意見の聴取」について 非公開又は傍聴者を選別したい旨の条件を付けて意見の聴取の要請があった場合、どのように扱うべきか。	空家法第14条第5項及び第6項に基づく「公開による意見の聴取」は、命令の対象者が自己に有利となる意見を表明する機会を付与することを目的とするものであることから、命令の対象者が「非公開による意見の聴取」を希望した場合には、その希望に沿って意見の聴取の場を設けることとすることは妨げられません。また、意見の聴取に当たり傍聴者の取扱いをどうするかについては、空家法に特段の定めはありませんので、各市町村において判断されるべき事項だと考えます。
第3章 5.(5)	標識に記載すべき内容及び公報、インターネットで公表できる（公表しなければならない）範囲について例示されたい。	標識に記載すべき内容は、法第14条第3項の規定により当該特定空家等に対して命令をした旨です。公表できる範囲は、命じた措置の内容など、第三者への不測の損害を未然に防止する観点から必要な内容です。
第3章 5.(5)	標識の設置その他国土交通省令・総務省令で定める方法による標識の参考様式を定めてもらいたい。	ご指摘を踏まえ、空家法第14条第11項に基づく標識の参考様式を定めます。

全般	●行政代執行について 空家等対策の推進に関する特別措置法（以下「空家法」という。）第14条第９項及び第10項に行政代執行が規定されていますが、行政代執行法第２条に規定されているイ：「他の手段によってその履行を確保することが困難であり、且つその不履行を放置することが著しく公益に反すると認めれられるときは、」との文言がありません。その一方、空家法第14条第３項にはロ：「特に必要があると認めるときは、」との文言があります。イとロは代執行の要件として同じ位置付けでしょうか。 　空家法と行政代執行法を比較すると、イとロの表現の違いから、空家法の行政代執行のほうがハードルが低く設定されているように見受けられますが、行政代執行の性格上、安易に実行できるものではないため、イとロは同義であると思いますので、もしそうであればガイドラインにその旨の解説をしていただくようにお願いします。	行政代執行法第２条においては、「他の手段によつてその履行を確保することが困難であり」（補充性の要件）、かつ、「その不履行を放置することが著しく公益に反すると認められるとき」（公益性の要件）に該当するか否かを判断をして代執行をすべきとしていますが、「特定空家等」で市町村長が法第14条第３項に基づき除却等の措置を命じた場合においては、同条第９項に定める要件を満たせば、空家法に基づき代執行ができることとしています。 空家法第14条第９項は、「特定空家等」が、そのまま放置すれば倒壊等著しく保安上危険となるおそれのある場合等に、周辺の生活環境の保全を図るため助言又は指導及び勧告を経て命令を行うまでの過程で、行政代執行法第２条に定める補充性・公益性の要件については、市町村長が十分検討した上で判断しており、また命ぜられた措置が履行されないときは、それ自体著しく公益に反する状況といえることから、改めて行政代執行法第２条の要件に該当するか否かを判断するまでもなく、市町村長が迅速機宜に行政代執行ができるよう明文で規定したものです。
全般	●相続放棄物件について 空家法第14条第10項において、「過失がなくてその措置を命ぜられるべき者を確知することができないとき」は、いわゆる略式代執行ができると規定されていますが、相続放棄された場合は「確知することができないとき」に該当するのでしょうか。 　その場合、民法上では相続放棄された際も相続財産管理人を選任する等の方法が残されていますが、これらの民法の規定は適用しなくても良く、空家法による行政代執行を行うべき、ということでしょうか。 　上記のように、相続放棄物件に対する取り組み方、考え方、解決方法などについては問題点が多いため、ガイドラインにお示しいただきたいと思いますのでよろしくお願いします。	「過失がなくて」とは、市町村長がその職務において通常要求される注意義務を履行していることを意味しています。具体的には「特定空家等」の所有者等及びその所在につき、市町村が法第10条に基づき例えば住民票情報、戸籍謄本等、不動産登記簿情報、固定資産課税情報などを利用し、法第９条に基づく調査を尽くした場合を想定しています。このような場合であれば、相続放棄された「特定空家等」であっても略式代執行は行えると考えています。 略式代執行の対象となる特定空家等は、固定資産課税情報等を活用してもなお、所有者等を確知することができない特殊な状態のものであるため、たとえば不動産としての価値がほぼ無いものや、固定資産税滞納等をはじめ不動産に関連づけられる複数の債務が残存するものなど、売却することで債権が十分に回収できないものもあると思われます。このような状況に鑑み、相続財産管理人を選任するか否かは、個別の事案に即して各市町村長において御判断頂く必要があると考えます。このため、原案どおりとさせていただきます。

資料④　『「特定空家等に対する措置」に関する適切な実施を図るために必要な指針（ガイドライン）（案）』に関するパブリックコメントに寄せられたご意見と国土交通省及び総務省の考え方（抄）

第３章 ７． ⑴、⑵	法第14条第10項の「措置を命ぜられるべき者を確知することができない時・・・あらかじめ公告しなければならない」とあり、ガイドラインの⑵事前の公告で方法論が示されておりますが、これは民法及び民事訴訟法に基づく「公示送達」ですが、法令では裁判所が認めるときは、市役所等の掲示も命ずることができるとされていますので、原則として公示送達の手続きが必要と思われます。法律上の意思表示と所有者の確知を過失なく処理できるため、法に基づく「公示送達」を追記した方が良いと思います。	法第14条第10項の公告は、民事訴訟法上の「公示送達」とは異なります。このため、同項に基づく公告の手続については、原案を参考にして下さい。
第３章 ７．⑵	「最後に官報等に掲載した日又はその掲載に代わる掲示を始めた日から２週間を経過した時に、相手方に送達したものとみなされると解される」とある。法第14条10項は単に「あらかじめ公告しなければならない」と規定されているのみであるのに、何故民事訴訟法の公示送達を準用するのか。「（地名地番）の所有者」（氏名を特定していない）へ「勧告にかかる措置」を命ずれば、最高裁平成14年10月24日判決、民集56巻８号1903頁により、「処分があったことを知った日」というのは、公告があった日をいうと解するのが相当であるのではないか。	民事訴訟法上の公示送達に関する規定を準用しているわけではなく、例えば民法第98条第２項に、「・・・公示は、公示送達に関する民事訴訟法の規定に従」う旨の記載があることを参考としたものである。なお、最高裁平成14年10月24日　判　決、民　集56巻８号1903頁は、「行政処分が個別の通知ではなく告示をもって多数の関係権利者等に画一的に告知される場合には、行政不服審査法14条１項にいう「処分があったことを知った日」とは、告示があった日をいう」というものですが、本法第14条第10項に基づく代執行を行う場合の告示は「（代執行という）行政処分が個別に通知されるもの」であることから、その告示日には適用されないと考えますので、原文の通りとさせていただきます。
第３章 ７．⑶	「⑶費用の徴収 　本項の代執行は行政代執行法の規定によらないものであることから、代執行に要した費用を強制徴収することはできない。すなわち、義務者が後で判明したときは、その時点で、その者から代執行に要した費用を徴収することができるが、義務者が任意に費用支払いをしない場合、市町村は民事訴訟を提起し、裁判所による給付判決を債務名義として民事執行法に基づく強制執行に訴えることとなる。」とある。 　このような略式代執行において、費用徴収の強制執行ができないのはなぜか、御教授いただけないか。	行政代執行法に基づく代執行は、行政代執行法第六条に「代執行に要した費用は、国税滞納処分の例により、これを徴収することができる。」とされているが、略式代執行にはこのような規定が無いためです。

第３章 7．(3)	いわゆる略式代執行の場合は、所有者等を確知することができていないわけであるから、費用の徴収に際しては、民事訴訟等を行う前提として、不在者財産管理人や相続財産管理人（以下「財産管理人」という。）の申立てを行う必要があると思われるので、その点を追記していただきたい。特に、略式代執行後、自治体は当該所有者等に対して債権を取得するわけであるから、自治体が、利害関係人として、積極的に財産管理人の申立てを行うよう追記していただきたい。 また、所有者等を確知することができない場合には、建物の修理や樹木の伐採などの代執行を対処療法的に行っても問題は解決しない。財産管理人が選任されれば、空家管理の継続や特定空家等を土地も含めて売却すること等が期待できることから、略式代執行を行う前の検討事項として、財産管理人の申立てを行うことを追記していただきたい。	略式代執行の対象となる特定空家等は、固定資産課税情報等を活用してもなお、所有者等を確知することができない特殊な状態のものであるため、たとえば不動産としての価値がほぼ無いものや、固定資産税滞納等をはじめ不動産に関連づけられる複数の債務が残存するものなど、売却することで債権が十分に回収できないものもあると思われる。そのような場合に民法に基づく財産管理人の申立てを市町村側から行うこととするか否かについては、個別の事案に即して各市町村長において御判断頂く必要があると考えます。このため、原案どおりとさせていただきます。
第３章 8．	特定空家等は、通知することで認定したことになるのか。また、樹木やゴミのみが対象である場合、一時改善しても元の状態に戻ることが考えられるが、どう対処すればよいのか？	法第２条第２項に、「「特定空家等」とは（中略）である状態にあると認められる空家等という」とされていますが、それに該当したことをその所有者等に通知することは空家法上必要とされていません。また、特定空家等に対する措置については、法第14条に定められており、助言又は指導から始まりますが、必要な措置を講じていったんは改善したものの、元の状態に戻った場合は、その時点で改めて助言又は指導を行うことになります。
第３章 8．	1．特定空家の勧告があって初めて住宅用地の特例の解除がされると言う人がいます。そもそも、「人の居住の用に供すると認められない家屋の敷地に対しては、勧告がされていなくとも固定資産税等の住宅用地特例は適用されない」ことを明確に記載して頂きたい。そして、誤解のないよう、住宅用地の特例の表現を見なおして頂きたい。特に、第３章8．必要な措置が講じられた場合の対応（P18）の６行目からの文章「勧告又は命令が撤回された場合、・・・特例の要件をみたす家屋の敷地については、当該当該特例の適用対象となる・・・」は、誤解を生むのではないでしょうか。	御指摘の「人の居住の用に供すると認められない家屋の敷地に対しては、勧告がされていなくとも固定資産税等の住宅用地特例は適用されない」という点については、空家対策特措法第５条に基づく「空家等に関する施策を総合的かつ計画的に実施するための基本的な指針」の一８(2)の中で「人の居住の用に供すると認められない家屋の敷地に対しては、そもそも固定資産税等の住宅用地特例は適用されないことに留意が必要である」旨明記しております。また、御指摘の「勧告又は命令が撤回された場合、・・・特例の要件をみたす家屋の敷地については、当該特例の適用対象となる・・・」については、例え市町村長による特定空家等に対する勧告又は命令が撤回されたとしても、当該特定空家等が「人の居住

		の用に供する」家屋の要件を満たさないこととなれば、当然のことながら当該家屋の敷地については固定資産税等の住宅用地特例の対象ではなくなることを確認的に記載している部分であり、原案どおりとさせていただきます。
第３章 ８．	解体、除却についての措置をとることを勧告した場合は、固定資産税等の住宅用地特例の対象から除外しても問題ないが、修繕や立木の伐採等の生活環境の保全についての措置をとることを勧告した場合に固定資産税等の住宅用地特例の対象から除外したとすると、その措置がなされた後、再び住宅用地特例の対象とするのか。 　そもそも住宅用地ではない、すなわち空家である以上、いったん対象から外された場合は改善されたとしても再び住宅用地特例の対象とすべきではないと考えるが、そうなると、特定空家等だけでなく、全ての空家等について住宅用地特例の対象から外さないと、税の公平性が保てないと考える。	勧告した措置がなされた場合、勧告は撤回され、固定資産税等の住宅用地特例の要件を満たす家屋の敷地については、再度当該特例の適用対象となります。 居住の用に供する家屋とは認められないものについては、特定空家等の勧告の有無にかかわらず、住宅用地特例の対象から除外されるべきと考えます。
第３章 ８．	「勧告又は命令をしている場合には当該勧告又は命令を撤回する」とある。この部分も他の部分のように、参考様式を示して欲しい。	特定空家等の所有者等に撤回した旨が伝わるよう、勧告又は命令の様式を参考に各自治体においてご対応下さい。
全般	３．特定空家等に建築物に付属する工作物、敷地、立木等が含まれますが、ガイドラインでは建築物以外の指導等の判断が難しいと思われます。	ガイドラインの別紙において、擁壁については、参考となる考え方として「宅地擁壁老朽化判定マニュアル（案）」を示し「擁壁の地盤条件、構造諸元及び障害状況並びに老朽化による変状の程度などを基に総合的に判断する」と、立木等については、状態の例として、「近隣の道路等にはみ出し、歩行者等の通行を妨げている」等の記述をしています。 これらの記述を参考に、必要に応じて、協議会等において学識経験者等の意見も聞きながら、総合的に判断してください。
全般	２　工作物の考え方（ガイドラインとは直接関係ないですが、法解釈の質問です） 法２条に定義する「附属する工作物」とは、空家と一体となった壁付看板等のことで、空家の敷地内の自立看板は対象外との理解でよいか。	法第２条の「これに附属する工作物」とは、御指摘のような空家等と一体となった壁付看板など門又は塀以外の建築物に附属する工作物が該当します。 　なお、御指摘の「空き家の敷地内の自立看板」については、法第２条の「建築物の敷地に定着するもの」に該当することから、やはり「空家等」に含まれます。

全般	「建築協定制度（建築基準法69．70）」における行政は住民申請を認可（＋広告）で内容には、ほぼノータッチです。 「特定空家等に対する措置」には住民主体「協定制度」類似の選択肢があってもいいのではないでしょうか？ ・「行政が関与すべき事案（マニュアル様式の手続き）」～近隣住民の役に立つ結果を担保できません。 ・今回の法施行で「行政は、住民運動団体との対話・連携も進み、住民参画、住民による監視機能のひとつに目されるようになる」なら素敵なことです。「住民参加から住民主体へ」住民の主権者意識を高める契機ともなれば「よい子が住んでるよい町は～♪」・・・この歌をよく耳にしていた頃は出生率は２．０を超えていました。 結論 （その一）被害を被っている近隣住民は「空家等に対する措置」を全て行政に委ねる。 （その二）「建築協定制度（建築基準法69．70）」類似制度などを住民運動パーティ初期から公開のもとで選択できる。・・・案を提出致します。	法第７条に基づき、市町村は、空家等対策計画の作成、実施等に関する協議を行うため、地域住民等で構成する協議会を設置することが可能です。住民の意見を反映させる方法として考えられます。
全般	相続放棄により、所有者不存在の特定空家等に対する措置に伴う費用については、第３者への売買などが可能な場合を除き、市町村の負担とならざるを得なくなる。 今後、家屋等を放置しても市町村が解体するといった誤解を所有者等に持たれないよう、法の趣旨等について周知するとともに、これ以上危険な空き家等をできるだけ発生させないよう、他の法制度による対応がぜひ必要と考える。	法第三条において「空家等の所有者等は、周辺の生活環境に悪影響を及ぼさないよう、空家等の適切な管理に努めるものとする。」と記述されています。また、空家等に関する施策を総合的かつ計画的に実施するための基本的な指針一１⑵においても「第一義的には空家等の所有者等が自らの責任により的確に対応することが前提」と記述しています。
全般	空き家等の所有者等の特定の場合に限定し、法定相続の範囲の見直しをすべきと考える。数十年放置され老朽化した危険家屋はすでに負の財産となっており、底地等に財産価値がなければ、これを積極的に相続するといったことは現実にはあり得ないし、たとえば所有者のおい・めいの子にまで対策を求めることは、現実の対応としては酷ではないかと考える。	法定相続の範囲を、当ガイドラインで見直すことは出来ません。

全般	○その他 以下においては、特定空家等に対する措置の適切な実施との関係で、ガイドラインにおいて言及されるべきと思われるにもかかわらずそれがされていない事項を指摘し、何らかの対応を期待するともに、記述が不要であると考えたのであれば、その理由を含めて地方公共団体に示す必要があると考える。 1．協議会（法第７条） ア協議会設置は任意であり、それ以外の組織を市町村が設置して法の実施に当たることは妨げられないと思われるが、その旨を明示するのが適切である。 イもっとも、法に規定されている以上、立法者は協議会の活用を期待していると解される。ところが、第７条第２項が、「市町村長（特別区の区長を含む。以下同じ。）のほか、」というように、長が必ず含まれるべきと規定していることが、市町村に混乱を招いている。長をメンバーから外すことは困難であるとしても、代理をたてれば運営上違法にはならないことを明確にするのが適切である。	法第７条では、協議会を組織することができる旨を定めており、協議会の設置が任意であることは文理上明らかであると考えています。また、法第７条第２項の規定により市町村長は構成員となる必要がありますが、あくまで市町村長を構成員とした上で、法第７条第３項に基づく協議会の運営要領等において、代理人として他の者を任命することは可能です。
全般	特定空家等の中には、所有者が固定資産税の支払いを滞納している場合がある。その場合、状況によっては、代執行を行うよりも当該不動産の公売によって解決を図ったほうがよい場合もある。法第14条の措置と平行して公売の検討もするべきだと考える。	御指摘のような場合に、固定資産税の滞納を理由とする特定空家等の差し押さえ及び公売を行うこととするか否かについては、税の公平性の観点から課税庁である市町村において判断されるべきものと考えます。
全般	【過料に処された後の対応について】 特定空家の判断については、空家法第９条第２項の規定による立入調査を行い、総合的に判断する必要がある。 仮に、所有者又は管理者から立入を拒否された場合は、空家法第16条第２項の規定により「過料（20万円）」が定められているが、その後の調査に関する取扱いが不明確なためガイドラインに示していただきたい。	明示的な拒否がある場合は、物理的強制力を行使してまで立入調査をすることができません。その後は空家法第９条第１項に基づく調査のみ可能となりますが、それは自明であるため、原案どおりとさせていただきます。
全般	建築基準法を補完する形で「空き家管理条例」を制定している場合、『「特定空家等」を除く」』といった条文を挿入する改正により運用することは可能か。	条例は、法令に違反しない限りにおいて制定することができ（地方自治法第14条第１項）、条例が国の法令に違反するかどうかは、両者の趣旨、目的、内容及び効果を比較し、両者の間に矛盾抵触があるかどうかによって判断するものとされています。なお、空家法の対象と異なる空き家を対象とする条例を制定することは、空家法上問題ありません。

全般	建築基準法を補完する形で「空き家管理条例」を制定している場合、条例が特措法と重複する部分があっても良いのではないかと考えるがいかがか。	条例は、法令に違反しない限りにおいて（地方自治法第14条第１項）制定することができ、条例が国の法令に違反するかどうかは、両者の趣旨、目的、内容及び効果を比較し、両者の間に矛盾抵触があるかどうかによって判断するものとされています。空家法の規定に沿った規定を条例に位置づけるのであれば、空家法上の問題はありません。
参考様式	ガイドラインのP28以降に参考様式が示されているが、この様式は法第14条第15項に規定されている特定空家等に対する措置に関し必要な事項は、国土交通省令・総務省令で定めるものとなるのか。	本ガイドラインは、参考様式を含め、法第14条第14項に基づく指針として定めるものであり、同条第15項に基づく省令とは異なります。
全般	第15条における国や都道府県の補助等について、具体的にどのようなものでいつ頃確定し、いつ頃まで続くのか？	「空家等に関する施策を総合的かつ計画的に実施するための基本的な指針」の策定に併せてとりまとめた「空家等対策に係る関連施策等（施策等一覧）」を御参照頂きたいと思います。
全般	略式代執行を実施する場合において、市町村に対する国からの財政上の支援等について検討されているのか。	今後の検討の参考とさせていただきます。
全般	『「特定空家等に対する措置」に関する適切な実施を図るために必要な指針（ガイドライン）（案）』については、基本的に賛成する。但し、「特定空家に対する措置」は、個人の権利に関わることから、自治体が諸施策の基礎となる所有者（相続人）の特定を迅速かつ正確に行い、円滑かつ実効性を確保して施策を実施できるよう、司法書士会をはじめ専門資格者団体との連携を密にすべきである。 また、同措置は前例のないものなので、施行状況を検討し、本ガイドラインその他関連する諸制度を不断に見直して、より適切に対応できるようしていくことが必要である。	今後の検討の参考とさせていただきます。
参考様式	物件の所在地のみでなく、不動産登記簿上の家屋番号にて特定すべきである。 所在地　　　○○市××町×丁目△番△号 家屋番号　　□□番 用途 所有者の住所及び氏名	当該物件の対象範囲に誤解が生じるおそれがないのであれば、不動産登記簿上の家屋番号は、勧告・命令を行う上で必ず必要になるものとは考えておりません。
		空家等の所有者等への事前通知は、空家法第９条第２項に基づく立入調査や同法第14条第３項に基づく命令を行おうとする場合には、

全般	4　調査の結果所有者に対し連絡してスムースに片付く場合はよいが所有者が行方不明の場合または所有者がすでに死亡している場合には相続手続が必要になるが 5　上記4のケースの場合には通常司法書士が委任を受けて相続登記を行なうが対象物件に担保権などの登記がある場合には担保権者の協力を得る必要がある 6　空き家の所有者への告知は市町村が何時の時点で行うのか発見した都度行うのか 空き家であることの事実をその地域の者が把握できれば市町村への通報できる方法は	それぞれ同法第9条第3項又は第14条第3項に基づき空家等の所有者等に行うことが法律上必要となりますが、それ以外の場合において空家等の所有者等に何らかの連絡をするか否かについては、各市町村において判断されるものと考えております。なお、「空家等に関する施策を総合的かつ計画的に実施するための基本的な指針」一2(3)には「空家等の所有者等に限らず、例えば空家等所在地の周辺住民からの当該空家等に対する様々な苦情（中略）に対しても、市町村は迅速に回答することができる体制を整備することが望ましい」としています。また、市町村への通報方法については、各市町村にお問い合わせ下さい。
全般	1．所有者等が不明な特定空家等を除却しようとする場合において、中に現金、美術・骨董品等の財産的価値のある物、家族が写された写真等の主観的価値があると思われる物、食器、書籍等の財産的価値又は主観的価値が全くないとは言い切れないと思われる物等があるときにどうなるのか、本件指針案において指針を示すべきだと思います。 （類似意見他1件）	7．(3)として、「代執行の対象となる特定空家等の中の動産の取扱い」を追加して、以下を記述します。 代執行の対象となる所有者が不明の特定空家等の中に相当の価値のある動産が存する場合、まず、運び出すよう公示し、連絡が無い場合は保管し、期間を定めて引き取りに来るよう公示することが考えられる。その場合、いつまで保管するかは、法務部局と協議して適切に定める。
全般	2．また、所有者等が明らかである場合であっても、所有者等が中の物の引取りを拒みつつ、それに対する権利を放棄しない旨主張するときについても、指針を示すべきだと思います。	6．(5)として、「代執行の対象となる特定空家等の中の動産の取扱い」を追加して、以下を記述します。 代執行の対象となる特定空家等の中に相当の価値のある動産が存する場合、まず、所有者に運び出すよう連絡し、応じない場合は保管し、所有者に期間を定めて引き取りに来るよう連絡することが考えられる。その場合、いつまで保管するかは、法務部局と協議して適切に定める。
		ガイドライン第3章5．(4)の最後に以下を追加します。 過料の徴収手続については、非訟事件手続法に規定がある。手続の開始は裁判所の職権によるが、裁判所が職権探知により事件を立件することは事実上不可能であり、一般的には、通知を受けて手続きが開始されている。

全般	２．過料（法第16条） (ア)空き家適正管理条例のなかにも過料を規定するものがあったが、独立条例にもとづくものであるがゆえに、その賦課徴収手続は、地方自治法によった。この点、法律にもとづく過料は、非訟事件手続法により執行されることから、一般に、こうした事務になれていない市町村現場には、混乱がみられる。 (イ)どのような手続で過料が科され、市町村はそれにあたってどのような対応をすればよいのかを明記するのが適切である。 （類似意見他２件）	このため、裁判所の職権の発動を促すため、違反事実を証する資料（過料に処せられるべき者の住所地を確認する書類、命令書又は立入調査を拒んだ際の記録等）を添付して、過料事件の通知を管轄地方裁判所に行うことが考えられる。この場合の管轄裁判所は、過料に処せられるべき者の住所地の地方裁判所である。 過料事件の審理においては、当事者の陳述を聴き、検察官の意見が求められる。ただし、裁判所が、相当と認めるときは、当事者の陳述を聴かないで過料の裁判をすることができ、当事者はこの略式裁判手続に対しては、裁判の告知を受けた日から一週間内に異議を申し立てることができる。異議があったときは、前の裁判はその効力を失い、改めて当事者の陳述を聴いた上で更に裁判が行われる。

資料5　『「特定空家等に対する措置」に関する適切な実施を図るために必要な指針の一部改正案』に関するパブリックコメントに寄せられたご意見と国土交通省及び総務省の考え方

令和２年12月25日、国土交通省・総務省

【意見公募手続結果】

※『「特定空家等に対する措置」に関する適切な実施を図るために必要な指針の一部改正案』に対し６件のご意見をいただきました。

※とりまとめの都合上、内容を適宜要約や統合をさせていただいております。

※『「特定空家等に対する措置」に関する適切な実施を図るために必要な指針の一部改正案』と直接の関係がないため掲載しなかったご意見等についても、今後の施策の推進に当たって、参考にさせていただきます。

	ご意見	国土交通省及び総務省の考え方
1	空家の内部に動産が存する場合、代執行時期までに運び出し処分すると記載しています が、空き家が倒壊のおそれがある状態で運び出せない場合及び同様の状態で動産に価値があるが保管しておくことが困難な場合の対応策の提示をお願いします。	ご指摘の場合においては、個別の事案に応じて対応することとなるため、原案どおりとさせていただきます。
2	新旧対象改正案の「勧告、命令の実施の際に（略）記載することが望ましい。」という記載は動産の所有権等の自発的運び出し又は処分を期待してのものであり、受告知者の立場を配慮した親切な記載であるので「…を記載する。」とするのが適切と考える。	代執行を行う場合において、当該記載が必要ではない場合もあり得ることから、原案どおりとさせていただきます。
3	様式において押印欄が存在するのは適切であると考える。 押印又は署名については、代替となる法的・物理的な不正への障壁・ハードルの高さを生じる手法が無い場合は、従前同様に用いるようにされたい。	行政が国民等に対し交付する書面の様式における押印欄については、政府全体の方針が示されればそれに従い対応することになると考えます。
4	特定空家等の全部除却の場合に、勧告等に係る措置の対象として、当然に、動産全てが含むとすることについては疑問がある。 保安上危険な空家等に対する行政代執行や略式代執行の場面で、動産それ単体では周辺環境への悪影響を及ぼさないものがあることも考えられ、そうした場面においても、当然 に、当該動産も除却の対象とすることは、比例原則に反し、また、動産の財産権の保障の観点から課題がある。 また、行政代執行開始時点において、内部動産の全てが把握できるとは限らず、事前に、内部	ご意見を踏まえ、「勧告に係る措置の内容が特定空家等の全部の除却であり、動産等（廃棄物を含む。以下「動産等」という。）に対する措置を含める場合は、（略）…を明記することが望ましい。」（命令書、戒告書、代執行令書、過失なく措置を命ぜられるべきものを確知することができない場合の事前の公告においても同様）に修正いたします。

	動産そのものの影響の程度は計り知れず、当然に建築物とともに除却すべきものかを一義的に判断することも容易でない。	
5	動産の財産権保障の観点からは、例えば、他法令においては、目的外の動産がある場合には、その取り除きや引渡し、売却などの手続きが法定され、動産の財産権保障との調整が図られている（民事執行法168条１項、５項、同規則154条の２）。 一方、行政代執行法や空家特措法には民事執行法のような目的外動産の取扱いに関する定めがなく、立法上の不備と言わざるを得ないため、権限行使の目的外の動産の取扱いについては、別途、行政代執行法や空家特措法等において、法律で明記することが必要であると考える。	代執行の実績がある多くの市町村においては、代執行に係る特定空家等の内部又はその敷地に存する動産等は、長年放置されてきたこと等により、廃棄物であるとして処分されている例が多く、動産の保管の対象や期間等を法令で規定すると、これまで柔軟に対応できていたことを制約することになる可能性があるなど、動産の取扱いを法で規定することについては、慎重に検討すべきであると考えております。
6	ガイドライン改正案が参考裁判例として示す「さいたま地判平成16年３月17日」は、不法 係留船舶等の撤去を内容とする行政代執行の事案であるが、撤去後の保管行為については事務管理（民法697条）として実施していることを前提とするが、事務管理として構成することについては批判もあるところである。 保管行為の法的構成については、保管費用の償還請求権の法的性質にも影響を及ぼすものである。ガイドライン改正案においては、動産の保管については、事務管理として解釈するのか、動産保管行為の法的根拠及び保管費用の法的性質を明記されたい。	代執行後の動産等の保管・処分費用の法的性質等については、ご指摘のとおり、参考裁判例等を含め複数の見解があり得るため、原案どおりとさせていただきます。

資料6 『「特定空家等に対する措置」に関する適切な実施を図るために必要な指針の一部改正案』に関するパブリックコメントに寄せられたご意見と国土交通省及び総務省の考え方

令和３年６月30日、国土交通省・総務省

【意見公募手続結果】

※『「特定空家等に対する措置」に関する適切な実施を図るために必要な指針の一部改正案』に対し６件のご意見をいただきました。

※とりまとめの都合上、内容を適宜要約や統合をさせていただいております。

※『「特定空家等に対する措置」に関する適切な実施を図るために必要な指針の一部改正案』と直接の関係がないため掲載しなかったご意見等についても、今後の施策の推進に当たって、参考にさせていただきます。

	ご意見	国土交通省及び総務省の考え方
1	(対象箇所：第１章１．法に定義される「空家等」及び「特定空家等」) 「所有者等に対する助言又は指導」とあるのは、空家法14条２項に基づくものと思われるが、「助言」という文言は、同法12条にも規定されている。特定空家等は空家等でもあるから、12条助言ができないわけではないから、この点を明確にすべきではないか。 「２．ロ」において「法第14条に基づく助言又は指導」とあることとの対比で理解すれば、あえて14条と記さないのは、12条助言も含まれるという趣旨か。	ご意見を踏まえ、「…早期に特定空家等として判断し、所有者等に対する法第14条に基づく助言又は指導を行い、」に修正いたします。
2	(対象箇所：第１章１．法に定義される「空家等」及び「特定空家等」) すべての住戸部分に居住がされていない長屋は空家法の対象となる建築物になるが、これが区分所有状態にある場合の空家法14条に基づく諸措置にあたっての考え方は、第３章に記述されていない。	第３章は特定空家等に対する措置についての参考となる一般的な考え方を示しているものであり、個別の権利関係や事情に応じた考え方までを示すものではないため、原案のとおりとさせていただきます。
3	(対象箇所：第１章１．法に定義される「空家等」及び「特定空家等」) 「概要」にある「一部が使用されていない長屋等」とは、ガイドライン案における「外見上はいわゆる長屋等でありその一部が使用されていない場合であっても、実際には独立した建築物であり、隣接する部分の界壁が二重となっているもの」ということか。明確な表現にしないと誤解を招く。	ご指摘のとおりです。

4	(対象箇所：第１章１．法に定義される「空家等」及び「特定空家等」) ※６で集約 今回、「外見上はいわゆる長屋等であっても、隣接する住戸との界壁が二重となっているなど、それぞれの住戸が別個の建築物である場合には、同項のいう建築物に該当する」と追記するのは何故か。	市町村からの要望を受け、「外見上はいわゆる長屋等であっても、隣接する住戸との界壁が二重となっているなど、それぞれの住戸が別個の建築物である場合」について明示することが必要であると判断したためです。
5	(対象箇所：第１章１．法に定義される「空家等」及び「特定空家等」) 「外見上はいわゆる長屋等であっても、隣接する住戸の界壁が二重になっているなど」の場合，区分所有法上の様々な事情も想定される。長屋等や区分建物については，建築物の維持，存立への危険性誘発及び共有持分権利の侵害等，国民への不測の事態，本施策への不信感を招きかねず，法改正により手当をすべきである。	ご指摘の個所は、「外見上はいわゆる長屋等であっても、隣接する住戸との界壁が二重となっているなど、それぞれの住戸が別個の建築物である場合」について明示したものであり、区分所有建物の各住戸を空家法の対象とするものではありません。
6	(対象箇所：第１章１．法に定義される「空家等」及び「特定空家等」) 「それぞれの住戸が別個の建築物」であるか否かを判断する場合において、界壁が二重となっている場合以外の例示を増やすべきではないか。 登記簿により所有権が明らかに別個のものと判明した場合も、「など」に含まれるものと解釈してよいか。 屋根及び梁が共有されている長屋も多いが、その場合でも界壁が二重となっている場合は独立した建物と判断できるのか。	外見上はいわゆる長屋等であっても、「隣接する住戸との界壁が二重となっている」ものの他に、「それぞれの住戸が別個の建築物である場合」に該当するか否かは、具体の案件において判断すべきであり、具体的な例示をすることは困難であるため、原案のとおりとさせていただきます。
7	(対象箇所：第１章１．法に定義される「空家等」及び「特定空家等」) 「外見上はいわゆる長屋等であっても、隣接する住戸との界壁が二重となっているなど、それぞれの住戸が別個の建築物である場合には、同項のいう建築物に該当する」との記載は、これにより建築物に該当しないと判断された長屋に対して、市町村条例に基づく指導、助言等を行うことを妨げる趣旨ではないという認識でよいか。	ご指摘の個所は、あくまでも法第２条第１項に定義される「建築物」についての記載であり、市町村条例に基づく指導、助言等を制限するものではありません。

資料6　『「特定空家等に対する措置」に関する適切な実施を図るために必要な指針の一部改正案』に関するパブリックコメントに寄せられたご意見と国土交通省及び総務省の考え方

8	（対象箇所：第１章２．ロ　「特定空家等に対する措置」の手順） 特定空家等の状況は急変する場合もあるため、助言・指導、勧告、命令の三段階の墨守を求めることは、管理責任が放棄され財産的価値が著しく低下した特定空家等に対する不合理な配慮である。2020年３月に土地基本法が改正され、管理に伴う責任が明記された現在、なおこうした見解を明記するのは適切でなく、この機会に削除すべきである。こうした条例が制定されるのは、第３章４．イにおいて、勧告にあたっての「相当の猶予期限」の判断にあたって、「規模や措置の内容等」のみをあげて「特定空家等の状況」をあげていないことが一因となっている。	「特定空家等に対する措置」の対象となる空家等は幅広く判断できるものであることから、「相当の猶予期限」の判断のあり方として、危険等の切迫性等、特定空家等の状況を鑑みることとすると、特定空家等による危険等の切迫度が低い場合には「相当の猶予期間」が長期化するおそれがあります。したがって、市町村においては、特定空家等の規模や措置の内容等に応じた相当の猶予期間を見据え、危険等の切迫度が高まる前から助言・指導、勧告、命令等の段階を経て、対応することが望ましいため、原案のとおりとさせていただきます。
9	（対象箇所：第１章２．ハ　固定資産税等の住宅用地特例に関する措置） 「税務部局と情報共有し、連携して必要な対応」というのは、通常の市町村を念頭においているようにみえるが、特別区の場合は事情が異なる。特別区の場合、住宅用地特例に関して「必要な対応」をするのは東京都であるから、この点に配慮した記述が必要ではないか。	ご意見を踏まえ、「…空家等対策で得られた情報について、税務部局（特別区にあっては東京都の税務部局）と情報共有し、連携して必要な対応を行うことが重要となる。」に修正いたします。
10	（対象箇所：第１章３．（１）　所有者等の特定に係る調査方法等） 相続人が多数となる場合にあって、相続人の意向確認を行うにあたり「相続放棄を利用する方法」を勧奨するような記述があるが、市町村は所有者による空家等の適切な管理を推進するべきであり、相続放棄の利用を促すべきではないと考える。	ご指摘の記載は、相続人が多数の場合において、一部の相続人が、家庭裁判所で相続放棄を申述し、それが受理された場合、当該相続人は初めから相続人でなかったことになるため、相続人が相続放棄をする場合には、その者に係る手続関与の必要に煩わされることなく、その他の相続人等、現在の所有者等の特定に係る事務や所有者等の特定後の対応を効率的に進めることが考えられることから記載しているものであるため、原案のとおりとさせていただきます。
11	（対象箇所：第１章３．（１）　所有者等の特定に係る調査方法等） 調査方法の例示は適切であるが、この中で、「水道・電気・ガスの供給事業者の保有情報や郵便転送情報」については、確認しようとしても、相手方に協力義務がない点でほかの情報源とは異なる。この点についての注記が必要ではないか。	ご意見を踏まえ、「水道・電気・ガスの供給事業者の保有情報や郵便転送情報の確認調査」に修正いたします。

12	（対象箇所：第１章３．（１） 所有者等の特定に係る調査方法等） 法人と役員等たる個人は別人格であり，法人に関する義務や債務を直接的に代表者等の個人財産に負わせること、法人の代表者としての権利義務が代表者の相続人に承継されない場合が多いにも関らず、第３段落目後段の「自然人と同様の調査を行うことが考えられる」との記載により必要のないケースで第２段落に記載されているような代表者等の相続人調査が行われてしまうことが懸念される。単に「自然人と同様の調査」と規定するのではなく、必要な調査につき別途例示等を行うなどの特段の配慮をすべきである。	必要な調査は個別の事案により異なるものであり、「当該法人の事業状況や代表者を把握するため、法人登記簿に記載されている代表者や役員、清算人等について自然人と同様の調査を行うことが考えられる」と調査の目的を記載していることから、原案のとおりとさせていただきます。
13	（対象箇所：第１章３．（３） 所有者等の所在を特定できない場合等の措置） 所有者不明土地法38条のように法定されているのではないから、「申立てが認められる場合がある」というのは、「家庭裁判所の裁判官次第」という意味でもある。「ダメモト」という趣旨なのか、そうではなく、関係機関との間で調整がされていることを踏まえた記述なのか、申し立てる市町村の立場に立てば、この点を明確にするのが適切である。	「申立てが認められる場合がある」というのは、個別事案により判断が異なることを示しており、申立てが認められる場合の参考となるものとして、市町村が債権を有しておらず、かつ特定空家等と認める手続を行っていない場合であっても、財産管理人選任の申立てが認められている事例について調査を行った結果、認められる場合も存在することから記載をしております。 なお、「令和元年 の地方からの提案等に関する対応方針」（令和元年12月23日閣議決定）において、市町村への周知を図るとしていたことから国土交通省ホームページにおいて「空き家対策における財産管理制度活用の事例集」を公表し、市町村に対しても周知を図っています。
14	（対象箇所：第１章３．（３） 所有者等の所在を特定できない場合等の措置） 特定空家等のみならず空家等全般について，民法上の財産管理制度を積極的に利用することに賛成する。 本対象部分が，基本指針一．１（２）④記載の「代執行等の措置の円滑化のための法務手続等を行う場合等」の具体例にあたると考えられるため，その点も明記すべきである。なお，今般の民法・不動産登記法の改正による「管理不全建物管理人制度」についても，改正民法の施行時期に合わせて本ガイドラインの改訂を検討すべきである。 地域性やそれぞれの実情を踏まえた解決に向けて，制度の趣旨や請求が可能な利害関係人や利用ができる事例等について，わかりやすく周知すべきである。	不在者財産管理人又は相続財産管理人の選任の申立てについての記載は、基本指針一．１（２）④記載の「代執行等の措置の円滑化のための法務手続等を行う場合等」に限られないため、「不在者財産管理人又は相続財産管理人の選任の申立ては、」との修正にとどめさせていただきます。 また、今般の民法の改正等により新設された制度等のうち空家等の対策の推進に活用できるものについては、今後、ガイドライン等の改定や周知について検討いたします。

15	（対象箇所：第１章３．（４）具体的な調査方法等に係る留意事項） 日本郵便に対しては、一定要件の下で求めることが「できる」だけであり、回答義務はないと思われる。この点、ガイドラインにわざわざ明記するのは、日本郵便との間に何らかの調整がされているという趣旨なのか。そうであるなら、その旨を明確に記述するのが適切である。	ご指摘の個所は、「令和元年の地方からの提案等に関する対応方針」（令和元年12月23日閣議決定）において、「市町村（特別区を含む。市町村（特別区を含む。以下この事項において同じ。）が空家等対策の推進に関する特別措置法10条３項に基づき空家等の所有者等の把握に関し必要な情報として日本郵便株式会社に提供を求めた郵便の転送情報については、一定の条件を満たす場合に市町村への提供が可能であることを「郵便事業分野における個人情報保護に関するガイドライン（平成29年総務省告示167号）の解説」において明確化し、市町村及び日本郵便株式会社に令和元年度中に周知する。」とされたことを踏まえ、改訂された当該解説の内容を参考にすべきことを確認的に記載したものであり、市町村及び日本郵便株式会社に対しては経緯を含めて既に周知済みであることから、原案のとおりとさせていただきます。
16	（対象箇所：第２章１．（２）②悪影響の程度と危険等の切迫性） 危険等の切迫性に鑑みた機動的な対応が必要というのは、適切な認識である。そうであるとすれば、現行ガイドライン第３章４．イおよび５．ハの記述においても、それを踏まえた「相当の猶予期限」の判断のあり方について、たとえば、「危険等の切迫性等の個別事情に鑑み、猶予期限について柔軟に判断することが望ましい」というように明記すべきではないか。 （対象箇所：第３章７．（１）「過失がなくて」「確知することができない」場合）	今般の改正において、特定空家等の定義のうち、「そのまま放置すれば倒壊等著しく保安上危険となるおそれのある状態」及び「そのまま放置すれば著しく衛生上有害となるおそれのある状態」については、現に著しく保安上危険又は著しく衛生上有害な状態の空家等のみならず、将来著しく保安上危険又は著しく衛生上有害な状態になることが予見される空家等も含めて、幅広く対象と判断することのできるものであることを明確化しています。このように「特定空家等に対する措置」の対象となる空家等は幅広く判断できるものであることから、「相当の猶予期限」の判断のあり方として、危険等の切迫性等、特定空家等の状況を鑑みることとすると、特定空家等による危険等の切迫度が低い場合には「相当の猶予期間」が長期化するおそれがあります。したがって、市町村においては、特定空家等の規模や措置の内容等に応じた相当の猶予期間を見据え、危険等の切迫度が高まる前の段階から助言・指導等を行うことが望ましいため、原案のとおりとさせていただきます。

17	空家の所有者が死亡し、相続人が複数人に及ぶ場合、多い時には100人近くの戸籍等の公用請求を行なった上で相続関係説明図を作成しなければならず、このことが市町村にとって大きな負担となっている。空家所有者から親等が離れるにつれて所有者意識が希薄になり、相続人の自主的な対応は期待できないため、全ての相続人を特定することは費用対効果が低いと思われる。そのため、先述の判断基準に加えて、「相続人調査の対象は３親等以内の親族を目安とする」といった、より具体的な基準を示すべき。	法第14条第10項に基づく代執行は「過失がなくてその措置を命ぜられるべき者を確知することができない」ことを要件としており、相続人調査の範囲を限定した場合に当該要件に該当しないおそれがあるほか、相続人の相続権の観点からも相続人調査の範囲を限定することはできないため、原案のとおりとさせていただきます。
18	（対象箇所：第３章７．（１）「過失がなくて」「確知することができない」場合） 『「過失がなくてその措置を命ぜられるべきものを確知することができない」場合に該当すると判断する』について，調査及び判断にあたり「適時に司法書士等の専門職の意見を聞く」等，専門職との連携を促進する旨，明記すべきである。	第１章３．（１）において、「所有者等の特定に係る調査や登記関係業務等に関し、専門的な知識が必要となる場合には、司法書士、行政書士又は土地家屋調査士等の活用が有効である。」旨記載していることから、原案のとおりとさせていただきます。
19	（対象箇所：第３章７．（１）「過失がなくて」「確知することができない」場合） 行政現場では、「十分な調査」の「十分」とはどれくらいを意味するのか、「必要な範囲」とはどの範囲かがきわめて重要である。「調査が十分でなかった」「もっと広い範囲を調査すべきであった」として事後的に調査が「違法」と指摘されることのないよう、調査の十分性・適切性について、設置が推奨されている法７条協議会ないしは独自の附属機関において確認してもらう方法も考えられるというような手続の例示はできないか。	調査においての「十分な調査」及び「必要な調査範囲」等は、個別の事情により異なるものであって明示的に示すことは困難であるため、考えられる調査方法について例示を行っており、各市町村において個別の事情に応じて必要な調査を行っていただく必要があると考えております。 また、基本指針一２（２）において協議会の役割として、市町村長が特定空家等に対する措置を講ずるに当たって参考となる事項に関する協議を行うための場として活用することも考えられる旨記載をしております。 以上より、原案のとおりとさせていただきます。
20	（対象箇所：（別紙２）「衛生上有害」の判断基準（２）(b)） 将来 (a) の状態になることは予見される状態として例示されている「悪臭の発生」や「ねずみ、はえ、蚊等の発生」が「地域住民の日常生活に支障を及ぼす状態」になりうるか否かをその発生以前に判断することは非常に難しく、市町村はもとより周辺住民も判断に迷い、混乱が生じることになるので、日常生活に支障を及ぼす状態とはどの程度なのか判断基準を明確にするべきであると考える。	将来「ごみ等の放置、不法投棄が原因で著しく衛生上有害となっている状態」になることが予見される状態については、特定空家等の物的状態に応じて判断すべきものであり、一律の基準を示すことは困難ですが、例えば、特定空家等の敷地の外への外部不経済は生じていないものの、悪臭の発生やねずみ、はえ、蚊等の発生の原因となるようなごみ等の放置、不法投棄がなされている場合が考えられます。 空家等が特定空家等に該当するか否かについての判断の基準については、基本指針一２（２）

		に記載のとおり、法第７条１項に基づく協議会において協議することも考えられるため、原案のとおりとさせていただきます。
21	（対象箇所：（別表５）所有者等の特定に係る調査手順の例） 上段が不動産登記簿情報の所有者の属性を入口にしているにもかかわらず，中段，下段部分では，入口が活かされておらず，調査内容が同じように見え，図そのものが一見してわかりにくく，不要な調査が行われてしまうことが懸念される。 また，調査及び判断を効率よく短期間で行うために，「どの時期に専門家によるアドバイスを求めるべきか」，を明記するべきである。	別表５は、空家等の所有者等の特定に係る調査手順の例を示したものであり、必要な調査は個別の事案に応じて判断されるべきものと考えております。また、専門家の活用については、その要否は個別に事案によって異なる上、第１章３．（１）において、「所有者等の特定に係る調査や登記関係業務等に関し、専門的な知識が必要となる場合には、司法書士、行政書士又は土地家屋調査士等の活用が有効である。」旨記載していることから、原案のとおりとさせていただきます。
22	（全体意見） 近隣及び歩行者に２次被害が及ぶ場合のみ、所有者の確認等の手続きを経ず、除却が可能にしてはどうか。 撤去費用は所有者に請求するのではなく、その土地を市町村の所有地にしたり、売地とするのはどうか。	所有者の財産権の保障の観点から、法に基づく慎重な手続及び対応を要するため、ご提案のようにすることはできません。
23	（全体意見） 本件のような空家対策は推進していただきたい。	頂いたご意見は今後の参考とさせていただきます。
24	（全体意見） 将来の予見に関するガイドラインがあれば、空き家に係る危険は回避されていくと思う。法律の隙間をすり抜ける隙のないように、具体的で明確な判断基準を明示することが大切であり、今回の改正案では、事細かな基準が提示されており、適切な実施を図ることができる指針になり得ると期待できる。 行政から状態の改善について助言や指導を徹底し、事情がある場合への配慮と、空き家を活用する際の補助金を給付する制度等による空き家対策も充実させていただきたい。	頂いたご意見は今後の参考とさせていただきます。 なお、空き家の活用について、空き家対策総合支援事業等により空き家を活用し地域活性化のための施設を整備する市町村の取組を支援しております。

資料[7] 空家法・空き家条例の参考となる書籍

1．自由民主党空き家対策推進議員連盟（編著）『空家等対策特別措置法の解説』（大成出版社、2015年）

立法作業の中心になった自由民主党国会議員（宮路和明、西村明宏、山下貴司）の執筆によるとされる。法案作成にあたっては衆議院法制局が協力しており、本書編集にあたっても、それなりのサポートをしたものと推測される。法案に「最も近い立場」にあった関係者の手によるものだけに、空家法の全条文に関する解説の資料的価値は高い。国会審議がほとんどなかった法案であったがゆえに、記述からは立法者意思を垣間見れるが、「なぜそのように規定したのか」についての説明が必ずしも十分ではない点が惜しまれる。

2．弁護士法人リレーション（編著）『よくわかる空き家対策と特措法の手引き：空き家のないまちへ』（日本加除出版、2015年）

行政実務に精通している弁護士事務所の弁護士チームによる一冊。執筆にあたっては、空家法の制定を受けての自治体の実情を知るべく、弁護士自身が実態調査をして職員の状況を把握するなど、市町村行政目線が意識されている。空家法制定後も条例の必要性はなくならないという立場で、市町村が空き家行政を進めるにあたって、空家法と空き家条例をうまく組み合わせるノウハウが記述されている。法律専門職である弁護士の立場から、痒い所に手が届くように、具体例を用いて空家法の丁寧な逐条解説もされている。

3．北村喜宣＋米山秀隆＋岡田博史（編）『空き家対策の実務』（有斐閣、2016年）

研究者、コンサルタント、行政実務家の共編書。とくに、先行して制定された条例を空家法の制定を受けて改正した京都市の担当者が、改正に際しての基本的考え方を説明し、条文の新旧対照表を示しての改正のポイントを解説する部分は、市町村行政担当者にとっては大変参考になる。京都市のマニアックな法政執務を楽しめる。法律実施条例と独立条例の両方を含む「総合条例」の条例条文案も、提示・解説されている。空家法運用に際しての行政実務家の観点からの留意点の解説は、法制的精査を経たものであり、貴重な情報である。

4．宮崎伸光（編著）＋ちば自治体法務研究会（著）『自治体の「困った空き家」対策：解決への道しるべ』（学陽書房、2016年）

本書は、自治体職員を中心に組織される「ちば自治体法務研究会」の研究成果を踏まえたものである。その内容は、自治体職員である執筆者らが実務や研究会を通して得た情報をもとに考察しており、それが空家法の実施過程の順に配列されている。取組みの初動と実態調査、「特定空家等」の認定基準、即時対応を要する場合、特措法による措置、強制的解決策、誘導的解説策、所有者のいない空き家といった具合である。空き家条例との関係についても一定の解説がされている。バランスよく配置されるコラムは、読みごたえがある。

5．日本弁護士連合会法律サービス展開本部自治体等連携センター＋日本弁護士連合会公害対策・環境保全委員会（編）『深刻化する「空き家」問題：全国実態調査からみた現状と対策』（明石書店、2018年）

本書の中心は、日本弁護士連合会が2016年に実施した空家法実施に関する全国調査の紹介および分析にある。1,741市町村の702団体（回答率40.3%）の調査は、全国初であり、その後もされていない。空家法施行後１年という時期での定点観測として、学術的にも貴重な情報を提供している。とりわけ法律の必要性を感じていない自治体は、空家法のもとでの事務負担にきわめて消極的である。一方、固定資産税情報を活用して積極的に同法を運用したり、同法を補完すべく条例対応をしたりしている自治体も多くあることが判明した。

6. 北村喜宣『空き家問題解決のための政策法務：法施行後の現状と対策』（第一法規、2018年）

空家法逐条解説のほか、同法成立に先行して制定された空き家条例の特徴、老朽空き家に対する建築基準法適用の実情、空家法の立法過程と法案確定過程の状況、空家法成立を受けた市町村空き家行政の論点と成立後に制定された空き家条例の特徴が分析されている。空家法の実施条例の「つもり」で制定していながら、立法技術上のミスのためにそのようにはなっていない空き家条例など、空家法担当者のみならず法務担当者にとっても有用な情報が収録されている。

7. 板橋区都市整備部建築指導課（編）『こうすればできる 所有者不明空家の行政代執行：現場担当者の経験に学ぶ』（第一法規、2019年）

民法上の相続財産管理人制度を利用して全国初の行政代執行をした板橋区のケーススタディ。膨大な残置物があり火災や倒壊の危険性があるにもかかわらず、所有者は死亡していて相続人は相続放棄をしているという「限界事例」を前に、やるべき調査はすべてやったか、代執行要件は充たしているか、管理人選任申立ては代執行の前か後か、などの論点についての生々しい検討の実情が紹介される。代執行費用の請求や不納欠損処理という事後対応についても、詳細な報告がされており、豊富な具体的情報は有益である。

8. 鈴木庸夫＋田中良弘（編）『空き家対策』（信山社、2020年）

本書の大半は、相模原市で空家法を担当した行政職員（榎本好二）が執筆している。自治体政策法務をベースに据えて、その枠組みのなかで空家法の実施の手続が解説されている。空き家条例に対する言及は少ない。他自治体への公用請求をする際のノウハウ、固定資産税情報以外の所有者等調査のための情報源、具体例をもとにした行政指導の成功例・失敗例の紹介、財産管理人制度を利用するに際して検察官に申立てをしてもらうノウハウなど、行政実務家ならではの情報がふんだんに盛り込まれている。

9. 松木利史『事例でわかる！ 空き家対策実務マニュアル：「財産管理人制度」と「略式代執行」の使い方』（ぎょうせい、2021年）

川口市で空家法実施を担当する筆者が、同法の実施経験を踏まえ、とくに財産管理人制度と略式代執行を中心に解説をするノウハウ満載の一冊。事案処理の最初から最後までが、丁寧に解説されている。わかりにくい財産管理人制度については、あくまで法律専門家ではない行政実務家の目線での解説が特徴的である。掲載されている多くの様式は、ほかの自治体でも有用である。川口市空家問題対策プロジェクトチーム『所有者所在不明・相続人不存在の空家対応マニュアル：財産管理人制度利用の手引き』（2017年）も、あわせて参照したい。

10. 宇那木正寛『実証自治体行政代執行の手法とその効果』（第一法規、2022年）

行政代執行および即時執行に関する理論的・実証的研究の論文集。広範な文献の検討と綿密な実態調査を踏まえ、行政代執行法の実施における実務的課題について、見解を提示する。空家法の実施も素材とされており、執行対象外物件としての残置動産への対応、緊急安全措置（即時執行）の限界、国土交通省・総務省のガイドラインの検討、複数の市で実施された代執行の調査・分析など、かつて岡山市職員として、自らも都市計画法のもとでの違反建築物の行政代執行を担当した経験者の眼による鋭い議論が展開される。

11. その他の参考書籍

① 米山秀隆『空き家急増の真実：放置・倒壊・限界マンション化を防げ』（日本経済新聞出版社、2012年）
② 浅見泰司（編著）『都市の空閑地・空き家を考える』（プログレス、2014年）
③ 日本都市センター（編）『都市自治体と空き家：課題・対策・展望』（日本都市センター、2015年）
④ 上田真一『あなたの空き家問題』（日本経済新聞出版社、2015年）
⑤ 西口元＋秋山一弘＋帖佐直美＋霜垣慎治『Q&A 自治体のための空家対策ハンドブック』（ぎょうせい、2016年）
⑥ 旭合同法律事務所（編）『空き家・空き地をめぐる法律実務』（新日本法規出版、2016年）
⑦ 日本司法書士会連合会（編著）『Q＆A空き家に関する法律相談：空き家の予防から、管理・処分、利活用まで』（日本加除出版、2017年）
⑧ 米山秀隆『捨てられる土地と家』（ウェッジ、2018年）
⑨ 高崎経済大学地域科学研究所（編）『空き家問題の背景と対策：未利用不動産の有効活用』（日本経済評論社、2019年）
⑩ 松岡政樹『図解こちらバーチャル区役所の空き家対策相談室です：空き家対策を実際に担当した現役行政職員の研究レポート』（公人の友社、2019年）
⑪ 松岡政樹『図解・空き家対策事例集：「大量相続時代」の到来に備えて』（公人の友社、2020年）

索　　引

ま

や

ら

初出・原題一覧

第１部　空家法の逐条解説

第１章　書き下ろし

第２部　空家法制定後の市町村空き家行政

第２章　「空家法制定後の条例動向」行政法研究24号（2018年）１～47頁、「空家法の実施と市町村の空き家条例」都市問題111巻11号（2020年）92～106頁、「空家法の実施と条例対応」亘理格＋内海麻利（編集代表）『縮退時代の「管理型」都市計画』（第一法規、2021年）108～125頁を統合

第３章　「２年を経過した空家法実施の定点観測：『空き家対策に関する実態調査結果報告書』を読む」自治総研488号（2019年）33～58頁

第４章　「空家法の執行過程分析（上）（下）」自治総研503号１～29頁、504号１～16頁（2020年）

第５章　「部分居住長屋に対する空き家条例の適用（１）（２完）」自治研究98巻１号49～65頁、２号３～18頁（2022年）

第３部　代執行等の実務的課題と論点

第６章　「建物除却代執行と屋内残置物の取扱い：空家法実施の一断面」上智法学論集62巻３＝４合併号（2019年）13～26頁

第７章　「略式代執行の費用徴収：空家法を素材にして」鈴木庸夫先生古稀記念『自治体政策法務の理論と課題別実践』（第一法規、2017年）293～307頁

第８章　「即時執行における費用負担のあり方（１）（２完）」自治研究97巻６号26～40頁、７号49～71頁（2021年）

第４部　今後の空き家法政策

第９章　「土地基本法の改正と今後の空き家法政策」日本不動産学会誌34巻４号（2021年）57～62頁

第10章　「空家法ガイドライン改正と実務的課題」自治総研519号（2022年）56～78頁

第11章　「空家法改正にあたっての検討項目」自治研究96巻６号（2020年）37～66頁

〔著者紹介〕

北村喜宣（きたむら・よしのぶ）

上智大学大学院法学研究科長・教授

1960年　京都市伏見区生まれ
1983年　神戸大学法学部卒業
1986年　神戸大学大学院法学研究科博士課程前期課程修了（法学修士）
1988年　カリフォルニア大学バークレイ校大学院「法と社会政策」研究科修了
　　　　（M. A. in Jurisprudence and Social Policy）
1989年　横浜国立大学経済学部専任講師
1990年　同・助教授
1991年　神戸大学法学博士
2001年　上智大学法学部教授
2004年　放送大学客員教授（～2015年）
2014年　上智大学法科大学院長（～2016年）
2021年　上智大学大学院法学研究科長（現在に至る）

〔専　攻〕行政法学、環境法学
〔単著書〕『環境管理の制度と実態』（弘文堂、1992年）
『行政執行過程と自治体』（日本評論社、1997年）
『産業廃棄物への法政策対応』（第一法規出版、1998年）
『環境政策法務の実践』（ぎょうせい、1999年）
『環境法雑記帖』（環境新聞社、1999年）
『自治力の発想』（信山社出版、2001年）
『自治力の冒険』（信山社出版、2003年）
『揺れ動く産業廃棄物法制』（第一法規出版、2003年）
『分権改革と条例』（弘文堂、2004年）
『自治力の情熱』（信山社出版、2004年）
『自治力の逆襲』（慈学社出版、2006年）
『産業廃棄物法改革の到達点』（グリニッシュ・ビレッジ、2007年）
『自治力の達人』（慈学社出版、2008年）
『分権政策法務と環境・景観行政』（日本評論社、2008年）
『行政法の実効性確保』（有斐閣、2008年）
『プレップ環境法〔第２版〕』（弘文堂、2011年）
『自治力の爽風』（慈学社出版、2012年）
『現代環境法の諸相〔改訂版〕』（放送大学教育振興会、2013年）
『環境法政策の発想』（レクシスネクシス・ジャパン、2015年）
『自治力の躍動』（公職研、2015年）
『リーガルマインドが身につく自治体行政法入門』（ぎょうせい、2018年）
『空き家問題解決のための政策法務』（第一法規、2018年）
『分権政策法務の実践』（有斐閣、2018年）
『自治力の挑戦』（公職研、2018年）
『現代環境規制法論』（上智大学出版、2018年）
『環境法〔第２版〕』（有斐閣、2019年）
『環境法〔第５版〕』（弘文堂、2020年）
『企業環境人の道しるべ』（第一法規、2021年）
『自治体環境行政法〔第９版〕』（第一法規、2021年）
『自治力の闘魂』（公職研、2022年）

サービス・インフォメーション

通話無料

①商品に関するご照会・お申込みのご依頼
TEL 0120(203)694／FAX 0120(302)640

②ご住所・ご名義等各種変更のご連絡
TEL 0120(203)696／FAX 0120(202)974

③請求・お支払いに関するご照会・ご要望
TEL 0120(203)695／FAX 0120(202)973

●フリーダイヤル(TEL)の受付時間は、土・日・祝日を除く9:00〜17:30です。

●FAXは24時間受け付けておりますので、あわせてご利用ください。

空き家問題解決を進める政策法務
—実務課題を乗り越えるための法的論点とこれから—

2022年10月25日　初版発行

著　者　北村喜宣

発行者　田中英弥

発行所　第一法規株式会社
〒107-8560　東京都港区南青山2-11-17
ホームページ　https://www.daiichihoki.co.jp/

装　丁　篠　隆二

空家解決政策法務　ISBN 978-4-474-09112-2　C0032 (4)